Steuerrecht und Steuerberatung

Band 57

Einzelfragen der Betriebsprüfung

Von

Dr. jur. Thomas Kaligin
Rechtsanwalt und Fachanwalt für Steuerrecht

2., völlig neu bearbeitete und erweiterte Auflage

ERICH SCHMIDT VERLAG

Bibliografische Information der Deutschen Nationalbibliothek
Die Deutsche Nationalbibliothek verzeichnet diese Publikation in der Deutschen Nationalbibliografie; detaillierte bibliografische Daten sind im Internet über http://dnb.d-nb.de abrufbar.

Weitere Informationen zu diesem Titel finden Sie im Internet unter
http://ESV.info/978-3-503-19506-0

Zitiervorschlag:
Kaligin, Einzelfragen der Betriebsprüfung, 2. Aufl. 2021

1. Auflage 2017
2. Auflage 2021

Die 1. Auflage ist unter der ISBN 978-3-415-06013-5 im Richard Boorberg Verlag erschienen.

ISBN 978-3-503-19506-0 (gedrucktes Werk)
ISBN 978-3-503-19507-7 (eBook)
ISSN 1860-0484

Alle Rechte vorbehalten
© Erich Schmidt Verlag GmbH & Co. KG, Berlin 2021
www.ESV.info

Druck: docupoint, Barleben

Vorwort

In dem Werk „Einzelfragen der Betriebsprüfung" wird dem Umstand Rechnung getragen, dass die Prüfungsdichte – auch unter dem Aspekt der sogenannten Tax Compliance – erheblich zugenommen und sich weiter spezialisiert und professionalisiert hat. Dies bedingt erhöhte gestalterische Anforderungen an die Steuerpflichtigen und die sie beratenden Angehörigen der recht- und steuerberatenden Berufe. Da jedoch nicht alle denkbaren Themen abgearbeitet werden können, werden folgende Szenarien besonders intensiv beleuchtet:

- Betriebsaufspaltung
- Schätzung
- Rückstellungen
- Gewerblicher Grundstückshandel
- Gesellschafter-Geschäftsführer-Vergütung
- Geschenke und Bewirtungskosten
- Liebhaberei
- Benennungsverlangen gem. § 160 AO
- Private Nutzung betrieblicher Kfz; Anforderungen an ein Fahrtenbuch
- Investitionsabzugsbetrag gem. § 7g EStG
- Spezifische Prüfungsschwerpunkte im Baugewerbe
- Steuerchaos Gaststättengewerbe

Die dort behandelten Themen wurden systematisch unter Berücksichtigung der neuesten Rechtsprechung, Verwaltungsauffassungen und Schrifttum intensiv beleuchtet. Das Buch beansprucht nicht, eine wissenschaftliche Aufarbeitung der Themenkomplexe vorzunehmen. Es orientiert sich **ausschließlich** an den Bedürfnissen der Praxis im Blickwinkel von Konfrontationssituationen zwischen dem Steuerpflichtigen und seinem Berater einerseits und der Finanzverwaltung andererseits.

In einem Schlusskapitel wird die Einführung eines innerbetrieblichen Kontrollsystems (Tax Compliance) dargelegt. Dadurch können in der Praxis latente steuerstrafrechtliche Risiken auf ein Minimum reduziert werden.

Erfahrungswerte in den letzten Jahren haben gezeigt, dass die zunehmende Konfrontation im Rahmen der Betriebsprüfung eine präzise und fundierte Vorbereitung des Steuerpflichtigen erfordert. Das Buch soll hierzu eine Hilfestellung geben, indem es dem Steuerpflichtigen und seinem Berater ermöglicht, „auf Augenhöhe" gegenüber den Vertretern der Finanzverwaltung (insbesondere Betriebsprüfung) vorzugehen. Zudem gibt es aktuelle und wertvolle Hintergrundinformationen für eine etwaige spätere Auseinandersetzung im Rechtsbehelfs- und Finanzgerichtsverfahren.

Vorwort

Zusammenfassungen in Checklistenform am Ende eines jeden Kapitels erleichtern eine effektive Vorbereitung auf konkrete Fragen der Betriebsprüfung.

Berlin, im Dezember 2020   Dr. Thomas Kaligin

Inhaltsverzeichnis

Vorwort 5

I. Betriebsaufspaltung im Blickwinkel der Betriebsprüfung 15
Schrifttum 15
    1 Die Bedeutung der Betriebsaufspaltung für die (mittelständische) Wirtschaft 17
    2 Fehlende Rechtsgrundlagen der Betriebsaufspaltung im Steuerrecht 19
    3 Abgrenzung zu Mitunternehmerschaft, Betriebsverpachtung und Betriebsführungsvertrag 20
        3.1 Abgrenzung zur Mitunternehmerschaft 20
        3.2 Abgrenzung zur Betriebsverpachtung 21
        3.3 Abgrenzung zum Betriebsführungsvertrag 22
    4 Voraussetzungen der Betriebsaufspaltung 22
        4.1 Personelle Voraussetzungen 23
        4.2 Sachliche Voraussetzungen (Überlassung wesentlicher Betriebsgrundlagen) 47
        4.3 Nachträgliche Erfassung einer Betriebsaufspaltung 58
        4.4 Steuerliche Einzelfragen bei der Begründung der Betriebsaufspaltung 60
    5 Beendigung der Betriebsaufspaltung 71
        5.1 Beendigung des Pachtvertrags (Weiterverpachtung an Dritte) 71
        5.2 Wegfall der personellen oder sachlichen Voraussetzungen 74
        5.3 Umwandlung der Betriebskapitalgesellschaft auf das Besitzunternehmen 82
        5.4 Einbringung des Besitzunternehmens in die Betriebskapitalgesellschaft 83

II. Schätzung in der Betriebsprüfung 85
Schrifttum 85
    1 Voraussetzungen für die Schätzung 88
    2 Rechtsprechung zur Schätzung 90
    3 Die Buchführung als Ansatzpunkt für den Betriebsprüfer ... 92
    4 Das Grundprinzip des Benford'schen Gesetzes 106
    5 Der Chi-Quadrat-Test 107
    6 Folgen der Vernichtung von Unterlagen 111
    7 Schätzung von Zinseinkünften 112
    8 Nachkalkulation 114
    9 Geldverkehrs- und Vermögenszuwachsrechnung (Methoden zur Aufdeckung von Schwarzgeldern) 116

10 Zeitreihenvergleich 120
11 Äußerer Betriebsvergleich 123
12 Schätzungsfehler 124
13 Schätzung trotz anhängigen Steuerstrafverfahrens 124

III. Rückstellungen in der Praxis der Betriebsprüfung 129
Schrifttum 129
  1 Typen von Rückstellungen 136
  2 Rückstellungen für ungewisse Verbindlichkeiten 137
    2.1 Gründe für die Bildung einer Rückstellung 137
    2.2 Besonderheiten bei öffentlich-rechtlichen
       Verpflichtungen 140
    2.3 Ungewissheit 149
    2.4 Betriebliche Veranlassung 155
    2.5 Wahrscheinlichkeit des Bestehens der Verbindlichkeit und
       der Inanspruchnahme 156
    2.6 Wirtschaftliche Belastung (Verursachung) in der
       Vergangenheit 160
    2.7 Bewertung von Rückstellungen 165
    2.8 Die Neuregelung der sog. angeschafften Rückstellungen
       nach § 4f und § 5 Abs. 7 EStG 170
    2.9 Auflösung von Rückstellungen 172
    2.10 Nachholung einer nicht gebildeten Rückstellung .. 172
  3 Sonstige Rückstellungen im Überblick 173
    3.1 Erfolgsabhängige Verpflichtungen (§ 5 Abs. 2a EStG) ... 173
    3.2 Rückstellungen wegen Verletzung fremder Schutzrechte
       (§ 5 Abs. 3 EStG) 173
    3.3 Rückstellungen für Jubiläumszuwendungen (§ 5
       Abs. 4 EStG) 174
    3.4 Rückstellungen für drohende Verluste aus schwebenden
       Geschäften (§ 5 Abs. 4a EStG) 175
    3.5 Rückstellungen für Anschaffungs- oder Herstellungskosten
       bzw. Entsorgungsrückstellungen für radioaktive Reststoffe
       oder Anlageteile (§ 5 Abs. 4b EStG) 179
    3.6 Steuerbilanzielle Bildung von Bewertungseinheiten bei
       Absicherung finanzwirtschaftlicher Risiken (§ 5 Abs. 1a
       EStG) 180

IV. Gewerblicher Grundstückshandel 183
Schrifttum 183
  1 Dauerbrenner-Thema in der Betriebsprüfung 184
  2 Probleme bei der Abgrenzung der Gewerblichkeit 185
  3 Die Drei-Objekt-Grenze ist ein wichtiges, aber nicht immer
    allein entscheidendes Kriterium 186

4 Einzelfragen der Abgrenzung zwischen privater Vermögensverwaltung und Gewerbebetrieb 196
   4.1 Fünf-Jahres-Zeitraum: geringfügige Überschreitung schadet nicht 196
   4.2 Was zu den „Objekten" i. S. der „Drei-Objekt-Grenze" zählt 198
   4.3 Eine bedingte Veräußerungsabsicht ist schwer zu widerlegen 204
   4.4 Branchennähe stützt die bedingte Veräußerungsabsicht 207
   4.5 Erbfälle bleiben unberücksichtigt – Ausnahme ist der Erwerb i. R. der vorweggenommenen Erbfolge 209
   4.6 Gewerblicher Grundstückshändler ist, wer Erschließungsmaßnahmen in „eigener Regie" durchführt 209
   4.7 Aufteilung in Eigentumswohnungen 210
   4.8 Drei-Objekt-Grenze: Keine Abschirmwirkung von Personengesellschaften 211
   4.9 Drei-Objekt-Grenze: Eingeschränkte Abschirmwirkung der GmbH 215
5 Beginn des gewerblichen Grundstückshandels; Ermittlung des Veräußerungsgewinns 218
   5.1 Zeitpunkt der Fertigstellung als Beginn des gewerblichen Grundstückshandels 218
   5.2 Ermittlung des Veräußerungsgewinns 219
6 Unterbrechung und Ende eines gewerblichen Grundstückshandels 221
7 Folgen des gewerblichen Grundstückshandels 223
8 Strategien zur Vermeidung eines gewerblichen Grundstückshandels 227
   8.1 Strikte Trennung privat gehaltener Immobilien 227
   8.2 Durch geschicktes Agieren kann die Drei-Objekt-Grenze angehoben werden 227
   8.3 Nutzung der Drei-Objekt-Grenze durch Großobjekte 228
   8.4 Vermeidung von „typischen Bauträgertätigkeiten" 229
   8.5 Ausländische Grundstücksgesellschaften 229
9 Streitpunkt gewerblicher Grundstückshandel: In der Betriebsprüfung sind gute Argumente gefordert 230

V. Gesellschafter-Geschäftsführer-Vergütung 231
Schrifttum 231
   1 Wirksamer Anstellungsvertrag mit dem Geschäftsführer 233
   2 Angemessenheit der Gesamtbezüge eines Gesellschafter-Geschäftsführers 235
      2.1 Rechtsprechung des BFH 235
      2.2 Allgemeine Grundsätze zur Bestimmung der Angemessenheit 236

2.3	Art und Umfang der Tätigkeit	237
2.4	Ertragsaussichten der Gesellschaft	241
2.5	Fremdvergleich	242
2.6	Zuschläge	243
3 Tantieme		244
3.1	Bedeutung in der Praxis	244
3.2	Wirksame Vereinbarung	245
3.3	Angemessenheit der Tantieme	247
3.4	Umsatztantieme	251
4 Pensionszusage		252

VI. Geschenke und Bewirtungskosten ... 269

Schrifttum ... 269

1 Erhöhtes Mehrergebnis durch formelle Aufzeichnungspflichten ... 269
2 Geschenke ... 270
   2.1 Begriff der Aufwendungen für Geschenke ... 270
   2.2 Unentgeltlichkeit der Zuwendung ... 272
   2.3 Gegenstand des Geschenks ... 274
   2.4 Wertgrenze ... 275
   2.5 Empfänger von Geschenken: keine Arbeitnehmer ... 275
   2.6 Rechtsfolge ... 276
   2.7 Umsatzsteuer ... 277
3 Bewirtungsaufwendungen ... 277
   3.1 Abgrenzungen zu den Aufwendungen der Lebensführung ... 279
   3.2 Definition des Bewirtungsbegriffs ... 283
   3.3 Bewirtung aus geschäftlichem Anlass ... 286
   3.4 Nachweis der Höhe und der betrieblichen Veranlassung ... 288
   3.5 Verhältnis zwischen Bewirtungsaufwendungen und Geschenken ... 291
4 Aufzeichnungspflichten ... 291
   4.1 Allgemeines ... 291
   4.2 Anforderungen an die Aufzeichnungen ... 292
   4.3 Folgen unrichtiger Verbuchung ... 294

VII. Liebhaberei im Brennpunkt der Betriebsprüfung ... 297

Schrifttum ... 297

1 Grundsätze der Liebhaberei ... 299
2 Fehlende Einkünfteerzielungsabsicht ... 303
   2.1 Persönliche Gründe der Lebensführung ... 304
   2.2 Von Beginn an ausschließlich persönliche Gründe (Wechsel zwischen Einkunftserzielungsabsicht und persönlichen Gründen) ... 309
   2.3 Feststellungslast ... 313
3 Totalgewinn ... 314

Inhaltsverzeichnis

    4 Einzelfragen 322
        4.1 Besonderheiten bei den Einkünften aus Vermietung und
            Verpachtung 322
        4.2 Anwendungsfragen bei Personenmehrheiten (Personen-
            gesellschaften und vergleichbare Gemeinschaftsver-
            hältnisse) 342
    5 Körperschaftsteuer 347
    6 Umsatzsteuer 347

VIII. Das Benennungsverlangen der Finanzämter gem. § 160 AO 349
Schrifttum 349
    1 Kein Betriebsausgabenabzug bei unerwünschten Geschäften 349
        1.1 Bedeutung der Vorschrift für die Stpfl. 349
        1.2 Benennung des Zahlungsempfängers für den Betriebsaus-
            gabenabzug 350
        1.3 Verhinderung von Steuerausfällen 351
        1.4 Keine Ermittlungspflicht 351
        1.5 Verhältnis zu anderen Vorschriften 352
    2 Begriff der Schulden und Lasten 354
    3 Verlangen der Finanzbehörde zur Empfängerbenennung 355
        3.1 Rechtsnatur des Verlangens 355
        3.2 Ermessenscharakter des Benennungsverlangens 355
        3.3 Genaue Bezeichnung des Empfängers 360
        3.4 Kein Einfluss auf Auskunftsverweigerungsrechte 366
    4 Rechtsfolgen der Nichterfüllung des Benennungsverlangens 367
    5 Verfahrensfragen 369

**IX. Private Nutzung betrieblicher Kfz; Anforderungen an ein
Fahrtenbuch** 373
Schrifttum 373
    1 Vorbemerkungen 375
        1.1 Keine einheitliche Betrachtungsweise bei Ertragsteuern
            und Umsatzsteuer 383
        1.2 Fahrtenbuchregelung 384
        1.3 Schätzung des nichtunternehmerischen Nutzungsanteils 384
    2 Fahrtenbuch mit Kostendeckelung 385
    3 Gesetzliche Neuregelung 385
    4 Praktische Auswirkungen (Fallbeispiele) 387
    5 Anforderungen an ein ordnungsgemäß geführtes
        Fahrtenbuch 389

**X. Der Investitionsabzugsbetrag gem. § 7g EStG nach der
Unternehmenssteuerreform 2008** 399
Schrifttum 399
    1 Gründe für die Neufassung des § 7g EStG 402
    2 Grundelemente der neuen Fördersystematik 409

11

Inhaltsverzeichnis

3	Förderfähige Betriebe	411
	3.1 Definition der Betriebsvermögensgrenze	411
	3.2 Gestaltungsmöglichkeiten	415
	3.3 Besonderheiten bei Betrieben der Land- und Forstwirtschaft	415
	3.4 Bestimmung des Investitionszeitraums	416
	3.5 Erstreckung des Investitionsabzugsbetrags auf Betriebsstätten in der EU	417
4	Konkretisierung der Investitionen	418
	4.1 Dokumentation der Investitionsabsichten	418
	4.2 Finanzierungszusammenhang betr. Bildung des Investitionsabzugsbetrags und der Investition	419
	4.3 Probleme bei der nachträglichen Geltendmachung des Investitionsabzugsbetrags	421
	4.4 Weitere Einzelfragen	422
5	Verbleibensvoraussetzungen	423
6	Bezeichnung des Wirtschaftsgutes	424
	6.1 Alte Rechtslage	424
	6.2 Neue Rechtslage	428
7	Berechnung des Höchstbetrages	429
8	Besonderheiten bei geringwertigen Wirtschaftsgütern	430
9	Entstehen von Verlusten	432
10	Auflösung des Investitionsabzugsbetrages	432
	10.1 Allgemeines	432
	10.2 Übereinstimmung zwischen den tatsächlichen und prognostizierten Anschaffungskosten	433
	10.3 Tatsächliche Anschaffungskosten sind höher als die prognostizierten	434
	10.4 Tatsächliche Anschaffungskosten sind niedriger als die prognostizierten	434
	10.5 Folgen einer Nichtinvestition	435
	10.6 Konsequenzen bei Verstoß gegen die Verbleibens- und/oder Nutzungsvoraussetzungen	438
11	Verfahrensfragen	440
12	Sonderabschreibungen	442
13	Anwendung auf Personengesellschaften und Gemeinschaften	443

XI. Spezifische Prüfungsschwerpunkte im Baugewerbe ... 445
Schrifttum ... 445

1	Branchenspezifische Besonderheiten im Baugewerbe und deren Ursachen	445
2	Nachversteuerung von verkürzten Beträgen	449
3	Streichung des Betriebsausgabenabzugs wegen fehlender oder unzureichender Empfängerbenennung	450
4	Probleme bei der Geltendmachung des Vorsteuerabzugs	454

XII. Steuerchaos Gaststättengewerbe ... 461
Schrifttum ... 461
  1 Wirtschaftliches Umfeld der Branche ... 462
  2 Ordnungsmäßigkeit der Buchführung ... 463
    2.1 Allgemeines ... 463
    2.2 Folgen der Schätzung ... 472
  3 Umkippen eines Besteuerungsverfahrens in ein Steuerstrafverfahren ... 472
    3.1 Strafrechtliche Risiken für Großhändler ... 472
    3.2 Spezifische Risiken für involvierte Berater (und Geschäftspartner) ... 472

XIII. Einführung von innerbetrieblichen Kontrollsystemen (Tax Compliance) ... 475
Schrifttum ... 475
  1 Einführung in die Problematik (Paradigmenwechsel vom gezielten Steuerschummler zum perfektionierten Steuerpflichtigen mit etablierter Selbstkontrolle) ... 476
  2 Tax Compliance: Nachhaltige Entwicklung über beratergetriebenen Hype ... 479
  3 Inhaltliche Ausgestaltung von Tax Compliance ... 480
    3.1 Tax-Compliance-Organisation ... 480
    3.2 Tax-Compliance-Risiken ... 481
    3.3 Tax-Compliance-Programm ... 481
    3.4 Tax-Compliance-Kommunikation ... 482
    3.5 Tax-Compliance-Überwachung und -Verbesserung ... 482
  4 Bedeutung von IDW PS 980 und IDW Praxishinweis ... 483
    4.1 Kernaussagen ... 484
    4.2 Pflicht zur Anwendung ... 485
    4.3 Prüfung des Tax CMS ... 485
    4.4 Fazit ... 486
  5 Zur Rechtsschutzwirkung einer Tax-Compliance-Organisation ... 486

Stichwortverzeichnis ... 489

I. Betriebsaufspaltung im Blickwinkel der Betriebsprüfung

Schrifttum:

Bücher, Monographien, Kommentare: Brandmüller, Die Betriebsaufspaltung nach Handels- und Steuerrecht, 7. Aufl., Heidelberg 1997; Carlé, Die Betriebsaufspaltung, 2. Aufl., Köln 2014; Dehmer, Die Betriebsaufspaltung, 4. Aufl., München 2018; Felix (Hrsg.), Kölner Handbuch der Betriebsaufspaltung und Betriebsverpachtung, 4. Aufl., Köln 1979; Fichtelmann, Betriebsaufspaltung im Steuerrecht, 10. Aufl., Heidelberg 1999; Kaligin, Die Betriebsaufspaltung, 11. Aufl., Berlin 2019; Söffing/Micker, Die Betriebsaufspaltung, 7. Aufl. Herne 2019; Zartmann, Unternehmensform nach Maß, 2. Aufl., Stuttgart, Wiesbaden 1977.

Aufsätze (Auswahl): Bachmann/Richter, Die steuerneutrale Umstrukturierung der Erbengemeinschaft, DB 2014, 1282; Barth, Die Betriebsaufspaltung – ein klassisches Beispiel für die Grenzen der Rechtsprechung in Steuersachen, DB 1985, 510; Binz/Fraidenberg/Sorg, Die „wesentliche Betriebsgrundlage" im Ertragsteuerrecht, DStR 1993, 3; Bleschick, Bagatellgrenze für die Nichtanwendung der Abfärberegelung in § 15 Abs. 3 Nr. 1 EStG – Leitende und eigenverantwortliche Berufsausübung i. S. des § 18 Abs. 1 Nr. 1 Satz 2 EStG, StuB 2015, 390; Bordewin, Gewinnrealisierung bei Beendigung einer Betriebsaufspaltung, NWB, Fach 18, 2731; Crezelius, „Einheitsbilanzierung" bei Betriebsaufspaltung?, DB 2012, 651; Crezelius, Restriktionen steuerrechtlicher Subsysteme, FR 2013, 1065; Döllerer/Thurmayr, Beendigung der Betriebsaufspaltung – Konsequenzen für die Anteile an der Betriebskapitalgesellschaft, DStR 1993, 1465; Dreßler, Betriebsaufspaltung: Keine Abfärbewirkung auf transparente Betriebsgesellschaften, DStR 2013, 1818; Dreßler, Neues zur Betriebsaufspaltung – ein Überblick über die aktuelle BFH-Rechtsprechung, Ubg 2014, 240; Felix, Keine Betriebsaufspaltung bei fehlender beidseitiger Ehegattenbeteiligung, GmbHR 1973, 184; Felix, Zur Einkunftsqualifikation des Nur-Besitzgesellschafters, BB 1985, 1970; Fichtelmann, Betriebsaufspaltung im Steuerrecht, NWB, Fach 18, 2523; Fichtelmann, Ausgewählte Fragen zur Betriebsaufspaltung, GmbHR 2006, 345; Günther, Betriebsaufspaltung, EStB 2014, 216; Günther, Vermeidung der Betriebsaufgabe durch Betriebsverpachtung im Ganzen (Teil I), EStB 2020, 401; Hage/Hoffmann, Betriebsaufspaltung durch Einstimmigkeitsabrede vermeiden, Stbg 2019, 217; Haverkamp, Betriebsaufspaltung über die Grenze – Ein Steuersparmodell?, IStR 2008, 165; Hubert, Steuerneutrale Beendigung von Betriebsaufspaltungen außerhalb des UmwStG, StuB 2020, 8; Husmann/Strauch, Zur steuerlich optimalen Gestaltung einer Doppelgesellschaft – Ein erweitertes Wiesbadener Modell, StuW 2006, 221; Kaligin, Betriebsaufspaltung über die Grenze, WPg 1983, 457; Kaligin, Diffuse Erosionsprozesse beim Rechtsinstitut der Betriebsaufspaltung, DStZ 1986, 131; Kaligin, Fiskalische Konsequenzen des Umkippens einer Betriebsaufspaltung in eine Betriebsverpachtung, BB 1996, 2017; Kempermann, Grundstücke als wesentliche Betriebsgrundlage in der neueren Rechtsprechung zur Betriebsaufspaltung, FR 1993, 593; Kesseler, Zivilrechtliche Fragen des Wiesbadener Modells, DStR 2015, 1189; Kloster/Kloster, Zurechnung von Wirtschaftsgütern bei mitunternehmerischer Betriebsaufspaltung, GmbHR 2000, 111; Köhler, Gesetzliche Betriebsfortführungsfiktion bei der Betriebsverpachtung, StBp 2014, 73; Kohlhepp, Betriebsaufspaltung bei Verpachtung über Zwischengesellschaften, DStR 2014, 1143; Kolbe, Die Bilanzierung des Instandhaltungsanspruchs nach § 535 Abs. 1 Satz 2 BGB bei Miete und Pacht, StuB 2015, 530; Leineweber, Betriebsaufspaltung in der Form der sog. Null-Beteiligung zwischen Ehegatten, NWB, Fach 18, 2671; Lange/Inkemann, Keine Pflicht zur Aktivierung eines Instandhaltungsanspruchs – BFH, Urteil vom 12.02.2015 IV R 29/12, NWB 2015, 2054; Levedag, Die Betriebsaufspaltung im Fadenkreuz der Unternehmensteuerreform 2008 und des Jahressteuergesetzes 2008 – eine Bestandsaufnahme, GmbHR 2008, 281; Levedag, BFH: Personelle Verflechtung bei von Geschäftsführung ausgeschlossenem Nur-Besitz-Gesellschafter und bei Möglichkeit zur Umgehung des § 181 BGB durch geschäftsführende Doppelgesellschafter, GmbHR 2020, R 344; List, Die phasengleiche Aktivierung von Dividendenansprüchen – ein Problem zwischen EuGH, BGH und BFH –, WM 2001, 941; Micker, Aktuelle Praxisfragen der Betriebsaufspaltung,

I. Betriebsaufspaltung im Blickwinkel der Betriebsprüfung

DStR 2012, 589; Micker/Albermann, Personelle Verflechtungen im Rahmen einer Betriebsaufspaltung – Aktuelle Fragen zu Einstimmigkeitsabreden und (Vorsorge-)Vollmachten, DStZ 2020, 750; Micker/Schwarz, Aktuelle Anwendungsfragen der Betriebsaufspaltung, FR 2017, 265; Mindermann/Lukas, Gewinnerzielungsabsicht bei Betriebsaufspaltung – Steuerliche und betriebswirtschaftliche Voraussetzungen, NWB 2019, 2855; Neufang, Die – bisher – nicht erkannte Betriebsaufspaltung, StBp 1989, 277; Neufang, Keine Zwangsbetriebsaufgabe bei Wegfall der personellen Verflechtung bei der Betriebsaufspaltung, StBp 2019, 283; Neufang, Praxisfragen zur Entstehung und Beendigung einer Betriebsaufspaltung, StB 2020, 693; Ott, Absicherung und steuerneutrale Beendigung der Betriebsaufspaltung, DStZ 2019, 693; Ott, Beendigung und Umstrukturierung der Betriebsaufspaltung, StuB 2020, 693; Schmidt. L., In den Grenzbereichen von Betriebsaufgabe, Betriebsverpachtung, Betriebsaufspaltung, DStR 1979, 671 und 699; Schulze zur Wiesche, Grenzüberschreitende Betriebsaufspaltung, BB 2013, 2463; Schulze zur Wiesche, Freiberufliche Tätigkeit und Betriebsaufspaltung, DStZ 2018, 472; Schulze zur Wiesche, Betriebsaufspaltung in der BFH-Rechtsprechung der Jahre 2017–2019, DStZ 2019, 867; Schulze zur Wiesche, Die Rechtsprechung des BFH zur Personengesellschaft 2019, StBp 2020, 78; Stiller, Grenzüberschreitende Betriebsaufspaltung und ihre Beendigung, IStR 2018, 328.

Verwaltungsanweisungen:

BMF, Schreiben vom 29.03.1985, IV B 2 – S 2241 – 22/85, BStBl. I 1985, 121 betr. Betriebsaufspaltung; hier: Bedeutung des BFH-Urteils vom 09.11.1983, I R 174/79, BStBl. II 1984, 212 – Erfordernis der Einstimmigkeit

BMF, Schreiben vom 18.11.1986, IV B 2 – S 2240 – 25/86 II, BStBl. I 1986, 537 betr. personelle Verflechtung bei Betriebsaufspaltung; hier: Zusammenrechnung von Ehegattenanteilen

BMF, Schreiben vom 23.01.1989, IV B 2 – S 2241 – 1/89, BStBl. I 1989, 39 betr. Bedeutung der Einstimmigkeitsabrede beim Besitzunternehmen im Rahmen einer Betriebsaufspaltung; hier: Anwendung des BFH-Urteils vom 29.10.1997, VIII R 5/87

OFD Düsseldorf, Verfügung vom 19.03.1990, S 1978 A– St – 13 H/S 2142 A – St 11 H G, GmbHR 1990, 240 betr. Anwendung der §§ 20, 21 UmwStG bei der sog. verschleierten Sachgründung einer Kapitalgesellschaft – Betriebsaufspaltung und Betriebsverpachtung

OFD Münster, Verfügung vom 28.01.1993, S2139 – 111 – St 12 – 31, FR 1993, 244 betr. wesentliche Betriebsgrundlagen bei der Verpachtung eines landwirtschaftlichen Betriebs

OFD München, Verfügung vom 21.12.1994, S2240 – 21/2 – St 41, DB 1995, 118 betr. sachliche Verflechtung im Rahmen einer Betriebsaufspaltung – Folgen aus dem BFH-Urteil vom 26.05.1993, BStBl. II 1993 718 = DB 1993 1903

BMF, Schreiben vom 25.03.1998, IV B 2 – S 1978 – 21/98/IV B 2 – S 1909 – 33/98, BStBl. I 1998, 268 betr. Umwandlungssteuergesetz (UmwStG); Zweifels- und Auslegungsfragen

BMF, Schreiben vom 27.03.1998, IV B 2 – S 2240 – 41/98, DStR 1998, 766 betr. Übernahme von betrieblichen Verbindlichkeiten durch das Betriebsunternehmen bei Übertragung von Wirtschaftsgütern bei Betriebsaufspaltungen

BMF, Schreiben vom 28.04.1998, IV B 2 – S 2241 – 42/98, BStBl. I 1998, 583 betr. 1. Sonderbetriebsvermögen bei Vermietung an eine Schwester-Personengesellschaft; Anwendung der BFH-Urteile vom 16. Juni 1994 (BStBl. 1996 II, 382), vom 22.11.1994 (BStBl. 1996 II, 93) und vom 26.11.1996, BStBl. II 1998, 328 2. Verhältnis zu § 15 Abs. 1 Nr. 2 EStG zur mitunternehmerischen Betriebsaufspaltung; Anwendung des BFH Urteils vom 23.04.1996, VIII R 13/95,(BStBl. II 1998, 325)

BMF, Schreiben vom 07.06.2001, IV A 6 – S 2241 – 52/01, BStBl. I 2001, 367 betr. Auslegung des § 6 Abs. 5 Satz 3 EStG i. d. F. des StSenkG; Sitzung ESt I/2001 außerhalb der TO; Sondersitzung der ESt-Referatsleiter zu einkommensteuerlichen Zweifelsfragen zum Steuersenkungsgesetz vom 16. bis 17.05.2001 – Top 17.1

BMF, Schreiben vom 18.09.2001, IV A 6 – S 2240 – 50/10, BStBl. I 2001, 634 betr. Büro und Verwaltungsgebäude als wesentliche Betriebsgrundlage im Rahmen einer Betriebsaufspaltung; Anwendung des BFH-Urteils vom 23.05.2000, BStBl. II 2000, 621

1 Die Bedeutung der Betriebsaufspaltung für die (mittelständische) Wirtschaft

BMF, Schreiben vom 20.12.2001, IV A 6 – S 2240 – 97/01, BStBl. I 2002, 88 betr. Büro- und Verwaltungsgebäude als weitere wesentliche Betriebsgrundlage einer Betriebsaufspaltung; BMF Schreiben vom 18.09.2001, BStBl. I 2001, 634

BMF, Schreiben vom 07.02.2002, IV A 6 – S 2241 – 94/01, DStR 2001, 635 betr. Auslegung des § 6 Abs. 5 Satz 3 Nr. 1 EStG i.d.F. des UntStFG bei Übertragung von Einzelwirtschaftsgütern einer Kapitalgesellschaft oder Mitunternehmerschaft in das Gesamthandsvermögen einer Mitunternehmerschaft

BMF, Schreiben vom 12.06.2002, IV A 6 – S 2240 – 70/02, BStBl. I 2002, 647 betr. Büro- und Verwaltungsgebäude als wesentliche Betriebsgrundlage im Rahmen einer Betriebsaufspaltung

BMF, Schreiben vom 07.10.2002, IV A 6 – S 2240 – 134/02, BStBl. I 2002, 1028 betr. Bedeutung von Einstimmigkeitsabreden beim Besitzunternehmen für das Vorliegen einer personellen Verflechtung im Rahmen einer Betriebsaufspaltung; Anwendung der BFH-Urteile vom 21.01.1999, IV R 96/96, BStBl. II 1999, 771, vom 11.05.1999, VIII R 72/96, BStBl. II 2002, 722 und vom 15.03.2000, VIII R 82/98, BStBl. II 2002, 774

FinMin Saarland, Erlass vom 19.05.2003, B/2 – 74/2003 – S 2241, DStR 2003, 1120 betr. Anwendung des § 6 Abs. 5 Satz 3 Nr. 1 EStG bei Übertragung von Einzelwirtschaftsgütern aus dem Betriebsvermögen einer Kapitalgesellschaft oder Mitunternehmerschaft in das Gesamthandsvermögen einer Mitunternehmerschaft, an der der Übertragende beteiligt ist

BMF, Schreiben vom 03.03.2005, IV B 2 – S 2241 – 14/05, BStBl. I 2005, 458 betr. Zweifelsfragen zu § 6 Abs. 3 EStG i.d.F. des Unternehmenssteuerfortentwicklungsgesetzes vom 20.12.2001 (UntStFG BGBl. I 2001, 3858) in Zusammenhang mit der unentgeltlichen Übertragung von Mitunternehmeranteilen mit Sonderbetriebsvermögen sowie Anteilen an Mitunternehmeranteilen mit Sonderbetriebsvermögen

BMF, Schreiben vom 08.12.2011, IV C 6 – S 2241/10/10002 DOK 20111/0973858, BStBl. I 2011, 1279 betr. Zweifelsfragen zur Übertragung und Überführung von einzelnen Wirtschaftsgütern nach § 6 Abs. 3 EStG

BMF, Schreiben vom 21.12.2015, IV B 5 – S 1300/14/10007 DOK 2015/1035715, BStBl. I 2016, 7 betr. Anwendung des § 50i Absatz 2 EStG i.d.F. des Gesetzes zur Anpassung des nationalen Steuerrechts an den Beitritt Kroatiens zur EU und zur Änderung weiterer steuerlicher Vorschriften vom 25. Juli 2014 (BGBl. I 1266)

BMF, Schreiben vom 22.11.2016, IV C 6 – S 2242/12/10001 DOK 2016/1005711, BStBl. I 2106, 1326 betr. Anwendungsschreiben zu § 16 Abs. 3b EStG

OFD Frankfurt a.M. Verfügung vom 10.04.2019 – S 2241 A-117-St 213 DStR 2019, 1357 betr. Zweifelsfragen zur Übertragung und Überführung von einzelnen Wirtschaftsgütern nach § 6 Abs. 5 EStG

BMF, Schreiben vom 20.11.2019, IV C 6 – S 2241/15/10003 DOK 2019/0964762 BStBl. I 2019, 1291 betr. Zweifelsfragen zu § 6 Absatz 3 EStG im Zusammenhang mit der unentgeltlichen Übertragung von Mitunternehmeranteilen mit Sonderbetriebsvermögen und von Anteilen an Mitunternehmeranteilen mit Sonderbetriebsvermögen sowie mit der unentgeltlichen Aufnahme in ein Einzelunternehmen; Verhältnis von § 6 Absatz 3 zu § 6 Absatz 5 EStG

1 Die Bedeutung der Betriebsaufspaltung für die (mittelständische) Wirtschaft

Aufgrund der hochgradigen Flexibilität war die Betriebsaufspaltung insbesondere für die mittelständische Wirtschaft jahrzehntelang die attraktivste Unternehmensform. Durch diese Mischform konnten die Vorteile der einzelnen Rechtsformen von Personen- bzw. Kapitalgesellschaften miteinander kombiniert werden.

I. Betriebsaufspaltung im Blickwinkel der Betriebsprüfung

Die in der Praxis vorzufindenden Erscheinungs- und Variationsformen der Betriebsaufspaltung können folgender Tabelle entnommen werden:

Besitzunternehmen	Betriebsunternehmen	Vertriebsunternehmen
Besitzpersonenunternehmen (Einzelunternehmen, Personengesellschaft, Miteigentümergemeinschaft)	Betriebskapitalgesellschaft	
Besitzpersonenunternehmen	Betriebskapitalgesellschaft	Vertriebskapitalgesellschaft
	Betriebskapitalgesellschaft	Vertriebskapitalgesellschaft
	Betriebskapitalgesellschaft	Vertriebspersonenunternehmen (Gesellschaft oder Einzelunternehmen)
Besitzkapitalgesellschaft	Betriebskapitalgesellschaft	Vertriebskapitalgesellschaft
Besitzkapitalgesellschaft	Betriebskapitalgesellschaft	
Besitzkapitalgesellschaft Besitzkapitalgesellschaft II	Betriebspersonengesellschaft	
Besitzpersonenunternehmen	Betriebskapitalgesellschaft Betriebskapitalgesellschaft II	

Insbesondere sind Vorteile in folgenden Bereichen zu nennen:
- Haftungsbeschränkung (begrenzte Freistellung des wertvollen Anlagevermögens)
- Erleichterung der Erbfolge durch abgestimmte Verteilung der Vermögenskomplexe der Besitz- und Betriebsgesellschaft auf die hierfür geeigneten Erben
- größere Transparenz hinsichtlich der internen und externen Beurteilung der Unternehmenssituation durch mehrfache Aufspaltung in gesonderte Betriebsbereiche (z. B. Einkauf, Herstellung, Vertrieb, sonstige unternehmerische Aktivitäten)
- Ausnutzung von Standortvorteilen (z. B. durch Gründung von Einkaufs- oder Vertriebsgesellschaften im Ausland)
- Minimierung der Publizitätspflichten nach dem Bilanzrichtliniengesetz
- Vermeidung des Wirtschaftsausschusses nach dem Betriebsverfassungsgesetz
- Steueroptimierung durch die individuelle Nutzung der Vorzüge der einzelnen Unternehmensformen respektive Personen- und Kapitalgesellschaften
- Ausnutzung des Teileinkünfteverfahrens durch Thesaurierung der Gewinne in der Betriebsgesellschaft nach der Unternehmenssteuerreform
- Thesaurierung von Gewinnen in der Betriebsgesellschaft
- mehrfache Ausschöpfung von Freibeträgen

Die Betriebsaufspaltung hat jedoch einen deutlichen Dämpfer durch das **Steuerentlastungsgesetz 1999/2000/2002** dergestalt erfahren, dass die grundsätzlich erfolgsneutrale Begründung einer Betriebsaufspaltung zu Buchwerten verbaut wurde.

Darüber hinaus hat die Rechtsprechung des BFH der langfristigen Aufrechterhaltung einer Betriebsaufspaltung für mehrere Generationen weitere Stolpersteine in den Weg gelegt, da bei Beendigung der Betriebsaufspaltung sämtliche stillen Reserven sowohl im Besitz- als auch im Betriebsunternehmen aufzudecken sind (sofern nicht präventive Auffanggestaltungen gewählt werden).

Einige Rechtsexperten sprechen sogar davon, dass die Betriebsaufspaltung an Attraktivität verloren hat und daher auf die klassischen Unternehmensformen wie GmbH und GmbH & Co. KG zurückgegriffen werden sollte, da diese Unternehmensformen als leichter zu handhaben und zu kalkulieren gelten.

Die Betriebsaufspaltung eröffnet für Mandanten und deren Berater flexible Möglichkeiten, unternehmensspezifische und in der Struktur der Anteilseigner liegende unterschiedliche Interessen miteinander individuell zu optimieren.

Aufgrund der sich ständig ändernden Rechtsgrundlagen ist jedoch die Unternehmensform „Betriebsaufspaltung" äußerst beratungsintensiv. Die Unternehmensstruktur muss im Blickwinkel der sich ständig ändernden zivil- und steuerrechtlichen Rechtsprechung möglicherweise permanent angepasst werden.

Darüber hinaus ist darauf hinzuweisen, dass die Betriebsaufspaltung für den steuerlichen Berater mit erheblichen Haftungsrisiken verbunden ist. Als klassische Haftungsfalle ist insbesondere das Umkippen einer Betriebsaufspaltung in eine Betriebsverpachtung zu nennen, wo in steuerschädlicher Weise – ohne korrespondierenden Liquiditätszufluss – erhebliche Steuermehrbelastungen auftreten können.

Die Betriebsaufspaltung erfordert vom Berater eine erhebliche Professionalität. Bei Unsicherheiten sollten Sie deshalb auf Spezialisten zurückgreifen.

2 Fehlende Rechtsgrundlagen der Betriebsaufspaltung im Steuerrecht

Ein großes Manko besteht dahingehend, dass die „Unternehmensform Betriebsaufspaltung" praktisch (von wenigen Ausnahmen einmal abgesehen) weder im Wirtschaftsrecht noch im Steuerrecht als eigenständige Rechtsform kodifiziert ist. I. R. einer geplanten Gesetzesänderung des § 15 EStG sollte klargestellt werden, dass es sich bei der Vermietung und Verpachtung betrieblicher Wirtschaftsgüter i. R. einer Betriebsaufspaltung um eine gewerbliche Tätigkeit handelt (BR-Drucks. 165/85 vom 12.04.1985 und BT-Drucks. 10/3663 vom 19.07.1985 [RegE eines Gesetzes zur vordringlichen Regelung von Fragen der Besteuerung von Personengesellschaften]).

Von einer Kodifizierung des Rechtsinstituts wurde jedoch Abstand genommen. Die Rechtsprechung hat nunmehr klargestellt, dass trotz der Aufgabe der Geprägerechtsprechung weiterhin am Rechtsinstitut der Betriebsaufspaltung festgehalten wird (BFH, Urteil vom 12.11.1985, VIII R 240/81, BStBl. II 1986, 296; vom 23.10.1986, IV R 214/84, BStBl. II 1987, 120 [121] st. Rspr.).

Neue partielle Unsicherheit ist für das Rechtsinstitut der Betriebsaufspaltung zwischenzeitlich dadurch ausgelöst worden, dass die **Übertragung einzelner Wirtschaftsgüter zu Buchwerten** vom Mitunternehmen auf eine Betriebskapitalgesellschaft ab dem 01.01.1999 durch das Steuerentlastungsgesetz 1999/2000/2002 nicht mehr möglich ist, weil § 6 Abs. 6 Satz 2 EStG bestimmt, dass sich bei der Übertragung einzelner Wirtschaftsgüter im Wege der verdeckten Einlage die Anschaffungskosten der Beteiligung an der Kapitalgesellschaft um den Teilwert des eingelegten Wirtschaftsguts bzw. in den Sonderfällen des § 6 Abs. 1 Nr. 5 Satz 1 Buchst. a) EStG um den Einlagewert des Wirtschaftsguts erhöhen und damit i. d. R. Gewinn realisiert wird (dazu noch später). Aus dieser (umstrittenen) Gesetzesänderung wurde zeitweise gefolgert, dass hiermit indirekt die Rechtsgrundlage der Betriebsaufspaltung überhaupt in Frage gestellt wird, Wacker. Auch aufgrund dieser gesetzgeberischen Turbulenzen wird im Ergebnis die Auffassung vertreten, dass am Fortbestand des Rechtsinstituts der Betriebsaufspaltung keine Zweifel bestehen (D. Carlé, in: Carlé, Die Betriebsaufspaltung, Tz. 1 bis 15).

Nach dem Vorsitzenden des I. Senats des BFH beruht das Rechtsinstitut der Betriebsaufspaltung auf einer wertenden Betrachtung des richtig verstandenen Gewerbebetriebsbegriffs i. S. v. § 15 EStG (so nunmehr Wacker, in: Schmidt, EStG, 39. Aufl. 2020, § 15 Rdnr. 807).

3 Abgrenzung zu Mitunternehmerschaft, Betriebsverpachtung und Betriebsführungsvertrag

3.1 Abgrenzung zur Mitunternehmerschaft

Das Konkurrenzverhältnis zwischen der Mitunternehmerschaft (§ 15 Abs. 1 Nr. 2 EStG) und der Betriebsaufspaltung wird nach h. M. dahingehend gelöst, dass die gesetzlich geregelte Mitunternehmerschaft dem von der Rechtsprechung kreierten Institut der Betriebsaufspaltung im Wege der Spezialität vorgeht (BFH, Urteil vom 03.02.1994, III R 23/89, BStBl. II 1994, 709 [711]).

Dies bedeutet, dass der (die) Besitzunternehmer Mitunternehmer der Betriebsgesellschaft sein kann (können), wobei Letztere zwangsläufig Mitglied der Mitunternehmerschaft sein wird. Dies hätte die steuerschädliche Folge, dass sämtliche Tätigkeitsvergütungen des Mitunternehmers der Gewerbesteuer unterliegen. **Sonderregelungen gelten im Fall der mitunternehmerischen Betriebsaufspaltung.**

Hierbei muss jedoch hervorgehoben werden, dass der klassische Prototyp der Betriebsaufspaltung nicht die Mitunternehmerschaftskriterien erfüllt. Die Ursache liegt darin, dass sich das Institut der Betriebsaufspaltung als „Rechtsform" mit seinen allseitig akzeptierten Rechtsfolgen anerkanntermaßen verselbständigt hat.

3 Abgrenzung

Für die Praxis stellt sich somit das Problem der Abgrenzung der Betriebsaufspaltung von der Mitunternehmerschaft nur bei atypischen Gestaltungen. Folgende Faustformel kann hierzu vorweggenommen werden: Je enger die vertragliche wirtschaftliche Bindung des Besitzunternehmens an die Betriebsgesellschaft ist, desto mehr wird die Konstruktion in die Nähe der Mitunternehmerschaft gerückt. Beherrscht der Besitzunternehmer also nicht nur die Betriebsgesellschaft, sondern erfüllt er darüber hinaus in Bezug auf den Betrieb der Besitzgesellschaft die Mitunternehmerschaftskriterien, dann liegt in toto eine Mitunternehmerschaft vor.

Bei der Häufung von folgenden Faktoren wird von der Rechtsprechung keine Betriebsaufspaltung, sondern eine Mitunternehmerschaft angenommen:

- abgesicherte Geschäftsführung des Besitzunternehmers mit erfolgsabhängigen Bezügen (Unternehmerrisiko); eine Mitunternehmerschaft zwischen Besitzgesellschaft, Betriebsgesellschaft und geschäftsführendem Gesellschafter wird dann für möglich gehalten, wenn diesem eine Tantieme in erheblichem Umfange (z. B. mehr als 10 %) zugestanden wird;
- aufgrund der Vertragsgestaltung ist der Besitzunternehmer in der Lage, alle unternehmerischen Entscheidungen allein zu treffen (komplexe Unternehmerinitiative);
- kurzfristig kündbarer Pachtvertrag;
- starke finanzielle Abhängigkeit der Betriebsgesellschaft von dem Besitzunternehmer (Unternehmerrisiko).

Ist die Betriebs-GmbH gleichzeitig Komplementärin der Besitz-GmbH & Co. KG, besteht die Gefahr, dass von der Finanzverwaltung eine einheitliche Mitunternehmerschaft angenommen wird.

Beherrscht der Besitzunternehmer dagegen nur die Betriebsgesellschaft (begrenzte Unternehmerinitiative), so ist selbst beim Vorliegen der sonstigen Merkmale ausschließlich eine Betriebsaufspaltung anzunehmen.

Die logisch nicht zwingenden und im Einzelfall auslegungsbedürftigen vagen Abgrenzungskriterien bringen für die Beratungspraxis erhebliche Risiken bei geplanten Betriebsaufspaltungen mit sich.

3.2 Abgrenzung zur Betriebsverpachtung

Das Rechtsinstitut der Betriebsverpachtung ist der Betriebsaufspaltung und der Mitunternehmerschaft nachgeordnet (L. Schmidt, DStR 1979, 671 [675], allgemeine Meinung).

Liegen also die Voraussetzungen einer Betriebsaufspaltung oder Mitunternehmerschaft vor, dann treten die Grundsätze der Betriebsverpachtung im Wege der Subsidiarität zurück. Hierbei muss hervorgehoben werden, dass die steuerlichen Voraussetzungen der Betriebsaufspaltung und der Mitunternehmerschaft so weit gezogen werden, dass der Anwendungsbereich der reinen Betriebsverpachtung nur sehr begrenzt ist.

Beim Beginn der Betriebsverpachtung wird dem Verpächter ein Wahlrecht eingeräumt. Er kann seinen Betrieb aufgeben und die stillen Reserven realisieren (§§ 16, 34 EStG); zukünftig erzielt er dann Einkünfte aus Vermietung und Verpachtung. Er kann stattdessen seinen Betrieb fortsetzen – was von der Finanzverwaltung bei fehlender Betriebsaufgabeerklärung unterstellt wird – mit der Folge, dass die Pachtzinsen Einkünfte aus Gewerbebetrieb darstellen, ohne jedoch der Gewerbesteuer zu unterliegen.

3.3 Abgrenzung zum Betriebsführungsvertrag

Eine weitere Variante der Betriebsüberlassungsverträge ist der Betriebsführungsvertrag. Im Anschluss an § 292 Abs. 1 Nr. 3 AktG wird unter einem Betriebsführungsvertrag der Fall verstanden, dass eine Gesellschaft eine andere Gesellschaft beauftragt, den Betrieb der erstgenannten Gesellschaft für deren Rechnung zu führen, und zwar entweder im Namen des Auftraggebers oder im eigenen Namen des Beauftragten. Hier liegt i. d. R. eine entgeltliche Geschäftsbesorgung (§ 675 BGB) vor.

Man unterscheidet zwischen dem nach außen in Erscheinung tretenden Pachtvertrag und dem nur im Innenverhältnis wirksamen Betriebsführungsvertrag, wobei beide steuerlich gleichbehandelt werden. An den Nachweis eines Betriebsführungsvertrages werden jedoch strenge Anforderungen gestellt. Folglich kann eine Betriebsaufspaltung – ohne Verpachtung der wesentlichen Betriebsgrundlagen – auch durch einen Betriebsführungsvertrag verwirklicht werden.

Der Auftraggeber, auf dessen Rechnung und Gefahr das Unternehmen weiterhin von der Betriebsgesellschaft geführt wird, bleibt Unternehmer. Er bleibt weiterhin Gewerbetreibender i. S. des § 15 Abs. 1 EStG. Im Gegensatz zur gewerblichen Betriebsverpachtung hat die überlassende Personengesellschaft keine Möglichkeit, durch eine Betriebsaufgabeerklärung das Betriebsvermögen in das Privatvermögen zu überführen. Die an die Betriebsführungsgesellschaft gezahlten Vergütungen stellen bei der überlassenden Gesellschaft grundsätzlich Betriebsausgaben dar, soweit sie betrieblich veranlasst sind. Bei der Betriebsführungsgesellschaft sind der Auslagenersatz und die gewährten Vergütungen grundsätzlich als Betriebseinnahmen zu behandeln (zur Vermeidung ertragsteuerlicher Gewinnrealisierungen bei Betriebsführungsverträgen siehe Kuhr, Ubg 2014, 776 ff.).

4 Voraussetzungen der Betriebsaufspaltung

Die Gewerbesteuerpflicht ist das zentrale Problem bei der Betriebsaufspaltung. Hieraus leiten sich alle anderen, die besonderen Fragen der Betriebsaufspaltung betreffenden Konsequenzen ab. Für die Frage, ob sich das Besitzunternehmen gewerblich betätigt, ist es nicht entscheidend, ob es mit dem Betrieb der Betriebsgesellschaft ein einheitliches Unternehmen bildet. Die gewerbesteuerliche Behandlung hat an sich von zwei Unternehmen auszugehen. Die Gewerbesteuerpflicht des Besitzunternehmens ist gegeben, wenn die personelle und sachliche Verflechtung der Besitzgesellschaft mit der Betriebsgesellschaft dergestalt ist, dass das Besitzunternehmen durch die Verpachtungstätigkeit über die Betriebskapitalgesellschaft am allgemeinen wirtschaftlichen Verkehr teilnimmt (BFH, Beschluss vom 08.11.1971 GrS 2/71, BStBl. II 1972, 63).

Die Gewerbesteuerpflicht des Besitzunternehmens kann nur einheitlich beurteilt werden. Sie erstreckt sich auf den Ertrag des gesamten Unternehmens, auch wenn nicht alle Gesellschafter zusätzlich an der Betriebsgesellschaft beteiligt sind. Auch diese Gesellschafter der Besitzgesellschaft sind Mitunternehmer (mitgefangen = mitgehangen; so BFH, Urteil vom 02.08.1972 IV 87/65, BStBl. II 1972, 796; verfassungsrechtlich gebilligt durch BVerfG, Beschluss vom 15.07.1974 1 BvR 500/72, HFR 74, 459). Bei der Betriebsaufspaltung gilt also das Prinzip: „Mitgefangen, mitgehangen", so dass auch Gesellschafter, die nicht an der Betriebsgesellschaft beteiligt sind, gewerblich „infiziert" werden. Es sollte daher bedacht werden, ob solche Gestaltungen sinnvoll sind und nicht durch anderweitige Restrukturierungsmaßnahmen verhindert werden können.

Der Annahme einer Betriebsaufspaltung steht weder entgegen, dass die Betriebskapitalgesellschaft allein kraft ihrer Rechtsform als Gewerbebetrieb anzusehen ist, noch dass deren Tätigkeit von der Gewerbesteuer befreit ist, (BFH, Urteil vom 19.02.2019, XR 42/16 BFH/NV 2019, 586).

4.1 Personelle Voraussetzungen

4.1.1 Mehrheit von Personen bei Besitz- und Betriebsgesellschaften (Bestimmung der erforderlichen Beteiligungsverhältnisse)

Ein essentielles Kriterium für die Anerkennung der Betriebsaufspaltung ist die personelle Verflechtung der Besitz- und Betriebsgesellschaft. Die Anwendung dieses Postulats bereitet jedoch der Praxis auch heute noch beträchtliche Schwierigkeiten. Es besteht jedoch kein zwingendes Erfordernis für eine Betriebsaufspaltung, dass an beiden Gesellschaften dieselben Personen (wenn auch mit unterschiedlichen Beteiligungsquoten) beteiligt sein müssen. Maßgebend sind hierbei die Verhältnisse des Einzelfalles. An den Nachweis des einheitlichen geschäftlichen Betätigungswillens sind strenge Anforderungen zu stellen (BFH, Beschluss vom 08.11.1971, GrS 2/71, BStBl. II 1972, 63; BFH, Urteil vom 16.05.2013, IV R 54/11, BFH/NV 2013, 1557).

Für das Vorliegen eines einheitlichen geschäftlichen Betätigungswillens kommt es nicht darauf an, ob durch besondere Bestimmungen in den Gesellschaftsverträgen oder durch andere besondere Vereinbarungen über Stimmrecht und Geschäftsführung das einheitliche Handeln der hinter den beiden Unternehmen stehenden Personen nachgewiesen ist; entscheidend und ausreichend ist allein die Identität dieser Personen bei beiden Unternehmen und deren Anteilsbesitz. Es ist daher grundsätzlich davon auszugehen, dass die Personen, die an beiden Gesellschaften beteiligt sind, eine durch gleichgerichtete Interessen zusammengeschlossene Personengruppe darstellen, die die enge wirtschaftliche Verflechtung der beiden Unternehmen begründet und durch ihre Einheit und

I. Betriebsaufspaltung im Blickwinkel der Betriebsprüfung

ihre Doppelstellung befähigt ist, beide Gesellschaften faktisch zu beherrschen (**Gruppentheorie**; siehe BFH, Urteil vom 02.08.1972, IV 87/65, BStBl. II 1972, 796 vom 24.02.1994, IV R 8–9/93, BStBl. II 1994, 466; vom 28.01.1993, IV R 39/92, BFH/NV 1993, 528 [529]; zur Verfassungsmäßigkeit ausdrücklich BVerfG, Beschluss vom 25.03.2004, 2 BvR 944/00, NJW 2004, 2513).

Das Vorliegen eines einheitlichen geschäftlichen Betätigungswillens (= Addition von Gesellschaftsanteilen) muss jedoch zwingend aufgrund einer Analyse sämtlicher Beherrschungskriterien anhand aller Umstände des Einzelfalls festgestellt werden.

Nach alledem genügt nach der Gruppentheorie somit, dass die gleichen Personen jeweils zu mehr als der Hälfte an dem Besitzunternehmen und der Betriebsgesellschaft beteiligt sind.

Die unterschiedliche Beteiligung der einzelnen Mitglieder der Personengruppe in den beiden Gesellschaften ist grundsätzlich unschädlich. Die personelle Verflechtung i. R. einer Betriebsaufspaltung setzt grundsätzlich eine Stimmrechtsmehrheit in der Besitzgesellschaft voraus. Dies soll an folgenden Beispielsfällen veranschaulicht werden (eine aktualisierte systematische Aufbereitung der höchstrichterlichen Judikatur findet sich bei Ritzrow, StBp 2010, 22 ff. und 48 ff. und Kratzsch/Wedeking, Steuer und Studium 2011, 17 ff.).

Mit der für die Betriebsaufspaltung entwickelten Personengruppentheorie lässt sich eine wesentliche Beteiligung an einem Unternehmen i. S. des § 74 Abs. 2 Satz 1 AO durch Zusammenrechnung der von mehreren Familienmitgliedern gehaltenen Anteile nicht begründen (BFH, Urteil vom 01.12.2015, VII R 34/14, BStBl. II 2016, 375).

Fall 1:	
Besitzgesellschaft:	20 : 30 : 30 = 80,00 %
Betriebsgesellschaft:	20 : 15 : 50 = 85,00 %
Fall 2:	
Besitzgesellschaft:	50 : 50 = 100,00 %
Betriebsgesellschaft:	88 : 12 bzw. 98 : 2 = 100,00 %
Fall 3:	
Besitzgesellschaft:	12,5 : 37,5 : 4,34 = 54,34 %
Betriebsgesellschaft:	12,5 : 37,5 : 50 = 100,00 %
Fall 4:	
Besitzgesellschaft:	30 : 10 : 15 = 55,00 %
Betriebsgesellschaft:	25 : 15 : 20 = 60,00 %

Eine Beherrschung kann bei Betriebsaufspaltungen auch durch eine **mittelbare Beteiligung** erfolgen. Bei der Entscheidung über das Vorliegen einer Betriebsaufspaltung ist auch hier darauf abzustellen, ob aufgrund der mittelbaren Beteiligung eine einheitliche Willensbildung gewährleistet und eine gleichgerichtete Interessenlage vorhanden ist oder nicht.

4 Voraussetzungen der Betriebsaufspaltung

Die für die Annahme einer Betriebsaufspaltung erforderliche personelle Verflechtung wird nicht dadurch ausgeschlossen, dass der Mehrheitsgesellschafter einer Betriebsgesellschaft mbH und Alleineigentümer des Betriebsgrundstücks dieses einer zwischengeschalteten GmbH zur Weitervermietung an die Betriebsgesellschaft überlässt (BFH, Urteil vom 28.11.2001, X R 49/97, BFH/NV 2004, 631; vom 28.11.2001, X R 50/97, BStBl. II 2002, 363; BFH, Beschluss vom 18.04.2006, VIII B 83/05, BFH/NV 2007, 1464; BFH, Urteil vom 28.06.2006, XI R 31/05, BStBl. II 2007, 378).

Da es bei der mittelbaren Beteiligung darauf ankommt, dass durch die vermittelnde Gesellschaft die Beherrschung erfolgt, liegt keine mittelbare Beherrschung zwischen Schwestergesellschaften über die Muttergesellschaft vor (Streck, in Felix [Hrsg.]: Kölner Handbuch der Betriebsaufspaltung und Betriebsverpachtung, 4. Aufl., Tz. 217; Brandmüller, Betriebsaufspaltung, 7. Aufl., Rdnr. C 107).

Bei verbundenen Unternehmen sind somit also auch die nachgeschalteten Gesellschafter bzw. die damit verbundenen Beherrschungsverhältnisse mit in die komplexe Betrachtungsweise einzubeziehen.

Die steuerlichen Folgen einer Betriebsaufspaltung können also nicht dadurch umgangen werden, dass mehrere Personen- oder Kapitalgesellschaften zwischengeschaltet werden.

Überlässt eine Bruchteilsgemeinschaft einem ihrer Miteigentümer einen Teil der Grundstücksfläche der Bruchteilsgemeinschaft, die der Miteigentümer im Rahmen einer GmbH nutzt, liegt eine Betriebsaufspaltung jedenfalls dann vor, wenn der Miteigentümer hinsichtlich des von ihm genutzten Grundstücksteils über die Geschäfte des täglichen Lebens entscheiden kann (Niedersächsisches FG, Urteil vom 09.05.2007, 2 K 777/01, EFG 2007, 1595 mit Anm. von Braun; bestätigt durch BFH, Urteil vom 18.08.2009, X R 22/07, BFH/NV 2010, 208, 209).

Der Grundsatz, dass unterschiedliche Beteiligungsverhältnisse innerhalb der beherrschenden Gruppe den einheitlichen geschäftlichen Betätigungswillen nicht ausschließen, gilt jedoch dann nicht, wenn die Beteiligungen in extremer Weise entgegengesetzt sind. Ein solcher extremer Unterschied ist in folgender Konstellation gegeben:

Besitzgesellschaft:	A 90 % : B 10 %
Betriebsgesellschaft:	A 10 % : B 90 %

Dies wird damit begründet, dass bei derartig konträren Beteiligungsverhältnissen von einer personellen Verflechtung nicht mehr gesprochen werden kann und dass hier eine Addition der Beteiligungen zu einer herrschenden Personengruppe nicht vertretbar ist. Die Unterstellung einer gleichgerichteten Interessenlage, wie es sonst bei abweichenden Beteiligungsquoten der beherrschenden Gruppe geschieht, ist hier nicht möglich, da praktisch das Besitzunternehmen von A bzw. die Betriebsgesellschaft von B geleitet und beherrscht wird (BFH, Urteil vom 12.10.1988, X R 5/86, BStBl. II 1989, 152 (153)).

I. Betriebsaufspaltung im Blickwinkel der Betriebsprüfung

Ein solcher konträrer Unterschied soll jedoch dann nicht vorliegen, wenn zwei Personen, die über 50 % der Stimmen in der Besitzgemeinschaft verfügen, auch dann in der Lage sind, ihren einheitlichen geschäftlichen Betätigungswillen im Besitz- und Betriebsunternehmen durchzusetzen, wenn sie an der Betriebs-GmbH zu 98 % und 2 % beteiligt sind (BFH, Urteil vom 24.02.1994, IV R 8–9/93, BStBl. II 1994, 466; a.A. FG Düsseldorf, Urteil vom 25.11.1993, 8 K 319/90 F, EFG 1994, 482).

Die konträre Beteiligung von zwei Personen am Besitz- und Betriebsunternehmen (hier Eheleute 80: 20) steht einer Anwendung der Personengruppentheorie dann entgegen, wenn die ungleiche Verteilung der Beteiligungen zur Folge hat, dass der eine Beteiligte das Besitzunternehmen und der andere Beteiligte das Betriebsunternehmen jeweils allein beherrschen kann. Auf die Höhe des konträren Beteiligungsverhältnisses kommt es insoweit nicht an (BFH, Urteil vom 29.08.2001, VIII R 34/00, BFH/NV 2002, 185; BFH, Beschluss vom 14.08.2001, IV B 120/00 BFH/NV 2001, 1561 [1562]).

Eine Betriebsaufspaltung mit konträren Beteiligungsverhältnissen zu durchbrechen, ist nach der neuen Rechtsprechung äußerst schwierig geworden. Man kommt nur sicher aus der „Falle der Betriebsaufspaltung" heraus, wenn man konsequent das Wiesbadener Modell betreibt (also 100 %: 0 % bzw. 0 %:100 %), also wenn man eine klare Aufsplittung der Beteiligungsverhältnisse auf unterschiedliche Gesellschaften vornimmt und eine riskante Vermengung vermeidet.

Eine Zusammenrechnung der Beteiligungen zu einer herrschenden Personengruppe ist ferner nicht möglich, wenn **Interessengegensätze** zwischen den an der Besitzgesellschaft und den an der Betriebsgesellschaft beteiligten Gesellschaftern vorliegen. Hierbei ist nochmals zu betonen, dass die Verfolgung gleichgerichteter Interessen unterstellt wird, soweit die Beteiligten nicht selbst gegensätzliche Interessen nachgewiesen haben.

Interessenkollisionen sind jedoch nur dann von Relevanz, wenn sie ihre Ursache sowohl in der Gestaltung des Gesellschaftsvertrags (insbesondere der Stimmrechte) als auch in unterschiedlichen wirtschaftlichen Interessen der einzelnen Gesellschafter haben. Es müssen aber konkrete Tatsachen (z.B. Rechtsstreitigkeiten) vorliegen, um das Vorhandensein eines einheitlichen geschäftlichen Betätigungsfelds negieren zu können (BFH, Urteil vom 15.05.1975, IV R 89/73, BStBl. II 1975, 781, (782f.); vom 16.03.1982, I R 118/80, BStBl. II 1982, 662, (665)).

Auch konkret nachweisbare Interessengegensätze, die erst nach Vollziehung der Betriebsaufspaltung eintreten, können zur Beendigung der Betriebsaufspaltung führen.

4.1.2 Besonderheiten bei der Zusammenrechnung von Beteiligungen naher Angehöriger

Besonderheiten hinsichtlich der Bestimmung des einheitlichen geschäftlichen Betätigungswillens ergeben sich, wenn die an den Besitz- und Betriebsgesellschaften beteiligten Personen durch verwandtschaftliche Beziehungen miteinander verbunden sind.

Klarzustellen ist, dass eine Zusammenrechnung bei der Beteiligung volljähriger Kinder, anderer Verwandter und Verschwägerter der Gesellschafter entfällt (BFH, Urteil vom 18.10.1972, I R 184/70, BStBl. II 1973, 27 (st. Rspr.)). Gleiches muss konsequenterweise auch dann gelten, wenn die Wahrnehmung der Beteiligungsrechte eines minderjährigen Kindes auf einen Pfleger oder einen fremden Bevollmächtigten übertragen worden ist. Auch hier besteht, ebenso wie bei einem volljährigen Kind, keine Vermutung dahin, dass die verschiedenen Beteiligungsrechte einheitlich ausgeübt werden (Streck, in Felix [Hrsg.]: Kölner Handbuch der Betriebsaufspaltung und Betriebsverpachtung, Tz. 222/223).

Nach Auffassung der Finanzverwaltung rechtfertigt die elterliche Vermögenssorge (§ 1626 BGB) eine Zusammenrechnung grundsätzlich nur, wenn an einem der beiden Unternehmen beide Elternteile mehrheitlich und am anderen ebenfalls beide Elternteile und das Kind (zusammen mehrheitlich) beteiligt sind, sofern beide Elternteile sorgeberechtigt sind (R 15.7 Abs. 8 EStR 2012; Wacker, in: Schmidt, 39. Aufl. 2020 EStG, § 15 Rdnr. 849).

Die Finanzverwaltung rechtfertigte diese Verfahrenspraxis damit, dass die Interessen der Gesellschafter nicht wegen ihrer familiären Bindung, sondern wegen ihrer Beteiligung an den Gesellschaften zusammengerechnet werden. Damit würden sie (angeblich) nicht anders als Fremde behandelt, die an den Gesellschaften mit Kapital beteiligt sind (Wendt, GmbHR 1983, 20, 22).

Bei der Beurteilung der personellen Verflechtung als Voraussetzung einer Betriebsaufspaltung dürfen die Stimmrechte von minderjährigen Kindern nicht ohne Weiteres den Eltern bzw. einem Elternteil zugerechnet werden. Es besteht keine allgemeine Vermutung, dass Eltern und ihre minderjährigen Kinder gleichgerichtete Interessen verfolgen – gegen R 15.7 Abs. 8 EStR (so FG Baden-Württemberg, Urteil vom 29.01.2019, 11 K 1398/16 EFG 2019, 1770, 1773 f. m. Anm. Tiedchen [Rev. eingelegt; Az. des BFH. X R 5/19]).

Bei der Beurteilung der personellen Verflechtung als Voraussetzung einer Betriebsaufspaltung dürfen die Stimmrechte von minderjährigen Kindern nicht ohne weiteres den Eltern bzw. einem Elternteil zugerechnet werden. Es besteht keine allgemeine Vermutung, dass Eltern und ihre minderjährigen Kinder gleichgerichtete Interessen verfolgen – gegen R 15.7 Abs. 8 EStR (so FG Baden-Württemberg, Urteil vom 29.01.2019, 11 K 1398/16 EFG 2019, 1770, 1773 f. mit Anm. Tiedchen [Rev. eingelegt; Az. des BFH X R 5/19]).

Für die Frage der personellen Verflechtung kommt es vor allem darauf an, wie der geschäftliche Betätigungswille in beiden Unternehmen durchgesetzt wird.

I. Betriebsaufspaltung im Blickwinkel der Betriebsprüfung

Das verwandtschaftliche Verhältnis der Beteiligten hat nur sekundäre Bedeutung.

Jahrzehntelang hatte die Rechtsprechung eine pauschale Addition von Ehegattenanteilen angenommen. Aufgrund des soziologischen Wandels hinsichtlich der Rolle der Ehefrau und der Bedeutung der Ehe als lebenslanger Lebensbund und mit Blick auf die Ausstrahlung des Verbots der Diskriminierung der Familie kann die pauschale Addition von Anteilen von Ehegatten nicht mehr aufrecht erhalten werden (Art. 3 Abs. 1 i. V. mit Art. 6 Abs. 1 GG).

Nach der Rechtsprechung des BVerfG ist es mit dem Grundgesetz unvereinbar, wenn bei der Beurteilung der personellen Verflechtung zwischen Besitz- und Betriebsunternehmen als Voraussetzung für die Annahme einer Betriebsaufspaltung von der – wenn auch widerlegbaren – Vermutung auszugehen ist, Ehegatten verfolgten gleichgerichtete wirtschaftliche Interessen. Das Aufstellen eines solchen Vermutungstatbestandes stelle eine verfassungswidrige Schlechterstellung von Ehegatten gegenüber Nichtverheirateten dar. Das BVerfG hat jedoch hervorgehoben, dass es auf der Grundlage der Verfassung allerdings nicht geboten sei, bei der Feststellung der engen personellen Verflechtung zwischen Besitz- und Betriebsunternehmen die Tatsache der ehelichen Verbindung der Beteiligten völlig außer Acht zu lassen. So können es die konkreten Umstände des Einzelfalles durchaus rechtfertigen, Anteile der Ehefrau an einem Unternehmen denen des Ehemannes wie eigene Anteile zuzurechnen (oder umgekehrt).

Dem Gedanken der ehelichen Wirtschaftsgemeinschaft, wie er in den Instituten des Versorgungsausgleichs, des Zugewinnausgleichs und im Bereich des Steuerrechts dem Splittingverfahren zu Grunde liegt, würde es widersprechen, bei Ehegatten schlechthin davon auszugehen, ihre Eheschließung erleichtere keine steuerlich günstige Gestaltung ihrer wirtschaftlichen Verhältnisse und deshalb seien sie ausnahmslos wie Ledige zu behandeln.

Wenn aber zusätzlich zur ehelichen Lebensgemeinschaft Beweisanzeichen vorliegen, die für die Annahme einer personellen Verflechtung durch gleichgerichtete wirtschaftliche Interessen sprechen, wäre der Einwand unbegründet, Verheiratete seien gegenüber Ledigen schlechter gestellt; denn insoweit folgt die Differenzierung der Verheirateten im Verhältnis zu Ledigen nicht aus einer Lebenserfahrung, die an die Ehe anknüpft, sondern ergibt sich aufgrund von konkreten Anhaltspunkten, die für eine enge Wirtschaftsgemeinschaft der Ehegatten im Einzelfall sprechen (BVerfG, Beschluss vom 12. 03. 1985, 1 BvR 571/81 1 BvR 494/82 und 1 BvR 47/83, BStBl. II 1985, 475).

Aufgrund der Vorgaben des BVerfG hat nunmehr der Bundesminister der Finanzen verbindliche Richtlinien für eine Zusammenrechnung von Ehegatten-Anteilen erlassen. In diesen macht er deutlich, dass nicht mehr pauschal an den Umstand der Ehe angeknüpft werden darf, um zu einer pauschalen Addition von Ehegatten-Anteilen zu gelangen.

4 Voraussetzungen der Betriebsaufspaltung

Sind beide Eheleute jeweils an beiden Unternehmen in dem Maße beteiligt, dass ihnen zusammen die Mehrheit der Anteile gehört, stellen sie – wie bei vergleichbaren Verhältnissen zwischen fremden Dritten – eine durch gleichgerichtete Interessen geschlossene Personengruppe dar, die in der Lage sind, beide Unternehmen zu beherrschen. Damit ist die personelle Verflechtung nach der **Gruppentheorie** gegeben (BMF, Schreiben vom 18.11.1986 IV B 2 – S 2240 – 25/86 II, BStBl. I 1986, 537).

Ist dagegen an einem der beiden Unternehmen nur ein Ehegatte mehrheitlich beteiligt, und gehören diesem Ehegatten an dem anderen Unternehmen lediglich zusammen mit dem anderen Ehegatten die Mehrheit der Anteile, so müssen besondere Umstände vorliegen, damit die Anteile der Ehegatten an dem anderen Unternehmen für die Beurteilung der Beherrschungsidentität zusammengerechnet werden dürfen.

Konkrete Umstände i.S. der Rechtsprechung des BVerfG können z.B. in dem Abschluss von **Stimmrechtsbindungsverträgen** gesehen werden.

Der Rechtsprechung des BFH zufolge genügen dagegen folgende Umstände nicht, um die Anteile eines Ehegatten an einem Unternehmen denen des anderen Ehegatten zuzurechnen:

- jahrelanges konfliktfreies Zusammenwirken der Eheleute innerhalb der Gesellschaft,
- Herkunft der Mittel für die Beteiligung eines Ehegatten an der Betriebsgesellschaft vom anderen Ehegatten,
- „Gepräge" der Betriebsgesellschaft durch den Ehegatten,
- Erbeinsetzung des Ehegatten durch den anderen Ehegatten als Alleinerbe, gesetzlicher Güterstand der Zugewinngemeinschaft, beabsichtigte Alterssicherung des anderen Ehegatten.

Heftig umstritten ist z.Z. folgende (vereinfacht wiedergegebene) Fallgestaltung:

Besitzunternehmen	Verpachtung einer wesentlichen	Betriebs-GmbH
	Betriebsgrundlage	
Ehefrau 50%/Ehemann 50%		Anteilseigner Ehemann 100%

Diese Gestaltungsform ist bei mehreren Unternehmen durch eine Neustrukturierung der Gesellschaftsverhältnisse gewählt worden. Der BFH hat die Beherrschung des Besitzunternehmens durch den Ehegatten auf die unwiderlegbare Vermutung der gleich gelagerten Interessen von Ehegatten gestützt (BFH, Urteil vom 05.02.1981, IV R 165–166/77, BStBl. II 1981, 376).

Diese Entscheidung hat das BVerfG in dem schon mehrfach erwähn-ten Beschluss vom 12.03.1985 im Hinblick auf einen Verstoß gegen Art.3 Abs.1 i.V. mit Art.6 Abs.1 GG aufgehoben. Im Revisionsverfahren hat der BFH mit folgender Begründung erneut eine Betriebsaufspaltung angenommen (BFH, Urteil vom 24.07.1986, IV R 98–99/85, BStBl. II 1986, 913):

I. Betriebsaufspaltung im Blickwinkel der Betriebsprüfung

> *„Bei der Beurteilung der personellen Verflechtung zwischen Besitz- und Betriebsunternehmen als Voraussetzung für die Annahme einer Betriebsaufspaltung ist die Zusammenrechnung der Anteile der Ehegatten am Besitzunternehmen mit Artikel 3 Abs. 1 i. V. m. Artikel 6 Absatz 1 GG vereinbar, wenn die Eheleute durch die mehrere Unternehmen umfassende, planmäßige, gemeinsame Gestaltung der wirtschaftlichen Verhältnisse den Beweis dafür liefern, dass sie aufgrund ihrer gleichgerichteten wirtschaftlichen Interessen zusätzlich zur ehelichen Lebensgemeinschaft eine Zweck- und Wirtschaftsgemeinschaft eingegangen sind."*

Die gegen dieses BFH-Urteil eingelegte Verfassungsbeschwerde ist zurückgewiesen worden (BVerfG, Beschluss vom 07.09.1987, 1 BvR 1159/86, DStR 1988, 288).

Die Rechtspraxis wird daher abwarten müssen, welche verfassungskonformen Kriterien eine Zusammenrechnung von Ehegatten-Anteilen rechtfertigen können.

Ein Bundesrichter hat folgende Thesen für eine Addition von Ehegatten-Anteilen aufgestellt (Woerner, DStR 1986, 735 (740)):

- Das jahrelange konfliktfreie Zusammenleben der Eheleute in der Gesellschaft reicht als solches nicht aus.
- Beweisanzeichen für gleichgerichtete wirtschaftliche Interessen von Ehegatten erfordern nicht, dass bei Ledigen unter sonst vergleichbaren Umständen eine Zusammenrechnung unterbleiben müsste. Die Beweisanzeichen können sich auch aus der besonderen ehelichen Wirtschaftsgemeinschaft ergeben.
- Beweisanzeichen für gleichgerichtete wirtschaftliche Interessen liegen dann vor, wenn auch bei Dritten in vergleichbarer Lage eine Zusammenrechnung vorzunehmen wäre (Gruppentheorie).
- Im Übrigen wird man Beweisanzeichen für gleichgerichtete wirtschaftliche Interessen darin sehen dürfen, dass Eheleute diese gleichgerichteten Interessen selbst begründet haben. Das ist der Fall,
- bei auf Dauer angelegten Stimmrechtsvereinbarungen,
- bei einem unternehmerischen Engagement von Ehegatten in mehreren Unternehmen, das nur unter der Voraussetzung sinnvoll ist, dass die Ehegatten ihr Stimmverhalten aufeinander abstimmen.

Besondere Umstände, die es für die Beurteilung der personellen Verflechtung von Besitz- und Betriebsunternehmen ausnahmsweise rechtfertigen, den Ehemännern die Geschäftsanteile ihrer Ehefrauen an der Betriebs-GmbH zuzurechnen, sind beispielsweise bei Vorliegen eines Stimmrechtsbindungsvertrags oder einer unwiderruflichen Stimmrechtsvollmacht anzunehmen (BFH, Urteil vom 11.07.1989, VIII R 151/85, BFH/NV 1990, 99).

Übertragen die Gesellschafter einer GbR, die ein Gebäude an die Gesellschafter zur Ausübung ihrer gemeinsam betriebenen Rechtsanwaltspraxis vermietet, Anteile an der GbR auf ihre Ehefrauen, so sind ihnen diese Gesellschaftsanteile und entsprechende Anteile des Gesellschaftsvermögens nicht deshalb weiter-

4 Voraussetzungen der Betriebsaufspaltung

hin zuzurechnen, weil sie unwiderruflich zur Wahrnehmung der Gesellschafterinteressen ihrer Ehefrauen bevollmächtigt worden sind (BFH, Urteil vom 18.05.1995, IV R 125/92, BStBl. II 1996, 5). Ein einheitlicher geschäftlicher Betätigungswille ist regelmäßig auch dann anzunehmen, wenn die einzigen Gesellschafter des Besitz- und des Betriebsunternehmens in der Weise an beiden Unternehmen beteiligt sind, das der eine Gesellschafter über die Mehrheit der Anteile am Besitzunternehmen verfügt, der andere dagegen über die Mehrheit der Anteile am Betriebsunternehmen (betr. Eheleute). Hier wurde in Anlehnung an die bereits mehrfach erwähnte Gruppentheorie eine Addition von Ehegatten-Anteilen folgerichtig vorgenommen (BFH, Urteil vom 24.02.2000, IV R 62/98, BStBl. II 2000, 417; Beschluss vom 14.08.2001, IV B 120/00, BFH/NV 2001, 1561 (1562)).

Instruktiv ist folgende Fallkonstellation:

	Besitzunternehmen	Betriebsunternehmen
Ehemann	20 %	80 %
Ehefrau	80 %	20 %

Die satzungsrechtlichen Bestimmungen sahen zwar vor, dass bei der Gesellschafterversammlung mindestens 85 % der Stimmen vertreten sein müssen. Jedoch werden Beschlüsse, welche die Geschäfte des täglichen Lebens betreffen, mit einfacher Mehrheit gefasst. Lediglich bestimmte, im Einzelnen aufgeführte Rechtsgeschäfte bedürfen einer Mehrheit von 85 % der Stimmen.

Für diese Sachverhaltskonfiguration nahm die Rechtsprechung gemeinsame gleichgerichtete Interessen und somit das Vorliegen einer Betriebsaufspaltung mit folgender Begründung an:

Haben Eheleute ein Grundstück zu Bruchteilen erworben, um es an eine GmbH, an der sie im umgekehrten Verhältnis wie an dem Grundstück beteiligt sind, für deren betriebliche Zwecke zu verpachten, dann handelt es sich bei dem Zusammenschluss der Eheleute i.d.R. um eine Gesellschaft bürgerlichen Rechts und nicht nur um eine Gemeinschaft, weil die Eheleute die Doppelkonstruktion bewusst gewählt haben, um ihre über den Rahmen einer Vermietung und Vermögensverwaltung hinausgehenden gemeinsamen wirtschaftlichen Interessen zu verfolgen.

Der für die Annahme einer Betriebsaufspaltung erforderliche einheitliche geschäftliche Betätigungswille ist auch dann gegeben, wenn die einzigen Gesellschafter des Besitz- und Betriebsunternehmens in der Weise an beiden Unternehmen beteiligt sind, dass der eine Gesellschafter über die Mehrheit der Anteile am Besitzunternehmen verfügt, der andere dagegen über die Mehrheit der Anteile am Betriebsunternehmen (BFH, Urteil vom 29.08.2001, VIII R 34/00, BFH/NV 2002, 185).

Überlassen in Gütergemeinschaft lebende Ehegatten zum Gesamtgut gehörende wesentliche Betriebsgrundlagen an eine GmbH, deren alleiniger Gesellschafter einer der Ehegatten ist, liegen die Voraussetzungen der Betriebsaufspaltung vor, wenn die Gesellschaftsbeteiligung ebenfalls zum Gesamtgut gehört. Die Beteiligung an einer GmbH ist nicht dem Sondergut zuzurechnen, wenn nach dem Gesellschaftsvertrag eine Übertragung von Gesellschaftsanteilen zwar nur mit Genehmigung aller Gesellschafter möglich ist, die Übertragung an einen Ehegatten aber keiner Beschränkung unterliegt (BFH, Urteil vom 19.10.2006, IV R 22/02; BFH/NV 2007, 149; die eingelegte Verfassungsbeschwerde wurde per BVerfG, Beschluss vom 14.02.2008, 1 BvR 19/07, BFH/NV Beilage 2008, 228 = HFR 2008, 754 nicht zur Entscheidung angenommen. Schwedhelm/Olbing/Binnewies, GmbHR 2004, 1489, 1503 f. kritisch zu diesem Lösungsansatz; vgl. aber Fichtelmann GmbHR 2006, 345 (347)).

Zu beachten ist: Ein klares Axiom ist also, dass es aufgrund der Ehegatteneigenschaft nicht über eine pauschale Addition von Gesellschaftsanteilen zur Verflechtung kommt. Gefährlich ist es jedoch, wenn die Ehegatten an beiden Gesellschaften beteiligt sind und harmonisch miteinander kooperieren. Dann kann nach der Personengruppentheorie eine steuerschädliche Addition erfolgen. Deshalb sollten die Vermögenskomplexe der Eheleute streng auf das Besitz- bzw. auf das Betriebsunternehmen separiert werden (Wiesbadener Modell; dazu noch später).

Der Bundesgerichtshof hat im Kontext der Steuerberaterhaftung zu der Problematik Stellung genommen, wenn die nachteiligen Konsequenzen einer Betriebsaufspaltung nicht bedacht wurden. Macht der Mandant geltend, er hätte bei sachgerechter steuerlicher Beratung die nachteiligen Folgen einer Betriebsaufspaltung vermieden, indem er wesentliche Teile des Betriebsvermögens auf seine Ehefrau übertragen hätte, muss er dies gem. § 287 ZPO beweisen. Die Erleichterung eines Anscheinsbeweises kommt ihm nicht zugute (BGH, Urteil vom 20.03.2008, IX ZR 104/05, NJW 2008, 2647 mit Anm. Janssen mit Anm. Meixner/Schröder, DStR 2008, 1307 f.; jedoch begrenzte Hinweispflichten bei eingeschränktem Mandat siehe OLG Brandenburg, Urteil vom 15.07.2014, 6 U 21/13 DStR 2014, 1040 = Stbg 2015, 81, 89 mit Anm. Pestke).

4.1.3 Sonstige Beherrschungskriterien
Die Beherrschung des Betriebsunternehmens durch das Besitzunternehmen (oder deren Gesellschafter) braucht nicht nur auf eine Mehrheitsbeteiligung zurückzuführen sein. Es kommen auch andere Faktoren in Betracht, die zu einer Beherrschung der Betriebsgesellschaft führen können oder sogar ausschließen.

4.1.3.1 Von der Kapitalbeteiligung abweichende Stimmrechtsregelung; keine Befreiung vom Verbot des Selbstkontrahierens
Aus unternehmensinternen Gründen findet man bei Betriebsaufspaltungen auch solche Konstellationen vor, bei denen Kapitalbeteiligungen und Stimmrechtsregelungen voneinander abweichen. Durch eine diesbezügliche abweichende Regelung soll zumeist eine einheitliche Geschäftspolitik bei beiden Gesellschaften durch einen bestimmten Gesellschafter bzw. Gesellschaftergruppe sichergestellt werden. Insbesondere findet man bei Familienunterneh-

men dieses Phänomen vor, um durch die Einräumung von Mehrstimmrechten dem Seniorunternehmer bei der Betriebsgesellschaft eine unbeschränkte Herrschaftsmacht einzuräumen.

Für die Prüfung der Tatbestandsvoraussetzung des einheitlichen geschäftlichen Betätigungswillens stellt sich deshalb das Problem, ob es bei solchen Divergenzen auf die Kapitalbeteiligung oder auf die Stimmrechte ankommt. Nach allgemeiner Meinung ist für die Frage der Beherrschung allein auf die **Stimmrechte** abzustellen.

Somit kann durch eine von der Kapitalbeteiligung abweichende Stimmrechtsregelung ein Beherrschungsverhältnis begründet oder zerstört werden. Letzteres kann trotz Vorliegens der Mehrheitsverhältnisse durch eine vertragliche oder gesetzliche Stimmrechtsbeschränkung passieren. Von daher ergeben sich beträchtliche Gestaltungsmöglichkeiten.

Bahnbrechend ist die folgende Entscheidung, wonach durch das Postulat eines Einstimmigkeitsprinzips eine bestehende Beherrschungsmacht durchbrochen werden kann (BFH, Urteil vom 09.11.1983, I R 174/79, BStBl. II 1984, 212; vom 10.12.1991, VIII R 71/87, BFH/NV 1992, 551; Beschluss vom 13.12.1999, VIII B 36/98, BFH/NV 2000, 706).

„Die personellen Voraussetzungen einer Betriebsaufspaltung sind jedoch dann nicht gegeben, wenn die Gesellschafter, die in der Lage sind, in den Betriebsgesellschaften ihren Willen durchzusetzen, an der Besitzgesellschaft, einer Gesellschaft bürgerlichen Rechts, zu zwei Dritteln beteiligt sind, aber nach dem Gesellschaftsvertrag der Besitzgesellschaft Gesellschaftsbeschlüsse einstimmig gefasst werden müssen."

Das oben erwähnte BFH-Urteil enthält im Übrigen bemerkenswerte Ausführungen in Bezug auf einen Stimmrechtsausschluss wegen Interessenkollision. Der BFH vertritt hier die Auffassung, dass die Gesellschafter des Besitzunternehmens, die zugleich auch an der Betriebsgesellschaft beteiligt sind, in allen Fragen, die sowohl Interessen des Besitz- als auch des Betriebsunternehmens berühren, an der Ausübung ihrer Stimmrechte gehindert sind, sofern am Besitzunternehmen noch ein Dritter beteiligt ist. Damit ist eine Beherrschung des Besitzunternehmens nur denkbar, wenn alle Gesellschafter des Besitzunternehmens zugleich auch am Betriebsunternehmen beteiligt sind. Ist dies nicht der Fall, kann nämlich nur der am Besitzunternehmen beteiligte Gesellschafter allein entscheiden, auch wenn er z.B. nur mit einem Prozent beteiligt ist. Die anderen Gesellschafter sind, obwohl sie am Besitzunternehmen mehrheitlich beteiligt sind, an der Stimmabgabe gehindert; eine gleichwohl abgegebene Stimme wäre unwirksam. Danach dürfte in vielen Fällen, ohne dass eine Einstimmigkeitsvereinbarung vorliegt, eine Betriebsaufspaltung zu verneinen sein. Die Rechtsprechung ist jedoch wie folgt bestätigt worden (BFH, Urteil vom 29.10.1987, VIII R 5/87, BStBl. II 1989, 96):

I. Betriebsaufspaltung im Blickwinkel der Betriebsprüfung

„Ist der Ehemann Alleinanteilseigner einer GmbH und hat die GmbH von einer Bruchteilsgemeinschaft, an der der Ehemann mit 2/3 und die Ehefrau mit 1/3 beteiligt ist, Grundbesitz gemietet oder gepachtet, so liegt keine personelle Verflechtung im Sinne der Betriebsaufspaltung vor, wenn die Ehegatten vereinbart haben, dass sie über die Nutzung des ihnen gemeinsam gehörenden Grundbesitzes nur einvernehmlich (einstimmig) entscheiden wollen."

Diese oben genannte Rechtsprechung wird von der Finanzverwaltung nur sehr eingeschränkt angewandt. In einem bundeseinheitlichen Erlass wird klargestellt, dass die Einstimmigkeit als Voraussetzung für Gesellschafter-Gemeinschafterbeschlüsse des Besitzunternehmens der Annahme einer Betriebsaufspaltung dann nicht entgegenstehen, wenn es den das Besitzunternehmen beherrschenden Gesellschaftern möglich ist, ihren unternehmerischen Willen im Besitzunternehmen trotz der Einstimmigkeitsabrede tatsächlich zu verwirklichen (BMF-Schreiben vom 29.03.1985, IV B 2 – S 2241 – 22/85, BStBl. I 1985, 121; vom 23.01.1989, IV B 2 – S 2241 1/89, BStBl. I 1989, 39).

Hingegen hat die Rechtsprechung in einem anderen Urteil klargestellt, dass für die Frage der personellen Verflechtung i.R. einer Betriebsaufspaltung nicht ausschlaggebend ist, ob der beherrschende Gesellschafter der Betriebskapitalgesellschaft bei Beschlüssen über Geschäfte mit dem ihm zustehenden Besitzunternehmen vom Stimmrecht (z.B. im Hinblick auf die Regelung in § 47 Abs. 4 GmbHG) ausgeschlossen ist (BFH, Urteil vom 26.01.1989, IV R 151/86, BStBl. II 1989, 455).

Die für die Annahme einer Betriebsaufspaltung erforderliche personelle Verflechtung wird nicht ausgeschlossen, wenn der Mehrheitsgesellschafter einer Betriebsgesellschaft mbH und Alleineigentümer des Betriebsgrundstücks anlässlich der Begründung der Betriebsaufspaltung mit dem zu 1/20 am Stammkapital beteiligten Mitgesellschafter vereinbart, dass in allen Grundstücksangelegenheiten, soweit Verträge abzuschließen sind, und für die Kündigung und Aufhebung von Verträgen zwischen Besitz- und Betriebsgesellschaft die Zustimmung des Minderheitsgesellschafters erforderlich ist (BFH, Urteil vom 21.08.1996, X R 25/93, BStBl. II 1997, 44).

Die Voraussetzungen der personellen Verflechtung i.R. einer Betriebsaufspaltung sind i.d.R. nicht erfüllt, wenn ein Gesellschafter der Besitzpersonengesellschaft nicht zugleich Gesellschafter der Betriebs-GmbH ist, und nach dem Gesellschaftsvertrag der Besitzgesellschaft für alle Geschäfte im Zusammenhang mit den überlassenen Betriebsgrundlagen einstimmige Beschlüsse der Gesellschafterversammlung zu fassen sind (BFH, Urteil vom 21.01.1999, IV R 96/96, BStBl. II 2002, 771).

Eine Betriebsaufspaltung liegt wegen fehlender personeller Verflechtung nicht vor, wenn an der Betriebsgesellschaft nicht alle Gesellschafter der Besitzpersonengesellschaft beteiligt sind (Nur-Besitzgesellschafter) und bei der Besitzpersonengesellschaft das Einstimmigkeitsprinzip gilt. Die Vereinbarung des Einstimmigkeitsprinzips bei einer Personengesellschaft ist kein Gestaltungsmissbrauch i. S. von § 42 AO (BFH, Urteil vom 07.12.1999, VIII R 50, 51/96, BFH/NV 2000, 601):

Nach langem Zögern hinsichtlich der für den Steuerpflichtigen vorteilhaften Urteile zwecks Vermeidung einer Betriebsaufspaltung hat die Finanzverwaltung die Anwendung der vorgenannten Entscheidungen mit folgender Interpretation beschlossen und entgegenstehende vorherige Verwaltungsanweisungen aufgehoben (BMF-Schreiben vom 07.10.2002, IV A 6 – S 2240 – 134/02, BStBl. I 2002, 1028):

> *„Ist an der Besitzgesellschaft neben der mehrheitlich bei der Betriebsgesellschaft beteiligten Person oder Personengruppe mindestens ein weiterer Gesellschafter beteiligt (Nur-Besitzgesellschafter) und müssen Beschlüsse der Gesellschafterversammlung wegen vertraglicher oder gesetzlicher Bestimmungen einstimmig gefasst werden, ist eine Beherrschungsidentität auf vertraglicher und gesellschaftsrechtlicher Grundlage und damit eine personelle Verflechtung nicht gegeben.*
>
> *Die mehrheitlich beteiligte Person oder Personengruppe ist infolge des Widerspruchsrechts des nur an der Besitzgesellschaft beteiligten Gesellschafters nicht in der Lage, ihren geschäftlichen Betätigungswillen in der Besitzgesellschaft durchzusetzen.*
>
> *Dies gilt jedoch nur, wenn das Einstimmigkeitsprinzip auch die laufende Verwaltung der vermieteten Wirtschaftsgüter, die so genannten Geschäfte des täglichen Lebens, einschließt. Ist die Einstimmigkeit nur bezüglich der Geschäfte außerhalb des täglichen Lebens vereinbart, wird die personelle Verflechtung dadurch nicht ausgeschlossen ..."*

Die neue Verwaltungsregelung beendet den jahrelangen Meinungsstreit zwischen Finanzverwaltung und BFH. Das Resultat ist eine vor allem für Familienbetriebe erheblich erweiterte Gestaltungsmöglichkeit (zu einem praxisbezogenen Gestaltungsvorschlag der Vermeidung einer Betriebsaufspaltung durch eine Einstimmigkeitsabrede instruktiv Hage/Hoffmann, Stbg 2019, 217 ff.).

Wer die Gewerbesteuerpflicht der Pachteinkünfte und das Anwachsen stiller Reserven im Betriebsvermögen vermeiden will, kann dies relativ einfach erreichen: An der Betriebs-GmbH werden nicht alle Gesellschafter der Besitzpersonengesellschaft beteiligt, und es wird vereinbart, dass die Beschlüsse der Besitzpersonengesellschaft einstimmig gefasst werden müssen, wobei das Einstimmigkeitsprinzip die Geschäfte des täglichen Lebens einschließen muss.

Ist die Einstimmigkeit nur bezüglich der Geschäfte außerhalb des täglichen Lebens vereinbart, wird die personelle Verflechtung dadurch nicht ausgeschlossen (so das Fazit von Schorr, StBp 2003, 42/48; siehe auch Söffing/Micker, Die Betriebsaufspaltung, Rdnr. 314–322).

Es ist jedoch darauf hinzuweisen, dass nunmehr die Finanzverwaltung die neue BFH-Rechtsprechung zum Einstimmigkeitsprinzip in vollem Umfang akzeptiert. Sie will aber bei echten Betriebsaufspaltungsverhältnissen u. U. rückwirkend Entnahmegewinne versteuern und bestandskräftige Bescheide nach § 174 Abs. 3 AO ändern, wenn bis zum 31.12.2002 die personelle Verflechtung nicht hergestellt worden ist (BMF-Schreiben vom 07.10.2002, IV A 6 – S 2240 – 134/02, BStBl. I 2002, 1028, dort unter V.1. „Echte Betriebsaufspaltung").

Diese Lösung wird vom Schrifttum hart kritisiert. Die Besteuerung der an sich vorliegenden Entnahme bei Übertragung des Wirtschaftsguts auf die Betriebsgesellschaft sei nicht unterblieben, weil von einer späteren Besteuerung des nämlichen Sachverhalts (Entnahme) ausgegangen worden sei. Vielmehr sei die Besteuerung der Entnahme in der Erwartung unterblieben, dass ein anderer Sachverhalt, nämlich die Beendigung der Betriebsaufspaltung zur Besteuerung führen werde (BFH, Beschluss vom 18.08.2005, IV B 167/04, BFH/NV 2005, 2086; Schoor, StuB 2007, 24, 27).

Dabei sollte folgende weitere Gestaltungsfalle beachtet werden: Es ist nach der Rechtsprechung zusätzlich zu prüfen, ob eine Beherrschung der GbR durch deren alleinigen Geschäftsführer in Betracht kommt.

Ist im Gesellschaftsvertrag einer GbR die Führung der Geschäfte einem Gesellschafter allein übertragen, dann beherrscht dieser Gesellschafter die Gesellschaft i. S. der Rechtsprechungsgrundsätze zur Betriebsaufspaltung auch dann, wenn nach dem Gesellschaftsvertrag die Gesellschafterbeschlüsse einstimmig zu fassen sind (BFH, Urteil vom 01.07.2003, VIII R 24/01, BStBl. II 2003, 757).

Die ausgefeilte Rechtsprechung ist von den FG sowohl bezogen auf die Besitz- als auch auf die Betriebsgesellschaft wie folgt perpetuiert worden:

Bei unterschiedlichen Beteiligten der Besitz- und Betriebsgesellschaft liegt eine die personelle Verflechtung verhindernde Einstimmigkeitsabrede auf der Ebene der Besitzgesellschaft nicht vor, wenn der an der Personengruppe beteiligte alleinige Geschäftsführer befugt ist, sämtliche Alltagsgeschäfte allein vorzunehmen (FG Nürnberg, Urteil vom 05.12.2001, III 117/1999, EFG 2002, 570).

Befindet sich die Anteilsmehrheit an Besitz- und Betriebsgesellschaft in einer Hand, so wird die personelle Verflechtung und damit eine Betriebsaufspaltung dann nicht durch das für die Besitzgesellschaft vereinbarte Einstimmigkeitsprinzip ausgeschlossen, wenn sich dieses nicht auf die Geschäfte des täglichen Lebens erstreckt und die Geschäftsführung den Mehrheitsgesellschaftern vorbehalten ist (FG Münster, Urteil vom 12.12.2002, 5 K 2831/99 F, EFG 2003, 528 [rkr.]).

Ein Besitzunternehmer beherrscht die Betriebskapitalgesellschaft auch dann personell, wenn er zwar über die einfache Stimmrechtsmehrheit und nicht über die im Gesellschaftsvertrag vorgeschriebene qualifizierte Mehrheit verfügt, er aber als Gesellschafter-Geschäftsführer deren Geschäfte des täglichen Lebens beherrscht, sofern ihm die Geschäftsführungsbefugnis nicht gegen seinen Willen entzogen werden kann (BFH, Urteil vom 30.11.2005, X R 56/04, BStBl. II 2006, 158; Kempermann, GmbHR 2005, 317 ff.; Söffing, BB 2006, 1529, 1530 f.).

Der zu 60 % an der Betriebs-GmbH beteiligte Gesellschafter-Geschäftsführer kann bei den Geschäften des täglichen Lebens seinen Willen auch dann durchsetzen, wenn in der Gesellschafterversammlung das Einstimmigkeitsprinzip herrscht (BFH, Beschluss vom 05.04.2005, IV B 96/03, BFH/NV 2005, 1564).

Die Anwendung dieser Rechtsprechung kann dadurch vermieden werden, indem im Gesellschaftsvertrag der GbR oder in dem mit dem Gesellschafter-Geschäftsführer geschlossenen Vertrag eine Vereinbarung enthalten ist, wonach Rechtsgeschäfte, welche die Vermietung der der Besitzgesellschaft gehörenden Wirtschaftsgüter an das Betriebsunternehmen betreffen, der Gesellschafterversammlung vorbehalten bleiben.

Verlängert sich der zwischen der Betriebs-GmbH und der Besitzgesellschaft geschlossene Mietvertrag alle vier Jahre, sofern er nicht gekündigt wird, so hat der nur an der GmbH beteiligte Gesellschafter auch dann keinen Einfluss auf das Mietverhältnis, wenn in der GmbH das Einstimmigkeitsprinzip gilt (BFH, Beschluss vom 24.11.2004, IV B 15/03, BFH/NV 2005, 545).

Eine personelle Verflechtung liegt auch dann vor, wenn die Gesellschafterbeschlüsse zwar einstimmig erfolgen müssen, der an der Besitzgesellschaft nicht beteiligte Minderheitsgesellschafter der Betriebsgesellschaft aber keine rechtliche Möglichkeit hat, zu verhindern, dass die beherrschenden Personen ihren Willen in Bezug auf die laufende Verwaltung der an die Betriebsgesellschaft überlassenen wesentlichen Betriebsgrundlagen durchsetzen.

Das ist etwa dann der Fall, wenn der Pachtvertrag bereits vor Eintritt des Minderheitsgesellschafters für die Dauer von 15 Jahren mit anschließender automatischer jährlicher Verlängerung abgeschlossen wurde. Die Bestellung von Beiräten steht einer personellen Verflechtung nicht entgegen, wenn ihnen zwar wesentliche Befugnisse übertragen werden, die sonst durch die Gesellschafterversammlung wahrgenommen werden, die Gesellschafter aber dennoch Einfluss auf die Entscheidungen der Betriebsgesellschaft nehmen können (FG Nürnberg, Urteil vom 28.06.2005, I 320/2001, DStRE 2006, 671 rkr.).

Eine personelle Verflechtung liegt nicht vor, wenn das Betriebsgrundstück im hälftigen Miteigentum von zwei GmbH-Gesellschaftern steht, von denen einer jedoch aufgrund einer Stimmrechtsbindung aller übrigen Gesellschafter die GmbH allein beherrscht (BFH, Urteil vom 13.12.2018, III R 13/15, BFH/NV 2019, 1069).

Klarstellend ist anzumerken, dass durch eine Einräumung eines bloßen **Vetorechts** für einen Gesellschafter bzw. eine Gesellschaftergruppe eine Beherrschungsmacht nicht erreicht werden kann (BFH, Urteil vom 12.10.1988, X R 5/86, BStBl. II 1989, 152).

Auch ein etwaiger von der Kapitalbeteiligung abweichender Gewinnverteilungsschlüssel ist für die Frage der Beherrschung normalerweise ohne Relevanz. Nur eine extrem abweichende Gewinnverteilungsabrede kann im Einzelfall zu einem Interessengegensatz zwischen den Gesellschaftern führen, der die beherrschende Gruppe aufhebt (Streck, in Felix [Hrsg.], Kölner Handbuch der Betriebsaufspaltung und Betriebsverpachtung, Tz. 215).

I. Betriebsaufspaltung im Blickwinkel der Betriebsprüfung

Der personellen Verflechtung steht ein Stimmrechtsausschluss dann nicht entgegen, wenn der betroffene Anteilseigner zumindest insoweit zur Geschäftsführung befugt ist, als es die die sachliche Verflechtung begründenden Rechtsgeschäfte betrifft (FG Köln, Urteil vom 23.11.2016, 4 K 3688/12 EFG 2017, 400, rkr., mit Anm. Kahler).

Inzwischen wurde die Frage höchstrichterlich geklärt, ob eine beherrschende Stellung des Gesellschafter-Geschäftsführers der Besitzpersonengesellschaft und alleinigen GmbH-Geschäftsführers auch ohne Befreiung vom Verbot des Selbstkontrahierens (§ 181 BGB) angenommen werden kann (BFH, Urteil vom 24.08.2006, IX R 52/04, BStBl. II 2007, 165).

Die personelle Verflechtung als Voraussetzung einer Betriebsaufspaltung liegt vor, wenn die personenidentischen Gesellschafter-Geschäftsführer der Besitz-GbR und der Betriebs-GmbH die laufenden Geschäfte der Besitz-GbR bestimmen können und der Nutzungsüberlassungsvertrag der Besitz-GbR mit der Betriebs-GmbH nicht gegen den Willen dieser Personengruppe geändert oder beendet werden kann. Das Doppelvertretungsverbot des § 181 BGB steht der Annahme einer Beherrschungsidentität von Gesellschafter-Geschäftsführern aus Besitz-GbR und Betriebs-GmbH nicht entgegen, wenn die gesellschaftsrechtlichen Grundlagen die Umgehung dieses Verbots durch Übertragung der Vertretung auf eine andere Person ermöglichen. (BFH, Urteil vom 28.05.2020 IV R 4/17, BStBl. II 2020, 710, DStR 2020, 2188 = NWB 2020, 2947, 2949 m. Anm. Brill; vgl. a. BFH, Urteil vom 16.05.2013 IV R 54/11 BFH/NV 2013, 1557 = FR 2020, 1045, 1049 mit Anm. Bode = DStRK 2020, 284 m. Anm. Grädler; o. V., DStZ 2020, 814f.; Levedag, GmbHR 2020, R 344f. = EStB 2020, 427f. mit Anm. Krämer. Eine Betriebsaufspaltung liegt wegen fehlender personeller Verflechtung nicht vor, wenn an der Betriebsgesellschaft nicht alle Gesellschafter der Besitz-Personengesellschaft beteiligt sind und die Beschlüsse der Besitz-Personengesellschaft einstimmig gefasst werden müssen. Eine personelle Verflechtung ist dagegen gegeben, wenn die Personen, die an beiden Unternehmen zusammen mehrheitlich beteiligt sind und damit die Betriebs-GmbH beherrschen, auch im Besitzunternehmen über die Mehrheit der Stimmen verfügen und im Besitzunternehmen kraft Gesetzes oder vertraglich wenigstens für Geschäfte des täglichen Lebens das Mehrheitsprinzip maßgeblich ist.

4.1.3.2 Beherrschung durch stille Gesellschaft, Unterbeteiligung, Nießbrauch, Großgläubigerstellung (faktische Beherrschung)

Der Vollständigkeit halber muss noch angefügt werden, dass in Ausnahmefällen auch eine stille Gesellschaft, Unterbeteiligung und Nießbrauch eine Beherrschung vermitteln und zu einer personellen Verflechtung bei Betriebsaufspaltungen führen kann.

Unterbeteiligungen begründen dagegen grundsätzlich nur Rechtsbeziehungen zwischen dem Unterbeteiligten und dem Gesellschafter, der die Unterbeteiligung einräumt. Rechtsbeziehungen des Unterbeteiligten zu den übrigen Gesellschaftern der Gesellschaft bzw. der Gesellschaft selbst bestehen daher i.d.R.

nicht. Das wird nur bei atypischen Unterbeteiligungsverhältnissen möglich sein, so wenn beispielsweise der Stimmrechtseinfluss des Unterbeteiligten erheblich ist.

Für die Frage, ob ein Nießbrauch eine Beherrschung vermittelt, ist ursprünglich vertreten worden, es komme darauf an, wem das Stimmrecht zusteht. Hat der Eigentümer des Besitzunternehmens den Nießbrauch an den Anteilen der Betriebs-GmbH, so ist eine Betriebsaufspaltung nur dann anzunehmen, wenn dem Besitzunternehmer auch das mit den GmbH-Anteilen verbundene Stimmrecht zusteht. Umstritten ist, wem das Stimmrecht an dem mit einem Nießbrauch belasteten GmbH-Anteil zukommt. Aufgrund der stärkeren Betonung des GmbH-Rechts auf die Persönlichkeit des Anteilseigners dürfte das Stimmrecht grundsätzlich bei ihm verbleiben (so auch die h.M.; siehe Zutt, in: Hachenburg, GmbHG, Anhang zu § 15 Rdnr. 61; siehe Hueck/Fastich, in: Baumbach/Hueck, GmbHG, § 15 Rdnr. 53; teilweise differenzierend Lutter/Hommelhoff, GmbHG, § 15 Rdnr. 102).

> **Diese Auffassung ist durch folgende Judikate erheblich modifiziert worden:**
>
> Durch die Bestellung eines Nießbrauchs an den Anteilen der Betriebskapitalgesellschaft und der Einräumung einer Vollmacht zur Ausübung des Stimmrechts bei dieser Gesellschaft zugunsten des Nießbrauchers wird die Entstehung einer Betriebsaufspaltung nicht verhindert, wenn der Gesellschafter auch weiterhin faktische Einflussnahmemöglichkeiten hat (Niedersächsisches FG Urteil vom 02.09.2008, 13 K 534/06, EFG 2009, 2022 rkr.).

Das Entstehen einer Betriebsaufspaltung kann nicht dadurch verhindert werden, dass an den Anteilen der Betriebsgesellschaft ein Niebrauch bestellt und der Nießbraucher zur Ausübung des Stimmrechts bei dieser Gesellschaft bevollmächtigt wird (BFH, Beschluss v. 02.07.2009, X B 230/08 BFH/NV 2009, 1647).

Aus Rechtssicherheitsgründen empfiehlt es sich, hinsichtlich der Stimmrechtsfrage eine Regelung zu treffen. Entsprechendes gilt bei Übertragung eines Nießbrauchs an dem Besitzunternehmen bzw. an Anteilen an einem Betriebsunternehmen.

Die Rechtsprechung hat entschieden, dass die Beherrschung der Betriebsgesellschaft auch **ohne Anteilsbesitz** allein aufgrund einer durch die Besonderheiten des Einzelfalls bedingten **tatsächlichen Machtstellung** (z.B. durch die Position als Großgläubiger) in der Betriebsgesellschaft gegeben sein kann (BFH, Urteil vom 29.07.1976, IV R 145/72, BStBl. II 1976, 750).

Der Kommanditanteil an einer pachtenden Familien-GmbH & Co. KG ist dem bisherigen Alleinunternehmer und neuen Betriebsverpächter gem. § 39 Abs. 2 Nr. 1 AO zuzurechnen, wenn er alleiniger Geschäftsführer und Großgläubiger der KG ist, die Mittel für die Kommanditeinlage geschenkt hat und den Betrieb-

I. Betriebsaufspaltung im Blickwinkel der Betriebsprüfung

spachtvertrag jederzeit mit kurzer Frist kündigen kann (BFH, Urteil vom 28.09.1995, IV R 34/93, BFH/NV 1996, 314).

Die für eine Betriebsaufspaltung erforderliche personelle Verflechtung zwischen Besitz- und Betriebsunternehmen liegt auch ohne Anteilsbesitz am Betriebsunternehmen vor, wenn der Inhaber des Besitzunternehmens die Geschäfte des Betriebsunternehmens führt und über die **unwiderrufliche Option** zum Anteilserwerb an dem Betriebsunternehmen verfügt (FG Rheinland-Pfalz, Urteil vom 06.10.1995, 3 K 2180/93, EFG 1996, 330).

Die oben genannte Rechtsprechung ist im Schrifttum teilweise heftig kritisiert worden. Der konturlose Rechtsbegriff „tatsächliche Machtstellung in der Betriebsgesellschaft" ist als Surrogat für Anteilsbesitz oder Stimmrechte kein brauchbares Kriterium zur Begründung einer Betriebsaufspaltung. Zudem wird dadurch die Rechtssicherheit in einem unzumutbaren Ausmaß beeinträchtigt (Söffing, DStR 1983, 443f.; Döllerer, GmbHR 1986, 165 (168)). Später hat der BFH allerdings klargestellt, dass ein beherrschender Einfluss bei der Betriebsgesellschaft auch ohne gesellschaftliche Beteiligung aufgrund einer tatsächlichen Machtstellung nur ausnahmsweise angenommen werden kann. Die gesicherte Anstellung der Besitzunternehmer als Prokuristen der Betriebs-KG, deren Ehegatten Kommanditisten sind und deren Vater Komplementär ist, soll für die Annahme eines einheitlichen geschäftlichen Betätigungswillens nicht genügen (BFH, Urteil vom 14.01.1982, IV R 77/79, BStBl. II 1982, 476 (477)).

Die weitere Rechtsprechung hat klargestellt, dass eine Betriebsaufspaltung aufgrund fachlicher Beherrschung nur (in extremsten Ausnahmefällen) gegeben ist, wenn der gesellschaftlich Beteiligte nach den Umständen des Einzelfalles darauf angewiesen ist, sich dem Willen eines anderen so unterzuordnen, dass er keinen eigenen geschäftlichen Willen entfalten kann.

Die faktische Beherrschung eines Nichtgesellschafters verdrängt die gesellschaftsrechtliche Beteiligung. Daher können der faktisch Herrschende und der gesellschaftsrechtlich Beteiligte keine Personengruppe i.S. der Gruppentheorie bilden (BFH, Urteil vom 12.10.1988, X R 5/86, BB 1989, 196; vom 26.10.1988, I R 228/84, BStBl. II 1989, 155; vom 01.12.1989, III R 94/87, BStBl. II 1990, 506; vom 27.02.1991 XI R 25/88, BFH/NV 1991, 454 [455]).

Die für die Annahme der Betriebsaufspaltung erforderliche personelle Verflechtung ist aufgrund tatsächlicher Machstellung gegeben, wenn der Alleininhaber des Besitzunternehmens, der alleiniger Geschäftsführer der Betriebs-GmbH ist, in der Lage ist, seinen Geschäftsanteil von 49% jederzeit auf bis zu 98% zu erhöhen (BFH, Urteil vom 29.01.1997, XI R 23/96, BStBl. II 1997, 437).

Die personelle Verflechtung ist zu bejahen, wenn die (in Frage stehenden) Gesellschafter in der Lage sind, ihre Beteiligungsquote entschädigungslos auf 98% aufzustocken (BFH, Beschluss vom 15.11.2001, VIII B 45/01, BFH/NV 2002, 345).

4 Voraussetzungen der Betriebsaufspaltung

Eine Betriebsaufspaltung aufgrund faktischer Beherrschung der Betriebsgesellschaft (GmbH) durch die Gesellschafter des Besitzunternehmens liegt nicht bereits deshalb vor, weil die das Besitzunternehmen beherrschenden Ehemänner der an der GmbH beteiligten Gesellschafterinnen zugleich bei der GmbH angestellt sind, und der GmbH-Vertrag vorsieht, dass die Geschäftsanteile der Ehefrauen bei Beendigung des Arbeitsverhältnisses des jeweiligen Ehemannes eingezogen werden können (BFH, Urteil vom 15.10.1998, I V R 20/98, BStBl. II 1999, 445; Söffing, FR 1999, 306 f., der folgerichtig empfiehlt, das Institut der faktischen Betriebsaufspaltung aufzuheben).

Eine Betriebsaufspaltung liegt regelmäßig nicht vor, wenn nur einer der beiden Geschäftsführer eine Besitz-GbR an der Betriebs-GmbH beteiligt ist. Eine faktische Beherrschung der Besitz-GbR durch einen Gesellschafter-Geschäftsführer setzt voraus, dass die anderen Gesellschafter-Geschäftsführer bei der Beschlussfassung über die Angelegenheiten der Gesellschaft keinen eigenen geschäftlichen Willen entfalten können. Ein auf schuldrechtlichen Rechtsbeziehungen beruhender wirtschaftlicher Druck genügt hierfür regelmäßig nicht (BFH, Urteil vom 15.03.2000, VIII R 82/98, BStBl. II 2002, 774).

Eine faktische Beherrschung i. S. der Rechtsprechungsgrundsätze der Betriebsaufspaltung liegt nicht schon dann vor, wenn ein Gesellschafter maßgeblichen Einfluss auf die kaufmännische oder technische Betriebsführung nehmen kann, erforderlich ist vielmehr die faktische Einwirkung auf die zur Beherrschung führenden Stimmrechte (BFH, Beschluss vom 29.08.2001, VIII B 15/01, BFH/NV 2002, 185).

Eine faktische Beherrschung der Betriebsgesellschaft durch den Minderheitsgesellschafter scheidet aus, wenn dieser mangels Beteiligung am Besitzunternehmen die der Betriebsgesellschaft überlassene wesentliche Betriebsgrundlage nicht „als unternehmerisches Instrument der Beherrschung" gebrauchen kann (BFH, Beschluss vom 27.09.2006, X R 27/03, BFH/NV 2006, 2259).

In der Praxis wird vor allem von Seiten der Bp oftmals vorschnell auf eine bestehende faktische Beherrschung hingewiesen. Die aufgeführten Beispiele einer faktischen Beherrschung zeigen aber, dass es sich dabei – wie auch von der Rechtsprechung betont – um Ausnahmefälle handelt. Dementsprechend kann der Annahme einer faktischen Beherrschung in den allermeisten Fällen mit Erfolg entgegengetreten werden.

4.1.4 Gestaltungsvarianten zur Vermeidung der Betriebsaufspaltung

In den letzten Jahrzehnten wurde das Rechtsinstitut der Betriebsaufspaltung von der Finanzverwaltung und der höchstrichterlichen Rechtsprechung immer exzessiver ausgedehnt. Der steuerliche Hintergrund war die Gewerbesteuerbelastung und die Erfassung der stillen Reserven beim Besitzunternehmen. Um dieses Ziel zu erreichen, schreckte man auch nicht davor zurück, die erforderliche Beherrschung aufgrund faktischen Anteilsbesitzes oder durch die Zusammenrechnung von Ehegatten-Anteilen aufgrund von widerlegbaren Vermutungen zu konstruieren.

I. Betriebsaufspaltung im Blickwinkel der Betriebsprüfung

Die neuesten Rechtsprechungstendenzen haben jedoch deutlich gezeigt, dass die Ausweitung des Instituts der Betriebsaufspaltung auf verfassungsrechtliche und gesellschaftsrechtliche Schranken stößt, die nicht mehr durch Fiktionen überwunden werden können. Die folgenden Ausführungen sollen Lösungsmöglichkeiten aufzeigen, durch welche Gestaltungen eine steuerunschädliche Quasi-Beherrschung der Betriebsgesellschaft zu erzielen ist.

4.1.4.1 Begründung autonomer Rechtsmacht für jeden Ehepartner (insbesondere „Wiesbadener Modell")

Um bei künftigen Auseinandersetzungen mit der Finanzverwaltung eine einheitliche Wirtschaftsgemeinschaft zwischen den Eheleuten (Folge: Zusammenrechnung der Ehegatten-Anteile) leugnen zu können, empfiehlt es sich, solche Gestaltungen zu bevorzugen, bei denen deutlich wird, dass der Ehegatte – auch gegenüber seinem Ehepartner – egoistische Ziele bei seiner Unternehmensbeteiligung verfolgt:

- autonomes Wahrnehmen von Gesellschafterrechten, d. h. kein Abschluss von Stimmbindungsverträgen bzw. keine Erteilung von Dauervollmachten unter Eheleuten,
- getrennte Erfassung der Vermögenskontingente der Ehegatten; empfehlenswert ist eine Gütertrennung.

Insbesondere bei der Überlassung von wesentlichen, dem einen Ehegatten gehörenden wesentlichen Betriebsgrundlagen (z. B. betrieblich genutzte Grundstücke) an dem dem anderen Ehepartner gehörenden Betrieb werden – bei Beachtung obiger Kriterien – Einkünfte aus Vermietung und Verpachtung erzielt (Schmidt-Wacker, EStG, 39. Aufl. [2020], § 15 Rdnr. 846 m. w. N.).

In diesem Zusammenhang ist auf das so genannte **Wiesbadener Modell** hinzuweisen. Diese Gestaltung knüpfte ursprünglich an die Überlegung an, dass eine Zusammenrechnung von Beteiligungen naher Angehöriger voraussetzt, dass das Familienmitglied, dem die Anteile des nahen Angehörigen zugerechnet werden sollen, an beiden Unternehmen beteiligt ist (Felix, GmbHR 1973, 184; Woerner, DStR 1986, 735 [738]).

Danach würde eine Zusammenrechnung beispielsweise dann entfallen, wenn dem Ehemann die Betriebsgesellschaft und der Ehefrau das Besitzunternehmen gehört (oder umgekehrt).

Im Schaubild sieht diese Gestaltung wie folgt aus:

Betriebs-GmbH (Ehemann) 100 % Beteiligung (alleiniger Gesellschafter und Geschäftsführer)	verschenkt wesentliche Betriebsgrundlagen an Ehefrau	**Besitzunternehmen** (Ehefrau) 100 % Beteiligung
	verpachtet wesentliche Betriebsgrundlagen	

Der BFH hat dieses Steuersparmodell wie folgt anerkannt (BFH, Urteil vom 30.07.1985, VIII R 263/81, BStBl. II 1986, 359; vom 09.09.1986, VIII R 198/84, BStBl. II 1987, 28; vom 12.10.1988, X R 5/86, BStBl. II 1989, 152; vom

26.10.1988, I R 228/84, BStBl. II 1989, 155; vom 01.12.1989, III R 94/87, BStBl. II 1990, 500 [st. Rspr.]):

> *„Eine Betriebsaufspaltung entfällt, wenn Besitzunternehmen und Betriebsunternehmen keine gemeinsamen Gesellschafter (Unternehmer) haben (Wiesbadener Modell). Das gilt auch für Ehegatten, bei denen aufgrund besonderer Beweisanzeichen gleichgerichtete wirtschaftliche Interessen anzunehmen sind."*

Durch das verfassungsrechtliche Verbot der Annahme einer widerlegbaren Vermutung hinsichtlich gleichgerichteter wirtschaftlicher Interessen zwecks Addition von Ehegatten-Anteilen dürfte sich nunmehr endgültig das „Wiesbadener Modell" zum „Gewerbesteuersparknaller" institutionalisieren.

Dem vorsichtig operierenden Berater ist jedoch anzuraten, die bereits empfohlene Trennung der Vermögenssphären auch bei dieser Gestaltungsvariante aufrecht zu erhalten, um der Finanzverwaltung keinerlei Angriffspunkte im Hinblick auf die Annahme einer etwaig faktischen Beherrschung des Ehemannes hinsichtlich des Besitzunternehmens zu bieten. Insbesondere sollte deshalb vermieden werden, dass dem Ehemann beim Besitzunternehmen unwiderrufliche oder sonstige qualifizierte Geschäftsführerkompetenzen eingeräumt werden.

Hingegen hat der BFH klargestellt, dass die Einräumung einer selbst alleinvertretungsberechtigten Geschäftsführerposition des Ehemannes an der Betriebs-GmbH selbst dann noch keine steuerschädliche faktische Beherrschung begründet, wenn dieser aufgrund seiner beruflichen Ausbildung und Erfahrung das Gepräge in der Betriebs-GmbH gibt.

In den Entscheidungsgründen wurde klargestellt, dass es für die personelle Verflechtung nicht auf den Aufgabenbereich als Geschäftsführer, sondern auf die Fähigkeit ankommt, einen bestimmten Betätigungswillen als Gesellschafter durchzusetzen. Diese Fähigkeit wird i.d.R. nur durch den Anteilsbesitz vermittelt, weshalb sich im Fall der faktischen Betriebsaufspaltung die tatsächliche Machtstellung auf die Ausübung der Mehrheit der Gesellschafterrechte beziehen muss.

Mit der Mehrheit der Gesellschafterrechte kann der Geschäftsführer abberufen oder bestellt werden. Soweit dies in der Satzung oder im Anstellungsvertrag vorgesehen ist, können mit der Mehrheit der Gesellschafterrechte dem Geschäftsführer Einzelweisungen erteilt werden. Umgekehrt kann der Geschäftsführer selbst nur innerhalb des Aufgabenbereichs tätig werden, der durch den Anstellungsvertrag festgelegt ist. Deshalb begründet die Geschäftsführerstellung regelmäßig noch keine faktische Machtstellung i. S. einer personellen Verflechtung (BFH, Urteil vom 26.10.1988, I R 228/84, BStBl. II 1989, 155 (156f.); vom 27.02.1991, XI R 25/88, BFH/NV 1991, 454 (455); vom 15.10.1998, IV R 20/98, BStBl. II 1999, 445)).

Der BFH hat ferner zu einer ähnlich gelagerten Gestaltung entschieden, dass besondere Umstände, die Anteile von Ehegatten an einem Unternehmen zusammenzurechnen, nicht vorliegen, wenn der mit 90 % an der Betriebs-GmbH beteiligte Ehemann die 10 %-Beteiligung seiner Ehefrau an der Betriebs-GmbH erwirbt und ihr gleichzeitig einen Teil seiner Beteiligung an der Besitzgesellschaft schenkt (BFH, Urteil vom 17. 03. 1987, VIII R 36/84, BStBl. II 1987, 858).

Im Schrifttum wird jedoch die Ansicht vertreten, dass eine diesbezügliche Schenkung von wesentlichen Betriebsgrundlagen durch einen Ehegatten an den anderen zur Begründung für einen einheitlichen geschäftlichen Betätigungswillen führen kann (Schulze zur Wiesche, WPg 1985, 579 (583); L. Schmidt, DStR 1979, 699 (702); zu den schenkungsteuerlichen Auswirkungen instruktiv Gebel, DStR 1992, 1341 ff.).

Dem ist entgegenzuhalten, dass aus der Vornahme der Schenkung grundsätzlich keine Verpflichtung des beschenkten Ehegatten abzuleiten ist, seine Gesellschafterrechte nach den Interessen des Schenkers auszuüben. Ein Widerrufsrecht steht dem Schenker nach § 530 BGB nur bei grobem Undank zu (Hueck, DB 1996, 1043 [1046 f.]).

Die Ausübung der Gesellschafterrechte gegen die Interessen des Schenkers reicht für die Annahme groben Undanks nicht aus (J. Koch, in: Münchener Kommentar, 5. Aufl. BGB, § 530 Rdnr. 12/13).

Auch ist es in jeder Gesellschaft so, dass Meinungsverschiedenheiten nur in einer geringen Zahl der Fälle zur offenen Konfrontation führen. So werden Ehegatten versuchen, sich bei Meinungsverschiedenheiten gütlich zu einigen. Dabei muss der Beschenkte seine Interessen gegen die des Schenkers vertreten können, sonst wäre der Sinn der Schenkung, den Anteil ganz aus der Hand zu geben, konterkariert. Nur wenn die Schenkung unter der ausdrücklichen Bedingung erfolgt, dass der Schenker ein Recht zum Widerruf haben soll, wenn der Beschenkte die Gesellschafterrechte nicht in seinem Sinne ausübt, kann dies eine Zusammenrechnung der Anteile rechtfertigen (Beul, DStR 1985, 539 (540); Tillmann, GmbHR-Report 1985, R 83; L. Schmidt, FR 1986, 391).

Im Schrifttum ist neuerdings zu Recht darauf hingewiesen worden, dass die „exotische" Ausgestaltung von zivilrechtlichen Verträgen im Rahmen des Wiesbadener Modells auf zivilrechtliche Grenzen stößt (so die kritische Analyse von Kesseler, DStR 2015, 1189 ff.).

Zur Rentenversicherungspflicht im „Wiesbadener Modell" ist folgendes Judikat ergangen: Selbst wenn die gesellschaftsrechtliche Gestaltung vorliegend ausschließlich aus Gründen der Steuerersparnis im sog. „Wiesbadener Modell" gewählt wurde, ändert dies nichts an ihrer Maßgeblichkeit auch für die sozialversicherungsrechtliche Versicherungspflicht. Die von der GmbH bzw. ihren Gesellschaftern gewählte Konstruktion ist rechtswirksam, weshalb sich die GmbH an ihr festhalten lassen muss (BSG, Urteil vom 19. 09. 2019 – B 12 R 7/19 BFH/NV 2020, 608).

4 Voraussetzungen der Betriebsaufspaltung

4.1.4.2 Überlassung der Anteile an der Betriebsgesellschaft an volljährige Kinder

Nach der Rechtsprechung entfällt eine Zusammenrechnung bei der Beteiligung volljähriger Kinder, anderer Verwandter und Verschwägerter der Gesellschafter (BFH, Urteil vom 18.10.1972, I R 184/70, BStBl. II 1973, 27).

Hieraus lässt sich folgender praxisrelevanter Gestaltungsvorschlag ableiten: Den Eltern gehören die Anteile an dem Besitzunternehmen. Anteilseigner und Geschäftsführer der Betriebsgesellschaft sind die erwachsenen Kinder, die aufgrund ihrer fachlichen Kenntnisse zur Unternehmensführung befähigt sind. Dem Familienvater (Ex-Seniorchef) wird lediglich die Stellung des beratenden Mitgeschäftsführers eingeräumt.

Die Finanzverwaltung qualifizierte die mitwirkende Geschäftsführungskompetenz als ausreichenden Beherrschungstatbestand hinsichtlich der Betriebsgesellschaft. Der BFH lehnte diese Betrachtungsweise ab und führte im Leitsatz aus (BFH, Urteil vom 26.07.1984, IV R 11/81, BStBl. II 1984, 714; FG Nürnberg, Urteil vom 10.07.1985, V 329/80, EFG 1986, 135 (rkr.)):

> *„Verpachtet der Vater seinen Betrieb an eine GmbH, deren Anteilseigner ausschließlich erwachsene und teilweise fachlich entsprechend vorgebildete Kinder sind, so fehlt es i. d. R. an dem für eine Betriebsaufspaltung erforderlichen einheitlichen geschäftlichen Betätigungswillen zwischen Verpächter und Pächter, und zwar auch dann, wenn der Vater einer der Geschäftsführer der GmbH ist."*

Nach wohl einhelliger Auffassung im Schrifttum müssen die aufgeführten Grundsätze konsequenterweise auch dann gelten, wenn die Wahrnehmung der Beteiligungsrechte eines minderjährigen Kindes auf einen Pfleger oder einen fremden Bevollmächtigten übertragen worden ist.

4.1.4.3 Torpedierung der personellen Verflechtung durch das gesellschaftsvertragliche Einstimmigkeitsprinzip und die Einräumung von externen Mini-Beteiligungen

Ein Ehepaar (oder der Ehemann) beherrscht zu 100 % die Betriebsgesellschaft. An dem Besitzunternehmen sind die Ehegatten zu zwei Dritteln beteiligt. Das andere Drittel der Anteile soll der erwachsene Sohn, die Schwiegermutter oder eine sonstige Vertrauensperson (Prokurist, Notar etc.) halten. Um aus steuerlichen Gründen den einheitlichen geschäftlichen Betätigungswillen formal zu torpedieren, wird im Gesellschaftsvertrag des Besitzunternehmens das strikte Einstimmigkeitsprinzip bei Gesellschafterbeschlüssen und bei Geschäften des täglichen Lebens vereinbart.

Nach der BFH-Rechtsprechung kann bei dieser Fallgestaltung keine Betriebsaufspaltung angenommen werden (BFH, Urteil vom 09.11.1983, I R 134/79, BStBl. II 1984, 212).

Die Finanzverwaltung wird jedoch versuchen, aus fiskalischen Gründen eine faktische Beherrschung der Betriebsgesellschaft zu fingieren (BMF, Schreiben vom 29.03.1985, IV B 2 – S 2241 – 22/85, BStBl. I 1985, 121).

I. Betriebsaufspaltung im Blickwinkel der Betriebsprüfung

Einer solchen Betrachtungsweise kann nunmehr entgegengehalten werden, dass der BFH die faktische Mitunternehmerschaft weitgehend abgelehnt hat. Eine konsequente Ausdehnung dieser Rechtsprechung dürfte zur Folge haben, dass die Begründung einer Betriebsaufspaltung kraft faktischen Anteilsbesitzes nur noch in extrem gelagerten Ausnahmefällen angewendet werden kann.

Zur Bekämpfung von Trickgestaltungen zur Vermeidung der Betriebsaufspaltung wird auch § 42 AO ins Feld geführt. Schließlich müsse das Vetorecht des Minderheitsgesellschafters dann unbeachtlich sein, wenn es allein zu dem Zweck vereinbart worden ist, die steuerlichen Konsequenzen einer Betriebsaufspaltung zu vermeiden. Die Voraussetzungen des § 42 AO sollen dann vorliegen, wenn sich nach den objektiven Gegebenheiten ein Mehrheitsgesellschafter nicht auf das Vetorecht des Minderheitsgesellschafters eingelassen hätte oder – mit anderen Worten – wenn sich für die Vereinbarung eines Vetorechts kein sachlicher Grund finden lässt.

Diese fiskalisch orientierte Argumentation vermag jedoch nicht zu überzeugen. Schließlich bringt die Einschaltung eines solchen Minderheitengesellschafters erhebliche gesellschaftsrechtliche Konsequenzen mit sich. Ein solcher Gesellschafter ist schließlich am Gewinn des Besitzunternehmens beteiligt und kann mit der Ausübung seines Vetorechts die gewünschte Beherrschung des Betriebsunternehmens torpedieren. Diese gesellschaftsrechtlichen Risiken müssen folglich auf die steuerrechtliche Beurteilung in vollem Umfang durchschlagen (= Zerstörung der Beherrschung). Im Schrifttum kommen die Autoren mit einer anderen Begründung zum selben Ergebnis. Man ist der Auffassung, dass § 42 AO nur auf Steuergesetze (arg. § 4 AO), nicht aber bei bloßem sich ständig ändernden Richterrecht Anwendung finden könne.

Die Expertenmeinungen sind geteilt. Einige qualifizieren diese Entscheidungen als „öffentliche Hinrichtung der Betriebsaufspaltung". Andere meinen voreilig, dass es sich – insbesondere bezogen auf die Entscheidungsgründe – um einen kaum wiederholbaren „Ausrutscher" handelt. Der ehemalige Vorsitzende des VIII. Senats Dr. Dr. Döllerer wertet die Entscheidung als neuen Rechtsprechungstrend zutreffend dahingehend, die Tatbestandsvoraussetzungen für die Annahme einer Betriebsaufspaltung zu verschärfen, was die beschriebene Fortentwicklung der Rechtsprechung aufgezeigt hat. Nach der neuesten Judikatur ist allerdings zu beachten, dass sich das **Einstimmigkeitsprinzip** nicht nur auf die Gesellschafterbeschlüsse erstrecken darf, sondern auch die **Geschäfte des täglichen Lebens** umfassen muss (BFH, Urteil vom 09.11.1983, I R 134/79, BStBl. II 1984, 212; vom 29.10.1987, VIII R 5/87, BStBl. II 1989, 96; Döllerer, ZGR 1985, 386 (409f.); Woerner, BB 1985, 1609 (1618f.); ders., DStR 1985, 735, 737; List, GmbHR 1985, 401 (405); Felix, GmbHR 1986, 202; siehe neuerdings Micker/Albermann, DStZ 2020, 750 ff.)

Es ist auch die neuere Rechtsprechung zu beachten, wonach durch die Einräumung einer ausschließlichen Geschäftsführungskompetenz des Geschäftsführers (an Stelle der Gesellschafterversammlung) eine Beherrschung des Besitzunternehmens durch dessen Person in Betracht kommt.

4.2 Sachliche Voraussetzungen (Überlassung wesentlicher Betriebsgrundlagen)

Die von der Rechtsprechung als zweite Voraussetzung für die steuerliche Anerkennung postulierte sachliche Verflechtung erfordert, dass die von dem Besitzunternehmen an die Betriebskapitalgesellschaft verpachteten Wirtschaftsgüter eine **wesentliche Betriebsgrundlage** für den Betrieb der Betriebs(kapital)gesellschaft bilden. Daneben müssen die verpachteten Wirtschaftsgüter ebenso wesentliche Betriebsgrundlage des Besitzunternehmens sein. Die verpachteten Wirtschaftsgüter müssen nicht „die" wesentliche Betriebsgrundlage der Betriebs(kapital)gesellschaft darstellen; es genügt „eine" wesentliche Betriebsgrundlage (BFH, Urteil vom 01.06.1978, IV R 152/73, BStBl. II 1978, 545 (547), st. Rspr.).

Die Annahme einer wesentlichen Betriebsgrundlage wird deshalb nicht dadurch ausgeschlossen, dass der Betrieb, der mit den gepachteten Wirtschaftsgütern geführt wird, im Gesamtbetrieb der Betriebsgesellschaft gewinn- und vermögensmäßig nur einen geringen Teil ausmacht (BFH, Urteil vom 21.05.1974, VIII R 57/70, BStBl. II 1974, 613 [615]).

Es ist also nicht erforderlich, dass die Betriebsgesellschaft ihr Anlagevermögen ganz oder größtenteils von ihren Gesellschaftern gepachtet hat. Deshalb kann eine Betriebsaufspaltung auch zwischen einem Besitzunternehmen und mehreren Betriebs(kapital)gesellschaften entstehen (BFH, Urteil vom 11.11.1982, IV R 117/80, BStBl. II 1983, 299).

Umgekehrt können mehrere Besitzunternehmen einer Betriebsgesellschaft gegenüberstehen (Fichtelmann, FR 1983, 78 ff.; ders. GmbHR 1996, 580 ff.).

Folglich können mehrere Betriebsaufspaltungen von mehreren Besitzunternehmen jeweils mit demselben Betriebsunternehmen bestehen, was auch keinen Gestaltungsmissbrauch darstellt (BFH, Urteil vom 18.06.2015, IV R 11/13, BFH/NV 2015, 1398 = DStR 2015, 2424, 2427 f. mit Anm. Kesseler; Urteil vom 18.06.2015, IV R 12/13, BFH/NV 2015, 1401; BFH, Urteil vom 18.06.2015, IV 13/13, BFH/NV 2015, 1405).

Mehrere Besitzunternehmen bringen den gewerbesteuerlichen Vorteil, dass der Freibetrag für Personenunternehmen (§ 11 Abs. 1 GewStG) mehrfach in Anspruch genommen werden konnte.

Hierbei führen negative Einkünfte aus einer gewerblichen Tätigkeit im Rahmen einer Betriebsaufspaltung nicht zur Umqualifizierung der vermögensverwaltenden Einkünfte einer GbR. Nur positive gewerbliche Einkünfte können zu einer Abfärbung ansonsten vermögensverwaltender Einkünfte einer GbR führen. Mit der Typisierung des § 15 Abs. 3 Nr. 1 EStG verfolgt der Gesetzgeber das Ziel, die Ermittlung der Einkünfte auch für gewerblich tätige Personengesellschaften durch Fiktionen nur eine Einkunftsart zu vereinfachen und das Gewerbesteueraufkommen zu schützen (BFH, Urteil vom 12.04.2018, IV R 5/15, BStBl. II 2020, 118 = GmbHR 2018, 858, 861 f. mit Anm. Riedel = FR 2018, 959, 962 ff. mit Anm. Kanzler, hierzu eingehend Mindermann/Lukas, NWB 2019, 2853 ff.; Schulze zur Wiesche, DStZ 2019, 867, 869 f.; ders., StBp 2020, 78, 82 f.).

Im Rahmen des Gesetzes zur weiteren steuerlichen Förderung der Elektromobilität und zur Änderung weiterer steuerlicher Vorschriften („JStG 2019") vom 12.12.2019 wurde durch eine Änderung in §15 Abs.3 Nr.1 Satz 2 EStG der bisherige Rechtszustand wieder hergestellt. Begründet wird dies damit, dass der Gesetzgeber mit der in Abs.3 Nr.1 vorgesehenen Typisierung das Ziel verfolge, die Ermittlung der Einkünfte auch gewerblich tätiger PersGes. durch Fiktion nur einer Einkunftsart zu vereinfachen und das GewStAufkommen zu schützen. Sofern eine vermögensverwaltende GbR u.a. auch i.S.v. Abs.2 gewerblich tätig sei, ohne daraus aber positive Einkünfte zu erzielen, könne das GewStAufkommen dadurch nicht gefährdet sein. Da eine solche PersGes. handelsrechtlich nicht zur Führung von Büchern und zur Aufstellung einer einheitlichen Bilanz verpflichtet ist, bedürfe es einer einheitlichen Qualifikation der Einkünfte auch nicht zur Vereinfachung der Gewinnermittlung. Ein Rechtfertigungsgrund für die Ungleichbehandlung gegenüber Einzelpersonen, die in gleicher Weise tätig würden und für die das EStG eine Abfärbung gewerblicher Einkünfte nicht vorsehe, sei danach nicht ersichtlich, so dass Abs.3 Nr.1 bei verfassungskonformer Auslegung auf derartige Fallgestaltungen deshalb nicht anzuwenden sei. Damit legt der BFH Abs.3 Nr.1 verfassungskonform einschränkend aus (teleologische Reduktion).

Nach der Gesetzesbegründung soll durch Abs.3 Nr.1 Satz 2 die bisherige Rechtsprechung und Verwaltungsauffassung wiederhergestellt und gesetzlich abgesichert werden, wonach auch eine land- und forstwirtschaftlich, freiberuflich oder vermögensverwaltend tätigte Personengesellschaft in vollem Umfang gewerbliche Einkünfte bezieht, wenn sie daneben nur negative gewerbliche (Beteiligungs-)Einkünfte erzielt (BR Drucks. 356/19, 107; hierzu kritisch im Hinblick auf die Verfassungswidrigkeit eingehend Stenert/Gravenhorst, DStR 2020, 2505 ff.).

Eine Betriebsaufspaltung liegt bei einer Handelsvertretung nicht vor, wenn zwar ein Vertrag über die Verpachtung der Handelsvertretung geschlossen, aber nicht durchgeführt wird (FG Münster, Beschluss vom 18.01.2006, 5 V 3802/05 E, EFG 2006, 962 (rkr.)).

Die unentgeltliche (= leihweise) Überlassung von Wirtschaftsgütern an eine Betriebsgesellschaft schließt die Annahme einer Betriebsaufspaltung nicht aus. Schließlich kann es für die Frage, ob wesentliche Betriebsgrundlagen überlassen werden oder nicht, keine Rolle spielen, ob die Wirtschaftsgüter gegen Entgelt oder unentgeltlich (auf Leihbasis) überlassen werden (BFH, Urteil vom 24.04.1991, X R 84/88, BStBl. II 1991, 713, siehe hierzu auch Micker/Schwarz, FR 2018, 765, 767).

4 Voraussetzungen der Betriebsaufspaltung

Auf die Eigentumsverhältnisse an den verpachteten Wirtschaftsgütern kommt es ebenfalls nicht an. Irrelevant ist auch, ob die verpachteten Wirtschaftsgüter der Besitzgesellschaft selbst oder einem ihrer Gesellschafter gehören (BFH, Urteil vom 11.08.1966, IV 219/64, BStBl. III 1966, 601; vom 21.05.1974, VIII R 57/70, BStBl. II 1974, 613 (615); vom 15.05.1975, IV R 89/73, BStBl. II 1975, 781).

Gegenstand einer zur Betriebsaufspaltung führenden sachlichen Verflechtung kann auch die Einräumung rein obligatorischer Rechtspositionen sein (BFH, Urteil vom 01.06.1994, X R 81/90, BFH/NV 1995, 154).

Eine zu einer Betriebsaufspaltung führende sachliche Verflechtung ist auch dann anzunehmen, wenn die wesentliche Betriebsgrundlage, die ein Gesellschafter einer Betriebs-Kapitalgesellschaft überlässt, zwar nicht im Eigentum des Gesellschafters steht, er sie aber aus eigenem Recht nutzen kann und zur Nutzungsüberlassung berechtigt ist (BFH, Urteil vom 29.11.2017, X R 34/15 BFH/NV 2018, 623 = mit Anm. Günther, EStB 2018, 171).

Bestellt der Eigentümer an einem unbebauten Grundstück ein Erbbaurecht und errichtet der Erbbauberechtigte ein Gebäude, das er an ein Betriebsunternehmen vermietet, fehlt zwischen dem Eigentümer und dem Betriebsunternehmen die für die Annahme einer Betriebsaufspaltung erforderliche sachliche Verflechtung (BFH, Urteil vom 24.09.2015, IV R 9/13, BStBl. II 2016, 154 = EStB 2016, 89 f. mit Anm. Krämer); hierzu eingehend Schulze zur Wiesche, StBp 2017, 144 f.

Die Verpachtung eines Grundstücks an eine mittelbar beherrschte Gesellschaft kann eine Betriebsaufspaltung begründen (vgl. BFH, Urteil vom 29.11.2017, X R 8/16, BStBl. II 2018, 427 Rdnr. 48 m. w. N.).

Eine Betriebsaufspaltung liegt auch vor, wenn die wesentliche Betriebsgrundlage, die das Besitzunternehmen an die Betriebsgesellschaft vermietet, nicht im Eigentum des Besitzunternehmens steht. Es ist dabei unerheblich, ob eine sog. echte oder unechte Betriebsaufspaltung vorliegt (BFH, Urteil vom 10.05.2016, X R 5/14, BFH/NV 2017, 8; hierzu Micker/Schwarz, FR 2018, 765, 767).

Einer sachlichen Verflechung steht es nicht entgegen, wenn das verpachtende Besitzunternehmen zwar nicht Eigentümer der Betriebsgrundlagen ist, die Betriebsgrundlagen aber aus eigenem Recht nutzen kann und zur Nutzungsüberlassung berechtigt ist (BFH, Urteil vom 18.08.2009, X R 22/07 BFH/NV 2010, 208).

Als wesentliche Betriebsgrundlagen sind bei einer Betriebsaufspaltung Wirtschaftsgüter anzusehen, die zur Erreichung des Betriebszweckes erforderlich sind und ein besonderes wirtschaftliches Gewicht für die Betriebsführung besitzen. Auch bei Montage- und Reparaturbetrieben sind einzelne Maschinen, die kurzfristig wieder zu beschaffen sind, nicht als wesentliche Betriebsgrundlagen einzustufen; etwas anderes gilt nur dann, wenn der Betrieb wegen der Veräußerung des gesamten Maschinenparks schlechterdings ausgeschlossen ist (BFH, Beschluss vom 18.05.2004, X B 167/03, BFH/NV 2004, 1262).

I. Betriebsaufspaltung im Blickwinkel der Betriebsprüfung

Die Sachgesamtheit von Maschinen, Werkzeugen und Fahrzeugen ist auch bei einem Stuckateurbetrieb, bei dem dem Können der Mitarbeiter und dem technischen „Know-how" besondere Bedeutung zukommt, wesentliche Betriebsgrundlage. Ihre Überlassung begründet eine sachliche Verflechtung i. R. einer Betriebsaufspaltung (FG Düsseldorf, Urteil vom 25.09.2003, 11 K 5608/01 E, EFG 2004, 41 rkr.).

Zur Problematik, ob die Überlassung von Wirtschaftsgütern bei landwirtschaftlichen Betrieben als wesentliche Betriebsgrundlage zu qualifizieren ist, hat die Finanzverwaltung Stellung genommen (OFD Münster, Verfügung vom 28.01.1993, S 2139 – 111 – St 12 – 31, FR 1993, 244).

Zwischen einem Steuerberater und einer von ihm als Alleingesellschafter beherrschten Kapitalgesellschaft wird eine Betriebsaufspaltung begründet, wenn der Kapitalgesellschaft ein für deren betriebliche Tätigkeit funktional wesentlicher Mandantenstamm zur Nutzung überlassen wird. Die Einkünfte aus der Nutzungsüberlassung des Mandantenstamms können bei Fortführung einer steuerberatenden Einzelpraxis neben der Verpachtungstätigkeit als Einkünfte aus Gewerbebetrieb in einem eigenständigen Besitzunternehmen erzielt werden. Dies gilt auch dann, wenn zwar sachliche und wirtschaftliche Bezugspunkte zwischen beiden Tätigkeiten bestehen, die Verflechtung aber nicht so eng ist, dass sich die Tätigkeiten gegenseitig unlösbar bedingen (BFH, Urteil vom 21.11.2017, VIII R 17/15, BFH/NV 2018, 522 = BB 2018, 1251, 1256 mit Anm. Behrens = Günther, EStB 2018, 134; siehe auch Micker/Schwarz, FR 2018, 765, 767); hierzu eingehend Schulze zur Wiesche, DStZ 2018, 472 ff.).

In einer Serie von Entscheidungen hat der BFH seine Auffassung im Hinblick auf das Vorliegen/Nichtvorliegen einer wesentlichen Betriebsgrundlage bei der Überlassung von bebauten Grundstücken dergestalt modifiziert, dass die Anforderungen an die wesentliche Betriebsgrundlage minimiert und damit der Bereich der Betriebsaufspaltung (entgegen den oben beschriebenen Tendenzen) zwischenzeitlich erheblich erweitert wurde.

Die für die Praxis wichtigsten Leitsätze dieser „neuen" Rechtsprechung werden hier wiedergegeben:

- Ein Fabrikationsgrundstück ist regelmäßig wesentliche Betriebsgrundlage der Betriebsgesellschaft i. R. einer Betriebsaufspaltung. Davon ist jedenfalls dann auszugehen, wenn ein unmittelbarer zeitlicher Zusammenhang zwischen Errichtung des Betriebsgebäudes, der Vermietung und der Aufnahme des Betriebs in diesem Gebäude besteht (BFH, Urteil vom 12.09.1991, IV R 8/90, BStBl. II 1992, 347; vom 17.09.1992, IV R BStBl. 49/91, BFH/NV 1993, 95).

- Grundstücke, die der Fabrikation dienen, gehören regelmäßig i. R. einer Betriebsaufspaltung zu den wesentlichen Betriebsgrundlagen. Es kommt nicht darauf an, ob der Betrieb auch in einem anderen gemieteten oder gekauften Gebäude ausgeübt werden könnte (BFH, Urteil vom 26.03.1992,

4 Voraussetzungen der Betriebsaufspaltung

IV R 50/91, BStBl. II 1992, 830; vom 26.11.1992, IV R 15/91, BStBl. II 1993, 876 (878)).

- An einer wesentlichen Betriebsgrundlage als Voraussetzung der sachlichen Verflechtung bei der Betriebsaufspaltung kann es fehlen, wenn ein Grundstück für die Betriebsgesellschaft von geringer wirtschaftlicher Be-deutung ist. Dies ist jedenfalls nicht der Fall, wenn der Flächenanteil des der Betriebsgesellschaft von der Besitzgesellschaft verpachteten Grundstücks 22 % des von der Betriebsgesellschaft insgesamt und in gleicher Weise genutzten Grundbesitzes ausmacht (BFH, Urteil vom 04.11.1992, XI R 1/92, BStBl. II 1993, 245).
- Grundstücke, die der Fabrikation dienen, gehören i. R. einer Betriebsaufspaltung zu den wesentlichen Betriebsgrundlagen. Es ist nicht erforderlich, dass die Baulichkeiten (hier: Betriebshalle) nur noch oder ausschließlich von dem Betriebsunternehmen genutzt werden können (BFH, Urteil vom 16.12.1992, XI R 15/92, BFH/NV 1993, 523).
- Eine signifikante Trendwende zur Ausdehnung des Anwendungsbereichs der wesentlichen Betriebsgrundlage stellt das folgende Urteil dar: Ein Grundstück kann bei einer Betriebsaufspaltung nicht nur wegen seiner Lage und seines Zuschnitts wesentliche Betriebsgrundlage sein, sondern auch deswegen, weil das Betriebsunternehmen aus anderen innerbetrieblichen Gründen auf das Grundstück angewiesen ist (hier Dachdeckerbetrieb). Eine sachliche Verflechtung wird nicht dadurch ausgeschlossen, dass das Betriebsunternehmen jederzeit am Markt ein für seine Belange gleichwertiges Grundstück mieten oder kaufen könnte (BFH, Urteil vom 26.05.1993, X R 78/91, BStBl. II 1993, 718).
- Eine Lagerhalle ist wesentliche Betriebsgrundlage i. R. einer Betriebsaufspaltung, wenn sie nach dem Gesamtbild ihrer Eingliederung in die innere Struktur des Betriebsunternehmens für dieses von besonderer wirtschaftlicher Bedeutung ist (BFH, Urteil vom 19.07.1994, VIII R 75/93, BFH/NV 1995, 597).
- Vermietet der alleinige Gesellschafter und Geschäftsführer einer GmbH ein neu errichtetes Bürogebäude zum Zweck der büro- und verwaltungsmäßigen Nutzung an die GmbH, so liegt eine die Betriebsaufspaltung begründende sachliche Verflechtung jedenfalls dann vor, wenn das Gebäude für die Zwecke des Betriebsunternehmens hergerichtet oder gestaltet worden ist (BFH, Urteil vom 02.04.1997, X R 21/93, BStBl. II 1997, 565).
- Für ein von der verkehrsgünstigen Lage abhängiges Einzelhandelsunternehmen ist ein Grundstück mit Ladenlokal regelmäßig eine wesentliche Betriebsgrundlage (BFH, Urteil vom 30.10.1997, IV R 76/96, BFH/NV 1998, 578).
- Ein Büro- und Verwaltungsgebäude ist jedenfalls dann eine wesentliche Betriebsgrundlage i. S. der Rechtsprechungsgrundsätze zur Betriebsaufspaltung, wenn es die räumliche und funktionelle Grundlage für die Geschäfts-

I. Betriebsaufspaltung im Blickwinkel der Betriebsprüfung

tätigkeit der Betriebsgesellschaft bildet (BFH, Urteil vom 23.05.2000, VIII R 11/99, BStBl. II 2000, 621).

– Ein Büro- und Verwaltungsgebäude ist unabhängig vom jeweiligen Gegenstand des Unternehmens eine wesentliche Betriebsgrundlage i. S. der Rechtsprechung zur Betriebsaufspaltung, wenn es der räumliche und funktionelle Mittelpunkt der Geschäftstätigkeit des Betriebsunternehmens ist (BFH, Urteil vom 23.01.2001, VIII R 71/98, BFH/NV 2001, 894).

– Die Bestellung eines Erbbaurechts an einem unbebauten Grundstück hat eine sachliche Verflechtung von Besitzunternehmen und Betriebsgesellschaft zur Folge, wenn das Grundstück für die betrieblichen Zwecke der Betriebsgesellschaft bebaut werden soll. Die sachliche Verflechtung tritt mit Abschluss des Erbbaurechtsvertrags ein (BFH, Urteil vom 19.03.2002, VIII R 57/99, BStBl. II 2002, 662).

– Für die Frage nach der sachlichen Verflechtung einer Betriebsaufspaltung ist lediglich auf die wirtschaftliche Bedeutung des Grundstücks für das Betriebsunternehmen abzustellen. Keine wesentliche Betriebsgrundlage ist demnach ein Grundstück, das für das Betriebsunternehmen keine oder nur geringe wirtschaftliche Bedeutung hat. Eine (nicht nur geringe) wirtschaftliche Bedeutung in diesem Sinne ist insbesondere anzunehmen, wenn das Betriebsunternehmen in seiner Betriebsführung auf das ihm zur Nutzung überlassene Grundstück angewiesen ist, weil

– die Betriebsführung durch die Lage des Grundstücks bestimmt wird oder

– das Grundstück auf die Bedürfnisse des Betriebes zugeschnitten ist, vor allem, wenn die aufstehenden Baulichkeiten für die Zwecke des Betriebsunternehmens hergerichtet oder gestaltet worden sind oder

– das Betriebsunternehmen aus anderen innerbetrieblichen Gründen ohne ein Grundstück dieser Art den Betrieb nicht fortführen könnte (BFH, Urteil vom 18.09.2002, X R 4/01, BFH/NV 2003, 41).

– Ein Grundstück ist wesentliche Betriebsgrundlage, wenn es die räumliche und funktionale Grundlage für die Geschäftstätigkeit der Betriebsgesellschaft bildet, und zwar auch dann, wenn es für den jeweiligen Unternehmenszweck der Betriebsgesellschaft nicht besonders gestaltet wurde (BFH, Urteil vom 11.02.2003, IX R 43/01, BFH/NV 2003, 910; vom 03.06.2003, IX R 15/01, BFH/NV 2003, 1321).

Eine sachliche Verflechtung i. S. der Rechtsprechungsgrundsätze zur Betriebsaufspaltung liegt bei Nutzung eines Gebäudes bereits dann vor, wenn der Betrieb der Betriebsgesellschaft ein Gebäude dieser Art benötigt, das Gebäude für den Betriebszweck geeignet ist und es die räumliche und funktionale Grundlage des Betriebs bildet. Bietet der Geschäftsführer einer GmbH ein Gebäude zu diesem Zweck an, so ist regelmäßig davon auszugehen, dass es für den Betrieb erforderlich ist (BFH, Urteil vom 20.04.2004, VIII R 13/03, BFH/NV 2004, 1253).

Die oben genannte fallbezogene Rechtsprechung zur extensiven Ausweitung der sachlichen Verflechtung lässt sich wie folgt zusammenfassen:

4 Voraussetzungen der Betriebsaufspaltung

- Ein Grundstück ist wesentliche Betriebsgrundlage, wenn es nach dem Gesamtbild der Verhältnisse zur Erreichung des Betriebszwecks erforderlich ist und besonderes Gewicht für die Betriebsführung besitzt.
- Die wichtigsten Kriterien hierfür sind Lage, Größe und Zuschnitt des der Betriebsgesellschaft vom Besitzunternehmen überlassenen Grundstücks. Eine individuelle Gestaltung des Grundstücks ist nicht zwingende Voraussetzung für die sachliche Verflechtung.
- Es besteht die (widerlegbare) Vermutung, dass ein Gebäude, das unmittelbar nach seiner Errichtung durch das Besitzunternehmen vom Betriebsunternehmen gemietet wird, auf dessen Betrieb nach Größe und Grundriss zugeschnitten ist.
- Das Vorhandensein von „Austauschgrundstücken" am Grundstücksmarkt ist kein geeignetes Kriterium, um die wirtschaftliche Bedeutung eines Betriebsgrundstücks zu verneinen.
- Der Katalog der bisher von der Rechtsprechung aufgestellten Kriterien ist nicht abschließend. Auf der anderen Seite sind auch bei einem Grundstück, das nach diesen Kriterien die (qualitativen) Voraussetzungen für eine wesentliche Betriebsgrundlage erfüllt, Ausnahmen denkbar.

Die geringe Größe eines Grundstücks kann eine solche Ausnahme begründen. Neben den Größenverhältnissen im Vergleich zu den von Fremden gemieteten Betriebsgrundstücken ist jedoch auch die absolute Größe des Grundstücks zu beachten. Für unselbstständige Betriebsstätten gilt: Ein Grundstück ist nicht „unwesentlich", wenn es den Betrieb eines der Betriebsstätte vergleichbaren selbstständigen Unternehmens gestatten würde (Kempermann, FR 1993, 593 (598); ders., DStR 1997, 1441 f.; Richter/Stangl, BB 2000, 1166 ff.; neuerdings Ritzrow, StBp 2010, 54 ff. und 111 ff.).

Die **Finanzverwaltung** hat früher stets die Auffassung vertreten, dass reine Büro- und Verwaltungsgebäude im Allgemeinen nicht für die Bedürfnisse der Betriebsgesellschaft gestaltet seien. Ihre Verpachtung hat bisher regelmäßig nicht zur Begründung einer Betriebsverpachtung geführt (OFD München, Verfügung vom 21.12.1994, S 2240 – 21/2 St 41, DB 1995, 118).

Die **Finanzverwaltung** hat auf die gravierende Rechtsprechungsänderung im Hinblick auf die Ausdehnung des Anwendungsbereichs der **wesentlichen Betriebsgrundlage** bei **Büro- und Verwaltungsgebäuden** mit einer mehrfach prolongierten **Übergangs- und Vertrauensschutzregelung** wie folgt reagiert:

„... Die Grundsätze des Urteils vom 23. Mai 2000 (a. a. O.) sind über den entschiedenen Fall hinaus mit folgender Maßgabe allgemein anzuwenden:

In den Fällen, in denen nur deshalb eine Betriebsaufspaltung vorliegt, weil die Anwendung der Grundsätze des BFH-Urteils vom 23. Mai 2000 (a. a. O.) zu einer Änderung gegenüber der vorherigen Verwaltungspraxis geführt hat, werden die steuerlichen Konsequenzen aus der Betriebsaufspaltung auf Antrag erst für die Zeit nach dem 31. Dezember 2001 gezogen. Auch in den Fällen, in denen allein die Anwendung der Grundsätze des BFH-Urteils vom 23. Mai 2000 (a. a. O.) zur Ent-

I. Betriebsaufspaltung im Blickwinkel der Betriebsprüfung

stehung einer Betriebsaufspaltung führt, aber die Voraussetzungen hierfür vor dem 1. Januar 2002 wieder entfallen, ist das o. g. Urteil auf Antrag nicht anzuwenden. Wird der Antrag gestellt und besteht die Betriebsaufspaltung über den 31. Dezember 2001 hinaus fort, sind die Wirtschaftsgüter beim Besitzunternehmen zum 1. Januar 2002 mit den Werten anzusetzen, mit denen sie zu Buche stehen würden, wenn die Betriebsaufspaltung von Anfang an zutreffend erkannt worden wäre. Es wird nicht beanstandet, wenn sie mit den Restwerten aufgrund der tatsächlich in Anspruch genommenen Absetzung für Abnutzung angesetzt werden."

Der Stichtag 31.12.2001 ist erst auf den 30.06.2002 und letztlich auf den **31.12.2002** letztmalig verlängert worden, um den etwaig betroffenen Steuerpflichtigen genug Zeit für etwaige Anpassungsmaßnahmen einzuräumen (BMF, Schreiben vom 18.09.2001, IV A 6 – S 2240 – 50/01, BStBl. I 2001, 634; vom 20.12.2001, IV A 6 – S 2240 – 97/01, BStBl. I 2002, 88; vom 12.06.2002, IV A 6 – S 2240 – 70/02, BStBl. I 2002, 647).

Damit wurde dem Steuerpflichtigen auf die genannten Stichtage hin (letztmalig: 31.12.2002) die Option eingeräumt, mit zeitlicher Verspätung die steuerlichen Konsequenzen aus einer Betriebsaufspaltung auf Antrag zu ziehen. Hier bedarf es einer sorgfältigen individuellen Prüfung der entsprechenden Unternehmenskonstellation.

Ansonsten nimmt die höchstrichterliche Rechtsprechung überhaupt keinen Vertrauensschutz bei der Konstellation der Qualifizierung reiner Büro- und Verwaltungsgebäude als wesentliche Betriebsgrundlage von Dienstleistungsunternehmen mangels angeblich nicht vorliegender Voraussetzungen gem. § 176 Abs. 1 Satz 1 Nr. 3 AO bzw. wegen Fehlens einer eindeutigen höchstrichterlichen Rechtsprechung an (BFH, Urteil v. 10.06.2008, VIII R 79/05, BStBl. II 2008, 863 mit Anm. Kempermann, FR 2009, 128).

Die Judikatur zur – teilweise ausgeprägten – Ausdehnung der wesentlichen Betriebsgrundlage i. R. der Überlassung von Immobilien ist wie folgt weiter verfeinert worden.

Ob eine Lagerhalle bzw. ein zu Abstell- und Lagerzwecken genutztes Grundstück eine wesentliche Betriebsgrundlage i. S. der Rechtsprechung zur Betriebsaufspaltung ist, richtet sich nach dem Gesamtbild der Eingliederung des Grundstücks in die innere Struktur des jeweiligen Unternehmens und unterliegt der tatrichterlichen Würdigung im Einzelfall (BFH, Beschluss vom 01.02.2006, XI R 41/04, BFH/NV 2006, 1455).

Es ist in der Rechtsprechung des BFH geklärt, dass Grundstücke, die für das Betriebsunternehmen von erheblicher wirtschaftlicher Bedeutung sind, auch dann zu den wesentlichen Betriebsgrundlagen gehören, wenn sie teilweise für andere Zwecke genutzt werden (BFH, Beschluss vom 24.11.2005, VIII B 73/05, BFH/NV 2006, 540).

Büroräume, die nur einen Anteil von **7,45 %** an der Gesamtfläche haben, sind nicht wesentlich (BFH, Urteil vom 13.12.2005, XI R 45/04, BFH/NV 2005, 1453; hierzu Söffing/Micker, Die Betriebsaufspaltung, Rdnr. 183).

4 Voraussetzungen der Betriebsaufspaltung

Ein Gebäude ist eine wesentliche Betriebsgrundlage im funktionalen Sinne, wenn es für die Betriebsführung der Betriebsgesellschaft von Bedeutung ist. Das ist stets anzunehmen, wenn es der räumliche und funktionale Mittelpunkt der Geschäftstätigkeit des Betriebsunternehmens ist. Eine besondere Gestaltung für den jeweiligen Unternehmenszweck der Betriebsgesellschaft (branchenspezifische Herrichtung und Ausgestaltung) ist nicht erforderlich; notwendig ist allein, dass das Grundstück die räumliche und funktionale Grundlage für die Geschäftstätigkeit der Betriebsgesellschaft bildet und es ihr ermöglicht, ihren Geschäftsbetrieb aufzunehmen und auszuüben. Bei der Beurteilung der Erheblichkeit der stillen Reserven ist nicht nur der relative Anteil der nicht aufgedeckten stillen Reserven von Bedeutung; auch deren absolute Größe muss in die Beurteilung einfließen. Es kann dahinstehen, wo genau die (absolute und relative) Grenze zu ziehen ist (BFH, Urteil vom 01.02.2006, XI R 41/04, BFH/NV 2006, 1455).

Es ist in der Rechtsprechung geklärt, dass zu den wesentlichen Betriebsgrundlagen i.R. der Beurteilung eines Veräußerungstatbestands gem. §§ 16, 34 EStG auch solche Wirtschaftsgüter gehören, in denen erhebliche stille Reserven gebunden sind (quantitative Betrachtung), wohingegen eine die Betriebsaufspaltung begründende sachliche Verflechtung nur dann anzunehmen ist, wenn für das Betriebsunternehmen funktional wesentliche Wirtschaftsgüter überlassen werden.

Wird ein Teil eines normalen Einfamilienhauses von den Gesellschaftern der Betriebs-GmbH an diese als einziges Büro (Sitz der Geschäftsleitung) vermietet, so stellen die Räume auch dann eine wesentliche, die sachliche Verflechtung begründende Betriebsgrundlage i.S. der Rechtsprechung zur Betriebsaufspaltung dar, wenn sie nicht für Zwecke des Betriebsunternehmens besonders hergerichtet und gestaltet sind. Dies gilt ebenfalls dann, wenn der Gebäudeteil nicht die in § 8 EStDV genannten Grenzen unterschreitet. Anmerkung: Die Wertgrenze in § 8 EStDV beträgt **20.500 €** (vormals 40.000 DM) (BFH, Beschluss vom 13.07.2006, IV R 25/05, BStBl. II 2006, 804).

Durch den höchstrichterlichen Hinweis auf die Wert(bagatell)grenze des § 8 EStDV ist nach der sogenannten 22-%-Rechtsprechung eine weitere Ausdehnung der Betriebsaufspaltung vorgenommen worden. Das bedeutet für die Beratungspraxis, dass quasi jede Immobilie – mit Ausnahme des Parkplatzes – im Zweifel als wesentliche Betriebsgrundlage zu qualifizieren ist.

Zu den Rechtsprechungsturbulenzen gibt BFH-Richter Heuermann das folgende selbstkritische Fazit ab: „Die Rechtsprechung hat sich mit der Beurteilung von Grundstücken als wesentliche Betriebsgrundlagen schwer getan. Sie hat Voraussetzungen aufgestellt oder erwogen (z.B. ‚Allerweltsgebäude', ‚besondere Herrichtung'), die sie anschließend wieder verworfen hat. Sie hat damit den Rechtsuchenden durchaus verunsichert; denn viele Rechtsstreite kreisen schwerpunktmäßig um die besondere Qualität der Gebäude. Was bleibt: Vielleicht ist nur noch das Parkgrundstück mit Pavillon und Gartenzwergen, auf

I. Betriebsaufspaltung im Blickwinkel der Betriebsprüfung

dem sich Mitarbeiter der GmbH ergehen können, keine wesentliche Betriebsgrundlage. Ob die nur erwogene betragsmäßige Grenze des § 8 EStDV praktisch wird, bleibt abzuwarten. Möglicherweise gilt hier: minima non curat praetor" (StBp 2006, 358, 359).

Eine enge sachliche Verflechtung zwischen dem Besitz- und dem Betriebsunternehmen liegt auch dann vor, wenn das der Betriebsgesellschaft vermietete Grundstück nicht die einzige, aber doch eine von mehreren wesentlichen Betriebsgrundlagen ist (BFH, Beschluss vom 27.09.2006, X R 28/03, BFH/NV 2006, 2259).

Die fehlende Stabilität der zuvor zitierten höchstrichterlichen Rechtsgrundsätze wird durch ein neues, entgegengesetztes FG-Urteil wiederum in Frage gestellt.

An einer wesentlichen Betriebsgrundlage als Voraussetzung der sachlichen Verflechtung bei der Betriebsaufspaltung fehlt es, wenn ein Grundstück für die Betriebsgesellschaft von geringer wirtschaftlicher Bedeutung ist.

Das einzelne Geschäftslokal eines Filialeinzelhandelsbetriebs ist in aller Regel auch dann eine wesentliche Betriebsgrundlage, wenn auf das Geschäftslokal **weniger als 10%** der gesamten Nutzfläche des Unternehmens entfällt (BFH, Urteil vom 19.03.2009, IV R 78/06 BStBl.II 2009, 803 mit Anm. Fehling, NWB 2009, 2404 ff.; Bitz, GmbHR 2009, 728; Dötsch, DB 2009, 1329 und Behrens/Wagner, BB 2009, 1570 ff.; ferner Söffing/Micker, Die Betriebsaufspaltung, Rdnr. 185).

Der BFH lehnt es somit ab, das Nutzflächenverhältnis bzw. den Erfolgsbeitrag eines Filialbetriebs als Kriterium für das wirtschaftliche Gewicht bei der Beurteilung als wesentliche Betriebsgrundlage gelten zu lassen. Entscheidend ist regelmäßig, dass die einzelne Filiale den Betrieb eines eigenständigen Unternehmens gestatten würde.

Reine Büro- oder Verwaltungsgebäude stellen eine wesentliche Betriebsgrundlage des Betriebsunternehmens dar, wenn sich in ihnen der Mittelpunkt der Geschäftsleitung des Unternehmens befindet; unerheblich für die Beurteilung als wesentliche Betriebsgrundlage ist, dass nicht jeweils ein ganzes Gebäude, sondern nur einzelne Büroräume (Gebäudeteile) vermietet werden (BFH, Urteil vom 05.11.2009, IX R 99/06 BFH/NV 2010, 970 = GmbHR 2010, 552).

Bereits die Zuordnung des Unternehmenssitzes der Betriebsgesellschaft führt bei räumlich-funktionaler Betrachtungsweise dazu, dass überlassene Räume als wesentliche Betriebsgrundlagen der Betriebsgesellschaft anzusehen sind. Dasselbe gilt im Falle der (formalen) Zuordnung des Ortes der Geschäftsleitung, auch wenn die tatsächlich dort ausgeübte Geschäftsleitungstätigkeit nur ein geringes Ausmaß erreicht (FG München, Urteil vom 26.02.2013, 2 K 26/11, EFG 2013, 846 mit Anm. Wüllenkemper, DStRE 2014, 405). Aufgrund der eingelegten Revision wurde diese Entscheidung per BFH, Urteil vom 29.07.2015, IV R 14/13 n.v. aufgehoben und zur erneuten Verhandlung zurückverwiesen.

4 Voraussetzungen der Betriebsaufspaltung

Bei einem Groß- und Einzelhandelsunternehmen bildet das für den Betrieb des Handelsgeschäfts benötigte Grundstück regelmäßig die wesentliche Betriebsgrundlage. Da das Geschäft ohne entsprechende Räumlichkeiten nicht betrieben werden kann, ist es unerheblich, wenn das Betreiben des Handelsgeschäfts allgemein nur geringe Anforderungen an die Räumlichkeiten stellt (BFH, Urteil vom 07.11.2013, X R 21/11, BFH/NV 2014, 676).

Auch die Weiterüberlassung eines Grundstücks im Rahmen eines bloßen Untermietverhältnisses kann eine sachliche Verflechtung begründen (FG Münster, Urteil vom 06.12.2013, 14 K 2727/10 G, EFG 2014, 554 [Rev. eingelegt; Az. des BFH: X R 5/14] mit Anm. Pfützenreuter).

Die zur Betriebsaufgabe ergangene BFH-Rechtsprechung, wonach kurzfristig wiederbeschaffbare Maschinen keine wesentlichen Betriebsgrundlagen darstellen, ist nicht auf die Betriebsaufspaltung übertragbar, weil es dabei allein auf die funktionale Bedeutung für den Pächter ankommt.

Verpachtet die Besitzgesellschaft die komplette Zimmereinrichtung, die Kücheneinrichtung und sonstige Gegenstände an eine GmbH zum Betrieb eines Hotels (Pacht der Immobilie erfolgt von einem Dritten), handelt es sich dabei um wesentliche Betriebsgrundlagen des Hotels. Dabei kommt es nicht darauf an, ob die Gegenstände kurzfristig wieder beschaffbar sind (FG Berlin-Brandenburg, Urteil vom 03.04.2014, 5 K 5097/12, DStRE 2015, 738 rkr.).

Die Frage der sachlichen Verflechtung infolge der Überlassung von Büroräumen ist durch die Rechtsprechung des BFH hinreichend geklärt (BFH, Beschluss vom 16.04.2013, III B 89/11, BFH/NV 2013, 1100).

Eine Betriebsaufspaltung liegt auch vor, wenn die wesentliche Betriebsgrundlage, die das Besitzunternehmen an die Betriebsgesellschaft vermietet, nicht im Eigentum des Besitzunternehmens steht. Es ist dabei unerheblich, ob eine sog. echte oder unechte Betriebsaufspaltung vorliegt (BFH, Urteil vom 10.05.2016, R 5/14, BFH/NV 2017, 8).

Die für eine Betriebsaufspaltung unter anderem erforderliche sachliche Verflechtung durch Überlassung wesentlicher Betriebsgrundlagen an eine Betriebsgesellschaft ist nicht allein deshalb zu bejahen, weil diese (Aktien-)Gesellschaft an der Anschrift der überlassenen Büroräume ihren Sitz begründet hat. Die Bestimmung der Wesentlichkeit der überlassenen Räumlichkeiten für die Betriebsgesellschaft bedarf einer Gesamtabwägung aller Umstände des Streitfalles. Für die Bestimmung der funktionalen Bedeutung der überlassenen Räumlichkeiten kann das Bestehen des gesellschaftlichen Sitzes nur ein Indiz sein (BFH, Urteil vom 29.07.2015, IV R 16/13 BFH/NV 2016, 19 = EStB 2016, 52,53 mit Anm. Günther, hierzu eingehend Schulze zur Wiesche, StBp 2017, 144, 146 f.).

Bestellt der Eigentümer an einem unbebauten Grundstück ein Erbbaurecht, und errichtet der Erbbauberechtigte ein Gebäude, das er an ein Betriebsunternehmen vermietet, fehlt zwischen dem Eigentümer und dem Betriebsunternehmen die für die Annahme einer Betriebsaufspaltung erforderliche sachliche Verflechtung (BFH, Urteil vom 24.09.2015, IV R 9/13, BStBl. II 2016, 154 = FR 2016, 269, 273 mit Anm. Wendt = EStB 2016, 52, 53 mit Anm. Günther = EStB 2016, 89, 90 mit Anm. Krämer).

Ein Grundstück, das als Tauschobjekt für ein anderes Grundstück übe lassen wird, kann wesentliche Betriebsgrundlage i. S. der zur Betriebsaufspaltung ergangenen Rechtsprechung sein. Voraussetzung ist, dass das Grundstück die räumliche und funktionale Grundlage für die Geschäftstätigkeit bildet und es dem Unternehmen ermöglicht, seinen Geschäftsbetrieb aufzunehmen und auszuüben. Auch ein Bürogebäude kann wesentliche Betriebsgrundlage sein, wenn es die räumliche und funktionale Grundlage für die Geschäftstätigkeit des Unternehmens bildet (FG Köln, Urteil vom 27.08.2015, 15K 2410/15, DStRE 2017, 587 [Rev. eingelegt; Az. des BFH: X R 34/15]).

Büroräume sind im Regelfall als wesentliche Betriebsgrundlagen anzusehen. Generell gilt, dass ein an die Kapitalgesellschaft überlassenes Grundstück „insbesondere" dann eine wesentliche Betriebsgrundlage darstellt, wenn das Betriebsunternehmen in seiner Betriebsführung **auf dieses Grundstück angewiesen ist**, weil

- die Betriebsführung durch die Lage des Grundstücks bestimmt wird (vor allem bei Einzelhandelsbetrieben),
- das Grundstück auf die Bedürfnisse des Betriebs zugeschnitten ist (vor allem bei besonderer baulicher Gestaltung) oder
- das Betriebsunternehmen aus anderen innerbetrieblichen Gründen ohne ein Grundstück dieser Art den Betrieb nicht fortführen könnte. Dies gilt auch für unbebaute Grundstücke (BFH, Urteil vom 29.11.2017, X R 34/15, BFH/NV 2018, 623 = EStB 2018, 171 mit Anm. Günther).

Der Annahme einer Betriebsaufspaltung steht weder entgegen, dass die Betriebskapitalgesellschaft allein kraft ihrer Rechtsform als Gewerbebetrieb anzusehen ist, noch dass deren Tätigkeit von der Gewerbesteuer befreit ist (BFH, Urteil vom 19.02.2019 X R 42/16, BFH/NV 2019, 586).

4.3 Nachträgliche Erfassung einer Betriebsaufspaltung

Nicht selten werden Betriebsaufspaltungen erstmals nach einer Bp festgestellt. Nach dem grundsätzlich geltenden Jahresabschnittsprinzip prüft die Finanzverwaltung die Rechtslage für jeden Veranlagungszeitraum neu, ohne an die frühere Auffassung gebunden zu sein. Folglich kann nachträglich rückwirkend eine Betriebsaufspaltung angenommen werden, und zwar soweit die Veranlagungen des verpachtenden Unternehmens noch nicht bestandskräftig sind oder berichtigt werden können oder die Verjährungsfristen noch nicht abgelaufen sind (Dehmer, Die Betriebsaufspaltung, § 4 Rdnr. 34/36; Streck, in: Kölner Handbuch, Tz. 324 bis 326).

Die Annahme einer Betriebsaufspaltung für zurückliegende Veranlagungszeiträume kann jedoch gegen den Grundsatz von Treu und Glauben verstoßen.

4 Voraussetzungen der Betriebsaufspaltung

Dies ist nach der Rechtsprechung dann der Fall, wenn das FA bei der Durchführung der Betriebsaufspaltung die stillen Reserven des verpachtenden Unternehmens versteuert hatte und der Steuerpflichtige folglich annehmen konnte, dass die Betriebsaufspaltung nicht vorliegt (BFH, Urteil vom 13.01.1970, I R 122/67, BStBl. II 1970, 352).

Dies soll jedoch dann nicht gelten, wenn sich die Rechtslage (Rechtsprechung) zur Betriebsaufspaltung signifikant geändert hat. Dasselbe gilt, wenn das FA nach einer erfolgten Prüfung das Vorliegen einer Betriebsaufspaltung verneint hatte (FG München, Urteil vom 28.06.2000, 1 K 2845/98, EFG 2000, 1190; FG des Saarlandes, Urteil vom 17.10.1980, II 415/77, EFG 1981, 242 (rkr.); vgl. auch BFH, Urteil vom 05.03.1970, V 213/65, BStBl. II 1970, 793)).

In solchen Fallkonstellationen kommt also die Annahme einer Betriebsaufspaltung nur für zukünftige Veranlagungszeiträume in Betracht, nachdem der Steuerpflichtige auf die Änderung der Beurteilung ausdrücklich oder auch nur konkludent hingewiesen wurde (FG des Saarlandes, Urteil vom 17.10.1980, II 415/77, EFG 1981, 242 (243)).

Sonst ist das FA an eine jahrzehntelange, in mehreren Außenprüfungen nicht beanstandete (rechtswidrige) Veranlagungspraxis i.d.R. nicht gebunden (FG Bremen, Urteil vom 27.01.1994, 188175, 188176 und 188271 K 6, EFG 1994, 1003 (rkr.)).

Eine Bindung für die Zukunft ist zwar nicht ausgeschlossen, jedoch selten; in solchen Fällen müssen die Umstände eindeutig darauf hindeuten, dass die Finanzverwaltung sich auch für die Zukunft nach einer besseren Erkenntnis binden wollte (Streck, in: Kölner Handbuch, Tz. 329; ders., FR 1980, 83 [89]). Nach Durchführung einer Außenprüfung sollte für die Zukunft im Wege einer verbindlichen Auskunft nach § 204 AO geklärt werden, ob auch für die zukünftigen Veranlagungszeiträume bei gleichbleibendem Sachverhalt eine Betriebsaufspaltung vorliegt oder nicht, um die erforderliche Rechtssicherheit zu erhalten.

Kann unter Beachtung dieser Grundsätze die Betriebsaufspaltung angenommen werden, dann sind die Wirtschaftsgüter zu Beginn des von der neuen Beurteilung betroffenen Jahres mit den Werten anzusetzen, die sich bei ordnungsgemäßer Bilanzierung von der Entstehung der Betriebsaufspaltung an ergeben haben würden. In analoger Anwendung der Grundsätze zur Bilanzberichtigung sind die Grundstücke dabei mit den Anschaffungs- und Herstellungskosten abzüglich der bisherigen Abschreibungen zu bewerten. Bemessungsgrundlage für die Abschreibungen sind weiterhin die bisherigen Anschaffungs- und Herstellungskosten, abzüglich der bisherigen Abschreibungen zu bewerten (= Einstellung zu Buchwerten). Zeitlich maßgebend ist die Anfangsbilanz des ersten nicht bestandskräftigen Jahres. Die **Wertansätze in der Anfangsbilanz** erfolgen gewinnneutral. Eine Einbuchung zum Teilwert nach den Grundsätzen der Betriebseröffnung scheidet aus (str.; siehe BFH, Urteil vom 30.10.1997, IV R 76/96; BFH/NV 1998, 578; noch prononcierter die Vorinstanz

FG Nürnberg, Urteil vom 07.11.1995, 396/95, EFG 1997, 152; vgl. auch FG Nürnberg Urteil vom 28.08.2003, I 348/2002, Inf. 2003, 926).

Bei nachträglicher Feststellung der Betriebsaufspaltung ist die Art der Gewinnermittlung für das Besitzunternehmen zweifelhaft. Da die Einkünfte aus Vermietung und Verpachtung nach der Einnahme-Überschuss-Rechnung ermittelt werden, bleibt folglich der Grund und Boden außer Ansatz. Es wird die Auffassung vertreten, dass in den Fällen der nachträglichen Betriebsaufspaltung der Grund und Boden immer zu erfassen ist (Streck, in: Kölner Handbuch, Tz. 338; ders. FR 1980, 83 [89 f.]).

Wird dem FA erst nach erfolgter Gewinnfeststellung in einer nachfolgenden Außenprüfung bekannt, dass ein Mietvertrag abgeschlossen war, aufgrund dessen die Voraussetzungen einer Betriebsaufspaltung erfüllt waren, so ist dies nachträglich bekannt geworden i. S. von § 173 Abs. 1 Nr. 1 AO (BFH, Urteil vom 16.04.2015, IV R 2/12, BFH/NV 2015, 1331).

4.4 Steuerliche Einzelfragen bei der Begründung der Betriebsaufspaltung

Die Aufspaltung in Besitz- und Betriebsunternehmen bringt es bei der echten Betriebsaufspaltung mit sich, dass Vermögensgegenstände des bisher einheitlichen Unternehmens auf die neu gegründete Betriebsgesellschaft übertragen werden. Deshalb ist von Bedeutung, ob die Übertragung von Wirtschaftsgütern auf die Betriebsgesellschaft steuerpflichtige Gewinnrealisierungen zur Folge hat. Ferner tritt das Problem auf, ob hinsichtlich der bei dem Besitzunternehmen verbleibenden Wirtschaftsgüter eine Aufdeckung der stillen Reserven eintritt. In diesem Zusammenhang sind auch die gewerbe-, umsatz- und grunderwerbsteuerlichen Konsequenzen des Betriebsaufspaltungsvorgangs zu beachten.

Die unechte Betriebsaufspaltung wirft keine speziell die Betriebsaufspaltung berührenden Probleme auf, da es sich i. d. R. um Bargründungen handelt.

4.4.1 Vollzug der Betriebsaufspaltung (steuerliche Konsequenzen bei rückwirkend vorgenommenen Betriebsaufspaltungen)

Der eigentliche Vollzug der Betriebsaufspaltung, der sich durch den Beginn des Pachtverhältnisses der für die Betriebsgesellschaft benötigten Wirtschaftsgüter manifestiert, ist gleichzeitig auch der Zeitpunkt des Beginns der Betriebsaufspaltung.

In der Praxis findet man bei Betriebsaufspaltungen auch rückwirkende Vertragsgestaltungen vor. Hierbei werden zumeist Vertragsabschlüsse, die in der ersten Hälfte des Kalenderjahres liegen, zurückdatiert, weil beispielsweise am Jahresbeginn noch nicht die erforderlichen Jahresabschlüsse vorliegen. Solche zivilrechtlich wirksamen Abreden finden jedoch im Steuerrecht grundsätzlich keine Anerkennung. Dem **steuerlichen Rückwirkungsverbot** liegt der Gedanke zugrunde, dass im Steuerrecht die tatsächlich praktizierten wirtschaftlichen Vorgänge maßgebend sind. Damit sollen insbesondere Gewinnmanipulationen zwischen den Gesellschaftern im Nachhinein vermieden werden. Auf den Grundsätzen oben basierend, stellte der BFH klar, dass rückwirkend vereinbarte Pachtverträge bei Betriebsaufspaltungen abzulehnen sind (BFH, Urteil vom 08.11.1960, I 131/59 S, BStBl. III 1960, 513 (514)).

Das steuerliche Rückwirkungsverbot wird jedoch in dieser Stringenz auch nicht von der Rechtsprechung gehandhabt. I. R. von kurzen Karenzzeiten ist eine Rückwirkung des Pachtvertrags bei Betriebsaufspaltungen anzuerkennen, soweit dies zu keiner offensichtlich unzutreffenden Besteuerung führt. Ebenso wie bei Umwandlungen, die nicht unter das Umwandlungssteuergesetz fallen, wird eine Zeitspanne von zwei bis drei Monaten bei rückwirkend vorgenommenen Betriebsaufspaltungen im Allgemeinen steuerlich noch zu tolerieren sein (BFH, Urteil vom 24.01.1979, I R 202/75, BStBl. II 1979, 581).

4.4.2 Problematik der Gewinnrealisierung bei der Begründung der Betriebsaufspaltung

Rechtslage bis 1998

Bei der echten Betriebsaufspaltung stellt sich das Problem, ob die Überragung von Umlaufvermögen und gegebenenfalls von Teilen des Anlagevermögens der Personengesellschaft auf die Betriebskapitalgesellschaft zu einer Realisierung der stillen Reserven und damit zu einem steuerpflichtigen Veräußerungsgewinn führt.

Bis vor 1999 hatte die Finanzverwaltung bei der Einbringung eines Betriebsvermögens in eine Betriebskapitalgesellschaft in Fällen der Betriebsaufspaltung keine Gewinnrealisierung unter bestimmten Modifikationen angenommen. Dies hat sich danach gewaltig geändert. Die Übertragung einzelner Wirtschaftsgüter zu Buchwerten vom Besitzunternehmen auf eine Betriebskapitalgesellschaft ist seit dem 01.01.1999 nicht mehr möglich, weil § 6 Abs. 6 Satz 2 EStG bestimmt, dass sich bei der Übertragung einzelner Wirtschaftsgüter durch verdeckte Einlagen die Anschaffungskosten der Beteiligung an der Kapitalgesellschaft um den Teilwert des eingelegten Wirtschaftsguts bzw. in den Sonderfällen des § 6 Abs. 1 Nr. 5 Satz 1 Buchst. a) EStG um den Einlagewert des Wirtschaftsguts erhöhen und damit Gewinn realisiert wird (Bauschatz, in: Carlé, Die Betriebsaufspaltung, 2. Aufl., 2015; Tz. 397; Märkle, DStR 2002, 1109 f.; Schulze zur Wiesche, WPg 2003, 90 [96 ff.]). Ebenso passiert dies grundsätzlich gem. § 6 Abs. 5 Satz 3 EStG bis zum 31.12.2000 bei der mitunternehmerischen Betriebsaufspaltung, wenn einzelne Wirtschaftsgüter von der Besitzgesellschaft ins Gesamthandsvermögen der Betriebspersonengesellschaft übertragen werden.

Ferner ist auch auf § 16 Abs. 3 Satz 2 EStG hinzuweisen, wonach die Realteilung einer Mitunternehmerschaft als Betriebsaufgabe gilt, wenn nur einzelne Wirtschaftsgüter übertragen werden (Fichtelmann, Betriebsaufspaltung im Steuerrecht, 10. Aufl., Rdnr. 382; Wacker, in: Schmidt, EStG, 38. Aufl. 2019, § 15 Rdnr. 877).

I. Betriebsaufspaltung im Blickwinkel der Betriebsprüfung

Nach der geänderten Regelung in §6 Abs. 5 EStG besteht die Möglichkeit der Buchwertübertragung für Wirtschaftsgüter in den folgenden Fällen:

- Bei der Übertragung eines Wirtschaftsguts aus einem Betriebsvermögen des Mitunternehmers in das Gesamthandsvermögen einer Mitunternehmerschaft und umgekehrt,
- bei der Übertragung eines Wirtschaftsguts aus dem Gesamthandsvermögen einer Mitunternehmerschaft in das Sonderbetriebsvermögen bei derselben Mitunternehmerschaft und umgekehrt sowie
- bei der Übertragung zwischen den jeweiligen Sonderbetriebsvermögen verschiedener Mitunternehmer derselben Mitunternehmerschaft.

(BMF, Schreiben vom 07.06.2001 IV A 6 – S 2241 – 52/01, BStBl. I 2001, 367; vom 07.02.2002, IV A 6 – S 2241 – 94/01, DStR 2002, 635; FinMin Saarland, Erlass vom 19.05.2003 B/2 – 2 – 74/2003 – S 2241, DStR 2003, 1120).

Das gilt dagegen nicht, soweit sich durch diese Übertragung der Anteil einer Körperschaft, Personenvereinigung oder Vermögensmasse an dem Wirtschaftsgut unmittelbar oder mittelbar erhöht; in diesen Fällen ist bei der Übertragung der Teilwert anzusetzen. Der Teilwert ist auch anzusetzen, soweit sich zu einem späteren Zeitpunkt der Anteil an der Körperschaft, Personenvereinigung oder Vermögensmasse an dem übertragenen Wirtschaftsgut aus einem anderen Grund unmittelbar oder mittelbar erhöht (Kloster/Kloster, GmbHR 2001, 420 ff.; Schmitt/Franz, BB 2001, 1278 ff.; Hörger/Pauli, GmbHR 2001, 1139, 1141; problematisierend Söffing/Micker, Die Betriebaufspaltung, Rdnr. 1232, 1244).

Ferner hat der BFH klargestellt, dass eine Buchwertfortführung bei Übertragung von Wirtschaftsgütern zwischen Schwester-Personengesellschaften nicht möglich ist. Wird ein Wirtschaftsgut unentgeltlich aus dem Betriebsvermögen einer gewerblich tätigen Personengesellschaft in das Betriebsvermögen einer beteiligungsidentischen anderen Personengesellschaft übertragen, so führt dies zur Aufdeckung der in dem Wirtschaftsgut ruhenden stillen Reserven (BFH, Urteil vom 25.11.2009, I R 72/08, BStBl. II 2010, 471 mit Anm. Wendt, FR 2010, 386 f.).

Zwischenzeitlich hat der BFH klargestellt, dass die fehlende Buchwertfortführung von Wirtschaftsgütern zwischen beteiligungsidentischen Personengesellschaften gleichheitswidrig ist und deshalb eine Entscheidung des Bundesverfassungsgerichts darüber eingeholt, ob §6 Abs. 5 Satz 3 EStG 1997 gegen den allgemeinen Gleichheitsgrundsatz nach Art. 3 Abs. 1 GG verstößt (BFH, Beschluss vom 10.04.2013, I R 80/12, BStBl. II 2013, 1004; Az.: BVerfG: 2 BvR 8/13, siehe auch BFH, Beschluss vom 27.12.2013, IV R 28/12 BFH/NV 2014, 535). Inzwischen ist ein heftiger Streit in der Rechtsprechung auch unter den verschiedenen Senaten beim Bundesfinanzhof und im Schrifttum und der Finanzverwaltung ausgebrochen betr. die (un-)mögliche Buchwertfortführung bei der Übertragung von Wirtschaftsgütern im Rahmen von (Schwester) Personengesellschaften auf entgeltlicher, unentgeltlicher Basis etc. (einschließlich etwaiger Berührungspunkte mit dem diffusen Anwendungsteil des §50i EStG). Zu der evidenten Komplexität dieser Materie muss diesbezüglich auf die aktuelle

4 Voraussetzungen der Betriebsaufspaltung

Kommentierung von Kaligin in Lademann, EStG, § 15 Anm. 333/5 bis 333/15/1 verwiesen werden.

Zu den Zweifelsfragen zur Übertragung und Überführung von einzelnen Wirtschaftsgütern nach § 6 Abs. 5 EStG hat nunmehr das BMF in einem ausführlichen Erlass ergänzend Stellung genommen (BMF, Schreiben vom 08.12.2011, IV C 6 – S 2241/10/10002, 2011/0973858, BStBl. I 2011, 1279; hierzu Scharfenberg, DB 2012, 193 ff.; Rogall/Gerner, Ubg 2012, 81 ff.; Dornheim, Ubg 2012, 618 ff.; Hubert, StuB 2012, 432 ff.).

Die „günstige" BFH-Rechtsprechung zur Übertragung von Wirtschaftsgütern und Mitunternehmeranteilen durch Mitunternehmer ist inzwischen mit einem sog. Nichtanwendungserlass vorläufig ausgekontert worden (BMF-Schreiben vom 12.09.2013, IV C 6 – S 2241/10/10002, 2013/0837216, BStBl I 2013 1164; mit Anm. Kubik, BB 2013 2546; ergänzend OFD Frankfurt/M. Rdvfg. v. 11.10.2013 S 2241A – 117 – St 213, DStR 2013 2570; Förster, DB 2013, Heft 41, M1; Hubert, StuB 2014 21 ff.; Strohn/Mirbach, StuB 2014 143 ff.; Wacker, Ubg 2015 245 ff.; zu weiteren Zweifelsfragen zur Übertragung und Überführung von einzelnen Wirtschaftsgütern nach § 6 Abs. 5 EStG siehe auch OFD Frankfurt a. M., Verfügung vom 10.04.2019, S 2241 A-117-St 213, DStR 2019, 1357; hierzu eingehend Micker, Ubg 2019, 504 ff.; Fischer/Petersen, DStR 2019, 2169 ff.; Dräger/Dorn, DB 2019, 2423 ff.).

§ 6 Abs. 5 Satz 3 EStG 1999 normiert mit der Anordnung des Teilwertansatzes einen eigenen Besteuerungstatbestand, soweit die dort genannten Übertragungen weder als Entnahme noch als Einlage zu qualifizieren sind. Der Teilwert ist auch dann anzusetzen, wenn er niedriger als der Buchwert ist (so klarstellend BFH, Urteil vom 16.12.2015, IV R 18/12 BStBl. II 2016, 346; hierzu Tiede, StuB 2016, 373 ff.).

§ 6 Abs. 5 Satz 6 EStG ist unter teleologischer Reduktion dann nicht anzuwenden, wenn eine Verlagerung von stillen Reserven auf eine andere Körperschaft nicht mehr eintreten kann, weil es im Rahmen einer nachträglichen Begründung oder Erhöhung eines Anteils einer Körperschaft an den zuvor übertragenen Wirtschaftsgütern bereits zu einer Aufdeckung von stillen Reserven gekommen ist (FG München, Urteil vom 10.07.2019 7 K 1253/17, EFG 2020, 522, 524 f. m. Anm. Hennigfeld = DStRE 2020, 321 = [Rev. eingelegt; Az. des BFH: XI R 20/19]; hierzu eingehend Weiss/Brühl, DB 2020, 914 ff.; Berger/Tetzlaff, NWB 2020, 2315 ff.; Dräger/Dorn, DB 2019, 2423 ff.; Brauer/Richter/Baumeister, Ubg 2020, 402 ff.; Hoheisel, StuB 2020, 657 ff.; vgl. a. FG Münster, Urteil vom 24.06.2020 13 K 3029/18 F NWB 2020, 2942, 2943 m. Anm. Weiss und EFG 2020, 1503, 1507 m. Anm. Jüdes [Rev. eingelegt; Az. des BFH: I R 34/20])

Entsteht infolge einer unentgeltlichen Übertragung nach § 6 Abs. 3 EStG eine mitunternehmerische Betriebsaufspaltung, ist davon auszugehen, dass einer unter § 6 Abs. 3 Satz 1 EStG fallenden Übertragung unmittelbar eine Zurechnung der Wirtschaftsgüter des Sonderbetriebsvermögens bei der neu entstehenden Besitzpersonengesellschaft nachfolgt. Eine Überführung in das Sonder-

I. Betriebsaufspaltung im Blickwinkel der Betriebsprüfung

betriebsvermögen bei der Besitzpersonengesellschaft erfolgt nach § 6 Abs. 5 Satz 2 EStG zum Buchwert. Eine Übertragung in das Gesamthandsvermögen oder Sonderbetriebsvermögen der Besitzpersonengesellschaft erfolgt nach § 6 Abs. 5 Satz 3 ff. EStG vor dem 01.01.2001 mit Gewinnrealisierung, nach dem 31.12.2000 unter den weiteren Voraussetzungen des § 6 Abs. 5 Satz 3 ff. EStG zum Buchwert. Entsteht die mitunternehmerische Betriebsaufspaltung in Folge einer Übertragung nach § 6 Abs. 3 Satz 2 EStG, so führt eine unterquotale Übertragung des Sonderbetriebsvermögens in die Besitzpersonengesellschaft zu keiner schädlichen Veräußerung oder Aufgabe i. S. des § 6 Abs. 3 Satz 3 EStG; für die einer Übertragung nach § 6 Abs. 3 Satz 2 EStG nachfolgenden Übertragungen sind insbesondere die Tz. 11 und 13 des unten zitierten BMF-Schreibens zu beachten (fünfjährige Bindungsfristen etc.).

> **Beispiel (für eine quotale Übertragung des Sonderbetriebsvermögens)**
> A ist zu 60 % an der AB-OHG beteiligt, der er auch ein im Sonderbetriebsvermögen befindliches Grundstück zur Nutzung überlässt. In 2002 überträgt A die Hälfte seines Mitunternehmeranteils (1/2 des Gesamthandsanteils und 1/2 des Sonderbetriebsvermögens) unentgeltlich auf C. Die AC-GbR überlässt das Grundstück der ABC-OHG entgeltlich zur Nutzung.

Zunächst liegt eine unentgeltliche Teil-Mitunternehmeranteilsübertragung nach § 6 Abs. 3 Satz 1 EStG vor, die zwingend eine Buchwertfortführung vorschreibt. Im zweiten Schritt ändert sich aufgrund der steuerlichen Beurteilung des neu entstandenen Gebildes als mitunternehmerische Betriebsaufspaltung die bisherige Zuordnung des Grundstücks als Sonderbetriebsvermögen bei der OHG. Das Grundstück ist Gesamthandsvermögens bei der AC-GbR. Die damit verbundene Übertragung des Sonderbetriebsvermögens in das Gesamthandsvermögen erfolgt nach § 6 Abs. 5 Satz 3 EStG zum Buchwert (BMF, Schreiben vom 03.03.2005, IV B 2 – S 2241 – 14/05, BStBl. I 2005, 458, Tz. 22; Kai, DB 2005, 794 (802); Wendt, FR 2005, 468 (477 f.); Emmrich/Kloster, GmbHR 2005, 448 (453); Rogall/Stangl, DStR 2005, 1073 (1081); zum Transfer von Wirtschaftsgütern nach § 6 Abs. 5 Sätze 1–3 EStG im Hinblick auf die steuerneutrale Verlagerung stiller Reserven und ihre Grenzen siehe Lutzenberger, DStZ 2015, 670 ff.; zu ausgewählten Fragestellungen zur Umstrukturierung von Personengesellschaften Rogall/Belz. Ubg 2017, 79 ff.; zur steuerneutralen Übertragung von Wirtschaftsgütern aus dem Gesamthandsvermögen einer Mitunternehmerschaft in das Gesamthandsvermögen einer Ein-Mann-GmbH & Co. KG vgl. BFH, Urteil vom 30.03.2017, IV R 11/15 BStBl. II 2019, 29 Rdnr. 34 ff.).

Auch hier hat die Rechtsunsicherheit dadurch einen neuen Siedepunkt erreicht, als der Bundesfinanzhof eine Aussetzung eines Verfahrens zur Buchwertübertragung zwischen Schwesterpersonengesellschaften bis zur Entscheidung des Bundesverfassungsgerichts ausgesetzt hat, weil er der Auffassung ist, dass § 6 Abs. 5 Satz 3 EStG insoweit gegen den allgemeinen Gleichheitssatz des Art. 3 Abs. 1 GG verstößt, als hiernach eine Übertragung von Wirtschaftsgütern zwischen beteiligungsidentischen Personengesellschaften nicht zum Buchwert möglich sein soll (BFH Beschluss vom 27.12.2013, IV R 28/12, BFH/NV 2014, 535; hierzu auch Kamps/Stenert, FR 2015, 1058 ff).

Zwischenzeitlich hat der X. Senat des BFH zur Ermittlung eines Veräußerungsgewinns bei teilentgeltlichen Übertragungen („Trennungstheorie") dem Großen Senat des BFH die folgende Rechtsfrage zur Entscheidung vorgelegt: Wie ist im Fall der teilentgeltlichen Übertragung eines Wirtschaftsguts aus einem Einzelbetriebsvermögen eines Mitunternehmers in das Gesamthandsvermögen einer Mitunternehmerschaft (§ 6 Abs. 5 Satz 3 Nr. 1 EStG) die Höhe eines eventuellen Gewinns aus dem Übertragungsvorgang zu ermitteln? (siehe BFH, Beschluss vom 27.10.2015 X R 28/12, BStBl II 2016, 81, m. Anm. Brandt, StBp 2016, 51 f., mit Anm. Bünning, BB 2016, 238, 242 = EStB 2016, 1 f. m. Anm. Schimmele; hierzu Schulze, StuB 2016, 153 ff. und 214 ff.; Hoheisel/Tippelhofer, StuB 2016, 127 ff.; Meyering/Moese, DB 2016, 481 ff.; Hallerbach, WPg 2016, 975 ff.; Wilke, FR 2016, 761 ff.; Weber = Grellet, DB 2019, 2201 ff.).

Nach zwischenzeitlicher Erledigung der Hauptsache in dem Verfahren X R 28/12 und Aufhebung des Vorlagebeschlusses vom 27.10.2015 (BStBl II 2016, 81, BFHE 251, 349) über die Frage, wie im Fall der teilentgeltlichen Übertragung eines Wirtschaftsguts aus einem Einzelbetriebsvermögen eines Mitunternehmers in das Gesamthandsvermögen einer Mitunternehmerschaft (§ 6 Abs. 5 Satz 3 Nr. 1 EStG) die Höhe eines eventuellen Gewinns aus dem Übertragungsvorgang zu ermitteln sei, ist der Rechtsgrund für eine Entscheidung des Großen Senats des BFH entfallen (Beschluss vom 30.10.2018 X R 28/12, BFH/NV 2019, 39).

Für die Praxis bleibt damit die Rechtsunsicherheit über die ertragsteuerlichen Folgen teilentgeltlicher Übertragungen einzelner Wirtschaftsgüter bestehen, weil der bislang zwischen dem I. und IV. Senat des BFH bestehende Meinungsstreit über die konkrete Form der Trennungstheorie nicht beendet werden konnte. Es ist wohl davon auszugehen, dass die Finanzverwaltung das Verfahren GrS 1/16 vor dem BFH lediglich aus taktischen Gründen beenden wollte, um eine denkbare Entscheidung des Großen Senats zugunsten der „modifizierten" Trennungstheorie zu verhindern. Es ist wohl weiterhin davon auszugehen, dass die Finanzverwaltung selbst die „strenge" Trennungstheorie anwenden wird, auch wenn sie von dieser Auffassung in der Rechtssache X R 28/12 wohl aus taktischen Gründen abgewichen ist (BFH, Beschluss vom 30.10.2018 GrS 1/16, BStBl II 2019, 70; Beschluss vom 30.10.2018 X R 28/12, BFH/NV 2019, 39; hierzu Levedag, GmbHR 2019, R9; zur kritischen Analyse siehe Dorn, FR 2019, 478 ff.; zur Anwendung der Trennungstheorie bei der Übertragung von Wirtschaftsgütern nach § 6 Abs. 5 Satz 3 EStG siehe neuerdings Becker, DB 2019, 326 ff.).

Bei einer teilentgeltlichen Übertragung von Wirtschaftsgütern eines BV zwischen Gesellschaftern einer Mitunternehmerschaft ist der Vorgang in ein voll unentgeltliches und ein voll entgeltliches Geschäft aufzuteilen und der vorhandene Buchwert des übertragenen Wirtschaftsgutes anteilig beiden Geschäften zuzuordnen (strenge Trennungstheorie); so FG Berlin-Brandenburg, Urteil vom 10.04.2019, 11 K 11258/13 EFG 2019, 1753, 1755 f. m. Anm. Henningfeld [Rev. eingelegt; Az. des BFH: IV R 16/19]; hierzu Kaminski, Stbg 2020, Heft 6, M 1.

Nach den obig beschriebenen juristischen Turbulenzen hat nunmehr das Bundesfinanzministerium in einer grundlegenden Verwaltungsanweisung zu Zweifelfragen zu § 6 Absatz 3 EStG im Zusammenhang mit der unentgeltlichen Übertragung von Mitunternehmeranteilen mit Sonderbetriebsvermögen und von Anteilen an Mitunternehmeranteilen mit Sonderbetriebsvermögen sowie mit der unentgeltlichen Aufnahme in ein Einzelunternehmen und zum Verhältnis von § 6 Absatz 3 zu § 6 Absatz 5 EStG dezidert Stellung genommen. Dabei kommt es im Ergebnis zur Aufgabe der Gesamtplanbetrachtung bei Anwendung von § 6 Abs. 3 und 5 EStG sowie zur Beibehaltung der Gesamtplanbetrachtung bei Anwendung der §§ 16, 34 EStG.

Hervorzuheben sind folgende Änderungen:

– Übertragung unter Vorbehalt eines Nießbrauchsrechts: Erfolgt die Übertragung eines Mitunternehmeranteils unter Vorbehalt eines Nießbrauchsrechts und wird der neue Gesellschafter Mitunternehmer, steht der Nießbrauchsvorbehalt der Buchwertfortführung nach § 6 Abs. 3 EStG nicht entgegen. Nicht von § 6 Abs. 3 EStG erfasst ist dagegen die unentgeltliche Übertragung eines im Ganzen verpachteten gewerblichen Einzelunternehmens unter Vorbehalt eines Nießbrauchsrechts.

– Wird im Zeitpunkt der Übertragung des Anteils am Gesamthandsvermögen funktional wesentliches Sonderbetriebsvermögen zurückbehalten und zeitgleich oder tagggleich in das Privatvermögen des Übertragenden überführt, so soll eine Buchwertfortführung nach § 6 Abs. 3 Satz 1 EStG nicht zulässig sein. Andererseits ist nach Rz. 13 unschädlich, wenn aufgrund einheitlicher Planung zeitlich vor der Übertragung des Mitunternehmeranteils funktional wesentliches Betriebsvermögen/Sonderbetriebsvermögen unter Aufdeckung der stillen Reserven entweder entnommen (z. B. durch unentgeltliche Übertragung auf einen Angehörigen) oder zum gemeinen Wert veräußert, sofern es sich bei dem verbleibenden „Restbetriebsvermögen" weiterhin um eine funktionsfähige betriebliche Einheit handelt.

– Wird im Zeitpunkt der Übertragung des Anteils am Gesamthandsvermögen funktional wesentliches Betriebsvermögen/Sonderbetriebsvermögen nach § 6 Abs. 5 Satz 3 EStG zum Buchwert übertragen oder nach § 6 Abs. 5 Satz 1 oder Satz 2 EStG in ein anderes Betriebsvermögen/Sonderbetriebsvermögen des Steuerpflichtigen überführt, ist § 6 Abs. 3 Satz 1 EStG gleichwohl auf die Übertragung des reduzierten Mitunternehmeranteils anwendbar. Die gleichzeitige Anwendung der beiden Buchwertprivilegien darf jedoch keine Betriebszerschlagung zur Folge haben. Vielmehr muss auch nach Auslagerung von funktional wesentlichem Betriebsvermögen/Sonderbetriebsvermögen

noch weiterhin eine funktionsfähige betriebliche Einheit bestehen und die Besteuerung der stillen Reserven sichergestellt sein.
(BdF, Schreiben vom 20.11.2019 IV C 6 – S 2241/15/10003, DOK 2019/0964762, BStBl I 2019 1291 = DB 2019 2660f. m.Anm. Geberth/Bartel = BB 2019, 3058 m.Anm. Abele = EStB 2020, 16ff. m.Anm. Gehm; hierzu eingehend Werthebach, DStR 2020, 6ff.; Kotzenberg/Riedel, DStR 2020, 13ff.; Hoheisel, StuB 2020, 125ff.; Lorenz, FR 2020, 237ff.; Krüger, FR 2020, 341ff.; Kußmaul/Berens/Bettenburg, Ubg 2020, 508ff., Andres/Pillen, GmbH intern, Beilage Nr. 40 v. 28.09.2020, 1ff.; Binder/Riedel, DB 2020, 1587ff.; Kahle/Borger, DStZ 2020, 777ff.).

Ab 1999 führt der Transfer von Einzelwirtschaftsgütern zur Realisierung stiller Reserven, auch von einem Besitzunternehmen auf die Betriebs-GmbH. Damit wurde einer der Grundpfeiler für die Attraktivität der echten Betriebsaufspaltung entzogen.

Als Alternativgestaltung zur Vermeidung einer Entstrickung wird folgender Ausweg vorgeschlagen:

- Zuerst Bargründung einer GmbH;
- Veräußerung des Vermögens, das auf die GmbH übertragen werden soll, zu gemeinen Werten. Hierbei ist zur Vermeidung einer verschleierten Sachgründung/Sachkapitalerhöhung das gezeichnete Kapital nicht zu verwenden; Verpachtung des Vermögens;
- Es empfiehlt sich, zur Vermeidung einer großen Aufdeckung von stillen Reserven das Schrumpfungsmodell anzustreben, d.h. es sollte nur das Warenlager zum gemeinen Wert verkauft werden. Sämtliches Anlagevermögen wird der GmbH zur Nutzung überlassen. Neuinvestitionen können in der Zukunft durch die GmbH oder das Besitzunternehmen durchgeführt werden. Soweit eine Neuinvestition durch die (Betriebs-)GmbH erfolgt, ist eine künftige Pachtanpassung (Reduzierung) jährlich notwendig. Bei der Vertragsgestaltung muss bedacht werden, dass es nicht zu einer versteckten unentgeltlichen Geschäftswertübertragung bei Aufdeckung der stillen Reserven kommt;
- Abwicklung von Forderungen und Verbindlichkeiten. Die Forderungen und Verbindlichkeiten des bisherigen Einzelunternehmens, das jetzt das Besitzunternehmen ist, können treuhänderisch durch die GmbH abgewickelt werden. Dies ist jedoch nicht zwingend erforderlich (Neufang, DB 1999, 64 (67); ders., BB 2000, 1913 (1916); Hörger/Mentel/Schulz, DStR 1999, 565 (573); Hörger/Pauli, GmbHR 2001, 1139 (1141ff.); Schulze zur Wiesche, WPg 2003, 90 (97ff.); Lederle, GmbHR 2004, 985 (988ff.); Bitz, in: Littmann/Bitz/Pust, EStG, § 15 Rdnr. 376).

Eindeutig ist, dass eine Einbringung von Einzelwirtschaftsgütern zur Kapitalerhöhung nicht mehr möglich ist, weil die Einbringung von Einzelwirtschaftsgütern nicht unter § 20 UmwStG fällt. Daran ändert auch das Steuersenkungsgesetz nichts.

I. Betriebsaufspaltung im Blickwinkel der Betriebsprüfung

Als weitere Ausweichmanöver werden folgende Gestaltungen empfohlen (Märkle, BB 2000, Beilage 7 zu Heft 31, 1 [13]):

- entweder unter Verzicht auf eine Betriebsaufspaltung die Einbringung nach § 20 UmwStG durch Übertragung aller wesentlichen Betriebsgrundlagen auf eine Kapitalgesellschaft oder
- eine Betriebsaufspaltung unter Verzicht auf den Transfer von Wirtschaftsgütern, die nennenswerte stille Reserven enthalten, d. h. regelmäßig höchstens die Übertragung von Umlaufvermögen, was zugleich Betriebsverpachtung im Ganzen bedeutet und außerdem den Vorteil hat, dass bei Wegfall der personellen Voraussetzungen der Betriebsaufspaltung keine Betriebsaufgabe realisiert wird.

Besonderheiten gelten bei der **mitunternehmerischen Betriebsaufspaltung**. Die steuerneutrale Übertragung von einem Gesamthandsvermögen in ein anderes Gesamthandsvermögen ist auch bei ganz oder teilweise gesellschafteridentischen Personengesellschaften weder nach dem Mitunternehmererlass noch nach der neuen gesetzlichen Regelung unmittelbar vorgesehen (Brandenberg, FR 2000, 1182 [1187]).

Sollen Wirtschaftsgüter von einem Gesamthandsvermögen in ein anderes Gesamthandsvermögen übertragen werden, ist dies nach dem Wortlaut der Vorschrift steuerbegünstigt nur in zwei Schritten möglich. Im ersten Schritt erfolgt eine Übertragung vom Gesamthandsvermögen in ein Betriebsvermögen des Steuerpflichtigen, im zweiten Schritt wird das Wirtschaftsgut von diesem Betriebsvermögen auf die andere Gesamthand übertragen. Denkbar ist auch eine Übertragung in drei Schritten, durch Überführung von Gesamthandsvermögen in ein Sonderbetriebsvermögen der Mitunternehmerschaft, von diesem Sonderbetriebsvermögen in ein Sonderbetriebsvermögen einer anderen Mitunternehmerschaft und von diesem Sonderbetriebsvermögen in das Gesamthandsvermögen der anderen Mitunternehmerschaft.

Wenn solche Übertragungen über mehrere Schritte für zulässig gehalten werden, stellt sich die Frage, ob nicht auch eine unmittelbare Übertragung anerkannt werden kann. Bei diesen Übertragungsvorgängen in mehreren Schritten könnte darüber nachgedacht werden, ob ein Gestaltungsmissbrauch nach § 42 AO vorliegt. Dies ist insbesondere deshalb nicht abwegig, da ein geplantes Ziel nicht auf dem unmittelbaren, wirtschaftlich sinnvollen Weg erreicht wird, sondern über mehrere Schritte, um die Steuervorteile der Buchwertfortführung zu erhalten. Sind Übertragungen gewünscht, die nach den Regelungen des § 6 Abs. 5 EStG nur über mehrere Schritte erreicht werden können, ist demnach Vorsicht geboten, da offen ist, wie solche Übertragungen von der Finanzverwaltung gehandhabt werden. Welche Fallgestaltungen von § 6 Abs. 5 EStG erfasst werden, ist weitgehend streitig. Eine Klärung der Rechtslage durch Gesetzesänderungen oder Verwaltungsanweisungen ist unbedingt wünschenswert (Seifried, DStR 2001, 240 (243); siehe auch Strahl, FR 1999, 628 (636); Knebel, DB 2000, 169 [173]; zur Unschädlichkeit des Gesamtplans bei der Nutzung des § 24

UmwStG siehe BFH, Urteil vom 09.11.2011, X R 60/09, BStBl. II 2012, 638; Bauschatz in Carlé, Die Betriebsaufspaltung, Rdnr. 400; Zur Gesamtplanrechtsprechung bei Übertragung betrieblicher Einheiten eingehend Wacker. Ubg 2016, 245 ff.).

Berührungspunkte von Betriebsaufspaltungsverhältnissen im Blickwinkel des § 50i EStG

Nach der Neuregelung des § 50i EStG im Rahman des Anti-BEPS-Umsetzungsgesetzes findet dies fortan – analog für gewerblich geprägte und gewerblich implizierte Personengesellschaften sowie für **Betriebsaufspaltungen** – nur noch dann Anwendung, wenn Wirtschaftsgüter des Betriebsvermögens oder Anteile i. S. d. § 17 EStG

- **vor dem 29.06.2013** in das Betriebsvermögen einer gewerblich geprägten Personengesellschaft übertragen oder überführt werden (§ 50i Abs. 1 Satz 1 Nr. 1 EStG n. F.)
- keine Besteuerung der stillen Reserven im Zeitpunkt der Einlage erfolgte (§ 50i Abs. 1 Satz 1 Nr. 2 EStG) und
- das Besteuerungsrecht Deutschlands an der Entnahme oder Veräußerung dieser Wirtschaftsgüter unbeachtet des in § 50i Abs. 1 EStG enthaltenen Treaty-Override vor dem **01.01.2017** ausgeschlossen oder beschränkt wurde (§ 50i Abs. 1 Satz 1 Nr. 3 EStG n. F.).

Die Neufassung des § 50i Abs. 1 EStG beschränkt sich somit auf die Strukturen, die **vor dem 29.06.2013** begründet wurden und bei denen bis zum Ablauf des 31.12.2016 – ohne die Anwendung des § 50i Abs. 1 EStG – eine Entscheidung stattgefunden hätte. Damit beschränkt sich die Wirkung von § 50i EStG nunmehr und entsprechend den ursprünglichen Intentionen des Gesetzgebers auf echte „Altfälle", was ebenfalls Zustimmung verdient. (weitere detaillierte Einzelheiten zur Entstehungsgeschichte und Fortentwicklung des § 50i EStG s. Kaligin in Lademann, Kommentar zum EStG § 15 Anm. 333/15/1, 333/15/2 und 344/14).

Zu beachten ist ferner, dass eine anschließende Umwandlung der übernehmenden Personengesellschaft in eine Kapitalgesellschaft nach § 6 Abs. 5 Satz 6 EStG dazu führt, dass rückwirkend die Teilwerte der übertragenen Wirtschaftsgüter anzusetzen sind, sofern die Umwandlung innerhalb einer Frist von sieben Jahren nach der Übertragung durchgeführt wird. Das Zweistufenmodell – zunächst Einbringung der Einzelwirtschaftsgüter in eine Personengesellschaft und nachfolgend die Einbringung der Mitunternehmeranteile in eine Kapitalgesellschaft – ist daher erfolgsneutral nicht möglich (Carlé, Die Betriebsaufspaltung, Rdnr. 399; Schulze zur Wiesche, WPg 2003, 90 [98]).

An dieser rechtspolitisch äußerst unbefriedigenden Situation ist von **Schmidt** (in den Vorauflagen) zu Recht folgende Kritik geäußert worden:

Ab 01.01.2001 sollte nach seiner Meinung auch bei einer Übertragung einzelner Wirtschaftsgüter auf eine Betriebskapitalgesellschaft eine Buchwertfortführung zulässig sein, weil es sachlich nicht zu rechtfertigen ist, eine Betriebsaufspaltung mit einer Betriebskapitalgesellschaft und eine mitunternehmerische Betriebsaufspaltung insoweit unterschiedlich zu beurteilen. Rechtsgrund ist die wirtschaftliche Einheit zwischen Besitz- und Betriebsunternehmen und eine dadurch bedingte teleologische Reduktion des § 6 Abs. 6 Satz 2 EStG. Damit entfielen auch die Zweifel, ob an der Betriebsaufspaltung als Rechtsinstitut festgehalten werden kann. Diese Auffassung wird jedoch vom BFH-Richter **Wacker** leider nicht mehr vertreten (Schmidt, EStG 38. Aufl. (2019), § 15 Rdnr. 877 a. E.).

Die oben vorgetragene Kritik ist zutreffend. Die Betriebsauspaltung wird in fiskalischer Hinsicht als ein Unternehmen zur Begründung der Gewerbesteuerpflicht betrachtet und nunmehr bei der Begründung in zwei Unternehmen mit der Folge der fehlenden Möglichkeit der Buchwertfortführung zerteilt. Für diese unterschiedliche Behandlung besteht keine verfassungsrechtlich vernünftige Rechtfertigung.

Sollte dennoch mit dieser Begründung eine Gewinnrealisierung vorgenommen werden, so sollte hiergegen in einem Musterprozess vorgegangen werden, zumal der Kommentar von Schmidt bereits mit dieser Auffassung liebäugelt. Diese Argumentation kann jedoch nur ein letzter Notanker sein.

Eine besonders heikle Thematik stellt die **disquotale Kapitalerhöhung** von Betriebsaufspaltungen dar. Bei der Übertragung von Wirtschaftsgütern des Betriebsvermögens auf einen neuen Rechtsinhaber kommt es nur in den gesetzlich vorgesehenen Ausnahmefällen (z. B. § 6 Abs. 5 EStG) nicht zu einer Aufdeckung von stillen Reserven. Ansonsten gilt Folgendes: Eine Kapitalerhöhung, mit der ein nur an der Betriebskapitalgesellschaft Beteiligter seine Beteiligungsquote vergrößern kann, stellt sich als Entnahme aus dem Besitzunternehmen dar. Für den Tatbestand der Entnahme ist ohne Bedeutung, ob der Nur-Betriebsgesellschafter, auf den stille Reserven des Besitzunternehmens übergegangen sind, nach der Kapitalerhöhung i. R. von § 17 EStG wesentlich beteiligt ist (BFH, Urteil vom 15. 12. 2005, III R 35/04, BFH/NV 2006, 1262).

Wird bei einer Betriebsaufspaltung zwischen einer Betriebs-GmbH und einem Besitzeinzelunternehmer das Kapital der Betriebs-GmbH erhöht und übernimmt ein Dritter eine Stammeinlage zum Nennwert, liegt eine Entnahme des Besitzunternehmens i. H. der Differenz zwischen dem höheren Wert des übernommenen Anteils und der geleisteten Einlage vor (BFH, Urteil vom 17. 11. 2005, III R 8/03, BStBl. II 2006, 287).

Die Begründung einer Betriebsaufspaltung durch Vermietung wesentlicher Betriebsgrundlagen an eine GmbH schließt die vorangehende steuerbegünstigte Aufgabe eines land- und forstwirtschaftlichen Betriebs, zu dessen Betriebsvermögen die zur Nutzung überlassenen Wirtschaftsgüter gehören, nicht aus, wenn der Steuerpflichtige zuvor seine landwirtschaftliche Betätigung beendet hat (BFH, Urteil vom 30. 03. 2006, IV R 31/03, BStBl. II 2006, 652).

Erwirbt nach Begründung einer Betriebsaufspaltung die Besitzpersonengesellschaft einen Teil des Betriebs von der Betriebsgesellschaft zurück, um ihn selbst fortzuführen, kann die Grundstücksverwaltung ein Teilbetrieb der bisherigen Besitzgesellschaft sein. Ein von dem zurückerworbenen operativen Betrieb genutztes Grundstück der Besitzgesellschaft wird dann mit dem Rückerwerb wesentliche Betriebsgrundlage dieses Teilbetriebs. Die Veräußerung aller Grundstücke des grundstücksverwaltenden Teilbetriebs an verschiedene Erwerber stellt eine Aufgabe dieses Teilbetriebs dar. Der dabei erzielte Gewinn ist jedenfalls dann tarifbegünstigt, wenn auch das zuvor in den operativen Teilbetrieb übergegangene Grundstück zeitgleich veräußert wird (BFH, Urteil vom 20.01.2005, IV R 14/03, BStBl. II 2005, 395).

Zu Zweifelsfragen der Anwendung des § 50i Abs. 2 EStG im Hinblick auf grenzüberschreitende Gestaltungen siehe BMF, Schreiben vom 21.12.2015 – IV B 5 – S 1300/14/10007 – DOK 2015/1035713, BStBl. I 2016, 7 mit Anm. Kaminski, Stbg 2016, Heft 2, M 1

5 Beendigung der Betriebsaufspaltung

5.1 Beendigung des Pachtvertrags (Weiterverpachtung an Dritte)

Bei der Beendigung des Pacht- und Betriebsüberlassungsvertrages hat die Betriebskapitalgesellschaft die Pachtgegenstände an das Besitzunternehmen zurückzugeben. Die steuerliche Problematik, die sich beim Ablauf des Pachtvertrags hinsichtlich der zurückzugebenden Pachtanlagen und etwaigen Wertausgleichsverpflichtungen ergibt, ist bereits mehrfach erörtert worden. Dabei kann die Betriebsaufspaltung zumindest in Fällen, in denen das Ursprungsunternehmen nach der Spaltung lediglich die Sachanlagen hält, während das neugegründete Unternehmen mit diesen meist gepachteten Anlagen die geschäftlichen Aufgaben wahrnimmt, durch bloße Beendigung des Pachtvertrags steuerneutral aufgehoben werden.

Das Ursprungsunternehmen kann dann die geschäftlichen Aufgaben wieder übernehmen, während das ausgegliederte Unternehmen nach Ausschüttung seiner thesaurierten Gewinne liquidiert wird. Es handelt sich dabei nicht um eine gem. §§ 16, 34 EStG steuerbegünstigte Betriebsaufgabe, weil das Besitzunternehmen den Betrieb fortführt (Sack, GmbHR 1986, 352 [355 f.]).

Verpachtet jedoch das Besitzunternehmen die bisher der Betriebskapitalgesellschaft überlassenen Wirtschaftsgüter an einen Dritten, so steht dem Besitzunternehmen ein Wahlrecht zwischen Betriebsfortführung oder Betriebsaufgabe zu, falls die Grundsätze über die Betriebsverpachtung eingreifen. Der BFH hat klargestellt, dass die Beendigung der Betriebsaufspaltung durch Wegfall der sachlichen Verflechtung von Besitzpersonengesellschaft und Betriebspersonengesellschaft nicht zur Betriebsaufgabe bei der Besitzpersonengesellschaft führt, wenn außer den Voraussetzungen einer Betriebsaufspaltung auch die Voraussetzungen einer Betriebsverpachtung vorlagen (BFH, Urteil vom 23.04.1996,

VIII R 13/95, BStBl. II 1998, 325, 327 f.; BMF, Schreiben vom 28. 04. 1998, IV B 2 – S 2241 – 42/98, BStBl. I 1998, 583, 585 f.).

Hierbei hat der Verpächter die Wahl, ob er die Betriebsaufgabe erklärt (Versteuerung der stillen Reserven) und künftig Einkünfte aus Vermietung und Verpachtung deklariert oder den Gewerbebetrieb fortführt, ohne dabei der Gewerbesteuer zu unterliegen (R 2.2. GewStR 2009). Eine Betriebsaufgabe setzt nicht voraus, dass sich der Unternehmer der Besteuerung der stillen Reserven bewusst ist, wenn sie ausdrücklich erklärt wird (BFH, Urteil vom 22. 09. 2004, III R 9/03 BStBl. II 2005, 160).

Die Betriebsfortführung ist jedoch nach einer Meinung nur dann möglich, wenn die bisher i. R. der Betriebsaufspaltung als wesentliche Betriebsgrundlagen angesehenen Pachtanlagegüter der qualifizierten Voraussetzung der Verpachtung eines Betriebes im Ganzen entsprechen.

Da nicht in jedem Fall, in dem bisher eine wesentliche Betriebsgrundlage verpachtet worden ist, zugleich die Verpachtung eines Betriebs als einheitliches Ganzes vorliegt, bedarf es demnach einer sorgfältigen Prüfung, ob die Kriterien einer Betriebsfortführung überhaupt tatbestandsmäßig vorliegen. Ist eine Betriebsverpachtung in toto nicht gegeben, so stellt die Überführung der Wirtschaftsgüter eine Betriebsaufgabe (§§ 16, 34 EStG) dar (BFH, Urteil vom 13. 12. 1983, VIII R 90/81, BStBl. II 1984, 474, 477 ff.).

Verpachtet der Besitzunternehmer alle wesentlichen Betriebsgrundlagen nach Beendigung einer unechten qualifizierten Betriebsaufspaltung an ein fremdes Unternehmen, so steht ihm das nach ständiger Rechtsprechung des BFH bei der Betriebsverpachtung im Ganzen eröffnete **Verpächterwahlrecht** zu (BFH, Urteil vom 17. 04. 2002, X R 8/00, BStBl. II 2002, 527; BFH, Beschluss vom 05. 02. 2003, VIII B 134/01, BFH/NV 2003, 909). Die Grundsätze über das Verpächterwahlrecht gelten nicht nur bei Beendigung einer „echten Betriebsaufspaltung", sondern auch dann, wenn eine „unechte Betriebsaufspaltung" beendet wird (BFH, Urteil vom 17. 04. 2019, IV R 12/16 BFH/NV 2019, 1179 = BB 2019, 2352 mit Anm. Münch = EStB 2019, 358, 360 mit Anm. Gehm und Levedag, GmbHR 2019, R 299 f.; Neufang, StBp 2019, 283 f.; ders., StB 2020, 209, 215 f. zur Vermeidung der Betriebsaufgabe durch Betriebsverpachtung im Ganzen eingehend Günther, EStB 2020, 401 ff.; ferner Hubert, StuB 2020, 8 ff.).

Im Falle der Betriebsverpachtung ist grundsätzlich ohne zeitliche Begrenzung so lange von einer Fortführung des Betriebs auszugehen, wie eine Betriebsaufgabe nicht erklärt worden ist und die Möglichkeit besteht, den Betrieb fortzuführen (BFH, Urteil vom 19. 03. 2009, IV R 45/06, BStBl. II 2009, 902).

Die für die Ausübung des Verpächterwahlrechts erforderliche Absicht der Wiederaufnahme umfasst den Betrieb in dem Zustand, in dem sich das Unternehmen befand, als die letzte werbende Tätigkeit eingestellt wurde (BFH, Urteil vom 08. 02. 2007, IV R 65/01, BFH/NV 2007, 1004).

I. R. einer Kasuistik wurde die Rechtsprechung zur Beendigung der Betriebsaufspaltung wie folgt konkretisiert. Die sachlichen Voraussetzungen einer Betriebsaufspaltung entfallen nicht, wenn der überlassene Kundenstamm „zurückzugeben" ist und das Potenzial des „pachtweise überlassenen" Kunden weiterhin faktisch genutzt wird (BFH, Urteil vom 13.12.2005, XI R 45/04 BFH/NV 2006, 1453).

Für die Anerkennung einer **gewerblichen Betriebsverpachtung** reicht es aus, wenn die wesentlichen, dem Betrieb das Gepräge gebenden Betriebsgegenstände verpachtet werden. Welche Betriebsgegenstände die wesentlichen Betriebsgrundlagen darstellen, bestimmt sich nach den tatsächlichen Umständen des Einzelfalls unter Berücksichtigung der spezifischen Verhältnisse des betreffenden Betriebs. Dabei ist maßgeblich auf die sachlichen Erfordernisse des Betriebs abzustellen (funktionale Betrachtungsweise).

In diesem Zusammenhang bilden bei einem „Autohaus" (Handel mit Neu- und Gebrauchtfahrzeugen eines bestimmten Automobilfabrikanten einschließlich angeschlossenem Werkstattservice) das speziell für dessen Betrieb hergerichtete Betriebsgrundstück samt Gebäuden und Aufbauten sowie die fest mit dem Grund und Boden verbundenen Betriebsvorrichtungen meist die alleinigen wesentlichen Betriebsgrundlagen. Demgegenüber gehören die beweglichen Anlagegüter, insbesondere die Werkzeuge und Geräte, regelmäßig auch dann nicht zu den wesentlichen Betriebsgrundlagen, wenn diese im Hinblick auf die Größe des „Autohauses" ein beträchtliches Ausmaß einnehmen (BFH, Urteil vom 11.10.2007, X R 39/04, BFH/NV 2008, 439).

Die Gegenmeinung trägt jedoch den Besonderheiten der Betriebsaufspaltung besser Rechnung und will die Grundsätze über die Betriebsverpachtung bei jeder beendeten Betriebsaufspaltung anwenden, also selbst dann, wenn keine Verpachtung eines ganzen Betriebes vorliegt. Dies wird zutreffend damit begründet, dass nach der BFH-Rechtsprechung bereits die Verpachtung einer wesentlichen Betriebsgrundlage durch das Besitzunternehmen zur Aufnahme einer gewerblichen Tätigkeit führt. Folglich muss auch die nachfolgende „Nicht-Betriebsaufspaltungs-Verpachtung" ohne Realisierung der stillen Reserven möglich sein (Streck, in: Kölner Handbuch, Tz. 292; Dehmer, Betriebsaufspaltung, 3. Aufl., [2015], § 8 Rdnr. 21–29).

Hervorzuheben ist, dass der BFH es abgelehnt hat, die Grundsätze über den Strukturwandel vom Gewerbebetrieb zur Land- und Forstwirtschaft und über den Übergang von der Landwirtschaft zur Liebhaberei anzuwenden (BFH, Urteil vom 07.10.1974, GrS 1/73, BStBl. II 1975, 168, 170ff.; vom 29.10.1981, IV R 138/78, BStBl. II 1982, 381; vom 13.12.1983, VIII R 90/81, BStBl. II 1984, 474, 479).

In **absoluten Härtefällen** können **Billigkeitsmaßnahmen** nach § 163 AO angezeigt sein (BFH, Urteil vom 15.12.1988, IV R 36/84, BStBl. II 1989, 363, 365).

Die Finanzverwaltung gewährt aus Billigkeitsgründen auf Antrag ein Wahlrecht zur Fortsetzung der gewerblichen Tätigkeit (unabhängig von den Voraussetzungen einer Betriebsverpachtung), wenn (nur in diesem Fall!) die personelle Verflechtung durch Volljährigkeit minderjähriger Kinder wegfällt (R 16 Abs. 2 Satz 4 f. EStR 2012).

Um das Risiko der Zwangsrealisierung der stillen Reserven zu vermeiden, wird einmal empfohlen, dass der Pachtvertrag so gestaltet wird, dass die Bedingungen der Betriebsverpachtung im Ganzen erfüllt sind.

Das Risiko kann aber auch dadurch entfallen, dass sich die Besitzgesellschaft selbst (in geringem Umfang) gewerblich betätigt oder die Rechtsform einer GmbH oder GmbH & Co. KG annimmt, also qua Rechtsform eine gewerbliche Tätigkeit entfaltet, freilich mit der Konsequenz der Gewerbesteuerpflicht (ebenso Neufang/Bohnenberger, DStR 2016, 578, 580; zu weiteren Möglichkeiten der Absicherung und steuerneutralen Beendigung der Betriebsaufspaltung eingehend Ott, DStZ 2019, 693 ff.).

Der vortragsfähige Gewerbeverlust i. S. d. § 10a GewStG geht unter, wenn zum Schluss des Erhebungszeitraums zwar eine die einkommensteuerrechtliche Existenz des Betriebs unberührt lassende Betriebsunterbrechung („ruhender Gewerbebetrieb") gegeben ist, gewerbesteuerrechtlich hiermit aber die werbende Tätigkeit nicht nur vorübergehend unterbrochen bzw. eine andersartige werbende Tätigkeit aufgenommen wird. Es entfällt die für die Verlustfeststellung erforderliche Unternehmensidentität. Bei einer Besitzpersonengesellschaft besteht die Unternehmensidentität jedenfalls so lange fort, als sie mit der nämlichen Betriebskapitalgesellschaft sachlich und personell verflochten bleibt (BFH, Urteil vom 30. 10. 2019 IV R 59/16 BFH/NV 2020, 282 = FR 2020, 385, 391 ff. m. Anm. Binnewies/Mehlhaf und Levedag, GmbH 2020, R 172 f.).

5.2 Wegfall der personellen oder sachlichen Voraussetzungen

Die Beendigung der Betriebsaufspaltung kann insbesondere durch das Entfallen des einheitlichen geschäftlichen Betätigungswillens eintreten. Folgende praktische Fallgestaltungen sind denkbar (hierzu insbesondere Neufang/Bohnenberger, DStR 2016, 578 ff.):

- Veräußerung der Anteile am Besitzunternehmen oder der Betriebskapitalgesellschaft (dazu sogleich),
- unterschiedliche Vererbung von Anteilen am Besitz- und/oder Betriebsunternehmen,
- Einräumen oder Ausschluss von Sonderstimmrechten,
- Entfallen einer Zusammenrechnung von Ehegattenanteilen infolge Scheidung bzw. von Anteilen Minderjähriger wegen Volljährigkeit,
- Eintreten eines konkret nachweisbaren Interessengegensatzes,
- Veräußerung von Betriebsvermögen der Besitzgesellschaft.

(Felix, in: Kölner Handbuch, Tz. 300 bis 306; Dehmer, 8 Rdnr. 21–39).

Wird i. R. einer Betriebsaufspaltung der Pachtvertrag wegen Nichtbestehens des Fremdvergleichs steuerlich nicht mehr anerkannt, führt dies nicht ohne Weiteres zur Beendigung der Betriebsaufspaltung und Entnahme des verpachteten Grundstücks (FG Baden-Württemberg, Urteil vom 14.03.1994, 2 K 114/92, EFG 1994, 833 (rkr.)).

Die Betriebsaufspaltung endet nicht mit dem Abschluss eines Kaufvertrags über den an die Betriebsgesellschaft verpachteten Grundbesitz und der Eintragung einer Auflassungsvormerkung, sondern erst mit Übertragung des wirtschaftlichen Eigentums auf den Erwerber (BFH, Urteil vom 15.03.2005, X R 2/02 BFH/NV 2005, 1292; zum Zeitpunkt der Gewinnrealisierung bei der Beendigung einer Betriebsaufspaltung instruktiv ferner Urteil vom 04.10.2006, VIII R 7/03 BFH/NV 2007, 145).

Überträgt in Fällen der Betriebsaufspaltung der Gesellschafter der Betriebs-GmbH seine Anteile unter **Vorbehaltsnießbrauch**, bleibt die personelle Verflechtung bestehen, wenn er auch weiterhin seinen Geschäfts- und Betätigungswillen im Betriebsunternehmen durchsetzen kann (BFH, Urteil vom 25.01.2017 – X R 45/14 BFH/NV 2017, 1039).

Zweifelsfragen treten auf, wenn die Beteiligten (sowohl der Steuerpflichtige als auch die Finanzverwaltung) über die Folgen der Begründung und einer nicht beabsichtigten Beendigung einer Betriebsaufspaltung unzutreffende rechtliche Schlussfolgerungen getroffen haben.

Irren sich Verkäufer und Käufer über die steuerlichen Rechtsfolgen der abgeschlossenen Verträge (hier: Beendigung der Betriebsaufspaltung und damit Entstehung eines zu versteuernden Aufgabegewinns), so führt dieser Irrtum schon zivilrechtlich weder nach Anfechtungsgrundsätzen (§§ 119 ff. BGB) noch nach den Grundsätzen über die Störung der Geschäftsgrundlage (§ 313 BGB) zur rückwirkenden Unwirksamkeit der Verträge. Abgesehen davon wäre eine zivilrechtliche rückwirkende Unwirksam-keit jedenfalls steuerrechtlich unbeachtlich. Die bei Verträgen zwischen nahestehenden Personen anzuwendenden Grundsätze des Fremdvergleichs stehen der steuerlichen Anerkennung von Verträgen, die zur Beendigung einer Betriebsaufspaltung führen, nicht entgegen (FG Mecklenburg-Vorpommern, Urteil vom 29.05.2008, 2 K 179/05 EFG 2008, 1699; die eingelegte NZB wurde per BFH-Beschluss vom 11.02.2009, IV B 104/08 n.v. als unbegründet verworfen); zur Beendigung der grundstücksbezogenen Betriebsaufspaltung beim Unternehmenskauf siehe Wilde/Fischer, GmbHR 2008, 1210 ff.).

Problematisch ist, ob beim Wegfall der personellen Verflechtung eine Gewinnrealisierung beim Besitzunternehmen vorzunehmen ist.

Dies wird dann zu bejahen sein, wenn mit der Beendigung der Betriebsaufspaltung zugleich die Verpachtung endet und das Besitzunternehmen den Betrieb selbst nicht fortführt und auch nicht die bisher von der Betriebskapitalgesellschaft genutzten Wirtschaftsgüter an einen Dritten verpachtet.

Bleibt hingegen die Verpachtung an die Betriebsgesellschaft weiterhin bestehen, so finden die bereits geschilderten **Betriebsverpachtungsgrundsätze** Anwendung, d. h., es steht ihnen das Wahlrecht zwischen Betriebsfortführung und Betriebsaufgabe zu, wobei bei der Betriebsfortführung die Gewerbesteuerpflicht entfällt.

Der Wegfall einer Betriebsaufspaltung durch die Veräußerung der überlassenen Anlagegüter führt nicht zu einer begünstigten Betriebsaufgabe i. S. v. § 16 Abs. 3 EStG beim Besitzunternehmen, wenn das Besitzunternehmen als Teil seiner gewerblichen Gesamttätigkeit eine originär gewerbliche Tätigkeit ausgeübt hatte und diese nach Beendigung der Betriebsaufspaltung fortsetzt (FG Düsseldorf, Urteil vom 29. 08. 2013, 13 K 4451/11 E, G, GmbHR 2014, 264).

Die Betriebsaufspaltung findet ihr Ende, wenn die Erwerber der Anteile nicht an dem Besitzunternehmen beteiligt sind. Werden die gesamten Anteile an der Betriebskapitalgesellschaft an einen Dritten veräußert, so ist dieser Vorgang nach § 16 Abs. 1 Nr. 1 EStG als Teilbetriebsveräußerung zu behandeln, die nach § 34 EStG tarifbegünstigt ist. Eine Veräußerung nur von einzelnen Anteilen an der Betriebskapitalgesellschaft, auch wenn es sich um eine wesentliche Beteiligung handelt, unterliegt der Besteuerung nach § 15 EStG zum vollen Steuersatz, da die (GmbH-)Anteile dem Betriebsvermögen des Besitzunternehmens zuzurechnen sind (Schoor, GmbHR 1986, 124, 125 ff.).

Dieser Grundsatz wurde vom BFH nochmals ausführlich behandelt. Die Anteile an einer Betriebskapitalgesellschaft sind wesentliche Betriebsgrundlagen i. S. von § 16 EStG des Besitzeinzelunternehmens. Werden diese Anteile nicht mitveräußert, kann von einer privilegierten Teilbetriebsveräußerung nicht ausgegangen werden (BFH, Urteil vom 04. 07. 2007, X R 49/06, BStBl. II 2007, 772, vom 04. 07. 2007, X R 44/03, BFH/NV 2007, 2093).

Auch die ab 2001 geltende Rechtslage setzt für einen Veräußerungs- oder Aufgabegewinn i. S. d. § 34 Abs. 3 i. V. m. § 16 EStG voraus, dass alle wesentlichen Betriebsgrundlagen entweder veräußert oder ins Privatvermögen überführt werden (BFH, Urteil vom 05. 02. 2014, X R 22/12, BStBl. II 2014, 388).

Die Grundsätze, die die neuere Rechtsprechung des BFH zum Begriff der wesentlichen Betriebsgrundlage i. R. der Betriebsaufspaltung entwickelt hat, gelten auch im Bereich der Betriebsveräußerung und -aufgabe. Die frühere einkommensteuerliche Tarifbegünstigung einer Teilanteilsveräußerung bleibt nicht deswegen erhalten, weil der Wert des Anteils am Sonderbetriebsvermögen, der nach der Rechtsprechung des BFH hätte mitveräußert werden müssen, lediglich 10 % des für den Teilanteil erzielten Veräußerungspreises beträgt (BFH, Urteil vom 10. 11. 2005, IV R 7/05, BStBl. II 2006, 176; vom 10. 11. 2005, IV R 29/04, BStBl. II 2006, 173).

Nach diesem BFH-Urteil setzt eine tarifbegünstigte Besteuerung eines Veräußerungsgewinns eine zusammengeballte Realisierung stiller Reserven voraus und der Anteil an einer GbR stellt keinen Teilbetrieb dar.

Die Voraussetzungen einer Betriebsaufspaltung entfallen nicht dadurch, dass der zunächst entgeltliche Pachtvertrag über die wesentlichen Betriebsgrundlagen nachträglich durch eine unentgeltliche Nutzungsüberlassung ersetzt wird (FG Düsseldorf, Urteil vom 28.02.2007, 7 K 6571/04 E, EFG 2007, 1803 rkr.).

Eine Betriebsaufspaltung zwischen einer Besitz-GbR und einer Betriebs-GmbH wird nicht dadurch beendet, dass ein mit der Betriebsführung und dem Management der GmbH beauftragter Dritter sich vertraglich dazu verpflichtet, etwaige Verluste der GmbH auszugleichen (BFH, Urteil vom 19.08.2009, III R 68/06 BFH/NV 2010, 241).

Räumt der Besitzunternehmer und Mehrheitsgesellschafter der Betriebsgesellschaft dem Minderheitengesellschafter eine unwiderrufliche Option auf dem Erwerb aller Geschäftsanteile an der Betriebs-GmbH ein, so ist die Betriebsaufspaltung trotz Stimmrechtsbindung und Rückzug des Mehrheitsgesellschafters aus der Geschäftsführung nicht beendet, sondern lediglich unterbrochen; der Vermietungsbetrieb des Besitzunternehmers ruht, wenn der Mietvertrag zwischen dem Besitzunternehmen und der Betriebs-GmbH fortgesetzt wird, eine Aufgabeerklärung des Besitzunternehmens fehlt und ungewiss ist, ob die Option ausgeübt wird (BFH, Urteil vom 14.10.2009, X R 37/07 BFH/NV 2010, 406).

Wird das Besitzunternehmen (oder ein Mitunternehmeranteil) ohne gleichzeitige Veräußerung der Anteile an der Betriebskapitalgesellschaft verkauft, so ist eine Betriebsaufgabe nach §§ 16, 34 EStG gegeben, wenn die Anteile an der Betriebsgesellschaft – was möglich ist – in das Privatvermögen überführt werden. Hierbei empfiehlt es sich, die Entnahme zeitlich mit der Betriebsveräußerung zu koordinieren, um nicht die Tarifbegünstigung nach § 34 EStG zu gefährden (BFH, Urteil vom 21.06.2001, III R 27/98, BStBl. II 2002, 537).

In einer **Insolvenzsituation** der Betriebs-GmbH wird mit dem Übergang der Verwaltungs- und Verwertungsbefugnis auf den Insolvenzverwalter die personelle Verflechtung beendet und damit die Betriebsaufspaltung aufgelöst. Die Eröffnung des Insolvenzverfahrens über das Vermögen der Betriebsgesellschaft führt regelmäßig zur Beendigung der personellen Verflechtung mit dem Besitzunternehmen und damit einer bestehenden Betriebsaufspaltung. Dieser Vorgang ist – wenn nicht das laufende Insolvenzverfahren mit anschließender Fortsetzung der Betriebsgesellschaft aufgehoben oder eingestellt wird – i.d.R. als Betriebsaufgabe des Besitzunternehmens zu beurteilen mit der Folge, dass die in seinem Betriebsvermögen enthaltenen stillen Reserven aufzulösen sind (BFH, Urteil vom 06.03.1997, XI R 2/96, BStBl. II 1997, 460).

Ein weiteres grundlegendes Problem ist, ob bei einer Beendigung der Betriebsaufspaltung auch hinsichtlich der Anteile an der Betriebs-GmbH (trotz fehlenden Verkaufs der Anteile bzw. deren Liquidation) in jedem Falle eine Betriebsaufgabe eintritt und somit die dort enthaltenen stillen Reserven ebenfalls i.R. eines tarifbegünstigten Veräußerungsgewinns mit aufzulösen sind.

Der BFH hat in einem älteren Judikat entschieden, dass nach Beendigung der Betriebsaufspaltung die Anteile an der Betriebs-GmbH weiterhin notwendiges Betriebsvermögen des (ehemaligen) Besitzunternehmens bleiben. Er hat ex-

I. Betriebsaufspaltung im Blickwinkel der Betriebsprüfung

pressis verbis wie folgt im zweiten Leitsatz entschieden (BFH, Urteil vom 24.03.1959, I 205/57 U, BStBl. III 1959, 289; Lemm, DStR 1987, 218 f.):

> *„Die Auflösung der Besitz-Personengesellschaft führt zu keiner Gewinnverwirklichung der GmbH-Anteile an der Betriebs-GmbH; diese tritt erst bei der Veräußerung an Dritte ein."*

Demzufolge wird die Auffassung vertreten, dass die GmbH-Anteile solange Betriebsvermögen des Besitzunternehmens bleiben, bis sie an fremde Dritte veräußert werden. Zuvor sind die stillen Reserven nicht aufzulösen.

Begründet wird dies u. a. mit einer analogen Anwendung der Grundsätze über die Einbringung von Betrieben, Teilbetrieben etc. in eine Kapitalgesellschaft gem. §§ 20, 21 UmwStG. Folglich kann nach dieser Auffassung auch bei unterstellter Annahme einer Betriebsaufspaltung durch den Wegfall der personellen Beherrschung immer noch keine steuerpflichtige Realisierung der stillen Reserven in den GmbH-Anteilen vorgenommen werden. Die Anteile bleiben „eingefrorenes" Betriebsvermögen und können erst bei einer tatsächlichen Veräußerung an Dritte in analoger Anwendung des § 21 UmwStG i. V. m. §§ 16, 34 EStG versteuert werden (Klemm, G., DB 1984, Beilage Nr. 19 zu Heft 37, 9; Lemm, DStR 1987, 218 (219); ders., DStR 1993, 1904; Kaligin, BB 1996, 2017 (2021)).

Der BFH hatte jedoch bereits die Tendenz deutlich anklingen lassen, dass er unter der Betriebsaufgabe im Falle der Beendigung der Betriebsaufspaltung auch die stillen Reserven in der Betriebs-GmbH mit einbeziehen will (BFH, Urteil vom 25.08.1993, XI R 6/93, BStBl. II 1994, 23 (26); vom 17.04.1996, X R 128/94, BFH/NV 1996, 877 (878 f.); Patt, DStR 1997, 807 (808); Sarrazin, DStR 1987, 219)).

Dies hat der BFH später eindeutig bestätigt, dass die Aufdeckung der stillen Reserven sich auch auf die Betriebs-GmbH automatisch erstreckt. Er stellt ausdrücklich dar, dass das zum UmwStG 1969 ergangene Urteil vom 24.03.1959, I 205/57 U, BStBl. III 1959, 289 dem nicht entgegensteht, nach welchem die Auflösung einer Besitzpersonengesellschaft zu keiner Gewinnrealisierung der GmbH-Anteile an der Betriebs-GmbH führt (BFH, Beschluss vom 22.09.1999, X B 47/99, BFH/NV 2000, 559 (560)).

Eine Ausnahme vom Grundsatz der Gewinnrealisierung gilt nur dann,

- wenn die Anteile an der Betriebs-GmbH einbringungsgeborene Anteile i. S. des § 21 UmwStG sind, weil bei der Gründung der Betriebsgesellschaft ein Teilbetrieb gegen Gewährung von Gesellschaftsanteilen eingebracht worden ist (= Sacheinlage gem. § 20 Abs. 1 Satz 1 UmwStG),
- wenn der Steuerpflichtige eindeutig erklärt, die Anteile im zeitlichen Zusammenhang mit der Beendigung der gewerblichen Tätigkeit alsbald zu veräußern oder
- wenn die Anteile mit Beendigung der Besitzgesellschaft in ein anderes Betriebsvermögen des Steuerpflichtigen überführt werden (Patt, DStR 1997, 807, 808).

5 Beendigung der Betriebsaufspaltung

Zur zwangsweisen Beendigung einer Betriebsaufspaltung im Kontext mit teilentgeltlichen bzw. unentgeltlichen Übertragungen von Einzelwirtschaftsgütern an nahe Angehörige aufgrund eines vorab erstellten Konzepts hat die Rechtsprechung folgende Grundsätze aufgestellt:

Die Gesamtplanrechtsprechung des BFH findet keine Anwendung, wenn sich der Steuerpflichtige bewusst für die Übertragung von Wirtschaftsgütern in Einzelakten entscheidet und sich diese Schritte zur Erreichung des „Gesamtzieles" als notwendig erweisen, auch wenn dem Ganzen ein vorab erstelltes Konzept zugrunde liegt und die Übertragungen in unmittelbarer zeitlicher Nähe zueinander erfolgen. Sieht ein vorab erstelltes Konzept vor, dass Teile des vereinbarten Kaufpreises – oder sogar der gesamte vereinbarte Betrag – unmittelbar als Schenkung von dem Veräußerer an den Erwerber zurückfließen, liegt in Höhe des zurückgeschenkten Betrags keine entgeltliche Übertragung vor. Bei einer „teilentgeltlichen" Betriebsaufgabe sind die Grundsätze der sog. Einheitstheorie nicht anzuwenden (BFH, Urteil vom 22.10.2013, X R 14/11, BStBl. II 2014, 158 mit Anm. Prinz, FR 2014, 228, 234 ff.; Formel, EStB 2014, 40, 44; Hennigfeld, DB 2015, 155, 156; hierzu Schulze zur Wiesche, DStZ 2014, 311, 312 f.; Levedag, GmbHR 2014 R 39 f., Günther, EStB 2014, 216 ff.).

Eine Betriebsaufspaltung endet, wenn sowohl das Besitzunternehmen als auch die GmbH-Anteile am Betriebsunternehmen unter dem Vorbehalt des Nießbrauchs auf einen Dritten übertragen werden (so klarstellend BFH, Urteil vom 21.01.2015, X R 16/12 BFH/NV 2015, 815, 819; hierzu Schulze zur Wiesche, StBp 2017, 144, 192).

Eine Beendigung der Betriebsaufspaltung kann ferner dadurch eintreten, dass die Betriebsgesellschaft selbst eigenes Betriebsvermögen anschafft oder vorhandenes Betriebsvermögen veräußert, so dass die ihr vom Besitzunternehmen überlassenen Wirtschaftsgüter nicht mehr die wesentliche Betriebsgrundlage oder eine der wesentlichen Betriebsgrundlagen für die Betriebsgesellschaft darstellen (BFH, Urteil vom 21.10.1988, III R 15/87, BFH/NV 1990, 58; siehe auch FG Baden-Württemberg, Urteil vom 03.03.1993, 14 K 115/91, EFG 1993, 512 rkr.).

Problematisch ist hierbei, ob der Wegfall einer wesentlichen Betriebsgrundlage zu einer Gewinnrealisierung nach Maßgabe der §§ 16, 34 EStG beim Besitzunternehmen führt. Besteht die Verpachtung fort, so dürften auch in einem solchen Fall Betriebsverpachtungsgrundsätze Anwendung finden.

Eine Beendigung der Betriebsaufspaltung tritt auch dann ein, wenn die Betriebskapitalgesellschaft sich nicht mehr gewerblich betätigt (z. B. bei Betriebsstilllegung oder Unterverpachtung an Dritte). Die oben erwähnten Betriebsverpachtungsgrundsätze finden dann entsprechende Anwendung, da jene Prinzipien auch bei einer Verpachtung über einen Zwischenpächter gelten (Streck, in: Kölner Handbuch, Tz. 310).

Wird eine Betriebsaufspaltung dadurch beendet, dass die Betriebs-GmbH auf eine AG verschmolzen und das Besitzunternehmen in die AG eingebracht wird,

I. Betriebsaufspaltung im Blickwinkel der Betriebsprüfung

kann dieser Vorgang gewinnneutral gestaltet werden, wenn das Besitzunternehmen nicht nur wegen der Betriebsaufspaltung gewerblich tätig war. Andernfalls führt die Verschmelzung zur Aufgabe des Gewerbebetriebs mit der Folge, dass dieser nicht mehr zu Buchwerten in die AG eingebracht werden kann (BFH, Urteil vom 24. 10. 2000, VIII R 25/98, BStBl. II 2001, 321).

Der Gewerbebetrieb einer Personengesellschaft, die ein zum Sonderbetriebsvermögen ihrer Gesellschafter gehörendes Grundstück i. R. einer unechten Betriebsaufspaltung vermietet, wird nicht dadurch aufgegeben, dass die Gesellschafter das Grundstück bei fortbestehendem Mietvertrag ihren Kindern unter Vorbehalt eines lebenslänglichen Nießbrauchs schenken. Der durch die Schenkung im Sonderbetriebsvermögen der Gesellschafter entstandene Entnahmegewinn ist deshalb nicht nach §§ 16, 34 EStG begünstigt (BFH, Urteil vom 05. 02. 2002, VIII R 25/01, BFH/NV 2002, 781).

Wird ein Gewerbebetrieb in eine Betriebs- und eine Besitzgesellschaft aufgeteilt, fehlt aber die personelle Verflechtung zwischen beiden Gesellschaften (z. B. Besitz-GbR mit Nur-Besitzgesellschafter und Einstimmigkeitsprinzip) und damit der Tatbestand der (echten) Betriebsaufspaltung (verunglückte Betriebsaufspaltung), so ist dies i. d. R. nur eine Betriebsunterbrechung (= keine Gewinnrealisierung), sofern keine Betriebsaufgabe erklärt wird (BFH, Urteil vom 11. 05. 1999, VIII R 72/96, BStBl. II 2002, 722; BMF, Schreiben vom 07. 10. 2002, IV A 6 – S 2240 – 134/02, BStBl. I 2002, 1028).

Eine Betriebsunterbrechung kann in der Weise verwirklicht werden, dass der Betriebsinhaber die wesentlichen Betriebsgrundlagen – i. d. R. einheitlich – an einen anderen Unternehmer verpachtet oder dadurch, dass er die gewerbliche Tätigkeit ruhen lässt. Beide Gestaltungen setzen die Absicht voraus, den Betrieb künftig wieder aufzunehmen (BFH, Urteil vom 17. 04. 1997, VIII R 2/95, BStBl. II 1998, 388).

Mit dem Instrumentarium der Betriebsunterbrechung kann mit zeitnahen oben genannten Restrukturierungsmaßnahmen vermieden werden, dass es zu einer steuerschädlichen Aufdeckung der stillen Reserven kommt.

Eine Betriebsunterbrechung im engeren Sinne und keine Aufgabe des Gewerbebetriebes kann bei dem vormaligen Besitzunternehmen auch dann vorliegen, wenn das Betriebsunternehmen die werbende Geschäftstätigkeit endgültig eingestellt hat. Von der Absicht, den Betrieb innerhalb eines überschaubaren Zeitraums in gleichartiger oder ähnlicher Weise wieder aufzunehmen, ist auszugehen, solange die Fortsetzung objektiv möglich ist und eine eindeutige Aufgabeerklärung nicht abgegeben wird; die Fortsetzung ist objektiv möglich, solange das vormalige Besitzunternehmen sämtliche für den Betrieb wesentlichen Betriebsgrundlagen unverändert zurückbehält (BFH, Urteil vom 14. 03. 2006, VIII R 80/03, BStBl. II 2006, 591, 301; Stamm/Lichtinghagen, StuB 2007, 205, 208 f.).

Mit dem Steuervereinfachungsgesetz 2011 vom 01. 11. 2011 (BGBl. I 2011, 2131) ist erstmals eine gesetzliche Regelung zur Betriebsverpachtung und Betriebs-

5 Beendigung der Betriebsaufspaltung

unterbrechung in § 16 Abs. 3b EStG geschaffen worden. Die neue Regelung soll die bisherigen Rechtsprechungsgrundsätze und Verwaltungsgrundsätze fortführen. § 16 Abs. 3b EStG in der Fassung des Art. 1 Nr. 11 des Gesetzes vom 01. 11. 2011 (BGBl. I 2011, 2131) ist nur auf Aufgaben i. S. d. § 16 Abs. 3 Nr. 1 EStG nach dem 04. 11. 2011 anzuwenden (§ 52 Abs. 34 Satz 9 EStG i. d. F. des StVereinfG 2011; zum korrespondierenden Erlass s. BMF, Schreiben vom 20. 11. 2016 IV C 6 – S 2242/12/10004 DOK 2016/1005711, BStBl. I 2016, 1326).

Führte das Rechtsinstitut der Betriebsaufspaltung zur Annahme eines gewerblichen Unternehmens, dann führt der Wegfall der personellen Verflechtung im Regelfall dazu, dass ein ruhender gewerblicher Betrieb entsteht bzw. eine Betriebsunterbrechung anzunehmen ist, soweit eine bisherige wesentliche Betriebsgrundlage zurückbleibt (hierzu Wendt, FR 2011, 1023 ff.; Neufang/Otto, BB 2011, 2967 2970; Hubert, StuB 2013, 359 ff.; Manz, DStR 2013, 1512 ff.).

Eine Betriebsaufspaltung, die zwischen Besitzeinzelunternehmer und Betriebs-GmbH bestand, setzt sich nach dem Tod des Besitzeinzelunternehmers und dem Übergang des Nachlasses auf mehrere Miterben in Mitunternehmerschaft als Besitzgesellschaft und der Betriebs-GmbH fort, sofern die Beteiligungsverhältnisse nicht extrem unterschiedlich sind oder Interessengegensätze bestehen (BFH, Urteil vom 21. 04. 2005, III R 7/03, BFH/NV 2005, 1974).

Eine Betriebsaufspaltung wird grundsätzlich beendet, wenn der Besitzunternehmer sowohl die GmbH-Anteile am Betriebsunternehmen als auch die an das Betriebsunternehmen überlassene wesentliche Betriebsgrundlage auf seine Kinder überträgt und sich lediglich an der wesentlichen Betriebsgrundlage, nicht aber an den GmbH-Anteilen ein Nießbrauchsrecht zurückbehält. Eine mittelbare Betriebsaufspaltung oder eine Betriebsunterbrechung liegt insoweit nicht vor (Niedersächsisches FG, Urteil vom 20. 06. 2007, 2 K 562/05, Rev. eingelegt; Az. des BFH: X R 26/07, EFG 2007, 1584 mit Anm. von Braun, DStRE 2008, 16).

Überlässt eine vermögensverwaltende Personengesellschaft Wirtschaftsgüter i. R. einer mitunternehmerischen Betriebsaufspaltung, werden diese für die Dauer der Betriebsaufspaltung als Betriebsvermögen der Besitzgesellschaft behandelt. Sofern gleichzeitig die Voraussetzungen für Sonderbetriebsvermögen bei der Betriebspersonengesellschaft erfüllt sind, tritt diese Eigenschaft mit Ende der Betriebsaufspaltung durch Wegfall der personellen Verflechtung wieder in Erscheinung (BFH, Urteil vom 30. 08. 2007, IV R 50/05, BFH/NV 2008, 141 mit Anm. o. V., DStR 2007, 2201. 2203; Heuermann, StBp 2008, 25).

Entfällt eine mitunternehmerische Betriebsaufspaltung – aus welchen Gründen auch immer –, so kann die Aufdeckung der stillen Reserven dadurch vermieden werden, dass das Institut der Sonderbetriebsvermögenseigenschaft quasi als Auffangbecken wieder auflebt. Eine Beachtung der Regularien in § 6 Abs. 5 Satz 3 Nr. 2 EStG ist deshalb nicht erforderlich.

5.3 Umwandlung der Betriebskapitalgesellschaft auf das Besitzunternehmen

Hierbei besteht die Möglichkeit, die Betriebskapitalgesellschaft auf die Besitzgesellschaft zu verschmelzen. Die verschmelzungsfähigen Rechtsträger sind im Gesetz abschließend aufgezählt. Da die Gesellschaft bürgerlichen Rechts darin nicht enthalten ist, kommt eine Verschmelzung der Betriebskapitalgesellschaft auf die Besitzgesellschaft nur dann in Betracht, wenn es sich bei dieser um eine Personengesellschaft handelt. Die Besitzpersonengesellschaft kann aber durch Eintragung in das Handelsregister zur Handelsgesellschaft werden (§ 3 Abs. 1 Nr. 1 UmwG; § 2 Satz 1 i. V. mit § 1 Abs. 2 HGB; Mitsch, INF 2004, 907, 909 f.).

Nach dem Gesetz kann eine Verschmelzung auf den Alleingesellschafter erfolgen. Eigene Anteile an der Kapitalgesellschaft stehen der Verschmelzung nicht entgegen; diese werden dem Gesellschafter zugerechnet (§ 120 UmwG).

Auch bei fehlender Kaufmannseigenschaft des Alleingesellschafters ist eine Verschmelzung möglich. Das Gesetz bestimmt, dass, wenn eine Eintragung nicht in Betracht kommt (weil die Kaufmannseigenschaft nicht gegeben ist), eine Eintragung der Verschmelzung in das Register des Sitzes der übertragenden Kapitalgesellschaft zu erfolgen hat (§ 122 Abs. 2 UmwG).

Steuerlich können Sie die Buchwerte grundsätzlich fortführen (§§ 3, 4 UmwStG).

Sind dem Gesellschafter-Geschäftsführer der Betriebskapitalgesellschaft Pensionszusagen gegeben worden, so gehen diese Verpflichtungen auf die Besitzgesellschaft als Gesamtnachfolgerin über. Nach der Rechtsprechung muss die Pensionsrückstellung bei der bisherigen Besitzpersonengesellschaft weitergeführt werden (BFH, Urteil vom 08.01.1975, I R 142/72, BStBl. II 1975, 437; vom 22.06.1977, I R 8/75, BStBl. II 1977, 798).

Die bei der Betriebskapitalgesellschaft für ihren Gesellschafter-Geschäftsführer gebildete Pensionsrückstellung kann nach der Verschmelzung auf den **Alleingesellschafter nicht fortgeführt** werden.

Die zwangsweise Auflösung der Pensionsrückstellung führt bei dem übernehmenden Alleingesellschafter zu einem Übernahmegewinn, für die ein Einzelkaufmann eine steuerfreie Rücklage bilden kann, welche jedoch in den auf ihre Bildung folgenden drei Wirtschaftsjahren mit mindestens je einem Drittel gewinnerhöhend aufzulösen ist (§ 6 Abs. 1 UmwStG; vgl. BFH, Urteil vom 08.01.1975, I R 142/72, BStBl. II, 1975, 437).

Wird eine Betriebskapitalgesellschaft auf die Besitzpersonengesellschaft (KG) verschmolzen und innerhalb von fünf Jahren nach dem Vermögensübergang ein Mitunternehmeranteil an der KG veräußert, so unterliegt der Teil des Veräußerungsgewinns, der auf das Vermögen entfällt, das der KG (aufnehmender Rechtsträger) bereits vor der Umwandlung gehörte, nicht nach § 18 Abs. 4 UmwStG 1995 der Gewerbesteuer (BFH, Urteil vom 16.11.2005, X R 6/04, BFH/NV 2006, 693; vom 20.11.2006 VIII R 47/05, BStBl. II 2008, 69).

5.4 Einbringung des Besitzunternehmens in die Betriebskapitalgesellschaft

Das Besitzunternehmen kann seinen Betrieb gegen Gewährung von Gesellschaftsrechten einbringen. Die Einbringung kann grundsätzlich ohne Gewinnrealisierung erfolgen, da die Buchwerte von der bisherigen Betriebskapitalgesellschaft fortgeführt werden können. Zulässig ist auch die Einbringung zum Teilwert oder zu einem über dem Buchwert liegenden Zwischenwert (§ 20 UmwStG; Mitsch, INF 2004, 907 f.).

I. H. der Differenz zwischen dem Einbringungswert und dem Buchwert entsteht ein Veräußerungsgewinn, auf den die Tarifvergünstigung des § 34 Abs. 1 EStG Anwendung findet, wenn der Einbringende eine natürliche Person ist (§ 20 Abs. 5 Satz 1 UmwStG).

Ein Freibetrag nach § 16 Abs. 4 EStG wird in diesem Fall aber nur dann gewährt, wenn die Betriebskapitalgesellschaft das eingebrachte Betriebsvermögen in vollem Umfang mit dem Teilwert ansetzt (§ 20 Abs. 5 Satz 2 UmwStG).

Hat das Besitzunternehmen bisher die Anteile an der Betriebskapitalgesellschaft selbst gehalten, so müssten diese Anteile nach der Einbringung eigene Anteile an der Betriebskapitalgesellschaft werden. Hierbei können jedoch gesellschaftsrechtliche Komplikationen auftreten.

Eine GmbH kann eigene Anteile, auf welche die Einlagen vollständig geleistet sind, auch nur dann erwerben, wenn der Erwerb nicht aus dem Stammkapital finanziert werden muss (§ 33 Abs. 2 Satz 1 GmbHG).

Ist dagegen die aufnehmende Betriebskapitalgesellschaft eine Aktiengesellschaft, so ist der Erwerb eigener Aktien prinzipiell verboten (arg. §§ 71 bis 71e AktG).

Um diese Schwierigkeiten zu vermeiden, eröffnet die Finanzverwaltung die Möglichkeit, dass die Anteile an der aufnehmenden Kapitalgesellschaft nicht mit eingebracht werden. Die nicht miteingebrachten Anteile an der aufnehmenden Betriebskapitalgesellschaft gelten dann nicht als entnommen. Sie sind künftig als Anteile zu behandeln, die durch eine Sacheinlage erworben wurden (= Fiktion), auf die die §§ 20, 21 UmwStG anzuwenden sind (BMF, Schreiben vom 25.03.1998, IV B 7 – S 1978 – 21/98/IV B 2, S 1909 – 33/98, BStBl. I 1998, 268 (Umwandlungssteuer-Erlass), Tz. 20.11; Märkle, DStR 2002, 1153 (1161 f.)).

Beachten Sie auch, dass eine spätere Veräußerung der bei dem Einbringungsvorgang durch Sacheinlage (Kapitalerhöhung) geschaffenen neu entstehenden Anteile an der Betriebskapitalgesellschaft Veräußerungsgewinne i. S. des § 16 EStG sind, für die die Tarifbegünstigung nach § 34 Abs. 1 EStG Anwendung findet, wenn der Veräußerer eine natürliche Person ist (§ 21 Abs. 1 UmwStG).

Hierin liegt eine Entsprechung zu dem Verzicht des Fiskus auf die Besteuerung der stillen Reserven anlässlich der Sacheinlage in die Kapitalgesellschaft durch die zugelassene Buchwertfortführung.

I. Betriebsaufspaltung im Blickwinkel der Betriebsprüfung

Eine nach § 20 UmwStG 2002 begünstigte Buchwerteinbringung setzt voraus, dass auf den übernehmenden Rechtsträger alle Wirtschaftsgüter übertragen werden, die im Einbringungszeitpunkt zu den funktional wesentlichen Betriebsgrundlagen des betreffenden Betriebs gehören (BFH, Urteil vom 29.11.2017 – I R 7/16 BFH/NV 2018, 810 = BB 2018, 1262, 1266 ff. mit Anm. von Glasenapp = GmbHR 2018, 644, 649 mit Anm. Brühl/Weiss und Moritz DB StR 1275780; hierzu ausführlich Ott, Ubg 2019, 129 ff.; ders., StuB 2020, 693 ff.).

Betriebsaufspaltung im Blickwinkel der Betriebsprüfung – Checkliste
- Bedeutung der Betriebsaufspaltung für die (mittelständische) Wirtschaft unter dem Aspekt der Wahl der optimalen Unternehmensform
- Dokumentation der vielfältigen Variationsformen der Betriebsaufspaltung
- Darstellung der praktischen Abgrenzungsfragen der Betriebsaufspaltung zur Mitunternehmerschaft, Betriebsverpachtung und Betriebsführungsvertrag
- Dokumentation der personellen Voraussetzungen zur Begründung der Betriebsaufspaltung, insbesondere Auswirkungen von asynchronen Beteiligungsverhältnissen
- Besonderheiten bei der Zusammenrechnung von Beteiligungen naher Angehöriger
- sonstige Beherrschungskriterien in der Besteuerungspraxis durch stille Beteiligung, Unterbeteiligung, Nießbrauch, Großgläubigerstellung, faktische Beherrschung durch Einschaltung von Strohmännern bzw. -frauen
- Gestaltungsvarianten zur Vermeidung der Betriebsaufspaltung (Begründung autonomer Rechtsmacht für jeden Ehepartner, insbesondere „Wiesbadener Modell"; verfassungsrechtlich immanente Grenzen der Addition von Ehegattenanteilen)
- Überlassung der Anteile an der Betriebsgesellschaft an volljährige Kinder
- sachliche Voraussetzungen = Überlassung wesentlicher Betriebsgrundlagen
- Spezifikation der wesentlichen Betriebsgrundlagen aufgrund des case-law in der Rechtsprechung
- Ausuferung des unbestimmten Rechtsbegriffs der wesentlichen Betriebsgrundlage auch auf multifunktionale nutzbare immobile Wirtschaftsgüter
- Haftungsfallen für den Berater bei der Begründung nicht erwünschter Betriebsaufspaltungsverhältnisse
- steuerliche Einzelfragen bei der Begründung der Betriebsaufspaltung (Vollzug der Betriebsaufspaltung, steuerliche Konsequenzen bei rückwirkend vorgenommenen Betriebsaufspaltungsverhältnissen)
- freiwillige versus unfreiwillige Beendigung der Betriebsaufspaltung durch Wegfall der personellen oder sachlichen Voraussetzungen
- Auffanggestaltungen zur Vermeidung von unerwünschten beendeten Betriebsaufspaltungsfällen (Einschaltung einer GmbH & Co. KG, Dokumentation von potentiellen Haftungsfällen wegen Aufdeckung von stillen Reserven ohne korrespondierende Zufuhr von Liquidität)

II. Schätzung in der Betriebsprüfung

Schrifttum: Anders/Gärtner, Manipulationssicherheit in der Bargeldbranche durch Einzelaufzeichnungen, Stbg 2016, 67; Bachmann/Richter/Steinborn, Führt ein anderer Anpassungstest in der Außenprüfung zu einer anderen Schlussfolgerung?, StBp 2019, 38; Bahlburg, Wenn der Betriebsprüfer dreimal schätzt!, StuB 2015, 851; Barthel, Schätzung aufgrund von Kassenmängeln, Stgb 2016, 80; Barthel, Betriebsprüfung: Maßstäbe zur Überprüfung von Schätzungen, Stbg 2016, 388; Barthel, Die griffweise Schätzung, Stbg 2017, 315; Barthel, Skalierte Außenprüfung, Stbg 2018, 115; Barthel, Schätzung: Über den Sinn und Unsinn von Plausibilisierungen, Stbg 2018, 399; Becker, Der Gesetzentwurf des BMF zum Schutz von Manipulationen an digitalen Grundaufzeichnungen, DB 2016, 1090 (Teil 1), DB 2016, 1158 (Teil 2); Becker/Danielmeyer/Neubert/Unger, „Digitale Offensive" der Finanzverwaltung: Die Schnittstellen-Verprobung (SSV), DStR 2016, 2983; Becker/Schümann/Wähnert, Aktuelle Rechtsprechung zur Neuen Prüfungstechnik: Summarische Risikoprüfung (SRP) und Quantitätsschätzung, DStR 2017, 1241; Bellinger, Gesetz zum Schutz vor Manipulationen an digitalen Grundaufzeichnungen, StBp 2016, 336; Beyer, Praxishinweise zur Schätzungsabwehr im steuerlichen und strafrechtlichen Verfahren, steuerberater intern, Beilage Nr. 11 vom 22.05.2018 (Teil I), und Beilage Nr. 13 vom 18.06.2018 (Teil II) und Beilage Nr. 15 vom 16.07.2018 (Teil III); Beyer, Einzelaufzeichnungspflicht in Gastronomie bei offener Ladenkasse, steuertip Beilage Nr. 36 v. 05.09.2019; Beyer, Aktuelles zur Schätzung mit BMF-Richtsatzsammlung und Ausbeutekalkulation mit 30/70-Methode, Hinweise für Betriebsprüfungen und Steuerstrafverfahren im Gastronomiebereich, NWB 2019, 3479; Beyer, Steuerberatungsauftrag bei Mandanten mit Kasse, steuerberater intern, Beilage Nr. 8 vom 07.04.2020; Beyer, Schätzung im Steuerstrafrecht, NWB 2020, 825; Billig, Chi-Quadrat-Test allein kein ausreichender Beweis für das Vorliegen einer nicht ordnungsgemäßen Buchführung, DB 2011, Heft 48, M 10; Blenkers, Chi-Test, oder „Jeder Mensch hat seine Lieblingszahl", StBp 2003, 261; Brandt, Anforderungen an die Schätzung mittels eines Zeitreihenvergleichs (BFH-Urteil vom 25.03.2015, X R 20/13), DB StR kompakt, DB 1086950); Brill, Der neue Anwendungserlass zu § 146a AO für elektronische Aufzeichnungssysteme, NWB 2020, 575; Brinkmann, Der so genannte Sicherheitszuschlag, StBp 2014, 29 (Teil I) und 69 (Teil II); Brinkmann, Die Begründung des Sicherheitszuschlags, StBp 2018, 212; Brinkmann, Verwerfung der Buchführung bei fehlenden Kassenprogrammierkontrollen, StBp 2018, 19; Brinkmann, Schätzungen im Steuerrecht, 5. Auflage (2020); Brinkmann, „GoBD 2020" – Praxisrelevante Neuregelungen, StBp 2020, 163; Burghardt/Groß, Schutz vor Manipulationen an digitalen Grundaufzeichnungen, WPg 2018, 796; Burkhard, Verwerfung der Buchführung bei fehlenden Kassenprogrammierprotokollen, StBp 2018, 19; Danielmeyer/Neubert/Unger, Praxiserfahrungen zu Vorsystemen-Prüffeld, StBp 2016, 322; Diller/Schmid/Späth/Kühne, Zifferntests in der Betriebsprüfung – Chancen und Risiken, DStR 2015, 311; Doege, Die (un-)mögliche Befreiung von der Belegausgabepflicht, DStR 2020, 692; Drüen, Die Kontrolle der Kassenbuchführung mit Hilfe statistischer Testverfahren, PStR 2004, 18; Durst, Voraussetzungen und Grenzen der Schätzungsbefugnis im Besteuerungs- und Steuerstrafverfahren, KÖSDI, 2020, 21743; Eichhorn, Ein Plädoyer für die offene Ladenkasse, StBp 2016, 303; Eichhorn, Wegweiser des BFH zur Diskussion über die „offene Ladenkasse" und zur Hinzuschätzungspraxis der Betriebsprüfung, DStR 2017, 2470; Engelberth, Aufbewahrung digitaler Unterlagen bei Bargeschäften, StBp 2011, 193; Engelen/Höpfner, Ausgewählte Zweifelsfragen zu § 146a AO iVm der KassenSichV und ihre ordnungswidrigkeitsrechtlichen Konsequenzen, DStR 2020, 1985; Freitag, Chi-Quadrat-Anpassungstest und Benford's Law: Statistische Testverfahren im Rahmen steuerlicher Prüfungen, BB 2014, 1693; Gebbers, Analyse der Rechtsprechung zum Chi-Quadrat-Test in der Außenprüfung – Anwendung zur Prüfung von Erlösen und Fahrtenbüchern, StBp 2008, 209 (Teil I) und 290 (Teil II); Gehm, Vorschriften zur Führung elektronischer Kassen, Steuer & Studium 2018, 512; Gehm, Schätzungen im ertragsteuerlichen Bereich – eine aktuelle Betrachtung, EStB 2019, 237; Giezek/Wähnert, Wahrscheinlichkeitstheorie in der Betriebsprüfung, DB 2018, 472; Goldshteyn, Aufbewahrungspflichten bei Bargeschäften, DB 2011, 614; Goldshteyn/Thelen, GoBD – alter Wein in neuen Schläuchen oder zeitgemäße Anforderungen an die Ordnungsmäßigkeit

II. Schätzung in der Betriebsprüfung

der Buchführung, FR 2015, 268; dies., Neue GoBD im Falle einer IT-gestützten Buchführung, StBp 2015, 289; Graw, Nichtigkeit von Schätzungsbescheiden wegen Nichtberücksichtigung negativer Einkünfte, DB 2011, Heft 11, M 10; Haas, Betriebswirtschaftliche Lohnkalkulation im Rahmen einer Betriebsprüfung, DStR 2015, 600; Henn, GoBD-Zweifelsfragen: Erfassung in Grundbüchern oder Grundaufzeichnungen sowie zeitgerechte Buchungen und Aufzeichnungen, DB 2015, 2660; Henn, Die GoBD 2019 (GoBD 2.0) – ein sinnvolles Update?, DB 2019, 1816; Henn/Kuballa, Streitpunkt: Unveränderbarkeit (elektronischen) Büchern, Aufzeichnungen und Unterlagen, DB 2016, 2749; Henn/Kuballa, Steuerliche Einordnung und Anerkennung von Bankkontoauszügen und Kontoumsatzdaten, DB 2016, 1900; Herrfurth, Drei Jahre GoBD-Anwendung – höchste Zeit für grundlegende Anpassung des BMF Schreibens vom 14.11.2014, StuB 2018, 167; Herrfurth, Die neuen GoBD zur DV-geschützten Buchführung und zum Datenzugriff, StuB 2015, 250; Herrfurth, Aufzeichnungen bei Verwendung einer offenen Ladenkasse und Zulässigkeit einer Quantilsschätzung bei Zeitreihenvergleichen, StuB 2017, 847; Herrfurth, GoBD-Update 2019 – Überfällige Anpassungen will das BMF maßvoll umsetzen, StuB 2020, 667; Hollatz, Hinzuschätzungen wegen Verletzung der Aufzeichnungs- und Buchführungspflichten (FG Köln, Beschluss vom 15.07.2014, 6 V 1134/14), DB StR kompakt DB 1160,783; Iser, Kassenfehlbeträge und Kalkulationsdifferenzen bei der GmbH, GmbH intern, Beilage Nr. 20 vom 06.10.2014, 1 (Teil I) und Beilage Nr. vom 21 vom 20.05.2015, 1 (Teil II); Kaligin, Anforderungen der Finanzverwaltung an die Kassenbuchführung, Steuerberater intern, Beilage Nr. 20 vom 06.10.2014, 1; Kaligin, Die Schätzung in der Betriebsprüfung, Steuerberater intern, Beilage Nr. 9 vom 04.05.2015, 1; Karadag, Kasse – Schätzung – Haftung, Stbg 2017, 87; Korth, GoBD – Antworten des Steuerberaters auf negative Prüfungsfeststellungen, Stbg 2015, 224; Kratzsch/Rabe, Mathematisch-statistische Methoden in der Betriebsprüfung, StB 2010, 162 (Teil I) und 191 (Teil II); Kraft, Ausbeutekalkulation als anerkannte Schätzungsmethode, DB 2017, 1117; Kamps, Streit um Schätzung, Verprobung und Kassenbuchführung insbesondere bei bargeldintensiven Geschäftsbranchen in der Betriebsprüfung, StgB 2016, 201; Kulosa, Mathematisch-statistische Schätzungsmethoden in der Betriebsprüfung, DB 2015, 1797; Levedag, Anforderungen an die Rechtmäßigkeit von Schätzungsbescheiden, GmbHR 2018, R 116; Lüngen/Resing, Ordnungsgemäße Kassenbuchführung beim Betrieb von Warenautomaten, StBp 2015, 300; Meixner, Fehlerhafte Kassen-/Buchführung und Schätzungsbescheide – ein Fall der Steuerberaterhaftung?, DStR 2018, 2352; Neufang/Bohnenberger, Schätzungsbefugnis im Rahmen einer Betriebsprüfung – Hinweise für eine erfolgreiche Abwehrberatung, StB 2017, 15; Nordhoff, Methodische Hinweise zum Umgang mit nicht behebbaren Messunsicherheiten im Rahmen der statistischen Datenanalyse und Steuerschätzung, DB 2020, 417; Peters, Voraussetzungen und Grenzen von Schätzungsbefugnissen im steuerlichen und finanzgerichtlichen Verfahren, wistra 2019, 201; Peters, Erfolgreich im finanzgerichtlichen Verfahren, Stbg 2020, 307; Petersen, Benford's Law und die Betriebsprüfung, Stbg 2015, 506 und 516; Pulch/Pietrzak, Eine kritische Betrachtung der GoBD, WPg 2018, 741; Posch, Digitale Ziffernanalyse, StBp 2010, 338; Pump, Die ungenutzten Möglichkeiten zur Sicherung der Einzeltransaktionen gem. § 146 Abs. 4 AO bei Registrierkassen und Taxametern – INSIKA als technische Lösung, um Vollzugsdefizite bei bargeldintensiven Betrieben zu vermeiden, DStZ 2014, 250; Pump, Der teure Verzicht auf Verwendung einer Registrierkasse, DStZ 2014, 648; Pump, Die Einzelaufzeichnungspflicht von Barerlösen bei offenen Ladenkassen bei Umsatzsteuer und Einkommensteuer, StBp 2015, 1; Pump, Die Kassenbuchführung im bargeldintensiven Betrieb am Beispiel des Friseurs (§§ 158, 162 AO), StBp 2016, 131, StBp 2016, 169, StBp 2016, 289, StBp 2016, 327; Pump; Die offene Ladenkasse mit summarischer Kassenführung als Systemfehler gem. § 158 AO, StBp 2017, 84; Pump; Die offene Ladenkasse mit Kassenbericht im bargeldintensiven Betrieb und § 22 UStG, StBp 2017, 150; Pump/Heidl, Hilfestellung bei der Kassenführung durch den steuerlichen Berater, StBp 2014, 162 (Teil I) und 204 (Teil II); Pump/Kläne, Trainingsspeicher bzw. Trainingskellner als Ursache der fehlerhaften Kassenführung bei Registrierkassen, DStZ 2015, 974; Rennar, Einsatz von zertifizierten technischen Sicherheitseinrichtungen (TSE) in Kassensystemen, StuB 2020, 597; Ritzrow, Umsatz- und Gewinnschätzung, StBp 2003, 265 (Teil I) und 302 (Teil II); Scherer, Kassenberichte – Fehlerquellen und Kontrollmöglichkeiten, StBp 1995, 193; Scherer, Aufzeichnungs- und Aufbewahrungspflichten für Taxiunternehmen, StBp 2015, 51 (Teil I) und 47 (Teil II); Schiffers, Aktualisierung der GoBD – Konsequenzen in der Praxis der GmbH, GmbHR 2020, 308; Schmidt-Liebig, Steuerliche und strafrechtliche Folgen von Kassenfehlbeträgen, NWB, Fach 17, 1297; Schneider/Hoffmann/Hage, Hinzuschätzungen bei Bargeldgeschäften, Stbg 2012, 313; Schoppe/Stumpf, Was sind im Wesentlichen unverwertbare Aufzeichnungen?, BB 2014, 1116; Schütt, Mathematisch-statistische Methoden in der Außenprüfung, StBp 2018, 323; Schütte/Götz, GoBD 2019 – Eine Übersicht über die wesentlichen Neuerungen, DStR 2020, 90; Schumann, Zentrale Aspekte des BMF-Schreibens vom 14.11.2014, EStB 2015, 297; Seeger, Nichtigkeit eines Schätzungsbescheides, DStZ 2010, 911; Seifert, Neues zur TSE-Nachrüstung, StuB 2020, 763; Skalecki, Ordnungsmäßige Kassenführung bei Mehrfilialbetrieb mit proprietärem Kassensystem – (Hinzu-)Schätzung durch Sicherheitszuschlag und Programmierprotokolle, NWB 2018, 2551; Slahor/Weber, Gewinnschätzungen im Steuerverfahren: Problematische Anwendung der „Amtlichen" Richtsatzsammlung, DStR 2020, 2058; Sosna, Statistische Ziffernanalyse, StBp 2004, 249 (Teil I), 2005, 97 (Teil II); Spatscheck/Falk, Ermittlungen im Gastronomiebetrieb, Stbg 2016, 296 Stolz, Schätzungen im Steuerrecht, steuertip Nr. 2 vom 13.01.2012, 1; Talaska, Hinzuschätzungen – Ungeeignetheit eines Chi-Quadrat-Tests, Stbg 2012, 72; Valder, Schätzung: Keine Bedenken gegen Kalkulation nach 30/70-Methode, PStR 2017, 131; Valder, Kann ein PC-gestütztes Kassensystem als nicht manipulierbar angesehen werden?, PStR 2017, 250; Valder, Schätzung: Hefekalkulation nicht auf alle Prüfungsjahre übertragbar, PStR 2019, 116; Vetten/Gerster, Aktuelles zu den GoBD – Plädoyer für eine pragmatische Vorgehensweise, NWB 2019, 3778; Völkel, GoBD-Rechnungswesen im Fokus der Finanzverwaltung, StBg 2015, Heft 3, I; Wacker, Die Kasse in der Betriebsprüfung und der BFH – eine unendliche Geschichte mit gutem Ende?, StBp 2019, 341; Wähnert, Die Anwendung von Wahrscheinlichkeitstests in der Außenprüfung, StBp 2007, 65; Wähnert, Das Beweismaß des Besteuerungsverfahrens, StBp 2018, 199; Wähnert, Digitale Manipulation – Bedrohung für das Steueraufkommen –, StBp 2010, 56; Wähnert, Die Ziffernanalyse als Bestandteil zeitgemäßer Prüfungsansätze, StBp 2012, 241; Wähnert, Eine Antwort auf Petersens „wissenschaftshistorische" Betrachtung des Benford's Law: Sachgerechte Maßstäbe für die Neue Prüfungstechnik, Stbg 2015, 511; Wähnert, Verteilungsbasierte Schätzungen im Steuerstrafrecht, StBp 2015, 92; Wähnert, Die Unterschiedlichkeit von Zeitreihenmodellen, StBp 2016, 61; Wähnert, Schätzungen mit Hilfe von Zeitreihenanalysen, StBp 2017, 323; Wähnert, Zeitgemäße Datenanalyse der Betriebsprüfung, DB 2016, 2627; Waschbusch/Schuster, Neufassung der „Grundsätze zur ordnungsmäßigen Führung und Aufbewahrung von Büchern, Aufzeichnungen und Unterlagen in elektronischer Form sowie zum Datenzugriff (GoBD)", StB 2020, 121; Watrin/Struffert, Benford's Law und Chi-Quadrat-Test – Chancen und Risiken des Einsatzes bei steuerlichen Prüfungen, DB 2006, 1748; Watrin/Struffert, Deutung von Zeitreihenauffälligkeiten, StBp 2014, 97; Watrin/Ullmann, Ziffernanalyse in der steuerlichen Betriebsprüfung: Voraussetzungen, Funktionsweise, Anwendungsmöglichkeiten, WPg 2009, 98; Weber-Blank, Die neue digitalen Aufzeichnungspflichten nach GoBD – Nur alter Wein in neuen Schläuchen?, Stb 2016, Heft 3, I; Wegner, Schätzung zulässig bei Schwarzgeschäften zwischen Lieferant und Inhabern eines Döner-Imbiss, PStR 2018, 307; Wegner, PC-Kassensystem: FG hatte Beweisantrag des Klägers nicht berücksichtigt, PStR 2019, 28; Weimann/Grobbel, Zur prüfungssicheren Archivierung von E-Rechnungen („Ablage"), StB 2014, 324; Wied, Neufassung der GoBD im Überblick, BBK 2019, 1181; Wiggen, Die Beweiskraft des Zeitreihenvergleichs, StBp 2008, 168; Wolenski, Das Zeitreihenurteils des X. Senats des BFH vom 25.03.2015, Stbg 2016, 268; Wulf, Streit um die Ordnungsmäßigkeit der elektronischen Kassenführung, Stbg 2016, 502; Wulf/Schüller, Vorgaben des BFH zur Kassenbuchführung und Schätzungsbefugnisse des FA im digitalen Zeitalter, DB 2019, 328.

Verwaltungsanweisungen:

BayLfSt, Verfügung vom 19.05.2014, S 0317.1.1. – 3/3 StuB 2014, 520 betr. Aufbewahrung und Archivierung von elektronischen Kontoauszügen

BMF, Schreiben vom 14.11.2014, IV A 4 – S 0316/13/10003 DOK 2014/0353090, BStBl. I 2014, 1450 betr. Grundsätze zur ordnungsgemäßen Führung von Aufzeichnungen und Unterlagen in elektronischer Form sowie zum Datenzugriff (GoBD)

II. Schätzung in der Betriebsprüfung

BMF, Schreiben vom 05.05.2015, IV D 3 – S 7015/15 10001 DOK 2015/0362174, UR 2015, 447 betr. Grundsätze zur ordnungsgemäßen Führung und Aufzeichnungen von Büchern und Aufzeichnungen von Unterlagen in elektronischer Form sowie zum Datenzugriff (GoBD) – Änderung des Umsatzsteuer-Anwendungserlasses aufgrund des BMF-Schreibens vom 14.11.2014, IV A 4 – S 0316/13/10003 DOK 2014/0353090, BStBl. I 2014, 1450

BMF, Schreiben vom 19.06.2018, IV A 4 – S 0316/13/10005:053 DOK 2018/0427877, BStBl. I 2018, 706 betr. Neufassung des § 146 Abs. 1 AO durch das Gesetz zum Schutz vor Manipulationen an digitalen Grundaufzeichnungen vom 22. Dezember 2016; Anwendungserlass zu § 146 AO

BMF, Schreiben vom 17.06.2019, IV A 4 – S 0316-a/18/10001 DOK 2019/0511938, BStBl. I 2019, 518 betr. Einführung des § 146 Abs. 1 AO durch das Gesetz zum Schutz vor Manipulationen an digitalen Grundaufzeichnungen vom 22. Dezember 2016; Anwendungserlass zu § 146 AO

BMF, Schreiben vom 08.07.2019, IV A 4 – S 1544/09/10001 – 11 DOK 2019/057 4237, BStBl. I 2019, 605 betr. Richtsatzsammlung 2018 BStBl.

OFD Karlsruhe, Verfügung vom 26.07.2018, S 0315 – St 42, DStR 2019, 108 betr. Ordnungsmäßigkeit der Kassenbuchführung

BMF, Schreiben vom 06.11.2019 IV A 4 – S 0319/19/10002:001; DOK 2019/0891800, BStBl I 2019, 1010 betr. Nichtbeanstandungsregelung bei Verwendung elektronischer Aufzeichnungssysteme im Sinne des § 146a AO ohne zertifizierte technische Sicherheitseinrichtung nach dem 31. Dezember 2019

BMF, Schreiben vom 28.11.2019 IV A 4 – S 0316/19/10003:001; DOK 2019/0962810, BStBl I 2019, 1269 betr. Grundsätze zur ordnungsmäßigen Führung und Aufbewahrung von Büchern, Aufzeichnungen und Unterlagen in elektronischer Form sowie zum Datenzugriff (GoBD)

OFD Karlsruhe, Informationen v. 10.02.2020 – S 0315 – St 42, DStR 2020, 726 betr. Ordnungsmäßigkeit der Kassenbuchführung

OFD Karlsruhe, Merkblatt vom 31.03.2020 – S 0315 – St 42 DStR 2020, 883 betr. Informationen zur Belegausgabepflicht

BMF, Schreiben vom 28.05.2020 IV A 4 – S 0316-a/20/10003:002; DOK 2020/0451857, BStBl I 2020, 534 betr. Gesetz zum Schutz vor Manipulationen an digitalen Grundaufzeichnungen vom 22. Dezember 2016; Änderung des Anwendungserlasses zu § 146a

FinMin Baden-Württemberg, Erlass vom 10.07.2020 – 3 S 031.9/4 DB 2020, 1544 betr. Gesetz zum Schutz vor Manipulationen an digitalen Grundaufzeichnungen – Nichtbeanstandungsregelung zur Aufrüstung elektronischer Aufzeichnungssysteme mit einer zertifizierten technischen Sicherheitseinrichtung (TSE)

BMF, Schreiben vom 18.08.2020 IV A 4 – S 0319/20/10002:003; DOK 2020/0794005, BStBl I 2020, 656 betr. Nichtbeanstandungsregelung bei Verwendung elektronischer Aufzeichnungssysteme im Sinne des § 146a AO ohne zertifizierte technische Sicherheitseinrichtung nach dem 31. Dezember 2019 und Anwendungserlass zur Abgabenordnung zu § 148

OFD Karlsruhe, Verfügung vom 07.08.2020 – S 0315 – St 42 DStR 2020, 2254 betr. Informationen zum Thema Ordnungsmäßigkeit der Kassenbuchführung

1 Voraussetzungen für die Schätzung

Der Thematik der Schätzung kommt in der Bp seit jeher große Bedeutung zu. Die Finanzbehörde hat die Besteuerungsgrundlagen zu schätzen, soweit sie sie nicht ermitteln oder berechnen kann. Zu schätzen ist insbesondere dann, wenn der Stpfl. über seine Angaben keine ausreichenden Aufklärungen zu geben vermag oder weitere Auskunft oder eine Versicherung an Eides statt verweigert oder seine Mitwirkungspflicht nach § 90 Abs. 2 AO verletzt. Das Gleiche gilt,

1 Voraussetzungen für die Schätzung

wenn der Stpfl. Bücher oder Aufzeichnungen, die er nach den Steuergesetzen zu führen hat, nicht vorlegen kann oder wenn die Buchführung oder die Aufzeichnungen der Besteuerung nicht nach § 158 AO zugrunde gelegt werden können (hierzu ausführlich Brinkmann, Schätzungen im Steuerrecht, 5. Aufl. 2020, 91 ff.). Darüber hinaus hat das FG eine eigene Schätzungsbefugnis (§ 162 Abs. 1 und 2 AO; § 96 Abs. 1 FGO; FG des Landes Sachsen-Anhalt, Urteil vom 19.05.2014, 5 K 1165/10, EFG 2014, 1497 rkr.). Die Anforderungen an den Gewissheitsgrad der richterlichen Feststellungen (das **Beweismaß**) können reduziert sein. Das Gericht kann sich dann bei der Urteilsfindung mit einer minderen als der vollen Überzeugung vom Sachverhalt zufriedengeben, es darf auf eine vollständige Sachaufklärung verzichten und sich für die Entscheidungsfindung mit einem geringeren Beweismaß als dem Regelbeweismaß begnügen. **In den Fällen, in denen Schätzungen erforderlich werden, ist das Beweismaß reduziert.** Ein Grundsatzurteil des BFH vom 15.02.1989 enthält grundlegende Ausführungen zum reduzierten Beweismaß. Der BFH führte zunächst aus, dass aus den allgemeinen, im Steuerrechtsverhältnis wurzelnden Vorschriften, wie z.B. den §§ 88, 90 ff., 140 ff., 200 AO, der Grundsatz zu entnehmen sei, dass für die wahrheitsgemäße und vollständige Aufklärung abgabenrechtlich bedeutsamer Tatsachen Finanzbehörde und Stpfl. gemeinsam verantwortlich seien. Besonders deutlich werde die Mitverantwortung des Stpfl. in der Regelung des § 162 Abs. 2 Satz 1 AO, die die Finanzbehörden (über § 96 Abs. 1 Satz 1 2. Halbsatz FGO auch die FG) bei Verletzung bestimmter Mitwirkungspflichten zur Schätzung verpflichtet und es ihnen somit erlaubt, sich mit einem geringeren Grad an Überzeugung zu begnügen, als dies i. d. R. geboten ist (Reduzierung des Beweismaßes).

Kriterien und Ausmaß der Reduzierung von Sachaufklärungspflicht und Beweismaß lassen sich nach Auffassung des BFH nicht generell festlegen, sondern nur von Fall zu Fall bestimmen. Dabei können folgende Gesichtspunkte – mit je nach den Umständen unterschiedlicher Gewichtung bedeutsam werden:

- der Grad der Pflichtverletzung des Stpfl.,
- der Grundsatz der Verhältnismäßigkeit; in diesem Zusammenhang auch Erwägungen der Prozessökonomie,
- der Gedanke der Zumutbarkeit,
- die gesteigerte Mitverantwortung aus vorangegangenem Tun – z.B. bei außergewöhnlicher Sachverhaltsgestaltung oder ungeordneten Verhältnissen.

Einen kurzen praxisbezogenen Überblick gibt Kaligin, Steuerberater intern, Beilage Nr. 2 vom 04.05.2015, 1; zu den neuesten Entwicklungstendenzen instruktiv Kamps, Stbg 2017, 201 ff.; Wähnert, StBp 2018, 199 ff.

Besondere Bedeutung kommt in diesem Zusammenhang dem Gedanken der Beweisnähe zu, so der BFH: Die Verantwortung des Stpfl. für die Aufklärung des Sachverhalts sei umso größer (die der Finanzbehörden und des FG umso geringer), je mehr Tatsachen oder Beweismittel der von ihm beherrschten Informations- und/oder Tätigkeitssphäre angehören (BFH, Urteil vom 15.02.1989, X R 16/86, BStBl. II 1989, 462).

Für die Praxis bedeutet die Rechtsprechung des BFH, dass der schätzende Beamte auf „einen groben Klotz" auch einen entsprechend „groben Keil" setzen darf, d. h. dass das Fehlen von Aufzeichnungen und einer Mitwirkungsbereitschaft des Stpfl. den Sorgfaltsmaßstab für die Schätzung entsprechend verringern (einen aktuellen Überblick gibt Stolz, steuertip Nr. 2 vom 13.01.2012, 1 f.). Die subjektiven und objektiven Voraussetzungen einer Steuerhinterziehung sind dem Grunde nach auch bei der Verletzung von Mitwirkungspflichten immer mit an Sicherheit grenzender Wahrscheinlichkeit festzustellen. Hinsichtlich der Höhe der hinterzogenen Einkünfte hat das FG jedoch bei einer Verletzung der Mitwirkungspflicht eine eigene Schätzungsbefugnis (BFH, Beschluss vom 09.03.2011, X B 153/10, BFH/NV 2011, 965).

Zu den potentiellen **Haftungsrisiken des Steuerberaters** bei der steuerlichen Betreuung von Buchführungsmandaten im Hinblick auf eine fehlerhafte Kassen-/Buchführung und Schätzungsbescheiden siehe grundlegend Brinkmann, Schätzungen im Steuerrecht, 5. Aufl. 2020, 423 ff.; Karadag, Stbg 2017, 87 f.; Meixner, DStR 2018, 2352 ff.; Beyer, Steuerberater intern, Beilage Nr. 8 vom 07.04.2020, 1 ff.

Eine Beihilfe zur Steuerhinterziehung kann auch durch den Verkauf eines Kassensystems einschließlich eines Manipulationsprogramms angenommen werden (FG Rheinland-Pfalz, Beschluss vom 07.01.2015, 5 V 2068/14, DStRE 2016, 40 = wistra 2015, 284).

2 Rechtsprechung zur Schätzung

Wie andere Bereiche des Steuerrechts (z. B. gewerblicher Grundstückshandel oder Gesellschafter-Geschäftsführer-Vergütung) wird auch der Bereich der Schätzung durch eine kaum noch zu überschauende Rechtsprechung bestimmt (Ritzrow, StBp 2003, 265 ff., 302 ff. – Überblick über Rechtsprechung des BFH). Wichtiger Ausgangspunkt ist, dass eine Schätzung in sich schlüssig und wahrscheinlich sein muss; ihre Ergebnisse müssen wirtschaftlich vernünftig und möglich sein (BFH, Urteil vom 18.12.1984, VIII R 195/82, BStBl. II 1986, 226). Mit der Schätzung soll ein Ergebnis erreicht werden, das der Wahrscheinlichkeit möglichst nahekommt (BFH, Urteil vom 12.04.1988, VIII R 154/84, BFH/NV 1989, 636; vgl. a. BFH, Beschluss vom 21.08.2013, III B 51/12, BFH/NV 2013, 1801).

Das Gericht kann von einem ungeklärten Vermögenszuwachs nur dann auf entsprechend hohe Einkünfte schließen, wenn es zu der Überzeugung gelangt, dass die in Betracht kommende Einkunftsquelle die Einkünfte in dem maßgebenden Jahr i. H. des ungeklärten Vermögenszuwachses abwerfen konnte (BFH, Urteil vom 01.01.1987, I R 284–286/83, BFH/NV 1988, 12). Bei Mitbenutzung eines privaten Kontos des Ehegatten für betriebliche Zahlungen ist entscheidend, aus welchen Gründen dies geschieht. Ergibt sich, dass der Betriebs-

2 Rechtsprechung zur Schätzung

inhaber dafür die Veranlassung gibt, dass Betriebseinnahmen auf dem privaten Konto eingehen, liegt es in seinem Risiko- und Verantwortungsbereich, die Herkunft dort eingehender Mittelzuflüsse zu erläutern. Diese Grundsätze gelten auch dann, wenn der Betriebsinhaber das private Konto seines Ehegatten „mitnutzt" (BFH, Urteil vom 28.01.2009, X R 20/05, BFH/NV 2009, 312).

Ergeben Ermittlungen der Internetermittlungsstelle des Bundeszentralamts für Steuern, dass ein Steuerpflichtiger wiederholt und im großen Umfang gebrauchte Pkw über Internetplattformen zum Verkauf anbietet, und folgt aus sonstigen Umständen, dass der Steuerpflichtige gebrauchte Pkw veräußert hat, erzielt er Einkünfte aus Gewerbebetrieb und tätigt der Umsatzsteuer unterliegende Umsätze. Führt der Steuerpflichtige weder Bücher noch Aufzeichnungen, ist das Gericht zur Schätzung der Besteuerungsgrundlagen befugt (FG Münster, Urteil vom 19.06.2015, 14 K 3865/12 E, U EFG 2015, 1498 rkr).

Das FG hat einen Hinweis zu erteilen, wenn die beabsichtigte Schätzungsmethode den bisher erörterten Schätzungsmöglichkeiten unähnlich ist oder die Einführung neuer Tatsachen mit sich bringt (BFH, Beschlus vom 19.01.2018, X B 60/17 BFH/NV 2018, 530).

Zu Maßstäben zur Überprüfung von Schätzungen eingehend Barthel, Stbg 2016, 388 ff.; Neufang/Bohnenberger, StB 2017, 15 ff.; ferner Beyer, Steuerberater intern, Beilage Nr. 11 vom 22.05.2018, 1 (Teil. I) und Beilage 13 vom 18.06.2018 (Teil II), 1 und Beilage 15 vom 16.07.2018 (Teil III).

Auch die **griffweise Schätzung** in Form eines (Un-)Sicherheitszuschlags muss schlüssig, wirtschaftlich möglich und vernünftig sein; deshalb muss das Ergebnis dieser Schätzung vom FG ausreichend begründet und auf seine Plausibilität hin überprüft werden (BFH, Urteil vom 20.03.2017, X R 11/16, BStBl. II 2017, 992 = EStB 2017, 388 mit Anm. Siebenhüter = DB 2018, 985 ff. mit Anm. Beyer; vgl. a. BFH, Beschluss vom 26.02.2018, X B 53/17 StuB 2018, 645).

Auch die **griffweise Schätzung** in Form eines (Un-)Sicherheitszuschlags muss schlüssig, wirtschaftlich möglich und vernünftig sein. Die hierfür erforderliche Begründung muss jedenfalls eine Plausibilitätsprüfung beinhalten. In diesem Fall führt die fehlende Begründungstiefe nicht zu einer offenkundig objektiv willkürlichen Schätzung (BFH, Beschluss vom 28.06.2019, X B 76/18 BFH/NV 2019, 1113).

Zu praktischen Anwendungsfragen des Rechtsinstituts der griffweisen Schätzung in der Betriebsprüfung anhand von zahlreichen Beispielsfällen eingehend Barthel, Stbg 2017, 315 ff.; ders., Stbg 2018, 115 ff. betr. Anwendungsfragen der skalierten Außenprüfung nebst Verwendung der Multidimensionalen Skalierung (MDS); zu einer aktuellen Betrachtung von Schätzungen im ertragsteuerlichen Bereich Gehm, EStB 2019, 237 ff.

Zur Begründung eines Sicherheitszuschlags Brinkmann StBp 2018, 212 ff.; vgl. a. zur Hinzuschätzung von Betriebseinnahmen durch einen Sicherheitszuschlag bei der Gewinnerstattung gem. §4 Abs.3 EStG BFH, Urteil vom

12.12.2017, VIII R 5/14 BFH/NV 2018, 602; vgl. a. zur Rechtmäßigkeit eines Unsicherheitsabschlags von den geltend gemachten Betriebsausgaben BFH, Urteil vom 12.12.2017, VIII R 6/14 BFH/NV 2018, 606.

Ist die Schätzungsbefugnis nach § 162 Abs. 1 Satz 1 AO gegeben, richten sich Höhe der Zuschätzung und „Begründungstiefe" auch bei sog. Unsicherheitszuschlägen danach, inwieweit der Steuerpflichtige seinen Mitwirkungspflichten bei der Sachaufklärung nachkommt. Die Vernachlässigung dieser Mitwirkungspflichten darf nicht dazu führen, dass der Nachlässige einen Vorteil gegenüber demjenigen erzielt, der seine steuerlichen Pflichten ordnungsgemäß erfüllt (FG Nürnberg, Urteil vom 30.01.2019, 3 K 1419/17 EFG 2019, 1729, 1731 mit Anm. Knaupp, rkr.).

Die Rüge der falschen Rechtsanwendung und tatsächlichen Würdigung des Streitfalls durch das FG im Rahmen einer Schätzung ist im Nichtzulassungsbeschwerdeverfahren grundsätzlich unbeachtlich. Dies gilt insbesondere für Einwände gegen die Richtigkeit von Steuerschätzungen (Verstöße gegen anerkannte Schätzungsgrundsätze, Denkgesetze und Erfahrungssätze sowie materielle Rechtsfehler). Ein zur Zulassung der Revision berechtigender erheblicher Rechtsfehler aufgrund objektiver Willkür i. S. des § 115 Abs. 2 Nr. 2 Alternative 2 FGO kann allenfalls in Fällen bejaht werden, in denen das Schätzungsergebnis des FG wirtschaftlich unmöglich und damit schlechthin unvertretbar ist. Ein Verstoß gegen Denkgesetze führt bei Schätzungen wegen willkürlich falscher Rechtsanwendung zur Zulassung der Revision, wenn sich das Ergebnis der Schätzung als offensichtlich realitätsfremd darstellt. Das Vorliegen dieser besonderen Umstände ist in der Beschwerdebegründung darzulegen (BFH, Beschluss vom 05.03.2020 VIII B 30/19 BFH/NV 2020, 778).

Der Anspruch auf Gewährung rechtlichen Gehörs wird verletzt, wenn das FG in Ausübung eigener Schätzungsbefugnis für die Beurteilung der Höhe des Rohgewinnaufschlagsatzes auf eine nicht allgemein zugängliche – nur für den Dienstgebrauch bestimmte – Quelle aus dem juris-Rechtsportal („Fachinfosystem Bp NRW") zurückgreift, ohne zuvor die hieraus entnommene Erkenntnisse dem Kläger inhaltlich in der gebotenen Weise zugänglich gemacht zu haben (BFH, Beschluss vom 28.05.2020 X B 12/20 BFH/NV 2020, 1087 f.; vgl. a. FG Hamburg, Urteil vom 03.09.2019 2 K 218/18 EFG 2020, 633, 636 mit Anm. Hennigfeld [NZB eingelegt; Az. des BFH: X B 12/20] zur Anwendung einer von Nordrhein-Westfalen verwendeten Rohgewinnaufschlags bezogenen Richtsatzsammlung für Discotheken).

3 Die Buchführung als Ansatzpunkt für den Betriebsprüfer

Das Ergebnis einer formell ordnungsgemäßen Buchführung kann verworfen werden, soweit die Buchführung mit an Sicherheit grenzender Wahrscheinlichkeit materiell unrichtig ist (BFH, Urteil vom 09.08.1991, III R 129/85, BStBl. II 1992, 55). Das **Unterschreiten des untersten Rohgewinnsatzes** (Aufschlagsatzes) der Richtsatzsammlung rechtfertigt bei formell ordnungsgemäßer Buchführung eine Schätzung nur dann, wenn der Betriebsprüfer **zusätzlich** konkrete Hinweise auf die sachliche Unrichtigkeit des Buchführungsergebnisses geben kann oder der Stpfl. selbst Unredlichkeiten zugesteht (BFH, Urteil vom 18.10.1983, VIII R 190/82, BStBl. II 1984, 88). Eine Buchführung, die unverbuchte bare Betriebseinnahmen erst i. R. der Abschlussbuchungen erfasst, ist nicht ordnungsgemäß (BFH, Urteil vom 26.10.1994, X R 114/92, BFH/NV 1995, 373).

Ist die Buchführung nicht der Besteuerung zugrunde zu legen, und fehlen die für eine Nachkalkulation benötigten Unterlagen, so kommt eine **ergänzende Schätzung unter Berücksichtigung der Richtsätze** in Betracht (BFH, Urteil vom 12.09.1990, I R 122/85, BFH/NV 1991, 573). Entscheidende Voraussetzung für eine Schätzung ist die fehlende sachliche Richtigkeit der Buchführung und nicht deren formelle Ordnungsmäßigkeit. Eine sachlich richtige Buchführung schließt somit eine Schätzung aus, auch wenn sie formelle Mängel aufweist; umgekehrt berechtigen formelle Buchführungsmängel nur dann zur Schätzung, wenn sie Anlass geben, die sachliche Richtigkeit des Buchführungsergebnisses anzuzweifeln. **Kassenfehlbeträge** können Anlass geben, die baren Betriebseinnahmen zu schätzen. Die Fehlbeträge geben regelmäßig einen ausreichenden Anhalt für die Schätzung der Höhe nach (BFH, Urteil vom 20.09.1989, X R 39/87, BStBl. II 1990, 109). Kassenbuchführungsmängel, die erst im Rahmen der steuerlichen Außenprüfung bekannt werden, berechtigen zur Änderung nach § 173 Abs. 1 Nr. 1 AO (FG Münster, Urteil vom 08.05.2012, 1 K 602/09 E, G, U, EFG 2012, 1894, rkr.).

Innerhalb des Zeitraums zwischen zwei Kassenbestandsabgleichen ist der höchste festgestellte Kassenfehlbetrag, ggf. zuzüglich eines Unsicherheitszuschlags, maßgebend. Resultieren Kassenfehlbeträge aus der Nichtanerkennung von Einlagen an mehreren Stichtagen, kann für Schätzungszwecke sogar eine Addition der Fehlbeträge in Betracht kommen (BFH, Urteil vom 21.02.1990, X R 54/87, BFH/NV 1990, 683; Schmidt-Liebig, NWB Fach 17, 1297, 1306; Scherer, StBp 1995, 193; zu Kassenfehlbeträgen und Kalkulationsdifferenzen bei der GmbH siehe Iser, GmbH intern, Beilage Nr. 20 vom 13.05.2015, 1 (Teil I) und Beilage Nr. 21 vom 20.05.2015, 1 [Teil II]).

Sämtliche Geschäftsvorfälle müssen laufend, vollständig, richtig, zeitgerecht und geordnet aufgezeichnet werden (§§ 145 ff. AO; §§ 238 ff. HGB). Es ist geklärt, dass die Pflicht zur Aufbewahrung von Unterlagen aufgrund ihrer Akzessorietät stets eine Aufzeichnungspflicht voraussetzt und grundsätzlich nur im Umfang der Aufzeichnungspflicht besteht (BFH, Beschluss vom 07.12.2010, III B 199/09, BFH/NV 2011, 411).

Bei Bargeschäften muss das **Kassenbuch** diesen Anforderungen genügen. Für Kassenaufzeichnungen gilt grundsätzlich die Einzelaufzeichnungspflicht. Diese entfällt zwar wegen Unzumutbarkeit, wenn Waren von geringem Wert an eine unbestimmte Anzahl nicht bekannter Personen verkauft werden (BFH, Urteil vom 20.06.1985, IV R 41/82, BFH/NV 1985, 12; BFH, Urteil vom 13.07.1971, VIII

II. Schätzung in der Betriebsprüfung

1/65, BStBl. II 1971, 729; BFH, Urteil vom 12.05.1966, IV 472/60, BStBl. III 1966, 37). In einem solchen Fall genügt es, dass die Kasseneinnahmen nur täglich in einer Summe in das Kassenbuch oder einen Kassenbericht eingetragen werden (BFH, Urteil vom 12.09.1990, I R 122/85, BFH/NV 1991, 573; BFH, Urteil vom 18.12.1984, VIII R 195/82, BStBl. II 1986, 226). Jedoch muss das Zustandekommen der Summe durch **Aufbewahrung der einzelnen Ursprungsaufzeichnungen** wie Kassenstreifen, Kassenzettel oder Kassenbons nachgewiesen werden. Auch ist die tägliche Kassenbestandsaufnahme notwendig. Kassenbuchungen sind grundsätzlich am Tag des Geschäfts, ausnahmsweise am folgenden Geschäftstag, vorzunehmen. Das Erfordernis der Zeitnähe erfordert regelmäßig, dass der Stpfl. selbst das Kassenbuch führt oder einen Kassenbericht erstellt. Die Aufzeichnungen müssen so beschaffen sein, dass es jederzeit möglich ist, den Kassen-Soll-Bestand mit dem Kassen-Ist-Bestand zu vergleichen (Kassensturzfähigkeit; FG Münster, Urteil vom 19.08.2004, 8 V 3055/04 G, EFG 2004, 1810, rkr.; BFH, Urteil vom 21.02.1990, X R 54/87, BFH/NV 1990, 683; siehe auch BFH, Urteil vom 23.07.2019 XI R 48/17, BStBl. II 2019, 763).

Ein einheitliches Schriftbild bei der Kassenführung kann dafür sprechen, dass die Kassenberichte nachträglich erstellt wurden (FG Münster, Urteil vom 19.08.2004, 8 V 3055/04 G, EFG 2004, 1810, rkr.). Betriebsprüfer richten ihr Augenmerk insbesondere auf den Zeitraum vor dem Jahresschluss und gegen Ende eines Monats; nach den Erfahrungen der Prüfer kommen in diesen Zeiträumen vermehrt Buchungen doloser Sachverhalte vor, z. B.

– Barentnahmen zur Anpassung ungebundener Entnahmen,
– Einnahmebuchungen zur Anhebung des sonst zu niedrigen Richtsatzes,
– nachträgliche Buchungen von Kassenverlusten (z. B. Unterschlagung durch Personal).

Zu den Anforderungen der Finanzverwaltung an die Kassenbuchführung siehe Kaligin, Steuerberater intern, Beilage Nr. 20 vom 06.10.2014, 1.

Eine Pflicht zur Führung eines Kassenbuchs besteht bei einer zulässigen Einnahmeüberschussrechnung jedoch nicht (BFH, Beschluss vom 16.02.2006, X B 57/05, BFH/NV 2006, 940). Eine weitere, aus der Sicht des FA häufig vorkommende Fehlerquelle ist die Nichterfassung von Bareinzahlungen auf der Bank in den Kassenberichten. Auch die Unterlassung des Eintrags von Betriebsausgaben (nichtabzugsfähige Privatausgaben) hat Einnahmeverkürzungen zur Folge (Scherer, StBp 1995, 193). Bei inhabergeführten Betrieben im Gastronomiebereich oder im Einzelhandel scheint es keine ordnungsgemäß geführten Kassen mehr zu geben (so das realistische Fazit von Barthel, StBp 2016, 80); zur offenen Ladenkasse mit summarischer Kassenführung als Systemfehler gem. § 158 AO vgl. Pump, StBp 2017, 84 ff; ders., Zur Kassenführung im bargeldintensiven Betrieb am Beispiel des Friseurs StBp 2016, 131 ff.; StBp 2016, 169 ff., ders., StBp 2016, 327 ff.).

Leistet der Steuerpflichtige Bareinzahlungen auf sein betriebliches Bankkonto, ist er bei der Prüfung, ob Einlagen gegeben sind bzw. wo die Mittel herkommen, nach § 90 Abs. 1 S. 1 AO verstärkt zur Mitwirkung verpflichtet. Bei Verletzung dieser Pflicht kann das FG von weiterer Sachverhaltsaufklärung absehen und den Sachverhalt dahin würdigen, dass unaufgeklärte Kapitalzuführungen auf nicht versteuerten Einnahmen beruhen (FG Hamburg, Beschluss vom 18.07.2016, 6 V 84/16 DStRE 2017, 1009 rkr. mit Anm. Janz, DB StR 1219383).

Auch der Betreiber einer Eisdiele, welcher seinen Gewinn mittels Einnahmen-Überschussrechnung ermittelt und nahezu ausschließlich Barumsätze tätigt, ist grundsätzlich jedenfalls dann verpflichtet, jeden einzelnen Umsatz getrennt aufzuzeichnen, wenn er ein modernes PC-gestütztes Kassensystem vorhält und grundsätzlich nutzt (FG Hamburg, Beschluss vom 16.01.2018, 2 V 304/17, StuB 2018, 446; zur Einzelaufzeichnungspflicht in der Gastronomie bei offener Ladenkasse problematisierend Beyer, steuertip, Beilage 39 vom 05.09.2019, 1 ff.; zur Hinzuschätzungsbefugnis bei Einnahmen-Überschussrechnung siehe FG Köln, Urteil vom 09.05.2017, 5 K 727/15 mit Anm. Hennigfeld, DB StR 1259766; zu Anforderungen an die Kassenbuchführung des Inhabers eines Friseurgeschäfts siehe FG Berlin-Brandenburg, Beschluss vom 13.02.2017, 7 V 7345/16, DStRE 2018, 249 rkr.; zur Schätzung der Einkommen- und Umsatzsteuer bei gewerblichen Einkünften aus Eigenprostitution vgl. FG Hamburg, Urteil vom 16.11.2016, 2 K 110/15, EFG 2017, 489).

Wird eine Dokumentation der Kassenprogrammierung nicht vorgelegt, kann dies eine Hinzuschätzung rechtfertigen (FG Köln, Beschluss vom 06.06.2018, 15 V 754/18 DB 2018, 2465f. mit Anm. Hennigfeld; zur ordnungsgemäßen Kassenführung bei Mehrfilialbetrieb mit proprietärem Kassensystem – (Hinzu-)Schätzung durch Sicherheitszuschlag und Programmierprotokolle, siehe Skalecki, NWB 2018, 2551 ff.).

Liegen erhebliche formelle Mängel in der Kassenbuchführung z.B. durch das Fehlen von Organisationsunterlagen vor, besteht eine Schätzungsbefugnis, ohne das materielle Buchführungsmängel festgestellt werden müssen (FG Hamburg, Urteil vom 04.09.2019, 6 K 14/19 EFG 2019, 1960, 1964f. mit Anm. Hennigfeld vorläufig nicht rkr.).

Kassenaufzeichnungen durch ein Tabellenkalkulationsprogramm (Standardsoftware; hier: Numbers für Mac) bieten keinerlei Gewähr für die fortlaufende, vollständige und richtige Erfassung aller Bargeschäfte und eröffnen mithin die Schätzungsbefugnis.

Der (Un-)Sicherheitszuschlag erhöht bei gravierenden formellen Mängeln nicht die feststehenden steuerrechtlich erheblichen Größen, sondern nur solche Besteuerungsgrundlagen, an deren Richtigkeit Zweifel bestehen (FG Münster, Urteil vom 20.12.2019 4 K 541/16 E, G, U, F EFG 2020, 325, 328f. m. Anm. Bleschick = DStRE 2020, 878 [NZB eingelegt; Az. des BFH: III B 22/20 betr. Schätzungsmethode bei Sushi-Restaurants]).

Zur Aufbewahrung digitaler Unterlagen bei **Bargeschäften** hat die Finanzverwaltung eingehend Stellung genommen (BMF, Schreiben vom 26.11.2010, IV A 4 – S 0316/08/10004–07 DOK 2010/0946087, BStBl. I 2010, 1342; hierzu Gold-

II. Schätzung in der Betriebsprüfung

shteyn, DB 2011, 614 ff.; Engelberth, StBp 2011, 193 ff.; Schneider/Hoffmann/Hage, Stbg 2012, 313; s. auch Wähnert, StBp 2010, 56 ff.). Zu dieser Thematik ist folgende aktuelle Rechtsprechung ergangen:

Kann der Umfang von Schätzungen nicht anhand einer Geldverkehrsrechnung bestimmt werden, kann zur Ermittlung der Einkünfte aus Gewerbebetrieb ein Sicherheitszuschlag zu ungeklärten Bareingängen gerechtfertigt sein (FG Rheinland-Pfalz, Urteil vom 09.05.2018, 2 K 2014/17 EFG 2019, 692, 697 f. mit Anm. Amendt [Rev. eingelegt; Az. des BFH: X R 9/19]).

Bei Geldeingängen auf einem (auch) betrieblich genutzten Konto spricht eine grundsätzliche Vermutung dafür, dass es sich insoweit um Betriebseinnahmen handelt. Ausnahmen hiervon sind vom Steuerpflichtigen grundsätzlich substantiiert darzulegen und zu belegen (FG Köln, Urteil vom 30.10.2019 15 K 851/17, DStRE 2020, 781, rkr.)

Bei der Besteuerung von Einkünften aus Gewerbebetrieb besteht – trotz der noch vorhandenen Probleme bei der Erhebung und Verifikation von Besteuerungsgrundlagen im Bereich der bargeldintensiven Geschäftsbetriebe – keine durch einen strukturellen Erhebungsmangel hervorgerufene Belastungsungleichheit, die zu einer gleichheitswidrigen Benachteiligung derjenigen (bargeldintensiven) Gewerbebetriebe führt, die ihre Einnahmen in zutreffender Höhe versteuern (FG Baden-Württemberg, Urteil vom 12.06.2018, 8 K 501/17 EFG 2019, 173, 178 f. mit Anm. Büchler-Hole = StB 2020, 179 [Rev. eingelegt; Az. des BFH: IV R 34/18]).

Im Einzelfall kann der Gewinn eines gastronomischen Betriebs auch in der Weise geschätzt werden, dass aus Z-Bons, die aus Zeiträumen nach dem Prüfungszeitraum stammen, ein durchschnittlich erzielbarer Tageserlös errechnet und dieser auf die jeweiligen Öffnungstage der geprüften Veranlagungszeiträume hochgerechnet wird. Als besondere Form des internen Betriebsvergleichs kann eine solche Schätzung einer Schätzung im Wege des externen Betriebsvergleichs vorzuziehen sein (FG Düsseldorf, Urteil vom 24.11.2017, 13 K 3812/15 F, EFG 2018, 348, 350 f. mit Anm. Wendt [Rev. eingelegt; Az. des BFH: IV R 1/18]; zur Nichtübertragbarkeit einer Hefekalkulation auf alle Prüfungsjahre vgl. a. FG Nürnberg, Urteil vom 17.10.2018, 5 K 642/18 PStR 2019, 116 ff. mit Anm. Valder).

Werden Stornierungen in Tagessummenbons (Z-Bons) nicht ausgewiesen, sondern allein die verbleibende Differenz, fehlt es an einer ordnungsgemäßen Kassenführung, die das Finanzamt dazu berechtigt, Hinzuschätzungen vorzunehmen (BFH, Beschluss vom 14.08.2018, XI B 2/18 BFH/NV 2019, 1; rkr. Anm. Roth, PStR 2020, 173 ff.).

Eine Hinzuschätzung ist zulässig und geboten, wenn die Verletzung der formellen Ordnungsmäßigkeit der Kassenführung bei einer Pizzeria keine Gewähr mehr für die Vollständigkeit der Erfassung der Bareinnahmen bietet und der Steuerpflichtige zur Verschleierung von Warenumsätzen Warenverkäufe nicht aufgezeichnet hat (FG Münster, Urteil vom 17.01.2020 4 K 16/16 E, G, U, F StB 2020, 187).

Zur Befugnis des FA zur Schätzung der Einkünfte aus der Zimmervermietung eines Einfamilienhauses an Prostituierte vgl. Sächsisches FG, Urteil vom 12.09.2019, 8 K 1626/18 DStRE 2020, 595 rkr.

Behauptet ein Steuerpflichtiger, dass das von ihm genutzte PC-Kassensystem die gem. § 147 Abs. 1 Nr. 1 AO aufzubewahrenden Organisationsunterlagen zur Kassenprogrammierung vollständig speichert und beantragt er, über diese Behauptung u. a. durch Vorlage der entsprechenden Datenbank, durch Einholung eines Sachverständigengutachtens sowie durch die Zeugenaussage eines Vertreters des Kassenherstellers Beweis zu erheben, handelt es sich nicht um einen unzulässigen Ausforschungsbeweis, sondern um einen erheblichen Beweisantrag. Die gem. § 147 Abs. 1 Nr. 1 AO aufzubewahrenden Organisationsunterlagen zur Kassenprogrammierung können gem. § 147 Abs. 2 AO auch auf Datenträgern aufbewahrt werden. Stützt das FG die von ihm angenommenen Schätzungsbefugnis auf einen formellen Mangel der Buchführung oder der Aufzeichnungen, muss es Feststellungen dazu treffen, welches Gewicht dieser Mangel hat (BFH, Beschluss vom 23.02.2018, X B 65/17, BFH/NV 2018, 517; hierzu Levedag, GmbHR 2018, R 116f.; Wegner, PStR 2019, 28f.; vgl. a. die Kritik zur entgegengesetzten Entscheidung der Vorinstanz des FG Münster, Urteil vom 29.03.2017, 7 K 3675/13 E, G, U von Burkhard, StBp 2018, 19 ff.; ferner Valder, DStR 2017, 200 ff.).

Die einzelne Aufzeichnung eines jeden Barumsatzes kann nach Rechtsprechung des BFH für den Steuerpflichtigen unzumutbar sein. Entscheidet der Steuerpflichtige sich jedoch für ein modernes PC-Kassensystem, das zum einen sämtliche Kassenvorgänge einzeln und detailliert aufzeichnet und zum anderen auch eine langfristige Aufbewahrung (Speicherung) der getätigten Einzelaufzeichnungen ermöglicht, kann er sich nicht (mehr) auf die Unzumutbarkeit der Aufzeichnungsverpflichtung berufen. Das Fehlen von Programmierprotokollen für ein programmierbares elektronisches Kassensystem berechtigt jedenfalls bei bargeldintensiven Betrieben (wie hier bei einem Döner-Imbiss) zu einer Hinzuschätzung von Umsätzen und Einnahmen, wenn eine Manipulation der Kasse nicht ausgeschlossen werden kann. Zeigen diverse Überwachungsvideos in den Betriebsräumen eines bargeldintensiven Betriebs (z. B. Döner-Imbiss) für den Zeitraum von einem Monat, dass Mitarbeiter zahlreiche Bezahlvorgänge nicht im Kassensystem erfasst haben, besteht nach den Umständen des Einzelfalls Anlass, die sachliche Richtigkeit der Buchführung des Steuerpflichtigen – auch über den Monatszeitraum hinaus – zu beanstanden (FG Hamburg, Beschluss vom 13.08.2018, 2 V 216/17 EFG 2018, 1862 rkr.; hierzu Wegner, PStR 2018, 307 f.; vgl. a. FG Hamburg, Urteil vom 23.02.2016, 2 K 31/15 n. v. mit Anm. Kreth, DB StR, 1210288).

Eine Schätzungsbefugnis des FA besteht, wenn ein Imbiss-Betreiber, der seinen Gewinn durch Einnahmenüberschussrechnung ermittelt, hinsichtlich der Einnahmen keinerlei Einzelaufzeichnungen, sonstige Ursprungsaufzeichnungen oder Kassenberichte vorlegt. Unter diesen Umständen ist eine vollständige Erfassung der Bareinnahmen nicht gewährleistet. Eine elektronisch gefertigte Tabelle, in der die Tageseinnahmen eingetragen und nach USt-Satz aufgeschlüsselt sind, genügt den Aufzeichnungsanforderungen an einen Einnahmenüberschussrechner nicht. Die Schätzung kann auf einen externen Betriebsvergleich gestützt werden, wenn das Speisenangebot sehr vielfältig und die Relevanz der einzelnen Warengruppen bei der Einnahmenerzielung schwer ermittelbar ist (FG Hamburg, Urteil vom 16.04.2019, 6 K 50/18 EFG 2019, 1348, 1351 ff. mit Anm. Neu vorläufig nicht rkr.).

Besteht eine Schätzungsbefugnis wegen formeller und sachlicher Mängel der Buchführung gem. §162 Abs.1, Abs.2 Satz 2 AO, so können die Tatsachenfeststellungen auch mit einem geringeren Grad an Überzeugung getroffen werden, als dies i.d.R. geboten ist. Bei einem Gebrauchtwagenhändler können dementsprechend auch Erkenntnisse aus den Fahrtenverzeichnisbüchern („rote Kennzeichenbücher") für die Schätzung herangezogen werden. Die Feststellungen im Strafverfahren binden das FA und das FG bei der Schätzung der Besteuerungsgrundlagen gem. §162 Abs.1, Abs.2 Satz 2 AO (i.V.m. §96 Abs.1 Satz 1 FGO) nicht, weil das Besteuerungsverfahren grundsätzlich unabhängig vom Strafverfahren ist (FG Hamburg, Urteil vom 20.05.2019, 6 K 109/18 EFG 2019, 1353, 1357 f. mit Anm. Lutter, [NZB eingelegt; Az. des BFH: X B 86/19]).

Werden Bareinnahmen mit einer elektronischen Registrierkasse erfasst, erfordert dies auch im Fall der Gewinnermittlung durch Einnahmen-Überschussrechnung die tägliche Erstellung eines Z-Bons. Weisen die Z-Bons technisch bedingt keine Stornierungen aus, liegt ein schwerer formeller Fehler der Kassenaufzeichnungen vor, der die Schätzung der Besteuerungsgrundlagen nötig macht. Die Richtsatzschätzung ist eine anerkannte Schätzungsmethode. Soweit die grundsätzliche Bedeutung der Gewichtung der Richtsatzschätzung in einem Revisionsverfahren überprüft werden soll, bedarf es daher im Nichtzulassungsbeschwerdeverfahren auch der (umfassenden) Darlegung kritischer Literaturansichten (BFH, Beschluss vom 08.08.2019, X B 117/18 StuB 2020, 77).

Auch bei einer Gewinnermittlung gem. §4 Abs.3 EStG muss die vollständige Erfassung der (baren) Betriebseinnahmen nachvollziehbar dokumentiert und überprüfbar sein. Eine Schätzung des Gewinns ist jedenfalls dann zulässig, wenn die Tageseinnahmen zwar in Kassenberichten erfasst worden sind, sie sich aber nicht aus den festgehaltenen Anfangs- und Endbeständen der Kasse herleiten lassen, sondern zusammenhanglos neben diesen stehen (Niedersächsisches FG, Urteil vom 08.12.2011, 12 K 389/09, EFG 2013, 291 mit Anm. Hoffmann; die eingelegte NZB wurde per BFH, Beschluss vom 13.03.2013, X B 16/12 BFH/NV 2013, 902 als unzulässig verworfen.).

Bei groben Manipulationsmöglichkeiten (hier: fast ausschließlich Bargeschäfte) und bei vom Stpfl. zu vertretenden Überprüfungsmöglichkeiten (hier: fehlende Belege, unrichtige Aufzeichnungen) ist für einen Döner-Imbiss lediglich eine grobe Schätzung anhand kombinierter Mittelwerte aus der amtlichen Richtliniensammlung für Imbisse, Pizzerien und Gaststätten unter Absicherung der Werte durch weitere Kalkulationen geboten (Schleswig-Holsteinisches FG, Urteil vom 06.03.2012, 2 K 101/11, DStRE 2012, 1210; die eingelegte NZB wurde per BFH, Beschluss vom 21.08.2013, III B 51/12) n.v. als unbegründet verworfen; zu Zuschätzungen wegen fehlerhafter Einnahmenaufzeichnungen bei Gewinnermittlung nach § 4 Abs. 3 EStG nach Wahrscheinlichkeitsgrundsätzen: FG des Saarlands, Urteil vom 21.06.2012, 1 K 1124/10, EFG 2012, 1816, 1818 f., rkr.; zur Hinzuschätzung bei Taxiunternehmen siehe FG Köln, Beschluss vom 27.08.2013, 3 V 3747/12, EFG 2014, 5 rkr.; ferner FG Köln, Beschluss vom 27.08.2013, 3 V 1100/13, EFG 2014, 7, rkr. mit Anm. Wagner; zur Manipulationssicherheit in der Bargeldbranche durch Einzelaufzeichnungen siehe Anders/Gärtner, Stbg 2016, 67 ff.).

Es besteht grundsätzlich kein Anlass, die Auslesungsergebnisse des FA in Zweifel zu ziehen, während die Möglichkeit der Manipulation der Ausleseergebnisse von Geldspielautomaten durch den Steuerpflichtigen (z.B. durch den Einsatz von Zappern o. Ä.) gerichtsbekannt ist

Einspielergebnisse sind Aufzeichnungen zur Gewinnermittlung i.S. der §§ 146 f. AO und als solche zehn Jahre aufzubewahren. Daher geht die fehlende Überprüfbarkeit der Daten infolge der Löschung nach zwei Monaten zu Lasten des Kl.

Die Buchführung ist auch formell fehlerhaft, wenn die Statistikstreifen nicht aufgehoben werden (FG Berlin-Brandenburg, Urteil vom 13.06.2017 6 K 6146/16 EFG 2017, 1859, 1862 f. m.Anm. Tiede; die eingelegte NZB wurde per BFH, Beschluss vom 21.09.2019 II B 88/17 zurückgewiesen).

Ernstliche Zweifel bestehen an der Rechtmäßigkeit von Hinzuschätzungen bei Spielhallen aufgrund des Fehlens der Statistikteile der Auslesestreifen von Geldglücksspielgeräten (Nierders. FG, Beschluss vom 11.10.2019 1 V 91/19 EFG 2020, 15, 18 f. mit Anm. Lutter/vorläufig nicht rkr.)

Zu den praktischen Anwendungsfragen bei der nicht ordnungsgemäßen Verwendung einer Registrierkasse und sich den daraus ergebenden steuerlichen Konsequenzen ist im Schrifttum eingehend Stellung genommen worden (siehe Pump/DStZ 2014, 648 f.; ders., StBp 2015, 1 ff.; Pump/Heidl, StBp, 2014, 162 ff. und 204 ff.; Pump, DStZ 2014, 250 ff., ders., DStZ 2015, 648 ff., ders., DStZ 2015, 974 ff.; zur ordnungsgemäßen Kassenbuchführung beim Betrieb von Warenautomaten siehe Lüngen/Resing, StBp 2015, 300 ff.). Zu den Aufzeichnungen und Aufbewahrungspflichten für Bargeldeinnahmen im Taxigewerbe hat der Bundesfinanzhof folgenden Grundsatz aufgestellt: Auch Taxiunternehmen, die ihren Gewinn durch Einnahmenüberschussrechnungen ermitteln, müssen ihre Betriebseinnahmen und Betriebsausgaben durch Belege nachweisen. Die sich aus § 22 UStG i.V.m. §§ 63 bis 68 UStDV ergebende Pflicht zur Einzelaufzeichnung wirkt unmittelbar auch hinsichtlich der Besteuerung nach dem EStG. Taxiunternehmer haben ihre Bareinnahmen jeweils einzeln aufzuzeichnen.

II. Schätzung in der Betriebsprüfung

Aufgrund der branchenspezifischen Besonderheiten des Taxigewerbes erfüllen die sogenannten Schichtzettel in Verbindung mit den Angaben, die sich auf dem Kilometerzähler und dem Taxameter des einzelnen Taxis ablesen lassen, die sich aus der Einzelaufzeichnungspflicht ergebenden Mindestanforderungen. Die Schichtzettel müssen nach den Vorgaben des § 147 Abs. 1 AO aufbewahrt werden. Von der Aufbewahrung dieser Einnahmenursprungsaufzeichnungen kann nur dann abgesehen werden, wenn deren Inhalt täglich – und nicht nur in größeren Zeitabständen – unmittelbar nach Auszählung der Tageskasse in das in Form aneinandergereihter Tageskassenberichte geführte Kassenbuch übertragen wird. Verletzt der Taxiunternehmer seine Aufzeichnungspflicht oder seine Aufbewahrungspflicht, ist das Finanzamt dem Grunde nach zu einer Schätzung gem. § 162 AO berechtigt (BFH, Beschluss vom 18.03.2015, III B 43/14, BFH/NV 2015, 978; hierzu eingehend Ritzow, StBp 2015, 51 ff. und 74 ff.; vgl. auch Pump, DStZ 2014, 250 ff.; ders., StBp 2017, 150 ff. Zur spezifischen Buchführungspflicht von Fahrlehrern siehe FG Rheinland-Pfalz, Urteil vom 01.04.2014, 5 K 1227/13, EFG 2014, 1320 rkr.).

Bei der Beurteilung eines Buchführungsfehlers ist nicht auf die formale Bedeutung des Mangels, sondern auf dessen sachliches Gewicht abzustellen. Formelle Buchführungsmängel berechtigen nur zur Schätzung, soweit sie Anlass geben, die sachliche Richtigkeit des Buchführungsergebnisses anzuzweifeln.

Ist eine Buchführung wegen Buchführungsmängeln ganz oder teilweise nicht der Besteuerung zugrunde zu legen, sind die Besteuerungsgrundlagen grundsätzlich zu schätzen. Eine Schätzung scheidet allerdings aus, wenn die durch die Fehler der Buchführung verursachten Unklarheiten und Zweifel durch anderweitige zumutbare Ermittlungen beseitigt werden können (BFH, Urteil vom 14.12.2011, XI R 5/10, BFH/NV 2012, 1921 betr. Ordnungsmäßigkeit der Buchführung eines Kantinenbetreibers).

Versieht ein Steuerpflichtiger seine Rechnungen nicht mit einer numerisch lückenlos fortlaufenden Rechnungsnummer, lässt dies allein nicht den Schluss auf eine Unvollständigkeit der Erfassung der Einnahmen zu, wenn die Nummer computergestützt als Kombination aus Veranstaltungsnummer, Geburtsdatum des Kunden sowie Rechnungsdatum erzeugt wird und deshalb systembedingt nicht lückenlos sein kann. Eine griffweise Schätzung der Einnahmen in Form eines (Un-)Sicherheitszuschlags ist in diesem Fall nicht gerechtfertigt (FG Köln, Urteil vom 07.12.2017, 15 K 1126/16 EFG 2018, 375, 377 m. Anm. Pfützenreuter und Valder, PStR 2018, 112 ff.; Henningfeld, DB StR 1260250).

Die sog. **„30/70-Methode"** (Getränke vs. Speisen) ist grundsätzlich eine geeignete Schätzungsmethode, die auf betriebsinternen Daten aufbaut (BFH, Beschluss vom 10.01.2017, X B 104/16, BFH/NV 2017, 561; hierzu Valder, PStR 2017, 131 f.; Herrfurth, StuB 2017, 847 ff.; Beyer, NWB 2019, 3479 ff.; **a.A.** FG Nürnberg, Urteil vom 08.05.2012, 2 K 1122/2009, DStRE 2013, 304, rkr.). Zur Reichweite der sog. 30/70-Methode hat ein Finanzgericht folgende Klarstellung vorgenommen. Aus dem Ergebnis einer Getränkekalkulation bei einem Restaurant kann auf Speiseumsätze im Haus, aber nicht ohne Weiteres auf Außerhausumsätze geschlossen werden (FG Münster, Urteil vom 4.12.2015, 4 K 2616/14 E, G, U, EFG 2016, 169 rkr. mit Anm. Kister).

Zur Schätzung des Vorsteuerabzugs bei Totalverlust der Rechnungen siehe im Einzelnen BFH, Urteil vom 23.10.2014, V R 23713 BStBl. II 2015, 313.

Die Rüge der falschen Rechtsanwendung und tatsächlichen Würdigung des Streitfalls durch das FG im Rahmen einer Schätzung ist im Nichtzulassungsbeschwerdeverfahren grundsätzlich unbeachtlich. Dies gilt insbesondere für Einwände gegen die Richtigkeit von Schätzungen der Besteuerungsgrundlagen (ständige BFH-Rechtsprechung; so zuletzt BFH, Beschluss vom 25.10.2012, X B 133/11, BFH/NV 2013, 341).

Unterliegen die Jahresumsätze, die einem Stpfl. von der Steuerfahndung nachgewiesen werden können, ohne ersichtlichen Grund erheblichen Schwankungen, dürfen der niedrigste und der höchste nachweisbare Jahresumsatz als Schätzungsrahmen für eine Hinzuschätzung herangezogen werden, so dass eine Schätzung des FA, die sich im mittleren Bereich dieses Schätzungsrahmens bewegt und weiterhin unter dem Vorbehalt der Nachprüfung steht, keinen Anlass für Beanstandungen bietet (FG Rheinland-Pfalz, Urteil vom 15.04.2013, 5 K 1967/10, EFG 2014, 17 = DStRE 2014, 1332; die eingelegte Revision wurde per BFH, Beschluss vom 25.03.2015, VIII R 57/13 n.v. als unzulässig verworfen betr. Schätzung nacherklärter Einkünfte eines EDV-Beraters).

Die Schätzungsbefugnis gem. § 162 AO ist jedenfalls dann eröffnet, wenn elektronische Grundaufzeichnungen fehlen, handschriftliche Aufzeichnungen nachträgliche Einfügungen, Streichungen und Tipp-Ex-Korrekturen aufweisen, Buchführungssysteme auf Excel-Basis verwandt werden oder die Vollständigkeit der Ausgangsrechnungen nicht feststellbar ist (FG Köln, Beschluss vom 15.07.2014, 6 V 1134/14, EFG 2015, 2031 rkr.).

Stützt das Finanzgericht die von ihm angenommene Schätzungsbefugnis auf einen formellen Mangel der Buchführung oder der Aufzeichnungen, muss es Feststellungen dazu treffen, welches Gewicht dieser Mangel hat (BFH, Beschluss vom 23.02.2018 – X B 65/17 BFH/NV 2018, 517; hierzu Wacker, StBp 2019, 341, 344).

Zur Höhe des pauschalen Sicherheitszuschlags bei Lücken in der Rechnungsnummernabfolge s. BFH, Beschluss vom 07.02.2017, X B 79/16, BFH/NV 2017, 744.

Die sog. (Un-)Sicherheitszuschlagsmethode ist immer dann als Schätzungsmethode geeignet, wenn die Hinzuschätzung nach der Richtsatzmethode wegen fehlender Vergleichsdaten nicht anwendbar und auch eine Bargeldverkehrsrechnung wegen anderweitiger Einkünfte nicht zielführend ist.

Der Tatrichter ist aufgrund seiner Schätzungsbefugnis nicht an den Sicherheitszuschlag der Finanzverwaltung gebunden (FG Münster, Urteil vom 25.02.2020, 5 K 2066/18 BB 2020, 996).

II. Schätzung in der Betriebsprüfung

Die Finanzbehörde ist auch dann zur Schätzung der Besteuerungsgrundlagen berechtigt, wenn die Pflicht zur Überlassung einer bestimmten Datei (hier einer Kassendatei) streitig war, der Steuerpflichtige hierüber – ggf. auch schuldlos – irrte und die Frage erst nach Erlass der Schätzungsbescheide höchstrichterlich geklärt wurde (BFH, Urteil vom 28.10.2015, X R 47/13, BFH/NV 2016, 171).

In der Praxis werden im Rahmen von laufenden Betriebsprüfungen bei unbrauchbarer Kassenbuchführung bzw. unklaren Bareinlagen häufig Sicherheitszuschläge vorgenommen, die dann meist Gegenstand von „Vergleichsvereinbarungen" sind oder auch nicht (hierzu ausführlich Brinkmann, StBp 2014, 29 ff. und 69 ff.).

Hat ein Steuerpflichtiger seine Buchführungs- und Aufzeichnungspflichten verletzt, bestehen im Rahmen der summarischen Überprüfung im Verfahren des vorläufigen Rechtsschutzes keine ernsthaften Zweifel an der Rechtmäßigkeit einer Hinzuschätzung, wenn diese anhand eines branchenbezogenen durchschnittlichen Rohgewinnaufschlagsatzes vorgenommen wurde (FG Köln, Beschluss vom 15.07.2014 6 V 1134/14 BB 2015, 2736 mit Anm. Heß; Hollatz, DB StR kompakt DB 1160, 783).

Zur Definition im Wesentlichen unverwertbarer Aufzeichnungen im Sinne des § 162 Abs. 1 Satz 3 AO siehe Schoppe/Stumpf, BB 2014, 1116 ff.).

Die Grundsätze zur ordnungsgemäßen Führung und Aufbewahrung von Büchern, Aufzeichnungen und Unterlagen in elektronischer Form sowie zum Datenzugriff (GoBD) sind in einem ausführlichen und grundlegenden Schreiben des Bundesfinanzministeriums wie folgt präzisiert und mit erheblich erhöhten Dokumentationsanforderungen versehen werden (siehe BMF, Schreiben vom 14.11.2014, IV A 4 – S 0316/13/10003 DOK 2014/0353090, BStBl. I 2014, 1450; präzisierend zur Umsatzsteuer mit BMF, Schreiben vom 05.05.2015 IV D 3 – S 7015/15/10001 DOK 2015/0362174 UR 2014, 447; zur Aufbewahrung und Archivierung von elektronischen Kontoauszügen siehe BayLfSt, Verfügung vom 09.05.2015 S 0317.1.1 – 3/3 St 42 StuB 2014, 520; hierzu eingehend Goldshteyn/Thelen, FR 2015, 268 ff.; dies., StBp 2015, 289 ff.; Schumann, EStB 2015, 297 ff.; Völkel, StB 2015, Heft 3 I; Korth, Stbg 2015, 224; Henn, DB 2015, 2660 ff.; Henn/Kuballa, DB 2016, 1900 ff. sehr kritisch aus der Sicht der Wirtschaft Herrfurth, StuB 2015, 250 ff.; so schon vorher als Ausblick Weimann/Grobbel, StB 2014, 324 ff.). In diesem Schreiben hat die Finanzverwaltung bei der Zusammenführung und Überarbeitung der GoBS, GDPdU und der GDPdUFAQ grundsätzlich keine neuen Anforderungen statuiert. Die Veränderungen manifestieren in der Konkretisierung, gleichzeitig aber auch in einer Verschärfung bereits bekannter Vorgaben. Aus Sicht der Finanzverwaltung wird begrüßt, dass neben den Verwaltungsanweisungen Verweise auf die ständige Rechtsprechung aufgenommen wurden. Das Schreiben vermittelt einen umfassenden Überblick über die behandelten Themengebiete (so Schumann, EStB 2015, 297 ff.). Aus beratender Sicht wird konstatiert, dass eine bestimmte Buchführungsmethode der Gesetzgeber nicht vorgeschrieben hat. Die Anforderungen an die Ausgestaltung der Buchführung hängen wesentlich von der Größe und Art des Betriebs ab. Entscheidend allein ist, dass die Buchführung so beschaffen ist, dass sie einem sachverständigen Dritten innerhalb angemessener Zeit einen Überblick über die Geschäftsvorfälle und die Lage des Unternehmens vermitteln kann. Dabei müssen die Geschäftsvorfälle sich zwischen ihrer Entstehung und Abwicklung lückenlos verfolgen lassen (progressive und retrograde Prüfbarkeit). Etwaige Beanstandungen anlässlich einer Betriebsprüfung sollten ggf. stets an diesem Maßstab bemessen, diskutiert und ggf. widerlegt werden (so der praktische Hinweis von Korth, StBg 2015, 224, 226 f.). Aus der Sicht der Wirtschaft wird die ab dem 01.01.2015 von der Finanzverwaltung anzuwendende GoBD als praxisfernes Stückwert von Darstellungen der GoB mit fiskalisch zweckgerichteter Projektion auf die DV-gestützten Buchführungen der Steuerpflichtigen. Mit diesen Verwaltungsgrundsätzen wird versucht, eine vermeintliche Rechtsgrundlage zu schaffen, die die Steuerpflichtigen zur Umsetzung überzogener Pflichten bei der Datenaufzeichnung, Datenarchivierung und Datenüberlassung anhält. Im Ergebnis sollen alle elektronischen Daten der Unternehmen, die auch nur im entferntesten Zusammenhang zur steuerlichen Einkommensermittlung stehen können, jederzeit nach den Vorstellungen der Betriebsprüfung zu deren beliebiger maschineller Auswertung bereitgestellt werden. Das Ganze wird flankiert von ausufernden Anforderungen an die Dokumentation aller DV-Systeme und an diverse Kontrollhandlungen durch den Steuerpflichtigen. Sowohl die Erkenntnisse der einschlägigen Berufs- und Branchenverbände als auch deren Unterstützungspotenzial bei der Sicherstellung der Ordnungsmäßigkeit von DV-Buchführungen werden in enttäuschender Weise ignoriert. Zum allgemein eingeforderten Steuerbürokratieabbau werden die GoBD in vorliegender Fassung keinen Beitrag leisten können. Es ist zu befürchten, dass diese Verwaltungsgrundsätze mangels alternativer Rechtsquellen zur Thematik der Ordnungsmäßigkeit einer DV-Buchführung trotz ihrer eingeschränkten Rechtsnatur zeitnah zum Alleinkriterium erhoben werden (so das kritische Fazit von Herrfurth, StuB 2015, 250, 256). Zu den praktischen Auswirkungen für die Beratungspraxis instruktiv Weber-Blank, StB 2016, Heft 3, I; aus der gegensätzlichen Perspektive der Finanzverwaltung s. Danielmeyer/Neubert/Unger, StBp 2016, 322 ff.; zu den neuesten Entwicklungstendenzen der zeitgemäßen Datenanalyse der Betriebsprüfung Wähnert, DB 2016, 2627 ff.

Zum 31.12.2016 lief die Übergangsfrist des BMF-Schreibens vom 26.11.2010 (BStBl. I 2010, 1342 = DB 2010, 2701) zur Aufbewahrung digitaler Unterlagen bei Bargeschäften aus. Ab dem 01.01.2017 müssen Unterlagen i. S. des § 147 Abs. 1 AO, die mittels elektronischer Registrierkassen, Waagen mit Registrierkassenfunktion, Taxametern und Wegstreckenzähler erstellt worden sind, für die Dauer der Aufbewahrungsfrist jederzeit verfügbar, unverzüglich lesbar und maschinell auswertbar aufbewahrt werden (§ 174 Abs. 2 AO). Das Gesetz zum Schutz vor Manipulationen an digitalen Grundaufzeichnungen vom 22.12.2016 (BGBl. I 2016, 3152) sieht eine Einzelaufzeichnungspflicht vor, die am Tag nach der Verkündung des Gesetzes in Kraft tritt. (diesbezügliche Hinter-

II. Schätzung in der Betriebsprüfung

grundinformationen finden sich bei Becher, DB 2016, 1090ff. und 1158ff.; Bellinger, StBp 2016, 336ff.) Die Einzelaufzeichnungspflicht bedeutet, dass aufzeichnungspflichtige Geschäftsvorfälle laufend zu erfassen, einzeln festzuhalten sowie aufzuzeichnen und aufzubewahren sind, sodass sich die einzelnen Geschäftsvorfälle in ihrer Entstehung und Abwicklung verfolgen lassen können. Eine Ausnahme von der Einzelaufzeichnungspflicht besteht aus Zumutbarkeitsgründen bei Verkauf von Waren an eine Vielzahl von nicht bekannten Personen gegen Barzahlung. Ab dem 01.01.2018 wird die Möglichkeit der Kassen-Nachschau eingeführt. Dies ist ein eigenständiges Verfahren zur zeitnahen Aufklärung steuererheblicher Sachverhalte u.a. im Zusammenhang mit der ordnungsgemäßen Erfassung von Geschäftsvorfällen.

Elektronische Aufzeichnungssysteme müssen ab dem 01.01.2020 über eine zertifizierte technische Sicherheitseinrichtung verfügen, die aus drei Bestandteilen besteht: einem Sicherheitsmodul, einem Speichermedium und einer digitalen Schnittstelle.

- Das Sicherheitsmodul gewährleistet, dass Kasseneingaben mit Beginn des Aufzeichnungsvorgangs protokolliert und später nicht mehr unerkannt verändert werden können.
- Auf dem Speichermedium werden die Einzelaufzeichnungen für die Dauer der gesetzlichen Aufbewahrungsfrist gespeichert.
- Die digitale Schnittstelle gewährleistet eine reibungslose Datenübertragung, z.B. für Prüfungszwecke.

Welche elektronischen Aufzeichnungssysteme über eine zertifizierte technische Sicherheitseinrichtung verfügen müssen wird u.a. durch eine Rechtsverordnung festgelegt.

Weiterhin ist ab dem 01.01.2020 die verpflichtende elektronische Belegausgabe bei elektronischen Aufzeichnungssystemen vorgesehen. Danach muss für den an diesem Geschäftsvorfall Beteiligten ein Beleg erstellt und diesem zur Verfügung gestellt werden. Der Beleg kann elektronisch oder in Papierform zur Verfügung gestellt werden. Mit der Belegausgabepflicht entsteht für den am Geschäftsvorfall Beteiligten aber keine Pflicht zur Mitnahme des Belegs. Aus Gründen der Zumutbarkeit und Praktikabilität besteht unter den Voraussetzungen des § 148 AO die Möglichkeit einer Befreiung von der Belegausgabepflicht.

Ab dem 01.01.2020 haben Stpfl., die elektronische Aufzeichnungssysteme verwenden, die Art und Anzahl der im jeweiligen Unternehmen eingesetzten elektronischen Aufzeichnungssysteme und der zertifizierten technischen Sicherheitseinrichtungen dem zuständigen FA mitzuteilen.

Diejenigen Stpfl., die ein elektronisches Aufzeichnungssystem vor dem 01.01.2020 angeschafft haben, haben diese Meldung bis zum 31.01.2020 zu erstatten.

3 Die Buchführung als Ansatzpunkt für den Betriebsprüfer

Zu den neuesten Entwicklungstendenzen Kamps, Stbg 2017, 201, 208 ff. Zur grundsätzlichen Streitfrage der Unveränderbarkeit von (elektronischen) Büchern, Aufzeichnungen und Unterlagen s. Hemm/Kuballa, DB 2016, 2749 ff.; dagegen massiv kritisch Eichhorn, StBp 2016, 303 ff.; Ein Plädoyer für die offene Ladenkasse.

Die Anforderungen nach der Kassenrichtlinie lauten in aller Kürze:

- Geschäftsvorfälle müssen elektronisch aufgezeichnet werden, und zwar einzeln, vollständig, richtig, zeitgerecht und geordnet.
- Diese Daten sind unveränderlich abzuspeichern. Ist dies innerhalb des Geräts nicht möglich, müssen die Daten auf einem externen Datenträger gespeichert werden.
- Die Unterlagen sind zehn Jahre lang jederzeit verfügbar, unverzüglich lesbar und maschinell auswertbar aufzubewahren.
- Ein ausschließliches Vorhalten aufbewahrungspflichtiger Unterlagen in ausgedruckter Form ist nicht ausreichend.
- Die digitalen Unterlagen und die Strukturinformationen (über die Zusammensetzung und Beschaffenheit der digitalen Daten) müssen in einem auswertbaren Datenformat vorliegen, so dass sie einer digitalen Betriebsprüfung zugänglich sind.

Keinesfalls dürfen Registrierkassen ohne jegliche Speichermöglichkeit eingesetzt werden. Dies gilt spätestens seit 2017.

Der Gesetzgeber hat die Vorgaben an die Einzelaufzeichnungspflicht speziell für elektronische Aufzeichnungssysteme in § 146a Abs. 1 S. 1 der Abgabenordnung (AO) geregelt. Diese gesetzliche Pflicht gilt grundsätzlich ab 01.01.2020 und ergänzt die allgemeinen Aufzeichnungspflichten nach § 146 AO, die bereits zum 29.12.2016 verschärft worden sind.

Zur Anwendung des § 146 AO aus Sicht der Finanzverwaltung siehe BMF, Schreiben vom 14.11.2014, IV A 4 – S 0316/30/10003; DOK 2014/0353090, BStBl I 2014, 1450 betr. Grundsätze zur ordnungsmäßigen Führung und Aufbewahrung von Büchern, Aufzeichnungen und Unterlagen in elektronischer Form sowie zum Datenzugriff (GoBD); hierzu Herrfurth, StuB 2018, 167 ff.; Pulch/Pietrzak, WPg 2018, 741 ff.; Burghardt/Groß, WPg 2018, 796 ff.; zur digitalen Offensive der Finanzverwaltung mittels Schnittstellen-Verprobung siehe Becker/Danielmeyer/Neubert/Unger, DStR 2016, 2983 ff.; ferner BMF, Schreiben vom 28.11.2019 IV, A 4 – S 0316/19/10003 :001; DOK 2019/0962810, BStBl I 2019, 1269 betr. Grundsätze zur ordnungsmäßigen Führung und Aufbewahrung von Büchern, Aufzeichnungen und Unterlagen in elektronischer Form sowie zum Datenzugriff (GoBD); hierzu Wied, BBK 2019, 1181 ff.; Vetten/ Gerster, NWB 2019, 3778 ff.; Schütte/Götz, DStR 2020, 90 ff.; Waschbusch/Schuster, StB 2020, 121 ff.; Schiffers, GmbHR 2020, 308 ff.; Brinkmann, Stbg 2020, 163 ff.; vgl. a. zum Entwurf des BMF-Schreibens v. 11.07.2019 Herrfurth, StuB 2019, 667 ff.; OFD Karlsruhe, Verfügung vom 26.07.2018, S 0315 – St 42, DStR 2019,

II. Schätzung in der Betriebsprüfung

108 und Verfügung vom 10.02.2020 – S 0315 – St 42, DStR 2020, 726 und Verfügung vom 07.08.2020 – S 0315 – St 42 DStR 2020, 2254, jeweils betr. Informationen zum Thema „Ordnungsmäßigkeit der Kassenbuchführung; BMF, Schreiben vom 17.06.2019 IV A 4 – S 0316-a/18/10001; DOK 0511938, BStBl I 2019, 518 betr. Einführung des § 146a AO durch das Gesetz zum Schutz vor Manipulationen an digitalen Grundaufzeichnungen vom 25.12.2016; hierzu Henn, DB 2019, 1816 ff.; ferner BdF, Schreiben vom 28.05.2020 IV A 4 – S 0316-a/20/10003 :002 DOK 2020/0451857, BStBl I 2020, 534 betr. Gesetz zum Schutz vor Manipulationen an digitalen Grundaufzeichnungen vom 22.12.2016; hierzu Brill, NWB 2020, 575 ff.

Ferner FinMin Baden-Württemberg, Erlass vom 10.07.2020 – 3 S 031.9/4 DB 2020, 1544 zur Nichtbeanstandungsregelung bei Verwendung elektronischer Aufzeichnungssysteme i.S.d. § 146a AO ohne zertifizierte technische Sicherheitseinrichtung nach dem 31.12.2019 und AEAO zu § 148 AO siehe BMF, Schreiben vom 18.08.2020 IV A 4 – S 0319/20/10003 :003; DOK 2020/0794005, BStBl I 2020, 656 m. Anm. Kowalik, DB 2020, 2045 ff.; hierzu Engelen/ Höpfner, DStR 2020, 1985 ff.; Rennar, StuB 2020, 897 ff.; Seifert, StuB 2020, 763 f.

Zur vorherigen Rechtslage siehe BMF-Schreiben vom 26.11.2010, IV A 4 – S 0316/08/10004 – 07; DOK 2010/0946087, BStBl I 2010, 1342 betr. Aufbewahrung digitaler Unterlagen bei Bargeschäften; hierzu Wulf, Stbg 2016, 502 ff.

§ 146a Abs. 2 S. 2 AO sieht eine Befreiung von der seit dem 01.01.2020 geltenden Belegausgabepflicht im Massengeschäft vor.

Eine Befreiung von der Belegausgabepflicht setzt voraus, dass der Unternehmer ein elektronisches Aufzeichnungssystem nach § 146a Abs. 1 AO verwendet, die Einhaltung eine Härte i.S.d. § 148 AO mit sich bringt und die Befreiung von der Belegausgabeverpflichtung die Besteuerung nicht beeinträchtigt (FG Sachsen, Beschluss vom 01.04.2020 4 V 212/20; DStRE 2020, 828 rkr.; hierzu eingehend Doege, DStR 2020, 692 ff.; Information zur Belegausgabepflicht aus Sicht der Finanzverwaltung siehe OFD Karlsruhe, Merkblatt vom 31.03.2020 – S 0315 – St 42 DStR 2020, 883).

Eine offene Ladenkasse kann auch in der Hosentasche geführt werden (FG Hamburg, Beschluss vom 28.02.2020, 2 V 129/19 EFG 2020, 891, 893 ff. m. Anm. Bleschick = StB 2020, 216).

4 Das Grundprinzip des Benford'schen Gesetzes

Die Anzahl der Schätzungen im Rahmen von Betriebsprüfungen ist in den letzten Jahren deutlich gestiegen. Während sich die Finanzverwaltung in der Vergangenheit schwerpunktmäßig auf die Geld- und Verkehrsrechnung, die Vermögenszuwachsrechnung und die Nachkalkulation gestützt hat, werden nunmehr im Rahmen der EDV-gesteuerten Kalkulationsprogramme neue Prüfmethoden eingesetzt. Nach dem statistischen Zeitreihenvergleich sind jetzt auch das Benford'sche Gesetz und die Chi-Quadrat-Testmethode im Einsatz

(Blenkers, StBp 2003, 261; Sosna, StBp 2004, 249; ders., StBp 2005, 97). Mit diesen statistischen Methoden werden vor allem das Gastronomiegewerbe und der gesamte Einzelhandel zunehmend von der Finanzverwaltung konfrontiert. Es gehört daher zum Basis-Know-how, sich als Berater mit diesen Methoden zumindest betreffend die zugrunde liegenden Denkstrukturen zu beschäftigen.

Die auf der Basis gezielter wissenschaftlicher Untersuchungen des Physikers Frank Benford berechnete und 1938 veröffentlichte mathematische Häufigkeit war der Nachweis, dass es auf der Welt mehr Zahlen mit niedrigen Anfangsziffern gibt als solche mit einer hohen Ziffer. Praktische Relevanz erlangte diese Gesetzmäßigkeit, als der amerikanische Mathematiker Mark Nigrini rund 200.000 Steuererklärungen überprüfte und feststellte, dass auch die Zahlen in einer Steuererklärung diesem Gesetz folgen. Ergebnis: Fast jeder dritte eingesetzte Betrag fing mit einer 1 an. Die hieraus entwickelte Software zum Aufspüren von Abweichungen wurde und wird folgerichtig von Wirtschaftsprüfungsgesellschaften genutzt.

Es ist jedoch einschränkend anzumerken, dass ein nach dem Benford'schen Gesetz durchgeführter Test auch im Falle von festgestellten Unregelmäßigkeiten keinen Beweis im juristischen Sinne darstellt bzw. nicht zur Hinzuschätzung von bestimmten Einkünften im Rahmen einer Betriebsprüfung führen kann. Der Test kann dem Betriebsprüfer lediglich einen Anhaltspunkt dafür bieten, sich intensiver mit der statistischen Struktur steuerlich relevanter Daten – insbesondere nach dem Chi-Quadrat-Test – zu beschäftigen (zur praktischen Anwendbarkeit des Benford's Law bei der steuerlichen Betriebsprüfung siehe den Diskurs von Petersen, Stbg 2015, 506 ff. und 516 ff. vs. Wähnert, Stbg 2015, 511 ff.; siehe auch Freitag, BB 2014, 1693 ff.; Bachmann/Richter/Steinborn, StBp 2019, 38 ff.).

5 Der Chi-Quadrat-Test

Dem Nachweis, dass Kassenaufzeichnungen nachträglich erstellt wurden, soll der so genannte **Chi-Quadrat-Test** dienen, ein Test der Häufigkeitsverteilungen in den Betriebseinnahmen eines Stpfl. mathematisch überprüft. Er fußt auf dem Grundgedanken, dass derjenige, der bei seinen Einnahmen unzutreffende Werte in das Kassenbuch oder den Kassenbericht einträgt, unbewusst eine Vorliebe für bestimmte Lieblingszahlen hat und diese dementsprechend häufiger verwendet. Der Chi-Quadrat-Test untersucht die Verteilung bestimmter Ziffern und vergleicht, wie oft jede Ziffer in den Buchführungsunterlagen nach ihrer statistischen Wahrscheinlichkeit auftauchen sollte und wie häufig sie dort wirklich verzeichnet ist.

II. Schätzung in der Betriebsprüfung

> **Beispiel:**
> Die Berechnungs- und Überprüfungsschritte nach dem Chi-Quadrat-Test sollen mit einem einfachen Berechnungsbeispiel verdeutlicht werden (hierzu Blenkers, StBp 2003, 261, 262 f.; siehe auch Burkhard, StBp 2006, 61 f.; Wähnert, StBp 2007, 65 ff.; Freitag, BB 2014, 1693 ff.).

Die Kassenaufzeichnungen (offene Ladenkasse) eines Einzelunternehmens weisen für 365 Tage eines zu überprüfenden Jahres entsprechende Einnahmen aus. Hierbei wird davon ausgegangen, dass sich dieses Unternehmen aufgrund seiner Umsatzstruktur (ideal: umfangreiches Angebot mit unterschiedlichen Einzelpreisen; mengen- und preismäßig schwankende Verkäufe) für den Test eignet. Aus Vereinfachungsgründen soll für dieses Unternehmen ein vereinfachter Test auf der Grundlage der letzten Ziffer vor dem Komma durchgeführt werden. Geht man hier von einer völligen Gleichmäßigkeit beim prozentualen Anteil der einzelnen Ziffern von 0 bis 9 an dieser Stelle aus, dann müsste danach jede Ziffer mit einem Anteil von 36,5 Ziffern vorhanden sein (= 365 Tageseinnahmen). Die durchgeführte Überprüfung führt jedoch zu einem abweichenden Bild.

	erwartet	tatsächlich		Differenz	Differenz/Quadrat
Ziffer 0	36,5	22	–	14,5	210,25 (14,5 × 14,5)
Ziffer 1	36,5	66	+	29,5	870,25
Ziffer 2	36,5	27	–	9,5	90,25
Ziffer 3	36,5	42	+	5,5	30,25
Ziffer 4	36,5	32	–	4,5	20,25
Ziffer 5	36,5	22	–	14,5	210,25
Ziffer 6	36,5	35	–	1,5	2,25
Ziffer 7	36,5	20	–	16,5	272,25
Ziffer 8	36,5	36	–	0,5	0,25
Ziffer 9	36,5	63	+	26,5	702,25
Summe	365	365			2.408,50 (: 36,5 = 65,9)
					Chi-Wert = 65,9

Zur Auswertung des Tests wird die Summe der Differenzen (= 2.408,50) durch die erwartete Anzahl der Ziffern (= 36,5) dividiert. Man gelangt damit zum Ergebnis (= dem sog. Chi-Wert) von 65,9. Danach muss nach mathematischen Grundsätzen beurteilt werden, ob dieser Wert eine kleinere und damit grundsätzlich unbeachtliche zufällige Abweichung beinhaltet oder aber ob hier eine größere Abweichung vorliegt, die einen Hinweis auf eine systematische Abweichung (= fingierte Zahlen) erkennen lässt.

Das vorstehend ermittelte Ergebnis lässt zwar bereits Abweichungen, nicht jedoch deren Bedeutung erkennen. Die Abweichungen können zufällig oder systematisch sein. Die Antwort hierauf gibt die Mathematik mit ihren Tabellen

5 Der Chi-Quadrat-Test

zur mathematischen Statistik (hier: „Stochastik"; mathematische Untersuchungen von Verteilungen).

Auszug:

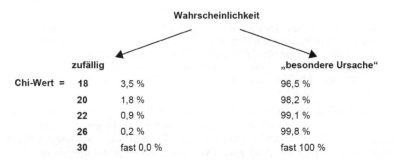

Zieht man diese Tabellen heran, dann werden für den ermittelten Wert „Chi" zwei Wahrscheinlichkeiten angegeben und gegenübergestellt. Hierbei handelt es sich um die prozentuale Wahrscheinlichkeit für eine zufällige Abweichung und für eine aufklärungsbedürftige Abweichung (hier: Hinweis auf eine „besondere Ursache").

Im Bereich zwischen Chi-Werten von 21 und 30 wird man von einer sehr hohen Wahrscheinlichkeit für systematische Abweichungen ausgehen. Überschreitet das Ergebnis den Wert 30, dann dürften eine besondere Ursache und damit eine systematische Abweichung sicher sein. Im überprüften Fall trifft dies zu (= Chi-Wert von 65,9).

Seriöse wissenschaftliche Untersuchungen gehen davon aus, dass man erst bei ca. 10.000 Datensätzen mit adäquaten und aussagekräftigen Ergebnissen mit dem Chi-Quadrat-Test rechnen kann. Die Finanzverwaltung hat eine engere Betrachtungsweise und hält schon Datensätze von 300 möglicherweise für ausreichend, um eine in ihren Augen ausreichende Genauigkeit nach der eben beschriebenen Methode zu erzielen. Damit läuft sie jedoch Gefahr, sich nicht mehr im wissenschaftlich fundierten Rahmen, sondern am Rande der Willkür bzw. der Spekulation zu bewegen.

Die Finanzverwaltung beruft sich auf ein Strafurteil des BGH, das den Einsatz mathematisch-statistischer Verfahren zur Ermittlung der Höhe des Schadens bei betrügerischen kassenärztlichen Abrechnungen, die der Täter schematisiert wiederholt hat, sanktioniert, obwohl nur eine Wahrscheinlichkeitsaussage (mit einer Eintrittswahrscheinlichkeit von 99,5 %) getroffen werden konnte und keine völlige Gewissheit des Tatrichters vorlag (BGH, Urteil vom 14.12.1989, 4 StR 419/89, BGHSt 36, 320, 326 f.).

Der Chi-Quadrat-Test hat bereits zwischenzeitlich zu finanzgerichtlichen Judikaten geführt und ihm wird durchaus ein Beweiswert bei der Überprüfung von Kasseneinnahmen beim Verdacht der Steuerhinterziehung bei einem festge-

II. Schätzung in der Betriebsprüfung

stellten Vermögenszuwachs attestiert. Die Rechtsprechung hat im Fall einer Außenprüfung bei einem Gastwirt in einem Aussetzungsverfahren keinen Anlass gesehen, um von den Hinzuschätzungen des Finanzamts abzuweichen. Es rechtfertigt die Schätzung im summarischen Verfahren mit folgenden Ausführungen:

„Allein die Ergebnisse des Chi-Quadrat-Tests zeigen, dass die Kasseneinnahmen für die Streitjahre offensichtlich nicht zutreffend aufgezeichnet wurden. Ergänzend zeigt jedoch schon eine bloße Ziffernüberprüfung offensichtlich unschlüssige Auffälligkeiten, die nur den Schluss zulassen, dass die Zahlen frei erfunden wurden" (FG Münster, Beschluss vom 05.12.2002, 8 V 5774/02, zitiert bei Drüen, DStR 2004, 18, 22).

Ein Chi-Quadrat-Test kann nur Anhaltspunkte dafür liefern, dass Aufzeichnungen oder Kasseneinnahmen unrichtig sein können. Die diesem Test zugrundeliegenden Wahrscheinlichkeitsüberlegungen können auch bei festgestelltem Vermögenszuwachs einen Nachweis von Einnahmemanipulationen nicht ersetzen. Der Nachweis, dass der Vermögenszuwachs aus unversteuerten Einkünften stammt, erfordert im Regelfall entsprechende Erkenntnisse aus einer Vermögenszuwachsrechnung oder Geldverkehrsrechnung (FG Münster, Beschluss vom 14.08.2003, 8 V 2651/03 E, U, EFG 2004, 9, rkr. mit Anm. Trossen; Seer, in Tipke/Kruse, AO § 162 Tz. 60; hierzu Kratzsch/Rabe, StB 2010, 162, 164 ff. und 191 ff.).

In einem weiteren Judikat wurde die Ordnungsmäßigkeit eines Fahrtenbuches anhand der Chi-Quadrat-Methode unter die Lupe genommen. In dem zu beurteilenden Fall hatte das Finanzamt schon an der Glaubwürdigkeit des Fahrtenbuchs gezweifelt. Kurzerhand überprüfte das Finanzamt die Zahlen mit einem Verfahren aus dem Chi-Quadrat-Test. Im vorliegenden Fall hat das Finanzamt – und dem folgte auch das Finanzgericht – eine nicht erklärbare Ansammlung gleicher Zahlenkonfigurationen als zusätzlichen Anhaltspunkt für das nicht ordnungsgemäß geführte Fahrtenbuch bewertet (FG Münster, Urteil vom 07.12.2005, 1 K 6384/03 E, EFG 2006, 652, rkr.; Watrin/Struffert, DB 2006, 1748, 1750; hierzu Gebbers, StBp 2008, 209 ff. und 290 ff.). Ferner stellte ein Finanzgericht klar, dass ein auffälliger Chi-Quadrat-Test allein kein Grund für die Beanstandung der Buchführung sein kann (FG Rheinland-Pfalz, Urteil vom 24.08.2011, 2 K 1277/10, EFG 2012, 10, rkr. mit Anm. Kühnen = DStRE 2012, 960; hierzu Billy, DB 2010, Heft 48, M 10; Talaska, Stbg 2012, 72).

Im Schrifttum wird begrüßt, dass empirische Methoden inzwischen auch in die Betriebsprüfung Einzug gefunden haben. Sie sind vielfach gut geeignet, Erkenntnisse wissenschaftlich zu untermauern und damit die Entscheidung abzusichern. In diesem Zusammenhang ist das Bejahen von statistischen Methoden durch die Rechtsprechung positiv zu bewerten. Ein stärkerer interdisziplinärer Austausch zwischen Betriebswirtschaftslehre, Rechtswissenschaft und Statistik erscheint angesichts der ständig steigenden Komplexität wirtschaftlicher und wirtschaftskrimineller Tatbestände geboten. Voraussetzung für die Aufdeckung von Manipulationen einerseits und die Vermeidung von ungerechtfertigten Beschuldigungen andererseits ist aber die sachgerechte Anwendung der statistischen Methoden. Angesichts der Komplexität ist ein unbedachtes Durchführen gefährlich. Insbesondere müssen die Anwendungsvoraussetzungen (vor allem der Umfang der zu testenden Daten sowie die Bestimmung der zu testenden Verteilung) in jedem Einzelfall geprüft werden. Entsprechend muss auch die Deutung der Ergebnisse statistischer Tests sorgsam vorgenommen werden, wobei das festgelegte Signifikanzniveau eine entscheidende Rolle spielt (Watrin/Stuffert, DB 2006, 1748, 1750).

Beim Durchforsten der Kassenbücher sollte also überprüft werden, ob nicht unbewusst bestimmte Zahlenkonfigurationen vorgefunden werden. Dies könnte ein Anhaltspunkt sein, dass die Buchhaltung im Nachhinein nach einem bestimmten schematischen Tableau manipuliert worden sein kann. Damit kann die Ordnungsmäßigkeit der Kassenbuchführung erschüttert werden und bietet somit der Finanzverwaltung Anhaltspunkte für eine Schätzung nach der Geldverkehrs- und Vermögenszuwachsrechnung. Jedoch muss man auch nach Gegenargumenten suchen. So können beispielsweise bestimmte Kaufleute damit argumentieren, dass sie bei der Preisaufzeichnung die Zahl 9 überproportional verwenden, was dann auch systematisch in die Buchführung einfließen kann. Von Extremfällen einmal abgesehen, sollte die Methode nur zur griffweisen Hinzuschätzung von Einkünften im schlimmsten Falle führen, die jedoch wegen der beschriebenen Unwägbarkeiten wegen des Grundsatzes „in dubio pro reo" kaum strafrechtliche Relevanz entfalten kann.

Die Ergebnisse aus einem Chi-Quadrat-Test können den Nachweis einer Steuerhinterziehung somit nicht ersetzen (FG Münster, Urteil vom 07.12.2005, 1 K 6384/03 E, EFG 2006, 652, rkr.). Die Rechtsprechung befindet sich also noch in einer Explorationsphase. Dennoch kann Folgendes festgehalten werden: Auf das Ergebnis eines Chi-Quadrat-Tests **allein** kann daher eine Hinzuschätzung im Rahmen einer Betriebsprüfung nicht gestützt werden. Der Test liefert insoweit lediglich Anhaltspunkte für eine **formelle Fehlerhaftigkeit** der Kassenaufzeichnungen. Er lässt aber – anders als z.B. eine Aufschlagskalkulation oder Geldverkehrs- bzw. Vermögenszuwachsrechnung – **keine Rückschlüsse auf die Höhe** der nicht in der Kasse erfassten Einnahmen zu (zu den praktischen Anwendungsfragen instruktiv Wähnert, StBp 2012, 241 ff.; Bachmann/Richter/Steinborn, StBp 2019, 38 ff.).

6 Folgen der Vernichtung von Unterlagen

Gegenüber dem sog. Beweisverderber sind in steuerlicher Hinsicht grobe Schätzungen zulässig. Wird während einer Außenprüfung festgestellt, dass der Stpfl. über bisher dem FA verschwiegene Sparguthaben in beträchtlicher Höhe verfügte, und **vernichtet der Stpfl.** daraufhin **seine Buchführungsunterlagen** für Jahre vor dem Prüfungszeitraum, die angeblich auswiesen, dass die Sparguthaben aus in der Buchführung erfassten Betriebseinnahmen stammten, dann widerspricht es nicht den Denkgesetzen und allgemeinen Erfahrungssätzen, wenn das FG zu der Überzeugung gelangt und bei der Schätzung der Umsätze und Gewinne davon ausgeht, die Mittel für die Sparguthaben stammten aus nicht versteuerten Betriebseinnahmen (BFH, Urteil vom 18.07.1990, I R 40/85, BFH/NV 1991, 427).

II. Schätzung in der Betriebsprüfung

In einem weiteren Judikat, das ein gehobenens italienisches Speiserestaurant betraf, wurde der Rechtssatz aufgestellt, dass bei Manipulationsmöglichkeiten, infolge der ausschließlichen Abwicklung von Bargeschäften und bei vom Steuerpflichtigen zu vertiefenden fehlenden Überprüfungsmöglichkeiten lediglich eine grobe Schäzung (dort Richtsatz-Schätzung) geboten sei. (BFH, Beschluss vom 19.09.2001 XI B 7/01 n.v.)

7 Schätzung von Zinseinkünften

Sind angeblich darlehensweise aus dem Ausland hereingekommene Geldmittel als Eigenmittel anzusehen, kommt eine Hinzuschätzung von Einkünften bis zur Höhe dieses Betrags in Betracht. Ist davon auszugehen, dass die **Mittel im Ausland** während des gesamten Streitzeitraums **verzinslich angelegt waren**, hat sich die Schätzung auf den Ansatz von Zinsen zu beschränken (BFH, Urteil vom 29.01.1992, X R 145/90, BFH/NV 1992, 439). Ist es unwahrscheinlich, dass vom Betriebsprüfer festgestellte ungeklärte Einlagen aus nicht erklärten Betriebseinnahmen stammen, so können die Einlagen jedoch aus einem dem FA verschwiegenen Kapitalvermögen herrühren, so dass eine Zuschätzung von Zinseinnahmen möglich ist (FG Düsseldorf, Urteil vom 14.10.2002, 17 K 7587/99 E, DStRE 2003, 659; bestätigt durch BFH, Urteil vom 07.05.2004, IV B 221/02, BFH/NV 2004, 1367).

Das FA darf im Schätzungswege davon ausgehen, dass Bargeldvermögen verzinslich angelegt wurde und damit Einkünfte aus Kapitalvermögen erzielt wurden, wenn die Ungewissheit im Sachverhalt allein darauf beruht, dass die Stpfl. die ihnen obliegenden Mitwirkungspflichten in erheblichem Umfang verletzt haben (FG Baden-Württemberg, Urteil vom 26.11.2010, 10 K 43/10, EFG 2011, 804, rkr. mit Anm. Geuenich, BB 2011, 1192).

Legt der Stpfl. steuererhebliche Tatsachen, die überwiegend oder ausschließlich im Bereich seines Wissens und in seiner Einflusssphäre angesiedelt sind, nicht offen, führt diese Verletzung seiner Mitwirkungspflichten dazu, dass die Entscheidung nicht nach den Regeln der objektiven Beweislast (Feststellungslast) zu treffen ist. Die Sachaufklärungspflicht und das Beweismaß mindern sich, in entsprechendem Maße reduziert sich die Ermittlungspflicht der Behörde. Die Grenze der zumutbaren Mitwirkung verschiebt sich umso mehr zu Lasten des Stpfl., je persönlicher, personenbezogener, ungewöhnlicher, verwickelter, schwerer zugänglich, atypischer oder undurchsichtiger die behaupteten Verhältnisse sind.

Nach der Rspr. des BFH spricht eine allgemeine Lebenserfahrung dafür, dass hohe Geldbeträge sowie Erlöse aus Wertpapieren, wenn sie nicht alsbald benötigt werden, zins- und ertragsbringend angelegt werden (FG Münster, Urteil vom 24.04.2012, 6 K 4728/09 E, EFG 2012, 1764, bestätigt durch BFH, Beschluss vom 09.10.2012, VIII R 23/12 n.v.).

Der Grundsatz „in dubio pro reo" ist auch im Besteuerungsverfahren anzuwenden, wenn das Finanzamt Hinzuschätzungen wegen Steuerhinterziehungen

7 Schätzung von Zinseinkünften

vornehmen will (vgl. BFH, Urteil vom 07.11.2006, VIII R 81/04, BStBl. II 2007, 364; BFH, Beschluss vom 20.09.2007, VIII B 66/07, BFH/NV 2007, 2246; vgl. auch BFH, Beschluss vom 18.06.2013, VIII B 92/11, BFH/NV 2013, 1448).

Kommt der Stpfl. seinen Mitwirkungspflichten nicht nach, so kann bei Vorliegen von CD-Daten aus Liechtenstein das dort liegende Kapital samt der entsprechenden Zinsen unter Berücksichtigung des Umstands, dass dort das Mindestkapital für eine Stiftung 3 Mio. DM beträgt, geschätzt werden (FG Baden-Württemberg, Urteil vom 27.01.2011, 13 K 5726/08, DStRE 2012, 1208, rkr.).

Es gibt keinen allgemein gültigen Grundsatz, sondern nur eine Vermutung, dass nicht benötigte Gelder zinsträchtig angelegt und einkommensteuerbare Einkünfte erzielt werden. Eine allein darauf gestützte Verurteilung wegen Steuerhinterziehung ist aus tatsächlichen Gründen nicht möglich (AG Nürnberg, Urteil vom 02.08.2012, 46 Ds 513 Js 1382/11 (rechtskräftig), NZWiSt 2013, 475, BeckRS 2013, 20680).

Aus dem Vorhandensein eines bestimmten Vermögens kann nicht ohne Weiteres mit der für die Feststellung einer Steuerhinterziehung erforderlichen Sicherheit auf das Vorhandensein dieses Vermögens bereits zu einem früheren Zeitpunkt – lediglich in abgezinster Höhe – geschlossen werden. Dazu bedarf es vielmehr der weiteren Feststellung, dass ein zwischenzeitlicher Vermögenszuwachs ausgeschlossen werden kann.

Das Vorhandensein eines Vermögens zu einem bestimmten Zeitpunkt reicht – selbst bei Annahme eines verminderten Beweismaßes wegen Verletzung der Mitwirkungspflichten – nicht aus, um dem Steuerpflichtigen den entsprechenden Kapitalstamm auch in den Folgejahren unverändert als Grundlage der Erzielung von Einkünften aus Kapitalvermögen zuzurechnen, wenn Anhaltspunkte dafür vorhanden sind, dass das Depotkonto im betreffenden Zeitraum nicht mehr vorhanden war.

Der Grundsatz in dubio pro reo schließt es aus, die – grundsätzlich zulässige – Schätzung der Höhe der hinterzogenen Steuern auf ein reduziertes Beweismaß und bloße Wahrscheinlichkeitserwägungen zu stützen und an der oberen Grenze des Schätzungsrahmens auszurichten. Erforderlich ist vielmehr, dass das FG auf der Grundlage des Gesamtergebnisses des Verfahrens (§ 96 Abs. 1 Satz 1 FGO i.V.m. § 162 AO) von der Höhe der Steuerhinterziehung in jedem der Schätzung überzeugt ist.

Das Urteil illustriert die besondere Problematik, die bei der Schätzung von aus dem Ausland stammenden Einkünften aus Kapitalvermögen (die über Datenträger bekannt werden) gegeben ist: In einem ersten Schritt ist grundsätzlich zu klären, ob die Daten überhaupt unverfälscht und „richtig" sind, in einem zweiten Schritt muss sich das Gericht dann für jedes (Folge-)Jahr die Überzeugung bilden und begründen, dass der Steuerpflichtige das entsprechende Guthaben (weiterhin) zur Erzielung von Einkünften aus Kapitalvermögen einsetzen konnte und eingesetzt hat. Die Feststellung des Vorliegens von Kapitalvermögen zu einem Stichtag soll nicht für eine pauschale Würdigung ausreichen, der

II. Schätzung in der Betriebsprüfung

Steuerpflichtige habe aus diesem Kapital auch in den Folgejahren unverändert Einnahmen aus Kapitalvermögen erzielt (BFH, Urteil vom 03.12.2019, VIII R 23/16 BFH/NV 2020, 853 m. Anm. Brill, NWB 2020, 2358 f.).

Das FG muss unter dem Gesichtspunkt der Gewährung rechtlichen Gehörs nicht jede Änderung oder Abwandlung der Schätzungsmethode im Vorhinein offenlegen, wenn und soweit die betreffenden Schätzungsmethoden einander ähnlich oder voneinander abgeleitet sind. Allerdings ist ein Hinweis nach § 76 Abs. 2 FGO geboten, wenn das FG eine Schätzungsmethode anwenden will, die den bereits erörterten Schätzungsmethoden nicht mehr ähnlich ist oder die Einführung neuen Tatsachenstoffs erforderlich wird.

Bei der Schätzung selbst und insbesondere auch bei der Frage, welche Schätzungsmethode dem Ziel am besten gerecht wird, die Besteuerungsgrundlagen durch Wahrscheinlichkeitsüberlegungen so zu bestimmen, dass sie der Wirklichkeit möglichst nahe kommen, handelt es sich grundsätzlich um Tatsachenfeststellungen des FG. Das Revisionsgericht ist daran nach Maßgabe des § 118 Abs. 2 FGO gebunden, d. h., es prüft lediglich auf Rechtsverstoß, insbesondere auf Verstoß gegen die Denkgesetze und Erfahrungssätze, sofern nicht in Bezug auf die tatsächlichen Feststellungen des FG zulässige und begründete Revisionsgründe vorgebracht sind (BFH, Urteil vom 03.12.2019, X R 5/18 BFH/NV 2020, 698 unter Bestätigung von BFH, Urteil vom 22.07.2010, IV R 30/08, BStBl. II 2011, 210).

8 Nachkalkulation

Ist die Buchführung formell in Ordnung, so kann ihr Ergebnis im Wege einer **Nachkalkulation.** nur dann durchbrochen werden, wenn diese einwandfrei ist; an die Nachkalkulation sind strenge Anforderungen zu stellen, da jene infolge ihres Schätzungscharakters mit Unsicherheiten verbunden ist (BFH, Urteil vom 25.06.1970, IV 17/85, BStBl. II 2007, 838).

Bei Handelsbetrieben ist für eine Nachkalkulation insbesondere erforderlich:
- eine ausreichende Aufgliederung des Wareneinsatzes,
- eine sorgfältige Ermittlung der Aufschlagsätze,
- dass der Nachweis ausschließlich mit Überlegungen aus den besonderen Verhältnissen des geprüften Betriebs geführt wird (BFH, Urteil vom 17.11.1981, VIII R 174/77, BStBl. I 1982, 430, 434 f.).

Hinweis:
Unzulässig ist es also z. B., wenn teilweise ein äußerer Betriebsvergleich angestellt wird, indem für einige Warenarten die Aufschlagsätze anderer Betriebe übernommen werden. Diese Vorgehensweise ist allerdings zulässig, wenn
- aus Buchführungsmängeln auf die sachliche Unrichtigkeit geschlossen werden kann oder
- der Steuerpflichtige einer Befragung aus dem Weg geht oder

– sich Angaben des Steuerpflichtigen zur Kalkulation als unrichtig herausstellen. Bei geringfügiger Abweichung der Nachkalkulation vom Buchführungsergebnis muss in Erwägung gezogen werden, dass die Abweichung auf Schätzungsunschärfen beruhen kann; bei Abweichungen innerhalb des Unschärfebereichs ist eine Schätzung nicht zulässig (BFH, Urteil vom 26.04.1983, VIII R 38/82, BStBl. II, 1983, 618).

Häufig auftretende Schwächen einer Nachkalkulation sind: Schätzung (nicht Feststellung) von Eigenverbrauch, Freilagen, Warenverderb, Personalbeköstigung; Übertragung des für ein Jahr ermittelten Rohgewinnaufschlags auf andere Jahre.

Stützt das FA eine Hinzuschätzung auf die Durchführung einer Kalkulation, ist es verpflichtet, sowohl die Kalkulationsgrundlagen als auch die Ergebnisse der Kalkulation sowie die Ermittlungen, die zu diesen Ergebnissen geführt haben, offenzulegen. Wurde die Kalkulation in elektronischer Form durchgeführt, kann der Steuerpflichtige einen Anspruch auf Übermittlung der Kalkulationsgrundlagen in elektronischer Form haben (BFH, Beschluss vom 20.07.2013, X B 213/15, X B 4/16, BFH/NV 2016, 1679).

Die Richtigkeitsvermutung einer formell ordnungsgemäßen Buchführung ist nur entkräftet, wenn das FA nachweist, dass das Buchführungsergebnis sachlich nicht zutreffen kann. Dazu kann eine Nachkalkulation von Umsätzen einer Cocktailbar nur dann herangezogen werden, wenn sie sich auf die tatsächlich gehandelten Getränke und deren Verkaufspreise bezieht. Das ist nicht der Fall, wenn der Prüfer die Mixgetränke nicht als solche kalkuliert, sondern für deren Einzelbestandteile (teils geschätzte) Verkaufspreise ansetzt (Sächsisches FG, Urteil vom 26.10.2017 6 K 841/15 EFG 2018, 165, 168 f. rkr. mit Anm. Pfützenreuter).

Zur betriebswirtschaftlichen Nachkalkulation im Rahmen einer Betriebsprüfung siehe Haas, DStR 2015, 600 ff.

Sehr umstritten ist, ob eine sog. **Quantilsschätzung** bei Einnahmeüberschussrechnung für Besteuerungszwecke statthaft ist. Zu dieser Problematik sind folgende Judikate ergangen:

Die Quantilschätzung stellt nicht lediglich eine Verprobungs-, sondern eine Schätzungsmethode dar, sofern sich die materielle Unrichtigkeit der Buchführung bereits aus anderen Gründen ergibt.

Bei der Methode der Quantilschätzung wird aus den betriebseigenen Daten des Steuerpflichtigen eine Spannbreite des „Normalen" herausgelesen. Dazu werden Prozentränge – sog. Quantile –, die zur Einteilung der Datenmenge in den Standardbereich, in schwache und starke Ausreißer verwendet werden bestimmt. Überträgt man dabei die Verhältnisse der Standardnormalverteilung, definiert sich der Bereich Mittelwert plus/minus mittlerer Abweichung – die sog. Standardabweichung – mit dem 16-%- und dem 84-%-Quantil. Die 68% der dazwischenliegenden Daten umfassen die „Normalfälle". Diese Erkennt-

II. Schätzung in der Betriebsprüfung

nisse werden bei der Quantilschätzung dazu genutzt, um noch einmal vorsichtiger zwischen dem 20-%- und dem 80-%-Quantil der betriebseigenen Werte zum monatlichen Aufschlagssatz oder Wareneinsatz den Regelgeschäftsbereich festzustellen, also den normalen Betriebsverlauf ohne relevante Ausreißer. Mit der vorsichtigen Wahl des obersten Wertes aus dem 80-%-Quantil soll bei der Schätzungsmethode die objektivierte Leistungsfähigkeit unabhängig von Extremwerten oder der Länge des Prüfungszeitraums berücksichtigt werden und alle betriebliche Besonderheiten umfasst werden.

Die Methode ist danach grundsätzlich geeignet, bei einer nicht ordnungsgemäßen Buchführung unter Heranziehung der betriebsinternen Daten eine Hinzuschätzung vorzunehmen. Es handelt sich zudem um einen inneren Betriebsvergleich, der grundsätzlich besser geeignet ist, das wahrscheinliche Ergebnis zu liefern als ein äußerer Betriebsvergleich (FG Hamburg, Beschluss vom 31.10.2016, 2 V 2012/16, EFG 2017, 265, rkr.; FG Hamburg, Urteil vom 05.03.2018, 3 K 205/15 EFG 208, 1081, 184f., mit Anm. Bleschick; zwischenzeitlich rkr.; hierzu Becker/Schumann/Wähnert, DStR 2017, 1243, 1247, zu Verteidigungsmöglichkeiten vor dem Finanzgericht bei überhöhten Schätzungen aufgrund eines äußeren Betriebsvergleichs eingehend Peters, Stbg 2020, 307 ff.).

Die sog. Quantilsschätzung stellt keine zulässige Methode zur schätzungsweisen Ermittlung von Besteuerungsgrundlagen i.S.d. § 162 AO dar. Sie kann allenfalls als Verprobungsmethode Hinweise auf sog. Ausreißerwerte bieten, die sodann zu weiteren Ermittlungen Anlass geben (FG Berlin-Brandenburg, Beschluss vom 24.08.2016, 5 V 5089/16, EFG 2017, 12; vgl. a. BFH, Beschluss vom 12.07.2017, X B 16/17 BFH/NV 2017, 1204, 1212f. = DB 2017, 1936f. mit Anm. Moritz = EStB 2017, 356 mit Anm. Günther; hierzu ausführlich Einhorn, DStR 2017, 2470ff.; Wulf/Schüller, DB 2018, 328ff.; vgl. a. FG Berlin-Brandenburg, Beschluss vom 24.08.2016, 5 V 5089/16, EFG 2017, 12f. mit Anm. Hartmann, DStRE 2017, 885 rkr.; FG Hamburg, Beschluss vom 31.10.2016, 2 V 202/16 EFG 2017, 265, 269f. rkr. mit Anm. Kühnen, wonach bei einer vorgenommenen Quantilsschätzung die Rechtsprechungsgrundsätze zum Zeitreihenvergleich heranzuziehen sind; hierzu Herrfurth, StuB 2017, 847 ff.; hierzu kritisch Becker/Schumann/Wähnert, DStR 2017, 1243, 1247.).

9 Geldverkehrs- und Vermögenszuwachsrechnung (Methoden zur Aufdeckung von Schwarzgeldern)

Steuerpflichtigen, die einen Großteil der Einkünfte – insbesondere aus Schwarzgeldkonten – nicht versteuert haben, versucht die Betriebsprüfung mit der **Vermögenszuwachsrechnung** (VZR) und der **Geldverkehrsrechnung** (GVR) auf die Schliche zu kommen. Schließlich kann ein ungeklärter Vermögenszuwachs, der mit Hilfe der **Vermögenszuwachsrechnung** ermittelt wird, auch bei formell ordnungsgemäßer Buchführung zu der Annahme berechtigen, er stamme aus unversteuerten Einkünften. Ihre Beweiskraft können Vermögenszuwachs- und Geldverkehrsrechnung nur bei logischer und sachlicher fehlerfreier Erstellung abwickeln. Beide Berechnungsmethoden beruhen auf dem **Grundgedanken**, dass niemand mehr ausgeben kann, als er eingenommen hat.

Diese beiden Verprobungs- und Schätzungsmethoden stellen die wirtschaftliche Situation des Steuerpflichtigen umfassend dar, sollen dessen **vollständige Durchleuchtung** ermöglichen.

GVR und VZR beruhen auf der Überlegung, dass niemand für Konsum und Vermögensbildung mehr ausgeben kann, als ihm – für das Finanzamt aus den Steuerakten erkennbar – zur Verfügung steht. Stellt der Finanzbeamte mit Hilfe einer GVR oder VZR fest, dass der Steuerzahler mehr verbraucht hat, als ihm zur Verfügung stand, oder dass der Zuwachs an Vermögen höher war, als das versteuerte Einkommen dieses Zeitraums, so steht für das Finanzamt zunächst einmal – in Form einer widerlegbaren Vermutung – fest, dass Einkünfte nicht versteuert wurden. Kann der Steuerpflichtige diese Vermutung nicht glaubwürdig widerlegen, so ist er mit dem Vorwurf der Steuerhinterziehung konfrontiert; **Strafe** und **Hinterziehungszinsen** stehen dann also zusätzlich zu einer **steuerlichen Nachforderung** drohend im Hintergrund.

Zweck der GVR ist, **alle Geldflüsse zu erfassen**. Die Schätzungsmethode der GVR weist unabhängig von Buchführungsmängeln eine Gewinnverkürzung nach und muss gerade deswegen strengen Anforderungen genügen: überschaubarer Vergleichszeitraum, Ansatz von Anfangs- und Endbeständen, keine Berücksichtigung von Verhältnissen außerhalb des Vergleichszeitraums, Unterscheidung zwischen Gesamt- und Teilrechnung, Vollständigkeit (BFH, Urteil vom 02.03.1982, VIII R 225/80, BStBl. II 1984, 504).

Bei der VZR wird ein **Vermögensvergleich** angestellt (Die Terminologie ist streitig. Grundgedanke sowohl von GVR als auch von VZR ist, die **verfügbaren Mittel** mit der **Mittelverwendung** zu vergleichen. Nach der Rechtsprechung des BFH lassen sich beide Rechnungen ineinander überführen).

Varianten der GVR:

- Gesamt-GVR (erfasst alle privaten und betrieblichen Mittel des Steuerpflichtigen)
- Private GVR (wird erstellt, wenn die betriebliche Gewinnermittlung nicht zu beanstanden ist)
- Betriebliche GVR (geringe praktische Bedeutung)

Da GVR und VZR zum Aufspüren nicht versteuerter Einnahmen dienen, werden sie nicht nur von Betriebsprüfern, sondern auch gern von Steuerfahndern eingesetzt.

II. Schätzung in der Betriebsprüfung

Der Betriebsprüfer benutzt die GVR

- als **Verprobungsmethode** (zur Überprüfung einer formell ordnungsgemäßen Buchführung); Ziel: Auffinden von „Knackpunkten",
- als Grund für **Zuschätzungen** (wenn GVR oder VZR zur Feststellung von sog. Verwendungsüberhängen oder Vermögenszuwächsen führten),
- als Schätzungsmethode (andere Schätzungsmethoden sind z. B. die Richtsatzschätzung oder die Nachkalkulation).

Folgende Feststellungen können den Prüfer zur Anfertigung einer GVR oder VZR veranlassen:

1. unregelmäßige, vor allem **geringe** ungebundene **Entnahmen**
2. auffällige, in der Herkunft unklare, insbesondere **hohe Einzahlungen auf private Konten**
3. nicht plausible **Bareinlagen** in den Betrieb
4. größere **private Vermögenszugänge**
5. fragwürdige **Darlehen**

Gesamt-Vermögenszuwachsrechnung

A. Erklärbares Anfangsvermögen und Zugang

1. Anfangsreinvermögen
2. steuerpflichtige Einkünfte
3. Erlöse aus nicht steuerpflichtigem Verkauf von Vermögenswerten
4. Erbschaften und erhaltene Schenkungen
5. erzielte Wett-, Spiel- und Lotteriegewinne

SUMME A

B. Festgestelltes Endvermögen und Abgang

6. entstandene Lebenshaltungskosten
7. entstandene Privatsteuern und andere konkrete Privatausgaben
8. Anfangsbestand und nichteinkünftemindernde Aufwendungen
9. Aktivschenkungen
10. fiktive Einkünfteteile
11. nichteinkünftemindernd erfasste Abschreibungen beim Endreinvermögen
12. Endreinvermögen

SUMME B

C. Ergebnis

A > B = ungeklärter Vermögensminderung A < B = ungeklärter Vermögenszuwachs

9 Geldverkehrs- und Vermögenszuwachsrechnung

Gesamt-Geldverkehrsrechnung

A. Erklärbare Anfangsgeldbestände und Zugang

1. Anfangsgeldbestände
2. steuerpflichtige Einkünfte (durch Überschussrechnung ermittelt)
3. fiktive Ausgaben einschl. AfA bei allen Einkunftsarten
4. Bruttoeinnahmen aus nicht steuerpflichtigem Verkauf von Vermögenswerten
5. Erbschaften, Schenkungen (nur Gelderbschaften, -schenkungen)
6. Wett-, Spiel- und Lotteriegewinne (vereinnahmte Beträge)
7. Sonstige nicht steuerpflichtige Erträge (vereinnahmte Beträge)
8. Geldzuflüsse aus einkünfteneutralen Geldschuldaufnahmen
9. Geldzuflüsse aus einkünfteneutralem Eingang von Geldforderungen

SUMME A

B. Festgestellte Endgeldbestände und Abgang

10. entstandene Lebenshaltungskosten (verausgabte Beträge)
11. entstandene Privatsteuern und andere konkrete Privatausgaben (verauslagte Beträge)
12. nichteinkünftemindernde abgeflossen Geldausgaben für nicht im Endgeldbestand enthaltene Vermögenswerte
13. Aktivschenkungen (nur Geldschenkungen)
14. nicht in Geld zugeflossene Einkünftebestandteile aus allen Einkunftsarten
15. Rückzahlungen auf Geldschulden
16. Auszahlungen auf gewährte Gelddarlehen
17. Endgeldbestände

SUMME B

C. Ergebnis

Stimmen die Summen A und B überein, so kann unterstellt werden, dass alle Geldvorgänge (Bestände, Einnahmen und Ausgaben) richtig erfasst wurden.

Ergibt sich ein Fehlbetrag – wie oben –, so kann das folgende Ursachen haben:

- Einnahmen wurden dem Finanzamt zu gering erklärt (Schwarzeinkünfte),
- Ausgabe wurden zu hoch erklärt (es war also – so die Vermutung des Finanzamts – Schwarzgeld vorhanden).

Hinweis:
Als Berater müssen Sie Ihren Mandanten darauf hinweisen, dass bei den von ihm getätigten Privatinvestitionen bzw. hohe Einlagen in den Betrieb für die Finanzverwaltung nachvollziehbar sein muss, woher die Mittel kommen. Hierzu sind Dokumentationen erforderlich. Allgemeine Ausreden (Lotto-Gewinne, Spiel-

bank-Gewinne o. Ä.) sind nicht ausreichend. Bei der Behauptung, dass die Mittel von Darlehen von Familienangehörigen stammen, sind entsprechende Dokumente erforderlich. Es werden ggf. die Steuerakten der betroffenen Familienangehörigen hinzugezogen, um zu prüfen, ob diese finanziell überhaupt in der Lage sind, solche Darlehen zu gewähren. Bei ausländischen Verwandten sind entsprechende eidesstattliche Versicherungen und ggf. Übersetzungen eines amtlich zugelassenen Dolmetschers rechtzeitig herbeizuschaffen.

Die Durchführung einer Geldverkehrs- oder Vermögenszuwachsrechnung nach den von der Rechtsprechung aufgestellten Grundsätzen ist dann nicht erforderlich, wenn die finanziellen Dispositionen des Stpfl. Auslandsbezug haben, der Stpfl. als Verfügungsberechtigter über verschiedene und auf fremde Namen lautende Konten auftritt, und er nicht nur seinen Mitwirkungspflichten i. R. der ihm obliegenden Prozessförderungspflicht nicht nachkommt, sondern während des Verfahrens unterschiedliche und sich widersprechende Angaben zur Entwicklung seines Vermögens macht (Hessisches FG, Urteil vom 24. 04. 1990, 10 K 5057/88, EFG 1991, 228).

10 Zeitreihenvergleich

Die Schätzungsmethode des **sog. Zeitreihenvergleichs** ist eine Form des **inneren Betriebsvergleichs**, bei der der Betriebsprüfer von vorhandenen betriebsinternen Zahlen ausgeht und diese zum Gesamtergebnis eines

Besteuerungsabschnitts weiterentwickelt (hierzu Burkhard, StBp, 2006, 61 ff.; Wiggen, StBp 2008, 168 ff.; Kratzsch/Rabe, StB 2010, 191 ff.).

> **Beispiel:**
> Der Prüfer errechnet unter Zugrundelegung eines Zeitblocks von zehn Wochen den durchschnittlichen Rohgewinnaufschlagsatz einer Woche. Dabei geht er von der Annahme aus, dass neue Wareneinkäufe grundsätzlich erst erfolgen, wenn die zuvor gekaufte Ware größtenteils verbraucht ist. Er verteilt deshalb die gebuchten Wareneinkäufe gleichmäßig bis zum nächsten Einkaufstermin, um eine wochenweise Zuordnung der Wareneingänge zu erreichen. Den für eine Woche (auf der Basis von zehn Wochen) ermittelten Rohgewinnaufschlagsatz rechnet er auf den Prüfungszeitraum (drei Jahre) hoch.

Die Vorgehensweise im Beispiel kann nur dann zu zutreffenden Schätzungsergebnissen bei Umsatz und Gewinn führen, wenn davon ausgegangen werden kann, dass der für eine Teilperiode des Unternehmens festgestellte (Rohgewinn-)Aufschlagsatz auch für die übrige Zeit der Streitjahre **repräsentativ** ist. Das ist bei saisonalen Schwankungen nicht der Fall (FG Münster, Beschluss vom 19. 08. 2004, 8 V 3055/04 G, EFG 2004, 1810, rkr.). Weitere Schwachstellen des Zeitreihenvergleichs sind:

10 Zeitreihenvergleich

- Es ist nicht festgestellt, welche Waren wann tatsächlich verbraucht wurden.
- Auch bei normalem Geschäftsverlauf können Schwankungen auftreten, so dass es zu einem verzerrten Schätzungsergebnis führt, wenn ohne statistische Absicherung einzelne Zeiträume ausgewählt und dann für ein Jahr oder den ganzen Prüfungszeitraum zugrunde gelegt werden.

Zu den Anforderungen an die Schätzung mittels eines Zeitreihenvergleichs hat der Bundesfinanzhof folgende bahnbrechenden differenzierenden Grundsätze aufgestellt:

Besteht grundsätzlich eine Manipulationsmöglichkeit der Registrierkasse und können keine Programmierunterlagen vorgelegt werden, ist es Aufgabe des Steuerpflichtigen, anhand geeigneter (Ersatz-)Unterlagen, ggf. unter Hilfestellung des Kassenherstellers, darzulegen, wie die Kasse programmiert worden ist.

Die sog. **„30/70-Methode"** (Getränke vs. Speisen) ist grundsätzlich eine geeignete Schätzungsmethode, die auf betriebsinternen Daten aufbaut. (BFH, Beschluss vom 11.01.2017, X B 104/16, BFH/NV 2017, 561), s. auch Nieders. FG, Urteil vom 10.05.2016, 8 K 175/15 n. v.; hierzu Greff, DB 2017, 1117f.

Die Durchführung eines Zeitreihenvergleichs setzt voraus, dass im Betrieb das Verhältnis zwischen dem Wareneinsatz und den Erlösen im betrachteten Zeitraum weitgehend konstant ist. Es darf zudem im maßgebenden Zeitraum nicht zu solchen Änderungen in der Betriebsstruktur gekommen sein, die – nicht anderweitig behebbare – wesentliche Unsicherheiten bei der Aufstellung und Interpretation des Zahlenwerks mit sich bringen. Bei einer Buchführung, die formell ordnungsgemäß ist oder nur geringfügige formelle Mängel aufweist, kann der Nachweis der materiellen Unrichtigkeit grundsätzlich nicht allein aufgrund der Ergebnisse eines Zeitreihenvergleichs geführt werden. Ist die Buchführung formell nicht ordnungsgemäß, sind aber materielle Unrichtigkeiten der Einnahmeerfassung nicht konkret nachgewiesen, können die Ergebnisse eines Zeitreihenvergleichs nur dann einen Anhaltspunkt für die Höhe der erforderlichen Hinzuschätzung bilden, wenn andere Schätzungsmethoden, die auf betriebsinternen Daten aufbauen oder in anderer Weise die individuellen Verhältnisse des jeweiligen Steuerpflichtigen berücksichtigen, nicht sinnvoll einsetzbar sind. Bei verbleibenden Zweifeln können Abschläge in einem Umfang geboten sein, der über eine bloße Abrundung hinausgeht. Steht bereits aus anderen Gründen fest, dass die Buchführung sowohl formell als auch materiell unrichtig ist, und übersteigt die nachgewiesene materielle Unrichtigkeit eine von den Umständen des Einzelfalles abhängige Bagatellschwelle, können die Ergebnisse eines – technisch korrekt durchgeführten – Zeitreihenvergleichs auch für die Ermittlung der erforderlichen Hinzuschätzung der Höhe nach herangezogen werden, sofern sich im Einzelfall keine andere Schätzungsmethode aufdrängt, die tendenziell zu genaueren Ergebnissen führt und mit vertretbarem Aufwand einsetzbar ist. Bei einem programmierten Kassensystem stellt das Fehlen der aufbewahrungspflichtigen Betriebsanleitung sowie der Protokolle nachträglicher Programmänderungen einen formellen Mangel dar,

II. Schätzung in der Betriebsprüfung

dessen Bedeutung dem Fehlen von Tagesendsummenbons bei einer Registrierkasse oder dem Fehlen von Kassenberichten bei einer offenen Ladenkassen gleichsteht und der daher grundsätzlich schon für sich genommen zu einer Hinzuschätzung berechtigt (BFH, Urteil vom 25.03.2015, X R 20/13, BStBl. II 2015, 743 mit Anm. Brandt, StBp 2015, 304 ff. und Abele, BB 2015, 1968; Brand, DB StR kompakt DB 1086950; siehe ergänzend BFH, Beschluss vom 12.07.2017, X B 16/17 BFH/NV 2017, 1204, 1208; BFH, Urteil vom 23.07.2019 XI R 48/17, BStBl. II 2019, 763; hierzu eingehend Kulosa, DB 2015, 1797 ff.; Bahlburg, StuB 2015, 851 ff.); Wähnert, StB 2016, 61 ff., Wolerski, Stbg 2016, 268 ff., Spatschek/Falk, Stbg 2016, 296 ff.; zu methodischen Hinweisen zum Umgang mit nicht behebbaren Messunsicherheiten im Rahmen der statistischen Datenanalyse und Steuerschätzung eingehend Nordhoff, DB 2020, 417 ff.

Werden für ein programmierbares elektronisches Kassensystem (hier PC-Kasse) anlässlich einer Ap weder Bedienungsanleitung noch Programmdokumentationen für die in den Streitjahren verwendete Programmversion vorgelegt, führt dies zu einem formellen Buchführungsmangel, der zu einer Hinzuschätzung berechtigt (Anschluss an BFH, Urteil vom 25.03.2015 X R 20/13, BFHE 249, 390, BStBl. II 2015, 743).

Wenn fortlaufend vergebene Rechnungsnummern in der Journaldatei positive Umsatzdaten zugeordnet werden, in den den Steueranmeldungen zugrunde liegenden Kassenaufzeichnungen hingegen nur 0 €-Beträge, ohne dass korrespondierende Stornobuchungen verzeichnet wurden, ist nachgewiesen, dass die erklärten Umsätze nicht den tatsächlich erzielten Umsätzen entsprechen. Für die Richtigkeitsvermutung des § 158 AO ist aus diesem Grund kein Raum (FG Berlin-Brandenburg, Beschluss vom 13.12.2018, 7 V 7137/18 EFG 2019, 317 ff. rkr. m. Anm. Pfützenreuter = PStR 2019, 81 f. m. Anm. Wegner).

In einem weiteren korrespondierenden Judikat hat der Bundesfinanzhof diese Rechtsgrundsätze weiter wie folgt präzisiert.

Bei Aufzeichnungen, die formell ordnungsgemäß oder nur mit geringfügigen formellen Mängeln behaftet sind, kann der Nachweis der materiellen Unrichtigkeit der Aufzeichnungen grundsätzlich nicht allein aufgrund der Ergebnisse eines Zeitreihenvergleichs geführt werden. Die Schätzungsmethode des Zeitreihenvergleichs setzt eine besonders sorgfältige Ermittlung der Tatsachengrundlagen voraus. Setzt der Betriebsprüfer irrig die Größen „Wareneinkauf" und „Wareneinsatz" gleich, liegt darin eine so gravierende methodische Schwäche des durchgeführten Zeitreihenvergleichs, dass seine Ergebnisse nicht verwertbar sind (BFH, Urteil vom 25.03.2015, X R 19/14, BFH/NV 2016, 4).

Fazit: Die neue BFH-Judikatur hat die Messlatte für die Durchführung von Zeitreihenvergleichen deutlich erhöht und verbietet nach dieser Methode pauschale Hinzuschätzungen nach dem gusto der Finanzverwaltung. Zur Ziffernanalyse als Bestandteil zeitgemäßer Prüfungsansätze siehe Burkhard, StBp 2006, 61, f.; Watrin/Ullmann, WPg 2009, 98 ff.; Posch, StBp 2010, 338 ff.; Wähnert, StBp 2012, 241 ff.; ders. StBp 2014, 97 ff.; ders., StBp 2017, 323 ff.; Diller/

Schmid/Späth/Kühne, DStR 2015, 311 ff.; Giezek/Wähnert, DB 2018, 472 ff.; Schütt, StBp 2018, 323 ff.

11 Äußerer Betriebsvergleich

Ein **äußerer Betriebsvergleich** in Form eines Einzelbetriebsvergleichs wird für das Besteuerungsverfahren regelmäßig ausscheiden. Herangezogene Vergleichsbetriebe müssten hinsichtlich Betriebsgröße, Geschäftsgebaren, Organisation, Absatzmöglichkeiten, Kundenstamm, Lieferanten und allen denjenigen Hauptposten der Jahresabschlüsse, die das Ergebnis des Wirtschaftsjahres beeinflussen, vergleichbar sein. Das Steuergeheimnis lässt es nicht zu, dem Stpfl. diejenigen Vergleichsbetriebe, auf die sich das FA zur Begründung der Schätzung berufen hat, namentlich zu benennen. Erforderlich ist jedoch, dem Stpfl. durch allgemeine Mitteilung über die Heranziehung der Vergleichsbetriebe und die Vergleichszahlen Gelegenheit zur Stellungnahme zu geben. Das Steuergeheimnis schließt nicht aus, dass das FG anhand der für die Vergleichsbetriebe durchgeführten Steuerakten prüft, ob gegen die Zahlen der Vergleichsbetriebe Bedenken bestehen (BFH, Urteil vom 18.12.1984, VIII R 195/82, BStBl. II 1986, 226).

In der Praxis werden die amtlichen Richtsatzsammlungen der Finanzverwaltung, die vom Bundesministerium für Finanzen bzw. von einigen Oberfinanzdirektionen herausgegeben werden, branchenspezifisch herangezogen (siehe BMF, Schreiben vom 08.07.2019, IV A 4 – S 1544/09/10001-11 DOK 2019/057 4237, BStBl. I 2019, 605 betr. Richtsatzsammlung 2018 zur Richtsatzschätzung bei fehlerhafter elektronischer Registrierkassen BFH, Beschluss vom 08.08.2019, X B 117/18 BFH/NV 2019, 1219 zu Verteidigungsmöglichkeiten vor dem Finanzgericht bei überhöhten Schätzungen der Betriebsprüfung aufgrund eines äußeren Betriebsvergleichs eingehend Peters, Stbg 2020, 307 ff.).

Die Richtsatzschätzung für Landwirte ist auch bei Sonderkulturen eine Schätzung nach den Regeln des Betriebsvermögensvergleichs (FG München, Urteil vom 29.07.2014, 7 K 37560/12, EFG 2014, 1949 rkr.).

In Einzelfällen können die Rohgewinnaufschlagsätze auch außerhalb des von der Richtsatzsammlung ausgewiesenen Rahmens liegen, da es sich sowohl beim oberen als auch unteren Satz nicht um einen absoluten, sondern um einen gewogenen Wert handelt. Ein oberhalb des Rahmens von 186 % bis 400 % liegender Rohgewinnaufschlagsatz von 588 % erscheint im Bereich asiatischer Restaurants erzielbar (FG Nürnberg, Urteil vom 13.01.2017, 4 K 1172/16 DStRE 2018, 554 rkr. vgl. a. FG Münster Urteil vom 20.12.2019, 4 K 541/16 E, G, U, F, EFG 2020, 325, 328 f. mit Anm. Bleschick = DStRE 2020, 878 [NZB eingelegt; Az des BFH: III B 22/20]).

12 Schätzungsfehler

Grobe Schätzungsfehler bei der Ermittlung der Besteuerungsgrundlagen führen regelmäßig nur zur Rechtswidrigkeit und nicht zur Nichtigkeit eines Schätzungsbescheids. Anders verhält es sich allerdings, wenn das FA bewusst und willkürlich zum Nachteil des Steuerpflichtigen schätzt (so zuletzt BFH, Beschluss vom 12.12.2013, X B 205/12, BFH/NV 2014, 490 st. Rspr.; FG Köln, Urteil vom 22.05.2014, 11 K 3056/11, EFG 2014, 1739 rkr. mit Anm. Rosenke). Nichtigkeit ist selbst bei groben Schätzungsfehlern, die auf einer Verkennung der tatsächlichen Gegebenheiten oder der wirtschaftlichen Zusammenhänge beruhen, regelmäßig nicht anzunehmen. Ein schwerwiegender Fehler i. S. von Nichtigkeit kann nur angenommen werden, wenn er die an eine ordnungsgemäße Verwaltung zu stellenden Anforderungen in einem so hohen Maß verletzt, dass von niemandem erwartet werden kann, den ergangenen Verwaltungsakt als verbindlich anzuerkennen. Nichtigkeit in diesem Sinn liegt z. B. nicht vor, wenn das FA VuV-Einkünfte auf Null schätzt, obwohl aufgrund der Steuererklärungen der Vorjahre Vermietungsverluste i. H. von ca. 80.000 DM bei der Schätzung hätten berücksichtigt werden müssen (FG Baden-Württemberg, Urteil vom 09.09.2003, 1 K 145/02, DStRE 2005, 415, rkr.). Gegen rechtswidrige Schätzungsbescheide muss somit rechtzeitig vorgegangen werden. Die Ansicht, dass das FG die Nichtigkeit eines Schätzungsbescheids annimmt, ist in der Praxis äußerst gering.

Ein Finanzgericht hat allerdings entschieden, dass die Schätzung der Einkommensteuer mit Null wegen Willkür nichtig ist, wenn das FA keine an den Wahrscheinlichkeitsmäßigkeiten orientierte Schätzung vornimmt, sondern von der Gültigkeit des Prinzips ausgeht, dass keine negativen Einkünfte geschätzt werden (Sächsisches FG, Urteil vom 09.06.2010, 8 K 43/10, n. v. mit Anm. Seeger, DStZ 2010, 911 und Graw, DB 2011, Heft 11, M 10).

Die bloße Absicht der Finanzbehörde, den Steuerpflichtigen durch das Schätzungsergebnis zu sanktionieren („Strafschätzung"), löst für sich genommen noch keine Nichtigkeit der hierauf beruhenden Steuerfestsetzung nach § 125 Abs. 1 AO aus. Hinzukommen muss, dass die Schätzung bei objektiver Betrachtung den durch die Umstände des Einzelfalls gezogenen Schätzungsrahmen verlässt, d. h. objektiv fehlerhaft ist (BFH, Beschluss vom 06.08.2018, X B 22/18 BFH/NV 2018, 1237; zur Nichtigkeit einer irrationalen Schätzung vgl. FG Nürnberg, Urteil vom 04.10.2018, 2 K 1723/16 EFG 2018, 1866, 1868 f. mit Anm. Reichelt, vorläufig nicht rkr.; vgl. a. Niedersächsisches FG, Urteil vom 26.03.2013, 2 K 23/13 n. v. mit Anm. Kreft, DB StR 0682150 zur fehlenden Nichtigkeit von Schätzbescheiden bei überhöhten Schätzungen).

13 Schätzung trotz anhängigen Steuerstrafverfahrens

Eine Schätzung der Besteuerungsgrundlagen ist **auch nach Einleitung eines Steuerstrafverfahrens zulässig.** Die gegenteilige Auffassung sieht der BFH als mit dem Gleichheitssatz (Prinzip der Belastungsgleichheit) unvereinbare Privi-

13 Schätzung trotz anhängigen Steuerstrafverfahrens

legierung des in ein Strafverfahren verwickelten Stpfl. an (BFH, Beschluss vom 19.09.2001, XI B 6/01, BFH/NV 2002, 236).

Zu Voraussetzungen und Grenzen von Schätzungsbefugnissen im steuerlichen bzw. finanzgerichtlichen Verfahren eingehend Peters, wistra 2019, 217 ff.; Reichling, wistra 2019, 222 ff.

Zum Nebeneinander von Steuer- und Steuerstrafverfahren ausführlich Brinkmann, Schätzungen im Steuerrecht, 5. Aufl. 2020, 387 ff.

Zur Schätzung im Steuerstrafrecht, Beyer, NWB 2020, 825 ff.

Eine Schätzung der Besteuerungsgrundlagen nach im Besteuerungsverfahren anerkannten Schätzungsmethoden ist zulässig, wenn feststeht, dass der Steuerpflichtige einen Besteuerungstatbestand erfüllt hat, das Ausmaß der verwirklichten Besteuerungsgrundlagen aber ungewiss ist (hier wegen manipulierter Registrierkasse). Der Tatrichter muss in den Urteilsgründen für das Revisionsgericht nachvollziehbar darlegen, wie er zu den Schätzungsergebnissen gelangt ist. Erweist sich eine konkrete Ermittlung oder Schätzung der tatsächlichen Umsätze von vornehrein oder nach entsprechenden Berechnungsversuchen als nicht möglich, kann pauschal geschätzt werden, auch unter Heranziehung der Richtwerte für Rohgewinnaufschlagsätze aus der Richtsatzsammlung des Bundesministeriums der Finanzen. Dabei muss nicht zugunsten eines Angeklagten von den unteren Werten der in der Richtsatzsammlung genannten Spannen ausgegangen werden, wenn sich Anhaltspunkte für eine positivere Ertragslage ergeben (BGH, Beschluss vom 29.01.2014, 1 StR 561/13, BFH/NV 2014, 1182; auf gleicher Linie BGH, Beschluss vom 06.04.2016, 1 StR 523/15, wistra 2016, 363).

Die pauschale Schätzung der Besteuerungsgrundlagen unter Heranziehung der Richtwerte für Rohgewinnaufschlagssätze aus der Richtsatzsammlung des Bundesministeriums der Finanzen ist im Steuerstrafverfahren zulässig, wenn feststeht, dass der Steuerpflichtige einen Besteuerungstatbestand erfüllt hat, eine konkrete Berechnung der Umsätze und Gewinne aber nicht möglich ist und ausgehend von der vorhandenen Tatsachenbasis andere Schätzungsmethoden nicht in Betracht kommen. Dabei muss sich das Tatgericht bei der Beweiswürdigung zum Rohgewinnaufschlagsatz zwar einerseits nicht zugunsten eines Angeklagten an den unteren Werten der in der Richtsatzsammlung genannten Spannen orientieren, wenn sich Anhaltspunkte für eine positivere Ertragslage ergeben, darf aber andererseits auch nicht ohne Weiteres einen als wahrscheinlich angesehenen Wert aus der Richtsatzsammlung zugrunde legen, sondern muss einen als erwiesen angesehenen Mindestschuldumfang feststellen (BGH, Beschluss vom 20.12.2016, 1 StR 505/16 BFH/NV 2017, 1151).

Ist die Buchführung unvollständig, hat das Gericht bei einem Verfahren wegen Steuerhinterziehung die Besteuerungsgrundlagen zu schätzen. Dabei hat das Gericht die Pflicht, dem Revisionsgericht nachvollziehbar darzulegen, warum das von ihm ermittelte Schätzungsergebnis einem ordnungsgemäß durchgeführten Bestandsvergleich bzw. einer ordnungsgemäßen Einnahmeüber-

II. Schätzung in der Betriebsprüfung

schussrechnung so gut wie möglich nahekommt; ein Verweis auf die Schätzungen aus dem Besteuerungsverfahren genügt nicht (BGH, Beschluss vom 29.08.2018, 1 StR 374/18 wistra 2019, 205; BGH, Beschluss vom 08.08.2019, 1 StR 87/19, BB 2020, 37).

Ist eine konkrete Berechnung der Umsätze und Gewinne nicht möglich und kommen ausgehend von der vorhandenen Tatsachenbasis andere Schätzungsmethoden nicht in Betracht, darf das Tatgericht die Besteuerungsgrundlagen gestützt auf die Richtwerte für Rohgewinnaufschlagsätze aus der Richtsatzsammlung des Bundesministeriums der Finanzen pauschal schätzen.

Da es sich bei der Anwendung der Richtsätze aber generell um ein eher grobes Schätzungsverfahren handelt und die Sätze auf bundesweite Prüfungsergebnisse zurückgehen, müssen auch bei dieser Schätzungsmethode die festgestellten Umstände des Einzelfalls, namentlich die örtlichen Verhältnisse und die Besonderheiten des Gewerbebetriebs, in den Blick genommen werden (BGH, Urteil vom 10.07.2019 1 StR 265/18 BB 2020, 926, 934f. m.Anm. Gaßmann/Koch und Beyer, NWB 2020, 825 ff.; zu Voraussetzungen und Grenzen der Schätzungsbefugnis im Besteuerungs- und Steuerstrafverfahren eingehend Durst, KÖSDI 2020, 21743 ff.; zur problematischen Anwendung der „amtlichen" Richtsatzsammlung im Steuerstrafverfahren kritisch Slahor/Weber, DStR 2020, 2058 ff.; siehe Wähnert, StBp 2015, 92 ff.)

Allein gravierende formelle Kassenmängel rechtfertigen nicht die Annahme eines Hinterziehungsvorsatzes, weil formelle Mängel keinen sicheren Schluss auf die Verkürzung von Einnahmen zulassen (FG Münster, Urteil vom 17.01.2020 4 K 16/16, E, G, U, F, EFG 2020, 509, 514f. m.Anm. Bleschick; vorläufig nicht rkr.).

Für eine tragfähige Schätzung von Besteuerungsgrundlagen im Strafverfahren genügt es nicht, die vom Angeklagten eingeräumten Beträge ungeprüft zu übernehmen (BGH, Beschluss vom 07.11.2018 1 StR 143/18 wistra 2019, 244, 245 ff. m.Anm. Antoine).

Schätzung in der Betriebsprüfung – Checkliste
- Tatbestandsvoraussetzungen für die Vornahme einer Schätzung nach § 162 AO
- die Buchführung als Ansatzpunkt für den Betriebsprüfer (Sicherstellung einer ordnungsgemäßen Buchprüfung als optimale Versicherung zwecks Abwendung einer unerwünschten Schätzung)
- Grundprinzip des Benford'schen Gesetzes, drastisch verschärfte Anforderungen an eine nicht manipulierbare Kassenbuchführung bei bargeldintensiven Betrieben, insbesondere in der Gastronomie
- Chi-Quadrat-Test anhand von Rechenbeispielen
- Auswirkungen der Vernichtung von Unterlagen (Rechtsfolge für eine grobschlächtige Schätzung an der oberen potentiellen hypothetisch erzielbaren Gewinngrenze)
- spezifische Methoden bei der Schätzung von Zinseinkünften bei „hochgespültem" Schwarzgeld

13 Schätzung trotz anhängigen Steuerstrafverfahrens

- Durchführung einer Geldverkehrs- und Vermögenszuwachsrechnung, einschließlich der Dokumentation von Angriffsflächen
- Grenzen der Anwendung des sog. Zeitreihenvergleichs im kritischen Blickwinkel der höchstrichterlichen Rechtsprechung
- äußerer Betriebsvergleich
- Rechtsfolgen von Schätzungsfehlern (Rechtswidrigkeit versus Nichtigkeit)
- die Schätzung im Besteuerungs- und korrespondieren Steuerstrafverfahren

III. Rückstellungen in der Praxis der Betriebsprüfung

Schrifttum: Alber, „Steuerfalle" Pensionszusage und Pensionsverzicht, WPg 2017, 665 Adrian, Maßgeblichkeitsprinzip bei Rückstellungen für Aufbewahrungspflichten – zugleich Anmerkungen zum BFH-Urteil vom 11.10.2012 – I R 66/11, WPg 2013, 463; Adrian, Poolfinanzierungskosten bei Rückstellungen für Aufbewahrung von Geschäftsunterlagen, StuB 2014, 243; Adrian, Rückstellung für die Nachbetreuungsverpflichtung von Versicherungsverträgen, StuB 2014, 483; Adrian, Rückstellung für die vertraglich vereinbarte Abschlussprüfung, StuB 2014, 791; Adrian/Fey, Verpflichtungsübernahme nach dem AIFM-Steuer-Anpassungsgesetz, StuB 2014, 53; Adrian/Fey, Aktuelle Entwicklungen bei angeschafften Rückstellungen, StuB 2013, 404; Adrian/Fey, Verpflichtungsübernahmen, Schuldbeitritte und Erfüllungsübernahmen in der Steuerbilanz, StuB 2018, 85; Althoff, Rückstellung für freiwillige Jahresabschlussprüfung jedenfalls für Kapitalgesellschaften zulässig, DB 2016, 1893; Andresen, Altersteilzeit – Rückstellungen nach dem Pauschalwertverfahren; NWB Fach 13, 5221; Atilgan, Die Bilanzierung von strittigen Steueransprüchen aus einer Außenprüfung, StB 2020, 293; Autenrieth, Vom Vorteil zum steuerlichen Nachteil bei Restrukturierungsrückstellungen, DStR 2015, 1937; Bachmann/Richter/Risse, Unternehmskauf und stille Lasten: welche betriebswirtschaftlichen Folgen hat die mangelnde Korrespondenz zwischen § 4f. und § 5 Abs.7 EStG, DB 2017, 2301; Bahlburg, Vollkostenansatz für die Bewertung von Sachleistungsverpflichtungen in der Steuerbilanz, StuB 2013, 319; Bareis, „Angeschaffte" Drohverlustrückstellungen – eine contradictio in adiecto, FR 2012, 385; Baumann, Rückstellungen für Archivierung, StBp 2015, 113; Baumhoff/Liebchen/Kluge, Die Bildung von Rückstellungen für die steuerliche Verrechnungspreisdokumentation, IStR 2012, 821; Becker, Rückstellungen für Sozialabgaben und hinterzogene Steuern, StBp 2008, 181; Behrens/Renner, Rückstellungen für Stilllegungs- und Nachsorgemaßnahmen, BB 2015, 2411; Benz/Placke, Die neue gesetzliche Regelung durch das AIFM-SteuerAnpassungsgesetz zu „angeschafften Drohverlustrückstellung" in § 4f und § 5 Abs.7 EStG, DStR 2013, 2653; Berizzi/Guldan, Auswirkungen der Verpackungsverordnung auf den Jahresabschluss, DB 2007, 645; Bolik, BMF-Entwurf zu den Steuerfolgen der §§ 4f. und 5 Abs.7 EStG – Hebung stiller Lasten, STuB 2017,156; Bolik, Neues zu Rückstellungen für Deponie – Nachsorgeverpflichtungen, StuB 2019, 557; Bolik, Deckelung steuerlicher Rückstellungen!?, StuB 2020, 239; Bolik/Kummer, BFH I R 53/15: Neue Entwicklungen zur wirtschaftlichen Veranlassung, BB 2018, 624; Bolik/Kummer/Thaut, Zur Zulässigkeit einer Rückstellung für den Nachteilsausgleich bei Altersteilzeit, StuB 2018, 535; Bolik/Schümann, Ansatz und Bewertung, Auswertung und Bewertung von Umstrukturierungen und Sozialplanrückstellungen, StuB 2016, 679; Bolik/Schuhmann, Finanzverwaltung nutzt die Gunst der Stunde und ändert Passivierungszeitpunkt bei ATZ-Rückstellungen, StuB 2018, 837; Bolik/Selig-Kraft, Bilanzsteuerrechtliche Berücksichtigung der Schuldübernahme – Anmerkung zum BMF-Entwurf zu §§ 4f. und 5 Abs.7 EStG, DStR 2017, 169; Bollweg/Römgens, Rückstellungen für Mitwirkungspflichten bei steuerlichen Außenprüfungen – Anmerkungen zum BFH-Urteil vom 06.06.2012, WPg 2012, 1242; Brink/Tenbusch/Prinz, Restrukturierungsrückstellung im Visier der Betriebsprüfung, DB 2008, 363; Bünning, Übernahme stiller Lasten beim Unternehmenskauf in der Krise, BB 2019, 2667; Christiansen, „Weißer Rauch" für die Passivierung rechtlich bestehender Verbindlichkeiten?, DStR 2011, 2483; Christiansen, Allgemeines und Spezifisches zur Bilanzierung von Verbindlichkeiten, DStR 2013, 1347; Dannecker/Rudolf, Veräußerung von Mitunternehmenanteilen und Unternehmenstransaktionen mit negativem Kaufpreis im Lichte der §§ 4f, 5 Abs.7 EStG, BB 2014, 2539; Doralt, Rückstellung steuerpolitisch gerechtfertigt?, FR 2017, 377; Dziadkowski, Passivierung von Rückstellungen für Verrechnungspreisdokumentation, FR 2013, 377; Eckert, Rückstellungen für Aufwendungen zu künftiger Außenprüfung, DB 2012, 2187; Eckert, Bewertungsobergrenzen der Rückstellungsbildung für zukünftige Bp bei Großbetrieben, DB 2013, 901; Endert, Branchenspezifische Rückstellungen von Anlageberatern und Versicherungsmaklern, DB 2011, 2164; Endert, Bildung und Bewertung einer Rückstellung für Bestandspflege, DB 2011, Heft 47, M 10; Endert, Bildung einer Rückstellung für Bestandspflege bei Versicherungsverträgen, DStR 2011, 2280; Eckert, Rückstellungen für Erfindervergütungen als Gegenstand steuerlicher

129

III. Rückstellungen in der Praxis der Betriebsprüfung

Betriebsprüfung, DB 2016, 1163; Engel-Ciric/Moxter, Das umstrittene Rückstellungskriterium der wirtschaftlichen Verursachung in der jüngeren Rechtsprechung, BB 2012, 1143; Eppinger/Daubner/Frik, Rückstellungen für Urlaubsansprüche, WPg 2018, 91; Euler/Binger, Rückstellungen für Altersteilzeit – Erfüllungsrückstand versus Verpflichtungsübergang – Zu einem BFH-Urteil vom 30.11.2005, DStR 2006, 177; Euler/Hommel, Passivierungszeitpunkt von Rückstellungen – neuere Entwicklungen in der BFH-Rechsprechung, BB 2014, 2475; Farwick, Rückstellungen für zukünftige Anschaffungs- oder Herstellungskosten – keine teleologische Reduktion des § 5 Abs. 4b Satz 1 EStG, StuB 2017, 495; Farwick, Rückstellung für ungewisse Verbindlichkeiten gegenüber Entschädigungseinrichtungen, StuB 2018, 811; Feldgen, Die Bildung einer Rückstellung für Bonuspunkte bzw. Gutscheine aus einem personifizierten Kundenbindungsprogramm, StuB 2019, 742; Fink, Rückstellungen für Entsorgungsverpflichtungen nach dem Elektro- und Elektrogerätegesetz, NWB 2017, 2989; Fischer/Schmid, Sind steuerliche Rückstellungen für Stock Appreciation Rights während der Wartezeit dem Grunde nach zulässig?, DStR 2018, 1629; Frenz, Rückstellungen für ungewisse öffentlich-rechtliche Umweltverbindlichkeiten, DStZ 1997, 37; Führich, Theorie und Praxis der Rückstellungsbildung für die Entsorgung von Kernbrennelementen nach deutschem Bilanzrecht (Teil I und II), WPg 2006, 1271 und 1349; Fuhrmann, Rechtsprechungsbrechende Gesetzgebung zur steuerrechtlichen Behandlung von Verpflichtungsübernahmen durch das AIFM-; StAnpG, DB 2014, 9; Fuhrmann, Rechtsprechungsbrechende Gesetzgebung zur steuerrechtlichen Behandlung von Verpflichtungsübernahmen durch das AIFM-StAnpG, DB 2014, 9 ff.; Geberth, Abzinsung von Rückstellungen für Nachsorgeverpflichtungen, GmbHR, 2017, R 136; Geberth, Rückstellungen für ein Aktionsoptionsprogramm GmbHR 2017, R 278; Geberth/Bartelt, Bildung von Rückstellungen für Entsorgungspflichten nach dem ElektroG, GmbHR 2017, R 199; Geberth/Höhn, Passivierung „angeschaffter Pensionsrückstellungen", DB 2013, 1192; Graw, Keine Rückstellung für die Wartung von Flugzeugen, FG Düsseldorf, Urteil v. 21.04.2015 – 6 K 418/14 K, F, DB 2015, DB StR 069 7557; Groh, Fragen zum Abzinsungsgebot, DB 2007, 2275; Grützner, Bemessung der Rückstellungen für die Aufbewahrung von Geschäftsunterlagen, StuB 2011, 492; Grützner, Rückstellungen für die Verpflichtung zur Nachbetreuung von Versicherungsverträgen, StuB 2012, 55; Grützner, Rückstellungen für Aufwendungen zur Erfüllung der steuerlichen Mitwirkungspflichten bei Außenprüfungen, StuB 2012, 832; Grützner, Rückstellungen für hinterzogene Steuern, StuB 2012, 862; Grützner, Zulässigkeit von Rückstellungen für die Verpflichtung zur Nachbetreuung von Versicherungsverträgen, StuB 2013, 90; Grützner, Die Übernahme von Verpflichtungen in der steuerlichen Gewinnermittlung, StuB 2015, 17; Grützner, Zulässigkeit der Rückstellungen von Ärzten für Honorarrückforderungen durch die Kassenärztliche Vereinigung, StuB 2015, 534; Grützner, „Buy Back"-Rückstellungen, StuB 2015, 841; Grützner, Bildung einer Rückstellung für die Verpflichtung zur Nachbesserung von Versicherungsverträgen, StuB 2017, 918; Günkel, Rechtsprechungsmodifizierung bei der Wahrscheinlichkeit als Voraussetzung für die Rückstellungsbildung, BB 2015, 2091; Günkel/Fenzl, Ausgewählte Fragen zum Steuerentlastungsgesetz: Bilanzierung und Verlustverrechnung, DStR 1999, 649; Haberland, Rückstellung für fristgebundene Anpassungsverpflichtungen aus öffentlichem Recht, DStZ 2011, 790; Hänsch, Rückstellung für Rücknahme- und Entsorgungspflichten nach dem ElektroG, StBp 2016, 165; Hänsch, Rückstellungen für die Entsorgung von Elektro- und Elektronikgeräten, BBK 2018, 79; Hänsch, Rückstellungen für Leistungen aufgrund eines Sozialplans, BBK 2018, 1014; Hageböke, Rückstellungen für „Mehrerlösabschöpfungen" bei Energieversorgungsnetzbetreibern, DB 2011, 1543; Hageböke; Rückstellungen für öffentlich-rechtliche Verpflichtungen am Beispiel der Netzbetreiberpflichten nach §§ 11ff., 49 EnWG, FR 2017, 354 (Teil I) und 412 (Teil II); Hainz, Rückstellungen für Jubiläumsverpflichtungen: Beschränkung durch R 6.11 EStR, BB 2016, 1194; Happe, Rückstellungen für zukünftige Betriebsprüfungen zulässig, BBK 2013, 64 Hennrichs, Rückstellung für eine ausschließlich gesellschaftsvertraglich begründete Pflicht zur Jahresabschlussprüfung – Zugleich Besprechung der Entscheidung BFH v. 05.06.2014 – IV R 26/11, StuW 5015, 65; Hennrichs, Rückstellungen für Altersteilzeitverpflichtungen, BBK 2019, 646; Henckel, Ansatz einer „Abwicklungsrückstellung" in einem unter Aufgabe der Unternehmensfortführungsprämisse aufgestellten handelsrechtlichen Jahresabschluss, StuB 2019, 52; Herzig, Rückstellungen wegen öffentlich-rechtlicher Verpflichtungen, insbesondere Umweltschutz, DB 1990, 1341; Herzig/Teschke, Vorrang der Teilwertabschreibung vor der Drohverlustrückstellung, DB 2006, 576; Hick, Anwendungsfragen des § 5 Abs. 4b EStG im Zusammenhang mit der Passivierung von Rückstellung für Nachsorgeverpflichtungen, FR 2020, 604; Hilbertz, Rückstellungen für die Nachbetreuungspflicht von Versicherungsverträgen, NWB 2011, 3934; Hörhammber/Pitzke, Verpflichtungsübernahme: Ansatzverbote, -beschränkungen und Bewertungsvorbehalte – Der neue § 4f EStG und der neue Abs. 7 in § 5 EStG, NWB 2014, 426; Hoffmann, Rückstellungsbildung bei Recyclingunternehmen, DB 2006, 1522 Hoffmann, Rückstellungen für erfolgsabhängige Beratungskosten, StuB 2011, 281; Hoffmann, Vom Erfüllungsrückstand zur Aufwandsrückstellung, StuB 2011, 361 Hoffmann, Vermietung durch Verkauf und Rückkauf, GmbHR 2011, 363; Hoffmann, Drohverlust vs. Wertminderung, StuB 2011, 437; Hoffmann, Rückstellung für Nachbetreuung, StuB 2011, 809; Hoffmann, Verkauf mit Rückkaufsverpflichtung, StuB 2011, 889; Hoffmann, Rechtshängige Schadensersatzverpflichtung, StuB 2013, 437; Hoffmann, Was bleibt von der wirtschaftlichen Verursachung bei der Rückstellung?, StuB 2014, 41; Hoffmann, Erfüllungsrückstand, StuB 2014, 473; Hoffmann Die Neuverteilung des Aufwands für Rückbauverpflichtungen, StuB 2014, 789; Hoffmann; Rückstellungen für öffentlich-rechtliche Verpflichtungen, StuB 2014, 81; Hoffmann, Nachbetreuungskosten als Bewertungsobjekt, StuB 2014, 509; Hoffmann; Einseitige Verpflichtungen und Rückstellungsansatz, StuB 2016, 565; Hoffmann/Siegel, Müll, Recycling und Rückstellungen, DB 2007, 121; Joisten, Auswirkungen einer Vertragsverlängerung auf die Bilanzierung von Verteilungsrückstellungen, FR 2013, 455; Hommel/Ummenhofer, Rückstellungen nach dem Realisationsprinzip – eine Analyse der jüngeren BFH-Rechtsprechung, BB 2017, 2219; Kahle, Ausgewählte Fragen der Bilanzierung von Rückstellungen für ungewisse Verbindlichkeiten, DStZ 2017, 904; Kahle, Aktuelle Entwicklung der Bilanzierung von Rückstellungen, DStR 2018, 976; Kahle/Braun, Bilanzierung angeschaffter Rückstellungen in der Steuerbilanz, FR 2018, 197; Kaminski, Die Neuregelungen zum Erwerb stiller Lasten im AIFM-Steuer-Anpassungsgesetz, Stbg 2014, 145; Kessler, Rückstellungen für atomare Entsorgung – weder Fremdkörper noch Störfall im deutschen Steuerbilanzrecht, IStR 2006, 98; Kleine/Werner, Rückstellungen für Verwaltungskosten künftiger Betriebsprüfungen, DStR 2006, 1934; Klusmeier, Rückstellung für eine Inanspruchnahme nach § 133 InsO – eine zwingende Folge der Rechtsprechung des BGH, DStR 2014, 2056; Koch-Schulte, Keine Rückstellungen für exitabhängige Vergütung, DB StR 1251713; Köhler, Rückstellungen für unterlassene Aufwendungen für Instandhaltung, StBp 2017, 277; König, Gegenrechnung von Vorteilen bei Restrukturierungsrückstellungen, DStR 2020, 1292; Kolbe, Die Bildung und Bewertung von Ansammlungsrückstellungen, StuB 2011, 744; Kolbe, Bildung einer Rückstellung für die Beteiligung des Mieters bei dem späteren Verkaufspreis des gemieteten Wirtschaftsgutes, StuB 2012, 301; Kolbe, Die Bilanzierung von Treuegutscheinen eines Friseurs, StuB 2013, 140; Kolbe, Rückstellung für ungewisse Verbindlichkeiten bei nur rechtlicher Verursachung einer Anpassungsverpflichtung vor dem Bilanzstichtag?, StuB 2013, 535; Kolbe, Bewertung der Garantierückstellung bei einem Kfz-Importeur, StuB 2013, 630; Kolbe, Die wirtschaftliche Verursachung einer ungewissen Verbindlichkeit in der Vergangenheit, StuB 2017, 375; Kolbe; Der Ausweis von Verbindlichkeiten oder Rückstellungen aus einem schwebenden Geschäft, StuB 2017, 12; Kolbe, Zur Begrenzung des steuerlichen Wertansatzes für Rückstellungen auf den infolge der Anwendung des BilMoG niedrigeren Handelsbilanzwert, StuB 2017, 600; Kolbe, Ausweis einer Rückstellung bei einem Aktienoptionsplan, StuB 2017, 729; Kolbe, Rückstellung für Nachteilsausgleich bei Altersteilzeit, StuB 2018, 292; Kolbe, Berücksichtigung ersparter Aufwendungen bei der Rückstellungsbewertung, StuB 2018, 752; Kolbe, Bildung einer Rückstellung für Aufbewahrungskosten von Mandantenunterlagen des Steuerberaters, StuB 2019, 812; Kolbe, Bildung einer Rückstellung für ungewisse Verbindlichkeiten bei einem eigenbetrieblichen Interesse, StuB 2020, 582; Koss, Bilanzierung von Rückstellungen bei Altersteilzeit, BBK, Fach 12, 7005; Koths, Ausgewählte Fragen zum neuen Rückstellungsrecht, StbJb 1999/2000, 249; Kreft, Abzinsung einer Rückstellung für Beitragsrückerstattung, FG Niedersachsen, Urteil vom 05.12.2013 – 6 K 147/12, DB 2014, DB StR 0663312; Krohn/Schell, Praxisprobleme aus der Betriebsprüfung (Teil I), Ubg 2015, 197; Krüger, Zur Verfassungsmäßigkeit des Verbots von Drohverlustrückstellungen, FR 2008, 625; Künkele/Zwirner, Maßgeblichkeit bei der steuerlichen Rückstellungsbewertung, StuB 2013, 439; Küting/Kessler, Zur geplanten Reform des bilanzsteuerlichen Rückstellungsrechts nach dem Entwurf eines Steuerentlastungsgesetzes 1999/2000/2002, DStR 1998, 1937; Lüdenbach, Rückstellung für Rückbaukosten bei Verlängerung des Pachtvertrags, StuB 2013, 188; Lüdenbach, Abzinsung von Steuerrückstellungen?, StuB 2013, 427; Lüdenbach, Rückstel-

III. Rückstellungen in der Praxis der Betriebsprüfung

lung für Anpassungsverpflichtung nach der TA Luft, StuB 2013, 506; Lüdenbach, Rückstellung für durch Kreditvertrag auferlegte Abschlussprüfung?, StuB 2014, 815; Lüdenbach, Going concern – Prinzip und wirtschaftliche Verursachung bei Rückstellungen für Kammerbeiträge, StuB 2017, 553; Lüdenbach, Außerplanmäßige Abschreibung und Drohverlustrückstellung bei beschäftigungssichernden Aufträgen, StuB 2017, 922; Lüdenbach, Rückstellung wegen Patentverletzung, StuB 2018, 472; Lüdenbach, Künftige Verluste bei der Bewertung von Sozialplanmaßnahmen, StuB 2019, 125; Lüdenbach, Künftige Vorteile bei der Bewertung von Sozialplanrückstellungen, StuB 2019, 129; Lüdenbach, Gewährleistungsrückstellung bei erest nach dem Stichtag bekannt gewordener Mängel, StuB 2019, 286; Lüdenbach, Rückstellung für erwartete Kartellbuße, StuB 2020, 273; Marx, Unschärfen bei der Abbildung von Ansammlungsrückstellungen nach EStG, HGB und IFRS, BB 2012, 563; Marx, Irrungen und Wirrungen bei der Bilanzierung öffentlich-rechtlicher Anpassungsverpflichtungen, FR 2013, 969; Marx, Maßgeblichkeit des Handelsbilanzansatzes für Rückstellungen in der Steuerbilanz?, StuB 2017, 444; Marx, Die Erfüllung ausstehender steuerlicher Verpflichtungen, StuB 2018, 197; Marx, Formelle Maßgeblichkeit bei Rückstellungen nach Inkrafttreten des BilMoG, StuB 2020, 169; Meurer, Angeschaffte und abgeschaffte Drohverlustrückstellungen, BB 2011, 1259; Meyering/Gröne, Handels- und steuerrechtliche Rückstellungen für die Stilllegung von Kernkraftwerken, DB 2014, 1385; Meyering/Gröne, Rückstellungen für die Kosten der Aufbewahrung von Mandantenakten und Handakten bei WP oder StB, FR 2020, 158; Moritz, Rückstellung für ungewisse Verbindlichkeiten bei gerichtlich geltend gemachten Schadensersatzforderungen, DB 2015, 1803; Neufang/Stahl, Verbindlichkeiten und Rückstellungen im Kraftfahrzeughandel, StBp 2012, 187; Niehues, Rückstellungen für leerstehende Mieträume, DB 2007, 1107; Olgemöller, Rückstellung für leichtfertig verkürzte Steuernachforderungen, Stbg 2018, 360; Oser, Rückstellungsreport 2013, StuB 2014, 43; Oser, Keine Rückstellung für eine ausschließlich durch den Gesellschaftsvertrag begründete Pflicht zur Prüfung des Jahresabschlusses, DStR 2014, 2309; Oser, Teilauflösung von Ansammlungsrückstellungen bei Verlängerung des Nutzungsverhältnisses, DB 2014, 2487; Oser, Ansammlungsrückstellungen und Verlängerung des Nutzungsverhältnisses, StuB 2014, 855; Oser/Wirtz, Rückstellungsreport 2014, StuB 2015, 3; Oser/Wirtz, Rückstellungsreport 2015, StuB 2016, 3; Oser/Wirtz, Rückstellungsreport 2016, StuB 2017,3; Oser/Wirtz, Keine Rückstellungen für künftige Kammerbeiträge, StuB 2017, 693; Oser/Wirtz, Rückstellungsreport 2017, StuB 2018, 1; Oser/Wirtz, Rückstellungsreport 2018, StuB 2019, 97; Oser/Wirtz, Rückstellungsreport 2020, 41; Oser/Philippsen/Wirtz, Aktuelles zu den Rücknahme- und Entsorgungspflichten nach dem ElektroG, StuB 2017, 569; Pains, Stundung des Gehalts durch den Gesellschafter-Geschäftsführer als VGA?, DStZ 2016, 785; Pains, Gewinnerhöhende Auflösung einer Ansammlungsrückstellung wegen Verlängerung des Mietvertrags, DStZ 2015, 94; Paus, Probleme der Rückstellungsbildung, BB 1988, 1419; Petersen, Rückstellungen für öffentlich-rechtliche Verpflichtungen, WPg 2019, 1079; Petersen/Zwirner/Künkele, Rückstellungen nach BilMoG, StuB 2008, 693; Pflaum, Wann sind Rückstellungen für Steuernachzahlungen zu bilden?, StBp 2019, 176; Plambeck/Braun, Überlegungen zur Bewertung von Rückkaufverpflichtungen im Kfz-Handel, DB 2012, 710; Prinz, Restrukturierungsrückstellungen im Visier der Betriebsprüfung, DB 2007, 353; Prinz, Rückstellungen in der Steuerbilanz: Ein Gebot sachgerechter Leistungsfähigkeitsbesteuerung, DB 2011, 492; Prinz, Grundsatzurteil zu öffentlich-rechtlichen Anpassungsrückstellungen, GmbHR 2014, 80; Prinz, Leitlinien steuerbilanzieller Rückstellungsbildung: Eine besteuerungspraktische Bestandsaufnahme, DB 2015, 147; Prinz, Rückstellungen. Aktuelles Praxis-Know-how, WPg 2013, 1223; Prinz, Keine Rückstellung für Kosten freiwilliger Jahresabschlussprüfung, DB 2014, 2188; Prinz, Kursorische Anmerkungen zu BFH v. 16.12.2014, FR 2015, 754: Keine zwingende Rückstellung für einen belastungsbegründenden Passivprozess, FR 2015, 750; Prinz, Rückstellungen: aktuelles Praxis-Knowhow, WPg 2017, 1316; Prinz, Rückstellungen: aktuelles Praxis-Knowhow, WPg 2018, 1152; Prinz, Rückstellungen: aktuelles Praxis-Know-how, WPg 2019, 978; Prinz, Steuerbilanzielle Rückstellungen, DB 2020, 10; Prinz, Aktuelles Bilanzsteuerrecht, DStR 2020, 842; Prinz/Adrian, „Angeschaffte" Drohverlustrückstellung, BB 2011, 1646; Prinz/Adrian, Angeschaffte Rückstellungen bei Schuldübernahme, StuB 2012, 254; Prinz/Adrian, „Angeschaffte" Drohverlustrückstellungen, BB 2011, 1646; Prinz/Adrian, Angeschaffte Rückstellungen bei Schuldübernahme StuB, 2012, 254; Prinz/Hütig, Aktuelles Know-how zu steuerbilanziellen Rückstellungen, StuB 2012, 798; Prinz/Keller, Kein steuerbilanzielles Ende von Restrukturierungsrückstellungen, DB 2015, 2224; Prinz/Otto, Neues

Schrifttum

BMF-Anwendungsschreiben vom 30.11.2017 zu §§ 4f., 5 Abs. 7 EStG, GmbHR 2018, 497; Rätke, Rückstellungen für ungewisse Verbindlichkeiten: Das Kriterium der wirtschaftlichen Verursachung vor dem Bilanzstichtag, StuB 2008, 477; Rätke, Die doppelte Wahrscheinlichkeit bei der Rückstellungsbildung, StuB 2015, 658; Reinart/Petrak, Steuerwirksame Berücksichtigung von Verlusten bei teilfertigen Bauaufträgen, WPg 2006, 612; Renner, Zulässigkeit und Zeitpunkt der Rückstellungsbildung wegen strafbaren Verhaltens, DStZ 2019, 918; Riedel, Zur möglichen Neuregelung der sog. angeschafften Rückstellungen, DStR 2013, 1047; Riedel, Die Neuregelung der sog. angeschafften Rückstellungen nach § 4f und § 5 Abs. 7, FR 2014, 6; Riedel, Anmerkungen zum Entwurf eines BMF-Schreibens zu §§ 4f und 5 Abs. 7 EStG, Ubg 2017, 580; Rogall/Dreßler, Zur Entstehung der rechtlichen Verpflichtung bei Verbindlichkeitsrückstellungen, Ubg 2014, 759; Rosen, Bilanzierung von Rückkaufsoptionen im Kfz-Handel, StuB 2012, 51; Roser, Verbindlichkeitsrückstellungen dem Grunde und der Höhe nach – Auswirkungen der aktuellen Rechtsprechung?, WPg 2015, 693; Schiffers, Steuerbilanzielle Bildung von Bewertungseinheiten bei Absicherung wirtschaftlicher Risiken – der neue § 5 Abs. 1a EStG, DStZ 2006, 400; Scheffler, Wirtschaftliche Auswirkungen der Regeln zur Bewertung von Rückstellungen in der Steuerbilanz, BB 2014, 299; Schindler, Die Beschränkung der Hebung stiller Lasten auf der Seite des Übertragenden durch § 4f EStG, GmbHR 2014, 561; Schulenburg, Die Bedeutung der §§ 4f und 5 Abs. 7 EStG für die Übertragung von Personengesellschaften bei Spaltungen nach dem UmwG, FR 2019, 996; Schulenburg, Die Neuregelung der steuerbilanziellen Behandlung erworbener stiller Lasten, GmbHR 2014, 786; Schönherr/Krüger, Passivierung angeschaffter Rückstellungen und Verbindlichkeiten: Realisierungsprinzip als oberstes Gebot, DStR 2012, 829; Schubert, Das neue Umweltschadensgesetz und mögliche Auswirkungen auf die Rückstellungsbilanzierung und -bewertung, WPg 2008, 505; Schulze, Rückstellungen für ungewisse Verbindlichkeiten aufgrund luftverkehrsrechtlich angeordneter Maßnahmen, StuB 2014, 92; Schumann, Zur Rückstellung für ungewisse Verbindlichkeiten, StBp 2006, 23; dies., Rückstellungen in der Handels- und Steuerbilanz, Steuer und Studium 2008, 137; Schumann, Ansatz und Bewertung von Rückstellungen, EStB 2014, 441; Schumann, Aktuelles zum Ansatz und zur Bewertung von Rückstellungen, EStB 2015, 454; Schüttler/Berthold, Rückstellung für Zulassungskosten eines Pflanzenschutzmittels, DStR 2011, 2485; Seidel, Garantierückstellungen, StBp 2009, 281; Schustek, Rückstellung für Nachbetreuungsleistung bei Versicherungsvertretern/-maklern, DB 2015, 882; Sick/Lukaschek/Binding, Rückstellung für die Jahresabschlussprüfung – Auswirkung der ergangenen BFH-Rechtsprechung auf „Konzernfälle", DStR 2015, 712; Siegel, „Angeschaffte" Drohverlustrückstellungen und Steuerpause, FR 2011, 781; Siegel, „Angeschaffte" Drohverluste als neuer Steuersparmarkt?, FR 2012, 388; Söhl, Rückstellung für Recyclingverpflichtungen, NWB 2012, 4175; Thouet, Die Änderung des Ansammlungszeitraumes bei der Ansammlungsrückstellung, DStR 2014, 2550; Tiedchen, Nachbetreuungspflichten von Versicherungsvertretern, Optikern und Hörgeräteakustikern, FR 2012, 22; Tiede, Wertaufstellung bei einer Rückstellung für erfolgsabhängige Beratungskosten, StuB 2011, 307; Tiede, Rückstellungen für Zulassungskosten eines Pflanzenschutzmittels, StuB 2012, 96; Tonner, Übernommene Verbindlichkeiten und Rückstellungen, Steuer & Studium 2015, 17; Velte, Fiskalpolitische Maßgeblichkeit bei der Rückstellungsbewertung, Ubg 2020, 360; Volk, Der Ausstieg aus der Atomkraft und die Rückstellungsproblematik, DStR 2015, 2193; von Wolfersdorff, Rückstellungen für Umweltschutzmaßnahmen: Was ist nur aus dem ehrbaren Kaufmann geworden?!, FR 2020, 610; Wardemann/Pott, Rückstellung für die Nachbetreuung vermittelter Versicherungsverträge, DStR 2013, 1874; Weber, Bilanzierung von Rückstellungen für Erfolgsprämien im Fußball, StuB 2013, 778 Weber-Grellet, Die Gewinnermittlungsvorschriften des Steuerentlastungsgesetzes 1999/2000/2002 – Ein Fortschritt?, DB 2000, 165; Weber, Aktuelle bilanzsteuerliche Probleme nach dem Steuerentlastungsgesetz, BB 2000, 1024; Weber, Rechtsprechung des BFH zum Bilanzsteuerrecht im Jahr 2005, BB 2006, 35; Weigl/Weber/Costa, Bilanzierung von Rückstellungen nach dem BilMoG, BB 2009, 1062; Weiss, Fallstricke bei der Abzinsung von Verbindlichkeiten und Rückstellungen in der Steuerbilanz, BB 2018, 1451; Wellisch/Quast, Bilanzierung von Rückstellungen bei „verblockter" Alterszeit und Lebensarbeitskonten, BB 2006, 763; Wolf, Passivierung von Rückstellungen im Lichte von „Dieselgate", StuB 2016, 334; Wulf, Rückstellungen für ungewisse Verbindlichkeiten – zwingend zu bilden nach Klageerhebung?, Die

III. Rückstellungen in der Praxis der Betriebsprüfung

AG 2013, 713; Ziegler/Renner, Das Ende der Restrukturierungsrückstellungen in der Steuerbilanz?, DStR 2015, 1264; Zimmermann/Dorn/Först, Rückstellungen in der Handels- und Steuerbilanz – Grundsätze der Bildung und Bewertung, NWB 2019, Beilage zu Heft 52, 24.

Verwaltungsanweisungen:

BMF, Schreiben vom 25. 07. 2005, IV B 2 – S 2137 – 35/05, BStBl. I 2005, 826 betr. steuerbilanzielle Behandlung von Aufwendungen zur Stilllegung, Rekultivierung und Nachsorge von Deponien

BMF, Schreiben vom 12. 10. 2005, IV B 2 – S 2137 – 38/05, BStBl. I 2005, 953 betr. Rückstellungen für künftige Nachbetreuungsleistungen bei Hörgeräte-Akustikern; Anwendung des BFH-Urteils vom 05. 06. 2002 (BStBl. II 2005, 736), Berücksichtigung von Garantie- und Reparaturleistungen

OFD Magdeburg, Verfügung vom 21. 09. 2006, S 2137 – 41 – St 21 DB 2006, 2491 betr. Rückstellungen für die Aufbewahrung von Geschäftsunterlagen

BMF, Schreiben vom 28. 11. 2006, IV B 2 – S 2137 – 73/06, BStBl. I 2006, 765 betr. Bildung von Rückstellungen in der steuerlichen Gewinnermittlung; Rückstellungen für die Betreuung bereits abgeschlossener Lebensversicherungen, BFH-Urteil vom 28. 07. 2004 – XI R 63/03

BMF, Schreiben vom 28. 03. 2007, IV B 2 – S 2175/07/0002 DOK/2007/0136390, BStBl. I 2007, 297 betr. bilanzsteuerliche Berücksichtigung von Alterszeitvereinbarungen im Rahmen des so genannten „Blockmodells" nach dem Altersteilzeitgesetz (AltTZG)

BMF, Schreiben vom 08. 12. 2008, IV C 6 – S 2137/07/10002 DOK 2008/0690725, BStBl. I 2008, 1013 betr. Rückstellungen für Zuwendungen anlässlich eines Dienstjubiläums; BMF-Schreiben vom 29. Oktober 1993 (BStBl. I 1993, 898) und vom 12. April 1999 (BStBl. I 1999, 434)

OFD Rheinland, Verfügung vom 05. 05. 2009, S 2137 – 2009/0006 – St 141 DB 2009, 1046 betr. Zulässigkeit der Bildung einer Gewerbesteuerrückstellung in der Steuerbilanz – Auswirkungen des § 4 Abs. 5b EStG i. d. F. des UntStReFG 2008 – Maßgebliches Betriebsvermögen i. S. des § 7g Abs. 1 Satz 2 Nr. 1 Buchst. a EStG

BMF, Schreiben vom 12. 08. 2009, IV C 6 – S 2137/09/10003 DOK 2009/0282843, BStBl. I 2009, 890 betr. Ausweis der von einem Kraftfahrzeug-Händler eingegangenen Verpflichtung zum Rückkauf von Kraftfahrzeugen; Anwendung der Grundsätze des BFH-Urteils vom 11. Oktober 2007 – IV R 52/04 – (BStBl. II 2009, 705)

OFD Münster, Kurzinformation Einkommensteuer vom 15. 04. 2010, Kurzinformation Einkommensteuer Nr. 006/2010, DStR 2010, 1785 betr. Zulässigkeit der Bildung einer Rückstellung für die Aufwendungen zur Anpassung eines betrieblichen EDV-Systems an die Grundsätze zum Datenzugriff und zur Prüfung digitaler Unterlagen (GDPdU)

BMF, Schreiben vom 11. 05. 2010, IV C 6 – S 2137/07/10004 DOK 2010/0367332, BStBl. I 2010, 495 betr. bilanzsteuerrechtliche Behandlung von stark schadstoffbelasteten Grundstücken; Bildung von Rückstellung für Sanierungsverpflichtungen und Teilwertabschreibungen nach § 6 Absatz 1 Nummer 2 Satz 2 EStG

Bayerisches Landesamt für Steuern, Erlass vom 28. 01. 2011, S 2137.1.1– 5/17 St 32, DStR 2011, 724 betr. Rückstellung für die Verpflichtung zur Gewährung von Beihilfen

Bayerisches Landesamt für Steuern, Verfügung vom 12. 08. 2011, S 2137.1.1 – 5/21 St 32, StuB 2011, 721 betr. Rückstellung für die Verpflichtung zur Gewährung von Beihilfen

BMF, Schreiben vom 12. 10. 2011, IV C 6 – S 2137/09/10003; DOK 2011/0811423, BStBl. I 2011, 967 betr. bilanzsteuerrechtliche Beurteilung der Rückkaufsoption im Kfz-Handel; BFH-Urteil vom 17. November 2010 I R 83/09

BMF, Schreiben vom 28. 11. 2011, IV C 6 – S 2137/09/10004; DOK 2011/0946758, BStBl. I 2011, 1111 betr. Rückstellungen für Verpflichtungen, zu viel vereinnahmte Entgelte mit künftigen Einnahmen zu verrechnen (Verrechnungsverpflichtungen)

OFD Frankfurt/M., Verfügung vom 07. 03. 2012, S 2137A – 67 – St 210, StuB 2012, 365 betr. Bildung von Rückstellungen im Kfz-Handel bei Teilnahme am Leasing-Restmodell der Audi AG

Schrifttum

OFD Rheinland, Verfügung vom 04.04.2012, Kurzinformation Einkommensteuer Nr. 016, BB 2012, 1215 betr. Rückstellung für Kostenüberdeckungen bei kommunalen Versorgungsbetrieben

OFD Koblenz, Verfügung vom 28.08.2012, S 2137A – St 314, Kurzinformation der Steuergruppe St3 Einkommensteuer St3_K087, BB 2012, 754 betr. Bewertungsgrundsatz und Gegenrechnung von Vorteilen (§ 6 Abs. 1 Nr. 3a Buchst. c) EStG) bei Rückstellungen

BMF, Schreiben vom 20.11.2012, IV C 6 – S 2137/09/10002 DOK 2012/10455691, BStBl. I 2012, 1100 betr. steuerliche Gewinnermittlung; Rückstellung für die Betreuung bereits abgeschlossener Versicherungen

BMF, Schreiben vom 07.03.2013, IV C 6 – S 2137/12/10001, DOK 2013/0214527, DStR 2013, 597 betr. steuerliche Gewinnermittlung; Rückstellung wegen zukünftiger Betriebsprüfungen bei Großbetrieben

FinMin Schleswig-Holstein, Erlass vom 06.03.2013, VI 304 – S 2141 – 007, DB 2013, 731 betr. Zeitpunkt der Bildung von Rückstellungen für Mehrsteuern aufgrund einer Bp

OFD Niedersachsen, Verfügung vom 22.08.2013, S 2141 – 10 – St 222/St 221, DB 2013, 2534 betr. Zeitpunkt der Bildung von Rückstellungen für künftige Steuernachforderungen

BMF, Schreiben vom 22.11.2013, IV C 6 – S 2137/09/10004: 003; DOK 2013/1066445, BStBl. I 2013, 1502 betr. steuerliche Gewinnermittlung; Rückstellungen für Verpflichtungen, zu viel vereinnahmte Entgelte mit künftigen Einnahmen zu verrechnen (Verrechnungsverpflichtung)

Bayerisches Landesamt für Steuern, Verfügung vom 31.01.2014, S 2175. 2.1–20/4 St 32, DB 2014, 230 betr. Einbeziehung von Finanzierungskosten bei der Bemessung der Rückstellung für Aufbewahrung von Geschäftsunterlagen

OFD Magdeburg, Verfügung vom 02.06.2014, S 2133 – 27 – St 21, DStR 2014, 1546 betr. Regelungen in § 4f und § 5 Abs. 7 EStG zur Verpflichtungsübernahme, Schuldbeitritt und Erfüllungsübernahme

OFD Niedersachsen, Verfügung vom 01.08.2014, S – 2133 – 37 – St 221/St 222, DB 2014, 2077 betr. bilanzsteuerliche Behandlung stornobehafteter Provisionen eines Versicherungsvertreters

OFD NRW, Verfügung vom 26.02.2015, S 2145 – 2015/0003 – St 142, FR 2015, 295 betr. Rückstellung für im Zusammenhang mit den EU-Kartellrechtsverfahren anfallenden Kosten; Teilabzugsverbot nach § 3c Abs. 2 EStG

OFD Niedersachsen, Verfügung vom 05.10.2015, S 2137 – 106 – St 221/St 222, StuB 2015, 936 betr. Rückstellung für die Aufbewahrung von Geschäftsunterlagen

OFD Nordrhein-Westfalen, Verfügung vom 19.04.2016, S 2137 – 2010/0003 – St 142, DStR 2016, 1812 betr. Rückstellungen in der Energiewirtschaft bei nichtentflochtenen Unternehmen wegen Mehrerlösabschöpfung nach § 23a EnWG und periodenübergreifender Saldierung

BMF, Schreiben vom 20.10.2016, IV C 6 – S 2175/07/10001 DOK 2016/0924409, BStBl. I 2016, 1145 betr. Steuerliche Gewinnermittlung; Pauschalverfahren zur Abzinsung von Schadenrückstellungen der Versicherungsunternehmen

OFD Niedersachsen, Verfügung vom 06.02.2017, S 2137-St 221/St 222, DStR 2017, 1484 betr. Rückstellungen für Jubiläumszuwendungen

BMF, Schreiben vom 30.11.2017, IV C 6 – S 2133/14/10001 DOK 2017/0978503, BStBl. I 2017, 1619 betr. Steuerliche Gewinnermittlung; Bilanzsteuerrechtliche Berücksichtigung von Verpflichtungsübernahmen, Schuldbeitritten und Erfüllungsübernahmen mit vollständiger oder teilweiser Schuldfreistellung, Anwendung der Regelungen in § 4f und § 5 Absatz 7 Einkommensteuergesetz (EStG)

BMF, Schreiben vom 22.10.2018, IV C 6 – S 2175/07/10002 DOK 2018/0835760, BStBl. I 2018, 1112 betr. Steuerliche Gewinnermittlung; Urteil des Bundesfinanzhofes vom 27. September 2017 (BStBl. 2018 II, 702) zu Rückstellungen für den sog. Nachteilsausgleich bei Altersteilzeitvereinbarungen

III. Rückstellungen in der Praxis der Betriebsprüfung

BMF, Schreiben vom 27.02.2020 – IV C 6 – S 2137/19/10002 :001; DOK 2020/0178923, BStBl. I, 254 betr. Steuerliche Gewinnermittlung; Pauschale Bewertung von Jubiläumsrückstellungen

FinMin Schleswig-Holstein, Kurzinformation vom 21.04.2020, VI 304 – S 2137 – 345 StuB 2020, 643 betr. Bildung von Rückstellungen für Prämienzinsen bei Prämiensparverträgen

1 Typen von Rückstellungen

Ein beliebtes Gestaltungsmittel prosperierender Unternehmen ist die optimale Bildung von Rückstellungen, um den zu versteuernden Gewinn gegenüber dem FA zu minimieren. Damit führt die Bildung von Rückstellungen steuerlich zu Aufwand, betriebswirtschaftlich ist dies eine vorteilhafte Finanzierungsform. Aufgrund der konträren Interessenlage ist somit die Bildung von Rückstellungen dem Grunde und der Höhe nach ein „Dauerbrenner" i.R. der streitigen Auseinandersetzungen bei Betriebsprüfungen. In dem folgenden Beitrag sollen die klassischen Fallkonstellationen komprimiert erörtert werden.

Man unterscheidet Rückstellungen sowohl in der Handels- als auch in der Steuerbilanz. Dabei bestehen drei klassische Typen:

- **Verbindlichkeitsrückstellungen**, denen eine ungewisse (Außen-)Verpflichtung gegenüber einem anderen zugrunde liegt (realisierter Aufwand);
- **Verlustrückstellungen** für drohende Verluste aus (noch) schwebenden Geschäften (künftiger Mehraufwand);
- (echte) **Aufwandsrückstellungen**, durch die lediglich künftige Ausgaben in gegenwärtigen Aufwand (Aufwandsantizipation) transformiert werden.

Nach einer Gesetzesänderung dürfen Rückstellungen für drohende Geschäfte aus **schwebenden Geschäften** in der Steuerbilanz in Abweichung vom Maßgeblichkeitsgrundsatz nicht mehr gebildet werden; die Neuregelung bezieht sich auf Einzelrückstellungen und Rückstellungen aus Dauerschuldverhältnissen (§ 5 Abs. 4a EStG i.d.F. des UntRefG 1997 vom 29.10.1997, BGBl. I 1997, 2590; BStBl. I 1997, 928).

Eine kritische Bestandsaufnahme zu den steuerbilanziellen Rückstellungen im Hinbklick auf dogmatische Systembrüche sowie korrespondierende Praxiserfahrungen siehe Prinz, DB 2020, 10 ff.

Darüber hinaus bestehen weitere wichtige steuerliche Sondervorschriften, die die steuerlich wirksame Bildung von Rückstellungen einschränken bzw. verbieten. Dies gilt insbesondere bei der Bildung von Rückstellungen wegen Verletzung fremder Patent-, Urheber- oder ähnlicher Schutzrechte, wegen Dienstjubiläen oder wegen Anschaffungs- oder Herstellungskosten eines Wirtschaftsguts (§ 5 Abs. 3, 4, 4b EStG). In der Handelsbilanz müssen Rückstellungen gebildet werden **(Handelsbilanzpassivierungsgebot)**

- für ungewisse Verbindlichkeiten und drohende Verluste aus schwebenden Geschäften,
- für im Wirtschaftsjahr unterlassene Aufwendungen für Instandhaltung, soweit diese im folgenden Wirtschaftsjahr innerhalb von drei Monaten, und

für Abraumbeseitigung, die im folgenden Wirtschaftsjahr nachgeholt werden (Aufwandsrückstellungen),
- bei Kapitalgesellschaften für latente Steuern, wenn der Steuerbilanzgewinn niedriger ist als der Handelsbilanzgewinn.

Für andere als die vorgenannten Zwecke dürfen Rückstellungen nicht gebildet werden (§§ 249, 274 Abs. 1 HGB; zu Rückstellungen nach dem BilMoG Petersen/Zwirner/Künkele, StuB 2008, 693 ff.; Weigl/Weber/Costa, BB 2009, 1063 ff.; Prinz, DB 2011, 492 ff.; zur Maßgeblichkeit bei der steuerlichen Rückstellungsbewertung Künkele/Zwirner, StuB 2013, 439 ff.). Der Ansatz von Rückstellungen (dem Grunde und/oder der Höhe nach ungewissen Verbindlichkeiten) richtet sich im Steuerrecht gem. § 5 Abs. 1 EStG nach den handelsrechtlichen Grundsätzen ordnungsgemäßer Buchführung (GoB). Danach wird eine Rückstellung grundsätzlich aufwandswirksam verbucht (per Aufwand an Rückstellung). Tritt der „Rückstellungsfall" nicht ein, ist die Rückstellung – als „actus contrarius" – wieder auszubuchen (per Rückstellung an Aufwand). Tritt der „Rückstellungsfall" hingegen ein, ist in der Regel eine schlichte Umbuchung – ohne Gewinnauswirkung – vorzunehmen (per Rückstellung an Verbindlichkeit). War die Verbindlichkeit erfolgsneutral entstanden (z. B. eine Darlehensverbindlichkeit), so ist sie ebenso aufzulösen. Die Schuld ist dagegen erfolgswirksam auszubuchen, wenn sie seinerzeit gegen Aufwand gebucht worden ist (Weber-Grellet, in Schmidt, EStG, 39. Aufl. 2020, § 5 Rdnr. 351 m. w. N.).

Eine Rückstellung ist in der Steuerbilanz auch dann zu bilden, wenn sie in der Handelsbilanz zu Unrecht nicht gebildet worden ist (so klarstellend BFH, Urteil vom 13.06.2006, I R 58/05, BStBl. II 2006, 928; zu weiteren Einzelfragen des „formellen Bilanzzusammenhangs" Urteilsanmerkung von Heuermann, StBp 2006, 298 ff.). Der BFH hält daran fest, dass eine im Zeitraum vor dem Ergehen von BFH, Urteil vom 19.02.2002, VIII R 30/01, BStBl. II 2003, 131 nicht passivierte Rückstellung für die zukünftigen Kosten der Aufbewahrung von Geschäftsunterlagen unter den Voraussetzungen der Bilanzänderung gem. § 4 Abs. 2 Satz 2 EStG nachträglich gebildet werden kann (BFH, Urteil vom 16.12.2008, I R 54/08, BFH/NV 2009, 746 mit Bestätigung von BFH, Urteil vom 17.07.2008, I R 85/07, BStBl. II 2008, 924; hierzu Prinz, FR 2009, 377 ff.).

Zu den Auswirkungen der zivilrechtlichen Rechtsprechung des BGH für eine **Inanspruchnahme nach § 133 InsO** für die Bildung von Rückstellungen eingehend Klusmeier, DStR 2014, 2056 ff.

Zur steuerpolitischen Rechtfertigung bzw. Negierung hierzu kritisch Doralt, FR 2017, 377 ff.

2 Rückstellungen für ungewisse Verbindlichkeiten

2.1 Gründe für die Bildung einer Rückstellung

Nach dem Gesetz müssen Rückstellungen für ungewisse Verbindlichkeiten gebildet werden. Voraussetzung für die Passivierung der Rückstellung ist, dass

III. Rückstellungen in der Praxis der Betriebsprüfung

- eine (wirtschaftlich nicht völlig unwesentliche) betriebliche Verbindlichkeit dem Grunde nach nicht mit Sicherheit, aber doch mit **gewisser Wahrscheinlichkeit** besteht oder entstehen wird und/oder dass über die Höhe dieser Verbindlichkeit Unsicherheit besteht,
- die künftigen Ausgaben im abgelaufenen Wirtschaftsjahr verursacht worden sind und
- BStBl. die **Inanspruchnahme** aus der Verbindlichkeit nach den am Bilanzstichtag gegebenen Verhältnissen **wahrscheinlich** ist (BFH, Urteil vom 28.06.1989, I R 86/85, BStBl. II 1990, 550, 552; hierzu ausführlich Schumann, StBp 2006, 23 ff.; dies., Steuer und Studium 2008, 137 ff.).

Der Anwendungsbereich von Rückstellungen für ungewisse Verbindlichkeiten ist vielfältig. In Betracht kommen etwa folgende Rückstellungsarten:

- Rückstellungen aus Arbeitsvertrag, z. B. für rückständige Lohnansprüche, Urlaubsansprüche, Vorruhestandsleistungen, Pensionszusagen, Gratifikationen, Tantiemen, Jubiläumszuwendungen, Berufsausbildungskosten, Abfindungen, Sozialverpflichtungen und Sozialplankosten;
- Rückstellungen aus Miet-/Pachtvertrag, z. B. für Pachterneuerungsverpflichtungen, Substanzerhaltungsverpflichtungen, Beseitigungsverpflichtungen, Heimfallverpflichtungen und Rekultivierungsverpflichtungen (zu den Besonderheiten bei Rückstellungen für unterlassene Aufwendungen für Instandhaltung eingehend Köhler, StBp 2017, 277 ff.);
- Rückstellungen aus Absatzgeschäften, z. B. für Rabatt-, Preisnachlass- und Warenrückvergütungsverpflichtungen, Gewährleistungsverpflichtungen, Kulanzverpflichtungen, Produkthaftung und Handelsvertreterausgleichsanspruch;
- Rückstellungen aus öffentlich-rechtlichen Verpflichtungen, z. B. für Jahresabschlusskosten, Aufbewahrungspflichten, Entsorgung von Altlasten, Körperschaftsteuer, Gewerbesteuer und Berufsgenossenschaftsbeiträge;
- sonstige Rückstellungen, z. B. Bergschaden-Rückstellungen, Altlastenbeseitigungs-Rückstellungen, Prozesskosten-Rückstellungen, Bürgschafts-Rückstellungen, Rückstellungen für Handelsvertreter-Ausgleichsansprüche gem. § 89b HGB, Rückstellungen für Patent- und Schutzrechtsverletzungen und Rückstellungen für Verlustübernahmeverpflichtungen.

Resultiert die ungewisse Verbindlichkeit aus einem sog. **schwebenden Geschäft,** also aus einem gegenseitigen Vertrag, der von der zur Sach- oder Dienstleistungsverpflichtung verpflichteten Partei noch nicht erfüllt ist, so hat die Passivierung regelmäßig zu unterbleiben. Anders ist dies nur zu beurteilen, wenn aus dem Geschäft Verluste drohen (sog. Drohverlustrückstellungen, seit dem VZ 1997 jedoch steuerlich wegen § 5 Abs. 4a EStG nicht mehr zulässig, dazu noch bei 3.4), oder das Gleichgewicht der Vertragsbeziehungen durch schuldrechtliche Vorleistungen oder Erfüllungsrückstände gestört ist (BFH, Urteil vom 12.12.1990, I R 153/86, BStBl. II 1991, 479; BFH, Urteil vom 03.12.1991, VIII R 88/87, BFHE 167, 322).

2 Rückstellungen für ungewisse Verbindlichkeiten

Die grundsätzliche Verpflichtung zur steuerlichen Bildung handelsrechtlicher Pflichtrückstellungen für ungewisse Verbindlichkeiten wird partiell durch eine Vielzahl von **steuerlichen Sondervorschriften** eingeschränkt. Dies gilt insbesondere bei der Bildung von Rückstellungen wegen Verletzung fremder Patent-, Urheber- oder ähnlicher Schutzrechte, wegen Dienstjubiläen, wegen Drohverlustrückstellungen oder wegen Anschaffungs- oder Herstellungskosten eines Wirtschaftsguts. Diese Vorschriften enthalten **steuerliche Passivierungsverbote** (§ 5 Abs. 3, 4a, 4b EStG). Inzwischen geklärt ist die Konkurrenzproblematik zwischen einer Rückstellung und einer **Teilwertabschreibung** (Wertminderung), die sich insbesondere bei der verlustfreien Bewertung halbfertiger Bauten stellt. Der BFH hat sich für einen Vorrang der Teilwertabschreibung ausgesprochen. Nach dem BFH wird der Teilwert nach der retrograden Methode ermittelt. Danach ist der kalkulierte bzw. vereinbarte Preis dem Gesamtaufwand einschließlich eines durchschnittlichen Unternehmerlohns gegenüberzustellen. Ist danach ein Fehlbetrag zu erwarten, ist dieser über eine Teilwertabschreibung von den Herstellungskosten der teilfertigen Bauten abzuziehen.

Im Gegensatz zur Drohverlustrückstellung ist die Teilwertabschreibung insofern auf die Höhe der jeweils aktivierten Herstellungskosten beschränkt (BFH, Urteil vom 07.09.2005, VIII R 1/03, BStBl. II 2006, 295; Hoffmann, DStR 2005, 1981 f.; ders., StuB 2011, 437 f.; Herzig/Teschke, DB 2006, 576 ff.; Reinart/Petrak, WPg 2006, 612 ff.). Eine wegen der Schadstoffbelastung erfolgte Teilwertberichtigung eines Grundstücks hindert nicht die Bewertung einer bestehenden Sanierungsverpflichtung mit dem Erfüllungsbetrag. Dieser ist allerdings um den bei der Erfüllung der Verpflichtung anfallenden und als Anschaffungs- oder Herstellungskosten zu aktivierenden Aufwand zu mindern (BFH, Urteil vom 19.11.2003, I R 77/01, BFH/NV 2004, 271).

Eine (ungewisse) Verbindlichkeit setzt eine Verpflichtung gegenüber einem anderen Dritten (Außenverpflichtung) voraus, der aber nicht persönlich bekannt sein muss; auch eine Nebenverpflichtung kann genügen. Verbindlichkeitsrückstellungen können daher nicht für **innerbetriebliche Verpflichtungen** gebildet werden, also z. B. die innerbetriebliche Notwendigkeit, künftig anstehende Klein- oder Großreparaturen, Renovierungen von betrieblichen Räumen oder andere Erhaltungsmaßnahmen auszuführen oder den Jahresabschluss aufgrund einer gesellschaftsvertraglichen Klausel überprüfen zu lassen. Als Verbindlichkeiten gegenüber Dritten kommen sämtliche zivilrechtlichen (Außen-)Verpflichtungen in Betracht, z. B. aus Vertrag, Betriebsvereinbarung, Tarifvertrag, gesetzlichen Vorschriften (etwa aus § 823 BGB), und zwar unabhängig davon, ob es sich um Haupt- oder Nebenleistungsverpflichtungen handelt oder ob sie auf eine Geld-, Sach-, Werk- oder Dienstleistung gerichtet sind.

Die Notwendigkeit der Bildung einer Rückstellung kann sich aus einer privatrechtlichen Verpflichtung auf Zahlung von Wartungsrücklagen-Garantiebeträgen ergeben, wenn bei Beendigung des Vertrages kein Anspruch auf Rückerstattung der Beträge besteht und der Steuerpflichtige deshalb stets mit den vereinbarten Beträgen belastet bleibt (BFH, Urteil vom 09.11.2016, I R 43/15,

BStBl. II 2017, 379 = BB 2017, 879, 882 mit Anm. von Glasenapp = FR 2017, 431, 434 ff., mit Anm. Weber-Grellet = EStB 2017, 134, 135 m. Anm Reiter; hierzu eingehend Kolbe, StuB 2017, 375 ff.).

Die Verpflichtung muss **nicht fällig** sein (BFH, Urteil vom 03.12.1991, VIII R 88/87, BStBl. II 1993, 89, 92).

Für unwesentliche Verbindlichkeiten oder Nebenverpflichtungen, deren Erfüllung nur einen geringen Aufwand erfordert, kann jedoch keine Rückstellung gebildet werden. Dies ergibt sich aus dem Grundsatz der Wesentlichkeit (BFH, Urteil vom 25.02.1986, VIII R 134/80, BStBl. II 1986, 788, 790). Nicht zulässig ist die Bildung von Verbindlichkeitsrückstellungen zur Vorsorge gegen das **allgemeine Unternehmensrisiko** (Lambrecht, in Kirchhof/Söhn, EStG, § 5 Rdnr. D 41). Rückstellungsfähig sind somit nur konkrete schadensbegründende Sachverhalte; allgemeine abstrakte Risiken infolge der Betätigung als Unternehmer sind nicht als Betriebsausgaben zu berücksichtigen.

Der Anspruchsinhaber muss dem Stpfl. **nicht bekannt** sein. Insbesondere im Bereich der Produkthaftung kommt es vor, dass ein Stpfl. Schadensersatzansprüche gegenwärtigt, ohne die Anspruchsinhaber zu kennen.

Auf die Leistungsfähigkeit oder -willigkeit des Stpfl. kommt es ebenfalls nicht an (BFH, Urteil vom 06.04.2000, IV R 31/99, BStBl. II 2001, 536, 538; Herzig, DB 1990, 1341, 1342). Eine Rückstellung für die Verpflichtung einer GmbH, einer Schwestergesellschaft die von dieser geleisteten Mietzahlungen nach den Grundsätzen der eigenkapitalersetzenden Gebrauchsüberlassung zu erstatten, führt zu einer vGA (BFH, Urteil vom 20.08.2008, I R 19/07, BFH/NV 2008, 1963 mit Anm. Heuermann, StBp 2008, 328 ff.).

Für eine Pensionsverpflichtung darf nach § 6a Abs. 1 Nr. 2 EStG 1997/2002 eine Rückstellung nicht gebildet werden, wenn die Pensionszusage Pensionsleistungen in Abhängigkeit von künftigen gewinnabhängigen Bezügen vorsieht. Das ist bei Gewinntantiemen der Fall, welche nach Erteilung der Pensionszusage entstehen (BFH, Beschluss vom 03.03.2010, I R 31/09, BFH/NV 2010, 1020).

2.2 Besonderheiten bei öffentlich-rechtlichen Verpflichtungen

Voraussetzung war nach der früheren Rechtsprechung und nach Auffassung der Finanzverwaltung eine hinreichende Konkretisierung der öffentlich-rechtlichen Pflicht, die

- ein inhaltlich bestimmtes Handeln,
- innerhalb eines bestimmten (voraussehbaren) Zeitraums vorschreibt, der in der Nähe des betreffenden Wirtschaftsjahres liegt,
- zwecks Vermeidung unzulässiger Aufwandsrückstellungen die Verletzung der Pflicht sanktioniert (R 5.7 Abs. 4 EStR 2012; BFH, Urteil vom 25.08.1989, III R 95/87, BStBl. II 1989, 893, 895; BFH, Urteil vom 19.08.2002, VIII R 30/01, BStBl. II 2003, 131).

Das ist i. d. R. – aber nicht nur – der Fall, wenn
- eine entsprechende behördliche Verfügung (Verwaltungsakt oder sonstige Maßnahme) gegen den Stpfl. ergangen ist, mag die behördliche Verfügung auch mit Rechtsbehelfen angefochten sein oder
- das Gesetz ein inhaltlich genau bestimmtes Handeln vorschreibt, und zwar innerhalb eines bestimmten Zeitraums, und die Verletzung der Pflicht mit Sanktionen belegt (z. b. als Straftat oder Ordnungswidrigkeit einstuft) oder
- ein konkretes vertragliches oder gesetzliches Schuldverhältnis (z. B. Steuerschuldverhältnis) besteht.

Zur Bestandsaufnahme der aktuellen Rechtsprechung zu Rückstellungen für öffentlich-rechtliche Verpflichtungen eingehend Petersen, WPg 2019, 1079 ff.

An diesen Anforderungen ist aus der Sicht der Finanzverwaltung im Grundsatz festzuhalten. Das schließt allerdings nicht aus, dass das Fehlen einer behördlichen Verfügung unter Umständen unschädlich ist, wenn (z. B. aufgrund ständiger behördlicher Aufsicht, einer Anhörung, einer (Selbst-)Anzeige, der Aufnahme von Ermittlungen oder aufgrund sonstiger Umstände) das Ergehen einer Verfügung – unter Einbeziehung ansatzaufhellender Umstände – unmittelbar bevorsteht. Es handelt sich zwar nicht um ein angebliches Sonderrecht für öffentlich-rechtliche Verpflichtungen, sondern um eine im Wesentlichen an Einzelfällen entwickelte Konkretisierung von Voraussetzungen, die im Allgemeinen (auch) vorliegen müssen, damit von einer inhaltlich und zeitlich hinreichend konkretisierten wirtschaftlichen Last, insbesondere unter dem Gesichtspunkt der wahrscheinlichen Inanspruchnahme, die Rede sein kann (vgl. Krumm, in Blümich, EStG, § 5 Rdnr. 790 ff. m. w. N.).

Die von der Rechtsprechung aufgestellten (verschärften) Anforderungen an die Konkretisierung der öffentlich-rechtlichen Verpflichtung werden gerade von dem sich mit der Bildung von **Rückstellungen im Umweltschutzbereich** befassenden Schrifttum heftig kritisiert. Es wird geltend gemacht, im Vergleich zu den Rückstellungen für privatrechtliche Verbindlichkeiten würden ohne zureichenden sachlichen Grund zu hohe Anforderungen gestellt. Dies führe zu einer Überobjektivierung und bewirke, dass nur für besonders konkretisierte öffentlich-rechtliche Verpflichtungen (auch Umweltschutzmaßnahmen) eine Rückstellung gebildet werden könne. Die restriktive Interpretation habe zur Folge, dass Rückstellungen für ungewisse Verbindlichkeiten steuerrechtlich nur noch in sehr eingeschränktem Umfang gebildet werden könnten. Dies sei mit dem Sinn und Zweck des Handelsbilanzrechts und des Steuerbilanzrechts, unter vorsichtiger Bilanzierung einen maximal verteilbaren Betrag zu ermitteln, nicht vereinbar. Es erscheine vielmehr sachgerecht, die allgemeinen Rückstellungsgrundsätze auch für den öffentlich-rechtlichen Bereich anzuwenden (Plewka/Schmidt, in Lademann, EStG, § 5 Rdnr. 1186 bis 1199 m. w. N.).

Ebenso kommt es für die Passivierung einer Rückstellung für Aufwendungen im Zusammenhang mit einem **Umweltschaden** darauf an, dass die (Eingriffs-)Behörde von dem Umweltschaden zumindest vor Bilanzaufstellung

III. Rückstellungen in der Praxis der Betriebsprüfung

Kenntnis erlangt und nach Art und Schwere des Umweltschadens und den Erfahrungen in der Vergangenheit oder vergleichbaren Fällen mit einem Einschreiten gerechnet werden muss (BFH, Urteil vom 03.07.1991, X R 163–164/87, BStBl. II 1991, 802, 805).

Eine Rückstellung für die öffentlich-rechtliche Verpflichtung zur Beseitigung von Umweltschäden (hier: Altlastensanierung) darf erst gebildet werden, wenn die die Verpflichtung begründenden Tatsachen der zuständigen Fachberhörde bekannt geworden sind oder dies doch unmittelbar bevorsteht (BFH, Urteil vom 19.10.1993, VIII R 14/92, BStBl. II 1993, 891; hierzu Hoffmann, StuB 2016, 565; zur Rückstellung wegen öffentlich-rechtlicher Verpflichtung zur Erneuerung einer Rauchgasentstaubungsanlage s. FG Münster, Urteil vom 14.12.2011, 10 K 1471/09 K,G, EFG 2012, 944 = DStRE 2012, 593, rkr. mit Anm. Kolbe, StuB 2012, 279f. und Schmid, BB 2013, 312, 313f.; ferner Engel-Ciric/Moxter, BB 2012, 1143f.). Hat die zuständige Behörde von einer Schadstoffbelastung und einer dadurch bedingten Sicherungs- und Sanierungsbedürftigkeit eines Grundstücks Kenntnis erlangt, muss der Zustands- oder Handlungsstörer im Regelfall ernsthaft mit seiner Inanspruchnahme aus der ihn treffenden Sanierungsverpflichtung rechnen (BFH, Urteil vom 19.11.2003, I R 77/01, BStBl. II 2010, 482; hierzu restriktiv BMF, Schreiben vom 11.05.2010, IV C 6 – S 2137/07/10004 DOK 2010/0367332, BStBl. I 2010, 405). Bei Unternehmen, die gegen Bezahlung von Bau- und Abbruchunternehmen Bauabfälle annehmen, diese aufbereiten und die dadurch gewonnenen Stoffe veräußern (Bauschuttrecycling-Anlagen), wird angesichts der konkreten umweltrechtlichen Vorschriften in der Regel eine öffentlich-rechtliche Verpflichtung gegeben sein, die zur Bildung einer Rückstellung für Bauschuttverarbeitung berechtigt. Für die Frage, ob die Voraussetzungen für eine Rückstellung gegeben sind, stellt die Notwendigkeit, eine öffentlich-rechtliche Verpflichtung in einem bestimmten Zeitraum erfüllen zu müssen, nur noch ein Indiz unter mehreren für die Annahme einer ernstlichen Inanspruchnahme dar. Rückstellungsfähig ist nur der Teil der Recyclingkosten, der entsteht, wenn der Stpfl. die Abfälle durch Ablagerung entsorgen müsste (BFH, Urteil vom 21.09.2005, X R 29/03, BFH/NV 2006, 515).

Nach der Rechtsprechung ist das Erfordernis des Handelns in einem bestimmten Zeitraum relativiert worden. Es soll nunmehr als hinreichend angesehen werden, dass der Stpfl. innerhalb eines begrenzten Zeitraums tätig werden muss (BFH, Urteil vom 25.03.2004, IV R 35/02, BFH/NV 2004, 1157; Berndt, BB 2004, 1623). Die allgemeine gesetzliche Entsorgungspflicht, die nur internen künftigen Aufwand bewirkt, soll nicht genügen (BFH, Urteil vom 08.11.2000, I R 6/96, BStBl. II 2001, 570; Frenz, DStZ 1997, 37).

Dies ist jedoch für gesetzliche Umweltpflichten wie folgt modifiziert worden: Rückstellungsfähig sind nicht nur private, sondern auch öffentlich-rechtliche Verpflichtungen (ständige Rechtsprechung). Dabei war lange Zeit umstritten, ob ein entsprechendes konkretes Leistungsgebot für den betroffenen Unternehmer ausgesprochen sein muss oder ob es genügt, wenn eine abstrakte öffentlich-rechtliche Verpflichtung aus einer gültigen Rechtsnorm (im weitesten

2 Rückstellungen für ungewisse Verbindlichkeiten

Sinne) besteht. Hierzu hat die Rechtsprechung kürzlich klargestellt, dass eine zu passivierende öffentlich-rechtliche Verbindlichkeit auch aus einer hinreichend konkreten gesetzlichen Bestimmung, Rechtsverordnung oder Verwaltungsanweisung folgen kann. Die dahingehende Auslegung von Landesrecht obliegt dabei dem FG (BFH, Gerichtsbescheid vom 15.12.2004, I R 35/03, DStR 2005, 1485; Weber-Grellet, BB 2006, 35 f.; BMF, Schreiben vom 25.07.2005, IV B 2 – S 2137 – 35/05, BStBl. I 2005, 826 betreffend steuerbilanzielle Behandlung von Deponien; zur Ansammlung und Abzinsung von Rückstellungen für Deponie-Rekultivierung und Rückbauverpflichtungen s. BFH, Urteil vom 05.05.2011, IV R 32/07, BStBl. II 2012, 98 mit Anm. Schulze-Osterloh, BB 2011, 1965 und Bode FR 2012, 471, 476 f.; ferner Kolbe, StuB 2011, 744 ff.; zur Spezialproblematik der Rückstellung wegen öffentlich-rechtlicher Verpflichtung/Verhältnis von Umweltauflagen zu einer in Aussicht gestellten Betriebsverlagerung FG Münster, Urteil vom 16.11.2006, 8 K 4694/04 G, F, EFG 2007, 504; die eingelegte NZB wurde von BFH, Beschluss vom 21.12.2007, IV B 6/07 als unzulässig verworfen). Die künftigen Einnahmen aus Kippgebühren sind mit Rekultivierungsverpflichtungen zu kompensieren (FG München, Urteil vom 27.03.2012, 6 K 3897/09, DStRE 2013, 524, Die eingelegte NZB wurde per BFH-Beschluss vom 21.08.2013 I B 60/12 n. v. als unbegründet zurückgewiesen; zur Rückstellung für Recyclingverpflichtungen s. Söhl, NWB 2012, 4175 ff.). Rückstellung für Stilllegungs- und Nachsorgeverpflichtungen für Deponien siehe FG Münster, Urteil vom 13.02.2019 13 K 1042/17 K, G – EFG 2019, 1002, 1009 f. mit Anm. Schmitz-Herscheidt = DStRE 2012, 1243 = BB 2019, 1266 mit Anm. Weiss [NZB eingelegt; Az. des BFH: XI B 31/19]; hierzu Bolik, StuB 2019, 557 f.).

Eine Rückstellung für die Rekultivierung eines Tagebaus darf nur dann gebildet werden, wenn sich eine entsprechende Verpflichtung entweder aus einem zivilrechtlichen Vertrag oder einer öffentlich-rechtlichen Anordnung ergibt (FG Berlin-Brandenburg, Beschluss vom 10.06.2020 9 V 9266/19 EFG 2020, 1374, 1379 ff. m. Anm. Hennigfeld, rkr.).

Ungeachtet einer bestehenden Außenverpflichtung (hier: Räumung eines Baustellenlagers bei Vertragsende) ist ein Ansatz einer Verbindlichkeitsrückstellung (§ 249 Abs. 1 Satz 1 HGB) dann ausgeschlossen, wenn die Verpflichtung in ihrer wirtschaftlichen Belastungswirkung von einem eigenbetrieblichen Interesse vollständig „überlagert" wird (BFH, Urteil vom 22.01.2020 XI R 2/19, BStBl. II 2020, 493 = FR 2020, 779, 781 ff. m. Anm. Weber = Grellet = StBp 2020, 253 ff. m. Anm. Brandt = DStRK 2020, 197 m. Anm. Burek = DB 2020, 1653 f. m. Anm. Nöcker = EStB 2020, 244 f. mit Anm. Glanemann).

Mit der Entscheidung des BFH vom 22.01.2020 wandelt sich ein bislang in der Rechtsprechung herangezogenes Ergänzungsargument in ein eigenständiges Ausschlussmerkmal für die Bildung von Rückstellungen für ungewisse Verbindlichkeiten.

Der BFH weitet den Anwendungsbereich nun allgemein auf alle Verpflichtungen aus und führt ein eigenständiges Prüfmerkmal ein.

III. Rückstellungen in der Praxis der Betriebsprüfung

Es erscheint allerdings fraglich, ob dieses Kriterium dogmatisch tragfähig ist (hierzu eingehend Kolbe, StuB 2020, 582 ff.; vgl. a. Prinz, WPg 2019, 978, 980 f.; vgl. a. Oser/Wirtz, StuB 2020, 41, 42 f.; zur Gewährleistungsrückstellung bei erst nach dem Stichtag bekannt gewordenen Mangel Lüdenbach, StuB 2019, 286).

Eine öffentlich-rechtliche Verpflichtung ist noch nicht rechtlich entstanden im Sinne der Rechtsprechung zu Verbindlichkeitsrückstellungen, wenn die Rechtsnorm, in der sie enthalten ist, eine Frist zu ihrer Erfüllung enthält, die am maßgeblichen Bilanzstichtag noch nicht abgelaufen ist (BFH, Urteil vom 13.12.2007, IV R 85/05, BStBl. II 2008, 616 mit Anm. Rätke, StuB 2008, 477 ff. und Prinz, FR 2008, 1161, 1163 f.; zur fehlenden Rückstellungsfähigkeit einer abstrakten Entsorgungsverpflichtung nach AbfallG s. FG Münster, Urteil vom 16.12.2010, 11 K 398/06 E, BB 2011, 1202 mit Anm. GlasenApp, DStR 2013, 2745, 2749 mit Anm. Wit/Hoffmann; Bode, DB 2014, 301; Behrens, BB 2014, 175, 178).

Eine öffentlich-rechtliche Verpflichtung, die lediglich darauf gerichtet ist, die objektive Nutzbarkeit eines Wirtschaftsguts in Zeiträumen nach Ablauf des Bilanzstichtags zu ermöglichen, ist in den bis dahin abgeschlossenen Rechnungsperioden wirtschaftlich noch nicht verursacht. Ist eine öffentlich-rechtliche Verpflichtung am Bilanzstichtag bereits rechtlich entstanden, bedarf es keiner Prüfung der wirtschaftlichen Verursachung mehr, weil eine Verpflichtung spätestens im Zeitpunkt ihrer rechtlichen Entstehung auch wirtschaftlich verursacht ist (BFH, Urteil vom 17.10.2013, IV R 7/11, BStBl. II 2014, 302 = FR 2014, 236, 240 ff. mit Anm. Prinz; ders., DB 2015, 147, 149 ff. betr. Rückstellungen wegen angeordneter flugverkehrstechnischer Maßnahmen auf der Grundlage von Lufttüchtigkeitsanweisungen und Joint Aviation Requirements; hierzu eingehend Schulze, StuB 2014, 92 ff.; Rogall/Dreßler, Ubg 2014, 759 ff.; ferner FG Düsseldorf, Urteil vom 21.04.2015, 6 K 418/14, K, F EFG 2014, 1247 rkr. = BB 2015, 1712, 1713 mit Anm. Kleinmanns; ferner Oser/Wirtz, StuB 2016, 3, 6 f. = BB 2015, 2479, 2482 mit Anm. Kleimanns; ferner Graw DB 2015, DB StR 0697557).

Die Wartungsverpflichtung nach § 6 LuftBO ist wirtschaftlich nicht in der Vergangenheit verursacht, weil wesentliches Merkmal der Überholungsverpflichtung das Erreichen der zulässigen Betriebszeit ist, die den typischerweise auftretenden Ermüdungs- und Abnützungserscheinungen des Luftfahrtgeräts Rechnung trägt. (BFH, Urteil vom 09.11.2016, I R 43/15, BStBl. II 2017, 379 = BB 2017, 879, 882 mit Anm. von Glasenapp = FR 2017 431, 434 ff. mit Anm. Weber-Grellet = EStB 2017, 134, 135 mit Anm. Reiter; Hommel/Ummenhofer, BB 2017, 2219 f.; Prinz, WPg 2017, 1316 ff.; Oser/Wirtz, StuB 2018, 1, 9; Petersen, WPg 2019, 1079, 1083 ff.; Kahle, DStZ 2019, 904, 907 f.; Bestätigung durch BFH, Urteil vom 19.05.1987, VIII R 327/83, BStBl. II 1987, 848).

2 Rückstellungen für ungewisse Verbindlichkeiten

Zur Rückstellung einer Umlageverpflichtung für Haftpflichtschäden siehe Niedersächsisches FG, Urteil vom 11.11.2015, 6 K 178/14, EFG 2016, 650, rkr. mit Anm. Kühnen.

Rückstellungen für Verpflichtungen, ab dem 13. August 2005 in Verkehr gebrachte Energiesparlampen zu entsorgen, können erst gebildet werden, wenn sich diese Pflichten durch den Erlass einer Abholanordnung nach § 16 Abs. 5 ElektroG hinreichend konkretisiert haben. Für die Verpflichtung zur Entsorgung von vor dem 13. August 2005 in Verkehr gebrachten Energiesparlampen können mangels hinreichenden Vergangenheitsbezug keine Rückstellungen gebildet werden (BFH, Urteil vom 25.01.2017, IR 70/15, BStBl. II 2017, 780 = BB 2017, 1394 mit Anm. Rogge, EStB 2017, 300 mit Anm. Glanemann; ferner Geberth/Bartelt, GmbHR 2017, R 199; hierzu eingehend Hänsch, StBp 2016, 165 ff.; ders., BBK 2018, 79 ff.; Fink, NWB 2017, 2989 ff.; Oser/Philippsen/Wirtz, StuB 2017, 569 ff.; Oser/Wirtz, StuB 2018, 1, 4 f.; Hommel/Ummenhofer, BB 2017, 2217, 2220 f.; Kahle, DStR 2018, 976, 978 f.; Petersen WPg 2019, 1079, 1086 ff.).

Zur analogen Problematik der Bildung von Rückstellungen für die Verpflichtungen nach der Verpackungsverordnung siehe FG Köln, Urteil vom 14.01.2015, 13 K 2929/12 EFG 2015, 1114 zwischenzeitlich rkr.

Die abstrakte Verpflichtung zum Rückbau von Fernmeldewärmleitungen begründet keinen Rückstellungsbedarf, solange der Beseitigungsanspruch durch den Grundstückseigentümer nicht geltend gemacht wird. Die Verpflichtung ist öffentlich-rechtlichen Ansprüchen, die durch eine Behörde durchgesetzt werden, nicht vergleichbar (Sächsisches FG, Urteil vom 26.06.2014 4 K 393/12, rkr. mit Anm. Bünning, BB 2014, 2358 ff.).

Zum neuen Umweltschadensgesetz und zu möglichen Auswirkungen auf die Rückstellungsbilanzierung und -bewertung s. eingehend Schubert, WPg 2008, 505 ff. Zu Rückstellungen für fristgebundene Anpassungsverpflichtungen aus öffentlichem Recht Haberland, DStZ 2011, 790 ff.

Zur Rückstellung für öffentlich-rechtliche Anpassungsverpflichtungen nach der TA Luft 2002 BFH, Urteil vom 06.02.2013, I R 8/12, BStBl. II 2013, 686 mit Anm. Hoffmann, DStR 2013, 1018, 1020 f., Schmid, BB 2013, 1264, 1266 und Prinz FR 2103, 799, 802 ff.; Oser, StuB 2014, 43, 44 f.; Euler/Hommel, BB 2014, 2475 ff.). Ferner Christiansen, DStR 2013, 1347 ff.; Lüdenbach, StuB 2013, 506; Kolbe, StuB 2013, 535 ff.; Marx, FR 2013, 969 ff.

Ein Unternehmen, dessen Zweck das Recycling von Bauschutt ist, kann eine Rückstellung für die nach dem jeweiligen Bilanzstichtag anfallenden Aufbereitungskosten bilden, sofern die zeitnahe Verarbeitung behördlich überprüft wird (BFH, Urteil vom 25.03.2004, IV R 35/02, BStBl. II 2006, 644; hierzu Hoffmann, StuB 2014, 81 f.). Ein Unternehmen, das Baubfälle aufkauft und zwecks Weiterveräußerung aufbereitet, kann im Hinblick auf die aus dem AbfG 1986 und dem BImSchG folgende Entsorgungsverpflichtung eine Rückstellung für die nach dem jeweiligen Bilanzstichtag anfallenden Aufbereitungskosten bil-

III. Rückstellungen in der Praxis der Betriebsprüfung

den, wenn nach Sachlage überwiegend wahrscheinlich ist, dass es aus dieser öffentlich-rechtlichen Verpflichtung in Anspruch genommen wird (BFH, Urteil vom 21.09.2005, X R 29/03, BStBl. II 2006, 647 mit Anm. Hoffmann, DB 2006, 1522 f. und Hoffmann/Siegel, DB 2007, 121 ff. mit Replik von Hoffmann).

Altsanierungsrückstellungen können nur dann gebildet werden, wenn bereits am Bilanzstichtag ein Anhaltspunkt vorliegt, der auf eine mögliche Inanspruchnahme hindeuten kann. Als „wertaufhellend" sind nur solche Umstände zu berücksichtigen, die zum Bilanzstichtag bereits objektiv vorlagen und nach dem Bilanzstichtag, aber vor dem Tag der Bilanzerstellung lediglich bekannt oder erkennbar wurden (BFH, Beschluss vom 17.03.2006, IV B 177/04, BFH/NV 2006, 1286). Wertaufhellend sind alle Umstände bis zur Bilanzerstellung. Bei erfolgsabhängigen Vergütungen verhindert § 5 Abs. 2a EStG die Rückstellungsbildung (FG Münster, Urteil vom 17.08.2010, 1 K 3969/07 F, EFG 2011, 468, rkr.).

EG-Richtlinien (hier: EG-Altfahrzeug-Richtlinie) allein begründen keine hinreichend konkrete Verpflichtung einzelner Unternehmen, die eine Rückstellung nach § 249 HGB rechtfertigt, solange dem nationalen Gesetzgeber bei der Umsetzung der Richtlinien ein Spielraum verbleibt (Niedersächsiches FG, Urteil vom 09.03.2006, 6 K 109/03, DStRE 2007, 1145 rkr).

Aufgrund der exzessiven Verschärfung der Umweltschutzauflagen spielt die Rückstellung bei öffentlich-rechtlichen Verpflichtungen eine immer größere Rolle. Dies sollten die Stpfl. fiskalisch dergestalt nutzen, dass sie aufgrund von zu abstrahierenden öffentlich-rechtlichen Verpflichtungstatbeständen die daraus resultierenden unternehmerischen Belastungen für das Unternehmen (ggf. unter Einschaltung eines Gutachters) schätzen und somit gewinnmindernd geltend machen können. Die Beträge (insbesondere bei Altlastenbeseitigungen) können astronomische Höhen erreichen und sich somit als Dauerwaffe zur Neutralisierung von erwirtschafteten Gewinnen erweisen.

Anerkannt ist nunmehr auch, dass Rückstellungen wegen künftiger Aufwendungen für Betriebsprüfungen möglich sind. Dabei sind dem Grunde nach vor allem drei Gruppen von Aufwendungen anzusetzen:

- die Kosten des Arbeitszimmers, das dem Prüfer zur Verfügung gestellt wird, ggf. Kosten eines PC und eines Telefons;
- zu schätzende Honorare für Steuerberater/Wirtschaftsprüfer, die hinzugezogen werden müssen, um die Mitwirkungspflichten erfüllen zu können;
- die anteiligen Kosten des Personals, das der Betrieb abstellen muss, um den Vorlageverlangen des Prüfers nachkommen zu können.

Für die Pflicht zur Aufbewahrung von Geschäftsunterlagen ist eine Rückstellung für ungewisse Verbindlichkeiten in Höhe der voraussichtlich zur Erfüllung der Aufbewahrungspflicht erforderlichen Kosten zu bilden.

Für die Berechnung der Rückstellung sind nur diejenigen Unterlagen zu berücksichtigen, die zum betreffenden Bilanzstichtag entstanden sind.

Die voraussichtliche Aufbewahrungsdauer bemisst sich grundsätzlich nach § 147 Abs. 3 Satz 1 AO. Wer sich auf eine voraussichtliche Verlängerung der Aufbewahrungsfrist beruft, hat die tatsächlichen Voraussetzungen dafür darzulegen (BFH, Urteil vom 18.01.2011, X R 14/09, BStBl. II 2011, 496 mit Anm. Lühn, BB 2011, 1007, 1009; Brandt, StBp 2011, 233; hierzu Grützner, StuB 2011, 492; zu Rückstellungen für die Aufbewahrung von Geschäftsunterlagen ferner OFD Magdeburg, Verfügung vom 21.09.2006, S 2137 – 41 – St 211, DB 2006, 2491; OFD Niedersachen Verfügung v. 05.10.2015, S 2137 – 106 – St 221/St 222, StuB 2015, 936; ferner zur Rückstellung für Archivierung für Patientenakten im Krankenhaus siehe Baumann, StBp 2015, 113 ff.).

Die Frage, ob eine gesetzliche Pflicht (hier: Aufbewahrung von Mandanten-Handakten eines Steuerberaters und Wirtschaftsprüfers) im überwiegenden eigenbetrieblichen Interesse erfüllt wird, was die Bildung einer Rückstellung ggf. ausschließt, ist einer näheren abstrakten Klärung im Allgemeininteresse nicht zugänglich (BFH, Beschluss vom 27.12.2010, VIII B 88/15, BFH/NV 2011, 600).

Eine Rückstellung für die Kosten der 10-jährigen Aufbewahrung von Mandantendaten im DATEV-Rechenzentrum bei einer Wirtschaftsprüfungs- und Steuerberatungsgesellschaft setzt eine öffentlich-rechtliche oder eine zivilrechtliche Verpflichtung zur Aufbewahrung dieser Daten voraus. Eine öffentlich-rechtliche Verpflichtung folgt weder aus § 66 Abs. 1 StBerG noch aus einer eigenständigen öffentlich-rechtlichen Aufbewahrungsverpflichtung des Mandanten bei tatsächlicher Aufbewahrung durch den Berater. Eine zivilrechtliche Verpflichtung für die Dauer der Mandatsbindung reicht nicht aus. Eine Rückstellung für die Kosten der 10-jährigen Aufbewahrung von Handakten im DATEV-Rechenzentrum kann wegen der Abwendungsmöglichkeit (§ 66 Abs. 1 Satz 2 StBerG) nicht allgemein mit einer Aufbewahrungsverpflichtung aus § 66 Abs. 1 Satz 1 StBerG begründet werden (so klarstellend BFH, Urteil vom 13.02.2019, XI R 42/17, BStBl. II 2020, 671, BB 2019, 2096, 2098 mit Anm. Kubik = EStB 2019, 353, 354 mit Anm. Bleschick = FR 2019, 919, 921 f. mit Anm. Weber-Grelle; StBp 2019, 326 f. mit Anm. Brandt, StBp 2019, 326 ff.; Oser/Wirtz, StuB 2019, 97, 98 f.; hierzu eingehend Kolbe, StuB, 2019, 812 ff.; Meyering/Gröne, FR 2020, 158 ff.; Oser/Wirtz, StuB 2020, 41 f.; hierzu Petersen, WPg 2019, 1079, 1089 f.).

Eine Rückstellung für die Verpflichtung zur Aufbewahrung von Geschäftsunterlagen kann auch Finanzierungskosten (Zinsen) für die zur Aufbewahrung genutzten Räume auch dann enthalten, wenn die Anschaffung/Herstellung der Räume nicht unmittelbar (einzel-)finanziert worden ist, sondern der Aufbewahrungspflichtige (hier: eine Sparkasse) seine gesamten liquiden Eigen- und Fremdmittel in einen „Pool" gegeben und hieraus sämtliche Aufwendungen seines Geschäftsbetriebs finanziert hat (sog. Poolfinanzierung). Voraussetzung für die Berücksichtigung der Zinsen (als Teil der notwendigen Gemeinkosten) ist in diesem Fall, dass sie sich durch Kostenschlüsselung verursachungsgerecht der Herstellung/Anschaffung der Räume zuordnen lassen und dass sie nach Maßgabe des § 6 Abs. 1 Nr. 3a Buchst. b EStG 2002 angemessen sind (BFH, Urteil

III. Rückstellungen in der Praxis der Betriebsprüfung

vom 11.10.2012, I R 66/11, BStBl. II 2013, 676 mit Anm. Hoffmann/Abele, BB 2013, 622, 626; Adrian, WPg 2013, 463 ff.; Prinz, FR 2013, 501, 506 ff.; Bahlburg, StuB 2013, 319 ff.; hierzu Bayerisches Landesamt für Steuern, Verfügung vom 31.01.2014, S 2175. 2.1–20/4 St 32 DB 2014, 230 nebst Erläuterung von Adrian, StuB 2014, 243 ff; zur Bildung von Rückstellungen für die steuerliche Verrechnungspreisdokumentation Baumhoff/Liebchen/Kluge, IStR 2012, 821 ff.; Dziadkowski, FR 2013, 777 ff.).

In der Steuerbilanz einer als Großbetrieb i. S. von § 3 BpO eingestuften Kapitalgesellschaft sind Rückstellungen für die im Zusammenhang mit einer Außenprüfung bestehenden Mitwirkungspflichten gem. § 200 AO, soweit diese die am jeweiligen Bilanzstichtag bereits abgelaufenen Wirtschaftsjahre (Prüfungsjahre) betreffen, grundsätzlich auch vor Erlass einer Prüfungsanordnung zu bilden (BFH, Urteil vom 06.06.2012, I R 99/10, BStBl. II 2013, 196 mit Anm. Oser, BB 2012, 2490, 2494; Prinz, FR 2013, 80, 85 ff.; ferner Prinz/Hütig, StuB 2012, 798 f.; Eckert, DB 2012, 2187 ff.; Grützner, StuB 2012, 832 ff. und Bollweg/Römgens, WRg 2012, 1242 ff.; Happe, BB 2013, 64 ff.; hierzu auch die Stellungnahme des Arbeitskreis „Steuern und Revision" im Bund der Wirtschaftsakademiker e. V. (BWA), DStR 2013, 373 ff.; zur Interpretation der Finanzverwaltung siehe BMF, Schreiben vom 07.03.2013, IV C 6 – S 2137/12/10001; DOK 2013/0214527, BStBl. I 2013, 274 mit Anm. Behrens, BB 2013, 1138; siehe auch Eckert, DB 2013, 901 ff.). Für die Verpflichtung zur Prüfung des Jahresabschlusses einer Personenhandelsgesellschaft darf eine Rückstellung nicht gebildet werden, wenn diese Verpflichtung ausschließlich durch den Gesellschaftsvertrag begründet worden ist (BFH, Urteil vom 05.06.2014, IV R 26/11, BStBl. II 2014, 886 = BB 2014, 2288, 2290 mit Anm. Behrens = EStB 2014, 360, 361 mit Anm. Griesar = DStR 2014, 1814, 1817 f. mit Anm. Hoffmann = FR 2014, 1030, 1033 mit Anm. Weber-Grellet; hierzu ausführlich Prinz, DB 2014, 2188 ff. = Oser, DStR 2014, 2309 ff.; Adrian, StuB 2014, 791 ff.; Oser/Wirtz, StuB 2015, 3, 6 f.; Prinz, DB 2015, 146, 151; Hennrichs, StuW 2015, 65 ff.; zur Rückstellung für die Jahresabschlussprüfung und die Auswirkungen der obigen BFH-Judikatur auf „Konzernfälle" siehe ausführlich Sick/Lukaschek/Binding, DStR 2015, 712 ff und für Kapitalgesellschaften Althoff, DB 2016, 1893; zur Möglichkeit der Bildung einer Rückstellung für durch Kreditvertrag auferlegte Abschlussprüfung Lüdenbach, StuB 2014, 815; zum Ansatz einer „Abwicklungsrückstellung in einem unter Aufgabe der Unternehmensfortführungsprämisse aufgestellten handelsrechtlichen Jahresabschluss" Henckel, StuB 2019, 52 f.).

Zur Zulässigkeit der Bildung einer Rückstellung für die Aufwendungen zur Anpassung eines betrieblichen EDV-Systems an die Grundsätze zum Datenzugriff und zur Prüfbarkeit digitaler Unterlagen (GDPdU) s. OFD Münster, Kurzinformation vom 15.04.2010, Kurzinformation Einkommensteuer Nr. 006/2010, DStR 2010, 1785.

Eine Rückstellung kann auch für Verpflichtungen aus öffentlichem Recht gebildet werden, wenn die Verpflichtung wirtschaftlich in den bis zum Bilanzstichtag abgelaufenen Wirtschaftsjahren verursacht ist. Die Verpflichtung muss nicht nur an Vergangenes anknüpfen, sondern auch Vergangenes abgelten. Das ist der Fall, wenn sie auch dann zu erfüllen ist, wenn der Betrieb zum Ende des Bilanzzeitraums aufgegeben würde. Das Going-Concern-Prinzip bezieht sich auf die Bewertung, nicht den Ansatz von Bilanzpositionen. Für Kammerbeiträge eines künftigen Beitragsjahres, die sich nach der Höhe des in einem vergangenen Steuerjahr erzielten Gewinns bemessen, kann keine Rückstellung gebildet werden (BFH, Urteil vom 05.04.2017, X R 30/15, BStBl. II 2017, 900 = BB 2017, 1712, 1714 mit Anm. Hüttemann = EStB 2017, 298, 299 mit Anm. Glanemann = FR 2017, 965,968 f. mit Anm. Weber-Grellet; ferner Lüdenbach, StuB 2017, 553; hierzu eingehend Oser/Wirtz, StuB 2017, 693 ff.; dies., StuB 2018, 1, 5 f.; Hommel/Ummenhofer, BB 2017, 2219, 2220; Kahle, DStR 2018, 976, 977 f.; Petersen, WPg 2019, 1079, 1085 f.)

Rückstellungen für nach dem Bilanzstichtag festgesetzte Sonderbeiträge und Sonderzahlungen nach dem Gesetz zur Entschädigungseinrichtung der Wertpapierhandelsunternehmen können grundsätzlich nicht gebildet werden. Sonderbeiträge und Sonderzahlungen nach dem diesem EAEG sind rechtlich erst mit ihrer Festsetzung entstanden. Mehr als sechs Monate nach dem Bilanzstichtag festgesetzte Sonderzahlungen nach dem EAEG sind regelmäßig nicht zum Bilanzstichtag des Vorjahres wirtschaftlich verursacht. Eine zeitanteilige Rückstellung für den EdW-Jahresbeitrag des Folgejahres kann zum 31.12. des Vorjahres nicht gebildet werden (FG München, Urteil vom 29.01.2018, 7 K 1776/16, EFG 2018, 1437, 1441 f. mit Anm. Obermeir rkr.; siehe hierzu ausführlich Farwick, StuB 2018, 811 ff.).

2.3 Ungewissheit

Zur Bildung einer Rückstellung berechtigen nur **ungewisse Verbindlichkeiten**. Ungewiss ist eine Verbindlichkeit, die einem anderen gegenüber **dem Grunde nach** zwar nicht mit Sicherheit, aber doch mit Wahrscheinlichkeit besteht oder entstehen wird, oder die allein oder zusätzlich hinsichtlich ihrer **Höhe nach** ungewiss ist (BFH, Urteil vom 05.02.1987, IV R 81/84, BStBl. II 1987, 845; BFH, Urteil vom 13.11.1991, I R 78/89, BStBl. II 1992, 177).

Ungewiss ist eine Verbindlichkeit **grundsätzlich auch**, wenn noch nicht alle Tatbestandsmerkmale erfüllt sind, von deren Vorliegen Gesetz, Satzung oder Vertrag die Entstehung abhängig machen, oder wenn das Bestehen der Verbindlichkeit vom Stpfl. nicht anerkannt wird. Z.B. ist eine Schadensersatzverbindlichkeit ungewiss, wenn der Bilanzierende die Voraussetzungen für die Entstehung der Verbindlichkeit (z.B. das Vorliegen einer schuldhaften Pflichtverletzung) bestreitet oder Einwendungen gegen den geltend gemachten Anspruch erhebt und der Gläubiger dem widerspricht. Vertragliche Verpflichtungen bedürfen keiner weiteren zeitlichen Konkretisierung (BFH, Urteil vom 28.03.2000, VIII R 13/99, BStBl. II 2000, 612). Ungewiss ist für die Dauer bis zum (ungewissen) Bedingungseintritt (Schwebezustand) auch eine Verbindlichkeit, die **aufschiebend** oder **auflösend bedingt** ist (BFH, Urteil vom 11.04.1990, I R

63/86, BFHE 160, 323). Die Verpflichtung muss nicht einklagbar sein (BFH, Urteil vom 17.08.1967, IV 285/65, BStBl. II 1968, 80).

Faktische Verpflichtungen, also solche, denen zwar keine Rechtspflicht zugrunde liegt, denen sich der ordentliche Kaufmann aber aus geschäftlichen, sittlichen oder moralischen Gründen oder im Hinblick auf Treu und Glauben nicht entziehen kann oder will, stellen ebenfalls ungewisse Verbindlichkeiten dar. In Betracht kommen z. B. **Kulanzleistungen**, Zahlungen zur Vermeidung eines den Ruf des Unternehmens schädigenden Prozesses und ähnliche Leistungen (R 5.7 Abs. 12 EStR 2012; Plewka/Schmidt, in Lademann, EStG, § 5 Rdnr. 1179 m. w. N.).

Es muss aber eine Rückstellung gebildet werden, wenn der Empfänger von (Werkzeugkosten-)Zuschüssen vertraglich oder faktisch (Branchenübung) zu korrespondierenden (kalkulatorischen) Preisminderungen bei späteren Produktlieferungen an den Zuschussleistenden verpflichtet ist (BFH, Urteil vom 29.11.2000, I R 87/99, BStBl. II 2002, 655). Verpflichtet sich ein Hörgeräte-Akustiker beim Verkauf einer Hörhilfe für einen bestimmten Zeitraum zur kostenlosen Nachbetreuung des Gerätes und des Hörgeschädigten in technischer und medizinischer Hinsicht, hat er für diese Verpflichtung eine Rückstellung zu bilden (BFH, Urteil vom 05.06.2002, I R 96/00, BStBl. II 2005, 736; BMF, Schreiben vom 12.10.2005, IV B 2 – S 2137 – 38/05, BStBl. I 2005, 953).

Anknüpfungspunkt für eine Rückstellung für ungewisse Verbindlichkeiten kann auch eine faktisch ungewisse Verbindlichkeit gegenüber Dritten sein, denen sich ein Kaufmann aus sittlichen, tatsächlichen oder wirtschaftlichen Gründen nicht entziehen kann, obwohl keine Rechtspflicht zur Leistung besteht. Eine solche Verbindlichkeit kann aus einer Selbstverpflichtungserklärung des brancheneigenen Zentralverbandes abzuleiten sein, hergestellte bzw. verkaufte Güter (hier: Batterien) nach dem Gebrauch wieder zurückzunehmen, um sie einer sachgerechten Entsorgung zuzuführen (BFH, Urteil vom 10.01.2007, I R 53/05, BFH/NV 2007, 1102).

Erhält der Versicherungsvertreter vom Versicherungsunternehmen die Abschlussprovision nicht nur für die Vermittlung der Versicherung, sondern auch für die weitere Betreuung des Versicherungsvertrags, so hat er für die Verpflichtung zu künftiger Vertragsbetreuung eine Rückstellung wegen Erfüllungsrückstandes zu bilden (BFH, Urteil vom 28.07.2004, XI R 63/03, BStBl. II 2006, 866; hierzu erläuternd BMF, Schreiben vom 28.11.2006, IV B 2 – S 2137 – 73/06, BStBl. I 2006, 765; fortführend BFH, Urteil vom 19.07.2011, X R 26/10, BStBl. II 2012, 856 mit Anm. Rönn, BB 2011, 2863, 2866; Brandt, StBp 2011, 355 ff.; Endert, DStR 2011, 2280 ff.; ders., DB 2011, Heft 47 vom 25.11.2011, M 10; Oser, BB 2011, 3119, 3121 ff.; Tiedchen, FR 2012, 22 ff.; Prinz, FR 2012, 33 ff.; BFH, Urteil vom 19.07.2011, X R 8/10, BFH/NV 2011, 2035; BFH, Urteil vom 19.07.2011, X R 9/10, n. v.; BFH, Urteil vom 19.07.2011, X R 48/08, BFH/NV 2011, 2032; BFH, Beschluss vom 08.11.2011, X B 221/10, BFH/NV 2012, 217; hierzu Hoffmann, StuB 2011, 809 f.; Grützner, StuB 2012, 55 ff.; vgl. a. Endert, DB

2011, 2164 ff.; Hilbertz, NWB 2011, 3934 ff.; hierzu BMF, Schreiben vom 20.11.2012, IV C 6 – S 2137/09/10002; DOK 2011/1045691, BStBl. I 2012, 1100 mit Anm. Grützner, StuB 2013, 90 ff.; zur Anwendung dieser neuen Judikatur für Bilanzstichtage vor der Veröffentlichung des BFH Urteils vom 19.07.2011, X R 26/10, BStBl. II 2012, 856; hierzu BFH Beschluss vom 07.01.2014, X B 191/13, BFH/NV 2014, 695; siehe auch FG Münster, Beschluss vom 18.12.2012, 11 V 3094/12 E, G, EFG 2013, 528, rkr. mit Anm. Pfützenreuter); ferner Hessisches FG, Urteil vom 30.10.2012, 1 K 1264/07, EFG 2013, 599, rkr.; zur gesamten Problematik zusammenfassend Wardemann/Pott, DStR 2013, 1874 ff.

Ein Versicherungsvertreter kann nur dann eine Rückstellung für Erfüllungsrückstand bilden, wenn er entweder gesetzlich oder vertraglich zur Nachbetreuung der von ihm vermittelten Lebensversicherungsverträge verpflichtet ist (BFH, Urteil vom 09.06.2015, X R 27/13, BFH/NV 2015, 1676; BFH, Urteil vom 25.07.2019 IV R 49/16 StuB 2020, 29). Steht fest, dass der Steuerpflichtige vertraglich zur weiteren Betreuung der von ihm vermittelten Versicherungsverträge verpflichtet ist und auch tatsächlich entsprechende Nachbetreuungsleistungen erbracht hat, scheitert die Bildung der Rückstellung zwar nicht daran, dass er keine der Rechtsprechung entsprechenden Aufzeichnungen über den Umfang der Betreuungsleistungen vorlegen kann. Da den Steuerpflichtigen aber die Darlegungs- und Beweislast trifft, muss sich die dann vorzunehmende Schätzung des Betreuungsaufwandes im unteren Rahmen bewegen (BFH, Urteil vom 12.12.2013, X R 25/11, BStBl. II 2014, 517 = BB 2014, 1200, 1202, mit Anm. von Rönn = FR 2014, 602, 606 f. mit Anm. Weber-Grellet = EStB 2014, 201, 202 mit Anm. Wischmann; hierzu ausführlich Adrian, StuB 2014, 483 ff.; vgl. a. Hoffmann, StuB 2014, 473; ders., StuB 2014, 509 f.; Oser/Wirtz, StuB 2015, 3,8; siehe auch FG Köln, Urteil vom 26.09.2013 13 K 1252/10, EFG 2014, 1615 mit Anm. Neu; die eingelegte NZB wurde per BFH, Beschluss v. 17.09.2014, I B 192/13 n. v. als unzulässig verworfen; zur bilanzsteuerlichen Behandlung stornobehafteter Provisionen eines Versicherungsvertreters im Hinblick auf die Bildung von Stornorückstellungen siehe OFD Niedersachsen, Verfügung vom 01.08.2014, S 2133 – 37 – St 221/222 DB 2014, 2077).

Die Bildung einer Rückstellung wegen Erfüllungsrückstands – hier für die Verpflichtung zur Nachbetreuung von Versicherungsverträgen – setzt u. a. voraus, dass der Steuerpflichtige zur Betreuung der Versicherungen rechtlich verpflichtet ist. Bei einem Versicherungsmakler kommt als möglicher Rechtsgrund hierfür der Maklervertrag in Betracht. Einen für einen Versicherungsmakler tätigen Handelsvertreter, der nicht selbst Vertragspartner der Maklerverträge wird, trifft aus diesen Maklerverträgen keine solche Nachbetreuungsverpflichtung (BFH, Urteil vom 27.02.2014, III R 14/11, BStBl. II 2014, 675; hierzu Prinz, DB 2015, 147, 148 f.; Schustek, DB 2015, 882 ff.). Ein für einen Versicherungsmakler tätig werdender Handelsvertreter hat keine gesetzliche Verpflichtung, die von ihm vermittelten Verträge nachzubetreuen. Daran ändert sich auch nichts dadurch, dass er selbst eine Zulassung gem. § 34c GewO besitzt (BFH, Urteil vom 16.09.2014, X R 38/13, BFH/NV 2015, 195 = BB 2014, 2031, 2034 mit Anm. Franz

= FR 2014, 938, 941 f. mit Anm. Weber-Grellet; bestätigt durch BFH, Urteil vom 25.07.2019, IV R 49/16 BFH/NV 2020, 15 = EStB 2020, 10 mit Anm. Günther).

Die Abzinsung einer Rückstellung für die Verpflichtung zur Nachbetreuung von Versicherungsverträgen richtet sich gem. § 6 Abs. 1 Nr. 3a Buchst. e Satz 2 EStG nach dem Zeitraum bis zur erstmaligen Erfüllung der Sachleistungspflicht. Diesen hat der Steuerpflichtige darzulegen und mit Stichproben zu belegen (BFH, Urteil vom 13.07.2017, IV R 34/14 BFH/NV 2017, 1426; BFH, Urteil vom 12.12.2013, X R 25/11, BStBl. II 2014, 517 = EStB 2017, 400 mit Anm. Günther; hierzu ausführlich Grützner, StuB 2017, 918 ff.; Oser/Wirtz, StuB 2018, 1, 6 f.).

Zusätzliche Provisionen bei einer vertragsgemäßen Erhöhung der Versicherungssumme werden nicht für die Pflege des Versicherungsvertrags, sondern für den Abschluss eines versicherungstechnisch partiell neuen Vertrags gebildet. Auf die ggf. zu bildende Rückstellung hinsichtlich des Erfüllungsrückstands haben sie deshalb keinen Einfluss (BFH, Beschluss vom 13.06.2014, X B 248/13, BFH/NV 2015, 24). Diese Rechtsgrundsätze gelten auch für dynamische Lebensversicherungen und Werbeleistungen mit dem Ziel, Kunden (auch Bestandskunden) zu neuen Vertragsabschlüssen zu veranlassen (Einweihung von Neugeschäften) sind nicht rückstellbar.

Die Kosten für die Zulassung eines neu entwickelten Pflanzenschutzmittels nach dem Pflanzenschutzgesetz sind Bestandteil der Herstellungskosten für die Rezeptur des Pflanzenschutzmittels. Aufwendungen zur Herstellung eines selbstgeschaffenen immateriellen Wirtschaftsguts des Anlagevermögens, das gem. § 5 Abs. 2 EStG nicht aktiviert werden darf, sind steuerlich sofort abziehbare Betriebsausgaben. Für solchen Aufwand kann bei Vorliegen der übrigen Voraussetzungen eine Rückstellung für ungewisse Verbindlichkeiten gebildet werden. Eine im Gewinnermittlungszeitraum dem Grunde nach rechtlich entstandene Verbindlichkeit ist auch wirtschaftlich vor dem Bilanzstichtag verursacht, wenn sie unabhängig davon zu erfüllen ist, ob der Unternehmer seine Tätigkeit in Zukunft fortführt oder den Betrieb zum jeweiligen Bilanzstichtag beendet (BFH, Urteil vom 08.09.2011, IV R 5/09, BStBl. II 2012, 122 mit Anm. Oser, BB 2011, 3119, 3122 f. und Prinz, FR 2012, 132, 136 ff.; ferner Christiansen, DStR 2011, 2483 ff.; Schüttler/Berthold, DStR 2011, 2485 ff.; Tiede, StuB 2012, 96 ff.; Engel-Ciric/Moxter, BB 2012, 1143, 1144).

Wegen der Ausgabe von Gutscheinen, die einen Anspruch auf Preisermäßigung von Frisör-Dienstleistungen im Folgejahr gewähren, sind im Ausgabejahr weder Verbindlichkeiten noch Rückstellungen zu bilanzieren (BFH, Urteil vom 19.09.2012, IV R 45/09, BStBl. II 2013, 123 mit Anm. Kleinmanns, BB 2012, 2878 und Hoffmann, DStR 2012, 2166, 2171; Brandt, StBp 2012, 356 ff.; ferner Kolbe, StuB 2013, 140 ff.; zu aktuellen Entwicklungen Oser/Wirtz, StuB 2020, 41, 44 f.).

Eine zwischen Bilanzstichtag und Bilanzaufstellung getroffene Vergleichsvereinbarung hinsichtlich einer strittigen erfolgsabhängigen Vergütung für Beratungskosten ist wertaufhellend. § 5 Abs. 2a EStG ist so zu verstehen, dass immer dann eine Rückstellung nicht zu bilden ist, wenn eine erfolgsabhängige Verpflichtung eingegangen wird (FG Münster, Urteil vom 17.08.2010, 1 K 3969/07 F, BB 2011, 303, 305 mit Anm. Schmid).

Zur Rückstellung für die Verpflichtung zur Gewährung von Beihilfen s. Bayerisches Landesamt für Steuern, Erlass vom 28.01.2011, S 2137.1.1–5/17 St 32, DStR 2011, 724; Bayerisches Landesamt für Steuern, Verfügung vom 12.08.2011, S 2137.1.1–5/21 St 32, StuB 2011, 721. Ein Arzt, der seinen Gewinn durch BV-Vergleich gem. §4 Abs.1 EStG ermittelt, kann eine Rückstellung im Hinblick auf eine drohende Änderung des Verteilerschlüssels erst dann bilden, wenn eine Honorarrückforderung ausreichend konkret ist. Die Wahrscheinlichkeit einer Inanspruchnahme besteht zum Bilanzstichtag nicht, wenn ein Sozialgericht erst nach dem Bilanzstichtag entscheidet, der bisher angewendete Verteilungsmaßstab sei nicht sachgerecht. Allein das Bestehen einer latenten Rückforderungssituation, in der die kassenärztliche Vereinigung Honorare zurückfordern könnte, berechtigt einen Arzt nicht zur Bildung einer Rückstellung (Niedersächsisches FG, Urteil vom 14.12.2007, 2 K 224/07, EFG 2008, 1105 = DStRE 2008, 1113 rkr., mit Anm. Scholz, BB 2008, 1008).

Überschreiten Ärzte in ihrer Verordnungspraxis die dafür bestehenden Richtgrößenvolumen um mehr als 25%, so sind sie schon aufgrund des sich aus §106 Abs.5a SGB V ergebenden Rechts der Krankenkassen auf Erstattung des sich daraus ergebenden Honorarmehraufwands bei Annahme fehlender Rechtfertigungsgründe für die Überschreitung berechtigt, eine Rückstellung für diese Erstattungsforderungen zu bilden (BFH, Urteil vom 05.11.2014, VIII R 13/12, BStBl. II 2015, 523 = BB 2015, 1329, 1330 mit Anm. Schmid = EStB 2015, 189, 190 mit Anm. Formel; hierzu eingehend Grützner, StuB 2015, 534 ff.; ferner Oser/Wirtz, StuB 2016, 3, 6 f.).

Zur Bildung von Rückstellungen für Erfindervergütungen als Gegenstand steuerlicher Betriebsprüfungen versus Anschaffungskosten eines immateriellen Wirtschaftsgutes siehe Eckert, DB 2016, 1163 f.

Zur Zulässigkeit der Bildung von Rückstellungen für Personalsicherheiten vgl. a. FG München, Urteil vom 06.11.2019, 7 K 2095/16, EFG 2020, 982, 985 mit Anm. Obermeier zwischenzeitlich rkr.

Übernimmt der Stpfl. zur Sicherung der von ihm vermittelten Kredite eine Garantie für die Rückzahlung des Kredits gegenüber dem Kreditgeber, kann der Stpfl. dann eine Rückstellung für die drohende Inanspruchnahme aus der Garantieerklärung bilden, wenn die Garantie als einseitig verpflichtendes Rechtsgeschäft zu qualifizieren ist (FG München, Urteil vom 02.03.2009, 7 K 1770/06, BB 2009, 1011, 1012 mit Anm. Geuenich; grundlegend zu **Garantierückstellungen** Seidel, StBp 2009, 281 ff.; siehe auch Kolbe, StuB 2013, 620).

Besteht eine rechtliche Verpflichtung zur Zurücknahme und Vergütung von Mehrwegpaletten, ist eine Rückstellung für ungewisse Verbindlichkeiten nach §5 Abs.1 Satz 1 EStG i.V.m. §249 Abs.1 Satz 1 Alt.1 HGB zu bilden. Die handelsrechtlich gebotene Rückstellung ist steuerbilanziell nicht nach §5 Abs.4b EStG ausgeschlossen (keine Anschaffungskosten eines Wirtschaftsguts;

III. Rückstellungen in der Praxis der Betriebsprüfung

so FG Rheinland-Pfalz, Urteil vom 22.09.2010, 2 K 2467/08, DStRE 2011, 329 = BB 2011, 816, 818 rkr. mit Anm. Abele).

Zur Bildung von Rückstellungen für Prämienzinsen bei Prämiensparverträgen FinMin Schleswig-Holstein, Kurzinformation v. 21.04.2020, VI 304 – S 2137 – 345, StuB 2020, 643 = EStB 2020, 349 mit Anm. Günther.

> *Hinweis:*
> Eine Rückstellung für eine faktische ungewisse Verbindlichkeit muss der Stpfl. bilden, wenn am Bilanzstichtag ein faktischer Leistungszwang besteht, sich also der Stpfl. auch ohne Rechtspflicht der Verpflichtung aus sittlichen oder geschäftlichen Gründen nicht entziehen kann, und wenn die Verpflichtung vor oder während der entsprechenden Bilanzperiode wirtschaftlich verursacht war.

Die Anforderungen an die Bildung einer Rückstellung wegen ungewisser Verbindlichkeiten sind durch die BFH-Rechtsprechung hinlänglich geklärt. Wurde der Werkmangel durch den Besteller bis zum Bilanzstichtag noch nicht gerügt und beruhte dies maßgeblich darauf, dass der (objektiv angelegte) Mangel bis zu jenem Stichtag noch keine erkennbare betriebsbeeinträchtigende Wirkung entfaltete und hatten folglich die Vertragsbeteiligten noch keine Kenntnis vom Mangel, liegt es nahe, dass der Werkunternehmer am Bilanzstichtag noch nicht ernsthaft mit einer Inanspruchnahme zur Gewährleistung rechnen musste (BFH, Beschluss vom 28.08.2018, X B 48/18, BFH/NV 2019, 113; hierzu Oser/Wirtz, StuB 2019, 97, 99 f.; Prinz, WPg 2019, 978, 979 f.; ders., DB 2020, 10, 14; siehe jedoch FG Münster, Urteil vom 25.07.2019, 10 K 902/15 K, EFG 2019, 1682, 1687 f. mit Anm. Stalbold [Rev. eingelegt; Az. des BFH: XI R 21/19], wonach eine Rückstellung für die Wartung, Instandhaltung und Aufbewahrung von Werkzeugen grundsätzlich möglich ist).

Eine AG kann Rückstellungen für Verbindlichkeiten aus einem **Aktienoptionsprogramm** zugunsten von leitenden Mitarbeitern nicht bilden, wenn die Optionen nur ausgeübt werden können, falls der Verkehrswert der Aktien zum Ausübungszeitpunkt einen bestimmten Betrag (hier: 10 % des Ausübungspreises) übersteigt und/oder wenn das Ausübungsrecht davon abhängt, dass es in der Zukunft zu einem Verkauf des Unternehmens oder einem Börsengang kommt. Der Grad der Wahrscheinlichkeit des Eintritts eines dieser Ereignisse ist in diesem Zusammenhang ohne Bedeutung (BFH, Urteil vom 15.03.2017, I R 11/15, BStBl. II 2017, 1043 = BB 2017, 1904, 1906 mit Anm. Niedling = EStB 2017, 340, 341 mit Anm. Lemp = FR 2018, 231, 234 f. mit Anm. Weber-Grellet mit Anm. Werth, DB StR 1247020; Prinz, DStR 2020, 842, 846; ferner Geberth/Höhn, GmbHR 2017, R 278 f.; hierzu ausführlich Kolbe, StuB 2017, 729 ff.; Prinz, WPg 2017, 1316 ff.; Oser/Wirtz, StuB 2018, 1 f.; zur fehlenden Rückstellungsmöglichkeit für Stock Appreciation Rights während der Wartezeit eingehend Fischer/Schmid, DStR 2018, 1629 ff.; zur fehlenden Rückstellungsmöglichkeit für exitabhängige Vergütungen Koch-Schulte, DB StR 1251713).

Für die mit der Ausstellung von Gutscheinen im Rahmen eines personifizierten **Kundenbindungsprogramms** begründete Verpflichtung, Bonuspunkte unter Anrechnung auf den Kaufpreis als Zahlungsmittel (Leistung an Erfüllungs statt) bei künftigen Einkäufen zu akzeptieren, sind Rückstellungen wegen ungewisser Verbindlichkeiten zu bilden, wenn nach den Teilnahmebedingungen des Bonussystems ausschließlich Umsätze der Vergangenheit rabattiert werden und die Einlösung keinen Mindestumsatz voraussetzt (FG Nürnberg, Urteil vom 25.04.2019, 4 K 1050/17 EFG 2019, 1527, 1531 f. mit Anm. Hüttner [Rev. eingelegt; Az. des BFH: IV R 20/19]; hierzu ausführlich Feldgen, StuB 2019, 742 ff.; zur Problematik siehe auch Oser/Wirtz, StuB 2019, 97, 100 f.).

2.4 Betriebliche Veranlassung

Rückstellungen dürfen nur für **betrieblich veranlasste** Verbindlichkeiten gebildet werden. Das gilt sowohl für bereits entstandene als auch für künftig erst entstehende Verpflichtungen. Dabei muss die betriebliche Veranlassung feststehen; sie darf nicht ungewiss sein (BFH, Urteil vom 22.05.1987, III R 220/83, BStBl. II 1987, 711).

Auch Schadensersatzverpflichtungen aus strafbaren Handlungen können betriebliche Verpflichtungen darstellen; ebenso eine drohende Verfallsanordnung (BFH, Urteil vom 03.07.1991, X R 163–164/87, BStBl. II 1991, 802; BFH, Urteil vom 02.10.1992, III R 54/91, BStBl. II 1993, 153; BFH, Urteil vom 06.04.2000, IV R 31/99, BStBl. II 2001, 536; zur fehlenden Rückstellungsmöglichkeit für Kartellbußen s. BFH, Urteil vom 07.11.2013, IV R 4/12, BStBl. II 2014, 306, 309 ff.).

Nicht anzuerkennen sind Rückstellungen für ungewisse Verbindlichkeiten, die nach § 12 EStG nicht abzugsfähig sind, weil sie entweder den **persönlichen Bereich** betreffen (z. B. Verpflichtung einer natürlichen Person zur Entrichtung von Zinsen für die gestundete Einkommensteuer, Verpflichtung zur Erstellung der Erklärung für gesonderte und einheitliche Gewinnfeststellungserklärung einer Personengesellschaft) oder einerseits durch den Betrieb und andererseits durch die private Lebensführung veranlasst sind (**gemischte Aufwendungen**) und dem Abzugs- und Aufteilungsverbot gem. § 12 Nr. 1 EStG unterliegen.

Die Bildung einer Verbindlichkeitsrückstellung kommt auch dann nicht in Betracht, wenn für die zugrunde liegenden Aufwendungen ein Betriebsausgabenabzugsverbot besteht. Wenn nämlich der spätere Mittelabfluss den steuerlichen Gewinn nicht mindern darf, ist ein ergebniswirksames Vorziehen dieses Aufwands durch Bildung einer Rückstellung ebenfalls nicht zulässig. Das ist z. B. bei zu erwartenden Geldbußen, Ordnungsgeldern oder Verwarnungsgeldern bzw. bei zu erwartenden Geldstrafen der Fall (§ 4 Abs. 5 Satz 1 Nr. 8 EStG; § 10 Nr. 3 KStG; Tiedchen, in Herrmann/Heuer/Raupach, EStG, § 5 Rdnr. 704). Ungeachtet des Abzugsverbots des § 4 Abs. 5b EStG ist in der Steuerbilanz weiterhin eine Gewerbesteuerrückstellung zu bilden. Dabei ist der volle Steuerbetrag anzusetzen, der sich ohne Berücksichtigung der GewStG ergibt (keine Anwendung der sog. 5/6-Methode nach R 4.9 Abs. 2 Satz 2 EStR 2005). Die Gewinnauswirkungen sind jedoch außerbilanziell zu neutralisieren (OFD

III. Rückstellungen in der Praxis der Betriebsprüfung

Rheinland, Verfügung vom 05.05.2009, S 2137/2009/006 – St 141, DB 2009, 1046).

Es kann sich um eine Geld-, Sach-, Dienst- oder sonstige Leistungsverpflichtung handeln. Auch für unselbständige Nebenleistungen, die Bestandteil einer Außenverpflichtung sind (z. B. die Schadensermittlungs- und -bearbeitungskosten einer Versicherung), können Rückstellungen zu bilden sein (BFH, Urteil vom 14.10.1999, IV R 12/99, BStBl. II 2000, 25, 27).

2.5 Wahrscheinlichkeit des Bestehens der Verbindlichkeit und der Inanspruchnahme

Steuerrechtlich geboten sind Rückstellungen (auch solche wegen Erfüllungsrückstands) nur, wenn und soweit der ordentliche Kaufmann nach den am Bilanzstichtag objektiv gegebenen und bis zur Aufstellung der Bilanz subjektiv erkennbaren Verhältnissen ernsthaft damit rechnen muss, dass eine Verbindlichkeit besteht oder entstehen wird und er hieraus in Anspruch genommen wird. Die Pflicht zur Bildung von Rückstellungen für ungewisse Verbindlichkeiten setzt weiter voraus, dass das Bestehen oder künftige Entstehen der Verbindlichkeit sowie die Inanspruchnahme der Stpfl. **wahrscheinlich** sind. Hingegen reicht die bloße Möglichkeit des Bestehens oder Entstehens einer Verbindlichkeit und der Inanspruchnahme der Verbindlichkeit nicht aus. Wahrscheinlichkeit im vorgenannten Sinne setzt voraus, dass mehr Gründe für als gegen das Beoder Entstehen einer Verbindlichkeit und seine künftige Inanspruchnahme sprechen (**51-%-Regel**; so BFH, Urteil vom 01.08.1984, I R 88/80, BStBl. 1985, 44; BFH, Urteil vom 02.10.1992, III R 54/91, BStBl. II 1993, 153; BFH, Beschluss vom 06.05.2003, VIII B 163/02, BFH/NV 2003, 1313, 1314; BFH, Urteil vom 19.10.2005, XI R 64/04, BStBl. II 2006, 371).

Vereinzelt wird demgegenüber vorgeschlagen, Rückstellungen prozentual entsprechend der Wahrscheinlichkeit der Inanspruchnahme des Stpfl. auszuweisen, so dass z. B. bei 60 %iger Wahrscheinlichkeit der Inanspruchnahme 60 % des Rückstellungsbetrages anzusetzen wären (Paus, DStZ 1986, 178, 180; ders., BB 1988, 1419, 1420f.). Diese Auffassung wird jedoch von der herrschenden Meinung abgelehnt (Tiedchen, in Hermann/Heuer/Raupach, EStG, § 5 Rdnr. 694 m.w.N.).

Bei vertraglichen Verpflichtungen ist nach Auffassung der Rechtsprechung grundsätzlich davon auszugehen, dass der Gläubiger seine Rechte kennt und von ihnen Gebrauch macht (BFH, Urteil vom 19.10.1993, VIII R 14/92, BStBl. II 1993, 891, 893; BFH, Urteil vom 28.03.2000, VIII R 13/99, BStBl. II 2000, 612, 613). Bei Verpflichtungen, die sich nicht aus einem Vertrag ergeben, soll dies hingegen nicht stets der Fall sein, weil der Gläubiger u.U. von seinem Anspruch – noch – keine Kenntnis hat. Eine Rückstellung wegen einer Verletzung des Stpfl. zur Leistung von Schadensersatz oder einer sich aus dem öffentlichen Recht ergebenden Verpflichtung soll demnach erst dann auszuweisen sein, wenn die die Verpflichtung auslösenden Umstände aufgedeckt worden sind oder ihre Aufdeckung zumindest unmittelbar bevorsteht (BFH, Urteil vom

19.10.1993, VIII R 14/92, BStBl. II 1993, 891, 893; BFH, Urteil vom 11.12.2001, VIII R 34/99, BFH/NV 2002, 486, 487).

Ist eine Verbindlichkeit verjährt, so hängt die Wahrscheinlichkeit der Inanspruchnahme davon ab, ob der Stpfl. die Verjährungseinrede voraussichtlich erheben wird oder die Schuld trotz eingetretener Verjährung erfüllen wird (BFH, Urteil vom 09.02.1993, VIII R 21/92, BStBl. II 1993, 543, 544; BFH, Beschluss vom 15.02.2000, X B 121/99, BFH/NV 2000, 1450).

Bei der Bildung einer Rückstellung für ungewisse Verbindlichkeiten ist zwischen der Wahrscheinlichkeit des Bestehens der Verbindlichkeit und der Wahrscheinlichkeit der tatsächlichen Inanspruchnahme hieraus zu unterscheiden, da die beiden Voraussetzungen innewohnenden Risiken unterschiedlich hoch zu bewerten sein können. Der Steuerpflichtige kann nach den Umständen des Einzelfalls nicht verpflichtet sein, eine Rückstellung für eine ungewisse Verbindlichkeit wegen eines gegen ihn geführten Klageverfahrens zu bilden, wenn nach einem von fachkundiger dritter Seite erstellten Gutachten sein Unterliegen im Prozess am Bilanzstichtag nicht überwiegend wahrscheinlich ist (BFH, Urteil v. 16.12.2014, VIII R 45/12, BStBl. 2015, 759 = BB 2015, 1839, 1841 mit Anm. Hennrichs = FR 2015, 754, 758 mit Anm. Weber-Grellet = EStB 2015, 268, 269f. mit Anm. Formel; hierzu ausführlich Moritz DB, 2015, 1803ff.; Prinz, FR 2015, 750ff.; ders., WPg 2015, 1223f.; Günkel, BB 2015, 2091ff.; Rätke, StuB 2015. 658ff.; vgl. auch zur selben Problematik Wulf, Die AG 2013, 713ff. im Hinblick auf die Kommentierung dieses Sachverhalts bzgl. der aufgehobenen Vorinstanz des FG Schleswig-Holstein). Im Ergebnis hat der BFH in diesem konkreten Fall damit die Voraussetzungen für die Bildung von Rückstellungen bei Schadensersatzforderungen präzisiert. Es ist zwischen der Wahrscheinlichkeit des Bestehens der Verbindlichkeit und der Wahrscheinlichkeit der Inanspruchnahme zu differenzieren. Es bleibt aber dabei, dass eine zulässigerweise gebildete Rückstellung so lange aufrechtzuerhalten ist, bis eine endgültige rechtliche Klärung erfolgt. Erkenntnisse nach dem Bilanzstichtag, wie etwa ein ergangenes Urteil oder ein eingegangener Vergleich, finden als wertbegründende Aspekte keinen Eingang in die Bilanzierung. Weiterhin geht der BFH davon aus, dass der Steuerpflichtige bei bereits gegen ihn gerichtlich geltend gemachten Ansprüchen in seiner Prognoseentscheidung zum Bilanzstichtag grundsätzlich von einer überwiegenden Wahrscheinlichkeit des Bestehens der Verbindlichkeit ausgehen kann, wenn die Klage unter das Richtmittel nicht offensichtlich unzulässig, dem Grunde oder der Höhe nach willkürlich oder erkennbar nur zum Schein angestrengt worden ist und zum Bilanzstichtag keine weiteren objektiven Anhaltspunkte vorliegen, die eine genauere Prognose ermöglichen. Liegen dagegen objektive Erkenntnisse über die Wahrscheinlichkeit der Inanspruchnahme, wie vorliegend das von fachkundiger dritter Seite erstellte Gutachten, vor, so sind diese zu berücksichtigen. Faktisch wird also dem Steuerpflichtigen ein weitgehendes Passivierungswahlrecht gegeben.

III. Rückstellungen in der Praxis der Betriebsprüfung

Rückstellungen für ungewisse Verbindlichkeiten können nur gebildet werden, wenn die für das Entstehen der Schuld erforderlichen wesentlichen Tatbestandsmerkmale am Bilanzstichtag erfüllt sind. Ein zukünftiger Prozesskostenaufwand für einen am Bilanzstichtag noch nicht anhängigen Prozess kann deshalb grundsätzlich nicht zurückgestellt werden. Anderes kann allerdings dann gelten, wenn sich unter Würdigung der Gesamtumstände am Bilanzstichtag die (spätere) Klageerhebung nur noch als selbstverständliche und daher rein formale Handlung darstellt (BFH, Beschluss vom 11.11.2015, I B 3/15, BFH/NV 2016, 387 betr. Rückstellungen für Kosten eines zukünftigen Prozesses; hier: Schiedsgerichtsverfahren; hierzu Oser/Wirtz, StuW 2017, 1, 8).

Ein Rückstellung wegen der Gefahr einer ernsthaften Inanspruchnahme wegen der Verletzung von Lizenzrechten einer AG nach §69a Abs.3 UrhG ist nicht gerechtfertigt, wenn nur ein Mitarbeiter der AG, nicht aber verantwortliche Personen der AG (Vorstands- oder Aufsichtsratsmitglieder, Prokurist o.Ä.) Kenntnis von der Rechtsverletzung haben (Thüringer FG, Urteil vom 26.06.2014, I K 240/12, EFG 2014, 1661 = DStRE 2015, 1025 rkr. mit Anm. Rätke, StuB 2015, 31 f.).

Die Inanspruchnahme aus einer Verbindlichkeit ist nicht hinreichend wahrscheinlich, wenn die Geltendmachung von Ansprüchen lediglich gegenüber einem Dritten angedroht wurde (FG München, Urteil vom 30.07.2014, 9 K 3048/13, EFG 2015, 177 mit Anm. Claßen = BB 2015, 176, 178 rkr. mit Anm. Kubik).

Eine Rückstellung für eine Verpflichtung zum Schadensersatz setzt voraus, dass mehr Gründe für als gegen die Wahrscheinlichkeit der Inanspruchnahme sprechen. Die bloße Möglichkeit der Inanspruchnahme des Schuldners reicht nicht aus. Bei der Beurteilung können insbesondere die für den Schuldner erkennbaren Vorstellungen des Anspruchsberechtigten von Bedeutung sein (FG Baden-Württemberg, Urteil vom 19.03.2015, 13 K 540/13, EFG 2015, 1347; die eingelegte NZB wurde per BFH-Beschluss vom 08.12.2016, III B 58/15 n.v., als unzulässig verworfen = BB 2015, 1391, 1393 mit Anm. Abele und Oser/Wirtz, StuB 2016, 3, 9 f.).

> *Hinweis:*
> Rückstellungen für Schadensersatzansprüche können nicht gebildet werden, wenn es bereits an einer vertraglichen Vereinbarung fehlt und auch gesetzliche Ansprüche, etwa wegen strafbarer Handlung, ausgeschlossen sind (FG München, Urteil v. 29.06.2015, 7 K 3135/15, BB 2015, 2994 rkr. mit Anm. Abele).

Dies dürfte auch schon der Fall sein, wenn dem Betreffenden ein konkreter Schadensanspruch mit geltender gerichtlicher Klagedrohung angetragen wird. Ein wirksamer, nicht angefochtener Vergleich über Schadensersatz steht einer die Vergleichssumme übersteigenden Rückstellung entgegen (FG Köln, Urteil vom 17.03.2011, 13 K 52/11, EFG 2011, 1769 = DStRE 2012, 265, rkr.; hierzu Hoff-mann, StuB 2013, 437 f.).

2 Rückstellungen für ungewisse Verbindlichkeiten

Zu den potentiellen praktischen Auswirkungen der Passivierung von Rückstellungen im Lichte von „Dieselgate" betreffend Volkswagen siehe Wolf, StuB 2016, 334 ff.

Zu Rückstellungen für im Zusammenhang mit dem EU-Kartellrechtsverfahren anfallenden Kosten siehe OFD NRW, Verfügung vom 26.02.2015, S 2145 – 2015/0003 – St 142, FR 2015, 295 = EStB 2015, 136 mit Anm. Günther.

Der Gläubiger muss seinen Anspruch kennen. Bei einer Verbindlichkeit, die dem Grunde nach gewiss ist, soll davon auszugehen sein, dass der Gläubiger den Anspruch auch geltend machen wird, es sei denn, aus konkreten Umständen ergibt sich das Gegenteil (BFH, Urteil vom 22.11.1988, VIII R 62/85, BStBl. II 1989, 359, 361). Eine Schadensersatzpflicht aus strafbarer Handlung ist erst nach Aufdeckung der Tat passivierbar (vorher wirtschaftlich nicht belastend; BFH, Urteil vom 03.07.1991, X R 163–164/87, BStBl. II 1991, 802, 805).

Das Merkmal der Wahrscheinlichkeit der Inanspruchnahme wirkt in vielen Fällen **rückstellungsbegrenzend.** Z. B. können die Rückstellungen für **Bürgschaftsverpflichtungen** nur gebildet werden, wenn die Inanspruchnahme des Bürgen droht (BFH, Urteil vom 19.01.1989, IV R 2/87, BStBl. II 1989, 393, 395; BFH, Urteil vom 24.07.1990, VIII R 226/84, BFH/NV 1991, 588, 589; BFH, Urteil vom 15.10.1998, IV R 8/98, BStBl. II 1999, 333; BFH, Beschluss vom 12.06.2013, X B 191/12, BFH/NV 2013, 1622).

Eine auf strafbaren Handlungen beruhende **Schadensersatzverpflichtung** ist erst auszuweisen, wenn der Stpfl. am Bilanzstichtag davon ausgehen kann, dass sein Verhalten entdeckt wird und er mit einer Inanspruchnahme rechnen muss. Dabei bildet die Aufdeckung der Tat bis zum Tag der Bilanzaufstellung einen wertaufhellenden Umstand für die wahrscheinliche Inanspruchnahme (BFH, Urteil vom 02.10.1992, III R 54/91, BStBl. II 1993, 153; zur Zulässigkeit und Zeitpunkt der Rückstellungsbildung wegen strafbaren Verhaltens eingehend Renner, DStZ 2019, 918 ff.).

Eine Rückstellung für ungewisse Verbindlichkeiten wegen möglicher vertraglicher Schadensersatzverpflichtungen für die nicht vollständige Rückgabe von Leergut darf steuerrechtlich nur gebildet werden, wenn der Getränkehersteller von den den Schadensersatzanspruch begründenden Umständen Kenntnis hat oder zumindest eine derartige Kenntniserlangung unmittelbar bevorsteht. Nach den im Getränkehandel branchenüblichen Abläufen kann im Rahmen laufender Geschäftsbeziehungen nur aufgrund besonderer Umstände ausnahmsweise mit einer vorzeitigen Inanspruchnahme des Rückgabeverpflichteten gerechnet werden (BFH, Urteil vom 25.04.2006, VIII R 40/04, BStBl. II 2006, 749 mit Anm. Hoffmann, DStR 2006, 1741, 1745 und Hommel, BB 2006, 2295, 2299 f. und Kempermann, FR 2007, 90).

Der ungetreue Gesellschafter kann in seiner Sonderbilanz eine Rückstellung wegen der zu erwartenden Inanspruchnahme durch die Gesellschaft oder die geschädigten Gesellschafter jedenfalls so lange nicht bilden, wie die geschädigten Gesellschafter von der Veruntreuung keine Kenntnis haben (BFH, Urteil vom 22.06.2006, IV R 56/04, BStBl. II 2006, 838 mit Anm. o. V., DStR 2006, 1788, 1793 f. und Kempermann, FR 2006, 1121, 1126).

2.6 Wirtschaftliche Belastung (Verursachung) in der Vergangenheit

Voraussetzung für die Passivierung einer Rückstellung für eine ungewisse Verbindlichkeit ist, dass die Verbindlichkeit am Bilanzstichtag entweder entstanden ist, oder, sofern es sich um eine erst künftig entstehende Verbindlichkeit handelt, **wirtschaftlich** im abgelaufenen oder in den vorangegangenen **Wirtschaftsjahren** verursacht wurde (BFH, Urteil vom 19.05.1987, VIII R 327/83, BStBl. II 1987, 848, 849 – st. Rspr.). Ist also eine Verbindlichkeit dem Grunde nach **rechtlich entstanden**, weil der Tatbestand erfüllt ist, an den die Leistungspflicht geknüpft ist, so ist im Hinblick auf die Ungewissheit der Höhe eine Rückstellung auszuweisen (Passivierungspflicht).

Eine Rückstellung für Verbindlichkeiten setzt einen Vergangenheitsbezug voraus (Niedersächsisches FG, Urteil vom 11.11.2015, 6 K 178/14, BB 2016, 1266, rkr. mit Anm. Kubik).

Auf die wirtschaftliche Verursachung kommt es daher nur an, wenn es darum geht, **Aufwendungen** vor den Zeitpunkt der rechtlichen Entstehung der Verbindlichkeit **vorzuziehen.** Demgegenüber wird teilweise vertreten, eine Rückstellung für eine rechtlich entstandene Verbindlichkeit sei nur zulässig, soweit die Ausgaben zur Erfüllung der ungewissen Schuld wirtschaftlich in der Vergangenheit verursacht wurden. Diese Auffassung wird damit begründet, dass nach dem GoB der Periodisierung der Passivierungszeitpunkt allgemein bestimmt werde durch die „konkrete Zugehörigkeit künftiger Ausgaben zu bereits realisierten Erträgen" (streitig; hierzu Plewka/Schmidt, in Lademann, EStG, § 5 Rdnr. 1214 m. w. N.).

Zu unterscheiden sind realisierte Aufwendungen und künftige Aufwendungen und ihr Bezug zu realisierten Erträgen und künftigen Erträgen. Realisierte Aufwendungen sind – von Sonderfällen abgesehen – stets wirtschaftlich verursacht, künftige Aufwendungen hingegen nur, sofern sie mit realisierten Erträgen in Zusammenhang stehen. **Gegenwärtig bestehender (bereits „realisierter") Aufwand** ist gegeben, wenn sich die rechtliche Verpflichtung zu einer konkreten Leistungspflicht verdichtet hat (also der Aufwand, der bereits im abgelaufenen Jahr geleistet werden musste und damit zu einer Belastung des Betriebs im abgelaufenen Jahr geführt hat; z.B. Kaufpreisverpflichtung nach Erhalt der Sache Schadensersatzverpflichtung). Realisierter Aufwand ist grundsätzlich im abgelaufenen Geschäftsjahr absetzbar; das gilt auch, wenn der realisierte Aufwand (erst) künftige Erträge alimentiert (z.B. Forschungskosten). Realisierter Aufwand ist abzusetzen, ohne dass es eines Rückgriffs auf dessen rechtliche Entstehung bedarf und ohne dass es darauf ankommt, ob er realisierten oder künftigen Ertrag alimentiert; das Pendant des Realisationsprinzips auf der Passivseite ist das **Belastungsprinzip**. Die Zuordnung von realisierten Aufwendungen zu künftigen Erträgen hat die Rechtsprechung stets abgelehnt (BFH, Urteil vom 23.09.1969, I R 22/66, BStBl. II 1970, 104, 106; BFH, Urteil vom

29.10.1969, I 93/64, BStBl. II 1970, 178, 179 f.; BFH, Urteil vom 28.04.1971, I R 39, 40/70, BStBl. II 1971, 601, 602; Weber-Grellet, in Schmidt, EStG, 39. Aufl. (2020)., § 5 Rdnr. 382 m. w. N.). Wegen der Verpflichtung, eine am Bilanzstichtag bestehende Darlehensverbindlichkeit in späteren Jahren höher zu verzinsen (Darlehen mit steigenden Zinssätzen), ist in der Bilanz grundsätzlich eine Verbindlichkeit oder eine Rückstellung wegen eines wirtschaftlichen Erfüllungsrückstandes auszuweisen. Eine solche Zinsverbindlichkeit ist grundsätzlich abzuzinsen (BFH, Urteil vom 25.05.2016, I R 17/15, BStBl. II 2016, 930 = BB 2016, 2672, 2674 mit Anm. Hihm = EStB 2016, 394, 395 mit Anm. Siebenhüter; hierzu ausführlich Kolbe, StuW 2017, 12 ff.).

Hinsichtlich **künftigen Aufwands** ist zu differenzieren: Künftiger Aufwand ist nicht zu erfassen, soweit er künftigen Erträgen zuzuordnen ist. Künftiger Aufwand ist hingegen zu erfassen, sofern er bereits mit realisierten Erträgen (oder dem betrieblichen Geschehen der Vergangenheit) in Verbindung steht (Gedanke der **Nettorealisation**); Gewinne, die mit künftigen Aufwendungen belastet sind, sollen nicht brutto ausgewiesen werden (BFH, Urteil vom 25.03.2004, IV R 35/02, BFH/NV 2004, 1157). Die **rechtliche Entstehung** einer Verbindlichkeit ist für die Frage des Ausweiszeitpunktes prinzipiell **unerheblich** (BFH, Urteil vom 19.10.1993, VIII R 14/92, BStBl. II 1993, 891; BFH, Urteil vom 19.08.1998, XI R 8/96, BStBl. II 1999, 18, 19; BFH, Urteil vom 19.08.2002, VIII R 30/01, BStBl. II 2003, 131).

Rechtlich entstandene Verbindlichkeiten sind nicht auszuweisen, sofern sie i. R. eines noch nicht erfüllten, also schwebenden Geschäfts entstanden sind; die rechtliche Entstehung (z. B. eine Kaufpreisverbindlichkeit) wird erst dann relevant, wenn die Gegenleistung erbracht wurde, z. B. wenn der Verkäufer geliefert hat. Ebenso sind rechtlich bereits entstandene Verbindlichkeiten (wie die zur Entsorgung eines Reaktors) trotz ihrer rechtlichen Entstehung erst im Laufe der Zeit zu passivieren (Erfüllung erst in der Zukunft). **Rechtlich noch nicht voll entstandene Verbindlichkeiten** rechtfertigen den Ansatz einer Rückstellung nur, wenn sie ihren rechtlichen und wirtschaftlichen Bezugspunkt in der Vergangenheit haben, wobei sie nicht nur an Vergangenes anknüpfen, sondern auch Vergangenes abgelten müssen (BFH, Urteil vom 19.05.1987, VIII R 327/83, BStBl. II 1987, 848; BFH, Urteil vom 25.08.1989, III R 95/87, BStBl. II 1989, 893). Daran fehlt es insbesondere, wenn die ungewisse Verbindlichkeit eng mit künftigen Gewinnchancen verbunden ist (BFH, Urteil vom 02.12.1992, I R 46/91, BStBl. II 1993, 109, 110 f.). **Unmaßgeblich** ist, ob sich der Kaufmann der Verbindlichkeit **entziehen** kann. Die grundsätzlich unentziehbare Bindung des Schuldners widerspricht dem Vorsichtsprinzip; wäre das der Maßstab, gäbe es überhaupt gar keine Rückstellungen mehr.

Folgende Kriterien für die wirtschaftliche Belastung (Verursachung) im abgelaufenen VZ werden genannt (Weber-Grellet, in Schmidt, EStG, 39. Aufl. (2020), § 5 Rdnr. 386 m. w. N.; zu den praktischen Folgen der Ungereimtheiten der inhomogenen Rechtsprechung instruktiv Hoffmann, StuB 2014, 41 f.):

III. Rückstellungen in der Praxis der Betriebsprüfung

- Verwirklichung des wesentlichen Tatbestands der Verbindlichkeit
- Verknüpfung mit dem betrieblichen Geschehen des abgelaufenen Geschäftsjahres
- Zusammenhang von Verbindlichkeiten und Anspruch, Aufwand und Ertrag
- Bezugspunkt der Verbindlichkeit in der Vergangenheit, Abgeltung von Vergangenem
- zukunftsorientierte Verpflichtung, Verbindung mit künftigen Gewinnchancen
- öffentlich-rechtliche Verpflichtungen
- Beurteilung der Verbindlichkeiten im Fall der Veräußerung

Eine Verbindlichkeit ist jedenfalls dann vor dem Bilanzstichtag wirtschaftlich verursacht, wenn sie danach automatisch durch Zeitablauf entsteht (BFH, Urteil vom 05.02.1987, IV R 81/84, BStBl. II 1987, 845, 847). Das ist z. B. der Fall, wenn die Aufnahme des Betriebs des Stpfl. eine Verpflichtung zum Abbruch oder zur Entfernung von Anlagen nach sich zieht. Die Entstehung der Verpflichtung hängt dann nur noch vom Zeitablauf bis zur Einstellung der Tätigkeit ab.

Auch **Wiederauffüllungs- und Rekultivierungsaufwendungen** entstehen durch Zeitablauf. Gleiches gilt bei Unternehmen mit vom Kalenderjahr abweichendem Wirtschaftsjahr für die Verpflichtung, Urlaubsgeld und Weihnachtsgratifikationen zu zahlen. Diese Rückstellungen sind nach allgemeiner Ansicht ratierlich anzusammeln (Tiedchen, in Hermann/Heuer/Raupach, EStG, § 5 Rdnr. 704).

Ferner ist anzumerken, dass Rückstellungen für solche künftigen Aufwendungen unzulässig sind, die wirtschaftlich sowohl durch die betriebliche Betätigung in der Vergangenheit als auch wesentlich durch die künftige betriebliche Betätigung verursacht sind (**gemischt vergangenheits- und zukunftsbezogene Aufwendungen**). Die wirtschaftliche Verursachung einer (einheitlichen) Verbindlichkeit kann grundsätzlich nicht zeitanteilig bereits den Wirtschaftsjahren zugeordnet werden, in denen Umstände eingetreten sind, die das künftige Entstehen der Verbindlichkeit mit verursacht haben (BFH, Urteil vom 12.12.1991, IV R 28/91, BStBl. II 1992, 600, 602). Dementsprechend hat es der BFH mangels wirtschaftlicher Verursachung zu Recht abgelehnt, für die Verpflichtung zur technischen Überprüfung von Fluggeräten, die rechtlich erst mit Ablauf einer bestimmten Flugstundenzahl entsteht, eine Rückstellung zuzulassen (BFH, Urteil vom 19.05.1987, VIII R 327/83, BStBl. II 1987, 848; FG Berlin-Brandenburg, Urteil vom 18.11.2008, 6 K 8272/02 B, BB 2009, 604 mit Anm. Abele; s. auch Haberland, DStZ 2011, 790 ff.).

Zur Bildung von Rückstellungen im Zusammenhang mit betriebsbedingt nicht in Anspruch genommenen und abgegoltenem Urlaub s. BFH, Beschluss vom 06.10.2006, I B 28/06, BFH/NV 2007, 278; ferner BFH, Beschluss vom 29.01.2008, I B 100/07, BFH/NV 2008, 943; zur Bildung von Rückstellungen für Urlaubsansprüche im Spiegelbild der arbeitsrechtlichen Rechtsprechung siehe

Eppinger/Daubner/Frik, WPg 2018, 91 ff.; zu Rückstellungen für Sozialabgaben und hinterzogene Steuern instruktiv Becker, StBp 2008, 181 ff. Für die Unterdeckung einer Versorgungseinrichtung kann keine Rückstellung gebildet werden (FG Münster, Urteil vom 26.08.2008, 9 K 1660/05 K, BB 2008, 2513 mit Anm. Heger). Eine Rückstellung für hinterzogene Mehrsteuern kann erst zu dem Bilanzstichtag gebildet werden, zu dem der Stpfl. mit der Aufdeckung der Steuerhinterziehung rechnen musste (BFH, Urteil vom 22.08.2012, X R 23/10, BStBl. II 2013, 76 mit Anm. Glasenapp, BB 2012, 2747, 2749; Wendt, FR 2013, 121, 123 f.; hierzu FinMin Schleswig-Holstein, Erlass vom 06.03.2013, VI 304 – S 2141 – 007, DB 2013, 731; OFD Niedersachsen, Verfügung vom 22.08.2013, S 2141 – 10 – St 222/St 221, DB 2013, 2534; ferner Grützner, StuB 2012, 862 f.). Rückstellungen für Nachzahlungszinsen sind nicht bereits zum Ende des Wirtschaftsjahres zu bilden, in dem die zugrunde liegende Steuer entstanden ist (BFH, Beschluss vom 24.08.2011, I B 1/11, BFH/NV 2011, 2044). Steuerrückstellungen sind nicht zwingend in der Höhe der später festgesetzten Steuer zu bilden, sondern in der Höhe, in der am Bilanzstichtag mit einer Steuerfestsetzung gerechnet werden musste (Niedersächsisches FG, Urteil vom 15.03.2012, 6 K 43/10, EFG 2012, 1390, rkr. mit Anm. Heß, BB 2012, 1854).

Arbeitgeber dürfen hinsichtlich laufender Altersteilzeitarbeitsverträge keine Rückstellungen für den sog. Nachteilsausgleich gem. § 5 Abs. 7 TV ATZ bilden (BFH, Urteil vom 27.09.2017, I R 53/15, BStBl. II 2018, 702 = EStB 2018, 88, 89 mit Anm. Möller = FR 2018, 517, 521 mit Anm. Weber-Grelleth; hierzu Kolbe, StuB 2018, 292; Bolik/Kummer/Thaut, StuB 2018, 535 ff.; Hänsch, BBK, 2018, 1014 ff.; Happe, BBK 2019, 646 ff.; Prinz, DB 2020, 10, 14 f.; die Stellungnahme der Finanzverwaltung in: BMF, Schreiben vom 22.10.2018, IV C 6 S 175/07/10002 DOK 2018/0835766, BStBl. I 2018, 1112 mit Anm. Lieb, BB 2018, 2802 = EStB 2018, 469 mit Anm. Günther; hierzu wiederum Bolik/Kummer, BB 2018, 624 ff.: Bolik/Schuhmann, StuB 2018, 837 ff.; Prinz, WPg 2018, 1152 ff.; Oser/Wirtz, StuB 2019, 97 f.).

Eine Rückstellung für Steuernachforderungen aufgrund einer Außenprüfung, denen keine Steuerhinterziehung zugrunde liegt, ist nicht bereits im Jahr der wirtschaftlichen Verursachung, sondern erst im Jahr der „Aufdeckung" zu bilden (FG Münster, Urteil vom 20.08.2019, 12 K 2903/15, G, F, EFG 2019, 1820, 1823 f. mit Anm. Vasel = DStRE 2019, 1502 = BB 2020, 367, 370 mit Anm. Weiss rkr.; hierzu o. V., StuB 2020, 30 f.; zur Bilanzierung von strittigen Steueransprüchen aus einer Außenprüfung eingehend Atilgan, StB 2020, 293 ff.; zur Anpassung einer vom Betriebsprüfer nach einer Betriebsprüfung gebildeten Rückstellung für Steuerforderungen nach Herabsetzung der Steuerforderungen im Einspruchsverfahren siehe FG München, Urteil vom 19.09.2016 7 K 621/16 EFG 2016, 1984, 1987 mit Anm. Forchhammer rkr.)

Zur Bilanzierung von ausstehenden steuerlichen Verpflichtungen eingehend Marx, StuB 2018, 197 ff.

III. Rückstellungen in der Praxis der Betriebsprüfung

Zur Rückstellungsfähigkeit von Steuernachzahlungen eingehend Pflaum, StBp 2019, 176 ff.; vgl. a. Olgemöller, Stbg 2018, 360.

Eine Rückstellung für zusätzliche GewSt, die aufgrund der Feststellungen einer Bp für einen bestimmten VZ festzusetzen ist, kann erst zu dem Bilanzstichtag gebildet werden, zu dem der Steuerpflichtige mit der Aufdeckung des zugrunde liegenden Sachverhalts rechnen muss (FG Düsseldorf, Urteil vom 29.08.2013, 13 K 4451/11 E, G, EFG 2014, 253 rkr.).

Das Bilden einer Rückstellung für die betreffenden Mehrsteuern erfordert es auch dann, wenn der Steuerpflichtige von der Verwirklichung des Tatbestands der Steuerhinterziehung Kenntnis hat, dass er am Bilanzstichtag ernsthaft mit einer quantifizierbaren Steuernachforderung rechnen muss (BFH, Beschluss vom 12.05.2020 XI B 59/19 BFH/NV 2020, 909).

Zur fehlenden Möglichkeit der Rückstellungsbildung für zu **erwartende Kartellbußen** Steuerrecht via Handelsrecht aufgrund des Betriebsausgabenabzugsrechts gem. § 4 Abs. 5 Satz 1 Nr. 8 Satz 1 EStG siehe Lüdenbach, StuB 2020, 273.

Ein schwebendes Geschäft i. S. v. § 5 Abs. 4a EStG setzt voraus, dass ein gegenseitiger auf Leistungsaustausch gerichteter Vertrag i. S. d. §§ 320 ff. BGB vorliegt. Das Vorliegen eines solchen Vertrages ist nicht deshalb zu verneinen, weil einer der Vertragspartner nur im Erfolgsfall einen Anspruch gegenüber dem anderen Vertragspartner hat (BFH, Beschluss vom 22.08.2006, X B 30/06, BFH/NV 2006, 2253 betreffend Aufwendungen eines Inkassobüros für Porti und behördliche Kosten). Eine (im schwebenden Geschäft) zu passivierende Verbindlichkeit aus **Erfüllungsrückstand** setzt voraus, dass die ausstehende Gegenleistung die erbrachte Vorleistung „abgelten" soll und ihr damit synallagmatisch zweckgerichtet und zeitlich zuordenbar ist (BFH, Urteil vom 05.04.2006, I R 43/05, BStBl. II 2006, 593 mit Anm. Wüstemann, BB 2006, 1623, 1625 f. betr. Erfüllungsrückstand bei zeitweiser Freistellung von Mietzinsforderungen). Klarstellend besteht jedoch Passivierungspflicht, soweit die erforderliche Stundenzahl erreicht ist, und zwar unabhängig davon, ob und inwieweit die Inspektion im Hinblick auf künftige Umsätze durchgeführt wird. So verhält es sich bei allen Instandhaltungs-, Inspektions- oder sonstigen Vorsorgeaufwendungen wie z.B. Anpassungspflichten nach der TA Luft etc.

Zur Schätzung von Rückstellungen bei fehlendem Nachweis der Höhe des Erfüllungsrückstands siehe FG München, Urteil vom 29.07.2019 7 K 2779/16 DStZ 2019, 773 rkr.

Hinweis:

Die Bildung einer Rückstellung für ungewisse Verbindlichkeiten setzt voraus, dass die Inanspruchnahme aus einer – auch privatrechtlich begründeten – Verpflichtung wahrscheinlich ist. Die bedingungslose Verpflichtung zum Rückbau von Wasserversorgungsleitungen lässt die Bildung einer Rückstellung auch dann zu, wenn der Zeitpunkt der Inanspruchnahme noch ungewiss ist. Dabei kommt es nicht darauf an, ob die Leitungen zum Bilanzstichtag bereits stillgelegt sind oder eine Stilllegungsabsicht erkennbar ist (FG Düsseldorf, Urteil vom 23.11.2004, 6 K 293/02 K, G, BB, BA, DStRE 2006, 449, rkr.).

2.7 Bewertung von Rückstellungen

Handelsrechtlich sind Rückstellungen nicht einfach mit dem vollen Rückzahlungsbetrag oder Nennwert der Eventualverbindlichkeit, sondern in der Höhe anzusetzen, die nach vernünftiger kaufmännischer Beurteilung notwendig ist, um das Risiko einer eventuellen Inanspruchnahme bzw. die voraussichtlichen Aufwendungen voll abzudecken. Die Höhe der Rückstellungen ist zum Zeitpunkt ihrer erstmaligen Bildung und an den späteren Stichtagen jeweils neu zu schätzen; ein Beibehaltungswahlrecht sieht das Gesetz nicht vor (§ 253 Abs. 1 Satz 2, Abs. 5 HGB; hierzu eingehend Zimmermann/Dorn/Först, NWB 2019, Beilage 4 zu Heft 52, 24 ff.).

Steuerrechtlich sind durch eine Gesetzesnovelle erstmals Sondervorschriften für die Bewertung von Rückstellungen normiert worden (§ 6 Abs. 1 Nr. 3a Buchst. a bis e EStG i. d. F. des Steuerentlastungsgesetzes 1999/2000/2002 vom 24.03.1999, BGBl. I 1999, 402 = BStBl. I 1999, 304; zum Bewertungsgrundsatz und Gegenrechnung von Vorteilen s. OFD Koblenz, Verfügung vom 28.08.2012, S 2137 A – St 31 4, Kurzinformation der Steuergruppe St 3 Einkommensteuer Nr. ST 3_2012K087, BB 2012, 754; hierzu eingehend Scheffler, BB 2014, 299 f.; Schumann, EStB 2014, 441 ff.; ders., EStB 2015, 454 ff.; Roser, WPg 2016, 693 ff.; vgl. auch Oser/Wirtz, StuB 2016, 3, 10 f.) Dabei wird auch die Auffassung vertreten, dass ein niedriger Handelsbilanzwert den steuerlichen Rückstellungswert „deckelt" (sehr strittig; hierzu Marx, StuB 2017, 449 ff.; Kahle, DStZ 2017, 904, 909 ff.; ders., DStR 2018, 976, 979 f.; Kolbe StuB, 600 f.; zu den Wertunterschieden in der Handels- und Steuerbilanz s. Prinz, WPg 2017, 958, 959 ff.);

Zu dieser Problematik hat der Bundesfinanzhof nach Inkrafttreten des BilMoG folgendes Machtwort gesprochen:

Der Handelsbilanzwert für eine Rückstellung bildet auch nach Inkrafttreten des BilMoG gegenüber einem höheren steuerrechtlichen Rückstellungswert die Obergrenze (BFH, Urteil vom 20.11.2019 XI R 46/17, BStBl. II 2020, 195 = FR 2020, 310, 313 ff. m. Anm. Weber = Grellet = BB 2020, 686, 689 mit Anm. Bünning; vgl. a. Bolik, StuB 2020, 239 f. und Oser/Wirtz, StuB 2020, 41, 43 f. = o. V., StuB 2020, 525 = EStB 2020, 77 f. mit Anm. Formel; hierzu eingehend Marx, StuB 2020, 169 ff.; Velte, Ubg 2020, 360 ff.).

Bei der Bewertung von Rückstellungen sind folgende Parameter zu beachten:
- Erfahrungen der Vergangenheit sind zu berücksichtigen,
- ungewisse Sachleistungsverpflichtungen sind mit den Einzelkosten und den angemessenen Teilen der notwendigen Gemeinkosten zu bewerten,
- künftige Vorteile sind zu saldieren; vgl. hierzu BFH, Urteil vom 31.05.2017, X R 29/15 BFH/NV 2017, 1597, 1599; zur Berücksichtigung von künftigen

III. Rückstellungen in der Praxis der Betriebsprüfung

Vorteilen bei der Bewertung von Sozialplanrückstellungen siehe Lüdenbach, StuB 2019, 125,
- Ansammlungsrückstellungen sind zu bilden,
- Geld- und Sachleistungsverpflichtungen sind mit einem Zinssatz von 5,5 % abzuzinsen (hierzu Lüdenbach, StuB 2011, 674 f.; ders., StuB 2013, 427),
- zur Abzinsung von Rückstellungen für Nachsorgeverpflichtungen nach § 6 Abs. 1 Nr. 3a Bst. e Satz 2 EStG vgl. BFH, Urteil vom 08.11.2016, I R 35/15, DStR 2017, 763 = BB 2017, 1135, 1137 mit Anm. Schuluе-Osterloh; hierzu Geberth/Höhn, GmbHR 2017, R 136; Weiss, BB 2018, 1451 ff.,
- zur Abzinsung von Rückstellungen für Langzeitkosten vgl. FG Münster, Urteil vom 12.12.2016 9 K 1505/13 F, EFG 2017, 564 mit Anm. Oellerich,
- zu den Parametern der Schätzung der Höhe von Rückstellungen siehe FG München, vom 29.07.2019 7 K 2779/16 EFG 2019, 1646, 1649 mit Anm. Forchhammer, rkr. = DStRE 2018, 526,
- zur Höchstbetragsberechnung für Atomanlagenrückstellungen vgl. BFH, Urteil vom 07.09.2016, I R 23/15, BFH/NV 2017, 235 = FR 2017, 244, 247 f. mit Anm. Weber-Grellet,
- zum Pauschalverfahren zur Abzinsung von Schadenrückstellungen der Versicherungsunternehmen s. BMF, Schreiben vom 20.10.2016, IV C 6 – S 2175/07/10001 DOK 2016/0924409, BStBl. I 2016, 1145.

Im Hinblick auf die Bewertung unterscheidet ein Teil des Schrifttums wie folgt:
- **Ansammlungsrückstellungen** (ratierliche Ansammlung nach Maßgabe der fortschreitenden wirtschaftlichen Verursachung für rechtlich noch nicht entstandene Verpflichtungen, z. B. ggf. für Erfüllungsrückstände; hierzu eingehend Marx, BB 2012, 563 ff.).

Bei Verlängerung eines Pachtvertrags, der als Ansammlungsrückstellung zu passivierende Entfernungsverpflichtungen enthält, ist die Ansammlungsrückstellung neu zu berechnen und der Rückstellungsbetrag auf den verlängerten Ansammlungszeitraum zu verteilen (Hessisches FG, Urteil vom 21.09.2011, 9 K 1033/06, BB 2013, 112 mit Anm. Oser, rkr.)

Auch beim Ausweis von Rückstellungen, für deren Entstehen im wirtschaftlichen Sinne der laufende Betrieb ursächlich ist (sog. Ansammlungsrückstellungen gem. § 6 Abs. 1 Nr. 3a Buchst. d EStG 2002), ist das Stichtagsprinzip zu beachten. Wird deshalb das einer Beseitigungssicht für Bauten auf fremdem Grund und Boden zugrunde liegende Rechtsverhältnis (hier: Miet- und Pachtvertrag) über das zunächst festgelegte Vertragsende hinaus – sei es durch Änderung des bisherigen Vertrags, sei es durch Begründung eines neuen Rechtsverhältnisses – (wirtschaftlich) vorausgesetzt, ist dieser verlängerte Nutzungszeitraum auch dem Rückstellungsausweis zugrunde zu legen (BFH, Urteil v. 02.07.2014, I R 46/12, BStBl. II 2014, 979 = BB 2014, 2544, 2546 mit Anm. Oser = FR 2014, 1139, 1142 f. mit Anm. Prinz; hierzu ausführlich Oser, DB 2014, 2487 ff.; ders., StuB 2014, 855; Oser/Wirtz, StuB 2015, 3,4 f.; Paus, DStZ 2015,

94 ff.; Prinz, WPg 2015, 1223, 1224 ff.; siehe auch schon vorher Lüdenbach, StuB 2013, 188; Juisten, 2013, 455 ff. im Hinblick auf die Kommentierung der Vorinstanz Niedersächsisches FG).

- Zu Vor- und Nachteilen bei **Restrukturierungsrückstellungen** siehe Ziegler/Renner, DStR 2015, 1264 ff., Autenrieth, DStR 2015, 1937 ff.; Prinz/Keller, DB 2015, 2224 ff.; Bolik/Schumann, StuB 2016, 679, wobei bei der Bewertung von Restrukturierungsrückstellungen die Reduzierung des künftigen Personalaufwands nicht wertmindernd zu berücksichtigen ist, so FG Baden-Württemberg, Urteil vom 12.09.2017, 6 K 1472/16 EFG 2018, 1343, 1347 rkr. mit Anm. Frantzmann = DStRE 2019, 22; hierzu Kolbe, StuB 2018, 752; König, DStR 2020, 1292 ff.,
- **Verteilungsrückstellungen** (ratierlich, i.d.R. zeitanteilige Verteilung nach Maßgabe der fortschreitenden wirtschaftlichen Verursachung bei rechtlich voll entstandenen noch nicht fälligen Verpflichtungen, z.B. zum künftigen Abbruch eines bis dahin nutzbringenden Gebäudes, Abbruchverpflichtung, Rekultivierung),
- **Anwachsungsrückstellungen** (für rechtlich und wirtschaftlich entstandene künftig anwachsende noch nicht fällige Verpflichtungen, z.B. zur Rekultivierung einer auszubeutenden Kiesgrube; Küting/Kessler, DStR 1998, 1937, 1940 f.; Koths, StbJb 1999/2000, 249, 257 ff.).

Diese Differenzierung ist zwar dogmatisch möglich, erleichtert die Rechtsfindung aber nicht. Letztlich wird der Rückstellungsbetrag in all diesen Fällen „angesammelt". Maßgebend ist insoweit jeweils, inwieweit die Verpflichtung der Höhe nach am Bilanzstichtag wirtschaftlich verursacht und die Ansammlung (Verteilung) „vernünftiger kaufmännischer Beurteilung" entspricht, soweit nicht ohnehin die genannte Spezialvorschrift des § 6 Abs. 1 Nr. 3a EStG eingreift.

Hinweis:
Soweit nur die zusammenfassende Würdigung einer Vielzahl gleichartiger Verbindlichkeiten ein zutreffendes Bild der Vermögenslage ergeben kann oder Einzelerfassungen insbesondere nach dem Grundsatz der Wesentlichkeit unzumutbar oder unwirtschaftlich sind, wird der Grundsatz der Einzelerfassung und -bewertung durch **Pauschalrückstellungen** durchbrochen; sie treten an die Stelle oder u.U. neben Einzelrückstellungen. Dabei bestehen für Pauschalrückstellungen die folgenden Erfahrungswerte: Bürgschaften, Gewährleistungen, Dienstjubiläen, Wechselobligo, Versicherungsfälle. Für die Höhe der Pauschalrückstellungen für Gewährleistungsansprüche sind in erster Linie die Erfahrungen des konkreten Unternehmens in der Vergangenheit maßgebend. In welcher Höhe Rückstellungen für Garantieleistungen zu bilden sind, hängt daher von den Umständen des Einzelfalles ab (BFH, Beschluss vom 19.12.2006, I B 67/06, BFH/NV 2007, 695; zur Bilanzierung von Rückstellungen für Erfolgsprämien im Fußball Weber, StuB 2013, 778 ff.).

III. Rückstellungen in der Praxis der Betriebsprüfung

Pauschale Rückstellungen für Gewährleistungsverpflichtungen können nur dann gebildet werden, wenn und soweit die Inanspruchnahme aus ihnen wahrscheinlich ist. Das Wahrscheinlichkeitsurteil bemisst sich nach den betriebsindividuellen und branchenüblichen Erfahrungen (FG Hamburg, Urteil vom 23. 07. 2008, 2 K 38/07, BB 2008, 2680, rkr. mit Anm. Winkels). Dabei ist zu berücksichtigen, dass sowohl bei Einzel- als auch bei Pauschalrückstellungen gesetzliche oder vertragliche **Rückgriffsansprüche** an Dritte – z. B. andere Wechselverpflichtete, Versicherer, den Hauptschuldner oder andere Gesamtschuldner – je nach Umständen ansatzverhindernd oder wenigstens betragsmindernd zu berücksichtigen sind, wenn sie

- derartig in einem unmittelbaren Zusammenhang mit der drohenden Inanspruchnahme stehen, dass sie dieser wenigstens teilweise entsprechen,
- in rechtlich verbindlicher Weise der Entstehung oder Erfüllung der Verbindlichkeit zwangsläufig nachfolgen,
- vollwertig sind, d. h. vom Rückgriffschuldner, der zweifelsfreier Bonität sein muss, nicht bestritten werden (BFH, Urteil vom 17. 02. 1993, X R 60/89, BStBl. II 1993, 437; BFH, Urteil vom 03. 08. 1993, VIII R 37/92, BStBl. II 1994, 444).

Entsprechend sind auch **andere (künftige) Vorteile zu saldieren**, z. B. u. U. das bei einem wahrscheinlichen künftigen Vertragsrücktritt an den Veräußerer zurückgegebene Wirtschaftsgut (Buchwert), mit der (ungewissen) Verpflichtung zur Rückzahlung des Kaufpreises; Ausgleichsansprüche gegen Urlaubskasse bei Urlaubsrückstellungen (BFH, Urteil vom 25. 01. 1996, IV R 114/94, BStBl. II 1997, 382, 384; BFH, Urteil vom 08. 02. 1995, I R 72/94, BStBl. II 1995, 412; FG Köln, Urteil vom 14. 12. 2005, 4 K 2927/03, EFG 2006, 877, zwischenzeitlich rkr.; siehe auch BFH, Beschluss vom 21. 08. 2013, I B 60/12, BFH/NV 2014, 28 betr. Kippentgelt im Zusammenhang mit einer Rekultivierungsverpflichtung).

Bei der Bewertung von Rückstellungen sind künftige Vorteile nur dann wertmindernd zu berücksichtigen, wenn zwischen ihnen und der zu erfüllenden Verpflichtung ein sachlicher Zusammenhang besteht (vgl. BFH, Urteil vom 17. 10. 2013, IV R 7/11, BStBl. II 2014, 302; ebenso BFH, Beschluss vom 21. 08. 2013, I B 60/12, BFH/NV 2014, 28; hierzu Oser/Wirtz, StuB 216, 1, 3, 7 f.

Mit der Rückstellung des Vorjahres besteht grundsätzlich kein Wertzusammenhang. Vielmehr hat für jeden Bilanzstichtag grundsätzlich eine durch den Grundsatz der Bewertungsstetigkeit eingeschränkte Neubewertung zu erfolgen.

Werden Sachdienstleistungen geschuldet, so sind zwingend die gesamten Kosten anzusetzen, d. h. Einzel- und (angemessene Teile der notwendigen) Gemeinkosten = Vollkosten (§ 6 Abs. 1 Nr. 3a Buchst. b EStG; BFH, Urteil vom 25. 02. 1986, VIII R 134/80, BStBl. II 1986, 788; BFH, Urteil vom 08. 10. 1987, IV R 18/86, BStBl. II 1988, 57, 59 f.; zur Bewertung von Rückstellungen für Alterszeitverpflichtungen nach dem sog. Blockmodell s. BFH, Urteil vom 30. 11. 2005, I R 110/04, BStBl. II 2007, 251; hierzu BMF, Schreiben vom 28. 03. 2007, IV B 2 – S 2175/07/0002 DOK 2007/0136390, BStBl. I 2007, 297; hierzu Wellisch/Quast,

BB 2006, 763 ff.; Euler/Binger, DStR 2007, 177 ff.; Koss, BBK Fach 12, 7005 ff.; zu Altersteilzeit-Rückstellungen nach dem Pauschalwertverfahren Andresen, NWB Fach 13, 5221 ff.; zu Restrukturierungsrückstellungen im Visier der Betriebsprüfung Prinz, DB 2007, 353 ff. nebst Nachtrag von Brink/Tenbusch/Prinz, DB 2008, 363 ff.; zu den Auswirkungen der Verpackungsverordnung auf die Bewertung von Rückstellungen Berizzi/Guldan, DB 2007, 645 ff.; zur Rückstellung für Verpflichtungen zur künftigen Beseitigung von Betriebsanlagen Hessisches FG, Urteil vom 21.09.2011, 9 K 1033/06, DStRE 2013, 193, zwischenzeitlich rkr.). Einzelkosten sind Aufwendungen, die der Leistung als Kostenträger unmittelbar, nämlich aufgrund eines eindeutigen und nachweisbaren quantitativen Zusammenhangs zugerechnet werden können. Demgegenüber entstehen die Gemeinkosten für eine Mehrzahl von Kostenträgern und können ihnen und nicht unmittelbar, sondern aufgrund bestimmter Annahmen (Schlüsselungen oder Umlagen) zu angemessenen Teilen zugerechnet werden. Bloße **kalkulatorische Kosten** (z. B. der Unternehmerlohn) und **entgangener Gewinn** bleiben außer Ansatz (BFH, Urteil vom 19.07.1983, VIII R 160/79, BStBl. II 1984, 56, 59).

Verbindlichkeiten, die auf die Leistung eines Geldbetrags gerichtet und erst nach geraumer Zeit zu tilgen sind, sind – auch ohne Vorliegen einer ausdrücklichen Zinsvereinbarung – regelmäßig abzuzinsen. Dies gilt indessen nicht, soweit Verbindlichkeiten tatsächlich keinen Zinsanteil enthalten (BFH, Urteil vom 30.01.2005, I R 1/05, BStBl. II 2006, 471 = BB 2000, 1047, 1049 mit Anm. Schlotter; zur Ansammlung und Abzinsung von Rückstellungen für Deponie-Rekultivierung und Rückbauverpflichtung s. BFH, Urteil vom 05.05.2011, IV R 32/07, BStBl. II 2012, 98 mit Anm. Schulze-Osterloh, BB 2011, 1965, 1969; Bode, FR 2012, 471, 476 ff.; ferner Kolbe, StuB 2011, 744 ff.; keine Rückstellung für Preisnachlässe, die beim Verkauf von aufbereitetem Bauschutt gewährt werden, s. FG Baden-Württemberg, Urteil vom 14.11.2011, 10 K 2946/10, BB 2012, 894, rkr. mit Anm. Peemöller; zu Fragen zum Abzinsungsgebot eingehend Groh, DB 2007, 2275 ff.; zur Abzinsung von Gesellschafterdarlehen und Rückstellungen instruktiv BFH, Urteil vom 17.01.2010, I R 35/09, BFH/NV 2010, 1005).

Wurde infolge eines Berechnungsfehlers eine Pensionsrückstellung in einer früheren Bilanz mit einem Wert angesetzt, der dem Betrag nach unterhalb des Teilwerts liegt, so greift das in § 6a Abs. 4 Satz 1 EStG bestimmte sog. Nachholverbot ein (BFH, Beschluss vom 14.01.2009, I R 5/08, BStBl. II 2009, 457 = BB 2009, 947, 948 mit Anm. Winkels; zur Abzinsung einer Rückstellung für Beitragsrückerstattung Niedersächsisches FG, Urteil vom 05.12.2013, 6 K 147/12 n. v.; hierzu Kreft, DB 2015, DB StR 0663312; zur Neuverteilung des Aufwands für Rückbauverpflichtungen Hoffmann, StuB 2014, 789 f.).

Zur Bewertung und Abzinsung von Rückstellungen betreffend Nachsorgeverpflichtungen für Mülldeponien siehe BFH, Urteil vom 08.11.2016, I R 35/15, BStBl. II 2017, 768; vgl. a. FG Münster, Urteil vom 27.06.2019, 8 K 2873/17 F DStRE 2019, 1433 = BB 2020, 240, 242 mit Anm. von Glasenapp [Rev. eingelegt;

Az. des BFH: IV R 24/19]; Prinz, WPg 2015, 1223, 1226 ff.; Oser/Wirtz, 2016, 3,8; ausführlich zu Rückstellungen für Stilllegungs- und Nachsorgemaßnahmen Behrens/Renner, BB 2015, 2411 ff.; vgl. a. Lüdenbach, StuB 2014, 736 zu Rekultuvierungsrückstellungen bei erwarteten Kippgebühren; zu Rückstellungen für Unterstützungsleistungen einer steuerbefreiten Unterstützungskasse vgl. a. BFH, Urteil vom 27.09.2017, I R 65/15 BFH/NV 2018, 457.

2.8 Die Neuregelung der sog. angeschafften Rückstellungen nach § 4f und § 5 Abs. 7 EStG

Bei der Berechnung des Gewinns aus einer Betriebsveräußerung konnten in der Vergangenheit vom Erwerber übernommene betriebliche Verbindlichkeiten, die aufgrund von Rückstellungsverboten (hier: Jubiläumszuwendungen und für drohende Verluste aus schwebenden Geschäften) in der Steuerbilanz nicht passiviert worden sind, nicht gewinnerhöhend zum Veräußerungspreis hinzuzurechnen (BFH, Urteil vom 17.10.2007, I R 61/06, BFH/NV 2008, 1023; zur Passivierung „angeschaffter" Drohverlustrückstellungen s. auch BFH, Urteil vom 16.12.2009, I R 102/08, BStBl. II 2011, 566; hierzu Meurer, BB 2011, 1259 ff.; Prinz/Adrian, BB 2011, 1646 f.; Siegel, FR 2011, 781 ff.; ferner BFH, Urteil vom 14.12.2011, I R 72/10, BFH/NV 2012, 635 = BStBl. II 2017, 1226 mit Anm. Hahne, BB 2012, 696, 697 f.; Prinz, FR 2012, 407, 409 ff.; ferner BFH, Urteil vom 12.12.2012, I R 69/11, BStBl. II 2017, 1232; Höhn/Geberth, GmbHR 2012, 402, 405 f.; Schönherr/Krüger, DStR 2012, 829 ff.; s. neuerdings auch BFH, Urteil vom 12.12.2012, I R 69/11, BFH/NV 2013, 840 mit Anm. Oser, BB 2012, 943, 946; ferner Geberth/Höhn, DB 2013, 1192 ff.; Adrian/Fey, StuB 2013, 404 ff.). Nach dieser obig genannten Judikatur konnten einkommensteuerliche Passivierungsbegrenzungen (z.B. Ansatzverbote gem. § 5 Abs. 4a EStG, Ansatzbeschränkungen gem. § 5 Abs. 3, Abs. 4 EStG oder Bewertungsvorbehalte gem. § 6a EStG) überwunden werden, indem Dritte die Verbindlichkeiten übernahmen, die dann die Passivierungsbegrenzungen nicht zu beachten brauchten. Somit konnten insbesondere verbundene Unternehmen Verpflichtungen steuerbegünstigt verschieben.

Der Gesetzgeber hat das dadurch erzeugte steuerliche Gestaltungspotential durch eine Gesetzesänderung (§§ 4f und § 5 Abs. 7 EStG) im AIFM-Steueranpassungsgesetz mit Stichtag 28.11.2013 zerstört (zur Gesetzesbegründung siehe BR/Drucks. v. 08.11.2013, 740/13, 114 f.; BT/Drucks. 18/68 [neu] v. 20.11.2013, 73 f.; amtl. Begr. hierzu Benz/Plache, DStR 2013, 2653 ff.; Fuhrmann, DB 2014, 9 ff.; Riedel, FR 2014, 6; ders., DStR 2013, 1047 betr. RegE).

Die Ergänzungen der §§ 4f, 5 Abs. 7 EStG regeln die steuerliche Behandlung sog. „angeschaffter Rückstellungen", „angeschaffter Drohverlustrückstellungen" oder „stiller Lasten".

Dabei geht es um vertragliche Verpflichtungsübernahmen (vgl. § 414 BGB) oder gesetzliche Verpflichtungsübernahmen (vgl. beispielsweise § 613a BGB), Erfüllungsübernahmen (vgl. § 329 BGB) bzw. Schuldbeitritte (vgl. § 421 BGB), bei denen die zugrunde liegenden Verpflichtungen beim Übertragenden einem

Ansatzverbot oder einer anderen Beschränkung unterlagen. Als Ansatzverbot bzw. Beschränkung in diesem Sinne kommen insbesondere die nachfolgenden Regelungen in Betracht:

- § 5 Abs. 2a, 3, 4, 4a, 4b und 5 S. 1 Nr. 2 EStG
- § 6 Abs. 1 Nr. 3 und 3a EStG und
- § 6a EStG

(weitere technische Erläuterungen siehe OFD Magdeburg, Verfügung vom 02.06.2014, S 2133 – 27 – St 21, DStR 2014, 1546 ff.).

Diese neu eingeführten Vorschriften führen zu einer erheblich weiteren Verkomplizierung des Steuerrechts und haben im Schrifttum ein weitschweifiges großes Echo ausgelöst (zu den damit verbundenen Anwendungsfragen siehe Fuhrmann, DB 2014, 9 ff.; Adrian/Fey, StuB 2014, 53 ff.; Lüdenbach/Hoffmann, GmBHR 2014, 123 ff.; Kaminski, Stbg 2014, 145 ff.; Hörhammer/Pitzke, NWB 2014, 426 ff.; Riedel, Ubg 2014, 421 ff.; Schindler, GmBHR 2014, 561 ff.; ders. GmBHR 2014, 786 ff.; Dannecker/Rudolf, BB 2014, 2539 ff.; Grützner, StuB 2015, 17 ff.; Tonner, Steuer & Studium 2015 ff.; Krohn/Schell, Ubg 2015, 197 ff.).

Zur Reichweite und Rechtfertigung von § 4f EStG im Umwandlungssteuerfall s. Melan/Wecke, Ubg 2017, 253 ff.

Zu den Anwendungsfragen der §§ 4 und 5 Abs. 7 EStG aus Sicht der Finanzverwaltung ist die Bekanntgabe eines bundeseinheitlichen Erlasses geplant (Entwurf eines BMF-Schreibens vom 22.11.2016; hierzu eingehend Bolik/Selig-Kraft, DStR 2017, 169 ff.; Bolik, StuB 2017, 156 ff.; Riedel, Ubg 2017, 580 ff.).

Zu den bilanzsteuerrechtlichen Berücksichtigungen von Verpflichtungsübernahmen, Schuldbeitritten und Erfüllungsübernahmen mit vollständiger und teilweiser Schuldfreistellung in Verbindung mit der Anwendung der Regelungen in § 4f und § 5 Abs. 7 EStG hat das Bundesfinanzministerium in einer Verwaltungsanweisung nebst zahlreicher Beispiele umfassend Stellung genommen (BMF, Schreiben vom 30.11.2017, IV C 6 – S 2133/14/10001 DOK 2017/0978503, BStBl. I 2017, 1619 = BB 2017, 3058 mit Anm. Kleinmanns = EStB 2018, 23, 24 mit Anm. Schumann; hierzu eingehend Oser/Wirtz, StuB 2018, 1, 8 f.; Adrian/Fey, StuB 2018, 85 ff.; Kahle/Braun, FR 2018, 197 ff.; Weber-Grellet, DB 2018, 661 ff.; Kahle, DStR 2018, 976, 980 f.; Prinz/Otto, GmBHR 2018, 497 ff.; vgl. auch BFH, Urteil vom 26.04.2012, IV R 43/09, BStBl. II 2017, 1228, wonach Rückstellungen für Pensionsverpflichtungen nicht zu bilden sind, wenn eine Inanspruchnahme am maßgeblichen Bilanzstichtag infolge eines Schuldbeitritts nicht (mehr) wahrscheinlich ist).

Zu den betriebswirtschaftlichen Folgen der mangelnden Korrespondenz zwischen § 4f und § 5 Abs. 7 EStG beim Unternehmenskauf und stille Lasten eingehend Bachmann/Richter/Risse, DB 2017, 2301 ff.; ferner Bünning, BB 2019, 2667 ff.; zur Bedeutung der §§ 4f und 5 Abs. 7 EStG für die Übertragung von Pensionsverpflichtungen bei Spaltungen nach dem UmwG siehe Schulenburg, FR 2019, 996 ff.

2.9 Auflösung von Rückstellungen

Nach Handelsrecht dürfen Rückstellungen nur aufgelöst werden, wenn der Grund für ihre Bildung entfallen ist (§ 249 Abs. 2 Satz 2 i. V. m. Abs. 1 HGB; BFH, Urteil vom 12.04.1989, I R 41/85, BStBl. II 1989, 612, 613; BFH, Urteil vom 27.11.1997, IV R 95/96, BStBl. II 1998, 375, 376; BFH, Urteil vom 30.01.2002, I R 68/00, BStBl. II 2002, 688, 689). Das ist auch dann der Fall, wenn eine zunächst zu Recht gebildete Rückstellung aufgrund geänderter Rechtsprechung unzulässig wird (BFH, Urteil vom 25.04.1990 I R 78/85, BFH/NV 1990, 630, 631).

Ob die Auflösung einer Rückstellung geboten ist, ist im Einzelfall auf der Grundlage objektiver, am Bilanzstichtag vorliegender und spätestens bei der Aufstellung der Bilanz erkennbarer Umstände aus der Sicht eines ordentlichen und gewissenhaften Kaufmanns zu beurteilen (BFH, Urteil vom 30.01.2002, I R 68/00, BStBl. II 2002, 688, 689). Danach ist eine Rückstellung z. B. dann aufzulösen, wenn das ursprüngliche Risiko der Inanspruchnahme entfallen ist (BFH, Urteil vom 19.11.2003, I R 77/01, BFH/NV 2004, 271). Eine Rückstellung für eine Verbindlichkeit des Stpfl., die der Anspruchsinhaber gerichtlich geltend macht, darf erst dann aufgelöst werden, wenn die Klage **rechtskräftig** abgewiesen worden ist (BFH, Urteil vom 27.11.1997, IV R 95/96, BStBl. II 1998, 375, 376; BFH, Urteil vom 30.01.2002, I R 68/00, BStBl. II 2002, 688, 689). Eine **Verbindlichkeitsrückstellung** ist schließlich dann aufzulösen, wenn aus der zugrunde liegenden ungewissen Verpflichtung eine nach Grund und Höhe sichere Verpflichtung geworden ist.

2.10 Nachholung einer nicht gebildeten Rückstellung

Ist eine Rückstellung entgegen der gesetzlichen Verpflichtung nicht oder in zu geringer Höhe gebildet worden, obwohl der Gewerbetreibende bei Aufstellung der Bilanz den dafür maßgeblichen Sachverhalt kannte oder zumindest kennen musste, so ist die Bilanz unrichtig. In erster Linie muss die **Korrektur des Bilanzierungsfehlers** durch Ansatz der nicht gebildeten oder durch Erhöhung der gebildeten Rückstellung in der Bilanz erfolgen – und zwar in derjenigen Bilanz, in der die Rückstellung erstmals hätte gebildet bzw. erhöht ausgewiesen werden müssen. Ist dies auch unter Ausschöpfung aller gesetzlichen Korrekturmöglichkeiten (z. B. im Hinblick auf eine eingetretene Verjährung oder Bestandskraft) ausgeschlossen, muss der Bilanzierungsfehler in der Schlussbilanz des ersten Jahres, für das eine Berichtigung noch möglich ist, gewinnmindernd korrigiert werden (BFH, Urteil vom 02.05.1984, VIII R 239/82, BStBl. II 1982, 695; BFH, Urteil vom 16.05.1990, X R 72/87, BStBl. II 1990, 1044).

Treu und Glauben können allerdings – anders in der Handelsbilanz – der Korrektur der Steuerbilanz entgegenstehen. Dies ist dann der Fall, wenn der Unternehmer die Bilanzierung bewusst rechtswidrig und willkürlich unterlässt. Dies gilt insbesondere, wenn die Passivierung gezielt zum Zwecke steuerlicher Manipulationen unterblieben ist (BFH, Urteil vom 04.08.1977, IV R 119/73, BStBl. II 1977, 866; BFH, Urteil vom 26.01.1978, IV R 62/77, BStBl. II 1978, 301, 303). Das ist natürlich nicht der Fall, wenn das FA in der Vergangenheit eine

Passivierung zu Unrecht verwehrt hat (BFH, Urteil vom 05.02.1987, IV R 81/84, BStBl. II 1987, 845, 848).

3 Sonstige Rückstellungen im Überblick

3.1 Erfolgsabhängige Verpflichtungen (§ 5 Abs. 2a EStG)

Nach der Rechtsprechung des BFH sind Verbindlichkeitsrückstellungen auszuweisen, wenn eine bedingte Rückzahlungsverpflichtung aus öffentlich-rechtlichen, vertraglichen oder gesetzlichen Zuschussverhältnissen besteht oder wenn diese ausschließlich aus künftigen bestehenden Gewinnen zu bedienen ist (BFH, Urteil vom 20.09.1995, X R 225/93, BStBl. II 1997, 320; BFH, Urteil vom 03.07.1997, IV R 49/96, BStBl. II 1998, 244; BFH, Urteil vom 17.12.1998, IV R 21/97, BFH/NV 1999, 870). Da der BFH seine Rechtsprechung mehrfach bestätigt hat, sah sich der Gesetzgeber veranlasst, diese Einzelfrage i. R. einer Gesetzesnovelle „rechtsprechungsüberholend" i. S. der Verwaltungsmeinung zu normieren.

Eine zwischen Bilanzstichtag und Bilanzaufstellung getroffene Vergleichsvereinbarung hinsichtlich einer strittigen erfolgsabhängigen Vergütung für Beratungskosten ist wertaufhellend. § 5 Abs. 2a EStG ist so zu verstehen, dass immer dann eine Rückstellung nicht zu bilden ist, wenn eine erfolgsabhängige Verpflichtung eingegangen wird (FG Münster, Urteil vom 17.08.2010, 1 K 3969/07 F, BB 2011, 303 mit Anm. Schmid; hierzu Hoffmann, StuB 2011, 281 f.; Tiede, StuB 2011, 307 f.). Für Wirtschaftsjahre, die nach dem 31.12.1998 enden, dürfen Verbindlichkeiten oder Rückstellungen für Verpflichtungen, die nur zu erfüllen sind, soweit **künftig Einnahmen oder Gewinne** anfallen, erst angesetzt werden, wenn die Einnahmen oder Gewinne angefallen sind. Soweit entsprechende Verpflichtungen passiviert sind, müssen diese zum Schluss des ersten nach dem 31.12.1998 beginnenden Wirtschaftsjahres aufgelöst werden (§ 5 Abs. 2a i. V. m. § 52 Abs. 12a EStG i. d. F. des Steuerbereinigungsgesetzes 1999 vom 22.12.1999).

Ist ein gewährtes Filmförderdarlehen nur aus zukünftigen Verwertungserlösen zu bedienen, erstrecken sich die Rückzahlungsverpflichtungen aus diesem Darlehen nur auf künftiges Vermögen. Das Darlehen unterfällt dann dem Anwendungsbereich des § 5 Abs. 2a EStG (Ansatzverbot). Die Regelung des § 5 Abs. 2a EStG betrifft auch den (weiteren) Ansatz „der Höhe nach", nachdem tilgungspflichtige Erlöse angefallen sind (BFH, Urteil vom 10.07.2019, XI R 53/17, BStBl. II 2019, 803 = StuB 2019, 836; Prinz, DStR 2020, 842, 848 ff.).

3.2 Rückstellungen wegen Verletzung fremder Schutzrechte (§ 5 Abs. 3 EStG)

Soweit handelsrechtlich eine Verbindlichkeitsrückstellung wegen Verletzung fremder Patent-, Urheber- oder ähnlicher Schutzrechte zu bilden ist, muss die steuerrechtliche Sonderregelung beachtet werden. Diese unterscheidet zwischen zwei Fallgruppen: Der Rechtsinhaber hat Ansprüche wegen Rechtsverletzung geltend gemacht; der Rechtsinhaber hat noch keine Ansprüche geltend gemacht, mit der Inanspruchnahme ist jedoch ernsthaft zu rechnen (§ 5 Abs. 3 Satz 1 Nr. 1 und 2 EStG).

Dem Grunde nach bestehen gegenüber dem Handelsrecht keine Einschränkungen. Das Steuergesetz sieht lediglich eine **zeitliche Komponente** für die o. g. Rückstellungen vor. Soweit der Rechtsinhaber für die Schutzrechtsverletzungen noch keine Ansprüche geltend gemacht hat, damit aber ernsthaft zu rechnen ist, muss spätestens in der Bilanz des Dritten auf ihre erstmalige Bildung folgenden Wirtschaftsjahres eine gewinnerhöhende Auflösung erfolgen, wenn Ansprüche bis dahin nicht geltend gemacht worden sind (§ 5 Abs. 3 Satz 2 EStG).

Die Bildung einer Rückstellung wegen Verletzung fremder Patente nach § 5 Abs. 3 Satz 1 Nr. 2 EStG setzt nicht voraus, dass der Patentinhaber von der Rechtsverletzung Kenntnis erlangt hat. Wird ein und dasselbe Schutzrecht in mehreren Jahren verletzt, bestimmt sich der Ablauf der dreijährigen Auflösungsfrist i. S. d. § 5 Abs. 3 Satz 2 EStG nach der erstmaligen Rechtsverletzung (BFH, Urteil vom 09.02.2006, IV R 33/05, BStBl. II 2006, 517 mit Anm. Hoffmann, DStR 2006, 885, 887; Berndt, BB 2006, 1217, 1219; Lüdenbach, StuB 2018, 477).

3.3 Rückstellungen für Jubiläumszuwendungen (§ 5 Abs. 4 EStG)

Bei Rückstellungen für die Verpflichtung zu einer Zuwendung anlässlich eines Dienstjubiläums (z. B. in Form einer Geldzuwendung oder in Form zusätzlichen Urlaubs) handelt es sich um Rückstellungen für ungewisse Verbindlichkeiten, und zwar für Erfüllungsrückstände aus einem Dienstverhältnis. Nach dem Gesetz dürfen Jubiläumsrückstellungen in der Steuerbilanz, soweit der Zuwendungsberechtigte seine Anwartschaft nach dem 31.12.1992 erworben hat, nur dann gebildet werden, wenn das Dienstverhältnis mindestens zehn Jahre bestanden hat, das Dienstjubiläum das Bestehen eines Dienstverhältnisses von mindestens 15 Jahren voraussetzt und die Zusage schriftlich erteilt ist (§ 5 Abs. 4 EStG i. d. F. des StEntlG 1999/2000/2002; hierzu eingehend BMF, Schreiben vom 08.12.2008, IV C 6 – S 2137/07/10002 DOK 2008/0690725, BStBl. I 2008, 1013; OFD Niedersachsen, Verfügung vom 06.02.2017, S 2137-48-St 221/St 222, DStR 2017, 1484 = EStB 2017, 150 mit Anm. Günther; zu den praktischen Auswirkungen der Beschränkung R 6.11 EStR 2012 eingehend Hainz, BB 2016, 1194 ff.).

Sind die besonderen Voraussetzungen für die Passivierung nicht erfüllt, statuiert die o. g. Vorschrift ein **Passivierungsverbot.** Nach dem klaren Wortlaut gilt das Gesetz nicht allein für (künftige) Zuwendungen anlässlich eines Firmenjubiläums, selbst wenn die Höhe der einzelnen Zuwendungen von der Dauer der Betriebszugehörigkeit des Arbeitnehmers abhängt. Die Bildung einer Rückstellung für Jubiläumsleistungen setzt auch unter der Geltung des § 5 Abs. 4 EStG nicht voraus, dass sich der Dienstberechtigte rechtsverbindlich, unwiderruflich und vorbehaltlos zu der Leistung verpflichtet hat (BFH, Urteil vom 18.01.2007, IV R 42/04, BStBl. II 2008, 956 mit Anm. Schlotter, BB 2007, 657, 660).

Im Juli 2018 wurden die „Richttafeln 2005 G" durch die „Heubeck-Richttafeln 2018 G" ersetzt. (siehe BMF, Schreiben vom 27.02.2020, IV C 6 - S 2137/19/10002:001; DOK 2020/0178923, BStBl. I 2020, 254).

3.4 Rückstellungen für drohende Verluste aus schwebenden Geschäften (§ 5 Abs. 4a EStG)

Ansprüche und Verpflichtungen aus schwebenden Geschäften werden grundsätzlich nicht bilanziert. Hiervon abweichend müssen nach dem Handelsrecht für Drohverluste aus schwebenden Geschäften Rückstellungen gebildet werden (§ 249 Abs. 1 Satz 1 Fall 2 HGB). Die drohenden Verluste sind aufgrund des **Imparitätsgrundsatzes** zu antizipieren. In der Steuerbilanz dürfen Rückstellungen für drohende Verluste aus schwebenden Geschäften nach einer gesetzlichen Neuregelung generell nicht mehr gebildet werden. Dieses steuerrechtliche Passivierungsverbot gilt erstmals für das Wirtschaftsjahr, das nach dem 31.12.1996 endet. Im Ergebnis wird damit der Maßgeblichkeitsgrundsatz des § 5 Abs. 1 Satz 1 EStG eingeschränkt. Die Vorschrift ist rein fiskalisch motiviert und lässt sich mit dem Leistungsfähigkeitsgedanken nicht begründen (§ 5 Abs. 4a i. V. m. § 52 Abs. 6a EStG i. d. F. Gesetz zur Fortsetzung der Unternehmensteuerreform; zur Verfassungsmäßigkeit eingehend Krüger, FR 2008, 625 ff.; hierzu kritisch Prinz, DB 2020, 10, 15 f.). **Erfüllungsrückstände** werden ebenso wenig erfasst wie eingegangene **Garantie- oder Bürgschaftsverpflichtungen** (BFH, Beschluss vom 11.04.2003, IV B 176/02, BFH/NV 2003, 919).

Mit einer Rückstellung für drohende Verluste aus schwebenden Geschäften („Verlustrückstellung"), die abweichend vom Realisationsprinzip aus Gründen der Vorsicht Verluste antizipiert (künftiger Mehraufwand), wird als Ausnahme vom Grundsatz der Nichtbilanzierung schwebender Verträge **vor Lieferung oder Leistung** der (negative) Saldo zwischen dem Wert des eigenen Anspruchs und dem Wert der eigenen Verpflichtung (den eigenen Kosten) passiviert (**Verpflichtungsüberschuss**; BFH, Urteil vom 03.02.1993, I R 37/91, BStBl. II 1993, 441, 443). Die Bildung einer Rückstellung für drohende Verluste setzt voraus, dass das zu beurteilende Vertragsverhältnis mit hinreichender Wahrscheinlichkeit einen Verpflichtungsüberschuss erwarten lässt (BFH, Urteil vom 15.09.2004, I R 5/04, BStBl. II 2009, 100).

Die Verlustrückstellung erfasst künftige Verluste, die Verbindlichkeitsrückstellung hingegen „realisierte" Aufwendungen. Nach herrschender Meinung besteht ein **Vorrang** der Verbindlichkeitsrückstellung gegenüber der Drohverlustrückstellung (Plewka/Schmidt, in Lademann, EStG, § 5 Rdnr. 1335; zur Abgrenzung zwischen drohenden und erwarteten Verlusten siehe Lüdenbach, StuB 2015, 388 anhand eines Fallbeispiels).

Für Abbruchkosten, die ausschließlich in der künftigen profitablen Nutzung des Grundstücks begründet sind, darf keine Rückstellung gebildet werden (FG

III. Rückstellungen in der Praxis der Betriebsprüfung

Bremen, Urteil vom 14.12.2006, 1 K 178/04 [3], BB 2007, 879 mit Anm. Marx). Ein (von der Verlustrückstellung zu unterscheidender und von § 5 Abs. 4a EStG nicht betroffener) **Erfüllungsrückstand** ist die Nichterfülung einer Schuld, die „im abgelaufenen Wirtschaftsjahr (oder früher) hätte erfüllt werden müssen", so z.B. für Pachterneuerungsverpflichtung, für Urlaubsverpflichtung, nicht jedoch bei künftigem Zinsaufwand (BFH, Urteil vom 06.12.1995, I R 14/95, BStBl. II 1996, 406; BFH, Urteil vom 20.01.1993, I R 115/91, BStBl. II 1993, 373; Weber-Grellet, BB 2000, 1024, 1027 f.; vom Erfüllungsrückstand zur Aufwandsrückstellung s. Hoffmann, StuB 2011, 361 f.). Nicht erforderlich ist, dass die Schuld bereits fällig war, soweit sie Gegenleistung für eine bereits erbrachte Leistung, z.B. Nutzungsüberlassung, ist (BFH, Urteil vom 03.12.1991, VIII R 88/87, BStBl. II 1993, 89, 91 f.; R 5.7 Abs. 8 EStR 2008). Auch seit der Einführung des § 5 Abs. 4a EStG können weiterhin steuerliche Rückstellungen für anfallende Mieten bei leerstehenden Räumen gebildet werden. Es handelt sich hierbei eher um eine Verbindlichkeitsrückstellung als eine Drohverlustrückstellung. Hinsichtlich der Höhe gibt es keine besonderen Bewertungs- und Prognoserisiken. Hierdurch bedingten Steuerausfällen wollte der Gesetzgeber mit § 5 Abs. 4a EStG entgegenwirken (so Niehues, DB 2007, 1107 f.). Eine Drohverlustrückstellung ist danach bei Mietverträgen in aller Regel ausgeschlossen, es sei denn, das Geschäft erweist sich als Fehlmaßnahme. Hiervon ist auszugehen, wenn die Mietsache im oder für den Betrieb nicht mehr genutzt werden kann (so klarstellend BFH, Beschluss vom 02.04.2008, I B 197/07, BFH/NV 2008, 1355). Der Verkäufer einer Eigentumswohnung kann eine Rückstellung für eine Mietgarantie als Rückstellung für ungewisse Verbindlichkeiten gewinnmindernd bilden, wenn die Mietgarantie selbst nicht in ein schwebendes Geschäft einbezogen ist (FG Berlin-Brandenburg, Urteil vom 23.06.2010, 7 K 9247/05 B, EFG 2011, 695, rkr.). Zur Abgrenzung zwischen Sachleistungs- und Geldleistungsrückstellung bei Garantie- und Gewährleistungsverpflichtungen eines Fahrzeugimporteurs s. Hessisches FG, Urteil vom 26.04.2012, 4 K 1729/07, EFG 2013, 194, rkr.; hierzu Kolbe, StuB 2013, 630.

Für die von einem Kraftfahrzeughändler übernommene Verpflichtung, an Leasinggesellschaften oder Autovermietungen verkaufte Fahrzeuge nach Ablauf der Leasingzeit bzw. nach einer Mindestvertragslaufzeit zu einem verbindlich festgelegten Preis zurückzukaufen, ist eine Verbindlichkeit in Höhe des dafür vereinnahmten Entgelts auszuweisen. Diese Verbindlichkeit ist erst bei Ausübung oder Verfall der Rückverkaufsoption auszubuchen (BFH, Urteil vom 11.10.2007, IV R 52/04, BStBl. II 2009, 705 = BB 2008, 494, 496 mit Anm. Bergemann; Heuermann, StBp 2008, 88 ff.; Naujok, FR 2008, 1516, 1517 f.; hierzu Nichtanwendungserlass per BMF, Schreiben vom 12.08.2009, IV C 6 – S 2137/09/10003 DOK 2009/0282843, BStBl. I 2009, 890; bestätigt durch BFH, Urteil vom 17.11.2010, I R 83/09, BStBl. II 2011, 812; FG München, Urteil vom 27.04.2015, 7 K 1760/13, BB 2015, 2992, 2993 rkr. mit Anm. Kleinmanns, ferner Grützner, StuB 2015, 841 f.; hierzu Hoffmann, GmbHR 2011, 363 ff. und die Interpretation der Finanzverwaltung in BMF, Schreiben vom 12.10.2011, IV C 6 – S 2137/09/10003 DOK 2011/0811423, BStBl. I 2011, 967 mit Anm. Rosen,

StuB 2012, 51 ff.; Plambeck/Braun, DB 2012, 710 ff.; ferner BFH, Urteil vom 21.09.2011, I R 50/10, BStBl. II 2012, 197 mit Anm. Oser, BB 2012, 184, 185 f.; Hoffmann, StuB 2011, 889 f.; Neufang/Stahl, StBp 2012, 187 ff.; Kolbe, StuB 2012, 301 ff.; zur Bildung von Rückstellungen im KfZ-Handel bei Teilnahme am Leasing-Restwertmodell der Audi AG s. OFD Frankfurt/M., Verfügung vom 07.03.2012, S 2137A – 67 – St 210, StuB 2012, 365).

Ein Verlust, der dem Verkäufer eines Grundstücks dadurch entsteht, dass er das Grundstück verkauft, zurückmietet und hierfür dem Käufer eine höhere Miete zahlt, als er aus der Weitervermietung erlangt, ist als Drohverlustrückstellung in der Steuerbilanz nicht passivierungsfähig. Eine Klassifizierung als Verbindlichkeitsrückstellung ist nur im Falle eines Erfüllungsrückstands möglich, für dessen Annahme erhöhte Anforderungen gelten. Die rückwirkende Gegenleistung muss der erbrachten Vorleistung so lange synallagmatisch, zweckgerichtet und zeitbezogen zuordenbar sein (so FG München, Urteil vom 18.08.2008, 7 K 585/07, DStRE 2009, 279 = BB 2008, 2566, 2567 mit Anm. Engels).

Ein Erfüllungsrückstand liegt vor, wenn der Verpflichtete sich mit seinen Leistungen gegenüber seinem Vertragspartner im Rückstand befindet, er also weniger geleistet hat, als er nach dem Vertrag für die bis dahin vom Vertragspartner erbrachte Leistung zu leisten hatte (ständige BFH-Rechtsprechung; so zuletzt BFH, Beschluss vom 08.06.2010, X B 126/09, BFH/NV 2010, 1628 betr. Erfüllungsrückstand bei einem Inkassounternehmen). Damit ist eigentlich eine Überschneidung von Verlust- und Verbindlichkeitsrückstellungen nicht möglich.

Nunmehr soll nochmals thesenartig dargelegt werden, welche Tatbestandsvoraussetzungen die Vorschrift des § 5 Abs. 4a EStG beinhaltet, die zur **fehlenden Rückstellungsfähigkeit** nach neuem Recht führt (Weber-Grellet, in Schmidt, EStG, 39. Aufl. [2020], § 5 Rdnr. 450 bis 550 m. w. N.):

- Ein **schwebendes Geschäft** ist ein gegenseitiger auf Leistungsaustausch gerichteter Vertrag, der von dem Sach- oder Dienstleistungsverpflichteten noch nicht voll erfüllt ist.
- Ein Verlust **droht**, wenn konkrete Anhaltspunkte dafür bestehen oder sicher ist, dass die Aufwendungen die Erträge übersteigen.
- Für die Ausgeglichenheit von Leistung und Gegenleistung des einzelnen Vertrages spricht eine tatsächliche Vermutung (**Gleichwertigkeitsvermutung**).
- Für bewusste Verlustgeschäfte haben dieselben Grundsätze zu gelten.
- Bei auf Beschaffung gerichteten Dauerschuldverhältnissen „wie Miet-, Darlehens- und insbesondere Arbeitsverträgen" kann eine Verlustrückstellung i. d. R. nicht in Betracht kommen (Bewertungsargument).

III. Rückstellungen in der Praxis der Betriebsprüfung

- Bei schwebenden Beschaffungsgeschäften sollte ein (rückstellbarer) Verlust drohen, wenn
  - sich das Geschäft als Fehlmaßnahme erwiesen hatte,
  - am Bilanzstichtag der Teilwert (Wiederbeschaffungskosten) des bestellten, noch nicht gelieferten Anlageguts niedriger als das geschuldete Entgelt war,
  - der zu erwartende Erlös (z. B. bei Waren) unter den zu erwartenden Selbstkosten lag.
- Bei schwebenden Absatzgeschäften (Lieferungen und sonstige Leistungen) droht ein Verlust, wenn der Wert der Verpflichtung zu einer bestimmten Leistung (Herstellung, Veräußerung, Dienstleistung) höher war als der Wert des Anspruchs auf das Entgelt. Kein Verlust drohte bei Verkauf über Buchwert, aber unter Verkehrswert (keine Rückstellung für entgangenen Gewinn).

> *Hinweis:*
> Sind die genannten kumulativen Kriterien erfüllt, so sind nach neuem Recht die aufgelaufenen Verlustbeträge nicht mehr rückstellungsfähig. Sie müssen also die qualifizierten Voraussetzungen für eine Verbindlichkeitsrückstellung sein.

Im Bereich von Dauerschuldverhältnissen ist anzumerken, dass Verbindlichkeitsrückstellungen für den abgewickelten Teil des Geschäfts (z. B. Pensionsrückstellungen, am Stichtag nicht genehmigten Urlaub) zu bilden sind. Verlustrückstellungen orientieren sich am noch zukunftsoffenen schwebenden Geschäftsanteil oder anders formuliert: Das Passivierungsverbot des § 5 Abs. 4a EStG betrifft nur den zukünftigen, noch schwebenden Teil eines schwebenden Geschäfts, nicht den – bei Dauerschuldverhältnissen pro rata temporis – abgewickelten Teil.

Das allgemeine (steuer)bilanzielle Bilanzierungsverbot schwebender Geschäfte sowie das spezifische Ansatzverbot für Drohverlustrückstellungen aus schwebenden Geschäften nach § 5 Abs. 4a EStG setzen ein Gegenseitigkeitsverhältnis/"Synallagma" zwischen den Vertragsparteien voraus. Die konkrete Einstandspflicht des Bürgen oder Garantiegebers für Verpflichtungen des Hauptschuldners ist getrennt von dem zugrunde liegenden Verpflichtungsgeschäft mit dem Gläubiger bzw. dem Hauptschuldner zu sehen und unterliegt mangels Gegenseitigkeit nicht diesen Beschränkungen für schwebende Geschäfte (FG München, Urteil vom 06.11.2019 7 K 2095/16 BB 2020, 1903, 1906 m. Anm. Kubicki [Rev. eingelegt; Az. des BFH: XI R 41/19]).

Zu Rückstellungen für Verpflichtungen, zu viel vereinnahmte Entgelte mit künftigen Einnahmen zu verrechnen (Verrechnungsverpflichtungen), hat die Finanzverwaltung eingehend Stellung genommen (BMF, Schreiben vom 28.11.2011, IV C 6 – S 2137/09/10004, DOK 2011/0946298, BStBl. I 2011, 1111; zu Rückstellungen für Kostenüberdeckungen bei kommunalen Versorgungsbetrieben BFH, Urteil vom 06.02.2013, I R 62/11, BStBl. II 2013, 954 mit Anm. Oser, BB 2013, 1520, 1522; hierzu BMF, Schreiben vom 22.11.2013, IV C 6 – S 2137/09/10004:003, DOK 2013/1066445, BStBl. I 2013, 1502; OFD Rheinland, Verfügung vom 04.04.2012, Kurzinformation Einkommensteuer Nr. 016, BB 2012, 1215).

Zur Bildung von Drohverlustrückstellungen bei beschäftigungssichernden Aufträgen siehe Lüdenbach, StuB 2017, 922.

3.5 Rückstellungen für Anschaffungs- oder Herstellungskosten bzw. Entsorgungsrückstellungen für radioaktive Reststoffe oder Anlageteile (§ 5 Abs. 4b EStG)

Nach herrschender Meinung dürfen handelsrechtlich keine Rückstellungen für künftige Ausgaben, die für Anschaffungs- oder Herstellungsvorgänge geleistet werden, gebildet werden, da diese Ausgaben regelmäßig Ausdruck einer erfolgsneutralen Vermögensumschichtung innerhalb des Betriebsvermögens sind. Eine Rückstellungsbildung wird handelsrechtlich ausnahmsweise für zulässig angesehen, wenn die Ausgaben keinen künftigen Nutzen für das Unternehmen entfalten (Anschaffung oder Herstellung wertloser Wirtschaftsgüter).

Da ihre Verursachung ausschließlich in der Vergangenheit liegt, sollen insbesondere für Investitionen, die der Beseitigung von Umweltaltlasten dienen, unter den handelsrechtlichen Voraussetzungen Rückstellungen zu bilden sein (§ 249 HGB). Steuerrechtlich dürfen Rückstellungen schon nach der Neuregelung für Aufwendungen, die Anschaffungs- oder Herstellungskosten für ein Wirtschaftsgut sind, nicht mehr gebildet werden. Wer die Neuregelung ausschließlich klarstellend versteht, muss konsequenterweise diejenigen Fälle, in denen bisher eine Rückstellung hinsichtlich der aktivierungspflichtigen Wirtschaftsgüter zugelassen wurde, von dem Anwendungsbereich ausnehmen (§ 5 Abs. 4b EStG i. d. F. des StEntlG 1999/2000/2002; Weber-Grellet, DB 2000, 165).

Mit der Neufassung des Gesetzes soll klargestellt werden, dass Anschaffungs- oder Herstellungskosten eines in künftigen Perioden zu aktivierenden Wirtschaftsguts oder für künftig anfallende nachträgliche Anschaffungskosten oder Herstellungskosten auf bereits aktivierte Wirtschaftsgüter nicht rückstellungsfähig sind (§ 5 Abs. 4b Satz 1 EStG i. d. F. des Steueränderungsgesetzes; BFH, Urteil vom 19.08.1998, XI R 8/96, BStBl. II 1999, 18; BFH, Urteil vom 18.12.2001, VIII R 27/00, BStBl. II 2002, 733, 735 f.); BFH, Urteil vom 08.11.2016, I R 35/15, BStBl. II 2017, 768 = FR 2017, 877, 880 f. mit Anm. Weber-Grellet; = EStB 2017, 219, 220 mit. Anm. Felten; hierzu Hommel/Ummenhofer, BB 2017, 2219, 2221 f.; Farwick, StuB 2017, 495 ff.; Bolik, StuB 2019, 557 f. Künftiger Erhaltungsaufwand ist jedoch weiter rückstellbar (BFH, Urteil vom 27.06.2001, I R 45/97, BStBl. II 2003, 121, 124). § 5 Abs. 4b EStG schließt die Bildung einer Rückstellung auch für nachträgliche Anschaffungs- oder Herstellungskosten eines bereits aktivierten Wirtschaftsguts aus (FG Köln, Urteil vom 30.05.2012, 10 K 2477/11, n. v.).

III. Rückstellungen in der Praxis der Betriebsprüfung

Ferner dürfen Rückstellungen für die öffentlich-rechtliche Verpflichtung zur schadlosen Verwertung radioaktiver Reststoffe sowie ausgebauter oder abgebauter radioaktiver Anlagenteile nicht gebildet werden, soweit Aufwendungen im Zusammenhang mit der Bearbeitung und Verarbeitung von Kernbrennstoffen stehen, die aus der Aufarbeitung bestrahlter Kernbrennstoffe gewonnen worden sind und keine radioaktiven Abfälle darstellen. Der systematische Zusammenhang der Vorschrift lässt erkennen, dass der Gesetzgeber die umschriebenen Aufwendungen grundsätzlich in vollem Umfang den Anschaffungs- bzw. Herstellungskosten zuordnet. Dies führt zu einem zu hohen Gewinnausweis, weil der Marktwert der hergestellten Brennelemente weit unter der Summe der Aufwendungen liegt. Im Ergebnis bleiben Teile der auferlegten Entsorgungsverpflichtungen steuerlich unberücksichtigt (§ 5 Abs. 4b Satz 2 EStG; Günkel/Fenzl, DStR 1999, 649, 650 f.; Kessler, IStR 2006, 98 ff.; zu Theorie und Praxis der Rückstellungsbildung für die Entsorgung von Kernbrennelementen nach deutschem Bilanzrecht s. Führich, WPg 2006, 1271 ff. und 1349 ff.; zur Bildung von Rückstellung für „Mehrerlösabschöpfungen" bei Energieversorgungsbetreibern siehe Hageböke, BB 2011, 1543 ff.).

Zu handels- und steuerrechtlichen Rückstellungen für die Stilllegung von Kernkraftwerken siehe Meyering/Gröne, DB 2014, 1385 ff.

Zu den Auswirkungen des Ausstiegs aus der Atomkraft auf die Rückstellungsproblematik eingehend Volk, DStR 2015, 2193 ff.

Zu Anwendungsfragen des § 5 Abs. 4b EStG im Zusammenhang mit der Passivierung von Rückstellungen für Nachsorgeverpflichtungen Hick, FR 2020, 604 ff.

Zu Rückstellungen für Umweltschutzmaßnahmen aus dem Blickwinkel des „ehrbaren Kaufmanns" von Wolfersdorff, FR 2020, 610 ff.

3.6 Steuerbilanzielle Bildung von Bewertungseinheiten bei Absicherung finanzwirtschaftlicher Risiken (§ 5 Abs. 1a EStG)

Mit dem Gesetz zur Eindämmung missbräuchlicher Steuergestaltungen wurden mit Wirkung ab dem VZ 2006 § 5 Abs. 1a EStG und § 5 Abs. 4a Satz 2 EStG eingefügt. Die Gesetzesvorschriften lauten nun wie folgt:

(1a)	Die Ergebnisse der in der handelsrechtlichen Rechnungslegung zur Absicherung finanzwirtschaftlicher Risiken gebildeten Bewertungseinheiten sind auch für die steuerliche Gewinnermittlung maßgeblich.
(4a)	Rückstellungen für drohende Verluste aus schwebenden Geschäften dürfen nicht gebildet werden. Das gilt nicht für Ergebnisse nach Absatz 1a.

Dies hat der Gesetzgeber wie folgt begründet: „Unternehmen sichern Geschäfte (Grundgeschäfte), die einem Kursrisiko unterliegen, in der Regel durch andere Geschäfte (Sicherungsgeschäfte) ab, die einem gegenläufigem Risiko unterliegen, um Verluste zu vermeiden (Hedge). In der handelsrechtlichen Rechnungslegung werden die Chancen und Risiken aus den Grund- und Sicherungsge-

3 Sonstige Rückstellungen im Überblick

schäften kompensatorisch in Bewertungseinheiten zusammengefasst. Führt die kompensatorische Bewertung insgesamt zu einem positiven Ergebnis, bleibt dieses nach § 252 Nr. 4 HGB außer Ansatz, ein negatives mindert dagegen den Gewinn."

Die vorgeschlagene Gesetzesänderung stellt klar, dass diese handelsrechtliche Praxis zur Bildung von Bewertungseinheiten auch weiterhin für die steuerliche Gewinnermittlung maßgeblich bleibt. Sie beugt Bestrebungen vor, wirtschaftlich zusammenhängende Bilanzpositionen einzeln zu bewerten. Der handels- und steuerrechtliche Grundsatz der Einzelbewertung (§ 240 Abs. 1 i. V. m. § 252 Abs. 1 Nr. 3 HGB; § 6 Abs. 1 EStG) und das Saldierungsverbot (§ 256 Abs. 2 HGB) entsprechen bei Sicherungsgeschäften im Rahmen von Portfolien nicht den tatsächlichen Gegebenheiten in der Praxis. Er führt durch die isolierte imparitätische Bewertung (strenges Niederstwertprinzip) zur Berücksichtigung von Verlusten, die tatsächlich niemals eintreten werden (BT-Drucks. 16/634 vom 13.02.2006, 10 – amtl. Begr.; hierzu eingehend Schiffers, DStZ 2006, 400 ff.).

Rückstellungen in der Praxis der Betriebsprüfung – Checkliste
- Dokumentation der unterschiedlichen Vielfalt von Rückstellungen im Handels- und Steuerrecht
- zahlreiche Gründe für die Bildung von Rückstellungen (Instrument zur Reduzierung von steuerlich relevanten Bilanzgewinnen)
- Besonderheiten bei öffentlich-rechtlichen Verpflichtungen (insbesondere praktische Auswirkungen von Umweltschutzgesetzen und tatsächliche oder zu erwartende Maßnahmen von Umweltschutzbehörden)
- Ungewissheit der Verbindlichkeit (faktische Verpflichtung, z. B. Kulanzleistungen, Probleme bei der Bildung von Rückstellungen bei der Betreuung von Versicherungsverhältnissen, Garantierückstellungen)
- betriebliche Veranlassung versus private und gemischte Aufwendungen (Auswirkung von Abzugsverboten gem. § 4 Abs. 5b EStG)
- Wahrscheinlichkeit des Bestehens der Verbindlichkeit und der Inanspruchnahme (Auswirkungen der 51-%-Regel)
- wirtschaftliche Belastung (Verursachung) in der Vergangenheit (z. B. bei Wiederauffüllungs- bzw. Rekultivierungsaufwendungen)
- Rückstellung für ungewisse Verbindlichkeiten (Besonderheiten bei öffentlich-rechtlichen Verpflichtungen, Ungewissheit, betrieblicher Veranlassung, Wahrscheinlichkeit des Bestehens der Verbindlichkeit und der Inanspruchnahme)
- Probleme bei der Bewertung von Rückstellungen (Pauschalrückstellungen, Auswirkungen des Saldierungsgebots)
- die Neuregelung der sog. angeschafften Rückstellungen nach § 4f und § 5 Abs. 7 EStG
- Auflösung von Rückstellungen
- sonstige Rückstellungen im Überblick
- erfolgsabhängige Verpflichtungen
- Rückstellungen wegen Verletzung fremder Schutzrechte
- Rückstellungen für Jubiläumszuwendungen

III. Rückstellungen in der Praxis der Betriebsprüfung

– Rückstellungen für drohende Verluste aus schwebenden Geschäften und die damit verbundenen Abgrenzungsfragen

IV. Gewerblicher Grundstückshandel

Schrifttum: Apitz, Gewerblicher Grundstückshandel und Buchführungspflicht, StBp 2001, 344; Apitz, Gewerblicher Grundstückshandel im Fokus der Betriebsprüfung, StBp 2005, 371; Behrens/Renner, Kein Wechsel vom Anlage- in das Umlaufvermögen bei Grundstücksverkäufen durch Kapitalgesellschaften, DStR 2013, 1458; Binz, Unbedingte Veräußerungsabsicht in Ein-Objekt-Fällen – Gefahr des gewerblichen Grundstückshandels, NWB 2017, 172; Bluscz, Unbedingte Veräußerungsabsicht in Ein-Objekt-Fällen, NWB 2017, 172; Carlé, Gewerblicher Grundstückshandel – Aktuelle Entwicklungen und Tendenzen, DStZ 2003, 483; Carlé, Rechtsprechungstendenzen beim gewerblichen Grundstückshandel, DStZ 2009, 278; Dorn/Langeloh, Gewerblicher Grundstückshandel durch Formwechsel einer Personen- in eine Kapitalgesellschaft in mehrstufigen Strukturen?, DStR 2016, 1458; Drüen/Krumm, Pflicht und Kür: Über Buchführung, Bilanzierung und Gewinnermittlung bei gewerblichem Grundstückshandel, FR 2004, 685; Figgener/Kiesel/Haug, Immobilienveräußerungen auf Druck der Banken: Immer gewerblicher Grundstückshandel?, DStR 2010, 1324; Figgener/von der Tann, Gewerblicher Grundstückshandel allein durch Zurechnung der Verkäufe von Personengesellschaften und Gemeinschaften, DStR 2012, 2579; Fratz/Löhr, Gewerblicher Grundstückshandel: Besonderheiten bei der Veräußerung von Anteilen an Personengesellschaften, DStR 2005, 1044; Götz, Gewerblicher Grundstückshandel bei Veräußerung eines Anteils an einer vermögensverwaltenden Personengesellschaft, FR 2005, 137; Günters, Gewerbesteuerpflicht von Gewinnen aus der Veräußerung oder der Aufgabe von Mitunternehmeranteilen an Grundstücks-Personengesellschaften, FR 2008, 867; Günther, Bestandsveränderungen im Grundstücksbereich und ihre möglichen einkommensteuerrechtliche Folgen, FR 2020, 895; Hartrott, Aller guten Dinge sind drei? Anmerkung zu BFH v. 18.08.2009, FR 2009, 79, FR 2010, 72; Hartrott, Gewerblicher Grundstückshandel – ein Kurzrepetitorium unter kritischer Würdigung der aktuellen Rechtsprechung des BFH, BB 2010, 2271 Hornig, Aktuelle Entwicklungen in der Rechtsprechung zum gewerblichen Grundstückshandel, DStR 2005, 1719; Iser, Update und Auffrischung zum gewerblichen Grundstückshandel, immobilien intern, Beilage Nr. 23 vom 02.11.2011, 1; Iser, BFH läutet neue Ära beim gewerblichen Grundstückshandel ein, immobilien intern, Beilage Nr. 20 vom 30.09.2020, 1; Jacobson/Tietjen, Der Abschluss von langfristigen Mietverträgen als Indiz gegen die Vermutung eines gewerblichen Grundstückshandels, FR 2003, 907 Kohlhaas, Gewerblicher Grundstückshandel als Steuersparmodell, DStR 2000, 1249; Kanzler, Zum gewerblichen Grundstückshandel der Land- und Forstwirte – Ein vermeidbares Übel, DStZ 2013, 822; Kempermann, Gewerblicher Grundstückshandel: Nachhaltigkeit in „Ein-Objekt-Fällen", DStR 2006, 265; Kempermann, Gewerblicher Grundstückshandel: Indizien für eine von Anfang an bestehende Veräußerungsabsicht; Zurechnung der Tätigkeit eines Generalunternehmers, DStR 2009, 1725; Klare, Die Beendigung des gewerblichen Grundstückshandels ohne Betriebsaufgabe einer grundstücksverwaltenden GmbH & Co. KG, DB 2012, 1835; Kratzsch, Bestandsaufnahme und Kritik der Rechtsprechung nach dem Beschluss des Großen Senats zum gewerblicher Grundstückshandel Teil I und Teil II, Inf. 2004, 575 und 618; Kratzsch, Zum Umfang des Betriebsvermögens beim gewerblichen Grundstückshandel, Inf. 2005, 898; Küspert, Anteilsveräußerungen und gewerblicher Grundstückshandel, DStR 2007, 746; Lammersen, Die Gewerblichkeit von Grundstücksveräußerungen – Bestandsaufnahme und Analyse der Rechtsprechung des BFH zur Drei-Objekt-Grenze Teil und I und II, DStZ 2004, 549 und 595; Leisner-Egensperger, Grundstückshandel im Steuerrecht zwischen privater Vermögensverwaltung und gewerblicher Tätigkeit (§ 15 Abs. 2 EStG), FR 2007, 813; Lüdicke, Gewerbesteuer: Anteilsveräußerungen bei Immobiliengesellschaften – weitere Klärung der Besteuerung des gewerblichen Grundstückshandels, WPg 2007, 700; Lüdicke/Naujok, Abgrenzung zwischen privater Vermögensverwaltung und gewerblichem Grundstückshandel, DB 2004, 1796; Meyer-Scharenberg/Fleischmann, Erste Anmerkungen zum Beschluss des Großen Senats zum gewerblichen Grundstückshandel, DStR 1995, 1409; Moritz, Aktuelle Entwicklungen beim gewerblichen Grundstückshandel, DStR 2005, 2010; Neufang, Gewerblicher Grundstückshandel, StB 2019, 256; Obermeier, Gewerblicher Grundstückshandel und Drei-Objekt-Grenze, NWB, Fach 3, 14379; Obermeier, Gewerblicher Grundstücks-

IV. Gewerblicher Grundstückshandel

handel bei Personengesellschaften, NWB, Fach 3, 14519; Paus, Umfang des Betriebsvermögens bei gewerblichem Grundstückshandel, FR 2004, 1268; Pelke, Gewerblicher Grundstückshandel, NWB, Fach 3, 14311; Rennar, Gewerblicher Grundstückshandel im Internationalen Steuerrecht, IWB 2020, 188; Schießl, Gewerblicher Grundstückshandel, Steuer und Studium 2008, 502; Schmidt/Liebing, Gewerbliche Grundstücksgeschäfte und der Beschluss des Großen Senats vom 10.12.2001 Teil I und Teil II, Inf. 2002, 673 und 709; Schönberg, von, Die Besteuerung von Grundstücken zwischen land- und forstwirtschaftlicher Einkommenserzielung und gewerblichem Grundstückshandel, DStZ 2005, 61; Söffing, G., Gewerblicher Grundstückshandel, DStZ 1996, 353; Söffing, G., BB-Forum: Nachhaltigkeit oder Wiederholungsabsicht: Bedenkliche Entwicklungen in der Rechtsprechung zum gewerblichen Grundstückshandel, BB 2005, 2101; Söffing, G., Aktuelle Probleme beim gewerblichen Grundstückshandel, FR 2006, 485; Söffing, G., Gewerblicher Grundstückshandel – Häuserzeilen und Straßenzüge, DStR 2006, 1930; Söffing, M., Gewerblicher Grundstückshandel – Anmerkungen zum BMF-Schreiben vom 26.03.2004, DStR 2004, 793; Söffing, M./Seitz, Gewerblicher Grundstückshandel: Private Vermögensverwaltung trotz Veräußerungsabsicht, DStR 2007, 1841; Sommer, Gewerblicher Grundstückshandel im Wandel – „Objektivierung" der unbedingten Veräußerungsabsicht?, DStR 2010, 1405; Vogelgesang, Aktuelle Entwicklungen bei der Besteuerung des gewerblichen Grundstückshandels, DB 2003, 844; Vogelgesang, Gewerblicher Grundstückshandel und Drei-Objekt-Grenze, BB 2004, 183; Vogelgesang, Entwicklung beim gewerblichen Grundstückshandel, Stbg 2005, 116; Winter, Gewerblicher Grundstückshandel in der BFH-Rechtsprechung – eine unendliche Geschichte, GmbH-Report 2005, R 366.

Verwaltungsanweisungen:

OFD Münster, Verfügung vom 30.06.1997 S 2240 – 91 – St 13 – 31, FR 1997, 695 betr. gewerblicher Grundstückshandel

OFD Düsseldorf, Verfügung vom 09.07.1997, S 2240 A – St 111, DB 1997, 1440 = DStR 1997, 1208 betr. Abgrenzung zwischen privater Vermögensverwaltung und gewerblichem Grundstückshandel

FinMin. Bayern, Erlass vom 04.01.2000, 31 – S 2240 – 1/182 1 005, DStR 2000, 554 betr. Abgrenzung der privaten Vermögensverwaltung vom gewerblichen Grundstückshandel beim Abschluss eines städtebaulichen Vertrages

OFD Frankfurt/Main, Rundverfügung vom 18.04.2000, St 2132 A – 3 – St II 20, DStR 2000, 1261 betr. Buchführungspflicht bei gewerblichem Grundstückshandel

OFD Koblenz, Verfügung vom 12.04.2001, S 0351 A – St 53 1, WPg 2001, 727 betr. Abgrenzung zwischen privater Vermögensverwaltung und gewerblichem Grundstückshandel

OFD Hannover, Verfügung vom 13.05.2002, G 1400 – 205 – StO 232/G 1400 – 835 – StH 241, WPg 2002, 696 betr. Buchführungspflicht bei gewerblichem Grundstückshandel

BMF, Schreiben vom 26.03.2004, IV A 6 – S 2240 – 46/04, BStBl. I 2004, 434 betr. Abgrenzung zwischen privater Vermögensverwaltung und gewerblichem Grundstückshandel

OFD München/Nürnberg, Verfügung vom 07.05.2004, S 2240 – 6 – St 41, 42 S 2240 – 296/St 31, FR 2004, 794 betr. Abgrenzung zwischen privater Vermögensverwaltung und gewerblichem Grundstückshandel: Keine Einbeziehung von Grundstücksveräußerungen nach dem Verkehrsflächenbereinigungsgesetz in die Drei-Objekt-Grenze

OFD Hannover, Verfügung vom 02.06.2004, G 1400 – 424 – StO 231 – G 1400 – 852 – StH 241, DStZ 2004, 693 betr. Gewerblicher Grundstückshandel, Grundbuchbereinigungsgesetz

1 Dauerbrenner-Thema in der Betriebsprüfung

Betriebsprüfer richten seit Jahren verstärkt ihr Augenmerk darauf, ob die Veräußerungen mehrerer zum Privatvermögen gehörender Immobilien die Voraussetzungen eines gewerblichen Grundstückshandels i.S.v. § 15 Abs. 2

EStG erfüllen. Der gewerbliche Grundstückshandel ist somit ein „Dauerbrenner-Thema" in der Bp und in der Folge bei den Gerichten. Für den Steuerpflichtigen hat es große finanzielle Auswirkungen, wenn im Zuge einer Bp gewerblicher Grundstückshandel angenommen wird: Erklärte Einkünfte (meist Verluste) aus Vermietung und Verpachtung verwandeln sich – insbesondere durch den Wegfall der Abschreibungen (AfA) – in erhebliche Gewinne aus Gewerbebetrieb mit der Folge beträchtlicher Steuernachzahlungen.

Die Rechtsprechung ist für den Steuerpflichtigen als ungünstig zu bewerten, und zwar im Wesentlichen aus zwei Gründen:

- Die Gerichtsentscheidungen sind inzwischen unüberschaubar geworden. Im Schrifttum wird geäußert, die Vielzahl einzelfallbezogener Entscheidungen mache es unmöglich, eine allgemein gültige Definition des gewerblichen Grundstückshandels zu geben (Carlé, DStZ 2003, 483).
- Die große Anzahl zumeist *pro fisco* ergangener Entscheidungen eröffnet der Finanzverwaltung einen weiten Beurteilungsspielraum, bietet ihr für jeden Einzelfall Argumentationsmöglichkeiten.

2 Probleme bei der Abgrenzung der Gewerblichkeit

Nach § 15 Abs. 2 EStG ist Gewerbebetrieb eine selbstständige und nachhaltige Betätigung, die mit Gewinnerzielungsabsicht unternommen wird und sich als Teilnahme am allgemeinen wirtschaftlichen Verkehr darstellt. Darüber hinaus darf es sich bei der Tätigkeit nicht um private Vermögensverwaltung handeln. Bei der Abgrenzung zwischen Gewerbebetrieb einerseits und der nicht steuerbaren Sphäre sowie anderen Einkunftsarten andererseits ist auf das Gesamtbild der Verhältnisse und auf die Verkehrsanschauung abzustellen (BFH, Urteil vom 18.09.2000, X R 183/96, BStBl. II 2003, 238). Nachhaltig ist eine Tätigkeit, wenn sie auf Wiederholung angelegt ist. Dies bedeutet, dass sie von der Absicht getragen sein muss, sie zu wiederholen und daraus eine ständige Erwerbsquelle zu machen (subjektives Tatbestandselement) und sie sich objektiv als nachhaltig darstellt (objektives Tatbestandselement), z. B. durch tatsächliche Wiederholung der Tätigkeit. In Ausnahmefällen kann **auch bei einem einzigen Grundstücksveräußerungsgeschäft Nachhaltigkeit gegeben sein**, nämlich dann, wenn sich aus anderen objektiven Umständen ergibt, dass noch andere derartige Grundstücksgeschäfte geplant waren (Wiederholungsabsicht).

Auch ein gewerblicher Grundstückshandel setzt Gewinnerzielungsabsicht voraus. Die Gewinnerzielungsabsicht kann nachträglich entfallen (vgl. BFH, Urteil vom 05.04.2017, X R 6/15, BStBl. II 2017, 1130, EStB 2017, 421 mit Anmerkung Aweh).

Eine einmalige Verkaufsveranstaltung kann eine ernsthafte Veräußerungsabsicht des Steuerpflichtigen nicht belegen. Hierfür wäre mehr Kontinuität und Intensität bei den Verkaufsbemühungen erforderlich (FG Berlin-Brandenburg, Urteil vom 24.11.2006, 9 K 92/13, DStRE 2018, 82 [NZB eingelegt; Az. des BFH: III B 20/17]).

IV. Gewerblicher Grundstückshandel

Ein Steuerpflichtiger wird nachhaltig tätig, wenn zehn Personengesellschaften, an denen er beteiligt ist, in einer notariellen Urkunde, die eigenständige und voneinander unabhängige Kaufverträge beinhaltet, insgesamt zehn Grundstücke innerhalb von fünf Jahren nach dem jeweiligen Erwerb an acht verschiedene Erwerber-Kapitalgesellschaften veräußern, selbst wenn diese Kapitalgesellschaften jeweils dieselbe Muttergesellschaft haben (BFH, Urteil vom 22.04.2015, X R 25/13, BStBl. II 2015, 897 mit Anm. Heinmüller, BB 2015, 2846, 2850 mit Anm. Kanzler, FR 2016, 173, 176 f. mit Anm. Siebenhüter, EStB 2015, 390, 391).

Ein gewerblicher Grundstückshandel kann ausnahmsweise auch bei Anschaffung nur eines Grundstücks und dessen Übertragung auf nur einen Erwerber durch einen einheitlichen Veräußerungsakt anzunehmen sein, wenn der Veräußerer besondere Aktivitäten entfaltet hat und weitere, zusätzliche Umstände hinzukommen (BFH, Urteil vom 09.12.2002, VIII R 40/01, BFH/NV 2003, 604; BFH, Urteil vom 12.07.1991, III R 47/88, BStBl. II 1992, 143; BFH, Beschluss vom 03.03.1995, VIII B 58/94, BFH/NV 1995, 974; BFH, Urteil vom 13.12.1995, XI R 43–45/89, BStBl. II 1996, 232).

> *Hinweis:*
>
> Ein Steuerpflichtiger wird nachhaltig tätig, wenn zehn Personengesellschaften, an denen er beteiligt ist, in einer notariellen Urkunde, die eigenständige und voneinander unabhängige Kaufverträge beinhaltet, insgesamt zehn Grundstücke innerhalb von fünf Jahren nach dem jeweiligen Erwerb an acht verschiedene Erwerber-Kapitalgesellschaften veräußern, selbst wenn diese Kapitalgesellschaften jeweils dieselbe Muttergesellschaft haben (BFH, Urteil vom 22.04.2015, X R 25/13, BStBl. II 2015, 897 = EStB 2015, 390, 391; mit Anm. Siebenhüter = BB 2015, 2846, 2850: mit Anm. Heinmüller = FR 2016, 173, 176 mit Anm. Kanzler).

Zu den spezifischen Abgrenzungsfragen bei den Einkünften aus Land- und Forstwirtschaft instruktiv von Schönberg, DStZ 2005, 61 ff.; zur Parzellierung und Veräußerung land- und forstwirtschaftlicher genutzter Flächen - Abgrenzung land- und forstwirtschaftliche Hilfsgeschäfte vom gewerblichen Grundstückshandel, siehe BFH, Urteil vom 08.09.2005, IV R 38/03, BStBl. II 2006, 166 mit Anm. Kanzler, FR 2008, 472 f.; Urteil vom 08.11.2007, IV R 34/05, BStBl. II 2008, 231 mit Anm. Kanzler, FR 2008, 472 f.; Urteil vom 08.11.2007, IV R 35/06, BStBl. II, 2008, 359 mit Anm. Kanzler, FR 2008, 633, FG Düsseldorf, Urteil vom 04.11.2010, 16 K 4489/08 E, G EFG 2011, 542 [NZB eingelegt, die mit Beschluss vom 24.11.2011, IV B 147/10 BFH//NV 2012, 432 als unbegründet verworfen wurde]; hierzu Kanzler, DStZ 2013, 822 ff.

3 Die Drei-Objekt-Grenze ist ein wichtiges, aber nicht immer allein entscheidendes Kriterium

Private Vermögensverwaltung ist anzunehmen, wenn sich die Tätigkeit als Nutzung von Grundbesitz durch Fruchtziehung aus zu erhaltender Substanz darstellt; die Vermögensumschichtung erfolgt dann lediglich, um den Wert des vorhandenen Vermögens besser zu nutzen. Steht dagegen die Nutzung von Substanzwertsteigerungen im Vordergrund, ist ein Gewerbebetrieb gegeben.

Nach ständiger Rechtsprechung des BFH kommt der gewerbliche Grundstückshandel dadurch zustande, dass der Veräußerer eine Anzahl bestimmter Objekte (z. B. Ein- oder Zweifamilienhäuser, Eigentumswohnungen) zuvor gekauft oder gebaut hat und sie in engem zeitlichem Zusammenhang veräußert. Hat der Veräußerer **mehr als drei Objekte** gekauft oder errichtet und sie in **engem zeitlichem Zusammenhang** veräußert, so lässt dies mangels eindeutiger gegenteiliger objektiver Anhaltspunkte grundsätzlich den Schluss zu, dass bereits im Zeitpunkt des Ankaufs oder der Errichtung zumindest eine **bedingte Wiederverkaufsabsicht** bestanden hat. Ein enger zeitlicher Zusammenhang wird i. d. R. angenommen, wenn die Zeitspanne zwischen Errichtung und Verkauf der Objekte **nicht mehr als fünf Jahre** beträgt. Werden innerhalb dieses engen zeitlichen Zusammenhangs **mindestens vier Objekte veräußert**, so ist regelmäßig, ohne dass weitere besondere Umstände (z. B. eine hauptberufliche Tätigkeit des Steuerpflichtigen im Baubereich) vorliegen müssen, von einem gewerblichen Grundstückshandel auszugehen.

Die Zahl der Objekte und der zeitliche Abstand der maßgebenden Tätigkeiten (Anschaffung, Bebauung, Verkauf) hat für die Beurteilung, ob eine gewerbliche Betätigung gegeben ist oder nicht, lediglich **indizielle Bedeutung**. Diese äußerlich erkennbaren Merkmale sind als Beweisanzeichen gerechtfertigt, weil die innere Tatsache der von Anfang an bestehenden Veräußerungsabsicht oft nicht zweifelsfrei feststellbar ist.

Zu beachten ist: Die „Drei-Objekt-Grenze" gilt nicht nur für die Fälle der Anschaffung, sondern auch für die der Bebauung („Errichtungsfälle") und anschließenden Veräußerung (BFH, Beschluss vom 10.12.2001, GrS 1/98, BStBl. II 2002, 291).

Die „Drei-Objekt-Grenze" bildet zwar ein wichtiges Kriterium für die Entscheidung, ob gewerblicher Grundstückshandel anzunehmen ist. Trotz Überschreiten dieser Grenze ist ein gewerblicher Grundstückshandel jedoch nicht anzunehmen, wenn eindeutige Anhaltspunkte gegen eine von Anfang an bestehende Veräußerungsabsicht sprechen. Andererseits können in besonders gelagerten Fällen auch bei einer Veräußerung von weniger als vier Objekten besondere Umstände auf eine gewerbliche Betätigung schließen lassen. Ein gewerblicher Grundstückshandel liegt auch bei einem An- und Verkauf von weniger als vier Objekten vor, wenn nach dem Gesamtbild der Verhältnisse zweifelsfrei von vornherein eine unbedingte Veräußerungsabsicht des Steuerpflichtigen bestand (BFH, Urteil vom 18.09.2002, X R 5/00, BStBl. II 2003, 286; BFH, Urteil vom 18.09.2002, X R 183/96, BStBl. II 2003, 238).

Die Drei-Objekt-Grenze darf nicht als Freigrenze oder Mindestgrenze verstanden werden (BFH Beschluss vom 26.06.2003 X B 15/03 BFH/NV 2003, 1419; zur Verfassungskonformität der Drei-Objekt-Rechtsprechung siehe BVerfG Be-

IV. Gewerblicher Grundstückshandel

schluss v. 04.02.2005, 2 BvR 1572/01 DStRE 2005, 698; zu dieser Problematik eingehend auch Söffing, M./Seitz, DStR 2007, 1841 ff.; siehe auch BFH, Urteil vom 05.03.2008, X R 48/06, BFH/NV 2008, 1463).

Für die Eigenschaft als Zähl-Objekt ist es ohne Bedeutung, ob ein Grundstück dem Anlage- oder Umlaufvermögen zugeordnet worden ist (BFH, Beschluss vom 31.01.2008, IV B 144/06 BFH/NV 2008, 1134; Beschluss vom 31.01.2008, IV B 153/06, BFH/NV 2008, 1135).

Selbstverständlich sind auch Objekte, die im Ausland belegen sind, in den gewerblichen Grundstückshandel einzubeziehen (vgl. Rennar, IWB 2020, 188 ff.).

Die Drei-Objekt-Grenze hat keine Bedeutung, wenn es um die Bestimmung des Umfangs des Betriebsvermögens eines gewerblichen Grundstückshändlers oder allgemein um die Zugehörigkeit eines Grundstücks zum Betriebsvermögen eines Gewerbetreibenden geht. Vielmehr ist für jedes einzelne Objekt zu prüfen, ob es notwendiges Betriebsvermögen ist (BFH, Beschluss vom 02.07.2008, X B 9/08, BFH/NV 2008, 1670 im Anschluss an BFH, Urteil vom 26.07.2006, X R 41/04, BFH/NV 2007, 21; zum Umfang des Betriebsvermögens eines gewerblichen Grundstückshändlers BFH, Urteil vom 10.12.2008, X R 14/05, BFH/NV 2009, 1244; vgl. auch BFH, Urteil vom 18.08.2009, X R 47/06, BFH/NV 2010, 400; BFH, Beschluss vom 29.05.2013, X B 254/12, BFH/NV 2013, 1411; BFH, Beschluss vom 22.11.2013, X B 114/13, BFH/NV 2014, 346; BFH, Beschluss vom 08.04.2014, X B 70/13, BFH/NV 2014, 1043; vgl. auch Blucz, NWB 2017, 172 ff.).

Wird die Drei-Objekt-Grenze nicht überschritten, hat der Steuerpflichtige den Bereich der privaten Vermögensverwaltung nicht bereits deswegen verlassen, weil er beim Erwerb oder bei der Bebauung des Grundstücks eine bedingte Veräußerungsabsicht gehabt hat. Die Grenze der privaten Vermögensverwaltung wird auch nicht allein deshalb überschritten, weil sich der Steuerpflichtige gegenüber dem Erwerber zusätzlich zur Fertigstellung des Gebäudes verpflichtet. Somit ist eine bedingte Veräußerungsabsicht in sog. „Ein-Objekt-Fällen" nicht ausreichend (so BFH, Urteil vom 03.03.2011, IV R 10/08, BFH/NV 2011, 1666 mit Anmerkung Hartrott, FR 2011, 952, 955 f.).

Für die Feststellung der bei Veräußerung nur eines Objekts zur Annahme eines gewerblichen Grundstückshandels erforderlichen unbedingten Veräußerungsabsicht kann als Indiz auch die Finanzierung des Bauvorhabens heranzuziehen sein (BFH, Beschluss vom 08.02.2012, IV B 76/10, BFH/NV 2012, 1172, vgl. auch Binz, NWB 2017, 172).

Hinweis:
Für die Prüfung, ob ein gewerblicher Grundstückshandel vorliegt, ergibt sich aus dem BMF-Schreiben vom 20.12.1990 (BStBl. I 1990, 884) zwar eine Höchstgrenze von zehn Jahren für den Zeitraum zwischen Erwerb und Veräußerung des einzelnen Objekts, nicht aber eine entsprechende Obergrenze für den zeitlichen

3 Kriterium Drei-Objekt-Grenze

Abstand zwischen dem Erwerb des ersten und der Veräußerung des letzten Grundstücks. Bei der Prüfung, ob die Drei-Objekt-Grenze überschritten ist, dürfen auch Veräußerungen (als Zählobjekte) einbezogen werden, die in festsetzungsverjährter Zeit stattgefunden haben (BFH Beschluss vom 05.05.2011, X B 149/10, BFH/NV 2012, 1348).

Der Rechtsprechung des BFH kann folgende „**Negativ-Checkliste**" entnommen werden:

Für gewerblichen Grundstückhandel spricht es, wenn

- das im zeitlichen Zusammenhang mit der Bebauung und Veräußerung erworbene Grundstück schon vor seiner Bebauung (während der Bautätigkeit) verkauft wurde,
- das Grundstück von vornherein auf Rechnung oder nach Wünschen des Erwerbers bebaut wird,
- das Bauunternehmen des das Grundstück bebauenden Steuerpflichtigen erhebliche Leistungen für den Bau erbringt, die nicht wie unter Fremden abgerechnet werden,
- das Bauvorhaben nur kurzfristig finanziert wurde,
- der Steuerpflichtige bereits während der Bauzeit eine Maklerfirma mit dem Verkauf des Objekts beauftragt oder selbst Veräußerungsannoncen geschaltet hatte,
- vor Fertigstellung des Bauwerks ein Vorvertrag mit dem Erwerber geschlossen wurde,
- der Veräußerer im Interesse der bestmöglichen Verwertung des Grundbesitzes zahlreiche Einzelaktivitäten entfaltete, die in ihrer Gesamtheit als nachhaltige Betätigung zu würdigen sind (z. B. Bemühung um Mieter für ein zu errichtendes Einkaufszentrum, Übernahme der Gewähr für die Bestandskraft der Baugenehmigung, Verpflichtung zur Verschaffung des Eigentums an zwei weiteren, in fremdem Eigentum stehenden Grundstücken),
- Gewährleistungspflichten über den bei Privatverkäufern üblichen Bereich hinaus übernommen wurden.

(BFH, Urteil vom 18.09.2002, X R 183/96, BStBl. II 2003, 238; BFH, Urteil vom 09.12.2002, VIII R 40/01, BStBl. II 2003, 294; zur Verfassungskonformität siehe BVerfG Beschluss vom 25.11.2005, 2 BvR 629/03, WM 2006, 250; siehe auch BFH, Urteil vom 28.01.2009, X R 35/07, BFH/NV 2009, 1249; Schmidt-Liebig, INF 2002, 673, 709).

Die folgenden Aussagen behalten auch nach dem Beschluss des Großen Senats vom 10.12.2001 Gültigkeit:

- Bei einem einzigen Verkauf mehrerer Objekte ist eine gewerbliche Tätigkeit anzunehmen, wenn sich aus anderen Umständen ergibt, dass noch weitere Grundstücksgeschäfte geplant waren.
- Gewerblich kann auch ein erfolgloses Verkaufsbemühen sein.

IV. Gewerblicher Grundstückshandel

- Bei einem beginnenden Grundstückshandel kann sich die ganze Geschäftstätigkeit zunächst auf den Verkauf eines einzigen Grundstücks konzentrieren.
- Generell wird Veranlassung bestehen, bei der Anschaffung und zeitnahen Veräußerung von Großobjekten zu prüfen, ob nicht Anzeichen dafür vorliegen, dass noch weitere Grundstücke angeschafft und veräußert werden sollen. Diese Absicht kann auch durch die Art und Weise indiziert werden, mit welcher der Steuerpflichtige auf dem Grundstücksmarkt auftritt (BFH Beschluss vom 20.06.2003, XI S 21/02 BFH/NV 2003, 1555, 1556; Urteil vom 27.11.2002, X R 53/01, BFH/NV 2003, 1291; BFH, Beschluss vom 10.12.2001, GrS 1/98, BStBl. II 2002, 291).
- Auch bei einer Veräußerung von weniger als vier Objekten ist auf eine gewerbliche Tätigkeit zu schließen, wenn die Grundstücke bereits vor ihrer Bebauung veräußert werden (BFH, Urteil vom 17.12.2003, XI R 22/02, BFH/NV 2004, 1629).
- Werden zwei – in Eigentumswohnungen aufgeteilte – Mehrfamilienhäuser in zwei Kaufverträgen an zwei verschiedene Erwerber mit Gewinnerzielungsabsicht veräußert, liegt eine nachhaltige Tätigkeit vor. Gleichheitsrechtlich unbedenklich ist es, die Veräußerung von zwei ungeteilten Mehrfamilienhäusern an zwei Erwerber im Rahmen der Drei-Objekt-Grenze nur als zwei Objekte zu bewerten, hingegen die Veräußerung von zwei in Wohneigentum aufgeteilten Mehrfamilienhäusern en bloc an zwei Erwerber als Veräußerung mit der der Zahl der Wohneigentumsrechte entsprechenden Objektzahl zu qualifizieren. Insoweit liegen weder rechtlich noch wirtschaftlich vergleichbare Sachverhalte vor (BFH, Urteil vom 15.07.2004, III R 37/02, BStBl. II 2004, 950).

Hat der Kläger von insgesamt acht neu geschaffenen Wohnungen bereits nach knapp drei Jahren die ersten vier, und innerhalb von gut fünf Jahren sämtliche Wohneinheiten wieder verkauft, so stellt die Kürze der Zeit zwischen der Bebauung und den ersten Veräußerungen sowie die Gesamtzahl der Verkäufe innerhalb fünf Jahre nur wenig übersteigenden Zeitraums ein außerordentlich starkes Indiz für das Vorliegen einer bedingten Verkaufsabsicht schon bei Beginn der Baumaßnahmen dar, so dass nicht dadurch zweifelsfrei entkräftet werden kann, dass die Wohnungen auf zumindest fünf Jahre fest vermietet wurden (BFH, Beschluss vom 12.08.2004, XI B 150/02, BFH/NV 2005, 197).

- Das Überschreiten der Drei-Objekt-Grenze indiziert nicht die Nachhaltigkeit. Auch wenn mehr als drei Objekte mit einem einzigen Verkaufsgeschäft veräußert werden, ist das Kriterium der Nachhaltigkeit in der Regel nur dann erfüllt, wenn sich aus den Umständen ergibt, dass noch andere derartige Grundstücksgeschäfte geplant waren (BFH, Urteil vom 07.10.2004, IV R 27/03, BStBl. II 2005, 164 mit Anm. Kanzler, FR 2005, 436f. betr. Kauf und Verkauf von vier Grundstücken mit 600 Wohneinheiten innerhalb von drei Jahren an einen Erwerber). Ein Steuerpflichtiger wird nachhaltig tätig, wenn zehn Personengesellschaften, an denen er beteiligt ist, in einer nota-

3 Kriterium Drei-Objekt-Grenze

riellen Urkunde, die eigenständige und voneinander unabhängige Kaufverträge beinhaltet, insgesamt zehn Grundstücke innerhalb von fünf Jahren nach dem jeweiligen Erwerb an acht verschiedene Erwerber-Kapitalgesellschaften veräußern, selbst wenn diese Kapitalgesellschaften jeweils dieselbe Muttergesellschaft haben (BFH, Urteil vom 22.04.2015, X R 25/13, BStBl. II 2015, 897 = EStB 2015, 390, 391 mit Anm. Siebenhüther = BB 2015, 2846, 2850 mit Anm. Heinmüller = FR 2016, 173, 176 f. mit Anm. Kanzler).

- Der Verkauf eines Grundstücks vor der vom Veräußerer geschuldeten Bebauung mit Mehrfamilienhäusern rechtfertigt die Annahme eines gewerblichen Grundstückshandels selbst dann, wenn der Veräußerer keinen der Baubranche zuzurechnenden Beruf ausübt (BFH Beschluss vom 21.02.2005, VIII B 270/03, BFH/NV 2005, 890).

- Die sog. Drei-Objekt-Grenze hat nur indizielle Bedeutung. Ebenso wie bei einer Veräußerung von weniger als vier Objekten besondere Umstände auf eine gewerbliche Betätigung schließen lassen können, ist trotz Überschreitens der Drei-Objekt-Grenze ein gewerblicher Grundstückshandel nicht anzunehmen, wenn eindeutige Anhaltspunkte gegen eine von Anfang an bestehende Veräußerungsabsicht sprechen. Dabei ist nicht auszuschließen, dass die Umstände im Einzelfall derartig gewichtig erscheinen, dass einer im Grunde stets bestehenden Veräußerungsabsicht keine Bedeutung zukommt (BFH, Urteil vom 23.02.2005, XI R 35/02, BFH/NV 2005, 1267).

Die Bebauung eines zuvor verkauften Grundstücks ist regelmäßig nicht mehr dem Bereich der privaten Vermögensverwaltung zuzurechnen. Tritt jedoch zwischen der Beauftragung der Bauhandwerker und dem Beginn der Bauarbeiten ein Ereignis ein, das die ursprünglich vorhandene Vermietungsabsicht vereitelt und den Verkauf des Grundbesitzes notwendig macht, so spricht das dafür, dass die Bebauung trotz der zwischenzeitlichen Veräußerung durch die ursprüngliche Vermietungsabsicht veranlasst ist. Im Falle des Verkaufs eines einzigen Grundstücks kann das Tatbestandsmerkmal der Nachhaltigkeit nur in besonderen Ausnahmefällen erfüllt sein (BFH, Urteil vom 28.04.2005, IV R 17/04, BStBl. II 2005, 606).

- Zur Nachhaltigkeit bei Errichtung und Veräußerung eines einzigen, aber umfangreichen Objekts (hier: Seniorenzentrum; siehe FG Rheinland-Pfalz, Urteil vom 23.11.2005, 3 K 2148/00, EFG 2006, 428 rkr.).

- Durchgehandelte und erschlossene Objekte sind gleichermaßen Zählobjekte für die Bestimmung des gewerblichen Grundstückshandels; hinsichtlich der sog. Drei-Objekt-Grenze sind sie zu addieren. Gewerblicher Grundstückshandel kann auch vorliegen, wenn auf die Veräußerung des ersten Objektes eine mehr als zweijährige inaktive Phase folgt, in der die späteren Grundstücksgeschäfte noch nicht konkret absehbar sind und während der keine Grundstücke im Umlaufvermögen gehalten werden (BFH, Urteil vom 20.04.2006, III R 1/05, BStBl. II 2007, 375 mit Anm. Heuermann, StBp 2007, 28).

IV. Gewerblicher Grundstückshandel

- Eine GbR, die ein zuvor erworbenes Grundstück mit einer noch von ihr zu errichtenden Einkaufspassage veräußert, verlässt nicht nur den Bereich der privaten Vermögensverwaltung, sondern kann unter weiteren Umständen auch das in § 15 Abs. 2 EStG geforderte Merkmal der Nachhaltigkeit erfüllen. Sie ist jedenfalls dann nachhaltig tätig, wenn sie (kumulativ) in unbedingter Veräußerungsabsicht eine Bauplanung für das Grundstück hat erstellen lassen, im Interesse der potenziellen Erwerber Mietverträge abgeschlossen, bei Gesamtbaukosten von rund 12 Mio. DM und einen Gewinn von fast 4 Mio. DM mehrere Bauunternehmen beauftragt und sich zur Gewährleistung für Baumängel sowie zur Zahlung von Schadensersatz für Mietausfälle bei nicht rechtzeitiger Fertigstellung verpflichtet hat. Unter diesen Umständen ist auch das Merkmal der Teilnahme am allgemeinen wirtschaftlichen Verkehr gegeben (BFH Urteil vom 01.12.2005, IV R 65/04, BStBl. II 2006, 259 mit Anm. Kempermann, DStR 2005, 265 ff.).
- Hat der Steuerpflichtige nur einen einzigen Grundstückskaufvertrag geschlossen und lässt sich eine Wiederholungsabsicht nicht feststellen, so ist ein Gewerbebetrieb (gewerblicher Grundstückshandel) insbesondere dann anzunehmen, wenn die Erfüllung dieses Geschäfts oder Vertrages eine Vielzahl von unterschiedlichen Einzeltätigkeiten erfordert, die in ihrer Gesamtheit die Würdigung rechtfertigen, der Steuerpflichtige sei nachhaltig tätig geworden (BFH, Urteil vom 03.08.2004, X R 55/01, BFH/NV 2005, 517).
- Die Errichtung und Veräußerung eines Einkaufsmarktes kann einem Maklerbetrieb zugeordnet werden, wenn der Erwerb des Grundstücks und die Errichtung des Einkaufsmarktes nicht zuletzt mit Hilfe der Kenntnisse aus der Maklertätigkeit abgewickelt werden und wenn die Errichtung und Veräußerung von Objekten in den folgenden Jahren im Rahmen einer Bauträger-GmbH fortgesetzt wird (BFH, Urteil vom 07.05.2008, X R 49/04, BStBl. II 2008, 711 mit Anm. Kanzler, FR 2008, 1052 f.).
- Bei der Prüfung, ob eine Tätigkeit wie z. B. die Errichtung von Gebäuden als nachhaltig anzusehen ist, sind die Vertragsleistungen eines Generalunternehmers dem Auftraggeber jeweils gesondert als Einzelaktivitäten zuzurechnen (BFH, Urteil vom 19.12.2009, IV R 10/06, BStBl. II 2009, 533 mit Anm. Kempermann, DStR 2009, 1725 ff.; zur Nachhaltigkeit der Tätigkeit in „Ein-Objekt-Fällen" bei Einschaltung eines Generalunternehmers siehe auch BFH, Urteil, vom 19.10.2010, X R 41/08, BFH/NV 2011, 245).
- Ein enger zeitlicher Zusammenhang zwischen Erwerb oder Bebauung und (nachfolgender) Veräußerung eines Grundstücks gestattet für sich genommen nicht den Schluss, dass der Grundbesitz mit der unbedingten Absicht erworben oder bebaut worden ist, ihn alsbald zu verkaufen. Nur wenn schon andere Umstände dafür sprechen, dass bereits beim Erwerb oder bei der Bebauung des Grundstücks eine unbedingte Veräußerungsabsicht bestand, kann die Indizwirkung dieser Umstände durch die Kürze der zwischen Erwerb oder Bebauung und Verkauf liegenden Zeit verstärkt werden

(BFH, Urteil vom 27.11.2008, IV R 38/06, BStBl. II 2009, 278 mit Anm. Kanzler, FR 2009, 529 f.).

- Bei Nichtüberschreiten der Drei-Objekt-Grenze wird in Fällen der Grundstücksbebauung der Bereich der privaten Vermögensverwaltung nur überschritten, wenn der (unbedingte) Entschluss zur Grundstücksveräußerung spätestens im Zeitpunkt des Abschlusses der auf die Bebauung gerichteten Verträge gefasst worden ist. Zur Frage der Nachhaltigkeit bei Errichtung mehrerer Gebäude auf einem – im Anschluss an die Bebauung veräußerten – Grundstück BFH, Urteil vom 17.12.2008, IV R 77/06, BStBl. II 2009, 791 mit Anm. Kanzler, FR 2008, 868).

- Trotz der bei Erwerb gegebenen Absicht, die Grundstücke mit Gewinn zu veräußern, kann die für einen gewerblichen Grundstückshandel erforderliche Gewinnerzielungsabsicht fehlen. War bei Grundstücksverkäufen von Beginn an erkennbar, dass nur Verluste erlitten werden, ist die Tätigkeit dem Privatbereich zuzuordnen (BFH, Urteil vom 27.05.2009, X R 39/06, BFH/NV 2009, 1790).

Maßgeblich für die steuerrechtliche Qualifizierung einer Tätigkeit ist nicht die vom Steuerpflichtigen subjektiv vorgenommene Beurteilung und die angegebene Bezeichnung, sondern vielmehr die Bewertung nach objektiven Kriterien. Deshalb ist gewerblicher Grundstückshandel nicht allein deshalb zu bejahen, weil der Steuerpflichtige beim Finanzamt und bei seiner Gemeindebehörde einen Gewerbebetrieb anmeldet und Dritten gegenüber erklärt, er sei gewerblicher Grundstückshändler (BFH, Urteil vom 18.08.2009, X R 25/06, BStBl. II 2009, 965 mit Anm. Kanzler, FR 2009, 1150 und Kempermann, FR 2009, 1150 f. und Brandt, StBp 2009, 360 ff. und Hartrott, FR 2010, 72 ff.; bestätigt durch BFH, Beschluss vom 29.05.2013, X B 254/12, BFH/NV 2013, 1411; siehe auch BFH, Beschluss vom 22.11.2013, X B 114/13, BFH/NV 2014, 346).

- Die für ein vom Steuerpflichtigen unterhaltenes Gewerbe typischen Geschäfte sind regelmäßig dem Betrieb zuzurechnen, wenn bei einer entsprechenden privaten Veranlassung nicht eine abweichende Zuordnung klar und eindeutig vorgenommen worden ist (BFH, Beschluss vom 08.04.2014, X B 70/13, BFH/NV 2014, 1043).

- Die Veräußerung eines Grundstücks, auf dem der Steuerpflichtige ein Gebäude lediglich zum Teil fertig gestellt hat, lässt für sich betrachtet nicht den Schluss zu, dass die Gebäudeerrichtung in unbedingter Veräußerungsabsicht erfolgt ist. Für eine solche Annahme bedarf es zusätzlicher Anhaltspunkte wie z.B. eine kurzfristige Finanzierung. Sieht eine langfristige Kreditvereinbarung kostenfreie Sondertilgungen im Umfang bis zu 10 % der ursprünglichen Kreditsumme vor, ist dies unschädlich (BFH, Urteil vom 18.08.2009, X R 41/06, BFH/NV 2001, 38).

- Erwirbt der Steuerpflichtige ein vermietetes Mehrfamilienhaus und nimmt er hieran umfangreiche und kostenintensive Sanierungs-, Modernisierungs- sowie Herstellungsarbeiten vor, die das Maß üblichen Erhaltungsaufwands deutlich überschreiten, kann die spätere Teilung des Objekts und die Veräußerung von einzelnen Wohnungseinheiten die Annahme eines gewerblichen Grundstückshandels rechtfertigen. Die Gewerblichkeit der Tätigkeit wird in diesen Fällen dadurch indiziert, dass innerhalb eines engen zeitlichen Zusammenhangs von regelmäßig fünf Jahren nach Abschluss der Sanierungs-, Modernisierungs- und Herstellungsarbeiten mehr als drei Objekte (Eigentumswohnungen) veräußert werden (FG Münster, Urteil vom 27.08.2010, 4 K 4918/07 F, EFG 2011, 454 [die eingelegte NZB wurde mit BFH, Beschluss vom 23.11.2011, IV B 108/13 n.v. als unzulässig verworfen]).

- Ein bebautes Grundstück, das durch den Steuerpflichtigen langjährig im Rahmen privater Vermögensverwaltung genutzt wird, kann Gegenstand eines gewerblichen Grundstückshandels werden, wenn der Steuerpflichtige im Hinblick auf eine Veräußerung Baumaßnahmen ergreift, die derart umfassend sind, dass hierdurch das bereits bestehende Gebäude nicht nur erweitert oder über seinen ursprünglichen Zustand hinausgehend wesentlich verbessert wird, sondern ein **neues Gebäude** hergestellt wird (BFH, Urteil vom 15.01.2020 – X R 18/18, X R 19/18, BStBl. II 2020, 538, DStR 2020, 1555 m. Anm. Strahl = FR 2020, 916, 921 ff. m. Anm. Kanzler = EStB 2020, 371 ff. m. Anm. Felten = DStRK 2020, 299 m. Anm. Möller = NWB 2020, 2212, 2213 f. mit Anm. Strahl und Iser, immobilien intern, Beilage Nr. 20 vom 30.09.2020, 1 ff.).

- Der Annahme eines gewerblichen Grundstückshandels steht nicht entgegen, dass die tatsächliche Anzahl der Objekte im Sinne der Drei-Objekt-Grenze bei Erwerb bzw. Errichtung/Modernisierung nicht der tatsächlichen Anzahl der Objekte entspricht, die bei Veräußerung durch zwischenzeitliche Aufteilung aus dem erworbenen Objekt entstanden sind (BFH, Beschluss vom 23.11.2011, IV B 107/10, BFH/NV 2012, 414).

- Wie das Überschreiten der sog. Drei-Objekt-Grenze nicht ausnahmslos Gewerblichkeit indiziert, so sind erst recht bei der Beurteilung eines nur geplanten potenziellen gewerblichen Grundstückhandels die Gesamtumstände der Planung zu berücksichtigen. Erweist sich das geplante Vorhaben von vornherein als nicht realisierbar, so steht dies der Einordnung als gewerblich entgegen (BFH, Urteil vom 20.11.2012, IX R 10/11, BFH/NV 2013, 715). Dies hatte im konkreten Streitfall zur Folge, dass die Anlaufverluste der fehlgeschlagenen Investition nicht als Betriebsausgabe geltend gemacht werden konnten.

- Auch ein gewerblicher Grundstückshandel verlangt eine **Gewinnerzielungsabsicht.** Diese hatte das FG anhand der Umstände des konkreten Einzelfalles festzustellen (BFH, Urteil vom 05.03.2013, X B 121/11, BFH/NV 2013, 1083; bestätigt durch BFH, Urteil vom 05.04.2017, X R 6/15 BFH/NV 2017, 1161).

Nach der gefestigten Rechtsprechung des BFH sind Objekte (hier: Eigentumswohnungen), mit deren Weitergabe (Schenkung) kein Gewinn erzielt werden soll, in die Betrachtung, ob die Drei-Objekt-Grenze überschritten ist, nicht einzubeziehen. Damit ist es ausgeschlossen, dass (anders als bei der Erbfolge) das vom Rechtsnachfolger (Beschenkter) unentgeltlich erworbene und sodann zeitnah veräußerte vierte Objekt nicht nur beim Verkäufer (Beschenkter) selbst, sondern auch beim Rechtsvorgänger (Schenker) in die Prüfung des gewerblichen Grundstückshandels mit der Rechtsfolge einzubeziehen ist, dass der Rechtsvorgänger den Gewinn aus der Veräußerung der drei Wohnungen und der Rechtsnachfolger den Gewinn aus der Veräußerung der vierten Wohnung zu versteuern hat (gegen Rdnr. 9 des BMF-Schreibens vom 26. 03. 2004, IV A 6 – S 2240 – 46/04, BStBl. I 2004, 434).

Die Veräußerung ererbter oder geschenkter Grundstücke ist dann als Zählobjekt der sog. Drei-Objekt-Grenze zu berücksichtigen, wenn der Steuerpflichtige erhebliche Aktivitäten zur Verbesserung der Verwertungsmöglichkeiten entfaltet hat.

Hinsichtlich der Frage des Überschreitens der sog. Drei-Objekt-Grenze kommt die Einbeziehung einer dem **Ehegatten** geschenkten Eigentumswohnung dann in Betracht, wenn der übertragende Steuerpflichtige – bevor er den Schenkungsbeschluss fasst – die (zumindest bedingte) Absicht hatte, auch dieses Objekt am Markt zu verwerten (BFH, Urteil vom 23. 08. 2017, X R 7/15 BFH/NV 2018, 32 = EStB 2018, 58 mit Anm. Günther).

Die Zwischenschaltung einer nahe stehenden Person im Rahmen von Grundstücksaktivitäten des Steuerpflichtigen kann im Falle der beabsichtigten Vermeidung eines gewerblichen Grundstückshandels nach der Rechtsprechung des BFH einen Missbrauch von rechtlichen Gestaltungsmöglichkeiten gem. § 42 AO begründen (BFH, Urteil vom 10. 07. 2019 X R 21-22/17 BFH/NV 2020, 177).

Ein gewerblicher Grundstückshandel ist auch dann anzunehmen, wenn bei dem Ankauf eines Grundstücks, der anschließenden Bebauung und der Veräußerung von lediglich drei von 22 Teileigentumseinheiten die Drei-Objekt-Grenze nicht überschritten wird, aber zwischen Errichtung und Verkauf ein enger zeitlicher Zusammenhang besteht (16 Monate), der Verkauf unmittelbar nach Fertigstellung erfolgt, die verkauften Objekte der Erweiterung eines bestehenden Gewerbebetriebes dienen (Verkauf an die eigene Verwaltungs-KG als Besitzunternehmen) und die Finanzierung bis zur Veräußerung nur kurzfristig angelegt ist (FG Nürnberg, Urteil vom 06. 10. 2017, 4 K 857/15 EFG 2018, 639, 643 f. mit Anm. Hüttner [die eingelegte NZB wurde per BFH-Beschluss vom 31. 01. 2019, IV B 1/18 als unbegründet verworfen]).

4 Einzelfragen der Abgrenzung zwischen privater Vermögensverwaltung und Gewerbebetrieb

4.1 Fünf-Jahres-Zeitraum: geringfügige Überschreitung schadet nicht

Der Fünf-Jahres-Zeitraum stellt keine absolute Grenze dar; Objekte, die mehr als fünf Jahre nach Anschaffung oder Errichtung veräußert werden, bleiben nicht generell außer Betracht; ein loser zeitlicher Zusammenhang kann durch andere Faktoren kompensiert werden, z. B.

- die höhere Zahl nach Ablauf des Zeitraums planmäßig veräußerter Objekte oder
- eine hauptberufliche Tätigkeit im Baubereich, wobei auch ein „dem Baugewerbe nahestehender Beruf" ausreicht (z. B. selbstständiger Architekt; vgl. Gliederungspunkt 4.4).

Zur Bestimmung des Ermittlungsraums und Besitzdauer nebst Zahl der Objekte eingehenden Neufang, StB 2019, 256, 258 ff.

Bei der Beurteilung des erforderlichen zeitlichen Zusammenhangs zwischen der Anschaffung und der Veräußerung von Grundstücken i. S. d. Grundsätze über den gewerblichen Grundstückshandel ist der Zeitraum, während dessen ein Grundstück als Anlagevermögen eines land- und forstwirtschaftlichen Betriebsvermögens langfristig selbst genutzt wurde, grundsätzlich zu berücksichtigen (BFH, Urteil vom 27.06.2018, X R 26/17 BFH/NV 2018, 1255).

Der enge zeitliche Zusammenhang wird durch eine geringfügige Überschreitung der Fünf-Jahres-Grenze (z. B. um zwei Monate) nicht beeinträchtigt (BFH, Urteil vom 12.07.1991, III R 47/88, BStBl. II 1992, 143).

In einen gewerblichen Grundstückshandel sind grundsätzlich solche Objekte einzubeziehen, die innerhalb eines engen zeitlichen Zusammenhangs von in der Regel fünf Jahren seit ihrer Anschaffung veräußert werden. Eine geringfügige Überschreitung dieses Zeitraums steht der Einbeziehung des Objekts nicht entgegen, wenn die Veräußerung bereits innerhalb des Fünfjahreszeitraums erkennbar vorbereitet worden ist (z. B. durch die Erstellung von Aufteilungsplänen und die Erteilung einer Abgeschlossenheitsbescheinigung); BFH, Urteil vom 21.07.2016, XR 56–57/14, BFH/NV 2017, 481.

Auch eine acht Jahre und zwei Monate lang vermietete Eigentumswohnung kann einbezogen werden, wenn sie neben anderen Objekten, durch die bereits der Tatbestand des gewerblichen Grundstückshandels erfüllt wurde, innerhalb eines „kurzen einheitlichen Veräußerungszeitraums von weniger als fünf Jahren verkauft und die Einzelveräußerungen dadurch verklammert wurden" (BFH, Urteil vom 16.10.2002, X R 74/99, BStBl. II 2003, 245).

Nach Ablauf von zehn Jahren seit Anschaffung/Bebauung eines Grundstücks soll kein zeitlicher Zusammenhang mehr angenommen werden können, der zu einer vermuteten bedingten Veräußerungsabsicht führt. Nach der Rechtspre-

4 Private Vermögensverwaltung und Gewerbebetrieb

chung des BFH bleiben jedoch Grundstücke, die der Steuerpflichtige länger als zehn Jahre im Eigentum hatte, „nicht generell außer Betracht", die Zehn-Jahres-Grenze sei „nicht starr zu handhaben" (BFH, Urteil vom 11.12.1996, X R 241/93, BFH/NV 1997, 396; BFH, Urteil vom 17.02.1993, X R 108/90, BFH/NV 1994, 88; siehe Tz. 6 des BMF Schreibens vom 26.03.2004, IV A 6 – S 2240 – 46/04, BStBl. I 2004, 434; vgl. a. FG München, Urteil vom 20.02.2012, 9 K 1748/11 EFG 2013, 872, 875 [die eingelegte NZB wurde mit BFH-Beschluss vom 17.08.2013, X B 57/13 n. v. als unzulässig verworfen] betr. Objekte, die im Rahmen eines Mietkaufs ebenfalls erworben wurden).

Von einem gewerblichen Grundstückshandel kann ausgegangen werden, wenn innerhalb eines engen zeitlichen Zusammenhangs – von in der Regel fünf Jahren – zwischen Anschaffung oder Errichtung und Verkauf mindestens vier Objekte veräußert werden; auch außerhalb des Fünfjahreszeitraums, innerhalb von zehn Jahren nach Erwerb oder Errichtung veräußerte Objekte können im Einzelfall einzubeziehen sein. Die Objektzahl und der enge zeitliche Zusammenhang sind Beweisanzeichen (Indizien); sie können durch andere objektive Sachverhaltsmerkmale erschüttert werden. Ein Umstand, der gegen die bedingte Veräußerungsabsicht spricht, ist insbesondere gegeben, wenn der Veräußerer die Objekte langfristig – über die fünf Jahre hinaus – zu Wohnzwecken vermietet. Das Finanzgericht hat aufgrund einer Gesamtwürdigung aller Umstände des Einzelfalls zu entscheiden, ob eine private Vermögensverwaltung oder ein gewerblicher Grundstückshandel gegeben ist; dabei muss es unter Berücksichtigung der konkreten Vertragsbedingungen auch prüfen, ob die Veräußerbarkeit der Objekte durch deren langfristige Vermietung und Finanzierung tatsächlich eingeschränkt wird (BFH, Urteil vom 14.01.2004, IX R 88/00, BFH/NV 2004, 1089 = DStRE 2004, 1064; zu diesem Aspekt Jacobsen/Tietjen, FR 2003, 907 ff.). Zum gewerblichen Grundstück handel einer Personengesellschaft bei Verkauf von insgesamt 17 Objekten nach Ablauf der Fünf-Jahresfrist i. S. d. Drei-Objekt-Grenze hat die Rechtsprechung Stellung genommen (BFH, Urteil vom 15.06.2004, VIII R 7/02, BStBl. II 2004, 914).

Ein gewerblicher Grundstückshandel kann auch bei einer Überschreitung der Fünfjahresfrist um sieben Wochen angenommen werden (BFH, Beschluss vom 04.04.2005, IV B 104/03, BFH/NV 2005, 1541; vgl. a. BFH, Beschluss vom 14.10.2008 X B 118/08, BFH/NV 2009, 152).

Eine Verklammerung kann auch dann zu bejahen sein, wenn die (beweglichen oder unbeweglichen) Wirtschaftsgüter veräußert werden, nachdem die in § 23 Abs. 1 Satz 1 EStG genannten Haltefristen abgelaufen sind (BFH, Urteil vom 28.09.2017, IV R 50/15, BStBl II 2018, 89 = StBp 2018, 58 mit Anm. Brandt = EStB 2018, 2, 3 mit Anm. Bleschick = FR 2018, 235, 239 f. mit Anm. Broemel; hierzu ausführlich Wagner/Brüggen, DB 2018, 408 ff.; Spohn/Lipps, DStR 2018, 608 ff.).

Die Interessenlage ist ambivalent, je nachdem, ob es um Gewinnbesteuerung oder Verlustabzug geht.

IV. Gewerblicher Grundstückshandel

Bei der Beurteilung des erforderlichen zeitlichen Zusammenhangs zwischen der Anschaffung und der **Veräußerung von Grundstücken im Sinne** der Grundsätze über den gewerblichen Grundstückshandel **ist der Zeitraum, während** dessen ein Grundstück als Anlagevermögen eines land- und forstwirtschaftlichen Betriebsvermögens langfristig selbst genutzt wurde, grundsätzlich zu berücksichtigen. Die Überführung eines Grundstücks ins Privatvermögen durch Entnahme oder Betriebsaufgabe gilt nicht als Anschaffung im Sinne der Grundsätze zum gewerblichen Grundstückshandel; eine **entsprechende Anwendung von § 23 Abs. 1 Satz 2 EStG kommt nicht in Betracht (so klarstellend BFH-Urteil vom 27.06.2018**, X R 26/17 BFH/NV 2018, **1255**).

4.2 Was zu den „Objekten" i. S. der „Drei-Objekt-Grenze" zählt

4.2.1 Unbebaute Grundstücke gehören ebenfalls zu den Objekten

„Objekte" i. S. d. Drei-Objekt-Grenze sind Zweifamilienhäuser, Einfamilienhäuser, Eigentumswohnungen sowie die für eine Bebauung mit solchen Objekten vorgesehenen Bauparzellen (Objekte, die im Regelfall Wohnzwecken dienen). Auch unbebaute Grundstücke sind Objekte. Ferner sind Veräußerungen von Anteilen an Grundstücksgesellschaften in die Betrachtung einzubeziehen (z. B. ein 50 %iger Kommanditanteil) (BFH, Urteil vom 24.01.1996, X R 12/92, BFH/NV 1996, 608; BFH, Urteil vom 07.03.1996, IV R 2/92, BStBl. II 1996, 599, 601; BFH, Urteil vom 28.11.2002, III R 1/01, BStBl. II 2003, 250; BMF, Schreiben vom 26.03.2004, IV A 6 S 2240 – 46/04, BStBl. I 2004, 434).

Für die Frage, ob die Drei-Objekt-Grenze überschritten ist, ist es unerheblich, ob der Steuerpflichtige an dem einzelnen Objekt jeweils nur als Miteigentümer zur Hälfte beteiligt war (FG Baden-Württemberg, Urteil vom 13.02.1996, 1 K 9/90 rkr., EFG 1996, 589).

Unter den Objekt-Begriff fallen auch Großobjekte (Mehrfamilienhäuser und Gewerbebauten) und Erbbaurechte. Auch der mit einem Verlust verbundene Verkauf eines Objekts ist bei der Drei-Objekt-Regelung mit einzubeziehen (BFH, Urteil vom 18.05.1999, I R 118/97, BStBl. II 2000, 28 [Großobjekt]; BFH, Beschluss vom 03.07.2002, XI R 31/99, BFH/NV 2002, 1559; BFH, Beschluss vom 20.03.2003, III B 174/01, BFH/NV 2003, 1166 [Verlustobjekt]).

Werden mehrere Wohnungen aufgrund eines einheitlichen Wohnungseigentumsrechts errichtet, so liegt nur ein Objekt vor (BFH, Urteil vom 11.03.1992, XI R 17/90, BStBl. II 1992, 1007; BFH, Urteil vom 28.10.1993, IV R 66–67/91, BStBl. II 1994, 463).

Auch der Miteigentumsanteil eines Ehegatten an einer Eigentumswohnung, den der andere Ehegatte als weiterer Miteigentümer im Zusammenhang mit der Ehescheidung erwirbt und sogleich weiterveräußert, ist ein Objekt i. S. d. Drei-Objekt-Grenze für die Annahme eines gewerblichen Grundstückshandels (BFH, Beschluss vom 04.10.2001, X B 157/00, BFH/NV 2002, 330).

Ebenso reichen gescheiterte Grundstückskaufverträge für ein Überschreiten der Drei-Objekt-Grenze aus, denn auch diese bilden ein Indiz für den Veräußerungswillen, welches nicht durch ein Scheitern des Vertragsvollzugs entfällt (BFH, Urteil vom 05.12.2002 IV R 57/01, BStBl. II 2003, 291).

Die Bestellung eines Erbbaurechts ist kein Objekt i.S.d. Drei-Objekt-Grenze (BFH Urteil, vom 12.07.2007, X R 4/04, BStBl. II 2007, 885).

Erbbaurechtsanteile sind auch dann Zählobjekte i.S.d. Drei-Objekt-Grenze, wenn die Übertragung der Anteile zwar unentgeltlich erfolgt, der Veräußerer aber von dem von ihm ausgewählten Bauunternehmen Honorare für Projektsteuerung bei der Bebauung der Erbbaurechtsgrundstücke erhält (FG Nürnberg, Urteil vom 01.02.2008, VII 325/2004 rkr., da Nichtzulassungsbeschwerde – Az. des BFH: X B 72/08 als unzulässig verworfen wurde).

Als „Zählobjekt" i.S.d. Drei-Objekt-Grenze gilt auch ein **erfolgloser Versuch** der Veräußerung eines Objektes (sehr zweifelhaft; so aber FG Köln, Urteil vom 31.08.2005 12 K 1849/01 EFG 2007, 920 rkr.).

Objekt im Sinne der Drei-Objekt-Grenze ist grundsätzlich jedes selbständig veräußerbare und nutzbare Immobilienobjekt (Grundstück, grundstücksgleiches Recht oder Recht nach dem Wohnungseigentumsgesetz), unabhängig von seiner Größe, seinem Wert und anderen Umständen. Hier folgt die selbständige Veräußerbarkeit der sachenrechtlichen Qualifizierung (BFH, Urteil vom 22.07.2010, IV R 62/07 BFH/NV 2010, 2261).

Auch ein Miteigentumsanteil an einem (noch) ungeteilten Grundstück kann ein „Objekt" i.S. der Rechtsprechungsgrundsätze zum gewerblichen Grundstückshandel sein (BFH, Beschluss vom 19.01.2012, IV B 3/10, BFH/NV 2012, 740).

Ein Objekt im Sinne der für den gewerblichen Grundstückshandel geltenden Drei-Objekt-Grenze ist grundsätzlich jedes sachenrechtlich selbständig veräußerbare und nutzbare Immobilienobjekt. Ein Miteigentumsanteil, der mit dem Sondereigentum an mehreren Wohnungen verbunden ist, ist daher grundsätzlich als nur ein einziges Objekt anzusehen.

Ausnahmsweise können in einem solchen Fall bei Zugrundelegung einer wirtschaftlichen Betrachtungsweise jedoch mehrere Objekte gegeben sein. Dies gilt beispielsweise, wenn der Miteigentumsanteil noch am Tage seines Verkaufs sachenrechtlich weiter in mehrere einzelne Miteigentumsanteile, verbunden mit dem Sondereigentum an jeweils einer einzelnen Wohnung, unterteilt wird, der Kaufpreis bereits im Verkaufsvertrag auf die einzelnen Wohnungen aufgeteilt wird, für jede einzelne Wohnung eine mietvertragsfreie Übertragung als Hauptleistungspflicht vereinbart wird und die Fälligkeit des der einzelnen Wohnung zugeordneten Teilkaufpreises an den Zeitpunkt der Mieterfreiheit der jeweiligen Wohnung geknüpft wird (BFH, Urteil vom 21.07.2016 X R 56–57/14, BFH/NV 2017, 481).

„Objekt" i.S. der Rspr.-Grundsätze zum gewerblichen Grundstückshandel ist grundsätzlich jedes selbständig veräußerbare und nutzbare Immobilienobjekt (Grundstück, grundstücksgleiches Recht oder Recht nach dem WEG). Dabei

IV. Gewerblicher Grundstückshandel

orientiert sich die Objektzählung allerdings nicht ausschließlich am Grundstücksbegriff des BGB; maßgeblich ist, was nach der Verkehrsauffassung „typischerweise" Gegenstand des Handelsverkehrs ist (vgl. den Begriff der wirtschaftlichen Einheit, § 2 Abs. 1 BewG).

Hiernach können „Objekte" in diesem Sinne auch Mehrfamilienhäuser und Gewerbebauten sein. Ganze Straßenzüge und Häuserzeilen (ggf. einschließlich Garagenhöfen) stellen dagegen auch dann kein einziges Objekt dar, wenn sie auf einem Grundbuchblatt zusammengefasst worden sind (FG Düsseldorf, Urteil vom 03. 11. 2016 16 K 3895/15 F, EFG 2017, 127, DStRE 2018, 80 rkr.).

4.2.2 Nicht einzubeziehende Objekte

Hinsichtlich nicht zu berücksichtigender Objekte hat die Rechtsprechung zumeist nur grundsätzliche Aussagen getroffen („in der Regel"), im konkreten Einzelfall ist es oft schwierig, eine Immobilie der Sogwirkung des gewerblichen Grundstückshandels vorzuenthalten (vgl. a. Neufang, StB 2019, 256, 260 f.).

Zwei **Doppelhaushälften** auf ungeteiltem Grundstück bilden ein Objekt im Sinne der Rechtsprechung zum gewerblichen Grundstückshandel (BFH, Urteil vom 14. 10. 2003, IX R 56/09, BStBl. II 2004, 227).

Bei der Anwendung der Grundsätze über die sog. Drei-Objekt-Grenze sind aneinander grenzende, rechtlich selbständige Mehrfamilienhausgrundstücke grundsätzlich jeweils gesonderte wirtschaftliche Einheiten (vgl. § 2 Abs. 1 BewG), die auch durch eine Vereinigung/Zuschreibung nach § 890 BGB, §§ 3 ff. GBO nicht zu einem einzigen Objekt („Häuserzeile") werden können (BFH, Urteil vom 03. 08. 2004, X R 40/03, BStBl. II 2005, 35; FG Düsseldorf, Urteil vom 03. 11. 2016, 16 K 3895/15 F DStRE 2018, 80 rkr.).

Zwei Wohnungs- oder Teileigentumsrechte können i. S. d. Drei-Objekt-Grenze ein Objekt sein, wenn die rechtlich selbständigen Einheiten baulich umgestaltet wurden und ohne bauliche Veränderungen nur noch als eine Wohnung genutzt werden können (BFH, Beschluss vom 24. 02. 2005, X B 183/03, BFH/NV 2005, 1274).

Garagen, die „Zubehör-Räume" von Eigentumswohnungen darstellen, zählen auch dann nicht mit, wenn sie an andere Erwerber als die Käufer der Wohnungen veräußert werden (BFH, Urteil vom 18. 09. 2002, X R 183/96, BFH/NV 2003, 370).

Es liegt kein gewerblicher Grundstückshandel vor, wenn in engem zeitlichen Zusammenhang zwei Wohnungen mit jeweils einem Tiefgaragenstellplatz sowie einer Arztpraxis mit insgesamt sechs Tiefgaragenstellplätzen veräußert werden. Die Drei-Objekt-Grenze ist nicht überschritten (FG München, Urteil vom 23. 09. 2010, 11 K 2166/07, EFG 2011, 142 rkr, DStRE 2011, 1127).

Ein ungeteiltes Grundstück mit fünf freistehenden Mehrfamilienhäusern ist nur ein Objekt im Sinne der zur Abgrenzung der Vermögensverwaltung vom gewerblichen Grundstückshandel dienenden Drei-Objekt-Grenze (BFH, Urteil vom 05. 05. 2011, IV R 34/08, BStBl. II 2011, 787 mit Anm. Hartrott, BB 2011,

4 Private Vermögensverwaltung und Gewerbebetrieb

2209, 2212 ff. und Kanzler, FR 2011 807, 810). Das Urteil ist eine Fundgrube für die Beratung im Rahmen der Vermeidung der Drei-Objekt-Grenze. **Selbständiges Objekt** i. S. der Drei-Objekt-Grenze ist grundsätzlich jedes selbständig veräußerbare und nutzbare Immobilienobjekt (Grundstück i. S. d. BGB, grundstücksgleiches Recht oder Recht nach dem WEG), und zwar unabhängig von seiner Größe, seinem Wert und anderen Umständen. Mehrere Gebäude auf einem ungeteilten (Grundbuch) Grundstück können aber nicht als selbständige Objekte i. S. d. Drei-Objekt-Grenze angesehen werden (!).

Auch die **zu eigenen Wohnzwecken erworbenen Immobilien** sind i. d. R. nicht einzubeziehen (BFH, Urteil vom 16. 10. 2002, X R 74/99, BStBl. II 2003, 245; BFH, Urteil vom 19. 09. 2002, X R 68/00, BFH/NV 2003, 891).

Nach der Rechtsprechung des BFH werden selbst nur vorübergehend (über einen Zeitraum von weniger als fünf Jahren) eigengenutzte Wohnobjekte – anders als vermietete Objekte – nicht dem Umlaufvermögen eines gewerblichen Grundstückshandels zugeordnet, wenn der Steuerpflichtige den Verkauf mit „offensichtlichen Sachzwängen" – wie etwa beruflich bedingten örtlichen Veränderungen, dem Umzug in eine näher am Arbeitsplatz gelegene Wohnung, größerem Raumbedarf durch Familienzuwachs, Trennung der Eheleute oder anderen plausiblen Gründen – zu rechtfertigen vermag.

Sind die Gründe für eine außerbetriebliche Veranlassung plausibel dargelegt, ist das eigengenutzte Grundstück nicht dem gewerblichen Grundstückshandel zuzurechnen. Voraussetzung ist aber, dass dafür auch objektive Beweisanzeichen vorliegen. In dem der Entscheidung des BFH vom 19. 12. 2002 zu Grunde liegenden Fall waren dies die Einräumung eines lebenslangen Wohnrechts für die Schwiegermutter sowie die Absicht, die Dachgeschosswohnung mit der späteren Ehefrau selbst zu nutzen. Dass die tatsächliche Nutzung aufgrund neuer Umstände (Familienzuwachs, Aufhebungswunsch der Schwiegermutter) dann kürzer war, durfte dem Steuerpflichtigen nicht zum Nachteil gereichen (BFH, Beschluss vom 19. 12. 2002, IX B 39/02, BFH/NV 2003, 479; BFH, Urteil vom 19. 09. 2002, X R 68/00, BFH/NV 2003, 891; BFH, Urteil vom 02. 02. 2000, X B 83/99, BFH/NV 2000, 946; BFH, Urteil vom 23. 04. 1996, VIII R 27/94, BFH/NV 1997, 170).

Werden bei einer **Realteilung** einer vermögensverwaltenden Personengesellschaft oder Bruchteilsgemeinschaft den einzelnen Gesellschaftern Grundstücke zum Alleineigentum übertragen (ohne zusätzliche Ausgleichszahlung oder auch gegen Übernahme von Schulden der Gemeinschaft – selbst wenn übernommene Schulden die Beteiligungsquote übersteigen), so überschreitet dies nicht die Grenze privater Vermögensverwaltung (BFH, Urteil vom 09. 05. 1996, IV R 74/95, BStBl. II 1996, 599, 601; Tz. 13 des BMF-Schreibens vom 26. 03. 2004, IV A 6 – S 2240 – 46/04, BStBl. I 2004, 434; zur Nichtannahme eines gewerblichen Grundstückshandels bei Verkauf an eine Gesamthandsgemeinschaft siehe auch FG Münster, Urteil vom 01. 07. 2004, 6 K 1584/02 E, G, EFG 2004, 1830 rkr.).

IV. Gewerblicher Grundstückshandel

Werden die durch Realteilung aus einer GbR übernommenen Grundstücke jedoch später veräußert, so zählen sie bei der Prüfung des Vorliegens eines gewerblichen Grundstückshandels mit. Ob in einem solchen Fall für den Beginn des Fünf-Jahres-Zeitraums auf den Erwerb/die Errichtung der Objekte durch die GbR oder die Übernahme durch den GbR-Gesellschafter abzustellen ist, ließ der BFH offen (BFH, Urteil vom 19.09.2002, X R 160/97, BFH/NV 2003, 890).

Wohnungen, die an Verwandte, Freunde oder Bekannte ohne Gewinn verschenkt oder ohne Gewinnerzielungsabsicht **zum Selbstkostenpreis** oder einem darunter liegenden Betrag **verkauft** werden, sind nicht in die Betrachtung über die Überschreitung der Grenze privater Vermögensverwaltung einzubeziehen. Aber hier gelten Ausnahmen:

- Das Grundstück wurde bereits vor der Bebauung verkauft (vgl. Gliederungspunkt 3).
- Bei einem Weiterverkauf durch den Beschenkten können diese Veräußerungen möglicherweise nach § 42 AO dem gewerblichen Grundstückshandel des Schenkers zuzuordnen sein. In diesem Fall ist der Veräußerungsgewinn beim Schenker nicht im Jahr der Schenkung, sondern erst im Jahr der durch den Beschenkten erfolgten Veräußerung zu versteuern. Die Weiterveräußerung geschenkter Objekte ist insbesondere dann dem Schenker zuzuordnen, wenn er nach dem Gesamtbild der Verhältnisse das Geschehen beherrscht hat und ihm selbst der Erlös aus den Weiterveräußerungen zugeflossen ist (BFH, Beschluss vom 17.10.2002, X B 13/02, BFH/NV 2003, 162; BFH, Urteil vom 06.08.1998, III R 227/94, BFH/NV 1999, 302).

Der Verkauf **langfristig durch Vermietung genutzter Wohnungen** stellt den Abschluss einer privaten Vermögensverwaltung dar. Als langfristig sind z.B. ein 15-jähriger Mietvertrag mit der Stadt oder die Einräumung eines lebenslangen Wohnrechts (das später aus nicht vorhergesehenen Gründen aufgehoben wird) anzusehen. Jedoch wurde eine Vermietung von bis zu fünf Jahren von der Rechtsprechung grundsätzlich nicht als langfristig eingestuft (BFH, Beschluss vom 19.12.2002, IX B 39/02, BFH/NV 2003, 479; BFH, Urteil vom 29.10.1998, XI R 58/97, BFH/NV 1999, 766).

Ein auf unbestimmte Dauer abgeschlossener Mietvertrag erlaubt keinen Rückschluss auf eine langfristige Vermietung, da solche Verträge grundsätzlich kündbar sind (FG Köln, Urteil vom 25.09.2003, 10 K 8101/99, EFG 2004, 37 rkr.).

Ob eine **langfristige Finanzierung** als Indiz gewichtig genug ist, um die durch eine zeitnahe Veräußerung begründete Vermutung der betrieblichen Zugehörigkeit zu widerlegen, obliegt letztlich der Beurteilung des FG. Nach der Ansicht des FG Köln ist dies nicht der Fall, da eine Umschuldung möglich ist (BFH, Urteil vom 12.12.2002, III R 20/01, BStBl. II 2003, 298; FG Köln, Urteil vom 25.09.2003, 10 K 8101/99, EFG 2004, 37 rkr.).

Die Nachhaltigkeit eines Grundstückshandels beginnt nicht erst bei Verkauf an vier veschiedene Erwerber (BFH, Beschluss vom 23.01.2004, IV B 3/03 BFG/NV 2004, 781).

Zum notwendigen Betriebsvermögen eines durch Überschreiten der Drei-Objekt-Grenze entstandenen gewerblichen Grundstückshandels gehören nicht nur die Objekte, deren Veräußerung zur Annahme des gewerblichen Grundstückshandel geführt hat, sondern auch nicht in zeitlichem Zusammenhang mit ihnen veräußerte Objekte, die jedoch von vornherein eindeutig zur Veräußerung bestimmt waren (BFH, Urteil vom 05.05.2004, XI R 7/02, BStBl. II 2004, 738; hierzu Paus, FR 2004, 1268 ff.).

Überträgt ein Steuerpflichtiger fünf – wenn auch sachenrechtlich noch nicht getrennte – Eigentumswohnungen an fünf unterschiedliche Erwerber, liegen fünf Veräußerungsvorgänge vor, so dass fünf Objekte im Sinne der sog. Drei-Objekt-Grenze gegeben sind (BFH Beschluss vom 23.02.2015, X B 71/14, BFH/NV 2015, 834 mit Anm. Günther, EStB 2015, 168) wonach Einbringungsvorgänge als Anschaffungen qualifiziert werden, sind rechtlich zweifelhaft.

Zur Problematik des gewerblichen Grundstückshandels durch Formwechsel einer Personen- in eine Kapitalgesellschaft in mehrstufigen Strukturen, siehe die Expertisen von Dorn/Langeloh, DStR 2016, 1455 ff.

4.2.3 Rechtliche Zweifelhaftigkeit von Einbringungsvorgängen als Anschaffungen

Das FG Berlin sah die Einbringung von Grundstücken aus dem Privatvermögen in eine OHG gegen Gewährung von Gesellschaftsrechten als Anschaffung i. S. d. Rechtsprechung des BFH zum gewerblichen Grundstückshandel an, mit der Folge, dass die OHG einen gewerblichen Grundstückshandel betreibt, wenn sie ein Jahr später die in Wohnungseigentum aufgeteilten Immobilien veräußert. Das FG Münster hielt es für ernstlich zweifelhaft, ob die Einbringung in eine GbR als Veräußerung anzusehen ist (FG Berlin, Urteil vom 15.01.1996, VIII 47/90, EFG 1996, 581 (rkr.); FG Münster, Urteil vom 10.12.2001, 1 V 3502/01, E G, U).

Die Einbringung eines Grundstücks in eine Kapitalgesellschaft gegen Gewährung von Gesellschaftsrechten und/oder Übernahme von Schulden des Gesellschafters stellt eine Veräußerung i. S. des gewerblichen Grundstückshandels dar (BFH, Urteil vom 19.09.2002, X R 51/98, BStBl. II 2003, 394).

Auch die Einbringung eines Grundstücks in eine Personengesellschaft durch einen mehrheitlich beteiligten Gesellschafter gegen Gewährung von Gesellschaftsrechten kann eine Grundstücksveräußerung i. S. d. Rechtsgrundsätze zum gewerblichen Grundstückshandel sein. Durch die Einbringung wird Privatvermögen auf das Gesamthandsvermögen einer zivilrechtlich eigenständigen Rechtspersönlichkeit übertragen. Das Merkmal der Teilnahme am allgemeinen wirtschaftlichen Verkehr ist auch dann erfüllt, wenn der bestimmende Gesellschafter die Grundstücke nur in „seine" Personengesellschaft einbringen

IV. Gewerblicher Grundstückshandel

will (FG Hamburg, Urteil vom 27.05.2009, 2 K 158/08, EFG 2009, 1934 = DStRE 2010, 94 rkr.) Der BFH hat – ohne nähere Begründung – in einem obiter dictum klargestellt, dass auch die Einbringung von Grundstücken in eine Personengesellschaft als Veräußerung durch den Steuerpflichtigen anzusehen ist (BFH, Urteil vom 28.10.2015, X R 22/13, BStBl. II 2016, 95, 97 = EStB2016, 41, 42 mit Anm. Felten; BFH, Urteil vom 28.10.2015 = EStB 2016, 54 mit Anm. Günther).

Bei der Beurteilung der Frage, ob ein Steuerpflichtiger als gewerblicher Grundstückshändler anzusehen ist, sind diesem ebenfalls die Grundstücksgeschäfte zuzurechnen, die von einer Personalgesellschaft, an der er beteiligt ist, getätigt wurden (Hinweis auf ständige BFH-Rechtsprechung, vgl. z.B. Senatsurteil vom 22.08.2012, X R 24/11, BFHE 238, 180, BStBl. II 2012, 865, bestätigt durch BFH, Urteil vom 28.10.2015, X R 22/13, BStBl. I 2016, 85 = EStB 2016, 41, 42 mit Anm. Felten; BFH, Urteil vom 28.10.2015, X R 21/13, EStB 2016, 54 mit Anm. Günther). Auch die Einbringung von Grundstücken in diese Personengesellschaft ist als Veräußerung durch den Steuerpflichtigen anzusehen (BFH, Urteil vom 28.10.2015, X R 22/13, BFH/NV 2016, 325 = EStB 2016, 41 f. mit Anm. Felten und Kanzler, FR 2016, 469, 474).

Ein Steuerpflichtiger ist auch dann als gewerblicher Grundstückshändler anzusehen, wenn er über seine ihm gehörende Personengesellschaft Grundstücksgeschäfte tätigt. In seinen gewerblichen Grundstückshandel sind dann auch die Grundstücke einzubeziehen, die er zur Regelung seines Nachlasses in die Personengesellschaft einbringt und bei deren Erwerb eine zumindest bedingte Veräußerungsabsicht vorlag (BFH, Urteil vom 28.10.2015, X R 21/13, BFH/NV 2016, 405 = EStB 2016, 54 mit Anm. Günther).

4.3 Eine bedingte Veräußerungsabsicht ist schwer zu widerlegen

Eine bestimmte Zahl veräußerter Objekte und ein enger zeitlicher Abstand der maßgebenden Tätigkeiten zwingen nach der Rechtsprechung des BFH im Regelfall zu dem Schluss, dass der Verkäufer die Objekte in mindestens **bedingter Veräußerungsabsicht** angeschafft oder errichtet hat. Eine bedingte Veräußerungsabsicht lässt sich demnach nur dann verneinen, wenn Umstände vorliegen, aus denen sich **zweifelsfrei** ergibt, dass von Anfang an eine Veräußerungsabsicht fehlte oder die Umstände derart gewichtig erschienen, dass einer **im Grunde stets bestehenden** Veräußerungsabsicht keine Bedeutung mehr zukommt.

Ausreichend ist, wenn zum Zeitpunkt des Erwerbs eine bedingte Veräußerungsabsicht neben einer Vermietungsabsicht bestand (BFH, Beschluss vom 10.01.2003, XI B 80/00, BFH/NV 2003, 898).

Für die Feststellung der bei Veräußerung nur eines Objekts zur Annahme eines gewerblichen Grundstückshandels erforderlichen unbedingten Veräußerungsabsicht kann als Indiz auch die Finanzierung des Bauvorhabens heranzuziehen sein (BFH, Beschluss vom 08.02.2012 IV B 76/10, BFH/NV 2012, 1172).

4 Private Vermögensverwaltung und Gewerbebetrieb

Ein Steuerpflichtiger ist auch dann als gewerblicher Grundstückshändler anzusehen, wenn er über seine ihm gehörende Personengesellschaft Grundstücksgeschäfte tätigt. In seinen gewerblichen Grundstückshandel sind dann auch die Grundstücke einzubeziehen, die er zur Regelung seines Nachlasses in die Personengesellschaft einbringt und bei deren Erwerb eine zumindest bedingte Veräußerungsabsicht vorlag (BFH, Urteil vom 28.10.2015, X R 21/13, BFH/NV 2016, 405 = EStB 2016, 54 mit Anm. Günther; Urteil vom 28.10.2015, BStBl II 2016, 95 = FR 2016, 469, 474 mit Anm. Kanzler).

Die konkreten Anlässe und Beweggründe für die Veräußerungen (z.B. plötzliche Erkrankungen, Finanzierungsschwierigkeiten oder unvorhergesehene Notlagen) sind im Regelfall nicht geeignet, die aufgrund der Zahl der veräußerten Objekte und des zeitlichen Abstands der maßgebenden Tätigkeiten vermutete (bedingte) Veräußerungsabsicht im Zeitpunkt der Anschaffung oder Errichtung auszuschließen (BFH, Urteil vom 20.02.2003, III R 10/01, BStBl. II 2003, 510; BFH, Beschluss vom 07.06.2000, III B 75/99, BFH/NV 2000, 1340).

Nach der Rechtsprechung hatten folgende persönliche und finanzielle Beweggründe keinen Einfluss auf die Zuordnung des Vorgangs zum gewerblichen Bereich oder zum Bereich der Vermögensverwaltung:

- unvorhersehbare Notsituation,
- Finanzierungsschwierigkeiten,
- schlechte Vermietbarkeit von Wohnungen,
- negative Entwicklung der Vermietersituation am Wohnungsmarkt,
- strafrechtliche Verfolgung des Steuerpflichtigen wegen überhöhter Mietforderungen,
- nachträgliche Entdeckung von Baumängeln,
- Veräußerung durch Zwangsversteigerung.

(BFH, Urteil vom 11.04.1989, VIII R 267/84, BFH/NV 1989, 665; BFH, Urteil vom 05.09.1990, X R 107–108/89, BStBl. II 1990, 1060; BFH, Urteil vom 27.02.1991, XI R 37/89, BFH/NV 1991, 524; BFH, Urteil vom 10.10.1991, XI R 22/90, BFH/NV 1992, 238; BFH, Urteil vom 11.12.1991, III R 59/89, BFH/NV 1992, 464 (467); BFH, Urteil vom 02.03.1990, III R 75/85, BFH/NV 1992, 238; BFH, Urteil vom 12.07.1991, III R 47/88, BStBl. II 1992, 143; BFH, Urteil vom 10.10.1991 XI R 22/90, BFH/NV 1992, 238; BFH, Urteil vom 23.02.2005 XI R 35/02, BFH/NV 2005, 1267; BFH, Beschluss, vom 21.08.2007, X B 32/07, BFH/NV 2007, 2279; Hessisches FG, Urteil vom 17.03.1999, rkr. 8 K 3872/94, DStRE 2000, 904).

Das Hessische FG führt aus:

Denn wird z.B. bei einem Gewerbetreibenden, der sich mit dem An- und Verkauf von bestimmten Waren befasst, ein Teil des Warenumschlags dadurch bewirkt, dass ein Geschäftsgläubiger dem beabsichtigten Warenverkauf zuvorkommt, in das Umlaufvermögen vollstreckt und sich aus dem Versteigerungserlös befriedigt, so löst dieser Vorgang nicht den Zusammenhang mit dem

IV. Gewerblicher Grundstückshandel

vorhandenen Gewerbebetrieb, der erzielte Versteigerungserlös ist und bleibt eine betriebliche Einnahme.

Im Streitfall ergeben die im Tatbestand dieses Urteils dargestellten Umstände und Handlungsabläufe, dass der Kl. schon mit dem Erwerb bzw. der Fertigstellung der Eigentumswohnungen zumindest die bedingte Absicht hatte, die Eigentumswohnungen gewinnbringend zu verkaufen. Die zeitnahen Auftragserteilungen an Makler – lange vor den Zwangsversteigerungen – verdeutlichen dies. (...) Nach Aktenlage hat der Kl. versucht, die Eigentumswohnungen mit Gewinn zu veräußern. Dass ihm dies nicht gelang und überdies die maßgeblich beteiligten Gläubigerbanken in Verfolgung ihrer eigenen wirtschaftlichen Interessen keine Geduld mehr aufbrachten, macht die Tätigkeit des Kl. weder zu einer Liebhaberei noch zu einer bloßen Vermögensverwaltung, sondern schlicht zu einem gescheiterten Gewerbebetrieb.

Im Übrigen hielt der BFH die Rechtsfrage, ob **Veräußerungen in der Zwangsversteigerung**, als Beweisanzeichen für eine Verkaufsabsicht bei Erwerb herangezogen werden können, oder ob sie ähnlich wie im nicht veröffentlichten BFH-Urteil vom 07.11.1990, X R 170/87 wegen der besonderen Zwangslage von vornherein als Indizien ausscheiden, für nicht klärungsfähig, wenn das FG seine Entscheidung, einen gewerblichen Grundstückshandel abzulehnen, auch auf weitere, allein tragende Indizien stützte (BFH, Beschluss vom 21.05.2002, IX B 180/01, BFH/NV 2002, 1297).

Dem Vortrag, ein Objekt habe ursprünglich der **Alterssicherung** dienen sollen, hielt der BFH entgegen, dass auch der Erlös aus einem gewinnbringenden Veräußerungsgeschäft zur Altersvorsorge genutzt oder erneut in Immobilien angelegt werden kann (BFH, Urteil vom 12.12.2002, III R 20/01, BStBl. II 2003, 510).

Erwirbt ein Steuerpflichtiger ein einziges schadstoffbelastetes Grundstück (wirtschaftliche Einheit), das er nach der Durchführung von Sanierungsmaßnahmen veräußert, so ist die Grenze von der privaten Vermögensverwaltung zum Gewerbebetrieb nicht überschritten, wenn nicht feststellbar ist, dass die Sanierungsmaßnahmen in unbedingter Veräußerungsabsicht vorgenommen worden sind. Ist eine Wiederholungsabsicht nicht feststellbar, fehlt es an der Nachhaltigkeit in der Regel, wenn der Steuerpflichtige (auch) mehrere unbebaute Grundstücke durch einen Vertrag an einen Erwerber weiterveräußert. Aus vor dem Verkauf vorgenommene Sanierungsmaßnahmen kann sich in einem solchen Fall Nachhaltigkeit nur ergeben, wenn die Maßnahmen mit dem Ziel einer Erhöhung des Kaufpreises vorgenommen wurden (BFH, Urteil vom 15.04.2004, IV R 54/02, BStBl. II 2004, 868).

Die persönlichen oder finanziellen Beweggründe für die Veräußerung von Immobilien sind für die Zuordnung zum gewerblichen Grundstückshandel oder zur Vermögensverwaltung unerheblich; dies gilt auch für wirtschaftliche Zwänge wie z.B. **Druck der finanzierenden Banken** und Androhung von Zwangsmaßnahmen. Die – durch die Veräußerung von mehr als drei Objekten innerhalb von fünf Jahren indizielle – (zumindest) bedingte Veräußerungsabsicht beim Erwerb kann nur durch objektive Umstände widerlegt werden, nicht aber durch Erklärung des Steuerpflichtigen über seine Absichten. In Betracht kommen vornehmlich Gestaltungen des Steuerpflichtigen in zeitlicher Nähe zum Erwerb, die eine spätere Veräußerung wesentlich erschweren oder unwirtschaftlicher machen (BFH, Urteil vom 17.01.2009, III R 101/06, BStBl. II 2010, 541; hierzu Figgener/Kiesel/Haug, DStR 2010, 1324 ff.; Sommer, DStR 2010, 1405 ff.; Köhler, BB 2010, 1003 f.).

Ein gewerblicher Grundstückshandel kann nach der sehr umstrittenen Auffassung des Bundesfinanzhofs auch in Fällen bei **Veräußerungen zur Vermeidung einer Zwangsversteigerung.** mit folgender Begründung angenommen werden:

Die persönlichen oder finanziellen Beweggründe für die Veräußerung von Immobilien sind für die Zuordnung zum gewerblichen Grundstückshandel oder zur Vermögensverwaltung unerheblich. Dies gilt auch für wirtschaftliche Zwänge wie z.B. die Ankündigung von Zwangsmaßnahmen durch einen Grundpfandgläubiger.

Die Drei-Objekt-Grenze hat die Bedeutung eines Anscheinsbeweises, der – ohne dass es dafür weiterer Indizien bedarf – den Schluss auf die innere Tatsache des Erwerbs des jeweiligen Grundstücks in bedingter Veräußerungsabsicht zulässt. Ihre Geltungskraft kann im Einzelfall durch den Nachweis eines atypischen Sachverhaltsverlaufs erschüttert werden. Dafür kommen indes grundsätzlich weder die Gründe der Veräußerung noch Absichtserklärungen in Betracht, sondern vornehmlich Gestaltungen des Steuerpflichtigen in zeitlicher Nähe zum Erwerb, die eine Veräußerung innerhalb eines Zeitrahmens von etwa fünf Jahren erschweren oder unwirtschaftlicher machen (BFH, Urteil vom 27.09.2012, II R 19/11, BStBl. II 2013, 434). Diese Judikatur zur exzessiven Ausdehnung des gewerblichen Grundstückhandels ist deshalb entschieden abzulehnen, weil es an der unternehmerischen Entscheidungsfreiheit des Investors im konkreten Einzelfall fehlt.

4.4 Branchennähe stützt die bedingte Veräußerungsabsicht

Das Merkmal „Branchennähe" ist als Indiz i.R. der Abgrenzung zur privaten Vermögensverwaltung nach wie vor von Bedeutung, der BFH sprach zuletzt den Umstand einer „hauptberuflichen Tätigkeit des Steuerpflichtigen im Baubereich" an (BFH, Urteil vom 18.09.2002, X R 183/96, BStBl. II 2003, 238 (241); BFH, Urteil vom 19.09.2002, X R 160/97, BFH/NV 2003, 890).

So rechtfertigte, neben der Zahl der veräußerten Objekte und dem engen zeitlichen und sachlichen Zusammenhang zwischen Erwerb/Errichtung und Veräußerung, die **Branchennähe** des als Mitgesellschafter an verschiedenen BGB-Gesellschaften beteiligten Steuerpflichtigen den Schluss auf eine zumindest bedingte Veräußerungsabsicht (BFH, Beschluss vom 03.07.2002, XI R 31/99, BFH/NV 2002, 1559).

IV. Gewerblicher Grundstückshandel

Bei Grundstücksveräußerungen durch Personen, die wie z. B. Bauunternehmer und Immobilienmakler ohnehin schon gewerblich tätig sind, stellt sich nicht die Frage, ob die Grundstücksveräußerungen eine gewerbliche Tätigkeit i. S. d. § 15 Abs. 2 EStG begründen. Die Frage ist vielmehr, ob die Grundstücksgeschäfte in den schon bestehenden Gewerbebetrieb einzubeziehen sind. Zur Beantwortung dieser Frage hat die BFH-Rechtsprechung z. T. auf die Vermutung des § 344 HGB zurückgegriffen, wonach die von einem Kaufmann vorgenommenen Rechtsgeschäfte im Zweifel als zum Betrieb seines Handelsgewerbes gehörig gelten. Diese Zugehörigkeitsvermutung gilt vor allem bei branchengleichen Wirtschaftsgütern und rechtfertigt sich aus der Nähe der Tätigkeit zum gewerblichen Betrieb und der Schwierigkeit, einzelne Wirtschaftsgüter oder Geschäfte als Privatangelegenheit auszusondern. Die Vermutung kann nur bei eindeutiger privater Veranlassung des Erwerbs und bei klarer, objektiv belegbarer Trennung von den betrieblich veranlassten Immobiliengeschäften widerlegt werden (Vogelgesang, DB 2003, 844).

Zwar hat die Rechtsprechung mehrfach angesprochen, dass auch ein gewerblicher Grundstückshändler Grundstücke im Privatvermögen halten und veräußern kann.

Grenzt der gewerbliche Grundstückshändler das private Grundstücksgeschäft jedoch nicht hinreichend klar von seiner gewerblichen Tätigkeit ab, bedient er sich zur Abwicklung desselben sogar der Einrichtungen seines Gewerbebetriebs (z. B. seines Geschäftskontos) und sprechen auch sonstige Indizien wie z. B. der zeitliche Zusammenhang zwischen Anschaffung und Verkauf des Objekts für eine von Beginn an bestehende Veräußerungsabsicht, so liegt unabhängig von der Anzahl der Verkäufe ein gewerblicher Grundstückshandel vor (FG Rheinland-Pfalz, Urteil vom 20.06.2002, V 1463/02, EFG 2002, 1089 rkr.; Sächsisches FG, Urteil vom 11.04.2002, 2 K 2449/99, EFG 2002, 1091 rkr.).

> **Beispiel:**
> Ein auch als Bauunternehmer tätiger gewerblicher Grundstückshändler, der außerdem in großem Umfang Grundstücke privat vermietet, ordnet ein von ihm erworbenes und mit einem Einfamilienhaus bebautes Grundstück, das er sodann für einen Zeitraum von über fünf Jahren fest vermietet hat, zutreffend seinem Privatvermögen zu. An dieser Beurteilung ändert sich auch dann nichts, wenn das Mietverhältnis aus von ihm nicht zu vertretenden Gründen vorzeitig beendet wird, und er danach das Grundstück im Wege der vorweggenommenen Erbfolge bereits drei Jahre nach Mietbeginn auf seine Tochter unentgeltlich überträgt (FG Münster, Urteil vom 24.05.2000, 8 K 5183/99 E, EFG 2000, 1370 rkr.).

Bei der Abgrenzung zwischen gewerblichem Grundstückshandel und privater Vermögensverwaltung kann neben der Zahl der Objekte und dem zeitlichen Abstand der maßgebenden Tätigkeiten (Anschaffung, Bebauung, Verkauf der Objekte) auch der beruflichen Nähe des Steuerpflichtigen zum Immobiliensektor (hier: leitender Angestellter und Gesellschafter eines im gewerblichen

Grundstückshandels tätigen Bauträgers) indizielle Bedeutung zukommen (FG München, Urteil vom 11.12.2009, 1 K 2424/06, DStRE 2011, 929 rkr.).

Das Vorhandensein eines Gewerbebetriebs schließt es nicht aus, dass der Unternehmer daneben private Geschäfte betreiben und Grundstücke im Privatvermögen halten kann (vgl. BFH, Beschluss vom 14.12.2011, X B 116/10, BFH/NV 2012, 577 mit den dazugehörigen Abgrenzungsfragen im Rahmen einer Einzelfallprüfung).

Ist die Drei-Objekt-Grenze nicht überschritten, weil nur drei Grundstücke – und diese zudem nicht innerhalb von fünf Jahren nach ihrer Anschaffung – veräußert worden sind, kann ein gewerblicher Grundstückshandel und damit eine Zugehörigkeit der Grundstücke zum Umlaufvermögen des Steuerpflichtigen auch nicht durch den Umstand begründet werden, dass der Steuerpflichtige durchgehend eine allgemeine gewerberechtliche Erlaubnis nach § 34c GewO zur Durchführung von Immobilienmaklergeschäften hatte; diese Erlaubnis ist für sich allein genommen kein aussagekräftiges Indiz dafür, dass der Steuerpflichtige von Anfang an die wenigstens bedingte Absicht gehabt hat, die drei streitigen Grundstücke alsbald nach ihrem Erwerb bzw. ihrer Bebauung/baulichen Modernisierung wieder zu veräußern (so klarstellend FG Berlin-Brandenburg, Urteil vom 24.11.2016, 9 K 9292/13, DStRE 2018, 82 [NZB eingelegt; Az. des BFH: III B 20/17]).

4.5 Erbfälle bleiben unberücksichtigt – Ausnahme ist der Erwerb i. R. der vorweggenommenen Erbfolge

Nicht einzubeziehen sind Grundstücke, die durch Erbfolge übergegangen sind, und zwar auch dann nicht, wenn der ererbte Grundbesitz sehr umfangreich ist. Denn der Erwerb kraft Gesamtrechtsnachfolge ist kein Erwerb eines Objekts i. S. d. Rechtsprechung zum gewerblichen Grundstückshandel und es ist außerdem i. d. R. keine bedingte Veräußerungsabsicht in der Person des Erben gegeben. Etwas anderes kann dann gelten, wenn bereits der Erblasser in seiner Person einen gewerblichen Grundstückshandel begründet hat und der Erbe einen unternehmerischen Gesamtplan fortführt.

Hingegen sind Grundstücke, die im Wege **vorweggenommener Erbfolge** übergegangen sind, bei der Prüfung eines gewerblichen Grundstückshandels zu berücksichtigen (Tz. 9 des BMF Schreibens vom 26.03.2004, IV A 6 – S 2240 – 46/04, BStBl. I 2004, 434).

4.6 Gewerblicher Grundstückshändler ist, wer Erschließungsmaßnahmen in „eigener Regie" durchführt

Auch die Veräußerung langjährig im Privatvermögen gehaltener (z. B. ererbter) Grundstücke kann bei Veräußerung zum gewerblichen Grundstückshandel führen, wenn über die bloße Parzellierung hinaus besondere Verwertungsmaßnahmen durchgeführt werden, z. B. Mitwirkung an der Erstellung eines Bebauungsplans oder Durchführung von Erschließungsmaßnahmen (Erstellung von

IV. Gewerblicher Grundstückshandel

Straßen und Wegen, von Be- und Entwässerungsanlagen). Der Erlass des Bayerischen Finanzministeriums vom 04.01.2000 zur **Abgrenzung der privaten Vermögensverwaltung vom gewerblichen Grundstückshandel beim Abschluss eines städtebaulichen Vertrags** differenziert wie folgt:

Gewerblicher Grundstückshändler ist, wer Erschließungsmaßnahmen „in eigener Regie" durchführt.

Kein gewerblicher Grundstückshändler ist, wer **lediglich die Kosten** für Planung und Erschließung gegenüber der Gemeinde übernimmt (FinMin Bayern, Erlass vom 04.01.2000, 31 – S 2240 – 1/82 – 1 005, DStR 2000, 554).

In der Rechtsprechung werden folgende Umstände als über eine bloße Parzellierung hinausgehende besondere Verwertungsmaßnahme angesehen:

– Der Steuerpflichtige wirkt maßgeblich bei der Vorbereitung der Erschließung mit;
– der Steuerpflichtige nimmt auf die Erschließung und die künftige Bebauung durch entsprechende Anträge, Anfertigung von Entwürfen usw. bei der Gemeinde Einfluss und führt dadurch die Aufstellung eines Bebauungsplans herbei;
– der Steuerpflichtige verpflichtet die Parzellenkäufer vertraglich, die Erschließungskosten über ihre gesetzliche Beitragspflicht hinaus zu tragen;
– der Steuerpflichtige verpflichtet die Parzellenkäufer vertraglich, Architektenaufträge ausschließlich Personen zu erteilen, die in seinem Interesse den Bebauungsplan aufgestellt haben;
– der Steuerpflichtige verpflichtet sich gegenüber der Gemeinde, die Erschließung selbst vorzunehmen oder über seine gesetzliche Beitragspflicht hinaus Erschließungskosten zu tragen;
– der Steuerpflichtige erstellt eine detaillierte Planung für die Neubebauung eines Grundstücks.

Die Erschließung führt jedoch nur i. V. mit der darauffolgenden Veräußerung zu einer gewerblichen Tätigkeit (OFD Münster, Verfügung vom 30.06.1997, S 2240 – 91 – St 13–31, FR 1997, 695; Söffing, DStZ 1996, 353).

4.7 Aufteilung in Eigentumswohnungen

Die Anschaffung eines Gebäudes mit anschließender Aufteilung und Veräußerung von mehr als drei Wohnungen innerhalb des Fünf-Jahres-Zeitraums stellt auch ohne Modernisierungsmaßnahmen einen gewerblichen Grundstückshandel dar. Befand sich die Immobilie schon langjährig im Privatvermögen, so können umfangreiche Modernisierungsmaßnahmen, die zu einer zusätzlichen Wertschöpfung führen, in Verbindung mit den anschließenden Veräußerungen die Annahme eines gewerblichen Grundstückshandels zur Folge haben (BFH, Urteil vom 08.02.1996, IV R 28/95, BFH/NV 1996, 747; BFH, Urteil vom 16.01.1996, VIII R 11/94, BFH/NV 1996, 676).

> *Beratungshinweis:*
> Zu beachten ist: Die Anschaffung einer Immobilie, deren Sanierung, anschließende Aufteilung in WEG sowie Veräußerung von mehr als drei Wohnungen innerhalb von fünf Jahren nach der Sanierung führen zum gewerblichen Grundstückshandel (BFH, Urteil vom 05.12.2002, IV R 57/01, BFH/NV 2003, 557; BFH, Beschluss vom 05.12.2002, IV R 58/01, BFH/NV 2003, 588).

Bereits die Bildung von Wohneigentum **bei Errichtung** eines Gebäudes rechtfertigt den Schluss auf eine bedingte Verkaufsabsicht des Eigentümers schon bei Errichtung der Eigentumswohnungen in einem Maße, dass die Überschreitung der fünfjährigen Haltefrist um vier bzw. neun Monate bei sechs Verkäufen in einem Verwertungszeitraum von zwei Jahren und sieben Monaten nicht ins Gewicht fällt (BFH, Beschluss vom 10.07.2002, X B 141/01, BFH/NV 2002, 1453).

Im Übrigen vertritt der BFH die Auffassung, dass die Aufteilung in Eigentumswohnungen und deren Veräußerung für sich allein – wenn die Immobilie nicht in zumindest bedingter Veräußerungsabsicht erworben wurde – unabhängig von der Zahl der Veräußerungsfälle und der Branchennähe des Steuerpflichtigen grundsätzlich keinen gewerblichen Grundstückshandel darstellt. Denn zur privaten Vermögensverwaltung gehören auch der Erwerb und die Veräußerung von Grundstücken, wenn diese beiden Vorgänge den Beginn und das Ende einer in erster Linie auf Fruchtziehung gerichteten Tätigkeit darstellen. Der letzte Akt der privaten Vermögensverwaltung kann darin bestehen, dass der Inhaber das Vermögen – gegebenenfalls in zahlreichen Teilakten – veräußert (BFH, Urteil vom 15.03.2000, X R 130/97, BStBl. II 2001, 530).

4.8 Drei-Objekt-Grenze: Keine Abschirmwirkung von Personengesellschaften

I. R. der Drei-Objekt-Grenze werden Grundstücksveräußerungen von Personengesellschaften, an denen ein Steuerpflichtiger zu mindestens 10 % beteiligt ist, diesem zugerechnet (keine Abschirmwirkung der Personengesellschaft). Das gilt unabhängig davon, ob die Personengesellschaft mitunternehmerisch oder nur vermögensverwaltend tätig ist (BFH, Beschluss vom 24.07.2003, X B 123/02, BFH/NV 2003, 1571; BFH, Beschluss vom 03.07.1995, GrS 1/93, BStBl. II 1995, 617).

Der BFH hat dazu ausgeführt, im Interesse einer sachlich zutreffenden Besteuerung des Gesellschafters seien alle ihm zuzurechnenden Tätigkeiten auf dem Gebiet des Grundstückshandels in eine Gesamtwürdigung am Maßstab des § 2 GewStG, § 2 Abs. 1 i. V. m. § 15 Abs. 1 EStG einzubeziehen. Wirtschaftliche Aktivitäten, die der Steuerpflichtige in seiner Person tätige, die aber als solche die im Steuertatbestand vorausgesetzte Nachhaltigkeit nicht erreichten, könnten in einer Gesamtschau mit einer mitunternehmerischen Betätigung als gewerblich bewertet werden (BFH, Urteil vom 07.12.1995, III R 24/92, BFH/NV 1996, 606).

IV. Gewerblicher Grundstückshandel

Für die „Drei-Objekt-Grenze" kommt es dabei nach Auffassung der Finanzverwaltung auf die Zahl der im Gesellschaftsvermögen (Gesamthandsvermögen) befindlichen Grundstücke an. Voraussetzung für die Anrechung von Anteilsveräußerungen ist jedoch, dass der Gesellschafter an der jeweiligen Gesellschaft **zu mindestens 10 %** beteiligt ist oder dass eine Beteiligung von weniger als 10 % ein Verkehrswert von **mehr als 250.000 €** hat (weitere Einzelheiten in Tz. 18 des BMF Schreibens vom 26.03.2004, IV A 6 – S 2240 – 46/04, BStBl. I 2004, 434; zum gewerblichen Grundstückshandel bei Veräußerung von Anteilen an vermögensverwaltenden Personengesellschaften siehe Götz, FR 2005, 137 f.; Fratz/Löhr, DStR 2005, 1044 ff.).

Die Grundstücksverkäufe einer Personengesellschaft können einem Gesellschafter, dessen Beteiligung nicht mindestens 10 v.H. beträgt und der auch eigene Grundstücke veräußert, jedenfalls dann als Objekte i.S.d. Drei-Objekt-Grenze zugerechnet werden, wenn dieser Gesellschafter über eine Generalvollmacht oder aus anderen Gründen die Geschäfte der Grundstücksgesellschaft maßgeblich bestimmt (BFH, Urteil vom 12.07.2007, X R 4/04, BStBl. II 2007, 885).

Auch ein Steuerpflichtiger, der als natürliche Person keinerlei Grundstücksveräußerungen tätigt, kann somit durch ausschließliche Beteiligung an mehreren vermögensverwaltenden Personengesellschaften zum gewerblichen Grundstückshändler werden. Bei mitunternehmerisch tätigen Personengesellschaften gehören allerdings Grundstücksgeschäfte der Personengesellschaft dann nicht zum gewerblichen Grundstückshandel des Steuerpflichtigen, wenn die Personengesellschaft zu einem anderen Zweck als dem Grundstückshandel gegründet worden ist, diesen anderen Zweck verfolgt und i.R. ihres gewöhnlichen Geschäftsbetriebs aus spezifisch betrieblichen Gründen Grundstücke veräußert:

> **Beispiel:**
> A ist an einer OHG beteiligt, deren Zweck in der Herstellung von Maschinen besteht. Zum Betriebsvermögen gehören Grundstücke, die die OHG im Jahr 01 für betriebliche Zwecke erworben hatte. Sie verkauft die Grundstücke im Jahr 04, weil sie die Grundstücke infolge Betriebsumstellungen nicht mehr benötigt. A selbst hat zwei im Jahre 02 erworbene Eigentumswohnungen im Jahr 04 wieder verkauft.

A ist kein gewerblicher Grundstückshändler. Die Grundstücksgeschäfte sind ihm nicht zuzurechnen (Veräußerung aus spezifisch betrieblichen Gründen).

Auch der o.g. Aspekt wird keinen Gestaltungsspielraum zur Vermeidung eines gewerblichen Grundstückshandels zulassen. So werden Grundstücksgeschäfte einer originär gewerblich tätigen Personengesellschaft beim Gesellschafter mitzählen, wenn der Handel mit Grundstücken durch den – ausdrücklich oder stillschweigend vereinbarten – Gesellschaftszweck gedeckt ist (Meyer-Scharenberg, DStR 1995, 1409).

4 Private Vermögensverwaltung und Gewerbebetrieb

Wird ein Gesellschaftsanteil an einer vermögensverwaltenden Personengesellschaft von einem Gesellschafter im gewerblichen Betriebsvermögen gehalten, so ist der Anteil dieses Gesellschafters an den Wirtschaftsgütern der Gesellschaft bei ihm Betriebsvermögen. Deshalb ist die anteilige Erfassung der Gewinne aus der Veräußerung von WG durch die Personengesellschaft bei diesem Gesellschafter erforderlich (BFH, Urteil vom 18.09.2002, X R 4/02, BFH/NV 2003, 457).

Unternehmen beteiligungsidentische Personengesellschaften Grundstücksgeschäfte, sind im Sinne der von der Rechtsprechung entwickelten Drei-Objekt-Grenze für den gewerblichen Grundstückshandel die Zählobjekte aller Personengesellschaften zusammenzurechnen. Wird die Grenze zum gewerblichen Grundstückshandel im Hinblick auf die Veräußerung von mehr als drei Objekten überschritten, erzielen alle Personengesellschaften jeweils in ihrer gesamthänderischen Verbundenheit gewerbliche Einkünfte (BFH, Beschluss vom 31.01.2008, IV B 144/06, BFH/NV 2008, 1134; siehe auch FG Köln, Urteil vom 07.11.2006, 1 K 5495/00, EFG 2008, 952 rkr.).

Eine für sich betrachtet vermögensverwaltende Personengesellschaft, die ein Grundstück veräußert, wird nicht dadurch zu einer gewerblichen Grundstückshändlerin, dass beteiligungsidentische, gleichfalls vermögensverwaltende Schwesterpersonengesellschaften ebenfalls einzelne Objekte veräußern und im Falle einer Zusammenschau die Drei-Objekt-Grenze überschritten wird (FG Berlin-Brandenburg, Urteil vom 10.09.2009, 1 K 3292/02 B, DStRE 2010, 531 rkr.).

Das Entgelt für die Veräußerung von Anteilen an einer Personengesellschaft, die den gewerblichen Grundstückshandel betreibt, ist auf die Wirtschaftsgüter der Gesellschaft aufzuteilen mit der Folge, dass der auf die Grundstücke im Umlaufvermögen entfallende Gewinn als laufender Gewinn der Gewerbesteuer unterliegt; Entsprechendes gilt bei Aufgabe eines Mitunternehmeranteils (BFH, Urteil vom 10.05.2007, IV R 69/04, BStBl. II 2010, 973).

Die Veräußerung von Mitunternehmeranteilen an mehr als drei am Grundstücksmarkt tätigen Gesellschaften bürgerlichen Rechts ist auch dann der Veräußerung der zu den jeweiligen Gesamthandsmitteln gehörenden Grundstücke gleichzustellen, wenn es sich bei den Gesellschaften um gewerblich geprägte Personengesellschaften i.S.d. §15 Abs.3 Nr.2 EStG handelt. Die Gewinne aus den Anteilsveräußerungen sind daher – bei Vorliegen der übrigen Voraussetzungen – als laufende Gewinne aus gewerblichem Grundstückshandel im Rahmen der Einkommensteuerveranlagung (Gewinnfeststellung) und der Gewerbesteuerveranlagung des Gesellschafters (der Obergesellschaft) zu erfassen (BFH, Urteil vom 05.06.2008, IV R 81/06, BStBl. II 2009, 974; bestätigt durch BFH, Urteil vom 29.06.2011, X R 39/07, BFH/NV 2012, 16).

Bei der Beantwortung der Frage, ob eine Personengesellschaft wegen Überschreitung der sog. Drei-Objekt-Grenze den Bereich der privaten Vermögensverwaltung verlassen hat, sind solche Grundstücksaktivitäten nicht mitzuzählen, die die Gesellschafter allein oder im Rahmen einer anderen gewerblich

IV. Gewerblicher Grundstückshandel

tätigen Personengesellschaft entwickelt haben (BFH, Urteil vom 17.12.2008, IV R 72/07, BStBl II 2009, 529 mit Anm. Brandt, StBp 2009, 182 und Kanzler, FR 2009, 864; Urteil vom 17.12.2008 IV R 85/06, BStBl II 2009, 795 = BB 2009, 595 f. mit Anm. Behrens).

Bei der Beurteilung der Frage, ob eine Personengesellschaft wegen Überschreitung der sog. Drei-Objekt-Grenze die Schwelle von der privaten Vermögensverwaltung zur Gewerblichkeit überschritten hat, sind die Grundstücksaktivitäten grundsätzlich nicht mitzuzählen, die die Gesellschafter im Rahmen einer anderen Personengesellschaft entwickelt haben (Grundsatz der Einheit der Personengesellschaft). Eine Ausnahme hiervon gilt, wenn die in die Gesamtschau einzubeziehenden Personenmehrheiten nicht nur personenidentisch, sondern – jeweils für sich genommen – lediglich vermögensverwaltend tätig waren (Hessisches FG, Urteil vom 24.02.2010, 8 K 3380/07, EFG 2011, 658; die eingelegte Revision wurde per BFH, Beschluss vom 10.05.2012, IV R 48/10 nv als unzulässig verworfen).

Gewinne aus den Veräußerungen von Kommanditanteilen an einer originär grundstücksverwaltenden KG sind auf der Ebene der KG nicht gewerbesteuerpflichtig (FG Nürnberg, Urteil vom 14.04.2010, 5 K 681/2007, EFG 2011 1642 rkr.; zu den Verfahrensfragen ebenso FG Nürnberg, Urteil vom 14.04.2010, 5 K 568/2007, EFG 2011, 1614 rkr.).

Auch wenn ein Steuerpflichtiger in eigener Person kein einziges Objekt veräußert, kann er allein durch die Zurechnung der Grundstücksverkäufe von Personengesellschaften oder Gemeinschaften einen gewerblichen Grundstückshandel betreiben (BFH, Urteil vom 22.08.2012, X R 24/11, BStBl. II 2012 865 mit Anmerkung Brandt, StBp 2012, 358 f. und Hartrott, FR 2013, 124, 126 f.; bestätigt durch BFH, Urteil vom 28.10.2015, X R 22/13, BStBl. II 2016, 85; ferner Figgener/von der Tann, DStR 2012, 2579 f.; Paus, EStB 2014, 270, 273). Seit dem Beschluss des Großen Senats des BFH vom 03.07.1995, GrS 1/93, BStBl. II 1995, 617 sind bei der erforderlichen Gesamtwürdigung, ob ein Steuerpflichtiger einen gewerblichen Grundstückshandel unterhält, alle Tätigkeiten von Personengesellschaften/Grundstücksgemeinschaften auf dem Gebiet des Grundstückshandels zu berücksichtigen, an denen der Steuerpflichtige als Gesellschafter/Gemeinschafter beteiligt war bzw. ist. Grundstücksgeschäfte einer als solchen vermögensverwaltenden Gesellschaft können auch auf der Ebene des Gesellschafters auch dann im Wege der Umqualifizierung Teil eines gewerblichen Grundstückshandels sein, wenn der Gesellschafter in eigener Person keine Grundstücksgeschäfte tätigt, jedoch zudem an einer – einen gewerblichen Grundstückshandel behandelnden – Mitunternehmerschaft (z.B. OHG, KG) beteiligt ist. Das hat jetzt der BFH klargestellt.

Bei der Beantwortung der Frage, ob eine Personengesellschaft wegen Überschreitung der sog. Drei-Objekt-Grenze den Bereich der privaten Vermögensverwaltung verlassen hat, sind solche Grundstücksaktivitäten nicht mitzuzählen, die die Gesellschafter allein oder im Rahmen einer anderen gewerblich tätigen Personengesellschaft entwickelt haben (BFH, Urteil vom 17.12.2008, IV R 72/07, BStBl. II 2009, 529 mit Anm. Brandt, StBp 2009, 182 und Kanzler, FR 2009, 864; Urteil vom 17.12.2008, IV R 85/06, BStBl. II 2009, 795 mit Anm. Behrens, BB 2009, 595 f.).

4.9 Drei-Objekt-Grenze: Eingeschränkte Abschirmwirkung der GmbH

Nach h. M. kommt der GmbH grundsätzlich eine Abschirmwirkung zu. Eine Anrechnung von Grundstücksverkäufen einer GmbH auf die Drei-Objekt-Grenze beim – beherrschenden – Gesellschafter wird überwiegend verneint, ein Durchgriff durch die GmbH somit abgelehnt (BFH, Beschluss vom 20.05.1998, III B 9/98, BStBl. II 1998, 721; Carlé, DStZ 2003, 483 (487, 488)).

> **Beispiel:**
> X, Vorstand einer Versicherungsgesellschaft, war Eigentümer einer Eigentumswohnanlage mit drei Eigentumswohnungen. Er hat innerhalb der letzten fünf Jahre seit deren Erwerb diese drei Eigentumswohnungen veräußert und damit auf seiner persönlichen Ebene die Drei-Objekt-Grenze ausgeschöpft. Für ein zweites ähnliches Projekt gründet X nunmehr eine Bau-GmbH, zu deren Geschäftsführer er einen fremden Dritten bestellt. Die Bau-GmbH erwirbt dabei die entsprechenden Objekte selbst.

Obwohl X Alleingesellschafter der Bau-GmbH ist, werden ihm die von der Bau-GmbH veräußerten Objekte nicht zugerechnet. Die Bau-GmbH entfaltet somit die gewünschte Abschirmwirkung, sodass X seine persönliche Drei-Objekt-Grenze ausnutzen kann, ohne dass ihm insoweit eine Gewerblichkeit durch die Grundstücksaktivitäten der Bau-GmbH droht.

Gleichwohl sind auch die Möglichkeiten zur Vermeidung eines gewerblichen Grundstückshandels mittels einer GmbH eingeschränkt, und zwar im Wesentlichen aus folgenden Gründen:

– Die **Einbringung eines Grundstücks in eine Kapitalgesellschaft** gegen Gewährung von Gesellschaftsrechten oder/und Übernahme grundstücksbezogener Verbindlichkeiten bedeutet eine Veräußerung i. S. d. Rechtsgrundsätze des gewerblichen Grundstückshandels. Die erforderliche Gewinnerzielungsabsicht des Veräußerers/Einbringenden fehlt dabei auch dann nicht, wenn die Übertragung lediglich zu den ursprünglichen Anschaffungskosten erfolgt. Maßgeblich ist vielmehr, ob im Zeitpunkt des Immobilienerwerbs eine bedingte Veräußerungsabsicht bestand. Hierfür bildet die Veräußerung von mehr als drei Objekten ein Indiz; auf dieses Indiz kommt es nur dann nicht an, wenn sich aus anderen – ganz besonderen – Umständen zweifelsfrei Anhaltspunkte gegen eine von Anfang an bestehende Veräußerungsabsicht ergeben. Erwirbt oder errichtet ein Steuerpflichtiger Immobilienobjekte, um diese zu gegebener Zeit mit Gewinn zu veräußern, so wird diese Absicht nicht dadurch infrage gestellt, dass die auf die Realisierung eines Veräuße-

IV. Gewerblicher Grundstückshandel

rungsgewinns gerichtete Erwartung des Steuerpflichtigen infolge für ihn ungünstiger Marktfaktoren oder sonstiger nicht von ihm vorhergesehener Umstände enttäuscht wird und anstelle des erstrebten Gewinns ein neutrales Ergebnis oder gar ein Verlust erwirtschaftet wird (BFH, Urteil vom 19.09.2002 X R 51/98, BStBl. II 2003, 394).

- Die Zwischenschaltung einer GmbH wird von der Finanzverwaltung u. U. als Gestaltungsmissbrauch angesehen (OFD Münster, Verfügung vom 30.06.1997, S 2240–91-St 13–31, FR 1997, 695; OFD Düsseldorf, Verfügung vom 09.07.1997, S 2240 A – St 111, DB 1997, 1440 = DStR 1997, 1208; § 42 AO).

Im Urteil des BFH vom 12.07.1991 wurden die wesentlichen **Indizien für die Annahme von Gestaltungsmissbrauch** genannt:

- Beim Verkauf von Immobilien sei anzunehmen, dass der Verkäufer einen möglichst günstigen Preis erzielen will. Diesem erstrebten Ziel dürfte es meist unangemessen sein, wenn unzusammenhängende Grundstücke nur insgesamt in einem Rechtsgeschäft oder an einen einzigen bestimmten Käufer veräußert werden sollen. Bei einer solchen Gestaltung liege es nahe, dass dies ausschließlich geschehe, um die Besteuerung als gewerblichen Grundstückshandel zu vermeiden.
- Nicht steuerliche Gründe liegen umso näher, wenn die Gesellschafter der GmbH Personen sind, die dem Veräußerer nahestehen.
- Eine missbräuchliche Gestaltung könne auch dann vorliegen, wenn die Mittel der GmbH für den Kaufpreis ganz oder zu einem erheblichen Teil vom Verkäufer selbst stammen oder im Wesentlichen erst aus dem Verkaufserlös für den Weiterverkauf der Wohnungen/Gebäude aufgebracht werden müssen.
- Gestaltungsmissbrauch komme insbesondere auch in Betracht, wenn die Gesellschaft im Wesentlichen nur zum Zweck des Kaufs und Weiterverkaufs der Grundstücke gegründet wurde und einen so hohen Kaufpreis gezahlt hat, dass von vornherein nur ein Verlust oder ein unerheblicher Gewinn aus dem Weiterverkauf zu erwarten war (BFH, Urteil vom 12.07.1991, III R 47/88, BStBl. II 1992, 147; § 42 AO).

In dem Urteil des BFH vom 17.06.1998 zugrunde liegenden Sachverhalt hatte der Kläger ein Grundstück erworben, in 18 Bauparzellen aufgeteilt und alle Einzelparzellen in einem einzigen Vertrag an eine neu gegründete GmbH veräußert. Der BFH verwies die Sache an das FG zurück und äußerte zu den Voraussetzungen von § 42 AO:

Ein Gestaltungsmissbrauch wird insbesondere dann anzunehmen sein, wenn der Kläger mit dem von der GmbH erhaltenen Entgelt für die vereinbarungsgemäß weiterzuveräußernden Bauparzellen die seit dem Erwerb 1985 eingetretene Wertsteigerung realisiert hat. Eine solche Vereinbarung kann aufgrund einer tatsächlich zeitnahen Abfolge von Veräußerung an die GmbH und deren Weiterveräußerung sowie des Umstands vermutet werden, dass die GmbH selbst aus der Veräußerung der einzelnen Baugrundstücke keine oder keine nennenswerten Gewinne erzielt hat Weiterhin wird von Bedeutung sein, ob die Bauparzellen zum alsbaldigen Verkauf oder zur Nutzung durch den Kläger selbst bestimmt waren; im ersten Fall gab es außer dem Motiv, Steuern zu sparen, keinen wirtschaftlich vernünftigen Grund, den Vertrieb der Grundstücke mittels Eigentumsübertragung einer in Bezug auf die Weiterveräußerung funktionslosen, weil ohne oder nur mit geringer Gewinnspanne operierenden Gesellschaft zu übertragen.

Gegebenenfalls wird das FG weiterhin prüfen, ob die GmbH einen unangemessen hohen Preis für das Grundstück gezahlt hat und deswegen eine verdeckte Gewinnausschüttung (vGA) in Betracht kommt (BFH, Urteil vom 17.06.1998, X R 68/95, BStBl. II 1998, 667).

Veräußert der Alleingesellschafter-Geschäftsführer ein von ihm erworbenes unaufgeteiltes Mehrfamilienhaus an „seine GmbH", die er zur Aufteilung bevollmächtigt und die die entstandenen vier Eigentumswohnungen noch im selben Jahr an verschiedene Erwerber veräußert, so können die Aktivitäten der GmbH nur dem Anteilseigner zugerechnet werden, wenn die Voraussetzungen eines Gestaltungsmissbrauchs vorliegen. Für einen Gestaltungsmissbrauch kann insbesondere neben weiteren Umständen sprechen, dass die Mittel für den an den Anteilseigner zu entrichtenden Kaufpreis zu einem erheblichen Teil erst aus den Weiterverkaufserlösen zu erbringen sind (BFH, Urteil vom 18.03.2004, III R 25/02, BStBl. II 2004, 787).

Beauftragt ein Bauherr aufgrund diverser schuldrechtlicher Verträge verschiedene von ihm beherrschte Kapitalgesellschaften mit der Projektierung, Bebauung und Vermietung eines Einkaufszentrums, sind ihm die Aktivitäten dieser Gesellschaften bei der Prüfung seiner eigenen Einzelaktivitäten zuzurechnen (BFH, Beschluss vom 12.09.2007, X B 192/06, BFH/NV 2008, 68).

Grundstücksverkäufe einer GmbH können einem Steuerpflichtigen jedenfalls dann nicht zugerechnet werden, wenn dieser nur einen GmbH-Anteil von 25 v. H. hält (BFH, Urteil vom 26.09.2006, X R 27/03, BFH/NV 2007, 412).

Die entgeltliche Übertragung eines Objekts auf eine vom Steuerpflichtigen beherrschte GmbH vor Fertigstellung des Objektes ist als Anhaltspunkt für das Vorliegen einer unbedingten Veräußerungsabsicht heranzuziehen. Bei Einbringung eines Grundstückshandelsbetriebs in eine GmbH ist der Einbringungsgewinn als laufender Gewerbeertrag zu behandeln, soweit er auf die eingebrachten Grundstücke des Umlaufvermögens entfällt (BFH, Urteil vom 24.06.2009, X R 36/06, BStBl. II 2010, 171; Urteil vom 16.09.2009, X R 48/07, BFH/NV 2010, 212; BFH Urteil vom 25.08.2010 I R 21/10, BFH/NV 2011, 258).

Im Hinblick auf einen gewerblichen Grundstückshandel ist die Zwischenschaltung einer GmbH grundsätzlich nicht missbräuchlich, wenn die GmbH nicht funktionslos ist, d.h. wenn sie eine wesentliche – wertschöpfende – eigene Tätigkeit (z.B. Bebauung des erworbenen Grundstücks) ausübt (BFH, Urteil

IV. Gewerblicher Grundstückshandel

vom 17.03.2010, IV R 25/08, BFH/NV 2010, 1335 mit Anm. Hartrott, FR 2010, 710f.; Wagner, BB 2010, 2286f.).

Die zur Abgrenzung der Vermögensverwaltung vom gewerblichen Grundstückshandel dienende Drei-Objekt-Grenze ist überschritten, wenn der Kaufvertrag zwar über einen ungeteilten Miteigentumsanteil abgeschlossen wurde, das Grundstück jedoch in derselben Urkunde in Wohn- und Gewerbeeinheiten aufgeteilt wurde, von denen dem Erwerber mehr als drei Einheiten zugewiesen wurden (BFH, Urteil vom 30.09.2010, IV R 44/08, BStBl. II 2011, 645 mit Anmerkung Köhler, BB 2011, 1832 und Kanzler, FR 2011, 710, 713f.).

5 Beginn des gewerblichen Grundstückshandels; Ermittlung des Veräußerungsgewinns

5.1 Zeitpunkt der Fertigstellung als Beginn des gewerblichen Grundstückshandels

Als Beginn des gewerblichen Grundstückshandels ist regelmäßig der Zeitpunkt anzusehen, in dem der Steuerpflichtige mit Tätigkeiten beginnt, die objektiv erkennbar auf die Vorbereitung der Grundstücksgeschäfte gerichtet sind. Dabei sind folgende Fallgruppen zu unterscheiden:

- Bei Errichtung und Veräußerung in engem zeitlichen Zusammenhang beginnt der gewerbliche Grundstückshandel grundsätzlich mit der Stellung des Bauantrags, bei baugenehmigungsfreien Bauvorhaben mit der Einreichung der Bauunterlagen oder dem Beginn der Herstellung.
- Bei Erwerb und Veräußerung im engen zeitlichen Zusammenhang beginnt der gewerbliche Grundstückshandel grundsätzlich im Zeitpunkt des Grundstückserwerbs.
- Bei Modernisierung und Veräußerung im engen zeitlichen Zusammenhang beginnt der gewerbliche Grundstückshandel in dem Zeitpunkt, in dem mit den Modernisierungsmaßnahmen begonnen wird.
- Bei Sanierung und Veräußerung im engen zeitlichen Zusammenhang beginnt der gewerbliche Grundstückshandel in dem Zeitpunkt, in dem mit Sanierungsarbeiten begonnen wird.

(Tz. 31 des BMF Schreibens vom 26.03.2004 IV A 6 – S 2240 – 46/04, BStBl. I 2004, 434).

Dem Zeitpunkt des Beginns des Gewerbebetriebs kommt deshalb Bedeutung zu, weil die Höhe des steuerpflichtigen Veräußerungsgewinns von dem Teilwert abhängig ist, mit dem der Grund und Boden anzusetzen ist. Die Ansicht der Finanzverwaltung ist für den Steuerpflichtigen meist günstiger, weil der Teilwert des Grund und Bodens im Zeitpunkt der Gebäudefertigstellung regelmäßig höher sein dürfte als im Zeitpunkt des Baubeginns. Im Zeitpunkt des Beginns des gewerblichen Grundstückshandels entspricht der Teilwert i. d. R. dem gemeinen Wert (BFH, Urteil vom 10.07.1991, VIII R 126/86, BStBl. II 1991, 840).

5 Beginn des gewerblichen Grundstückshandels

Bei Erwerb und Veräußerung in engem zeitlichen Zusammenhang beginnt der gewerbliche Grundstückshandel im Zeitpunkt des Grundstückserwerbs. Der Veräußerungsgewinn besteht in der Differenz zwischen dem erzielten Veräußerungspreis und der Summe aus den Veräußerungskosten, den Anschaffungskosten für den Grund und Boden sowie aller aktivierungspflichtigen Aufwendungen. Der BFH räumt ein, dass eine zunächst private Vermögensverwaltung erst nach einer gewissen Zeit zum Gewerbebetrieb werden kann. Dies sei der Fall, wenn der Steuerpflichtige während einer auf Fruchtziehung beschränkten Tätigkeit planmäßig mit Handlungen beginnt, die auf Vermögensmehrung durch Substanzauswertung gerichtet sind (BFH, Urteil vom 17.03.1981, VIII R 149/78, BStBl. II 1981, 522, 527).

Der Grundstückshandel von Eigentumswohnungen beginnt mit deren Fertigstellung. Bei Baulandaufschließungsmaßnahmen beginnt der gewerbliche Grundstückshandel in dem Zeitpunkt, in dem der Steuerpflichtige mit Tätigkeiten beginnt, die objektiv erkennbar auf die Durchführung von Grundstücksgeschäften hinweisen.

Veräußert der Steuerpflichtige Eigentumswohnungen in einem von ihm **sanierten Gebäude**, so beginnt die für die Annahme eines gewerblichen Grundstückshandels bedeutsame Frist von fünf Jahren i. S. d. Drei-Objekt-Rechtsprechung mit Abschluss der Sanierungsarbeiten. Die Sanierung oder erhebliche Modernisierung eines Gebäudes ist ebenso zu behandeln wie die Errichtung eines neuen Gebäudes (BFH, Urteil vom 05.12.2002, IV R 57/01, BStBl. II 2003, 291).

5.2 Ermittlung des Veräußerungsgewinns

Der Gewinn aus Gewerbebetrieb ist nach §4 Abs.1 Satz 1 EStG grundsätzlich durch Bestandsvergleich zu ermitteln. Abweichend hiervon können Steuerpflichtige, die nicht aufgrund gesetzlicher Vorschriften verpflichtet sind, Bücher zu führen und Abschlüsse zu machen, als Gewinn den Überschuss der Betriebseinnahmen über die Betriebsausgaben ansetzen (Wahlrecht zu Gunsten der Einnahme-Überschuss-Rechnung, §4 Abs. 3 EStG) (§4 Abs. 1, 3 EStG); zu ernstlichen Zweifeln an einer gewinnerhöhenden Korrektur des Kapitalkontos bei gewerblichem Grundstückshandel vgl. BFH, Beschluss vom 08.02.2017, X B 138/16 BFH/NV 2017, 579.

Nach der Rechtsprechung des BFH kann das Wahlrecht zur Gewinnermittlung nach Einnahme-Überschuss-Rechnung nur zu Beginn des Gewinnermittlungszeitraums ausgeübt werden, und zwar dadurch (schlüssiges Verhalten), dass der Steuerpflichtige keine Eröffnungsbilanz erstellt und keine Buchführung einrichtet, sondern die Betriebseinnahmen und -ausgaben aufzeichnet. Die Wahlentscheidung setzt jedoch das Bewusstsein des Steuerpflichtigen voraus, eine Wahl zu haben; da der Steuerpflichtige regelmäßig bis zur Qualifizierung seiner Immobilienaktivitäten durch das FA als Gewerbebetrieb von einer Vermögensverwaltung (Vermietung und Verpachtung – VuV) ausging, fehlt es zumeist an einer bewussten Entscheidung für die Gewinnermittlung durch

IV. Gewerblicher Grundstückshandel

Einnahme-Überschuss-Rechnung. Die Erklärung von VuV-Einkünften ist nicht als solche Entscheidung anzusehen. Hat der Steuerpflichtige nicht vor Beginn des Gewinnermittlungszeitraums dokumentiert, dass er seinen Gewinn gem. § 4 Abs. 3 EStG ermitteln will, so ist der Gewinn durch Bestandsvergleich (§ 4 Abs. 1 EStG) zu ermitteln (BFH, Urteil vom 09.02.1999, VIII R 49/97, BFH/NV 1999, 1195 = DStRE 1999, 577; BFH, Urteil vom 26.11.2008, X R 23/05, BStBl. II 2009, 407; zu den Problemen der Gewinnermittlung bei gewerblichen Grundstücksgeschäften einer Familien-GbR s. Saarländisches FG, Urteil vom 17.10.2013, 1 K 1244/09, EFG 2014, 240; jedoch aufgrund der eingelegten NZB vom BFH, Beschluss vom 11.12.2014, IV B 145/13 aufgehoben und zur erneuten Verhandlung zurückgewiesen; OFD Hannover, Verfügung vom 13.05.2002, G 1400 – 205 – StO 232/G 1400 – 835 – StH 241, WP 2002, 696; OFD Frankfurt/Main, Rundverfügung vom 18.04.2000, S 2132 A – 3 – St II 20, DStR 2000, 1261; Apitz, StBp 2001, 344; Kohlhaas, DStR 2000, 1249).

Im Übrigen besteht für die Finanzverwaltung die Möglichkeit, den Steuerpflichtigen bei Überschreiten der Gewinn- und Umsatzgrenzen des § 141 AO zur Buchführung aufzufordern.

Der Gewinn aus der Veräußerung von zu erstellenden Eigentumswohnungen ist dann realisiert, wenn mehr als die Hälfte der Erwerber das im Wesentlichen fertig gestellte Gemeinschaftseigentum ausdrücklich oder durch mindestens drei Monate lange rügelose Ingebrauchnahme konkludent abgenommen haben. Die Gewinnrealisierung betrifft nur die von diesen Erwerbern geschuldeten Entgelte (BFH, Urteil vom 08.09.2005, IV R 40/04, BStBl. II 2006, 26).

Die Veräußerung des zum Umlaufvermögen eines gewerblichen Grundstückshändlers gehörenden Grundstücks ist auch dann nicht nach den §§ 16, 34 EStG tarifbegünstigt, wenn sie mit der Betriebsaufgabe zusammentrifft und hiermit zugleich eine zunächst bestehende Bebauungsabsicht aufgegeben wird. Die vorstehenden Grundsätze gelten auch, wenn das Betriebsvermögen einer den gewerblichen Grundstückshandel betreibenden Personengesellschaft – mit Ausnahme der Grundstücke des Umlaufvermögens – auf Schwesterunternehmen ausgelagert wird und im Anschluss hieran der Mitunternehmer seinen Gesellschaftsanteil veräußert (BFH, Urteil vom 05.07.2005, VIII R 65/02, BStBl. II 2006, 160 mit Anm. Kempermann, FR 2006, 290).

Ein Gewinn aus der Veräußerung des Anteils an einer Personengesellschaft, zu deren Betriebsvermögen im Zeitpunkt der Veräußerung Grundstücke gehören, die dem Umlaufvermögen des von der Gesellschaft betriebenen Unternehmens zuzurechnen sind, ist als **laufender Gewinn** dem Gewerbeertrag zuzurechnen und unterliegt somit auch der Gewerbesteuer. Das gilt jedenfalls dann, wenn das Betriebsvermögen der Gesellschaft ausschließlich oder nahezu ausschließlich aus solchen Grundstücken besteht (BFH, Urteil, vom 14.12.2006, IV R 3/05, BStBl. II 2007, 777 mit Anm. Küspert, DStR 2007, 746 ff.; Lüdicke, WPg 2007, 700 ff. und Günters, FR 2008, 867 ff.; bestätigt durch BFH, Urteil vom 10.05.2007, IV R 69/04, BFH/NV 2007, 2023; siehe auch BFH, Urteil vom

05.06.2008, IV R 81/06, BFH/NV 2008, 1731 mit Anm. Behrens/Schmitt, BB 2008, 2334 ff. und Kanzler, FR 2009, 131).

Zur abweichenden Festsetzung aus Billigkeitsgründen gem. § 163 AO vgl. BFH, Urteil vom 21.07.2016, X R 11/14, DStR 2016, 2753 = BB 2016, 2978 betr. einen Sonderfall.

Zur Problematik der Inanspruchnahme des § 6b EStG im Kontext mit einem gewerblichen Grundstückshandel s. BFH, Beschluss vom 08.02.2017, X B 138/16, BFH/NV 2017, 579.

Veräußert eine gewerblich geprägte Personengesellschaft ihr eigenes Grundstück kurz nach dem Erwerb und wird sie sodann liquidiert, liegt kein begünstigter Veräußerungsgewinn, sondern ein regulärer Geschäftsvorfall vor, wenn kein Konzept für eine langfristige Nutzung bestanden hat, die Personengesellschaft sich umgehend nach Erwerb des Grundstücks zum Verkauf entschlossen hat, die geringe Kapitalausstattung und mangelnde Darlehensverhandlungen auf eine fehlende Finanzierungsmöglichkeit hinsichtlich Planungs- und Entwicklungskosten hinzuweisen und bereits vorher das Grundstück bzw. entstandene Projektkosten im Umlaufvermögen bilanziert wurden (FG Hamburg, Urteil vom 20.09.2011, 2 K 64/11, DStRE 2012, 1456 rkr.).

Das Wohnsitz-FA darf den Gewinn aus der Veräußerung eines Anteils an einer grundbesitzenden Personengesellschaft auch dann in einen laufenden Gewinn im Rahmen eines vom Kläger betriebenen gewerblichen Grundstückshandels umqualifizieren, wenn er im Feststellungsbescheid als Veräußerungsgewinn bezeichnet worden ist (BFH, Urteil vom 18.04.2012, X R 34/10, BStBl II 2012, 14 mit Anmerkung Wendt, FR 2012, 921, 922 f.).

Wie bei einer Einbringung eines Grundstückshandelsbetriebes in eine GmbH muss auch bei der Einbringung von Mitunternehmeranteilen an einer einen gewerblichen Grundstückshandel betreibenden Personengesellschaft in eine GmbH der dabei erzielte Einbringungsgewinn als laufender Gewinn behandelt werden, der auf die zum Umlaufvermögen der Personengesellschaft gehörenden Grundstücke entfällt. Der Einbringungsgewinn ist als laufender Gewerbeertrag bei der Festsetzung des Gewerbesteuermessbetrags der Personengesellschaft zu berücksichtigen (BFH, Urteil vom 25.08.2010, I R 21/10, BFH/NV 2011, 258).

6 Unterbrechung und Ende eines gewerblichen Grundstückshandels

Besteht ein gewerblicher Grundstückshandel, so ist auch die längerfristige Unterbrechung der Veräußerungstätigkeit für seinen Fortbestand steuerrechtlich unschädlich. Ein solches Unternehmen kann jederzeit ein bisher vermietetes Grundstück veräußern und damit die gewerbliche Tätigkeit fortsetzen, wenn die zurückbehaltenen und i. d. R. vermieteten Wirtschaftsgüter jederzeit die Wiederaufnahme des Betriebs gestatten. Besteht die Absicht, den Betrieb künftig wiederaufzunehmen, so liegt auch nach 11 bis 14 Jahren eine bloße

IV. Gewerblicher Grundstückshandel

Betriebsunterbrechung vor. Diese lässt den Fortbestand des Betriebs unberührt, solange der Steuerpflichtige dem FA gegenüber nicht erklärt, seinen Betrieb aufgeben zu wollen oder sich aus den äußerlich erkennbaren Umständen eindeutig ergibt, dass der Betrieb endgültig aufgegeben wird. Die bloße Erklärung von Einkünften aus Vermietung und Verpachtung i. R. der Steuererklärung reicht hierfür ebenso wenig aus wie die Vermietung bzw. Verpachtung des Grundbesitzes an mehrere Mieter oder Pächter. Es ist in der Rechtsprechung des BFH geklärt, dass auch eine längerfristige Unterbrechung steuerrechtlich unschädlich ist und dass es möglich ist, dass zum Betriebsvermögen eines gewerblichen Grundstückshandels gehörende Grundstücke **während der Zeit ihrer Vermietung zum Anlagevermögen gehören und erst im Zeitpunkt ihrer Veräußerung (wieder) dem Umlaufvermögen zuzuordnen sind** (BFH, Urteil vom 11.03.2003, IX R 77/99, BFH/NV 2003, 911; BFH, Beschluss vom 26.04.2000, III B 47/99, BFH/NV 2000, 1451; Niedersächsisches FG, Urteil vom 19.01.2000, 2 K 699/97, EFG 2000, 615 rkr.).

Mit Beschluss vom 26.04.2000 führte der BFH aus:

Die **damalige Veräußerungsabsicht** der Klägerin hinsichtlich der im Streitjahr veräußerten Wohnung ergibt sich aus der unstreitigen und vom FG festgestellten Tatsache, dass die Klägerin eine einheitliche **Preisliste** für alle Räume der Wohnanlage erstellt hat. Diese Preisliste für sämtliche Räume einer Wohnanlage dokumentiert, dass zum Zeitpunkt der Erstellung der Preisliste für alle darin enthaltenen Räume eine Veräußerungsabsicht des Erstellers bestand. Die im Streitjahr veräußerte Wohnung ist daher auch nach Ablauf des Fünfjahreszeitraums in den gewerblichen Grundstückshandel einzubeziehen. Sie gehörte zum Zeitpunkt der Erstellung der Preisliste zum Betriebsvermögen des gewerblichen Grundstückshandels. Demgemäß kann der Klägerin **nicht darin gefolgt werden**, die Wohnung **sei erst mit dem Beginn der Verkaufsbemühungen** zu einem mit dem Verkaufspreis identischen Teilwert ins Betriebsvermögen eingelegt worden und aus ihrer Veräußerung daher kein Gewinn entstanden (BFH, Beschluss vom 26.04.2000, III B 47/99, BFH/NV 2000, 1451).

Eine **Betriebsaufgabe** (§ 16 Abs. 3 EStG) liegt vor, wenn alle wesentlichen Betriebsgrundlagen in einem einheitlichen Vorgang einzeln an verschiedene Erwerber oder teilweise veräußert und teilweise in das Privatvermögen oder insgesamt in das Privatvermögen in einem einheitlichen Vorgang überführt werden und dadurch der Betrieb als selbstständiger Organismus des Wirtschaftslebens zu bestehen aufhört. Die nach Beginn der Betriebsaufgabe anfallenden Gewinne aus der Veräußerung sind nicht bereits wegen des zeitlichen Zusammenhangs zwischen Veräußerung und Betriebsaufgabe tarifbegünstigt zu versteuern. Vielmehr gehören sie nur dann zu dem nach § 16 Abs. 3 Satz 6 EStG begünstigten Aufgabegewinn, wenn sich die Veräußerung i. R. der Aufgabe des Betriebs vollzieht. I. d. R. gehören zum Aufgabegewinn nur die aus der Auflösung der stillen Reserven des Anlagevermögens resultierenden Gewinne.

Gewerbesteuerrechtlich führt die Veräußerung von Grundstücken eines gewerblichen Grundstückshändlers anlässlich der Betriebsaufgabe zu einem **laufenden Gewinn** und nicht zu einem Aufgabegewinn. Dies gilt auch bei einer Einbringung von Grundstücken zum Teilwert gegen Übernahme von Verbindlichkeiten und Einräumung einer Darlehensforderung (BFH, Urteil vom 28.10.2015, X R 22/13, BStBl II 2016, 95 = FR 2016, 469, 474 mit Anm. Kanzler).

Im Fehlen von Verkaufsbemühungen oder anderer nachweisbarer Vermarktungshandlungen nach dem Scheitern weiterer geplanter Umbauarbeiten kann für sich gesehen allenfalls die Einstellung der werbenden Tätigkeit, nicht jedoch eine abgeschlossene Betriebsaufgabe eines gewerblichen Grundstückshandels gesehen werden (BFH, Urteil vom 12.05.2011, IV R 36/09, BFH/NV 2011, 2092).

Zur Beendigung des gewerblichen Grundstückshandels ohne Betriebsaufgabe einer grundstücksverwaltenden GmbH & Co. KG siehe Klare, DB 2012, 1835 ff.

Die Veräußerung von Wirtschaftsgütern des Umlaufvermögens steht ungeachtet eines zeitlichen Zusammenfallens mit einer Betriebsaufgabe nicht in dem erforderlichen wirtschaftlichen Zusammenhang mit der Betriebsaufgabe, wenn sie sich als Fortsetzung der bisherigen unternehmerischen Tätigkeit darstellt. Dies gilt insbesondere für die Veräußerung von Grundstücken im Zusammenhang mit der Aufgabe eines gewerblichen Grundstückshandels (BFH, Urteil vom 23.01.2003, IV R 75/00, BStBl. II 2003, 467; Urteil vom 25.01.1995, X R 76–77/92, BStBl. II 1995, 388).

Auch die Veräußerung von Eigentumswohnungen an verschiedene Erwerber gehört zu den für einen gewerblichen Grundstückshandel typischen Geschäftsvorfällen und ist nicht tarifbegünstigt (BFH, Urteil vom 18.08.1992, VIII R 22/91, BFH/NV 1994, 299).

Bitte beachten Sie: Im dem dem Urteil des BFH vom 21.11.1989 zu Grunde liegenden Fall war im zeitlichen Zusammenhang mit der Betriebsaufgabe ein Grundstück unverändert weiterveräußert worden, das ursprünglich entsprechend dem Zweck der Kläger hätte saniert und in Wohnungseigentum aufgeteilt werden sollen. Der BFH beurteilte die Veräußerung nicht als laufenden Geschäftsvorfall (BFH, Urteil vom 21.11.1989, VIII R 19/85, BFH/NV 1990, 625).

7 Folgen des gewerblichen Grundstückshandels

Die Folgen der Annahme eines gewerblichen Grundstückshandels sind:

- ESt- und GewSt-Pflicht der Veräußerungsgewinne, Grundstücke sind Betriebsvermögen (grundsätzlich Umlaufvermögen); AfA und Sonder-AfA sind nicht möglich (im Einzelnen streitig, wobei Sonder-AfA nach § 4 FördG auch auf Herstellungskosten an Gebäuden des Umlaufvermögens vorgenommen werden kann, siehe BFH, Urteil vom 16.12.2009 IV R 45/07, BStBl II 2010, 799.
- Kommt es i. R. der Bp zur Umqualifizierung der VuV-Einkünfte in gewerblichen Grundstückshandel, so gilt laut BFH, Beschluss vom 12.09.1995, dass

IV. Gewerblicher Grundstückshandel

die AfA rückgängig zu machen ist, soweit die Steuerfestsetzungen noch abänderbar sind. In die erste noch korrigierbare Bilanz ist der richtige Anfangswert – gekürzt um die tatsächlich (bestandskräftig) vorgenommenen AfA-Beträge – einzusetzen. Für die Ermittlung des Veräußerungsgewinns sind somit die Anschaffungs-/Herstellungskosten gemindert um die bestandskräftig gewährten Abschreibungen anzusetzen.

- Zu den Bilanzansätzen eines nicht erkannten Gewerbebetriebs/Grundstückshandels siehe BFH, Urteil vom 26.11.2008, X R 23/05, BStBl. II 2009, 407.
- Nach dem Beschluss des BFH vom 05.12.2002 und der Verfügung der OFD Koblenz vom 12.04.2001 sind Zeitpunkt und Zahl der von einem Steuerpflichtigen veräußerten Objekte **Tatsachen i. S. v. § 173 Abs. 1 Nr. 1 AO**, denn sie sind als Indizien für die Feststellung der inneren Tatsache von Bedeutung, ob es dem Steuerpflichtigen bereits bei der Anschaffung bzw. Errichtung des Objekts auf die Ausnutzung substanzieller Vermögenswerte durch Umschichtung ankam (BFH, Beschluss vom 12.09.1995, X B 83/95, BFH/NV 1996, 206; BFH, Urteil vom 05.12.2002, IV R 58/01, BFH/NV 2003, 588; OFD Koblenz, Verfügung vom 12.04.2001, S 0351 A – St 531, WP 2001, 727; OFD Münster, Verfügung vom 30.06.1997, S 2240 – 91 – St 13 – 31, FR 1997, 695).
- Die Rücklage nach § 6b EStG ist nicht möglich.
- Der **Entnahmewert** einer Wohnung, die zum Umlaufvermögen eines gewerblichen Grundstückshandels gehörte, wird allein durch die Wiederherstellungs- oder Wiederbeschaffungskosten bestimmt. Auf den voraussichtlichen Veräußerungserlös an einen fiktiven Endabnehmer kommt es insoweit nicht an (FG Rheinland-Pfalz, Urteil vom 27.04.1999, 2 K 1547/98, EFG 2000, 57 rkr.).

Die Überführung eines Grundstücks ins Privatvermögen durch Entnahme oder Betriebsaufgabe gilt nicht als Anschaffung i. S. der Grundsätze zum gewerblichen Grundstückshandel; eine entsprechende Anwendung von § 23 Abs. 1 Satz 2 EStG kommt nicht in Betracht (BFH, Urteil vom 27.06.2018, X R 26/17 BFH/NV 2018, 1255).

Zur Bilanzierungspflicht beim gewerblichen Grundstückshandel sind folgende Judikate ergangen.

Ob ein nach Art und Umfang in kaufmännischer Weise eingerichteter Geschäftsbetrieb vorliegt, ist anhand der Gesamtumstände, die die Tätigkeit des Unternehmens prägen, zu beurteilen. Beim gewerblichen Grundstückshandel sind insbesondere der Umfang der An- und Verkaufsgeschäfte, die Komplexität der Beschaffungs- und Veräußerungsvorgänge, während der Besitzzeit stattfindende erhebliche Baumaßnahmen, die typischerweise erfolgende Kreditfinanzierung, die Gewährung von Zahlungszielen und der Bestand des Umlaufvermögens zu berücksichtigen (FG Berlin-Brandenburg, Urteil vom 21.06.2011, 5 K 5148/07, DStRE 2012, 201 rkr. mit Anmerkung Abele, BB 2012, 1788, 1789).

Zum Zeitpunkt der Gewinnrealisierung bei Verkauf von Grundstücken eines noch zu erschließenden Baugebiets siehe Niedersächsisches FG, Urteil vom 23.06.2015, 6 K 13/14 n. v.

Veräußert ein gewerblicher Grundstückshändler eine Vielzahl von verschiedenen Grundstücksparzellen über einen längeren Zeitraum an jeweils unterschiedliche Personen zum Zwecke der nachfolgenden Bebauung, liegen keine zahlenmäßig überschaubaren Geschäfte mehr vor. Werden außerdem wesentliche planerische Vorarbeiten, Erschließungsmaßnahmen und Vertriebsaktivitäten notwendig und liegt eine Vielzahl von Geschäftsvorfällen vor, ist ein nach Art und Umfang in kaufmännischer Weise eingerichteter Geschäftsbetrieb erforderlich. Dementsprechend besteht nach §140 i.V.m. §§238, 242 HGB i.V.m. §1 Abs.2 HGB eine steuerliche Pflicht zur Buchführung und ist der Wechsel zur Gewinnermittlung nach §4 Abs.3 EStG nicht zulässig (FG Berlin-Brandenburg, Urteil vom 20.03.2012, 11 K 11159/07, EFG 2012, 1427, DStRE 2012, 1425 rkr.).

Für den Erhalt der AfA während der Zeit einer vorausgegangenen Vermietungstätigkeit lassen sich folgende Argumente vortragen:

Zum einen äußerte der BFH mit Beschluss vom 26.04.2000 und mit Urteil vom 07.03.1996, es sei „denkbar, dass zum Betriebsvermögen eines Grundstückshändlers gehörende Grundstücke während der Zeit ihrer Vermietung zum Anlagevermögen gehören und erst im Zeitpunkt ihrer Veräußerung zum Umlaufvermögen werden". Es komme insoweit auf die Umstände des Einzelfalls an. Mit Urteil vom 17.03.1981 führte der BFH aus, dass Grundstücke zur Veräußerung erst bestimmt werden, „wenn ihre Wertsteigerung realisiert werden soll und darauf gerichtete Handlungen vorgenommen werden. Umlaufvermögen kann hier nur insoweit in Betracht kommen, als Grundstücke zum Zweck der Weiterveräußerung erworben und alsbald auch veräußert werden." (BFH, Beschluss vom 26.04.2000, III B 47/99, BFH/NV 2000, 1451; BFH, Urteil vom 7.03.1996, IV R 2/92, BStBl II 1996, 599, 601; BFH, Urteil vom 21.06.2001, III R 27/98, BStBl II 2002, 537; BFH, Urteil vom 17.03.1981, VIII R 149/78, BStBl II 1981, 522).

Im Regelfall wird der Geschäftszweck z.B. einer Immobiliengesellschaft nicht nur auf gewerblichen Grundstückshandel, sondern auch auf (langfristige) Vermietung gerichtet sein. Neben der bedingten Veräußerungsabsicht liegt dann auch eine bedingte Vermietungsabsicht vor. Die endgültige Konkretisierung erfolgt dann erst im Zeitpunkt der alsbaldigen Veräußerung oder langfristigen Vermietung. Ab dem Zeitpunkt der langfristigen Vermietung gehören die Grundstücke zum Anlagevermögen (Niedersächsisches FG, Urteil vom 19.01.2000, 2 K 699/97, EFG 2000, 615 rkr.).

Der BFH entschied, dass die Beurteilung, ob Anlage- oder Umlaufvermögen vorliegt, nicht aus der Rückschau erfolgen könne. Die Zuordnung müsse vielmehr nach den Verhältnissen im Zeitpunkt der Widmung durch den Unternehmer vorgenommen werden. Umlaufvermögen erfordere eine sofortige Bereitstellung zur Veräußerung, der Gegenstand müsse mit der Herstellung der Veräußerung bereitstehen (BFH, Urteil vom 31.03.1977, V R 44/73, BStBl II 1977, 684 [Musterhäuser]; BFH, Urteil vom 07.11.1981, VIII R 86/78, BStBl II 1982, 344 [Vorführwagen]).

Wie das Überschreiten der sog. Drei-Objekt-Grenze nicht ausnahmslos Gewerblichkeit indiziert, so sind erst recht bei der Beurteilung eines nur geplanten potenziellen gewerblichen Grundstückshandels die Gesamtumstände der Planung zu berücksichtigen. Erweist sich das geplante Vorhaben von vornherein als nicht realisierbar, so steht dies der Einordnung als gewerblich entgegen (BFH, Urteil vom 20.11.2012, IX R 10/11, BFH/NV 2013, 715).

Zur Fortsetzung des gewerblichen Grundstückshandels bei Übernahme des letzten Grundstücks einer Grundstückshandels-GbR vgl. BFH, Beschluss vom 20.06.2012, X B 165/11, BFH/NV 2012, 1593.

Bei den von einer als gewerbliche Grundstückshändlerin einzuordnenden Projektgesellschaft errichteten Gebäuden handelt es sich auch im Falle einer dem Verkauf vorangehenden Vermietung nicht um Anlagevermögen, sondern um Umlaufvermögen. Dies gilt auch, wenn die Gebäude aufgrund der Entwicklung des Grundstücksmarkts (Immobilienkrise in den USA) über die ursprünglich vorgesehene vierjährige Vermietungsphase hinaus bis zu deren Verkauf für drei weitere Jahre vermietet werden (FG Düsseldorf, Urteil vom 04.06.2019, 10 K 34/15 F, DStRE 2019, 1312 rkr.).

Problematisch ist, ob bei **Grundstücksverkäufen durch Kapitalgesellschaften** im Rahmen eines gewerblichen Grundstückshandels die veräußerten Grundstücke rückwirkend als Umlaufvermögen zu gelten hätten.

Für Kapitalgesellschaften haben die zur Abgrenzung zwischen privater Vermögensverwaltung und gewerblichem Grundstückshandel bei natürlichen Personen und Personengesellschaften ergangene Rechtsprechung und Verwaltungsanweisungen keine Bedeutung. Insbesondere kann aus der sog. Drei-Objekt-Grenze für Kapitalgesellschaften nicht abgeleitet werden, dass von einer Kapitalgesellschaft veräußerte Grundstücke oder gar von ihr gehaltene, noch nicht veräußerte Grundstücke rückwirkend als Umlaufvermögen zu gelten hätten. gem. dem Grundsatz der Maßgeblichkeit der Handels- für die Steuerbilanz richtet sich die Klassifizierung von Kapitalgesellschaften gehaltener Grundstücke gem. § 247 Abs. 2 HGB nach den bei Bilanzaufstellung in Bezug auf den Bilanzstichtag vorhandenen Erkenntnissen über die Verwendungsabsicht der Geschäftsführung der Kapitalgesellschaft. Diese Grundsätze gelten für unbeschränkt als auch für beschränkt körperschaftsteuerpflichtige Kapitalgesellschaften. Die Veräußerung von mehr als drei Objekten innerhalb von fünf Jahren ändert daher am bisherigen Ausweis dieser Grundstücke im Anlagevermögen und an der Gewährung der regulären AfA hinsichtlich der Gebäude und sonstigen abschreibbaren Wirtschaftsgüter nichts (so Behrens/Renner, DStR 2013, 1458 ff.).

8 Strategien zur Vermeidung eines gewerblichen Grundstückshandels

8.1 Strikte Trennung privat gehaltener Immobilien

Empfehlenswert ist es, vom Beginn des Engagements im Immobilienbereich an auf eine strikte Trennung privat gehaltener von den für gewerbliche Vermarktungszwecke vorgesehenen Grundstücken zu achten. In Anbetracht der oben unter den Gliederungspunkten 1–7 dargestellten Rechtsprechungs-„Kriterien" ist dies allerdings schwierig: „Betreibt ein Steuerpflichtiger einen gewerblichen Grundstückshandel, so ist davon auszugehen, dass er alle Objekte bei günstiger Gelegenheit veräußern will. (...) Die bloße Vermietung, die Art der Bilanzierung oder die vorübergehende Selbstnutzung reichen in der Regel nicht aus, um die private Vermögensverwaltung nachzuweisen" (BFH, Beschluss vom 12.09.1995, X B 233/94, BFH/NV 1996, 393).

8.2 Durch geschicktes Agieren kann die Drei-Objekt-Grenze angehoben werden

Die Drei-Objekt-Grenze kann durch Einschaltung von Familienangehörigen beim Erwerb multipliziert werden (Erwerb von je drei Objekten durch Ehemann, Ehefrau, Kind).

> *Hinweis:*
> Zweckmäßig ist es, **bereits bei der Beschaffung** eine Planung und Verteilung vorzunehmen.

Zu beachten ist jedoch, dass das FA nicht aufgrund – z. B. **zwischen Ehegatten – abgestimmter Immobilien-Aktivitäten** eine **verdeckte Mitunternehmerschaft** annimmt; eine solche würde Mitunternehmerinitiative und Mitunternehmerrisiko voraussetzen.

Ferner kommt in Betracht, die Überschreitung der Drei-Objekt-Grenze durch **zeitiges Verschenken an nahestehende Personen** zu vermeiden (vgl. Tz. 4.2.2.). Das Verschenken, d. h. die unentgeltliche Übertragung von Grundstücken, stellt keine Objektveräußerung i. S. des gewerblichen Grundstückshandels dar, da es an der Gewinnerzielungsabsicht fehlt. Derartigen Gestaltungen kann allerdings wegen Rechtsmissbrauchs insbesondere unter zwei Gesichtspunkten die steuerliche Anerkennung zu versagen sein: einmal, wenn die unentgeltlich übertragenen Grundstücke schon kurze Zeit danach von den Beschenkten veräußert werden und zum anderen, wenn die von den „Beschenkten" realisierten Gewinne nicht bei diesen verbleiben; zur Frage der Steuerumgehung bei Einschaltung von nahen Angehörigen in einem gewerblichen Grundstückshandel siehe BFH, Urteil vom 15.03.2005, X R 39/03, BStBl. II 2005, 817 mit Anm. Heuermann, StBp 2005, 239 ff.; Fischer, FR 2005, 949 ff.; siehe auch BFH, Beschluss vom 23.06.2006, VIII B 15/06, BFH/NV 2006,

IV. Gewerblicher Grundstückshandel

1835; BFH Beschluss vom 14.06.2005, X B 146/04, BFH/NV 2005, 1559 für den Fall eines „dominanten" Schenkers).

Desgleichen besteht die Möglichkeit der **Veräußerung zum Selbstkostenpreis**. Eine solche Fallgestaltung wurde mit Urteil des BFH vom 23.07.2002 ausdrücklich anerkannt (BFH, Urteil vom 23.07.2002, VIII R 19/01, BFH/NV 2002, 1571; § 42 AO).

> *Beratungshinweis:*
> **Unentgeltlich** an Kinder **übertragene** Objekte können i.R. der Drei-Objekt-Grenze einzubeziehen sein, wenn
>
> – der Steuerpflichtige – bevor er sich dazu entschloss, die Objekte unentgeltlich an die Kinder zu übertragen – die (zumindest bedingte) Absicht besaß, auch diese Objekte am Markt zu verwerten. In diesem Fall hätten die später verschenkten Objekte bereits von Anfang zum Umlaufvermögen eines gewerblichen Grundstückshandels gehört; die unentgeltliche Übertragung auf die Kinder würde sich als eine mit dem Teilwert zu erfassende (gewinnrealisierende) Entnahme darstellen. Die Absicht der Verwertung am Markt kann das FA bereits aus (erfolglosen) Annoncen oder Maklerbeauftragungen folgern;
> – die unentgeltlichen Übertragungen nach den Grundsätzen über die steuerliche Anerkennung von Verträgen zwischen nahen Angehörigen als unbeachtlich zu qualifizieren sind;
> – Strohmann- oder Scheingeschäfte i.S.v. § 41 Abs.2 AO vorliegen;
> – ein Missbrauch von Gestaltungsmöglichkeiten anzunehmen ist (BFH, Urteil vom 18.09.2002, X R 183/96, BStBl. II 2003, 238; § 4 Abs. 1 Satz 2, § 6 Abs. 1 Nr. 4 Satz 1 EStG).

Ein Missbrauch von Gestaltungsmöglichkeiten des Rechts liegt vor, wenn ein Steuerpflichtiger nach Veräußerung von drei Objekten ein viertes Objekt unentgeltlich auf seinen Ehegatten überträgt, gleichzeitig bereits nach Käufern sucht, und der Ehegatte das Objekt mit kurzem zeitlichen Abstand an Dritte veräußert (FG Münster, Urteil vom 07.05.2002, 1K 2106/00E (rkr.), EFG 2002, 1076; § 42 AO).

8.3 Nutzung der Drei-Objekt-Grenze durch Großobjekte

Zweckmäßigerweise sollte die Drei-Objekt-Grenze mit **Großobjekten** (z.B. unaufgeteilten Mehrfamilienhäusern) verbraucht werden. Der BFH hat hierzu entschieden, dass Objekte i. S. d. Drei-Objekt-Grenze nicht nur Ein- und Zweifamilienhäuser sowie Eigentumswohnungen sind, **sondern auch Mehrfamilienhäuser und Gewerbebauten** (BFH, Urteil vom 18.05.1999, I R 118/97, BStBl. II 2000, 28).

Zwar wird im Schrifttum empfohlen, bereits vorgenommene Aufteilungen in WEG gegebenenfalls wieder aufzuheben. Allerdings wird hinzugefügt, dass dann zur Vermeidung des Vorwurfs missbräuchlicher Gestaltung wiederum ein größerer Abstand zwischen der Aufhebung der Aufteilung und der Veräußerung liegen müsse – was die Praxistauglichkeit des Vorschlags zusätzlich einschränkt und die Gefahr des § 42 AO nicht beseitigt.

8.4 Vermeidung von „typischen Bauträgertätigkeiten"

Zu vermeiden sind die in der o. a. „Negativ-Checkliste" (s. Gliederungspunkt 8) genannten, für eine Gewerblichkeit sprechenden Aktivitäten. Auch umfangreiche Modernisierungsmaßnahmen an **erworbenen** Gebäuden vor der Veräußerung (vgl. z. B. Gliederungspunkt 4.7.) werden i. R. der Prüfung eines gewerblichen Grundstückshandels vom FA berücksichtigt. Schließlich sollten Sie solche Aktivitäten vermeiden, die den Steuerpflichtigen letztlich als „Baulandaufschließungsunternehmer" (vgl. Gliederungspunkt 4.6.) qualifizieren.

8.5 Ausländische Grundstücksgesellschaften

Möglicherweise auch zur Vermeidung der steuerlichen Nachteile eines gewerblichen Grundstückshandels wurden schon seit längerer Zeit Immobilienerwerbe und -veräußerungen durch ausländische Gesellschaften beobachtet. Hierfür boten sich im Wesentlichen zwei Möglichkeiten an:

– Die ausländische Gesellschaft erwarb direkt die deutsche Immobilie. Zur späteren Veräußerung wurden die Anteile an der Auslandsgesellschaft bei einem ausländischen Notar übertragen. Der Versuch der Finanzbehörden, die Eintragungen der Auslandsgesellschaften in das deutsche Grundbuch zu verhindern, scheiterte seinerzeit an der Rechtsprechung des OLG Hamm und des BFH. Beide Gerichte entschieden, dass nicht einfach unterstellt werden könne, dass die Auslandsgesellschaft Sitz und Geschäftsleitung nicht im Ausland, sondern in Wahrheit im Inland habe. Ein Inlandssitz hätte zur Folge gehabt, dass deutsches Gesellschaftsrecht anwendbar gewesen wäre, was mangels Eintragung der Auslandsgesellschaft in einem deutschen Register zur Annahme fehlender Rechtsfähigkeit geführt hätte (OLG Hamm, Beschluss vom 18.04.1994, 15 W 208/94, DB 1995, 137; BFH, Beschluss vom 12.06.1995, II S 9/95, BStBl. II 1995, 605).

– Die andere Möglichkeit bestand darin, dass eine deutsche GmbH die Immobilie erwarb, wobei die GmbH-Anteile von der Auslandsgesellschaft gehalten wurden. Diese Alternative wurde meist zur Vermeidung von Problemen bei der Eintragung der Auslandsgesellschaft ins Grundbuch gewählt. Zwar wurde diese Alternative durch den Beschluss des Berliner Kammergerichts vom 11.02.1997 erschwert. Sind nämlich hinsichtlich der deutschen GmbH Eintragungen ins Handelsregister erforderlich (z. B. Gesellschafterbeschlüsse, Geschäftsführerbestellung), so kann der Registerbeamte Nachweise dafür verlangen, dass es sich bei der Auslandsgesellschaft (Gesellschafterin der deutschen GmbH) nicht lediglich um eine „Briefkastengesellschaft", sondern um eine tatsächlich aktive Gesellschaft mit ausreichender Kapitalausstattung handelt. Es muss jedoch gesehen werden, dass das Kammergericht über den Extremfall einer Gesellschaft auf den niederländischen Antillen, deren geringes Kapital von 6.000 $ nicht einmal eingezahlt war, zu

IV. Gewerblicher Grundstückshandel

entscheiden hatte (KG Berlin, Urteil vom 11.02.1997, 1 W 3412/96, DB 1997, 1124).

9 Streitpunkt gewerblicher Grundstückshandel: In der Betriebsprüfung sind gute Argumente gefordert

Es ist für den Steuerpflichtigen und seinen Berater nahezu unmöglich, auf die ständige Flut von Entscheidungen, die immer neue Sachverhaltselemente aufgreifen, gestaltend zu reagieren. Auch in der Bp bleibt oft nur, auf diesem unsicheren Terrain nach Kräften zu argumentieren, d. h. aus der Vielzahl bisheriger Gerichtsentscheidungen die für den Mandanten sprechenden „Kriterien" herauszustellen.

Gewerblicher Grundstückshandel – Checkliste

- Probleme bei der Abgrenzung der gewerblichen Einkünfte zu vermögensverwaltenden Einkünften
- die Drei-Objekt-Grenze als wichtiges, aber nicht immer allein entscheidendes Kriterium (Dokumentation der zersplitterten Judikatur)
- Einzelfragen zur Abgrenzung zwischen privater Vermögensverwaltung und Gewerbebetrieb
- Auswirkungen der Überschreitung der 5-Jahres- versus 10-Jahres-Grenze (bei branchennahen Personen)
- Definition des Objekts im Sinne der Drei-Objekt-Grenze (unbebaute Grundstücke, Doppelhaushälften, selbstgenutztes Wohneigentum, Realteilung)
- steuerlich relevante Auswirkungen von Einbringungsvorgängen als Anschaffung
- Veräußerungsabsicht (Vermutungsregelung, Beweisnöte, Auswirkungen von externen erzwungenen Zwangsversteigerungsmaßnahmen).
- qualifizierte Risiken bei Branchennähe des Investors
- praktische Risiken des Grundstückshandels bei sog. Developern (korrespondierende Aushebelung der Drei-Objekt-Grenze)
- Probleme bei der Aufteilung in Eigentumswohnungen
- Ermittlung des Veräußerungsgewinns anhand von praktischen Einzelfällen
- Unterbrechung und Ende eines gewerblichen Grundstückshandels
- Folgen des gewerblichen Grundstückshandels
- keine Abschirmwirkung von Personengesellschaften
- beschränkte Abschirmwirkung bei Kapitalgesellschaften
- Strategien zur Vermeidung eines gewerblichen Grundstückshandels (strikte Trennung privat gehaltener Immobilien von Objekten im Umlaufvermögen, Nutzung der Drei-Objekt-Grenze durch Großobjekte, Vermeidung von Developer-Tätigkeiten, Besonderheiten bei der Einschaltung von ausländischen Grundstücksgesellschaften)

V. Gesellschafter-Geschäftsführer-Vergütung

Schrifttum: Alber, „Steuerfalle" Pensionszusage und Pensionsverzicht, WPg 2017, 668; Alber, Altersversorgung der Gesellschafter-Geschäftsführer, WPg 2017, 904; Bareis, Kapitalabfindung für Pensionszusage als verdeckte Gewinnausschüttung?, FR 2014, 493; Bergt-Weis, Rützmoser, Erdienbarkeit und Probezeit bei entgeltumwandlungsbasierten Versorgungszusagen an Gesellschafter-Geschäftsführer, DB 2016, 2806; Böth, Aktuelle Entwicklungen zur verdeckten Gewinnausschüttung (Teil II), StBp 2004, 104; Briese, Altersgrenze in der betrieblichen Altersvorsorge von Gesellschafter-Geschäftsführern, StuB 2017, 271; Brandt, Verdeckte Gewinnausschüttung: Erdienbarkeit der endgehaltsabhängigen Pensionszusage bei mittelbarer Erhöhung infolge von Gehaltssteigerungen (BFH, Urteil vom 25.05.2015 – I R 17/14), DB StR kompakt DB 1192221; Briese, Aktuelle BFH-Rechtsprechung zu Pensionszusagen im Gesellschafter-Geschäftsführer DB 2014, 801; Briese, Verdeckte Gewinnausschüttung bei Pensionsabfindungen: Zur BFH-Kreation einer gleichzeitigen verdeckten Einlage, BB 2014, 1567; Briese, Rechtliche Grundlagen der Überversorgung bei Pensionszusagen an Gesellschafter-Geschäftsführer und Arbeitnehmer, GmbHR 2015, 463 ff. und 635 ff.; Briese, Nachzahlungsverbot bei Pensionszusagen an beherrschende Gesellschafter-Geschäftsführer, DB 2015, 2408; Briese, Pensionsverzicht durch Gesellschafter-Geschäftsführer: Grundsätzliches zur verdeckten Einlage und deren Bewertung, DStR 2017, 2135; Bruschke, Umsatztantiemen als verdeckte Gewinnausschüttung, DStZ 2014, 856; Demuth, Update Pensionszusagen an Gesellschafter-Geschäftsführer, EStB 2015, 137; Donnermuth/Veh, Probezeit bei der betrieblichen Altersversorgung des Gesellschafter-Geschäftsführers, DStR 2017, 2249; Gehrmann, Steuerliche Anerkennung von Pensionszusagen an Gesellschafter-Geschäftsführer im Spiegel der neueren Rechtsprechung, INF 1998, 679; Geserich, Zuflusszeitpunkt von Tantiemen bei verspäteter Feststellung des Jahresabschlusses, NWB 2020, 3401; Gluth, Gesellschafter-Geschäftsführer: Steuerliche Auswirkungen des Verzichts auf eine Pensionszusage, GmbHR 2007, 1144; Gosch, Die Finanzierbarkeit der Pensionszusage im Widerstreit von BMF und BFH, DStR 2001, 882; Grützner, Zur Angemessenheit der Vergütungen für einen Gesellschafter-Geschäftsführer einer Kapitalgesellschaft, StBp 2004, 16; Hambitzer, Die steuerliche Beurteilung von Pensionszusagen an den beherrschenden Gesellschafter-Geschäftsführer als verdeckte Gewinnausschüttung, StBp 2001, 123; Harle, Prüfungsfelder der Finanzverwaltung bei Kapitalgesellschaften, StBp 2015, 245; Heidl/Miller, Erdienbarkeit einer Pensionszusage bei vorzeitigem Ausscheiden eines Gesellschafter-Geschäftsführers, NWB 2014, 1428; Hoffmann, Abwicklung der Pensionszusage an den Gesellschafter-Geschäftsführer, StuB 2014, 313; Iser, Zur Abfindung einer Pensionszusage, GmbH intern Beilage Nr. 14 v. 06.04.2016, 1 (Teil 1), GmbH intern Beilage Nr. 15 v. 13.04.2016, 1 (Teil 2); Köster, Gestaltungshinweise zum Jahresende 2015: Hinweise zur Besteuerung der Kapitalgesellschaften und ihrer Gesellschafter – Einkommensteuer und Körperschaftsteuer, DStZ 2015, 855; Kohlhaas, Pensionszahlungen bei gleichzeitigen Geschäftsführerbezügen eines GmbH-Geschäftsführers, Stbg 2019, 58; Kohlhepp, Überblick über die Rechtsprechung zur verdeckten Gewinnausschüttung im Zeitraum 2013/2014, DB 2014, 2910; Kolbe, Pensionszusage an den beherrschenden Gesellschafter-Geschäftsführer einer Kapitalgesellschaft und vGA, StuB 2014, 831; Kützner, Weitere Zweifelsfragen im Hinblick auf die Erdienbarkeit von Pensionszusagen zugunsten von Gesellschafter-Geschäftsführern, StB 2017, 138 Laws, Die steuerlichen Folgen der Vereinbarung eines Zeitwertkontos mit einem Gesellschafts-Geschäftsführer, GmbHR 2016, 455; Levedag, BFH: Zufluss von Tantiemen bei verspäteter Feststellung des Jahresabschlusses, GmbHR 2020, R 296; Levedag, BFH: Ansatz einer Pensionsrückstellung für den Alleingesellschafter-Geschäftsführer einer GmbH in den Fällen der Entgeltumwandlung, GmbHR 2020, R 312; Lütz/Lütz, Exit-Strategien für betriebliche Pensionszusagen beherrschender Gesellschafter-Geschäftsführer, StB 2016, 213; Lenz/Teckentrup, Weitere Tätigkeit des Gesellschafter-Geschäftsführers einer GmbH nach Erreichen des Pensionsalters, INF 2006, 907; Levedag, Entscheidungsserie des I. BFH-Senats zu Fragen der verdeckten Gewinnausschüttung, GmbHR 2014, R 118; Metz/Lindner, Fehlerhafte Steuerbilanzen bei Pensionszusagen an Gesellschafter-Geschäftsführer – Vorschläge zur richtigen Korrektur der Pensionsrückstellung, DStR 2014, 2037; Natschke, Ver-

V. Gesellschafter-Geschäftsführer-Vergütung

deckte Gewinnausschüttungen bei Gewinntantiemen, StB 1996, 177; Neufang/Schäfer/Stahl, Pensionszusagen – Maßnahmen zur „Entsorgung", BB 2017, 1559; Neuhaus, Adieu du schöner „future service", GmbH intern, Beilage Nr. 16 vom 16.04.2014, 1; Neumann, Tantiemevereinbarungen mit dem beherrschenden Gesellschafter-Geschäftsführer (Teil I), GmbHR 1996, 740; Ott, Beratungshinweise zur neueren BFH-Rechtsprechung zur Angemessenheit der Gehälter von Gesellschafter-Geschäftsführern, INF 2004, 188; Ott, Pensionszusage als steuerliches Minenfeld, Stbg 2015, 395; Ott, Auslagerung von Pensionszusagen auf eine Rentner-GmbH, StuB 2017, 795; Otto, Aktuelle Urteile des BFH zur Direktzusagen an beherrschende Gesellschafter-Geschäftsführer, GmbHR 2014, 617; Otto, Betriebliche Altersversorgung: Steuerliche Fallen bei Abhängigkeit der Pension von der Gehaltshöhe, GmbHR 2018, 549; Paus, Rückwirkende Einstufung einer zu Recht anerkannten Pensionszusage als vGA, FR 2014, 1129; Paus, Stundung des Gehalts durch den Gesellschafter-Geschäftsführer als vGA?, DStZ 2016, 785; Perwein, BFH klärt Zweifelsfragen bei der schuldbefreienden Übernahme von Pensionsverpflichtungen, GmbHR 2017, 396; Pfirrmann, Verdeckte Gewinnausschüttungen: Fragen der Erdienbarkeit bei Versorgungszusagen an beherrschende Gesellschafter-Geschäftsführer einer GmbH, DB 2019, 984; Rätke, Neue BFH-Rechtsprechung zu Pensionszusagen, StuB 2014, 402; Rätke, Garantierte Anwartschaftsdynamik im Rahmen der Überversorgungsprüfung, StuB 2019, 386; Schulze zur Wiesche, Pensionsansprüche eines Gesellschafters-Geschäftsführers als vGA, StBp 2014, 320; Schwedhelm, vGA-Check für GmbH-Verträge, DB 2015, 2956; Schwedhelm/Zapf, Steuerliche Beurteilung von Zeitwertkonten für Gesellschafter-Geschäftsführer, DB 2016, 2200; Seifert, Zuflusszeitpunkt von Tantiemen bei verspäteter Feststellung des Jahresabschlusses, StuB 2020, 782; Selig-Kraft, Auslagerung vom Gesellschafter-Geschäftsführer-Pensionszusagen auf Unterstützungskassen erschwert, StuB 2017, 63; Selig-Kraft, Eindeutigkeitsgebot und Abfindungsklausel bei Pensionszusagen, StuB 2020, 94; Selig-Kraft/Beeger, Steuerliche Fallstricke bei der Restrukturierung von Gesellschafter-Geschäftsführer-Pensionszusagen, BB 2017, 159 (Teil 1), BB 2017, 919 (Teil 2), BB 2017, 1885 (Teil 3); Tänzer, Aktuelle Geschäftsführervergütung in der kleinen GmbH, GmbHR 2000, 596; Verdenhalven, Der fingierte Zufluss von Einnahmen beim beherrschenden Gesellschafter – Eine überholte (Sonder-)Rechtsprechung, DStR 2018, 1701; Weiss, Zur Einkünfteerzielungsabsicht bei der Abgeltungssteuer, StuB 2016, 852; Wellisch/Kutzner, Mittelbare Pensionserhöhungen bei endgehaltsabhängigen Pensionszusagen an Gesellschafter-Geschäftsführer, BB 2015, 2731.

Verwaltungsanweisungen:

BMF, Schreiben vom 01.08.1996, IV B 7 – S 2742 – 88/96, BStBl. I 1996, 1138 betr. Rückstellungen für Pensionszusagen an beherrschende Gesellschafter-Geschäftsführer von Kapitalgesellschaften – 10-jähriger Erdienungszeitraum; BFH, Urteil vom 21.12.1994 (BStBl. II 1995, 419)

BMF, Schreiben vom 14.05.1999, IV C 6 – S 2742 – 9/99, BStBl. I 1999, 512 betr. steuerliche Behandlung von Pensionszusagen gegenüber beherrschenden Gesellschafter-Geschäftsführern (§ 8 Abs. 3 Satz 2 KStG); zu den Kriterien der „Wartezeit" [Abschnitt 32 Abs. 1 Satz 5 und 6 KStR] und der „Finanzierbarkeit" [Abschnitt 32 Abs. 1 Satz 9 KStR]

BMF, Schreiben vom 30.12.1999, IV B 4 – S 1341 – 14/99, BStBl. I 1999, 1122 betr. Grundsätze für die Prüfung der Einkünfteabgrenzung durch Umlageverträge zwischen international verbundenen Unternehmen

OFD Karlsruhe, Verfügung vom 17.04.2001, S 2742 A – St 331, DB 2001, 1009 betr. Angemessenheit der Gesamtbezüge eines Gesellschafter-Geschäftsführers

BMF, Schreiben vom 01.02.2002, IV A 2 – S 2742 – 4/02, BStBl. I 2002, 219 betr. Grundsätze der Anerkennung von Tantiemezusagen an Gesellschafter-Geschäftsführer; Rechtsfolgen aus dem BFH, Urteil vom 27.03.2001 (BStBl. II 2002, 111)

BMF, Schreiben vom 14.10.2002, IV A 2 – S 2742 – 62/02, BStBl. I 2002, 972 betr. Grundsätze bei der Anerkennung von Tantieme-Zusagen an Gesellschafter-Geschäftsführer; Rechtsfolgen aus dem BFH, Urteil vom 27.03.2001, BStBl. II 2002, 111

BMF, Schreiben vom 06.04.2005, IV B 2 – S 2176 – 10/05, BStBl. I 2005, 619 betr. betriebliche Altersversorgung; Bilanzsteuerrechtliche Berücksichtigung von Abfindungsklauseln in Pensionszusagen nach § 6a EStG

BMF, Schreiben vom 06.09.2005, IV B 7 – S 2742 – 69/05, BStBl. I 2005, 875 betr. Finanzierbarkeit von Pensionszusagen gegenüber Gesellschafter-Geschäftsführern (§ 8 Abs. 3 Satz 2 KStG); Anwendung der BFH, Urteile vom 08.11.2000, BStBl, II 2005, 653, vom 20.12.2000, BStBl. II 2005, 657, vom 07.11.2001, BStBl. II 2005, 659, vom 04.09.2002, BStBl. II 2005, 662 und vom 31.03.2004, BStBl. II 2005, 664

OFD Frankfurt/M., Verfügung vom 04.11.2010, S 2742 A – 10 – St 510, DB 2011, 501 betr. steuerliche Auswirkungen des Verzichts eines Gesellschafter-Geschäftsführers auf eine Pensionszusage

OFD Niedersachsen, Verfügung vom 15.08.2014, S 2742-259-St 241, DB 2014, 2441 betr. Pensionszusagen an Gesellschafter-Geschäftsführer von KapGes.

BMF, vom 09.12.2016, IV – S 2176 – 07/10004:003, DOK 2006/1112009, BStBl. I 2016, 1427 betr. Betriebliche Altersversorgung. Maßgebendes Pensionsalter bei der Bewertung von Versorgungszusagen. Urteile des BFH vom 11.09.2013 (BStBl. II 2016, 1008) und des BAG vom 15.05.2012 § AZR 11/10 und vom 13.01.2015 3 AZR 897/12

BMF, Schreiben vom 04.07.2017, IV C 5 – S 2333/16/10002 DOK 2017/0581849 BStBl. I 2017, 883 betr. betriebliche Altersversorgung; Lohnsteuerliche Folgerungen der Übernahme der Pensionszusage eines beherrschenden Gesellschafter-Geschäftsführers gegen eine Ablösungszahlung und Wechsel des Durchführungswegs BStBl. BStBl. 13 OFD Frankfurt a.M., Rundverfügung vom 01.10.2019, S 2742A – 38 – St 520 DStR 2019, 2541 betr. steuerliche Behandlung von Arbeitszeitkonten und vGA

1 Wirksamer Anstellungsvertrag mit dem Geschäftsführer

Rechtsprechung und Schrifttum zur Gesellschafter-Geschäftsführer-Vergütung sind kaum überschaubar. Durch die neuere Rechtsprechung des BFH und verschiedene BMF-Schreiben wurden zwar Eckdaten festgelegt und Standardfragen behandelt. Gleichwohl bleibt im Einzelfall nach wie vor hinreichend Raum für kontroverse Auffassungen zwischen Stpfl. und FA, wie die finanzgerichtliche Rechtsprechung auch zeigt. Bei nahezu jeder Prüfung von Kapitalgesellschaften steht deshalb der Anstellungsvertrag der Gesellschafter-Geschäftsführer auf dem Prüfstand. Hier sind verdeckte Gewinnausschüttungen (vGA) auf nahezu allen Ebenen denkbar. Es beginnt beim Abschluss und der Änderung des Anstellungsvertrags, setzt sich bei der Durchführung des Anstellungsvertrags und den vereinbarten Vergütungsbestandteilen fort und endet bei der Angemessenheitsprüfung.

Der Geschäftsführer als vertretungsberechtigtes Organ der GmbH wird von der Gesellschafterversammlung bestellt bzw. abberufen (§ 46 Nr. 5 GmbHG). Die Gesellschafterversammlung ist für den Abschluss, die Änderung und die Beendigung des Anstellungsvertrags zuständig, soweit nach der Satzung keine andere Zuständigkeit besteht (BGH, Urteil vom 25.03.1991, II ZR 169/90, DB 1991, 1065). Für Abschluss und Änderung des Anstellungsvertrags besteht grundsätzlich kein Formzwang, auch mündlich getroffene Vereinbarungen sind gültig, es sei denn, dass Satzung oder Geschäftsführervertrag Formerfordernisse vorsehen.

V. Gesellschafter-Geschäftsführer-Vergütung

Enthält der Anstellungsvertrag eine **einfache** (deklaratorische) **Schriftformklausel** wie z. B. „Änderungen und Ergänzungen bedürfen zur Rechtswirksamkeit der Schriftform", so ist der Vertrag trotzdem mündlich änderbar, wenn davon auszugehen ist, dass die Vertragsparteien die Bindung an die Schriftformklausel aufheben wollten. Die steuerliche Anerkennung dieser mündlichen Änderung erfordert bei einem beherrschenden Gesellschafter-Geschäftsführer aber darüber hinaus noch eine klare und im Vorhinein getroffene Vereinbarung. Diese lässt sich bei (monatlich) regelmäßig wiederkehrenden Leistungen (Dauersachverhalten) durch die tatsächliche Durchführung mit allen Konsequenzen (zeitnahe Abführung von Lohnsteuer und Sozialversicherungsbeiträgen) belegen. Beinhaltet der Anstellungsvertrag hingegen eine **qualifizierte** (konstitutive) **Schriftformklausel** (z. B. „Vertragsänderungen bedürfen der Schriftform"), so ist die Befreiung von der Schriftform durch mündliche Vereinbarung unwirksam (BFH, Urteil vom 24.01.1990, I R 157/86, BStBl. II 1990, 645; BFH, Beschluss vom 31.07.1991, I S 1/91, BStBl. II 1991, 933; FG Düsseldorf, Urteil vom 03.02.2009, G K 2686/07 K, G, DStRE 2011, 488, rkr.; Böth, StBp 2004, 104, 106 f.).

Eine vGA liegt nach der ständigen Rechtsprechung des BFH vor, wenn eine Kapitalgesellschaft an ihren beherrschenden Gesellschafter eine Leistung erbringt, für die es an einer klaren, im Voraus getroffenen, zivilrechtlich wirksamen und tatsächlich durchgeführten Vereinbarung fehlt. Diese Indizwirkung zivilrechtlich unwirksamer Vereinbarungen wird verstärkt, wenn bei klarer Zivilrechtslage Formvorschriften nicht beachtet werden (vgl. BFH, Urteil vom 13.07.1999, VIII R 29/97, BStBl. II 2000, 386; BFH, Beschluss vom 26.10.2011, I B 68/11, BFH/NV 2012, 610). Rückwirkende Vereinbarungen zwischen der Gesellschaft und dem beherrschenden Gesellschafter sind steuerrechtlich unbeachtlich und führen in voller Höhe zu einer vGA (**Rückwirkungsverbot**). Wird eine klare und eindeutige Vereinbarung nicht **vollzogen**, ist sie steuerlich nicht anzuerkennen. Vergütungsbestandteile führen demnach zu vGA, wenn die Vereinbarung nicht

- zivilrechtlich wirksam ist,
- im Vorhinein getroffen wurde,
- klar und eindeutig ist,
- tatsächlich durchgeführt wurde,
- dem Fremdvergleich entspricht.

Zur Problematik der **Rückzahlung von Arbeitslohn** durch den beherrschenden Gesellschafter-Geschäftsführer hat der BFH klargestellt, dass auch bei beherrschenden Gesellschaftern der Abfluss einer Arbeitslohnzahlung erst im Zeitpunkt der Leistung und nicht bereits im Zeitpunkt der Fälligkeit anzunehmen ist (BFH, Urteil vom 14.04.2016, VI R 13/14, BStBl. II 2016, 778 = FR 2016, 965, 967 mit Anm. Bergkemper = EStB 2016, 3023, 324 mit Anm. Trosse). Bei einem Gehaltsverzicht des Gesellschafter-Geschäftsführers kann nicht im Rahmen einer Fiktion im Rahmen einer verdeckten Einlage zugeflossener Arbeitslohn angenommen werden. Es liegt eine unentgeltliche Tätigkeit vor (BFH, Urteil vom 15.06.2016, VI R 6/13, BFH/NV 2016, 1509; **a.A.** FG Hamburg, Beschluss vom 02.03.2016, 2 V 278/15, EFG 2016, 753, rkr. zur Annahme von verdeckten Gewinnausschüttungen bei Gehaltsverzichten – sehr unlogisch!)

Verzichtet ein Gesellschafter-Geschäftsführer gegenüber seiner Kapitalgesellschaft auf eine bereits erdiente (werthaltige) Pensionsanwartschaft, ist darin nur dann keine verdeckte Einlage zu sehen, wenn auch ein fremder Geschäftsführer unter sonst gleichen Umständen die Pensionsanwartschaft aufgegeben hätte. Wurzelt die Zusage der Altersversorgung im Anstellungsvertrag, führt der Verzicht auf die erdiente und werthaltige Anwartschaft zu einem Lohnzufluss in Höhe des Teilwerts. Insoweit handelt es sich um eine Vergütung für eine mehrjährige Tätigkeit, bei der die Anwendung der Fünftelregelung (§ 34 Abs. 1 und Abs. 2 Nr. 4 EStG) in Betracht kommt (BFH, Urteil vom 23.08.2017 VI R 4/16, BStBl II 2018, 208).

2 Angemessenheit der Gesamtbezüge eines Gesellschafter-Geschäftsführers

2.1 Rechtsprechung des BFH

In mehreren Urteilen hat sich der BFH grundlegend praxisrelevant geäußert:

- Ausgangspunkt ist, dass Bezüge unangemessen sind, die ein ordentlicher und gewissenhafter Geschäftsleiter unter im Übrigen vergleichbaren Umständen einem Fremdgeschäftsführer nicht gewährt hätte.
- **Für die Bemessung der angemessenen Bezüge eines Gesellschafter-Geschäftsführers gibt es keine festen Regeln.** Der angemessene Betrag ist vielmehr im Einzelfall durch Schätzung zu ermitteln. Bei dieser Schätzung ist zu berücksichtigen, dass häufig nicht nur ein bestimmtes Gehalt als **„angemessen"** angesehen werden kann, sondern der Bereich des Angemessenen sich auf eine **gewisse Bandbreite von Beträgen** erstreckt. **Unangemessen i. S. einer vGA sind nur diejenigen Bezüge, die den oberen Rand dieser Bandbreite übersteigen.**
- Die Angemessenheit der Gesamtausstattung eines Gesellschafter-Geschäftsführers muss grundsätzlich anhand derjenigen Umstände und Erwägungen beurteilt werden, die **im Zeitpunkt der Gehaltsvereinbarung** vorgelegen haben und angestellt worden sind (BFH, Urteil vom 27.02.2003, I R 46/01, BFH/NV 2003, 1388; BFH, Urteil vom 04.06.2003, I R 24/02, BFH/NV 2003, 1501).

Einen aktuellen Rechtsprechungsüberblick gibt Schwedhelm, DB 2015, 2957 ff.; aus der Sicht der Finanzverwaltung anhand von Checklisten siehe Harle, StBp 2015, 245 ff.

V. Gesellschafter-Geschäftsführer-Vergütung

2.2 Allgemeine Grundsätze zur Bestimmung der Angemessenheit

Die Vergütung des Gesellschafter-Geschäftsführers setzt sich regelmäßig aus mehreren Bestandteilen zusammen (BMF-Schreiben vom 14.10.2002, IV A 2 – S 2742 – 62/02, BStBl. I 2002, 972 zur Angemessenheit der Gesamtbezüge eines Gesellschafter-Geschäftsführers). Es kommt zu Vereinbarungen über Festgehälter, zusätzliche feste jährliche Einmalzahlungen (z. B. Urlaubsgeld, Weihnachtsgeld), variable Gehaltsbestandteile (z. B. Tantiemen, Gratifikationen), Zusagen über Leistungen der betrieblichen Altersversorgung (z. B. Pensionszusagen) und Sachbezüge (z. B. Fahrzeugüberlassung, private Telefonbenutzung). In einem ersten Schritt sind die vereinbarten Vergütungsbestandteile einzeln daraufhin zu prüfen, ob sie **dem Grunde nach** als durch das Gesellschaftsverhältnis veranlasst anzusehen sind. In vollem Umfang zu vGA führen z. B. Überstundenvergütungen (BFH, Urteil vom 27.03.2001, I R 40/00, BStBl. II 2001, 655; BFH, Urteil vom 19.03.1997, I R 75/96, BStBl. II 1997, 577). In einem zweiten Schritt sind die verbleibenden Vergütungsbestandteile danach zu beurteilen, ob sie **der Höhe nach** als durch das Gesellschaftsverhältnis veranlasst anzusehen sind. Anschließend ist bzgl. der verbliebenen Vergütungen zu prüfen, ob sie als **angemessen** angesehen werden können (BMF, Schreiben vom 14.10.2002, IV A 2 – S 2742 – 62/02, BStBl. I 2002, 972). Beurteilungskriterien für die Angemessenheit sind:

– Art und Umfang der Tätigkeit,
– die künftigen Ertragsaussichten des Unternehmens,
– das Verhältnis des Geschäftsführergehalts zum Gesamtgewinn und zur verbleibenden Kapitalverzinsung,
– Art und Höhe der Vergütungen, die gleichartige Betriebe an Geschäftsführer für entsprechende Leistungen gewähren (Fremdvergleich).

Unangemessen ist jedenfalls eine Vergütung, die in einem krassen Missverhältnis zur Arbeitsleistung steht. Dies ist dann anzunehmen, wenn die Angemessenheitsgrenze um mehr als 20 % überschritten wird (BFH, Urteil vom 28.06.1989, I R 89/85, BStBl. II 1989, 854). Nach Ansicht des FG Köln ist bei der Angemessenheitsprüfung ein **großzügiger Maßstab** zugrunde zu legen (FG Köln, Urteil vom 22.02.1996, 13 K 4559/90, EFG 1996, 1006, rkr.). Es gibt keine allgemein gültige Untergrenze für die Bandbreite der angemessenen Gesamtvergütung eines Gesellschafter-Geschäftsführers einer GmbH. Der angemessene Betrag ist vielmehr im Einzelfall durch Schätzung zu ermitteln (BFH, Urteil vom 11.08.2004, I R 40/03, BFH/NV 2005, 248; zur Angemessenheit einer Invaliditätsrentenzusage für Gesellschafter-Geschäftsführer siehe BFH, Beschluss vom 04.04.2012, I B 128/11, BFH/NV 2012, 1181; zum Einsatz von Gehaltsstrukturuntersuchungen bei der Prüfung der Angemessenheit von Geschäftsführergehältern siehe Meldung des DStV Stbg 2020, 48 = DStZ 2020, 181 f.).

Gehaltsabreden zwischen einer GmbH und ihrem Gesellschafter-Geschäftsführer sind im Rahmen des anzustellenden Fremdvergleichs nicht nur der Höhe nach auf ihre Angemessenheit, sondern auch dem Grunde nach auf ihre Ernst-

2 Angemessenheit der Gesamtbezüge eines Gesellschafter-Geschäftsführers

haftigkeit und Üblichkeit hin zu überprüfen. Es ist regelmäßig gesellschaftlich mit veranlasst, wenn das dem Gesellschafter-Geschäftsführer bei Betriebsaufnahme versprochene laufende Gehalt nach Ablauf von 2 ½ Monaten um rund 42 % und nach Ablauf eines weiteren Monats um weitere 50 %, insgesamt um rund 115 %, angehoben wird (BFH, Urteil vom 06.04.2005, I R 27/04, BFH/NV 2005, 1633).

Zeigt sich im Rahmen eines externen Betriebsvergleichs, dass die Gesamtvergütung des Gesellschafter-Geschäftsführers einer GmbH hinsichtlich der Unternehmensgröße, festgemacht an der Mitarbeiterzahl, deutlich unterhalb des Medians vergleichbarer Vergütungen liegt und hinsichtlich der Umsatzkraft des Unternehmens den Durchschnitt im oberen Quartil der Vergütungen vergleichbarer Fremdgeschäftsführer um rund 7 % übersteigt, kann nicht isoliert auf Letzteres abgestellt und von einer verdeckten Gewinnausschüttung ausgegangen werden (Sächsisches FG, Urteil vom 14.04.2010, 8 K 1786/04, DStRE 2011, 550, rkr.). Die **Bewertung einer vGA** (hier: private Nutzung eines betrieblichen Fahrzeugs durch den Gesellschafter-Geschäftsführer) erfolgt auf der Grundlage eines Fremdvergleichs, was in der Regel zum Ansatz des gemeinen Werts führt und einen angemessenen Gewinnaufschlag einbezieht. Die Gesamtwürdigung der für den Fremdvergleich maßgebenden Anhaltspunkte obliegt in erster Linie dem FG (BFH, Urteil vom 22.12.2010, I R 47/10, BFH/NV 2011, 1019).

Die Annahme einer vGA kann nicht dadurch ausgeschlossen werden, dass die Festlegung der überhöhten Geschäftsführervergütungen bei der Tochter-GmbH einer KG der Zustimmung eines gesellschaftsvertraglich errichteten und jederzeit auflösbaren Beirats bedarf (BFH, Urteil vom 22.10.2015, IV R 7/13, BStBl. II 2016, 219 = EStB 2016, 43, 44 mit Anm. Görden).

2.3 Art und Umfang der Tätigkeit

Stärkster Bestimmungsfaktor für die Vergütungshöhe ist die Unternehmensgröße, die anhand des Umsatzes und der Beschäftigtenzahl messbar ist. Die **Ausbildung sowie die Berufserfahrung** des Geschäftsführers sind bei der Beurteilung der Angemessenheit seiner Bezüge von eher untergeordneter Bedeutung und haben nur dann maßgebenden Einfluss auf die Höhe der Vergütung, wenn eine bestimmte Qualifikation Voraussetzung für die Ausübung der Geschäftsführertätigkeit ist (z.B. Meisterprüfung, Steuerberaterzulassung; s. OFD Karlsruhe; Verfügung vom 17.04.2001, S 2742 A – St 331, DB 2001, 1009).

Bei der Bestellung **mehrerer Geschäftsführer** können – insbesondere bei einer kleineren GmbH – Abschläge von den üblichen Geschäftsführerbezügen gerechtfertigt sein. Eine vGA kann auch dann vorliegen, wenn die dem einzelnen Gesellschafter gezahlten Vergütungen – isoliert betrachtet – zwar angemessen sind, die Summe der allen Geschäftsführern zusammen gewährten Bezüge aber unangemessen ist. Durch eine Vervielfältigung der mit Leitungsfunktion betrauten Personen kann der Rahmen dessen, was einer Kapitalgesellschaft ihre Geschäftsführung wert sein darf, nicht ausgedehnt werden.

V. Gesellschafter-Geschäftsführer-Vergütung

Eine Vereinbarung, in welcher im Rahmen eines sog. **Arbeitszeitkontos** oder **Zeitwertkontos** auf die unmittelbare Entlohnung zu Gunsten von späterer (vergüteter) Freizeit verzichtet wird, verträgt sich nicht mit dem Aufgabenbild des Gesellschafter-Geschäftsführers einer GmbH. Dies gilt auch, wenn die Gutschrift während der Ansparphase nicht in Zeiteinheiten, sondern in Form eines Wertguthabens erfolgt.

Die Vereinbarung zwischen einer GmbH und ihrem alleinigen Gesellschafter-Geschäftsführer über die Ansammlung von Wertguthaben auf Zeitwertkonten ist durch das Gesellschaftsverhältnis veranlasst und führt zum Ansatz verdeckter Gewinnausschüttungen (FG Münster, Urteil vom 05.09.2018, 7 K 3531/16 L DStRE 2019, 737 rkr.; siehe auch OFD Frankfurt a.M., Rundverfügung vom 01.10.2019, S 2742A – 38 – St 520 DStR 2019, 2541). Auch dann, wenn eine Kapitalgesellschaft über mehrere Gesellschafter-Geschäftsführer verfügt, lässt sich eine Vereinbarung über entgeltumwandlungsbasierte Arbeitszeitkonten nicht mit der Gesamtverantwortung eines jeden dieser Geschäftsführer vereinbaren. Dies gilt umso mehr, wenn nach den Anstellungsverträgen jedem Geschäftsführer die eigenverantwortliche Leitung und Überwachung des gesamten Geschäftsbetriebs obliegt (FG Rheinland-Pfalz, Urteil vom 21.12.2016, 1 K 1381/14 DStRE 2018, 738 rkr.).

Die für Wertguthaben auf einem Zeitwertkonto einkommensmindernd gebildeten **Rückstellungen** führen bei der GmbH auch dann zu einer Vermögensminderung als Voraussetzung einer verdeckten Gewinnausschüttung, wenn zeitgleich die Auszahlung des laufenden Gehalts des Gesellschafter-Geschäftsführers um diesen Betrag vermindert wird. Es gilt insofern eine geschäftsvorfallbezogene, nicht aber eine handelsbilanzielle Betrachtungsweise (BFH, Urteil vom 11.11.2015, I R 26/15, BStBl. II 2016, 489 = BB 2016, 1182, 1185 = EStB 2016, 170, 171 mit Anm. Görden; zu Vereinbarungen zu Arbeitszeitkonten bei mehreren Gesellschafter-Geschäftsführern einer GmbH s. FG Rheinland-Pfalz, Urteil vom 21.12.2016, 1 K 1361/14, EFG 2017, 420, vorläufig nicht rkr.).

Liegt die Gesamtausstattung der zwei hälftig beteiligten Geschäftsführer einer GmbH innerhalb der Bandbreite von Fremdvergleichswerten und verbleibt der GmbH nach Abzug der gezahlten Geschäftsführervergütungen ein angemessener Gewinn bzw. eine angemessene Kapitalausstattung, kann eine verdeckte Gewinnausschüttung nicht mit einer Gewinnabsaugung durch überhöhte Geschäftsführerbezüge begründet werden.

Die Ansicht des FA, dass der Kapitalgesellschaft nach Abzug der Geschäftsführervergütung mindestens ein Gewinn (vor Ertragsteuern) in Höhe der gezahlten Geschäftsführervergütung verbleiben muss und dass die darüberhinausgehenden Beträge als verdeckte Gewinnausschüttung zu qualifizieren sind, ist nicht haltbar und im Übrigen auch nicht durch den Wortlaut des BMF-Schreibens vom 14.10.2002, IV A 2 – S 2742 – 62/02, BStBl. I 2002, 972, 216 a/X 2 gedeckt. (Sächs. FG, Urteil vom 14.11.2013, 6 U 701/12, DStRE 2014, 544, die eingelegte NZB wurde per BFH-Beschluss vom 24.09.2014, I B 189/13, BFH/NV

2015, 237 als unzulässig verworfen). Vor allem dann, wenn der oder die Geschäftsführer tatsächlich (nur) für solche Aufgabenbereiche zuständig ist (sind), die nicht als geschäftsführend angesehen werden können, oder wenn der eine oder der andere Geschäftsführer keine Gesamt-, sondern nur eine Teilverantwortung trägt, besteht Grund für einen Gehaltsabschlag. Umgekehrt können aber auch **Gehaltszuschläge** gerechtfertigt sein, z. B. weil die Aufteilung auf mehrere Geschäftsführer eine effektivere Bewältigung der anstehenden Aufgaben ermöglicht, weil besondere zusätzliche Qualifikationen und Erfahrungen eingebracht werden oder weil die Geschäftsführer zusätzlich zu ihren eigentlichen Aufgaben Tätigkeiten anderer Arbeitnehmer mitübernehmen. Die hiernach **gebotene Einzelfallbetrachtung** kann nicht dadurch ersetzt werden, dass schematisch als Gesamtgehälter beider Geschäftsführer von einem Geschäftsführergehalt zzgl. des Gehalts eines leitenden Angestellten ausgegangen wird, weil regelmäßig davon auszugehen sei, dass diese Geschäftsführer neben ihrer eigentlichen Geschäftsführertätigkeit weitere Tätigkeiten von leitenden Angestellten im Unternehmen übernehmen (BFH, Urteil vom 04.06.2003, I R 38/02, BFH/NV 2003, 1503; bestätigt durch BFH, Beschluss vom 09.10.2013 I B 100/12, BFH/NV 2014, 385).

Hat eine im Kfz-Handel und in der Kfz-Reparatur tätige Familien-GmbH statt dem für die Unternehmensgröße üblichen Alleingeschäftsführer drei Geschäftsführer bestellt, die zum Teil noch anderen Unternehmen ihre Arbeitskraft schulden und nicht alleinvertretungsberechtigt sind, ist im Rahmen der Prüfung der Angemessenheit der Geschäftsführergehälter der aus externen Gehaltsstudien ermittelte und verdreifachte Vergleichswert um 30 % zu mindern. Weitere Abschläge müssen bei der Tätigkeit einzelner Geschäftsführer für weitere Unternehmen gemacht werden (FG des Saarlands, Urteil vom 26.01.2011, 1 K 1509/09, DStRE 2012, 422, rkr.).

Bei der dem FG im Rahmen der vGA-Prüfung obliegenden Feststellung der Angemessenheit der Gesamtausstattung kann es bei Vorhandensein mehrerer Gesellschafter-Geschäftsführer sachgerecht sein, einen für die Gesamtgeschäftsführung ermittelten Wert im Ausgangspunkt durch die Zahl der Geschäftsführer zu dividieren. Das gilt namentlich dann, wenn die Gesellschaft in oder nahe der Verlustzone operiert (BFH, Beschluss vom 09.02.2011, I B 111/10, BFH/NV 2011, 1396).

Ist ein Gesellschafter-Geschäftsführer **für mehrere Unternehmen tätig**, so ist dies bei der Bestimmung des angemessenen Gehalts i.d.R. mindernd zu berücksichtigen. Ein ordentlicher und gewissenhafter Geschäftsleiter würde nach Ansicht des BFH namentlich ein an der Obergrenze der anzunehmenden Gehaltsbandbreite liegendes Gehalt grundsätzlich nur demjenigen Geschäftsführer gewähren, der der Gesellschaft seine gesamte Arbeitskraft widmet. Hierzu ist der Geschäftsführer einer Kapitalgesellschaft üblicherweise verpflichtet, und gerade diese Verpflichtung rechtfertigt es u. A., bei der Prüfung der Angemessenheit von Geschäftsführergehältern deutlich über das Gehaltsniveau sonstiger Angestellter hinauszugehen. Vor diesem Hintergrund muss es i. R. der Ange-

V. Gesellschafter-Geschäftsführer-Vergütung

messenheitsprüfung aber andererseits ebenso berücksichtigt werden, wenn der Geschäftsführer neben seiner Tätigkeit für die das Gehalt zahlende Kapitalgesellschaft zugleich für ein anderes Unternehmen tätig ist oder ein eigenes Unternehmen betreibt. Eine solche Nebentätigkeit würde sich unter fremden Dritten i. d. R. gehaltsmindernd niederschlagen; eine **Ausnahme** von dieser Regel erscheint nur für **Fälle** denkbar, **in denen gerade die anderweitige Tätigkeit des Geschäftsführers für die zu beurteilende Kapitalgesellschaft von Vorteil ist** (BFH, Urteil vom 26.05.2004, I R 101/03, BFH/NV 2004, 1672).

Dem FG als Tatsacheninstanz obliegt es zu ermitteln, wie die Mehrfachbelastung des Geschäftsführers bei fremden Dritten berücksichtigt worden wäre (BFH, Urteil vom 27.02.2003, I R 46/01, BFH/NV 2003, 1388).

Beim Anstellungsvertrag bieten sich für die **Gehaltsermittlung** bei Tätigkeit für mehrere Gesellschaften zwei Ansätze an:

- Zunächst wird ein angemessenes Gehalt für alle Gesellschaften ermittelt. Dieser Betrag der angemessenen Gesamtvergütung wird auf die einzelnen Gesellschaften aufgeteilt. Als Aufteilungsmaßstab kommen neben dem Zeitaufwand auch andere Schlüssel (z. B. Anzahl der Arbeitnehmer, Umsatz, Betriebsgewinn, Wertschöpfung), die zu einem sachgerechtenErgebnis führen, in Betracht. Es kann in der Folge jede Gesellschaft das auf sie entfallende Gehalt zahlen oder eine Gesellschaft zahlt den Gesamtbetrag und die übrigen Gesellschaften werden im Wege der Kostenumlage belastet. Die Vereinbarung einer Kostenumlage wird insbesondere im Konzernbereich erfolgen (BMF, Schreiben vom 30.12.1999, IV B 4 – S 1341 – 14/99, BStBl. I 1999, 1122 zu Umlageverträgen).

- Für jede Gesellschaft wird in einem ersten Schritt dasjenige Geschäftsführergehalt ermittelt, das bei 100 %iger Arbeitsleistung einem Fremdgeschäftsführer gezahlt würde. In einem zweiten Schritt ist zu ermitteln, wie viel Prozent der Arbeitsleistung des Geschäftsführers auf diese Gesellschaft entfallen. Als Schätzungsgrundlage kommen hierbei der Zeitaufwand und andere Schlüssel, die zu vertretbaren Ergebnissen führen, in Betracht (Böth, StBp 2002, 134, 138).

- Die Vereinbarung über eine Honorarabrechnung nach Stundensätzen für freiberuflich zu erbringende Leistungen des alleinigen Gesellschafter-Geschäftsführers gegenüber der GmbH muss in der Regel klar und eindeutig sein. Ist diese Art der Honorarabrechnung in dem betreffenden freiberuflichen Bereich jedoch üblich, kann sie auch ansonsten steuerlich zu akzeptieren sein (BFH, Urteil vom 17.12.2003, I R 25/03, BFH/NV 2004, 819).

- Arbeitet ein Gesellschafter-Geschäftsführer zusätzlich für ein weiteres Unternehmen, so ist dies bei der Bestimmung des angemessenen Gehalts in der Regel mindernd zu berücksichtigen. Das gilt auch für mehrfache Tätigkeiten bei mehreren Schwestergesellschaften innerhalb einer Unternehmensgruppe. Ist die Gesamtausstattung des Geschäftsführergehalts im Zusagezeitpunkt ihrer Höhe nach nicht zu beanstanden, verschiebt sich in der

2 Angemessenheit der Gesamtbezüge eines Gesellschafter-Geschäftsführers

Folgezeit aber die „Parität zwischen Leistung und Gegenleistung" durch Aufnahme einer zusätzlichen Geschäftsführertätigkeit bei einer anderen Gesellschaft, so folgt daraus jedenfalls solange keine vGA, wenn die gezahlte Vergütung nach ihrer Höhe im Rahmen der gebotenen Bandbreite angemessen ist (BFH, Urteil vom 26.05.2004, I R 92/03, BFH/NV 2005, 77).

- Zum Vorliegen einer vGA bei Überlassung einer Wohnung an den Gesellschafter-Geschäftsführer siehe FG Köln, Urteil vom 13.04.2014, 10 K 2602/12, EFG 2014, 1141 rkr. mit Anm. Kuhfus.
- Aufwendungen einer GmbH für Feierlichkeit anlässlich runden Geburtstags des Gesellschafters-Geschäftsführers als vGA siehe FG Saarland vom 09.07.2014, 1 K 1332/12, EFG 2014, 1815 rkr.

Ein ordentlicher und gewissenhafter Geschäftsleiter einer Kapitalgesellschaft wird nur dann bereit sein, die laufenden Aufwendungen für den Ankauf, den Ausbau und die Unterhaltung eines Einfamilienhauses zu (privaten) Wohnzwecken – also im privaten Interesse – eines Gesellschafters der Kapitalgesellschaft zu tragen, wenn der Gesellschaft diese Aufwendungen in voller Höhe erstattet werden und sie zudem einen angemessenen Gewinnaufschlag erhält (Bestätigung des Senatsurteils vom 17. November 2004 I R 56/03, BFHE 208, 519). Eine Vermietung zu marktüblichen, aber nicht kostendeckenden Bedingungen würde er (ausnahmsweise) in Betracht ziehen, wenn er bezogen auf den jeweils zu beurteilenden Veranlagungszeitraum bereits von der Erzielbarkeit einer angemessenen Rendite ausgehen kann (BFH, Urteile vom 27.07.2016 I R 8/15, BStBl II 2017, 214 vom 27.07.2016, I R 12/15, BStBl II 2017, 217; vom 27.07.2016 I R 71/15 BFH/NV 2017, 60).

Leitet eine GmbH einen **Ausgleichsanspruch nach § 89b HGB** in Anerkennung der Verdienste ihres ehemaligen Gesellschafter-Geschäftsführers an diesen weiter, weil Entstehung und Höhe des Ausgleichsanspruchs zu einem ganz wesentlichen Teil dessen persönlichem Einsatz zu verdanken sei, führt dies mangels schuldrechtlichen Zahlungsverpflichtung zu einer verdeckten Gewinnausschüttung (FG Münster, Urteil vom 19.12.2019 13 K 1953/17 K, G, F, DStRE 2020, 1165 rkr.).

2.4 Ertragsaussichten der Gesellschaft

Neben der Unternehmensgröße stellt die Ertragssituation das entscheidende Kriterium für die Angemessenheitsprüfung dar. Maßgebend ist hierbei vor allem das Verhältnis der Gesamtausstattung des Geschäftsführergehalts zum Gesamtgewinn der Gesellschaft und zur verbleibenden Kapitalverzinsung. Als Mindestverzinsung werden 10% angesehen (BFH, Urteil vom 04.05.1977, I R 11/75, BStBl. II 1977, 679). Die Mindestverzinsung des eingesetzten Kapitals rechtfertigt allerdings nicht, darüber hinausgehende Beträge in vollem Umfang als Geschäftsführergehalt auszukehren. Es ist Aufgabe der Kapitalgesellschaft, Gewinne zu erzielen und nach Möglichkeit zu steigern, und ein ordentlicher und gewissenhafter Geschäftsführer wird auf jeden Fall dafür sorgen, dass einer Kapitalgesellschaft ein entsprechender Gewinn verbleibt.

V. Gesellschafter-Geschäftsführer-Vergütung

Während einem selbständig Tätigen der von ihm erzielte Gewinn in voller Höhe zusteht, verzichtet der Geschäftsführer auf diese Gewinnchancen, wenn er sich einer GmbH bedient. Im Gegenzug meidet er aber u. a. das Verlustrisiko des Unternehmers zu Gunsten eines gesicherten Gehalts (BMF, Schreiben vom 14.10.2002, IV A2 – S 2742 – 62/02, BStBl. I 2002, 972; OFD Karlsruhe, Verfügung vom 17.04.2001, DB 2001, 1009; Böth, StBp 2002, 134).

2.5 Fremdvergleich

Maßstab für den anzustellenden Fremdvergleich ist in erster Linie nicht der Gesellschafter-Geschäftsführer, sondern der Fremdgeschäftsführer. Gehälter von Gesellschafter-Geschäftsführern sind aus Gründen der Steuerersparnis häufig deutlich höher und deshalb für den Fremdvergleich weniger geeignet. Diese Gehälter gingen regelmäßig auch in **Gehaltsstrukturuntersuchungen** ein, so dass die betreffenden Durchschnittswerte i. d. R. bereits überhöht sind. Der Korrekturfaktor kann mit 6 % angesetzt werden (Hessisches FG, Urteil vom 27.03.1998, 4 K 3409/96, EFG 1998, 1538; FG des Saarlands, Urteil vom 17.10.1997, 1 K 33/95, EFG 1998, 395).

Zu den Maßstäben für die Beurteilung der Angemessenheit einer Vergütung können u. a. diejenigen Entgelte gehören, die gesellschaftsfremde Arbeitnehmer des betreffenden Unternehmens beziehen (**interner Fremdvergleich**) oder die – unter vergleichbaren Bedingungen – an Fremdgeschäftsführer anderer Unternehmen gezahlt werden (**externer Fremdvergleich**). In diesem Sinne können i. R. der Angemessenheitsprüfung auch **Gehaltsstrukturuntersuchungen** berücksichtigt werden. Nach der Rechtsprechung des BFH schließt die Vielgestaltigkeit der Lebensverhältnisse und das **Gebot der am Einzelfall orientierten Betrachtung** jede pauschale Bewertung von Vergleichsdaten – auch von Daten aus Gehaltsstrukturuntersuchungen – aus. Das FG ist zwar berechtigt und ggf. verpflichtet, solche Untersuchungen zu berücksichtigen, es kann aber gleichwohl zu dem Ergebnis kommen, dass die von ihm zu beurteilende Gestaltung Besonderheiten aufweist, die eine **mehr oder weniger große Abweichung von den Untersuchungsergebnissen rechtfertigen.** Fehlt es an hinreichend aussagefähigen Vergleichswerten, so ist ein **hypothetischer Fremdvergleich** erforderlich, der sich an den mutmaßlichen Überlegungen eines ordentlichen und gewissenhaften Geschäftsleiters orientiert.

Jedoch darf bei keiner der obigen Vergleichsmethoden allein darauf abgestellt werden, ob sich die vereinbarte Vergütung **bei rückschauender Betrachtung** als angemessen erweist. Maßgebender zeitlicher Bezugspunkt ist vielmehr grundsätzlich derjenige, **in dem die zu beurteilende Gehaltsvereinbarung abgeschlossen wurde** (BFH, Urteil vom 27.02.2003, I R 46/01, BFH/NV 2003, 1388).

Im Rahmen des sog. externen Fremdvergleichs bieten Gehaltsstrukturuntersuchungen einen hinreichenden repräsentativen Überblick über die im jeweiligen Untersuchungszeitraum gezahlten Geschäftsführer-Gehälter. Die „Zwischenschaltung" eines **Beirats** in einer GmbH steht der gesellschaftsrech-

2 Angemessenheit der Gesamtbezüge eines Gesellschafter-Geschäftsführers

lichen Veranlassung – der vGA – unangemessener Teile der Geschäftsführer-Gehälter jedenfalls dann nicht entgegen, wenn der Beirat kein hinreichendes Gegengewicht zu den die Gesellschaft beherrschenden Familienstämmen darstellt (FG Münster, Urteil vom 11.12.2012, 13 K 125/09 F, EFG 2013, 516, Rev. eingelegt; Az. des BFH: IV R 7/13 mit Anm. Kuhfuss).

2.6 Zuschläge

Sonstige besondere Umstände, herausragende Leistungsmerkmale des Geschäftsführers, der das Unternehmen alleinverantwortlich leitet und dessen Ertragsfähigkeit maßgeblich durch sein Wirken bestimmt, sind ebenso wie höhere Gehälterstrukturen in bestimmten Branchen regelmäßig mit einem weiteren Zuschlag von bis zu 50 % hinreichend abgegolten (Hessisches FG, Urteil vom 27.03.1998, 4 K 3409/96, EFG 1998, 1538).

Als Zuschlag wegen fehlender Versorgungszusage kommen 15 % in Betracht, als Zuschlag wegen fehlender Unfallversicherung 5 % und als Zuschlag zur Abdeckung einer Schwankungsbreite bis zur oberen Grenze der bei vergleichbaren Betrieben tatsächlich gezahlten Bezüge 10 % (FG Köln, Urteil vom 22.02.1996, 13 K 4559/90, EFG 1996, 1006, rkr.). Bei einem Handwerksbetrieb ist ein 50%iger Zuschlag gegenüber dem Tarifgehalt eines Meisters wegen des i.d.R. erhöhten Arbeitseinsatzes und des Haftungsrisikos des Geschäftsführers gerechtfertigt (FG München, Urteil vom 09.02.2000, 7 K 3746/98, EFG 2000, 700; Niedersächsisches FG, Urteil vom 24.11.1994, VI 658/91, EFG 1995, 537).

Geschäftsführervergütungen sind hinsichtlich der **Formalia** einwandfrei und vertragsentsprechend abzuwickeln. Interne und externe Betriebsvergleiche müssen zur Widerlegung der typisierenden Betrachtung der Finanzverwaltung fundiert sein; zeitnah zum Vertragsschluss ist eine Dokumentation der Überlegungen zur Angemessenheit empfehlenswert. Bei drohenden vGA sollten Gesellschafterveranlagungen offengehalten werden, um nicht die Halbeinkünftebesteuerung zu verlieren.

Abgeltungszahlungen für nicht in Anspruch genommenen Urlaub an den Gesellschafter-Geschäftsführer einer GmbH oder an eine diesem nahestehende Person stellen auch bei Fehlen von Vereinbarungen zu den Voraussetzungen der Zahlungen und trotz des gesetzlichen Verbots der Abgeltung von Urlaubsansprüchen in §7 Abs.4 BUrlG keine vGA dar, wenn betriebliche Gründe der Urlaubsinanspruchnahme entgegenstehen (BFH, Urteil vom 28.01.2004, I R 50/03, BFH/NV 2004, 737). Die Abgeltung in mehreren abgelaufenen Kalenderjahren aus betrieblichen Gründen nicht in Anspruch genommenen Erholungsurlaubs des Gesellschafter-Geschäftsführers einer GmbH ist ohne Hinzutreten weiterer Umstände auch insoweit keine verdeckte Gewinnausschüttung, als mehr als in einem Kalenderjahr anfallende Urlaubstage abgegolten werden (BFH, Beschluss vom 06.10.2006, I B 28/06, BFH/NV 2007, 275).

Uneinheitlich ist die Rechtsprechung zur Problematik, ob Überstundenvergütungen für diverse Mehrarbeit im weitesten Sinne regelmäßig als verdeckte

Gewinnausschüttungen zu qualifizieren sind. Zahlt eine Kapitalgesellschaft ihrem Gesellschafter-Geschäftsführer zusätzlich zu seinem Festgehalt Vergütungen für Sonntags-, Feiertags- und Nachtarbeit, so liegt darin nicht immer eine verdeckte Gewinnausschüttung (BFH, Urteil vom 14.07.2004, I R 111/03, BFH/NV 2004, 1605; siehe auch FG Münster, Urteil vom 27.01.2016, 10 K 1167/13 K, G, F DStRE 2017, 1115 rkr. betr. den faktischen Geschäftsführer). Sonntags-, Feiertags- und Nachtzuschläge, die eine GmbH ihrem Gesellschafter-Geschäftsführer zahlt, sind regelmäßig verdeckte Gewinnausschüttungen. Das gilt auch dann, wenn sowohl in der betreffenden Branche als auch in dem einzelnen Betrieb gesellschaftsfremde Arbeitnehmer typischerweise solche Zuschläge erhalten (BFH, Urteil vom 14.07.2004, I R 24/04, BFH/NV 2005, 247).

Zuschläge für Sonntags- und Feiertagsarbeit des Gesellschafter-Geschäftsführers können ausnahmsweise dann keine vGA sein, wenn der Geschäftsführer in gleicher Weise wie andere Arbeitnehmer eingesetzt wird, die Gesellschaft für seinen Einsatz ein besonderes Entgelt erhält, der tatsächliche Einsatz klar belegt werden kann, er für seinen besonderen Arbeitseinsatz nicht eine anderweitige erfolgsabhängige Vergütung erhält und gesellschafterfremden Arbeitnehmern die Zuschläge ebenfalls bezahlt werden (BFH, Urteil vom 03.08.2005, I R 7/05, BFH/NV 2006, 131; ferner BFH, Beschluss vom 17.09.2007, I B 65/07, BFH/NV 2008, 249; BFH, Beschluss vom 06.10.2009, I B 55/09, BFH/NV 2010, 469; BFH, Beschluss vom 12.10.2010, I B 45/10, BFH/NV 2011, 258; BFH, Urteil vom 27.03.2012, VIII R 27/09, BFH/NV 2012, 1127). Eine gesonderte Vergütung, die eine GmbH ihrem Gesellschafter-Geschäftsführer für die Ableistung von Überstunden zahlt, ist aus steuerrechtlicher Sicht regelmäßig eine verdeckte Gewinnausschüttung (BFH, Beschluss vom 19.06.2006, I B 162/05, BFH/NV 2006, 2131).

3 Tantieme

3.1 Bedeutung in der Praxis

Die variable Vergütung ist ein wichtiges Element der Vergütungsgestaltung. Durch die Verbindung von Unternehmenserfolg und Vergütung wird die unternehmerische Verantwortung des Geschäftsführers gestärkt, die Identifikation mit dem Unternehmen gesteigert. Zudem passen die variablen Bezüge als Regulativ die Aufwendungen für die Geschäftsführung an die jeweilige Ertragssituation des Unternehmens an. 1999 erhielten 83 % der Gesellschafter-Geschäftsführer in kleinen GmbHs eine Erfolgsvergütung; sie belief sich auf durchschnittlich 27 % der Gesamtbezüge.

Die Höhe des variablen Anteils wird stark von der individuellen Ertragslage des Unternehmens beeinflusst. Bei unterdurchschnittlicher Gewinnsituation liegt der variable Anteil zwischen 15 % und 20 %, bei überdurchschnittlichen Erträgen im Schnitt bei 35 % der Jahresgesamtbezüge (Tänzer, GmbHR 2000, 596; siehe auch Schwedhelm, DB 2015, 2956, 2959 ff.).

Auch die Rechtsprechung hat inzwischen anerkannt, dass namentlich bei stark schwankenden Erträgen die Vereinbarung eines verhältnismäßig hohen variablen Vergütungsanteils sachgerecht ist und dem Verhalten eines ordentlichen und gewissenhaften Geschäftsleiters entspricht. Ist die Gesamtausstattung eines Gesellschafter-Geschäftsführers angemessen, so muss nicht schon deshalb eine vGA vorliegen, weil die Vergütung zu mehr als 25 % aus variablen Anteilen besteht (BFH, Urteil vom 27.02.2003, I R 46/01, BFH/NV 2003, 1388).

3.2 Wirksame Vereinbarung

Der Abschluss, die Änderung und die Beendigung eines Dienstvertrags zwischen einer GmbH und ihrem beherrschenden Gesellschafter-Geschäftsführer bedarf, soweit die Satzung keine anderweitigen Zuständigkeiten bestimmt, einer Vereinbarung zwischen der Gesellschafterversammlung und dem betroffenen Gesellschafter-Geschäftsführer. Die zivilrechtliche Wirksamkeit ist Voraussetzung dafür, Leistungsbeziehungen mit der Gesellschaft als begründet anzusehen.

Es ist unerlässlich, dass ab Beginn des Wirtschaftsjahres, für das die Tantieme gezahlt wird, klare und eindeutige Vereinbarungen über Leistung und Entgelt getroffen werden. Die Bemessung von Sondervergütungen wie der Tantieme muss so eindeutig geregelt sein, dass deren Höhe **allein durch Rechenvorgänge** genau zu ermitteln ist. Zumindest muss jedoch die Auslegung der Vereinbarung zweifelsfrei möglich sein (BFH, Urteil vom 30.01.1985, I R 37/82, BStBl. II 1985, 345; BFH, Urteil vom 24.07.1990, VIII R 304/84, BFH/NV 1991, 90). Während des Jahres geschlossene Tantiemeverträge, aufgrund derer Tantiemen auf der Basis des Gesamtjahresgewinns errechnet werden, führen für den abgelaufenen Teil des Jahres zu verdeckten Gewinnausschüttungen (**Nachzahlungsverbot**). Wenn zweifelhaft ist, ob eine Vereinbarung tatsächlich zu den angegebenen Daten getroffen worden ist, genügt die GmbH der ihr obliegenden Nachweispflicht nicht, wenn sie nicht die Originalunterlagen, sondern statt dessen nur Fotokopien vorlegt (FG Hamburg, Urteil vom 08.11.1990, II 113/88, EFG 1991, 564).

Unklare Vereinbarungen zwischen GmbH und beherrschendem Gesellschafter-Geschäftsführer können anerkannt werden, wenn außenstehende Dritte **aufgrund sonstiger Umstände** zweifelsfrei erkennen können, was tatsächlich gewollt ist. Sonstige Umstände in diesem Sinne liegen z.B. vor, wenn die Tantieme einvernehmlich jahrelang nach demselben Modus berechnet worden ist. Aus einer jahrelangen Übung kann eine klare Vereinbarung jedoch frühestens ab dem Zeitpunkt abgeleitet werden, an dem sie objektiv erkennbar nach außen in Erscheinung getreten ist (Natschke, StB 1996, 177, 180; Neumann, GmbHR 1996, 740, 745). Folgende Formulierungen sind nicht ausreichend bestimmt:

- Im Fall eines erwirtschafteten Gewinns kann eine bis zu drei Monatsgehälter betragende Tantieme ausgezahlt werden (FG Hamburg, Urteil vom 16.08.1989, II 215/87, EFG 1990, 125, rkr.).

V. Gesellschafter-Geschäftsführer-Vergütung

- Tantiemevereinbarung mit nicht näher definiertem Ermessensspielraum (Untergrenze, Höchstbetrag; so FG Niedersachsen, Urteil vom 06.07.1989, VI 426/88, GmbHR 1990, 420).
- Fehlende Vereinbarung, ob die Tantieme vom Jahresüberschuss vor oder nach Abzug der Tantieme zu berechnen ist (Natschke, StB 1996, 177, 179; Neumann, GmbHR 1996, 740, 742).
- Tantieme nach dem Jahresgewinn, wobei unklar bleibt, ob der Jahresgewinn vor oder nach Abzug der Steuern gemeint ist (BFH, Urteil vom 25.04.1990, I R 59/89, BFH/NV 1991, 269).
- Der Gesellschafterversammlung bleibt es vorbehalten, eine von vorstehender Regelung abweichende Tantiemevereinbarung zu treffen (BFH, Urteil vom 29.04.1992, I R 21/90, BStBl. II 1992, 851).
- Bemessung nach der Höhe der Gewinnausschüttung (BFH, Urteil vom 30.01.1985, I R 37/82, BStBl. II 1985, 345).

Die Vereinbarung einer **Nur-Tantieme**, ist grundsätzlich nicht anzuerkennen. Als Ausnahmefälle kommen insbesondere die Gründungsphase der Gesellschaft, Phasen vorübergehender wirtschaftlicher Schwierigkeiten oder Tätigkeiten in stark risikobehafteten Geschäftszweigen in Betracht. Liegt ein Ausnahmefall vor, muss die Tantieme zeitlich begrenzt werden (BFH, Urteil vom 27.03.2001, I R 27/99, BFH/NV 2001, 1086; BMF, Schreiben vom 01.02.2002, IV A 2 – S 2742 – 4/02, BStBl. I 2002, 219).

Die Auszahlung der Tantieme erfolgt bei **Fälligkeit** des Tantiemeanspruchs, sofern keine besonderen vertraglichen Vereinbarungen vorliegen. Zivilrechtlich entsteht der Tantiemeanspruch am Ende des Geschäftsjahres und wird mit der Feststellung der Bilanz fällig. Falls die Tantieme bei Fälligkeit nicht ausgezahlt wird, ist eine entsprechende Rückstellung zu bilden. Die fehlende Passivierung ist grundsätzlich Ausdruck mangelnder Ernsthaftigkeit der getroffenen Vereinbarung. Wenn die Tantiemeschuld nicht in der Bilanz ausgewiesen ist und in späteren Jahren Zahlungen für die betreffenden Zeiträume erfolgen, liegen regelmäßig vGA vor. Ein fehlender Vertragsvollzug kann aber unschädlich sein, wenn ihm betriebliche Gründe entgegenstehen. Die Stpfl. trägt die Beweislast für das Vorliegen solcher Umstände (BFH, Urteil vom 05.10.1977, I R 230/75, BStBl. II 1978, 234; BFH, Urteil vom 02.05.1974, I R 194/72, BStBl. II 1974, 585).

Eine verspätete Feststellung des Jahresabschlusses nach § 42a Abs. 2 GmbHG führt auch im Falle eines beherrschenden Gesellschafter-Geschäftsführer nicht per se zu einer Vorverlegung des Zuflusses einer Tantieme auf den Zeitpunkt, zu dem die Fälligkeit bei fristgerechter Aufstellung des Jahresabschlusses eingetreten wäre (BFH, Urteil vom 28.04.2020 VI R 44/17 BFH/NV 2020, 1125 m. Anm. Luft DStRK 2020, 256; gleichlautend BFH, Urteil vom 28.04.2020 VI R 45/17 BFH/NV 2020, 1053; hierzu eingehend Seifert, StuB 2020, 782 ff.; ders. Aktuelles Steuerrecht 2020, 543 ff.; Levedag, GmbHR 2020, R 296 f.; hierzu eingehend Gesrich, NWB 2020, 3401 ff.).

Verspricht eine Kapitalgesellschaft sowohl ihrem beherrschenden Gesellschafter als auch einem weiteren Gesellschafter Gewinntantiemen, so greift das für Beherrschungsverhältnisse geltende Klarheitsgebot auch gegenüber dem weiteren Gesellschafter ein, wenn beide Gesellschafter bei der Beschlussfassung über die Tantieme gleichgerichtete Interessen verfolgt haben. Die Anknüpfung einer Tantieme an das „vorläufige Ergebnis" oder an den „vorläufigen Gewinn" bringt nicht klar und eindeutig zum Ausdruck, dass Bemessungsgrundlage der Tantieme der Jahresgewinn ohne Berücksichtigung von Verlustvorträgen sein soll (BFH, Urteil vom 01.04.2003, I R 78, 79/02, BFH/NV 2004, 86). Der grundlose Verzicht einer GmbH auf die Deckelung der Tantiemezahlungen an die Geschäftsführer führt zur Annahme einer gesellschaftlichen Veranlassung und damit zu einer verdeckten Gewinnausschüttung, wenn keine betrieblichen Gründe vorliegen (Sächs. FG, Urteil vom 14.11.2013, 6 K 701/12, DStRE 2014, 544; die eingelegte NZB wurde mit BFH-Beschluss vom 24.09.2014 I B 189/13, BFH/NV 2015, 237 als unzulässig verworfen).

Eine **„Festtantieme"**, die wie der „Sockelbetrag" einer Mindesttantieme für eine angemessene Mindestausstattung des Geschäftsführers für den Fall eines Verlusts oder eines geringen Gewinns Sorge tragen soll, ist materiellrechtlich als Festgehalt anzusehen und in eine Prüfung der Angemessenheit der Vergütung des Geschäftsführers einzubeziehen (BFH, Urteil vom 14.03.2006, I R 72/05, BFH/NV 2006, 1711). Kann eine Tantiemeregelung zur Erhöhung fixer Vergütungsbestandteile zwingen, bildet die Tantieme eine vGA (FG des Landes Sachsen-Anhalt, Urteil vom 05.05.2010, 3 K 251/07, EFG 2011, 565, rkr.).

3.3 Angemessenheit der Tantieme

Ist die Gesamtausstattung eines Gesellschafter-Geschäftsführers angemessen, so muss nicht schon deshalb eine vGA vorliegen, weil die Vergütung zu mehr als 25 % aus variablen Anteilen besteht.

Die Zahlung einer Gewinntantieme zu Gunsten eines Gesellschafter-Geschäftsführers ist insoweit, als sie 50 % des Jahresgewinns übersteigt, i.d.R. vGA. Die Regelvermutung, dass eine mehr als 50 %ige Gewinnbeteiligung über eine Tantiemevergütung gesellschaftsrechtlich veranlasst ist, basiert auf dem Gedanken einer grundsätzlich hälftigen Teilung des erwirtschafteten Erfolgs zwischen der Kapitalgesellschaft und ihren Gesellschafter-Geschäftsführern. Diesem Gedanken entspricht es, die erwähnte Regelvermutung auf den handelsrechtlichen Jahresüberschuss **vor Abzug der ertragsabhängigen Steuern und vor Abzug der Tantieme zu beziehen** (BFH, Urteil vom 04.06.2003, I R 24/02, BFH/NV 2003, 1501; vgl. aber BFH, Beschluss vom 06.05.2004, I B 223/03, BFH/NV 2004, 1294; BMF, Schreiben vom 01.02.2002, IV A 2 – S 2742 – 4/02, BStBl. I 2002, 219 betr. Grundsätze bei der Anerkennung von Tantiemezusagen an Gesellschafter-Geschäftsführer). Zahlt eine Kapitalgesellschaft ihren Gesellschaftern eine Tantieme von insgesamt von mehr als 50 % des Jahresüberschusses, so kann zwar eine verdeckte Gewinnausschüttung zu verneinen sein, wenn sich der Tantiemeanspruch auf die Anlaufphase der Gesellschaft beschränkt. Das gilt aber nur dann, wenn im konkreten Einzelfall angenommen werden kann, dass der Gesichtspunkt der Anlaufphase auch unter fremden Dritten zu einer entsprechenden Tantiemevereinbarung geführt hätte (BFH, Urteil vom 17.12.2003, I R 16/02, BFH/NV 2004, 817).

Eine günstige Entscheidung **zur Tantiemegewährung an Angehörige** fällte das FG Düsseldorf: Im zugrunde liegenden Fall hatte der Inhaber einer Druckerei seine Ehefrau als Prokuristin und Chefin des Finanzbereichs eingestellt, die drei Töchter waren „Assistentinnen der Geschäftsleitung". Alle drei erhielten neben ihren Festgehältern **Tantiemen** i. H. v. je 10 % des Gewinns. Die Tantieme-Beträge stellten die vier z.T. wieder dem Unternehmen als Darlehen zur Verfügung. Der Bp des FA hielt die Gehälter zuzüglich Tantiemen für zu hoch und sah sie als stpfl. Entnahmen und sogar Schenkungen an. Das FG war anderer Ansicht. Zwar habe der BFH den Grundsatz aufgestellt, dass die Gesamtbezüge von leitenden Angestellten sich zu rd. 75 % aus einem festen und zu höchstens 25 % aus einem erfolgsabhängigen Bestandteil zusammensetzen. Dieser Grundsatz könne aber namentlich dann durchbrochen werden, wenn der Gewinn eines Unternehmens rasch steigt und sich demzufolge der Tantieme-Anteil erhöht. Im entschiedenen Fall sah das FG Düsseldorf sogar Tantieme-Steigerungen auf insgesamt 45 % und sogar 60 % des Festgehalts als unproblematisch an. Denn dem Betriebsinhaber seien trotzdem noch rd. 70 % des Gesamtgewinns verblieben. Auch der Einwand des FA, dass die schriftlichen Arbeitsverträge die Leitungsaufgaben der Familienangehörigen nicht 100 %ig enthielten, hatte keinen Erfolg. Aufgaben könnten auch aufgrund mündlicher Vereinbarungen erweitert werden, denn diese bieten für eine überdurchschnittlich erfolgreiche Betriebsorganisation die erforderliche Flexibilität (FG Düsseldorf, Urteil vom 13.08.1998, 8 K 4039/97 G, F, EFG 1998, 504, rkr.).

Die Entscheidung darüber, wie ein ordentlicher Geschäftsleiter eine gewinnabhängige Vergütung bemessen und ggf. nach oben begrenzt hätte, obliegt im gerichtlichen Verfahren grundsätzlich dem FG. Dessen Würdigung ist im Revisionsverfahren nur eingeschränkt überprüfbar.

Steht im Zeitpunkt des Vertragsabschlusses ein sprunghafter Gewinnanstieg ernsthaft im Raum, so kann es bei Vereinbarung einer gewinnabhängigen Vergütung geboten sein, diese auf einen bestimmten **Höchstbetrag** zu begrenzen. Das Fehlen einer hiernach erforderlichen Begrenzung führt zwar nicht dazu, dass der Anstellungsvertrag oder die darin enthaltene Tantiemevereinbarung insgesamt steuerlich nicht anzuerkennen sind. Jedoch sind in einem solchen Fall die über den „Deckelungsbetrag" hinausgehenden Leistungen der Gesellschaft vGA i. S. des § 8 Abs. 3 Satz 2 KStG. Ob und ggf. bei welchem Betrag unter diesem Gesichtspunkt die Grenze zur Unangemessenheit überschritten ist, muss das FG anhand aller Umstände des Einzelfalls beurteilen (BFH, Urteil vom 27.02.2003, I R 46/01, BFH/NV 2003, 1388).

Die Angemessenheit der Gesamtausstattung eines Gesellschafter-Geschäftsführers sowie die Angemessenheit einer Gewinntantieme müssen grundsätzlich anhand derjenigen Umstände und Erwägungen beurteilt werden, die im Zeitpunkt der Gehaltsvereinbarung vorgelegen haben und angestellt worden sind. Die Deckelung einer Gewinntantieme in zeitlicher oder betragsmäßiger Hinsicht ist im Zeitpunkt der Vereinbarung lediglich dann geboten, wenn ein sprunghafter Gewinnanstieg ernsthaft im Raum stand. Die Zahlung einer Gewinntantieme zugunsten eines Gesellschafter-Geschäftsführers ist insoweit, als sie 50 % des Jahresgewinns übersteigt, in der Regel vGA; Bemessungsgrundlage dieser Regelvermutung ist der steuerliche Gewinn vor Abzug der Steuern und der Tantieme (FG Hamburg, Beschluss vom 29.11.2016, 2 V 285/16, DStRE 2018, 356 rkr.)

Ein **Verlustvortrag** muss jedenfalls dann in die Bemessungsgrundlage der Tantieme einbezogen werden, wenn der tantiemeberechtigte Geschäftsführer für den Verlust verantwortlich oder zumindest mitverantwortlich ist. Anderenfalls liegt i. H. des Differenzbetrags zwischen der tatsächlich zu zahlenden Tantieme und derjenigen, die sich bei Berücksichtigung des Verlustvortrags ergeben hätte, eine vGA vor. Die Gewinntantieme dient der Beteiligung des Geschäftsführers an dem von ihm herbeigeführten besonderen Erfolg der Gesellschaft. Deshalb wird, wenn unter der Leitung des betreffenden Geschäftsführers in einzelnen Zeiträumen ein Verlust erwirtschaftet worden ist, dieser Verlust die von dem Geschäftsführer verdiente Erfolgsprämie mindern. Angesichts dessen wird sich ein ordentlicher und gewissenhafter Geschäftsleiter im Allgemeinen nicht darauf einlassen, dass der Geschäftsführer an in einzelnen Jahren erzielten Gewinnen Teil hat, in anderen Jahren erzielte Verluste aber vollständig von der Gesellschaft allein getragen werden müssen.

Hinzu kommt, dass anderenfalls der Geschäftsführer versucht sein könnte, die zeitliche Verteilung von Aufwendungen und Erträgen der Gesellschaft mit dem Ziel einer Maximierung der eigenen Tantiemeforderung zu steuern. So könnte er z. B. in Zukunft notwendige Aufwendungen in ein ohnehin mit Verlust abschließendes Jahr oder Wirtschaftsjahr vorziehen, hierdurch den Aufwand nachfolgender Jahre oder Wirtschaftsjahre um die entsprechenden Beträge entlasten und den in jenen Jahren auszuweisenden Gewinn der Gesellschaft erhöhen.

Die Gefahr, dass durch eine solche zeitliche Gewinnverlagerung die Tantiemeverpflichtung der Gesellschaft ausgeweitet wird, würde ein ordentlicher und gewissenhafter Geschäftsleiter nach Möglichkeit ausschließen (BFH, Urteil vom 17.12.2003, I R 22/03, BStBl. II 2004, 524; bestätigt durch BFH, Urteil vom 18.09.2007, I R 73/06, BFH/NV 2008, 497).

Vereinbart eine GmbH mit ihrem beherrschenden Gesellschafter-Geschäftsführer die Zahlung von **Vorschüssen** auf eine erst nach Ablauf des Wirtschaftsjahres fällige **Gewinntantieme**, so müssen die Voraussetzungen und die Zeitpunkte der vereinbarten Vorschusszahlungen im Einzelnen klar und eindeutig im Voraus festgelegt werden. Es genügt nicht, dem Gesellschafter-Geschäftsführer das Recht einzuräumen, angemessene Vorschüsse verlangen zu können.

V. Gesellschafter-Geschäftsführer-Vergütung

Wird dem beherrschenden Gesellschafter-Geschäftsführer eine Tantieme gezahlt, die der Höhe nach dem entspricht, was er vor dem Zeitpunkt seiner Beteiligung an der Kapitalgesellschaft von dieser als Fremdgeschäftsführer erhalten hat, so hält sie einem (inneren) Fremdvergleich stand (BFH, Urteil vom 09.07.2003, I R 36/02, BFH/NV 2004, 88). Zahlt eine GmbH ihrem Gesellschafter ohne eine entsprechende klare und eindeutige Abmachung einen **unverzinslichen Tantiemevorschuss**, so ist der Verzicht auf eine angemessene Verzinsung eine vGA (BFH, Urteil vom 22.10.2003, I R 36/03, BStBl. II 2004, 307).

Ein Beherrschungsverhältnis der Gesellschafter einer GmbH kraft Interessenübereinstimmung kann trotz unterschiedlich hoher Kapitalbeteiligungen von 40 % und jeweils 30 % anzunehmen sein, wenn sie gemeinsam auf einen Teil der ihnen vertraglich zugesagten Tantieme verzichten. Die Annahme einer verdeckten Gewinnausschüttung ist nicht dadurch widerlegt, dass sich die Gesellschafter darauf berufen, mit ihrem (Teil-)Verzicht zum Wohle der Gesellschaft gehandelt zu haben, weil der vertraglich vorgesehene, prozentual auf den vorläufigen Jahresüberschuss bezogene Tantiemeanspruch nicht der Liquiditätslage der Gesellschaft entsprochen habe (FG Hamburg, Urteil vom 20.11.2013, 2 K 89/13, EFG 2015, 577 = DStRE 2015, 597, zwischenzeitlich rkr.).

Bei verspäteter Auszahlung einer Tantieme liegt eine verdeckte Gewinnausschüttung nur vor, wenn unter Würdigung aller Umstände die verspätete Auszahlung Ausdruck mangelnder Ernsthaftigkeit einer Tantiemevereinbarung ist. Aus der verspäteten und dann ratierlichen Auszahlung der Tantieme alleine kann nicht darauf geschlossen werden, dass die Vereinbarung nicht ernstlich gewollt gewesen ist. Wird die durch die verspätete Auszahlung einer Tantieme erhaltene Liquidität gebraucht, um (überlebens) notwendige Investitionen zu tätigen, führt die nicht fristgerechte Zahlung alleine nicht zu einer verdeckten Gewinnausschüttung (FG Köln, Urteil vom 28.04.2014, 10 K 564/13, DStRE 2015, 599 rkr.).

Die aus einem Formular in der SIS-Datenbank entnommene Formulierung, wonach bei der Bemessung der Tantieme nachträgliche Änderungen des Steuerbilanzgewinns (z.B. aufgrund einer Außenprüfung) nicht zu berücksichtigen sind, sofern dies die Gesellschafterversammlung so beschließt, führt zu vGA (FG Berlin-Brandenburg Urteil vom 04.11.2014, 6 K 6153/12, EFG 2015, 325 mit Anm. Hennigfeld = DStRE 2015, 1296 zwischenzeitlich rkr.; ferner Köster, DStZ 2015, 857, 862).

Die Vereinbarung einer sog. **Negativ-Tantieme**, durch die der tantiemeberechtigte Gesellschafter-Geschäftsführer auch an künftigen Verlusten der Körperschaft im Wege eines Verlustrücktrags beteiligt wird, geht über die Vorgaben des BFH zur Einbeziehung von Verlustvorträgen in die Bemessungsgrundlage der Tantieme zwar hinaus, dient aber zugleich der Nachhaltigkeit des Vergütungssystems und ist daher steuerlich anzuerkennen (FG Baden-Württemberg, Urteil vom 05.05.2015, 6 K 3640/13, EFG 2015, 2215 rkr.).

3.4 Umsatztantieme

Bei der Wahl zwischen Gewinn- und Umsatztantieme wird ein ordentlicher und gewissenhafter Geschäftsleiter grundsätzlich beachten, dass Letztere für die auf Gewinnsteigerung bedachte Kapitalgesellschaft besondere Risiken enthält. Zum einen ist die Umsatztantieme unabhängig von der Erwirtschaftung eines Gewinns zu zahlen, zum anderen birgt sie das Risiko in sich, dass Umsätze zu Lasten der Rentabilität in die Höhe getrieben werden können. Es gilt daher der Grundsatz, wonach ein ordentlicher und gewissenhafter Geschäftsleiter eine umsatzabhängige Vergütung nur gewährt, wenn hierfür besondere Gründe vorliegen.

Ein besonderer Grund für die Gewährung einer Umsatztantieme liegt dann vor, wenn die mit der variablen Vergütung angestrebte Leistungssteigerung durch eine Gewinntantieme nicht zu erreichen wäre. Als besonderer Umstand wird die **Aufbauphase** eines Unternehmens betrachtet. In einem solchen Fall hat allerdings die Kapitalgesellschaft grundsätzlich durch eine entsprechende Vereinbarung mit dem Gesellschafter-Geschäftsführer sicherzustellen, dass die Zahlung der Umsatztantieme tatsächlich auf die Dauer der Aufbauphase beschränkt bleibt (z. B. durch eine Revisionsklausel; durch eine zeitliche Beschränkung im Anstellungsvertrag). Auch sind die eingeschränkten Erkenntnismöglichkeiten über die künftige Umsatzentwicklung in einer Aufbau- oder Übergangsphase angemessen bei der Gestaltung der Umsatztantieme (Bemessung der Prozentsätze; **Festlegung von Höchstgrenzen**) zu berücksichtigen. In Einzelfällen kann es auch sachgerecht sein, **dem ausschließlich für den Vertrieb zuständigen Geschäftsführer** eine am Umsatz bemessene variable Vergütung zuzusagen (BFH, Urteil vom 20.09.1995, I R 130/94, BFH/NV 1996, 508; BFH, Urteil vom 19.03.1993, I R 83/92, BFH/NV 1994, 124).

Die an einen Gesellschafter-Geschäftsführer gezahlte Umsatztantieme ist im Regelfall eine vGA und eine andere Ausschüttung, wenn in der Tantiemevereinbarung eine zeitliche und höhenmäßige Begrenzung der Tantieme fehlt. Dies gilt auch, wenn der durch die Umsatztantieme begünstigte Gesellschafter-Geschäftsführer Minderheitsgesellschafter ist (BFH, Urteil vom 19.02.1999, I R 105–107/97, BStBl. II 1999, 321). Für die Wahrnehmung von Geschäftsführungsaufgaben gewährte Umsatztantiemen begründen regelmäßig verdeckte Gewinnausschüttungen (BFH, Urteil vom 04.06.2005, I R 10/04, BFH/NV 2005, 2058). An einen Gesellschafter-Geschäftsführer gezahlte Umsatzprovisionen, die weder zeitlich noch der Höhe nach beschränkt sind, stellen auch dann regelmäßig vGA dar, wenn die Provisionen nur für die von ihm selbst abgeschlossenen Geschäfte geleistet werden (BFH, Urteil vom 28.06.2006, I R 108/05 BFH/NV 2007, 107; BFH, Beschluss vom 12.10.2010, I B 70/10, BFH/NV 2011, 301).

Die Vereinbarung einer Umsatztantieme ist ausnahmsweise keine vGA, wenn im konkreten Fall eine Gewinnabsaugung ausgeschlossen ist. Allenfalls die Höhe der Gesamtausstattung kann dann noch zu einer vGA führen (FG Berlin-

V. Gesellschafter-Geschäftsführer-Vergütung

Brandenburg, Urteil vom 08.04.2014, 6 K 6216/12, EFG 2014, 1332 = DStRE 2015, 152 rkr.; siehe auch Bruschke, DStZ 2014, 856 ff.).

Ist der begünstigte, als Prokurist tätige Ehegatte des beherrschenden Gesellschafters ausschließlich für den Vertrieb zuständig, bedarf es für die Vereinbarung einer Umsatztantieme zu deren steuerlicher Anerkennung keiner zeitlichen und höhenmäßigen Begrenzung (FG Baden-Württemberg, Urteil vom 21.04.2015, 6 K 867/12, EFG 2015, 2213 rkr.).

4 Pensionszusage

Eine Pensionszusage ist **schriftlich** zu erteilen, sie muss Angaben zur Leistungshöhe enthalten. Auch wenn zwischen dem Verpflichteten und dem Berechtigten darüber Einigkeit besteht, darf eine Pensionsrückstellung nur gebildet werden, wenn die Höhe der Versorgungsansprüche dem Pensionsberechtigten gegenüber schriftlich bestätigt wird. Das Schriftformerfordernis des § 6a Abs. 1 Nr. 3 EStG gilt auch bei späteren Änderungen der Pensionszusage. Die Bildung einer Pensionsrückstellung ist daher ggf. selbst dann zu versagen, wenn durch eine mündliche Vertragsänderung die schriftlich fixierte Leistungshöhe verringert wird (§ 6a Abs. 1 Nr. 3 EStG; FG Köln, Urteil vom 11.04.2000, 13 K 4287/99, EFG 2000, 1035, rkr.).

Dem Schriftformgebot des § 6a Abs. 1 Nr. 3 EStG 1990 wird durch jede schriftliche Fixierung genügt, in der der Pensionsanspruch nach Art und Höhe festgelegt wird. Zweifel daran, ob Schriftstücke eine bindende Zusage einer betragsmäßig fixierten Altersversorgung enthalten, gehen zu Lasten desjenigen, der den Ansatz der Pensionsrückstellung in der Steuerbilanz begehrt (s. BFH, Urteil vom 22.10.2003, I R 37/02, BFH/NV 2004, 269). Eine Pensionszusage ist i.S.d. § 6a Abs. 1 Nr. 3 EStG „schriftlich" erteilt, wenn der Pensionsverpflichtete eine schriftliche Erklärung mit dem in der Vorschrift genannten Inhalt abgibt und der Adressat der Zusage das darin liegende Angebot nach den Regeln des Zivilrechts annimmt. Dafür reicht eine mündliche Erklärung des Pensionsberechtigten aus (BFH, Urteil vom 27.04.2005, I R 75/04, BStBl. II 2005, 702). Sieht das Versorgungsversprechen des Gesellschafter-Geschäftsführers der Kapitalgesellschaft eine einschränkungslose Koppelung der Versorgungshöhe an die Vergütungshöhe vor, ist eine ergänzende Vertragsauslegung in der Weise, dass in der Situation der bloß vorübergehenden Gehaltsabsenkung die Versorgung in der ursprünglichen Höhe erhalten bleiben soll, mit dem Schriftformerfordernis des § 6a Abs. 1 Nr. 3 EStG nicht vereinbar (BFH, Urteil vom 12.10.2010, I R 17, 18/10 BFH/NV 2011, 452).

Zum **Nachzahlungsverbot** bei Pensionszulagen beim beherrschenden Gesellschafter-Geschäftsführer eingehend Briese, DB 2015, 2408 ff.; zu den Folgen einer „Ad-hoc"-Erhöhung einer gegenüber dem beherrschenden Gesellschafter-Geschäftsführer abgegebenen Pensionszusage als Verstoß gegen das Nachzahlungsverbot siehe FG Köln, Urteil vom 06.04.2017, 10 K 2310/15 EFG 2017, 1537, 1542 ff. mit Anm. Neitz-Hackstein rkr.

4 Pensionszusage

Eine Pensionszusage muss erdienbar und finanzierbar sein, ferner ist die Einhaltung einer Probezeit/Wartefrist nötig. Im Übrigen gilt das Erfordernis der Angemessenheit (BFH, Urteil vom 29.10.1997, I R 52/97, BStBl. II 1999, 318; BMF, Schreiben vom 01.08.1996, IV B 7 – S 2742 – 88/96, BStBl. I 1996, 1138; Gehrmann, INF 1998, 679; Hambitzer, StBp 2001, 123; zu den praktischen Auswirkungen der Überversorgung bei Pensionszusagen an Gesellschafter-Geschäftsführer Briese, GmbHR 2015, 463 ff. und 635 ff.). Für die Frage, ob eine Rückstellung für Pensionsansprüche eines Gesellschafter-Geschäftsführers mangels Erdienbarkeit der Pension als vGA zu beurteilen ist, kommt es auf die Verhältnisse im Zeitpunkt der Erteilung der Pensionszusage an (BFH, Beschluss vom 08.04.2008, I B 168/07, BFH/NV 2008, 1536). Bei einem beherrschenden Gesellschafter-Geschäftsführer ist die **Erdienbarkeit** der Pension grundsätzlich zu verneinen, wenn die Zusage nicht vor Vollendung des 60. Lebensjahres erteilt wird und/oder die im Zeitpunkt der Erteilung der Zusage noch verbleibende Restdienstzeit weniger als zehn Jahre beträgt. Nur bei einem nicht beherrschenden Gesellschafter-Geschäftsführer ist eine kürzere Restdienstzeit ausreichend, wenn bei Eintritt in den Ruhestand der Beginn der Betriebszugehörigkeit mindestens zwölf Jahre und der Zeitpunkt der Zusage mindestens drei Jahre zurückliegt. In die Mindestbetriebszugehörigkeit von zwölf Jahren sind nicht nur Zeiträume im Betrieb der GmbH einzubeziehen, sondern auch solche, in denen der Gesellschafter-Geschäftsführer zuvor in einem Einzelunternehmen tätig war, das er in die GmbH eingebracht oder das er an diese veräußert hat (BFH, Urteil vom 15.03.2000, I R 40/99, BStBl. II 2000, 504; siehe ferner BFH, Beschluss vom 01.07.2014, I B 193/13, BFH/NV 2014, 1774; FG Köln, Urteil vom 14.11.2013, 10 K 3244/10, EFG 2014, 2162 rkr.; Hambitzer, StBp 2001, 123, 131); zu den neuesten Rechtsprechungstendenzen s. Bergt-Weis/Rutzmoser, DB 2016, 2806 ff.; Kützner, StB 2017, 138 ff.; Pfirrmann, DB 2019, 984 ff.

Der von der Rechtsprechung entwickelte Grundsatz, nach dem sich der Gesellschafter-Geschäftsführer einer Kapitalgesellschaft einen Pensionsanspruch innerhalb der verbleibenden Arbeitszeit bis zum vorgesehenen Eintritt in den Ruhestand noch erdienen muss, gilt sowohl für Erstzusagen einer Versorgungsanwartschaft als auch für nachträgliche Erhöhungen einer bereits erteilten Zusage. Um eine nachträgliche Erhöhung kann es sich auch handeln, wenn ein endgehaltsabhängiges Pensionsversprechen infolge einer Gehaltsaufstockung mittelbar erhöht wird und das der Höhe nach einer Neuzusage gleichkommt. Maßgebend bei der Ermittlung des Erdienenszeitraums ist der in der Pensionszusage vereinbarte frühestmögliche Zeitpunkt des Pensionsbezuges (BFH, Urteil vom 20.05.2015, I R 17/14, BStBl. II, 2015, 1022, Bestätigung des Senatsurteils vom 23.09.2008, I R 62/07, BStBl. II 2013, 39).

Die vom BFH für Pensionszusagen aufgestellten Erdienensgrundsätze gelten auch im Falle einer erst kurz vor Erreichen des vereinbarten Pensionsalters und jenseits des 60. Lebensjahres geschlossenen Vereinbarung über eine barwerterhaltende Pensionserhöhung bei Weiterbeschäftigung des beherrschenden

V. Gesellschafter-Geschäftsführer-Vergütung

Gesellschafter-Geschäftsführers (FG Köln, Urteil vom 06.04.2017, 10 K 2310/15 DStRE 2018, 870 rkr.).

Zum Erdienungszeitraum bei Möglichkeit eines vorzeitigen Pensionsantritts mit Ersetzung einer variablen Pensionszusage durch einen Festbetrag vgl. hierzu FG Berlin-Brandenburg, Urteil vom 06.09.2016, 6 K 6168/13, EFG 2016, 1916 = DStRE 2017, 794; der Rechtstreit wurde aufgrund des BFH-Beschlusses vom 22.08.2017, I B 104/16 n. v. zurückverwiesen.

Zur Erdienungsdauer eines Gesellschafter-Geschäftsführers bei einer **Unterstützungskasse** ist folgendes Judikat ergangen: Der von der Rechtsprechung zu Direktzusagen entwickelte Grundsatz, nach dem sich der beherrschende Gesellschafter-Geschäftsführer einer Kapitalgesellschaft einen Anspruch auf Altersversorgung regelmäßig nur erdienen kann, wenn zwischen dem Zusagezeitpunkt und dem vorgesehenen Eintritt in den Ruhestand noch ein Zeitraum von mindestens zehn Jahren liegt, gilt auch bei einer mittelbaren Versorgungszusage in Gestalt einer rückgedeckten Unterstützungskassenzusage.

Kann die sog. Erdienensdauer vom beherrschenden Gesellschafter-Geschäftsführer nicht mehr abgeleistet werden, ist prinzipiell, davon auszugehen, dass ein ordentlicher und gewissenhafter Geschäftsleiter im Interesse der Gesellschaft von der (mittelbaren) Versorgungszusage abgesehen hätte. Die von der Gesellschaft als Trägerunternehmen an die Unterstützungskasse geleisteten Zuwendungen sind dann regelmäßig nicht als Betriebsausgaben abziehbar (BFH, Urteil vom 20.07.2016, I R 33/15, BStBl. II 2017, 66; hierzu eingehend Selig-Kraft, StuB 2017, 63 ff., Kützner; StB 2017, 141 f.).

Werden bestehende Gehaltsansprüche des Gesellschafter-Geschäftsführers in eine Anwartschaft auf Leistungen der betrieblichen Altersversorgung umgewandelt, dann scheitert die steuerrechtliche Anerkennung der Versorgungszusage regelmäßig nicht an der fehlenden Erdienbarkeit. Wird bei einer bestehenden Versorgungszusage lediglich der Durchführungsweg gewechselt (wertgleiche Umstellung einer Direktzusage in eine Unterstützungskassenzusage), so löst allein diese Änderung keine erneute Erdienbarkeitsprüfung aus (BFH, Urteil vom 07.03.2018, I R 89/15 BFH/NV 2018, 887 = BB 2018, 1826, 1829 mit Anm. Hainz = BB 2018, 3047 mit Anm. Selig-Kraft = EStB 2018, 284, 285 mit Anm. Görden; zum Erdienungszeitraum bei Entgeltumwandlung hat die Finanzverwaltung in einer Verwaltungsanweisung dezidert Stellung genommen, siehe OFD Niedersachen, Verfügung vom 15.08.2014, S 2742–259-St 241 DB 2014, 2441 unter Hinweis auf ältere Verwaltungsanweisungen).

Eine Pensionszusage kann auch ohne vorherige Erprobung des Gesellschafter-Geschäftsführers steuerlich anerkannt werden, wenn der Gesellschafter-Geschäftsführer vor der Gründung der GmbH für eine andere GmbH tätig war, deren Unternehmensgegenstand und Gesellschafter mit dieser identisch waren. Dies gilt auch dann, wenn die Vorgänger-GmbH in Insolvenz gegangen ist. Eine rückgedeckte Pensionszusage ist grundsätzlich finanzierbar, sofern die Beiträge für die Rückdeckungsversicherung geleistet werden können. Dies kann trotz

4 Pensionszusage

einer vorübergehenden Verlustphase bei hohen Umsatzzahlen bejaht werden (FG Berlin-Brandenburg, Urteil vom 03.12.2013, 6 K 6326/10, EFG 2014, 482 = DStRE 2014, 1123 rkr. = BB 2014, 1390, 1393 mit Anm. Heger).

Eine Pensionszusage stellt regelmäßig eine vGA dar, wenn die Leistungsfähigkeit des Geschäftsführers nicht aufgrund vorheriger Erprobung zuverlässig abgeschätzt werden kann. Allerdings kann eine Ausnahme von dem Erfordernis der Erprobung anerkannt werden, wenn sichere Erkenntnisse über die Befähigung des Geschäftsführers, insbesondere aus dessen vorheriger Tätigkeit als Einzelunternehmer, vorliegen (FG Berlin-Brandenburg, Beschluss vom 17.06.2014, 10 V 10102/13, EFG 2014, 1713 = DStRE 2015, 393 rkr.).

Zur Erdienbarkeit einer Pensionszusage bei vorzeitigem Ausscheiden eines Gesellschafter-Geschäftsführers siehe Heidl/Miller, NWB 2014, 1426 ff.

Pensionszahlungen an einen beherrschenden GmbH-Gesellschafter, der zugleich als Geschäftsführer tätig ist und hierfür ein Gehalt bezieht, führen nicht zu einer verdeckten Gewinnausschüttung, wenn die Wiedereinstellung des Alleingesellschafters bei Beginn der Pensionszahlung noch nicht beabsichtigt war, die erneute Geschäftsführertätigkeit allein im Interesse der Gesellschaft erfolgte und das vereinbarte neue Geschäftsführergehalt nicht als vollwertiges Gehalt anzusehen ist (FG Münster, Urteil vom 25.07.2019, 10 K 1583/19 K, DStRE 2019, 1382 [Rev. eingelegt; Az. des BFH: I R 41/19]).

Scheidet der beherrschende Gesellschafter-Geschäftsführer einer GmbH, dem im Alter von 58 Jahren auf das vollendete 68. Lebensjahr von der GmbH vertraglich eine monatliche Altersrente zugesagt worden ist, bereits im Alter von 63 Jahren aus dem Unternehmen als Geschäftsführer aus, wird der Versorgungsvertrag tatsächlich nicht durchgeführt. Die jährlichen Zuführungen zu der für die Versorgungszusage gebildeten Rückstellungen stellen deswegen regelmäßig verdeckte Gewinnausschüttungen dar (BFH, Urteil vom 25.06.2014, I R 76/13, BStBl. II 2015, 665 = FR 2014, 1080 mit Anm. Pezzer; hierzu Paus, FR 2014, 1129 ff.; Köster, DStZ 2015, 855, 853 ff.; Kolbe, StuB 2014, 831 ff.).

Wurde einem beherrschenden Gesellschafter-Geschäftsführer vor Erlass der EStÄR 2008 eine Pensionszusage erteilt, kann bei der Bewertung der Pensionsrückstellung weiterhin davon ausgegangen werden, dass der Geschäftsführer mit Vollendung des 65. Lebensjahrs in den Ruhestand tritt (entgegen R 6a Abs. 8 EStR 2008). Dies begründet auch keine vGA (Hessisches FG, Urteil vom 22.05.2013, 4 K 3070/11, EFG 2012, 1508, zwischenzeitlich rkr.). Erteilt eine Kapitalgesellschaft ihrem beherrschenden Gesellschafter-Geschäftsführer nach Vollendung seines 60. Lebensjahres eine Pensionszusage auf das vollendete 70. Lebensjahr, spricht dies im Regelfall für eine gesellschaftsrechtliche Mitveranlassung der Zusage. Wird dem Gesellschafter-Geschäftsführer die Zusage kurz nach Vollendung des 60. Lebensjahres gegeben, kann dies nach den Umständen des Einzelfalles aber eine Ausnahme rechtfertigen. Verringert der Gesellschafter-Geschäftsführer seine Arbeitsleistungen gegenüber der Kapitalgesellschaft und wird deshalb sein monatliches Festgehalt auf eine angemessene

V. Gesellschafter-Geschäftsführer-Vergütung

Höhe herabgesetzt, bedarf es in der Regel keiner gleichzeitigen Herabsetzung einer ihm erteilten betrieblichen Versorgungszusage (BFH, Urteil vom 14.07.2004, I R 14/04, BFH/NV 2005, 245).

Der von der Rechtsprechung entwickelte Grundsatz, nach dem sich der beherrschende Gesellschafter-Geschäftsführer einer Kapitalgesellschaft einen Pensionsanspruch regelmäßig nur erdienen kann, wenn zwischen dem Zusagezeitpunkt und dem vorhergesehenen Eintritt in den Ruhestand noch ein Zeitraum von mindestens zehn Jahren liegt, gilt sowohl für Erstzusagen einer Versorgungsanwartschaft als auch für nachträgliche Erhöhungen einer bereits erteilten Zusage (BFH, Urteil vom 23.09.2008, I R 62/07, BStBl. II 2013, 39; BFH, Beschluss vom 19.11.2008, I B 108/08, BFH/NV 2009, 608).

Nach ständiger Rechtsprechung des BFH kann ein Pensionsanspruch nicht mehr erdient werden, wenn der Gesellschafter-Geschäftsführer im Zeitpunkt der Pensionszusage das 60. Lebensjahr überschritten hat. Ob es sich um einen beherrschenden oder um einen nicht beherrschenden Gesellschafter-Geschäftsführer handelt, ist insoweit nicht von Belang (BFH, Urteil vom 11.09.2013, I R 26/12, BFH/NV 2014, 728 = GmbHR 2014, 486, 497 ff. mit Anm. Hoffmann).

Es ist aus steuerrechtlicher Sicht nicht zu beanstanden, wenn die Zusage der Altersversorgung nicht von dem Ausscheiden des Begünstigten aus dem Dienstverhältnis als Geschäftsführer mit Eintritt des Versorgungsfalles abhängig gemacht wird. In diesem Fall würde ein ordentlicher und gewissenhafter Geschäftsleiter zur Vermeidung einer verdeckten Gewinnausschüttung allerdings verlangen, dass das Einkommen aus der fortbestehenden Tätigkeit als Geschäftsführer auf die Versorgungsleistung angerechnet wird, oder aber den vereinbarten Eintritt der Versorgungsfälligkeit aufschieben, bis der Begünstigte endgültig seine Geschäftsführerfunktion beendet hat. Dass der Gesellschafter-Geschäftsführer seine Arbeitszeit und sein Gehalt nach Eintritt des Versorgungsfalles reduziert, ändert daran grundsätzlich nichts (BFH, Urteil vom 23.10.2013, I R 60/12, BStBl. II 2015, 413 = FR 2014, 557, 559 f. mit Anm. Pezzer; ferner Levedag, GmbHR 2014, R 118, 119 f.).

Die Zusage einer Versorgungsanwartschaft zugunsten des neuen Lebenspartners des Gesellschafter-Geschäftsführers einer GmbH nach dem Tode der bis dahin begünstigten Ehefrau des Geschäftsführers ist eine Neuzusage. Ist der Gesellschafter-Geschäftsführer ein beherrschender und stehen ihm bei Erteilung der Neuzusage bis zum voraussichtlichen Eintritt des Versorgungsfalles weniger als zehn Dienstjahre zur Verfügung, ist die Hinterbliebenenversorgung nicht mehr erdienbar und die Zuführung zu der dafür gebildeten Personenrückstellung als verdeckte Gewinnausschüttung zu beurteilen (BFH, Urteil vom 27.11.2013, I R 17/13, BFH/NV 2014, 731 = GmbHR 2014, 488, 497 ff. mit Anm. Hoffmann; hierzu Rätke, StuB 2014, 402, 407).

Nach § 6a Abs. 3 Satz Nr. 1 Satz 3 EStG sind für die Berechnung des Teilwerts der Pensionsrückstellungen die Jahresbeträge zugrunde zu legen, die vom Beginn

4 Pensionszusage

des Wirtschaftsjahres, in dem das Dienstverhältnis begonnen hat, bis zu dem in der Pensionszusage vorgesehenen Zeitpunkt des Eintritts des Versorgungsfalles rechnungsmäßig aufzubringen sind. Ein Mindestpensionsalter wird hiernach auch für die Zusage gegenüber dem beherrschenden Gesellschafter-Geschäftsführer einer GmbH nicht vorausgesetzt (R 41 Abs. 9 Satz 1 EStR 2001 R 6a Abs. 8 EStR 2012). Zur Altersgrenze in der betrieblichen Altersversorgung von Gesellschafter-Geschäftsführern s. BMF, Schreiben vom 09.12.2016, IV C 6 – S 2176/07/10004:003, DOK 2016/1112009, BStBl. I 2016, 1427 = BB 2017, 114 mit Anm. Lieb; hierzu Briese, StuB 2017, 271 ff. Wurde einem ursprünglichen Minderheitsgesellschafter-Geschäftsführer einer GmbH eine Pension auf das 60. Lebensjahr zugesagt und wird der Begünstigte später zum Mehrheitsgesellschafter-Geschäftsführer, ohne dass die Altersgrenze angehoben wird, kommen deshalb insoweit allenfalls die Annahme einer vGA, nicht aber eine Bilanzberichtigung in Betracht (BFH, Urteil vom 11.09.2013 I R 72/12, BStBl. II 2016, 1008 = FR 2014, 599, 601 f. mit Anm. Pezzer = BB 2014, 879, 881 mit Anm. Lieb = GmbHR 2014, 484, 497 ff. mit Anm. Hoffmann; ferner Levedag, GmbHR 2014, R 118 f.; hierzu eingehend Metz/Lindner, DStR 2014, 2731 ff.).

Der Ansatz einer Pensionsrückstellung nach § 6a Abs. 3 S. 2 Nr. 1 S. 1 Hs. 2 EStG setzt eine Entgeltumwandlung i. S. v. § 1 Abs. 2 BetrAVG voraus. Diese Voraussetzung ist nicht erfüllt, wenn eine GmbH ihrem Alleingesellschafter-Geschäftsführer eine Versorgungszusage aus Entgeltumwandlungen gewährt, da der Alleingesellschafter-Geschäftsführer der GmbH kein Arbeitnehmer i. S. d. § 17 Abs. 1 S. 1 oder 2 BetrAVG ist. Die darin liegende Bevorzugung von Pensionsrückstellungen für Arbeitnehmer i. S. d. BetrAVG ist verfassungsgemäß (BFH, Urteil vom 27.05.2020 XI R 9/19 = BFH/NV 2020, 1375, DStR 2020, 2063 = BB 2020, 2416, 2419 m. Anm. Lieb = FR 2020, 950, 954 ff. m. Anm. Dammermuth = GmbHR 2020, 1192, 1196 ff m. Anm. Intemann = DStRK 2020, 281 m. Anm. Obermeir; hierzu Levedag, GmbHR 2020, R 312 f. = EStB 2020, 425 f. mit Anm. Görden = DB 2020, 2493 f. mit Anm. Werth.

Die Zusage einer Witwenrente an den Gesellschafter-Geschäftsführer einer GmbH rechtfertigt regelmäßig die Annahme einer verdeckten Gewinnausschüttung, wenn der Begünstigte im Zusagezeitpunkt das 65. Lebensjahr überschritten hat. Eine Anstellung des Geschäftsführers „auf Lebenszeit" ändert daran nichts (BFH, Urteil vom 18.03.2009, I R 63/08, BFH/NV 2009, 1841). Zur Pensionszusage bei unverheirateten Gesellschafter-Geschäftsführern mit kollektiver Witwenrentenzusage s. FG München, Urteil vom 21.11.2016, 7 K 1514/14, DStZ 2017, 89. Die von der GmbH im Rahmen einer Entgeltumwandlung an eine überbetriebliche Versorgungskasse vorgenommenen Zahlungen für ihren beherrschenden Gesellschafter-Geschäftsführer stellen keine vGA dar, wenn es dadurch zu keiner Vermögensverminderung iSd § 8 Abs. 1 KStG iVm § 4 Abs. 1 S. 1 EStG kommt.

Werden bestehende Gehaltsansprüche des Gesellschafter-Geschäftsführers in eine Anwartschaft auf Leistungen der betrieblichen Altersversorgung umgewandelt, dann scheitert die steuerrechtliche Anerkennung der Versorgungszu-

V. Gesellschafter-Geschäftsführer-Vergütung

sage regelmäßig nicht an der fehlenden Erdienbarkeit. Wird bei einer bestehenden Versorgungszusage lediglich der Durchführungsweg gewechselt, (wertgleiche Umstellung einer Direktzusage in eine Unterstützungskasse), so löst allein diese Änderung keine erneute Erdienbarkeitsprüfung aus (BFH, Urteil vom 07.03.2018, I R 89/15, BFH/NV 2018, 887).

Sagt eine GmbH ihrem alleinigen Gesellschafter-Geschäftsführer eine Versorgung zu einem Zeitpunkt zu, in dem dieser mit dem Ausbrechen einer lebensbedrohenden Erkrankung rechnen musste, so kann darin ein Anhaltspunkt für eine gesellschaftliche Mitveranlassung und damit das Vorliegen einer vGA zu sehen sein (BFH, Urteil vom 11.08.2004, I R 108 – 110/03, BFH/NV 2005, 385); zur Annahme einer verdeckten Gewinnausschüttung bei nachträglicher Zusage der Dynamisierung einer Altersrente mangels Erdienbarkeit s. FG Hamburg, Urteil vom 15.04.2016, 3 K 13/15, DStZ 2016, 637.

Für die steuerliche Beurteilung einer Pensionszusage ist regelmäßig eine **Probezeit** von zwei bis drei Jahren als ausreichend anzusehen. Die Rechtsprechung hält zwar eine Probezeit von fünf Jahren für ausreichend (BFH, Urteil vom 15.10.1997, I R 42/97, BStBl. II 1999, 316). Dies schließt nach Ansicht des BMF die steuerliche Berücksichtigung kürzerer Probezeiten jedoch nicht aus, da es in dem Urteilsfall nicht entscheidungserheblich war, ob u.U. auch ein kürzerer Zeitraum zur Erprobung genügt hätte (hierzu BMF, Schreiben vom 14.05.1999, IV C 6 – S 2742 – 9/99, BStBl. I 1999, 512; hierzu eingehend Dommermuth/Veh, DStR 2017, 2249 ff.). Die Erteilung einer Pensionszusage an den Gesellschafter-Geschäftsführer einer Kapitalgesellschaft setzt im Allgemeinen die Einhaltung einer Probezeit voraus, um die Leistungsfähigkeit des neu bestellten Geschäftsführers beurteilen zu können (BFH, Beschluss vom 17.03.2010, I R 19/09, BFH/NV 2010, 1310; BFH, Urteil vom 28.04.2010, I R 78/08, BFH/NV 2010, 1709; s. auch FG Berlin-Brandenburg, Beschluss vom 17.06.2014, 10 V 10102/13, EFG 2014, 1713 rkr.). Eine Probezeit ist bei entsprechenden Vortätigkeiten nicht in jedem Fall erforderlich. So hat die Rechtsprechung entschieden, dass es vor Erteilung einer Pensionszusage keiner erneuten Probezeit bedarf, wenn ein Einzelunternehmen in eine Kapitalgesellschaft umgewandelt wird und der bisherige, bereits erprobte Geschäftsführer des Einzelunternehmens als Geschäftsführer der Kapitalgesellschaft das Unternehmen fortführt (BFH, Urteil vom 29.10.1997, I R 52/97, BStBl. II 1999, 318; zur Einbeziehung von Vordienstzeiten instruktiv BFH, Urteil vom 26.06.2013, I R 39/12, BStBl. II 2014, 174 = BB 2014, 238, 241 mit Anm. Heger = FR 2014, 114, 119 mit Anm. Weber-Grellet).

Ein ordentlicher und gewissenhafter Geschäftsleiter einer **neu gegründeten Kapitalgesellschaft** wird einem gesellschaftsfremden Geschäftsführer erst dann eine Pension zusagen, wenn er die künftige wirtschaftliche Entwicklung und damit die künftige wirtschaftliche Leistungsfähigkeit der Kapitalgesellschaft zuverlässig abschätzen kann. Hierzu bedarf es i.d.R. eines Zeitraums von wenigstens fünf Jahren. Dies gilt nicht, wenn die künftige wirtschaftliche Entwicklung aufgrund der bisherigen unternehmerischen Tätigkeit hinreichend

4 Pensionszusage

deutlich abgeschätzt werden kann (BFH, Urteil vom 15.10.1997, I R 42/97, BStBl. II 1999, 316; BFH, Urteil vom 29.10.1997, I R 52/97, BStBl. II 1999, 318; BFH, Urteil vom 23.02.2005, I R 70/04, BStBl. II 2005, 882).

Die Erteilung einer Pensionszusage an den Gesellschafter-Geschäftsführer einer Kapitalgesellschaft setzt im Allgemeinen die Einhaltung einer Probezeit voraus, um die Leistungsfähigkeit des neu bestellten Geschäftsführers beurteilen zu können. Die Dauer dieser Probezeit hängt von den Besonderheiten des Einzelfalles ab. Die Zeitspanne von 2 ¼ Jahren wird aber jedenfalls bei einer einschlägig berufserfahrenen Person ausreichen (BFH, Urteil vom 20.08.2003, I R 99/02, BFH/NV 2004, 373). Zur Höhe einer vGA bei Erteilung einer Pensionszusage vor Ablauf einer Probezeit s. instruktiv FG des Saarlandes, Urteil vom 03.12.2008, 1 K 1377/04, EFG 2009, 774, Rev. eingelegt, die jedoch mit BFH, Beschluss vom 17.03.2010, I R 19/09, n. v. als unbegründet verworfen wurde.

Grundlage der **Finanzierbarkeit**sprüfung ist nicht die tatsächliche Zuführung zur Pensionsrückstellung, sondern der fiktive Zuführungsbedarf, der sich bei Unterstellung eines vorzeitigen Eintritts des Versorgungsfalls (Invaliden- bzw. Hinterbliebenenrente) ergeben würde. Es wird das tatsächliche Risiko abgeschätzt, das die Kapitalgesellschaft bereits vom ersten Tag an mit einer Pensionszusage eingeht, die auch eine Invaliditäts- und Hinterbliebenenversorgung einschließt. Denn der Versorgungsfall kann jederzeit eintreten und nicht erst bei Erreichen des Pensionsalters des Arbeitnehmers. Sagt eine GmbH ihrem Gesellschafter-Geschäftsführer eine Alters- und/oder eine Invaliditätsversorgung zu, so ist die Versorgungsverpflichtung **nicht finanzierbar,** wenn ihre Passivierung zur Überschuldung der GmbH im insolvenzrechtlichen Sinne führen würde. Bei der Beurteilung dieses Merkmals ist auf den Zeitpunkt der Zusageerteilung abzustellen (BFH, Urteil vom 04.09.2002, I R 7/01, BStBl. II 2005, 662).

Sagt eine Kapitalgesellschaft ihrem Gesellschafter-Geschäftsführer eine Alters- und/oder Invaliditätsversorgung zu, so ist diese Zusage im Gesellschaftsverhältnis veranlasst, wenn die Versorgungsverpflichtung im Zeitpunkt der Zusage für die Gesellschaft nicht finanzierbar ist. In diesem Fall stellen die Zuführungen zu der zu bildenden Pensionsrückstellung vGA dar. Eine Versorgungszusage ist nicht finanzierbar, wenn die Passivierung der Pensionsrückstellung zu einer Überschuldung der Gesellschaft führen würde. Auch bei der Beurteilung der Finanzierbarkeit einer im Invaliditätsfall eintretenden Versorgungsverpflichtung ist nur deren im Zusagezeitpunkt gegebener versicherungsmathematischer Barwert (§ 6a Abs. 3 Satz 2 Nr. 2 EStG) anzusetzen. Es ist nicht von demjenigen Wert auszugehen, der sich bei einem Eintritt des Versorgungsfalls ergeben würde. Die Finanzierbarkeit einer Zusage, die sowohl eine Altersversorgung als auch vorzeitige Versorgungsfälle abdeckt, ist hinsichtlich der einzelnen Risiken jeweils gesondert zu prüfen (BFH, Urteil vom 20.12.2000, I R 15/00, BStBl. II 2005, 657; BFH, Urteil vom 07.11.2001, I R 79/00, BStBl. II 2005, 659).

V. Gesellschafter-Geschäftsführer-Vergütung

Die Pensionszusage ist **nicht finanzierbar**, wenn im Zeitpunkt des fiktiven Eintritts des Versorgungsfalls der zu ermittelnde Barwert der künftigen Pensionsleistungen auch unter Berücksichtigung einer etwa bestehenden Rückdeckungsversicherung zu einer Überschuldung der Kapitalgesellschaft **im insolvenzrechtlichen Sinn** führen würde. Bei der Ermittlung des Vermögens für diesen Zweck sind alle Wirtschaftsgüter einschließlich aller stillen Reserven zu erfassen. Der originäre Firmenwert bleibt allerdings ohne Berücksichtigung. Eine Anpassungsklausel, die bei einer Verschlechterung der wirtschaftlichen Lage der Gesellschaft eine Kürzung bzw. Versagung der zugesagten Leistungen ermöglicht, bleibt bei der Prüfung der Überschuldung unberücksichtigt (BFH, Urteil vom 31.03.2004, I R 65/03, BFH/NV 2004, 1191; Hambitzer, StBp 2001, 123, 127).

Die steuerliche Anerkennung einer Pensionszusage setzt weiter voraus, dass die ab dem Fälligkeitszeitpunkt zu zahlenden Pensionsleistungen in einem **angemessenen Verhältnis** zum Gehalt des Gesellschafter-Geschäftsführers stehen. Hier geht die Rechtsprechung davon aus, dass Pensionsrückstellungen bzw. entsprechende Zuführungen wegen eines Missverhältnisses der aktiven Bezüge zu den Pensionsansprüchen des Gesellschafter-Geschäftsführers nur insoweit als betrieblich veranlasst anerkannt werden können, als sie zusammen mit einer Sozialversicherungsrente 75 % der letzten Aktivbezüge nicht übersteigen (**Verbot der Überversorgung**; BFH, Urteil vom 17.05.1995, I R 16/94, BStBl. II 1996, 420; zuletzt BFH-Urteil vom 20.12.2016, I R 4/15, BStBl. II 2017, 678 = BB 2017, 1203 mit Anm. Weppler = GmbHR 2017, 651, 655 ff. mit Anm. Wenzler = FR 2017, 737, 741 ff. mit Anm. Briese = EStB 2017, 227 f. mit Anm. Reiter; Gehrmann, INF 1998, 679, 682; zur garantierten Anwartschaftsdynamik im Rahmen der Überversorgungsprüfung siehe BFH, Urteil vom 31.07.2018, VIII R 6/15 BFH/NV 2019, 217; hierzu Selig-Kraft, StuB 2019, 386 ff.).

Die Überversorgungsgrundsätze kommen bei entgeltsabhängigen Versorgungszusagen nicht zur Anwendung (BFH, Urteil vom 31.05.2017, I R 91/15, BFH/NV 2018, 16).

Die Ablösung einer vom Arbeitgeber erteilten Pensionszusage führt beim Arbeitnehmer zwar dann zum Zufluss von Arbeitslohn, wenn der Ablösungsbetrag auf Verlangen des Arbeitnehmers zur Übernahme der Pensionsverpflichtung an einen Dritten gezahlt wird. Hat der Arbeitnehmer jedoch kein Wahlrecht, den Ablösungsbetrag alternativ an sich auszahlen zu lassen, wird mit der Zahlung des Ablösungsbetrags an den die Pensionsverpflichtung übernehmenden Dritten der Anspruch des Arbeitnehmers auf die künftigen Pensionszahlungen (noch) nicht wirtschaftlich erfüllt. Ein Zufluss von Arbeitslohn liegt in diesem Fall nicht vor (BFH, Urteil vom 18.08.2016 VI R 18/13, BStBl. II 2017, 730).

Zu der spezifischen Problematik der lohnsteuerlichen Folgerungen der Übernahme der Pensionszusage eines beherrschenden Gesellschafter-Geschäftsführers gegen eine Ablösezahlung und Wechsel des Durchführungswegs hat die

Finanzverwaltung in einem Erlass dezidiert Stellung genommen (siehe BMF-Schreiben vom 04.07.2017, IV C 5 – S 2333/16/10002 – DOK 2017/0581849 BStBl. I 2017, 883 = EStB 2017, 313, 314 f. mit Anm. Weiss. 253).

Eine Überversorgung ist regelmäßig anzunehmen, wenn die Versorgungsanwartschaft zusammen mit der Rentenanwartschaft aus der gesetzlichen Rentenversicherung 75 % der am Bilanzstichtag bezogenen Aktivbezüge übersteigt (BFH, Urteil vom 31.03.2004, I R 70/03, BStBl. II 2004, 938; BFH, Urteil vom 15.09.2004, I R 62/03, BFH/NV 2005, 303; BFH, Urteil vom 20.12.2006, I R 29/06, BFH/NV 2007, 1350; BFH, Urteil vom 28.04.2010, I R 78/08, BFH/NV 2010, 1709, 1712 ff. jeweils mit relevanten Berechnungsdetails; Sächsisches FG, Urteil vom 28.03.2012, 8 K 1159/11, DStRE 2013, 196, rkr.; zur Überversorgungsproblematik im Hinblick auf die Abgrenzung Anwartschaftsphase und Leistungsphase s. BFH, Beschluss vom 04.04.2012, I B 96/11, BFH/NV 2012, 1179).

Eine „Nur-Pensionszusage" ist in voller Höhe vGA (BFH, Urteil vom 17.05.1995, I R 147/93, BStBl. II 1996, 204). Erteilt eine GmbH ihrem Gesellschafter-Geschäftsführer eine sog. Nur-Pensionszusage, ohne dass dem eine Umwandlung anderweitig vereinbarten Barlohns zugrunde liegt, zieht die Zusage der Versorgungsanwartschaft eine sog. Überversorgung nach sich (BFH, Urteil vom 09.11.2005, I R 89/04, BFH/NV 2006, 456; BFH, Urteil vom 28.04.2010, I R 78/08, BFH/NV 2010, 1709). Es ist ernstlich zweifelhaft, ob die vorzeitige Auszahlung einer Pension im Ergebnis stets zu einer Erhöhung des Einkommens im Auszahlungsjahr führt (FG Düsseldorf, Beschluss vom 03.08.2010, 6 V 1868/10 A(K, G, AO), DStRE 2011, 1007, rkr.).

Die Zusage einer dienstzeitunabhängigen Invaliditätsversorgung durch eine GmbH zu Gunsten ihres beherrschenden Gesellschafter-Geschäftsführers i. H. v. 75 % des Bruttogehalts kann wegen ihrer Unüblichkeit auch dann zu vGA führen, wenn die Versorgungsanwartschaft von der GmbH aus Sicht des Zusagezeitpunkts finanziert werden kann. Die Rückstellung wegen einer Versorgungszusage, die den Wert einer fehlenden Anwartschaft des Gesellschafter-Geschäftsführers auf gesetzliche Rentenleistungen ersetzt, ist steuerlich nur in jenem Umfang anzuerkennen, in dem sich die im Fall der Sozialversicherungspflicht zu erbringenden Arbeitgeberbeiträge ausgewirkt hätten. Ist eine Pensionszusage durch das Gesellschaftsverhältnis veranlasst, so rechtfertigt dies nicht die gewinnerhöhende Auflösung der Pensionsrückstellung. Vielmehr sind nur die im jeweiligen VZ erfolgten Zuführungen zur Pensionsrückstellung außerbilanziell rückgängig zu machen. Eine nachträgliche Korrektur von Zuführungen, die früheren Veranlagungszeiträumen zuzuordnen sind, ist nicht zulässig (BFH, Urteil vom 28.01.2004, I R 21/03, BFH/NV 2004, 890).

Hat sich die wirtschaftliche Lage der Kapitalgesellschaft seit der Erteilung einer ursprünglich finanzierbaren Pensionszusage verschlechtert, muss der ordentliche und gewissenhafte Geschäftsführer eine entsprechende **Anpassung** herbeiführen. Bei einer solchen Kürzung handelt es sich nicht um einen durch das Gesellschaftsverhältnis verursachten Verzicht des Gesellschafter-Geschäftsführers, sondern um eine Korrektur im Interesse des Unternehmens. Es kommt deshalb weder zur Annahme einer vGA hinsichtlich der Zusage noch zur Annahme einer Einlage hinsichtlich des Verzichts. Die Einschränkung der Pensionszusage als ein rein betrieblicher Vorgang führt in diesem Fall nicht zu Einnahmen beim Gesellschafter, sondern zur entsprechenden gewinnerhöhenden Auflösung der Pensionsrückstellung bei der Gesellschaft. Die Anpassung muss nicht bereits bei Sichtbarwerden erster „Verfallserscheinungen" erfolgen. Der Geschäftsleiter kann zunächst abwarten, ob sich die wirtschaftliche Lage bessert, und im Vertrauen hierauf die Zusage einstweilen unverändert lassen. Er hat einen Beurteilungsspielraum, der nur im jeweiligen Einzelfall quantifiziert werden kann. Eine großzügige Sichtweise über ein bis zwei Jahre scheint im Normalfall geboten (Hambitzer, StBp 2001, 123, 130; Gosch, DStR 2001, 882, 884).

Der von der Rechtsprechung entwickelte Grundsatz, nach dem sich der Gesellschafter-Geschäftsführer einer Kapitalgesellschaft einen Pensionsanspruch innerhalb der verbleibenden Arbeitszeit bis zum vorgesehenen Eintritt in den Ruhestand noch erdienen muss, gilt sowohl für Erstzusagen einer Versorgungsanwartschaft als auch für nachträgliche Erhöhungen einer bereits erteilten Zusage (Bestätigung von BFH, Urteil vom 23.09.2008, I R 62/07, BStBl. II 2013, 39). Um eine nachträgliche Erhöhung kann es sich auch handeln, wenn ein entgeltabhängiges Pensionsversprechen infolge einer Gehaltsaufstockung mittelbar erhöht wird und das der Höhe nach einer Neuzusage gleichkommt. Maßgebend bei der Ermittlung des Erdienenszeitraums ist der in der Pensionszusage vereinbarte frühestmögliche Zeitpunkt des Pensionsbezuges (BFH, Urteil vom 20.05.2015, I R 17/14, BStBl. II 2015, 1022 = EStB 2015, 348, 349 mit Anm. Schwetlik; hierzu Brandt, DB StR kompakt DB 1192221; Köster, DStZ 2015, 855, 863; Albers, WPg 2017, 904, 906ff.; vgl. auch Wellisch/Kutzner, BB 2015, 2731 ff.).

Ob eine Pensionszusage zu Gunsten eines Gesellschafters-Geschäftsführers durch das Gesellschaftsverhältnis veranlasst ist und deshalb zu einer vGA führt, ist grundsätzlich nach den Verhältnissen bei Erteilung der Zusage zu beurteilen. War die Erteilung der Pensionszusage nicht durch das Gesellschaftsverhältnis veranlasst, so führt die spätere Aufrechterhaltung der Zusage nicht allein deshalb zu einer vGA, weil die wirtschaftlichen Verhältnisse der verpflichteten Gesellschaft sich verschlechtert haben. Eine vGA kann vielmehr nur dann vorliegen, wenn ein ordentlicher und gewissenhafter Geschäftsleiter in der gegebenen Situation eine einem Fremdgeschäftsführer erteilte Pensionszusage an die veränderten Verhältnisse angepasst hätte. Ein ordentlicher und gewissenhafter Geschäftsleiter ist nicht schon dann zur Anpassung einer Pensionszusage verpflichtet, wenn die zusagebedingte Rückstellung zu einer bilanziellen Überschuldung der Gesellschaft führt. Die Zusage einer Altersversorgung ist nicht allein deshalb durch das Gesellschaftsverhältnis veranlasst, weil eine zusätzliche bestehende Versorgungsverpflichtung für den Invaliditätsfall nicht finanzierbar ist (BFH, Urteil vom 08.11.2000, I R 70/99, BStBl. II 2005, 653).

Beiträge, die eine GmbH für eine Lebensversicherung entrichtet, die zur Rückdeckung einer ihrem Gesellschafter-Geschäftsführer zugesagten Pension abgeschlossen hat, stellen auch dann keine vGA dar, wenn die Pensionszusage durch das Gesellschaftsverhältnis veranlasst ist (BFH, Urteil vom 07.08.2002, I R 2/02, BStBl. II 2004, 131). Die Zusage einer dienstzeitunabhängigen Invaliditätsversorgung durch eine GmbH zu Gunsten ihres beherrschenden Gesellschafter-Geschäftsführers in Höhe von 75 % des Bruttogehalts kann wegen ihrer Unüblichkeit auch dann zu vGA führen, wenn die Versorgungsanwartschaft von der GmbH aus Sicht des Zusagezeitpunkts finanziert werden kann (BFH, Urteil vom 28.01.2004, I R 21/03, BFH/NV 2004, 890).

Es ist aus körperschaftsteuerrechtlicher Sicht grundsätzlich nicht zu beanstanden, wenn eine GmbH ihrem beherrschenden Gesellschafter-Geschäftsführer die Anwartschaft auf eine Altersversorgung zusagt und ihm dabei das Recht einräumt, anstelle der Altersrente eine bei Eintritt des Versorgungsfalls fällige, einmalige Kapitalabfindung in Höhe des Barwerts der Rentenverpflichtung zu fordern (BFH, Urteil vom 05.03.2008, I R 12/07, BStBl. II 2015, 409; Urteil vom 23.10.2013, I R 60/12, BStBl. II 2015, 413; FG Köln, Urteil vom 26.03.2015, 10 K 1949/12, EFG 2015, 1220, zwischenzeitlich rkr. durch Revisionsrücknahme). Eine Analyse dieser obig genannten BFH-Urteile ist im Schrifttum ausführlich wie folgt vorgenommen worden (Briese, DB 2014, 810 ff.; ders., 2014, 572 ff.; Otto, GmbHR 2014, 617 ff.; Kohlkepp, BB 2014, 1910 ff.; Hoffmann, StuB 2015, 303 ff.; Schulze zur Wiesche, Stbg 2015, 320 ff.; Demuth, EStB 2015, 137 ff.; Ott, Stbg 2015, 395 ff.).

Die Finanzverwaltung hat zu der obigen Problematik in einer Verwaltungsanweisung dezidiert Stellung genommen (BMF, Schreiben vom 06.04.2005 IV B 2-S 2176–10/05, BStBl. I 2005, 619, hierzu Neuhaus, GmbH intern, Beilage Nr. 16 vom 16.04.2016, 1).

Zahlungen an Gesellschafter-Geschäftsführer einer GmbH für den Verzicht auf Pensionszusage sind bei den Einkünften aus nichtselbständiger Arbeit zu erfassen, selbst wenn sie im Zusammenhang mit der Veräußerung der GmbH-Beteiligung stehen (BFH, Urteil vom 27.07.2004, IX R 64/01, BFH/NV 2005, 191; BFH, Beschluss vom 12.10.2007, VI B 161/06, BFH/NV 2008, 45); zu Exit-Strategien für betriebliche Pensionszusagen beherrschender Gesellschafter-Geschäftsführer Lutz/Lutz, StB 2016, 213 ff.; zu den steuerlichen Fallstricken bei der Restrukturierung von Gesellschafter-Geschäftsführer-Pensionszusagen Selig-Kraft, BB 2017. 159 ff. und BB 2017, 919 ff.; Alber, WPg 2017, 665 ff.

Hat ein Gesellschaftsgeschäftsführer die ihm zugesagte Pension mit Vollendung seines 65. Lebensjahres erdient und arbeitet er anschließend mit einem neuen Geschäftsführeranstellungsvertrag in Teilzeit und mit reduzierten Bezügen weiter, so ist sein Pensionsanspruch nicht gem. der in der Pensionszusage enthaltenen Obergrenze auf 75 % der reduzierten (Teilzeit-)Bezüge gedeckelt. Eine Vertragsklausel, wonach Pensionsleistungen der Gesellschaft erst dann erbracht werden, wenn die Gesellschafter-Geschäftsführer keine Gehaltszahlungen oder

V. Gesellschafter-Geschäftsführer-Vergütung

entsprechende Zahlungen von der Gesellschaft mehr erhalten, ist dahin auszulegen, dass ein bereits erdienter Pensionsanspruch lediglich im Umfang des tatsächlich gezahlten (Teilzeit-)Gehalts aufgeschoben ist. Eine Abweichung von dem Grundsatz der Erdienbarkeit einer nachträglichen Pensionserhöhung ist nicht allein unter dem Gesichtspunkt der Gesellschafter-Geschäftsführer gerechtfertigt (Schleswig-Holsteinisches FG, Urteil vom 04.07.2017, 1 K 201/14 EFG 2017, 1457, 1460f. mit Anm. Engellandt [Rev. eingelegt; Az. des BFH: I R 56/17, noch anhängig]).

Zahlt eine GmbH ihrem (beherrschenden) Gesellschafter-Geschäftsführer bei dessen Ausscheiden aus dem Unternehmen im Zusammenhang mit der Veräußerung der Gesellschaftsanteile eine Abfindung für dessen Verzicht auf die ihm erteilte betriebliche Pensionszusage, obwohl vereinbart war, dass im Falle des vorzeitigen Ausscheidens des Begünstigten das grundsätzliche Abfindungsverbot des § 3 Abs. 1 BetrAVG (a. F.) Anwendung finden sollte, ist regelmäßig eine gesellschaftliche Veranlassung und damit eine verdeckte Gewinnausschüttung anzunehmen. Das gilt unabhängig davon, dass der Gesellschafter im Laufe der Zeit seine beherrschende Stellung und seine Geschäftsführerfunktion aufgibt und seitdem unter Aufrechterhaltung der Versorgungszusage für die GmbH als Arbeitnehmer tätig geworden ist (sog. Statuswechsel). Die Übertragung der Ansprüche aus einer Rückdeckungsversicherung für eine vertraglich unverfallbare Pensionszusage an den Gesellschafter einer GmbH führt bei der GmbH auch dann zu einer Vermögensminderung als Voraussetzung einer verdeckten Gewinnausschüttung, wenn der Begünstigte zeitgleich auf seine Anwartschaftsrechte auf die Versorgung verzichtet. Der Verzicht führt zu einer verdeckten Einlage (BFH, Urteil vom 14.03.2006, I R 38/05, BFH/NV 2006, 1515).

Zu den steuerlichen Auswirkungen des Verzichts eines Gesellschafter-Geschäftsführers auf eine Pensionszusage hat die Finanzverwaltung Stellung genommen (s. ausführlich OFD Frankfurt a.M., Verfügung vom 04.11.2010, S 2742 A – 10 – St 510, DB 2011, 501; ferner Gluth, GmbHR 2007, 1144ff. und Briese, DStR 2017, 2135ff.). Eine vGA liegt vor, wenn eine GmbH ihrem Gesellschafter-Geschäftsführer für die fortbestehende Geschäftsführertätigkeit ein Gehalt zahlt, ohne dies auf eine bereits erhaltene Kapitalabfindung für Pensionsansprüche gegenüber der GmbH oder auf die laufenden Pensionszahlungen anzurechnen. Eine vGA liegt vor, wenn eine GmbH ihrem Gesellschafter-Geschäftsführer nach Aussscheiden aus der Geschäftsführung Beraterhonorare auf der Grundlage eines dem Fremdvergleich nicht standhaltenden Beratervertrags zahlt. Fremdüblichen Bedingungen entspricht es dabei nicht, wenn ein Beratervertrag mit einer sechsjährigen Unkündbarkeit bis zum 82. Lebensjahr des Beraters vereinbart wird und die vom Berater zu erbringenden Dienstleistungen in das Belieben des Beraters gestellt werden (FG München, Urteil vom 19.07.2010, 7 K 2384/07, DStRE 2011, 891, rkr.).

Zur Annahme einer verdeckten Gewinnausschüttung durch Kapitalabfindung der Pensionszusage an den beherrschenden Gesellschafter-Geschäftsführer einer GmbH hat der Bundesfinanzhof folgende Grundsätze aufgestellt.

4 Pensionszusage

Zahlt eine GmbH ihrem beherrschenden (und weiterhin als Geschäftsführer tätigen) Gesellschafter-Geschäftsführer aus Anlass der Übertragung von Gesellschaftsanteilen auf seinen Sohn eine Abfindung gegen Verzicht auf die ihm bereits erteilte betriebliche Pensionszusage, obschon als Versorgungsfälle ursprünglich nur die dauernde Arbeitsunfähigkeit und die Beendigung des Geschäftsführervertrages mit oder nach Vollendung des 65. Lebensjahres vereinbart waren, ist regelmäßig eine Veranlassung durch das Gesellschaftsverhältnis und damit eine vGA anzunehmen. Sagt eine GmbH ihrem beherrschenden Gesellschafter-Geschäftsführer anstelle der monatlichen Rente „spontan" die Zahlung einer Kapitalabfindung der Versorgungsanwartschaft zu, so ist die gezahlte Abfindung regelmäßig verdeckte Gewinnausschüttung (Bestätigung mit BFH, Urteil vom 15.09.2004, I R 62/03, BStBl. II 2005, 176). Überdies unterfällt die Zahlung der Kapitalabfindung anstelle der Rente dem Schriftlichkeitserfordernis des § 6a Abs. 1 Nr. 3 EStG 2002. Die Kapitalabfindung führt bei der GmbH auch dann zu einer Vermögensminderung als Voraussetzung einer verdeckten Gewinnausschüttung, wenn der Begünstigte zeitgleich auf seine Anwartschaftsrechte auf die Versorgung verzichtet und die bis dahin gebildete Pensionsrückstellung erfolgswirksam aufgelöst wird. Es gilt insofern eine vorfallbezogene, nicht aber eine handelsbilanzielle Betrachtungsweise (BFH, Urteil vom 11.09.2013, I R 28/13, BStBl. II 2014, 726 = FR 2014, 516, 518 f. mit Anm. Pezzer; hierzu eingehend Bareis, FR 2014, 493 ff.; ebenso Urteil vom 23.10.2013, I R 89/12, BStBl. II, 2014, 729; hierzu Rätke, StuB 2014, 402, 404).

Findet eine GmbH, die einem beherrschenden – oder infolge gleich gelagerter Interessen steuerrechtlich als beherrschend behandelten – Gesellschafter-Geschäftsführer erteilte Zusage auf eine einmalige Kapitalleistung entgegen der zugrunde liegenden Versorgungsvereinbarung vor der Beendigung des Dienstverhältnisses in einem Einmalbetrag durch Auszahlung der fälligen Beträge aus einer Rückdeckungsversicherung ab, initiiert das im Gesellschaftsverhältnis liegende Veranlassung der Kapitalabfindung mit der Folge der Annahme einer verdeckten Gewinnausschüttung (BFH, Urteil vom 23.10.2013, I R 89/12, BStBl. II 2014, 729 = FR 2014, 519, 522 mit Anm. Pezzer; hierzu Rätke, StuB 2014, 402 ff.). Die Rechtsprechung zur obigen Thematik ist eingehend im Schrifttum analysiert worden (siehe hierzu Briese, DB 2014, 801 ff.; ders., BB 2014, 1567 ff.; Otto, GmbHR 2014, 617 ff.; Hoffmann, StuB 2014, 303 f.; Schulze zur Wiesche, StBp 2014, 325 ff.; Kohlhepp, DB 2014, 2910 ff.; Demuth EStB 2015, 137 ff., Ott, Stbg 2015, 395 ff.; Levedag, GmbHR 2014, R 118, 119; Kohlhaas, Stbg 2019, 58 ff.).

Die Übertragung einer – von einer GmbH zugunsten ihres Gesellschafter-Geschäftsführers begründeten – Pensionsverpflichtung auf einen Pensionsfonds führt nicht zu einer verdeckten Gewinnausschüttung, wenn die bisherige Rückstellung nach § 6a EStG rechtmäßig gebildet war und mit der Übertragung lediglich die auszahlende Stelle wechselt, und zwar unabhängig davon, ob die laufenden Pensionsleistungen im Jahr der Übertragung der Pensionsverpflichtung von der GmbH an den Gesellschafter-Geschäftsführer ausbezahlt worden ist, obgleich der Gesellschafter-Geschäftsführer entgegen den Regelungen des Versorgungsvertrags nicht aus den Diensten der GmbH ausgeschieden ist (Hessisches FG, Urteil vom 21.08.2019, 4 K 320/17 EFG 2019, 1926, 1928 rkr. mit Anm. Loewens).

Zu Maßnahmen zur „Entsorgung" von Pensionszusagen siehe Neufang/Schäfer/Stahl, BB 2017, 1559; Ott, StuB 2017, 795 f.

Steuerliche Fallstricke bei der Restrukturierung von Gesellschafter-Geschäftsführerpensionszusagen beachte die Aufsatzreihe von Selig-Kraft/Beeger, DB 2017, 159 ff., 919 ff. und 1885 ff.

Scheidet der beherrschende Gesellschafter-Geschäftsführer einer GmbH, dem im Alter von 58 Jahren auf das vollendete 68. Lebensjahr von der GmbH vertraglich eine monatliche Altersrente zugesagt worden ist, bereits im Alter von 63 Jahren aus dem Unternehmen als Geschäftsführer aus, wird der Versorgungsvertrag tatsächlich nicht durchgeführt. Die jährlichen Zuführungen zu der für die Versorgungszusage gebildeten Rückstellung stellen deswegen regelmäßig verdeckte Gewinnausschüttungen dar (BFH, Urteil vom 25.06.2014, I R 76/13, BStBl. II 2015, 665 = EStB 2014, 357 f. mit Anm. Brinkmeier; zu der Relevanz von Mindestaltersgrenzen und variablen Altersgrenzen siehe Alber, WPg 2017, 904 ff.).

Darüber hinaus gibt es zur Thematik der Abfindungsklausel in Pensionszusagen eine Verwaltungsanweisung der Finanzverwaltung (siehe BMF, Schreiben vom 06.04.2005, IV B 2 – S 2176 – 10/05, BStBl. I 2005, 619; hierzu Neuhaus, GmbH intern, Beilage Nr. 16 vom 16.04.2014, 1). Iser, GmbH intern, Beilage Nr. 14 v. 06.04.2016, 1 (Teil 1); ders.; GmbH intern, Beilage Nr. 15 v. 13.04.2016, 1 (Teil 2).

Zur praktischen Anwendung des **Eindeutigkeitsgebots** bei der Abfassung der **Abfindungsklausel** hat die höchstrichterliche Rechtsprechung folgende Klarstellung vorgenommen:

Pensionszusagen sind auch nach Einfügung des sog. Eindeutigkeitsgebots (§ 6a Abs. 1 Nr. 3 Halbsatz 2 EStG) anhand der allgemein geltenden Auslegungsregeln auszulegen, soweit ihr Inhalt nicht klar und eindeutig ist. Lässt sich eine Abfindungsklausel dahin auslegen, dass die für die Berechnung der Abfindungshöhe anzuwendende sog. Sterbetafel trotz fehlender ausdrücklicher Benennung eindeutig bestimmt ist, ist die Pensionsrückstellung steuerrechtlich anzuerkennen (BFH, Beschluss vom 10.07.2019 XI R 47/17 BFH/NV 2019, 1393).

Pensionszusagen sind auch nach Einfügung des sog. Eindeutigkeitsgebots (§ 6a Abs. 1 Nr. 3 Halbsatz 2 EStG) anhand der geltenden Auslegungsregeln auszulegen, soweit ihr Inhalt nicht klar und eindeutig ist. Lässt sich eine Abfindungsklausel nicht dahin auslegen, dass die für die Berechnung der Abfindungshöhe anzuwendende sog. Sterbetafel und der maßgebende Abzinsungssatz ausreichend sicher bestimmt sind, ist die Pensionsrückstellung unter dem Gesichtspunkt eines schädlichen Vorbehalts (§ 6a Abs. 1 Nr. 2 EStG) steuerrechtlich nicht anzuerkennen (BFH, Urteil vom 23.07.2019 XI R 48/17, BStBl II 2019, 763; zu beiden Judikaten eingehend Selig-Kraft, StuB 2020, 94 ff.).

Verzichtet ein Gesellschafter-Geschäftsführer gegenüber seiner Kapitalgesellschaft auf eine bereits erdiente (werthaltige) Pensionsanwartschaft, ist darin nur dann keine verdeckte Einlage zu sehen, wenn auch ein fremder Geschäftsführer unter normalen gleichen Umständen die Pensionsanwartschaft aufgegeben hätte. Wurzelt die Zusage der Altersversorgung im Anstellungsvertrag, führt der Verzicht auf die erdiente und werthaltige Anwartschaft zu einem Lohnzufluss in Höhe des Teilwerts (BFH, Urteil vom 23.08.2017, VI R 4/16, BStBl. II 2018, 208 = BB 2017, 2928, 2930 mit Anm. Bünning, GmbHR 2918, 94, 97 ff. mit Anm. Briese = EStB 2018, 9 mit Anm. Reiter; Werth, DB StR 1258092; hierzu ausführlich Otto, GmbHR 2018, 549 ff.).

Mit der Ausbuchung von Pensionszahlungen einhergehende Auszahlungen an den Gesellschafter = Geschäftsführer sind als Arbeitslohn ermäßigt zu besteuern (FG Köln, Urteil vom 14.08.2019 10 K 2829/05 DStZ 2020, 389).

Gesellschafter-Geschäftsführer-Vergütung – Checkliste
- professionelle Dokumentation steuerlich unangreifbarer Anstellungsverträge, die einem Drittvergleich standhalten (Beachtung von Formvorschriften und des Rückwirkungsverbots)
- Spezifizierung der Angemessenheit der Gesamtbezüge eines Gesellschafter-Geschäftsführers und der Vorgaben der Rechtsprechung
- allgemeine Grundsätze zur Bestimmung der Angemessenheit (Art und Umfang der Tätigkeit, Ertragsaussichten der Gesellschaft, Fremdvergleich, Zuschläge bei Sonntags- und Feiertagsarbeit)
- Besonderheiten bei der Vereinbarung von Tantiemen (Bedeutung in der Praxis, Angemessenheit der Tantieme, Bestimmung von Höchstbeträgen, Auswirkung von Verlustsituationen, Behandlung von Vorschüssen, Besonderheiten bei der Umsatztantieme)
- Vereinbarung einer Pensionszusage (Schriftformgebot, Erdienbarkeit der Zusage, Bedeutung des 60. Lebensjahres, Vereinbarung von Probezeiten, Probleme bei neu gegründeten Kapitalgesellschaften, Grundlage der Finanzierbarkeitsprüfung, Anpassung von Pensionszusagen im Hinblick auf Veränderungen im wirtschaftlichen Umfeld, Abfindungszahlungen bei ausscheidenden Gesellschaftern)

VI. Geschenke und Bewirtungskosten

Schrifttum: Bode, Abzugsbeschränkung bei Bewirtungskosten eines Arbeitnehmers, NWB, Fach 6, 4977; Böhme, Bewirtungsaufwendungen im Fokus der Betriebsprüfung und im Lichte der ständigen und aktuellen BFH-Rechtsprechung, StBp 2008, 197; Dikmen, Bewirtungskosten in der Anwaltskanzlei, NJW 2013, 1142; Hage/Hoffmann, „Geschenke" an Geschäftsfreunde ohne Abzugsbeschränkung des § 4 Abs. 5 Satz 1 Nr. 1 EStG, Stbg 2016, 73; Leisner-Egensperger, Anteilsmäßige Abzugsfähigkeit berufsfördernder Bewirtungskosten (§ 12 Nr. 1 Satz 2 EStG), DStZ 2010, 673; Renner, Abzugsfähigkeit von Aufwendungen für Bewirtungen und Feiern aus beruflichem und privatem Anlass, DStZ 2016, 121; Sprang, Steuerliche Behandlung von Bewirtungsaufwendungen, StBp 2019, 65; Starke, Grenzen der Aufzeichnungspflichten bei Geschenkaufwendungen, FR 2006, 501; Titgemeyer, Zur steuerlichen Behandlung von Bewirtungsaufwendungen leitender Angestellter, BB 2009, 1898; Wichert, Abziehbarkeit von Bewirtungsaufwendungen, BB 2019, 351.

Verwaltungsanweisungen:

BMF, Schreiben vom 26.11.1984, IV B 7 – S 2741 – 14/84/IV B 7 – S 2742 – 23/84, BStBl. I 1984, 591 betr. Fahrtkosten, Sitzungsgelder, Verpflegungs- und Übernachtungskosten anlässlich einer Hauptversammlung oder Generalversammlung bzw. einer Vertreterversammlung

BMF, Schreiben vom 29.05.1995, IV B 2 – S 2144 – 28/95 II, DStR 1995, 1150 betr. Abgrenzung zwischen Werbeaufwand und Aufwendungen für Geschenke

FinMin Schleswig-Holstein, Erlass vom 05.03.1998, IV 340 – S 2742 – 022, FR 1998, 702 betr. Bewirtungskosten für Mitglieder bei General- und Vertreterversammlungen von Genossenschaften

OFD Koblenz, Kurzinformation vom 03.06.2014, S 0622 A – St 35 1, DStR 2014, 1603 betr. Verfassungsmäßigkeit des § 4 Abs. 5 S. 1 Nr. 2 S. 2 EStG i.d.F. des Haushaltsbegleitgesetzes 2004 (Bewirtungsaufwendungen)

OFD Frankfurt a. M., Verfügung vom 27.02.2019, S 2145 A – 005 – St 210 DStR 2019, 1155 betr. Betriebsausgabenabzug bei Geschenken i.S.d. § 4 Abs. 5 Satz 1 Nr. 1 EStG; Einzelfragen zu Aufmerksamkeiten, Streuwerbeartikeln, Verlosung, u.Ä.

1 Erhöhtes Mehrergebnis durch formelle Aufzeichnungspflichten

Ein Dauerthema bei nahezu jeder Bp ist die steuerliche Geltendmachung von Geschenken und Bewirtungsaufwendungen als Betriebsausgaben. Dabei werden diese Kostenpositionen häufig vom Stpfl. bewusst künstlich aufgebläht und mit rein „privat veranlassten" ergänzt, um – wie von vornherein einkalkuliert – dem Betriebsprüfer „Prüfungsfutter" zu präsentieren, damit er dann einen kostbaren Teil seiner Prüfungszeit diesen Positionen widmet und zu Mehrergebnissen gelangen kann. Dies tut dem Stpfl. nicht weiter weh, da er von vornherein mit der entsprechenden (anteiligen) Kürzung der Betriebsausgaben um den privat angereicherten Teil gerechnet hat. Eher ärgerlich für die Stpfl. ist die Vielzahl von Formalien wie z.B. die Aufzeichnungspflichten (s. unter 4), die beim Stpfl., sofern er keine professionelle Buchhaltung betreibt, in der Hektik des Tagesgeschäfts häufig nicht erfüllt werden, so dass es dann, obwohl die materiell-rechtliche Abzugsberechtigung als Betriebsausgabe besteht, wegen

VI. Geschenke und Bewirtungskosten

formeller Verstöße zu entsprechenden Betriebsausgabenkürzungen in der Betriebsprüfung kommt.

Erfahrungsgemäß können folgende Prüfungsfelder zu kontroversen, aber auch erheblichen Feststellungen führen (Böhme, StBp 2008, 197, 202):

- Zutreffende Abgrenzung zu – dann in der Regel in voller Höhe nicht abziehbaren – Aufwendungen, bei denen die Darreichung von Speisen und/oder Getränken nicht eindeutig im Vordergrund steht.
- Erfassung sämtlicher den Bewirtungsaufwendungen zuzuordnenden Originär- und Nebenkosten als beschränkt abzugsfähige Betriebsausgaben.
- Zutreffende Abgrenzung zu den sogenannten – in voller Höhe abziehbaren – Gesten der Höflichkeit.
- Beachtung des Aufteilungsverbots bei Bewirtungen aus geschäftlichem und des Aufteilungsgebots bei Bewirtungen aus allgemein betrieblichem Anlass.
- Einhaltung der Vorschriften bezüglich Nachweises und getrennter Verbuchung.

2 Geschenke

Nach den gesetzlichen Bestimmungen dürfen Aufwendungen für Geschenke an Personen, die nicht Arbeitnehmer des Stpfl. sind, den Gewinn grundsätzlich nicht mindern. Lediglich Geschenke mit Anschaffungskosten/Herstellungskosten bis 35 € – bei vorsteuerabzugsberechtigten Unternehmern ohne Umsatzsteuer – je Empfänger und Wirtschaftsjahr sind zum Betriebsausgabenabzug zugelassen, wobei die gesetzlichen Aufzeichnungspflichten zu erfüllen sind (§ 4 Abs. 5 Nr. 1 i. V. m. Abs. 7 EStG). Da die zugewendeten Gegenstände hauptsächlich der Freizeitgestaltung dienen, bestehen auch keine verfassungsrechtlichen Bedenken gegen diese restriktive typisierende Regelung (vgl. a. Blümich/Wied, EStG, § 4 Rdnr. 674).

2.1 Begriff der Aufwendungen für Geschenke

Unter einem Geschenk ist eine unentgeltliche Zuwendung zu verstehen, die (erkennbar) nicht als Gegenleistung für eine bestimmte Leistung des Empfängers gedacht ist und nicht in unmittelbarem zeitlichen oder wirtschaftlichen Zusammenhang mit einer solchen Leistung steht (BFH, Urteil vom 28. 11. 1986, III B 54/85, BStBl. II 1987, 296, 297; R 4.10 Abs. 4 EStR 2012). Dieser Definition liegt der zivilrechtliche Schenkungsbegriff zugrunde. Danach ist eine Schenkung eine Zuwendung, durch die jemand einen anderen aus seinem Vermögen bereichert, wenn beide Teile darüber einig sind, dass die Zuwendung unentgeltlich erfolgt (§ 516 Abs. 1 BGB).

Die Rechtsprechung hat das in dieser Bestimmung zum Ausdruck kommende subjektive Erfordernis (Einigung über die Unentgeltlichkeit der Zuwendung) zunächst einschränkend dahin ausgelegt, dass nicht ausschlaggebend sei, welche Vorstellung der Empfänger mit der Zuwendung verbinde; maßgebend sei vielmehr, aus welchem Grunde der Leistende die Zuwendung vorgenommen habe. Entscheidend sei demnach der Wille des Leistenden (BFH, Urteil vom 18.02.1982, IV R 46/78, BStBl. II 1982, 394, 395). Ferner hat die Rechtsprechung diese Sichtweise dahingehend modifiziert, dass der Wille des Zuwendenden nur insoweit beachtlich sei, als er erklärt und damit für den Empfänger erkennbar geworden sei (BFH, Urteil vom 04.02.1987, I R 132/83, BFH/NV 1988, 352; BFH, Urteil vom 21.09.1993, III R 76/88, BStBl. II 1994, 170, 171). Geht nur eine Partei von einer unentgeltlichen Zuwendung aus, so handelt es sich nicht um ein Geschenk (BFH, Urteil vom 26.11.1985, IX R 64/82, BStBl. II 1986, 161, 162; BFH, Beschluss vom 28.11.1986, III B 54/85, BStBl. II 1987, 296, 297; BFH, Urteil vom 23.06.1993, I R 14/93, BStBl. II 1993, 806, 807).

An dieser zivilrechtlichen Betrachtungsweise wird im Schrifttum Kritik geübt. Unter Hinweis auf die Entstehungsgeschichte des Gesetzes wurde der Geschenkbegriff – soweit ersichtlich – bei den Gesetzesberatungen nicht erörtert; er sollte deshalb nach Maßgabe des Gesetzeszwecks, nämlich den betrieblich veranlassten Repräsentationsaufwand über die Generalklausel des § 4 Abs. 5 Nr. 7 EStG hinaus für bestimmte Arten von Aufwendungen spezialgesetzlich zu beschränken (oder völlig auszuschließen), steuerrechtlich eigenständig bestimmt werden.

Beide Auffassungen sind bei der Interpretation des Geschenkbegriffs heranzuziehen. Zwar kann der bürgerlich-rechtliche Begriff der Schenkung als Ausgangspunkt für den steuerrechtlichen Schenkungsbegriff dienen; doch ob der zivilrechtliche Begriff die gleichen steuerrechtlichen Wertungen berücksichtigt, ist erst zu prüfen. Hier spricht aber für eine Beschränkung auf die Gegenansicht, dass es nicht in der Hand des Empfängers einer Zuwendung liegen kann, ob es sich um eine Schenkung i. S. d. § 4 Abs. 5 Nr. 1 EStG handelt. Im Übrigen wird nach § 41 Abs. 1 Satz 1 AO auch nicht darauf abgestellt, ob eine zivilrechtliche Einigung der Beteiligten als schuldrechtliche Verpflichtung vorliegt, wenn man sich einig ist, dass das Rechtsgeschäft als gültig zu behandeln ist. Ob eine Schenkung vorliegt, ist weiterhin unabhängig davon zu beantworten, ob eine sittenwidrige oder verbotene Zuwendung vorliegt. Die Zuwendung kann daher gegen das Gesetz gegen den unlauteren Wettbewerb oder gegen andere gesetzliche Vorschriften verstoßen, gleichwohl kann es sich um ein Geschenk handeln (BFH, Urteil vom 18.02.1982, IV R 46/78, BStBl. II 1982, 394, 396).

Das Abzugsverbot des § 4 Abs. 5 Satz 1 Nr. 1 EStG ist auf Zugaben nicht analog anwendbar (so BFH, Urteil vom 12.10.2010, I R 99/09, DStRE 2011, 466 betrifft Zuwendung einer GmbH zur Vermittlung von Fondsanteilen in Form einer Theatereinladung bei Anteilszeichnung in Mindesthöhe als Zugabe und damit abzugsfähig).

In der Rechtsprechung ist geklärt, dass zu den Geschenken i. S. von § 4 Abs. 5 Satz 1 Nr. 1 EStG auch Zuwendungen (sog. **Zweckgeschenke**) gehören, die nicht mit einer konkreten Gegenleistung verknüpft sind und mit denen der Geber nur allgemein das im betrieblichen Interesse liegende Wohlwollen des

Bedachten erringen möchte (BFH, Urteil vom 22.09.2015, I B 1/15, BFH/NV 2016, 384).

2.2 Unentgeltlichkeit der Zuwendung

Wesentliches Merkmal des Geschenkbegriffs ist die Unentgeltlichkeit der Zuwendung, d. h. der Empfänger erbringt keine Gegenleistung. Die Zuwendung muss ohne rechtliche Verpflichtung und ohne zeitlichen oder sonstigen unmittelbaren Zusammenhang mit einer Leistung des Empfängers erbracht werden (BFH, Beschluss vom 28.11.1986, III B 84/85, BStBl. II 1987, 296, 297). Als Gegenleistungen kommen alle Handlungen in Betracht, die im betrieblichen Interesse liegen. Es muss sich daher nicht notwendig um eine vermögensrechtliche Zuwendung handeln. Die erbrachte oder erwartete Gegenleistung muss aber hinreichend konkretisiert sein. Soll nur das Wohlwollen des Bedachten erreicht werden, um Vorteile für seinen Betrieb ziehen zu können, fehlt es an einer Gegenleistung. Die Zuwendung unter einer Auflage schließt nicht die Unentgeltlichkeit der Zuwendung aus (betreffend Zuwendung von Geld unter der Auflage, eine bestimmte Reise durchzuführen; BFH, Urteil vom 23.06.1993, I R 14/93, BStBl. II 1993, 806, 807; Stapperfend, in Herrmann/Heuer/Raupach, EStG, § 4 Rdnr. 1145).

So sind sog. „Schmiergeldgeschenke", die nur den Zweck haben, Geschäftsbeziehungen aufzubauen, zu sichern, zu verbessern oder für ein bestimmtes Produkt zu werben, als Geschenke zu behandeln (R 4.10 Abs. 4 Satz 3 EStR 2012). Eine sittenwidrige oder verbotene Zuwendung kann ein Geschenk i. S. des § 4 Abs. 5 Nr. 1 EStG sein. Ohne Bedeutung ist, wenn die Zuwendung z. B. gegen das Gesetz gegen den unlauteren Wettbewerb oder andere gesetzliche Bestimmungen verstößt (§ 40 AO). Liegen dagegen echte Schmiergeldzahlungen bzw. Bestechungsgelder vor, mit denen der Geber die Erreichung eines bestimmten Geschäftsabschlusses oder eine andere konkrete Gegenleistung anstrebt, handelt es sich nicht mehr um ein Geschenk i. S. d. § 4 Abs. 5 Nr. 1 EStG (BFH, Urteil vom 18.02.1982, IV R 46/78, BStBl. II 1982, 394, 296). In diesem Fall ist jedoch die Abzugsbeschränkung nach § 4 Abs. 5 Nr. 10 EStG zu beachten.

Bei Incentive-Reisen (Belohnungsreisen) ist genauestens zu prüfen, ob es sich um ein Geschenk i. S. des § 4 Abs. 5 Nr. 1 EStG handelt. Hier ist ebenso zu unterscheiden wie bei den echten oder unechten Schmiergeldzahlungen, ob es sich um eine Leistung handelt, die als konkrete Gegenleistung für einen bestimmten Geschäftsabschluss hingegeben wurde, oder ob allein der Zweck verfolgt wurde, die Geschäftsbeziehungen zu sichern oder zu verbessern. Nur im zuletzt genannten Fall handelt es sich um ein Geschenk (BFH, Urteil vom 23.06.1993, I R 14/93, BStBl. II 1993, 806, 808).

Hinweis:
Der Geschenkcharakter entfällt also bei Schmiergeldzahlungen bzw. Incentive-Reisen dann, wenn der Stpfl. darlegen kann, dass die Zuwendung für ein konkretes Geschäft erfolgt. Nur allgemeine Zuwendungen, um die Geschäftsatmosphäre

zu verbessern, führen zur Annahme eines Geschenkes i. S. von § 4 Abs. 5 Nr. 1 EStG, so dass die Abzugsbeschränkung der Höhe nach in vollem Umfang eingreift. Die steuerlichen Rechtsfolgen sind in der Tat gravierend.

Jubiläumszuwendungen sind Geschenke, wenn sie zum Zweck hingegeben werden, die Geschäftsbeziehungen zu sichern oder zu verbessern. **Keine Geschenke** sind folgende Zuwendungen:

– Trinkgelder oder Zugaben, d. h. Waren oder Leistungen, die neben einer Hauptware (Leistung) zwar ohne besonderes Entgelt, aber mit Rücksicht auf den Erwerb der Hauptware (Leistung) angeboten, angekündigt oder gewährt werden (BFH, Beschluss vom 28.11.1986, III B 54/85, BStBl. II 1987, 296);
– Rabatte, Boni, Provisionen, Trinkgelder und Spargeschenkgutscheine, wenn sie im Zusammenhang mit der Herbeiführung eines bestimmten Geschäftsabschlusses geleistet wurden (vgl. Stapperfend, in Herrmann/Heuer/Raupach, EStG, § 4 Rdnr. 1145);
– Probepackungen beim Kauf einer Ware;
– Werbeprämien, die Zeitungsverlage oder Buchclubs an Abonnenten für die Vermittlung neuer Abonnenten gewähren, da sie Provisionen für eine Vermittlung sind (Stapperfend, in Herrmann/Heuer/Raupach, EStG, § 4 Rdnr. 1145);
– Garantie- oder Kulanzleistungen „die ohne besondere Berechnungen im Zusammenhang mit der Anschaffung oder Herstellung von Wirtschaftsgütern durchgeführt werden, denn sie sind nicht „unentgeltlich", da die Aufwendungen bereits in die Kalkulation des Kaufpreises eingegangen sind und schon „mitbezahlt" sind (Meurer, in Lademann, EStG, § 4 Rdnr. 662);
– „Schenkt" eine Brauerei dem Gastwirt eine Gläserausstattung mit Brauereiaufdruck oder „schenkt" ein Zigarettenfabrikant einem Gastwirt mit Werbehinweisen versehene Aschenbecher, greift das Abzugsverbot des § 4 Abs. 5 Nr. 1 EStG jedoch deshalb nicht, weil diese Zuwendungen üblicherweise als vertraglich geschuldete Nebenleistung des jeweiligen Liefervertrages erbracht werden (vgl. Stapperfend, in Herrmann/Heuer/Raupach, EStG, § 4 Rdnr. 1145);
– Kränze und Blumen anlässlich von Beerdigungen (R 4.10 Abs. 4 Satz 5 Nr. 1 EStR 2012);
– Auch Preise anlässlich eines Preisausschreibens oder einer Auslobung stellen nach Auffassung der Finanzverwaltung keine Geschenke dar (R 4.10 Abs. 4 Satz 5 Nr. 3 EStR 2012).

Zu „Geschenken" an Geschäftsfreunde ohne Abzugsbeschränkung des § 4 Abs. 5 Satz 1 Nr. 1 EStG s. Hage/Hoffmann, Stbg 2016, 73 mit den korrespondierenden weiteren steuerlichen Implikationen.

Bei der Übernahme von Bewirtungskosten handelt es sich nicht um Geschenke. Es greift die Spezialvorschrift des § 4 Abs. 5 Nr. 2 EStG ein (dazu unter 3). Eine

Zuwendung kann teils entgeltlich bzw. teils unentgeltlich sein (gemischte Schenkung). In diesem Fall ist der unentgeltlich zugewandte Teil des Geschäfts als Geschenk zu qualifizieren. Ob Leistung und Gegenleistung wirtschaftlich gleichwertig sind oder nicht, ist von den objektiven Wertverhältnissen und davon abhängig, ob der Zuwendende von einer gemischten Schenkung ausgeht (Nacke, in Littmann/Bitz/Pust, EStG, §§ 4, 5 Rdnr. 1672). Auch sog. Streuwerbung fällt nach wohl herrschender Meinung nicht unter den Geschenkbegriff i. S. d. § 4 Abs. 5 Nr. 1 EStG. Hierunter versteht man die Verteilung von Warenproben und Werbeartikeln an eine Vielzahl häufig nicht individualisierbarer Empfänger (z. B. Werbung mit Waschmittelproben an der Wohnungstür). Insbesondere wird argumentiert, dass es aus verfassungsrechtlicher Sicht geboten ist, das Nettoprinzip i. V. m. dem Gleichheitsgrundsatz, Werbeaufwendungen des Unternehmens ungeachtet dessen zum Betriebsausgabenabzug zuzulassen, ob dem Adressaten ein Vermögensvorteil zugewendet wurde oder nicht. Insbesondere müssen deshalb gekennzeichnete **Werbeträger** vom Geschenkbegriff des § 4 Abs. 5 Nr. 1 EStG ausnahmslos ausgenommen werden (Klein, DStZ 95, 630, 631; BMF, Schreiben vom 29. 05. 1995, IV B 2 – S 2144 – 28/95 II, DStR 1995, 1150 zu den damit verbundenen Abgrenzungsfragen abzugsfähiger Werbeaufwand versus nicht abzugsfähige Geschenke; u. a. FG Baden-Württemberg, Urteil vom 12. 04. 2016, 6 K 2005/11, EFG 2016, 1197, 1199 [Rev. eingelegt, Az. d. BFH: I R 38/16] mit Anm. Hoffsümmer; hierzu OFD Frankfurt a. M., Verfügung vom 27.02.2019, S 2145 A – 005 – St 210 DStR 2019, 1155). Hier wird jedoch die Gegenauffassung vertreten, dass mangels konkreter Geschäftsabschlüsse ein Geschenk begrifflich dennoch vorliegen kann (vgl. Nacke, in Littmann/Bitz/Pust, EStG, §§ 4, 5 Rdnr. 1673). Man sollte sich im Zweifel auf die herrschende Meinung stützen, dass durch eine Werbung mit unentgeltlichen Warenproben künftige Geschäftspartner angelockt und aufmerksam gemacht werden sollen, dies somit als „reine" Marketingmaßnahme zu qualifizieren ist und kein Geschenk vorliegt.

2.3 Gegenstand des Geschenks

Gegenstand des Geschenks i. S. des § 4 Abs. 5 Nr. 1 EStG können Sachen, Geld oder auch Dienstleistungen sein. Letzteres kann der Fall sein, wenn z. B. eine Wäscherei kostenlos einen Anzug reinigt, ohne dies von einem weiteren Auftrag abhängig zu machen. Ein Kundenservice wird jedoch meist nicht unentgeltlich sein, insbesondere wenn er mit einem Kauf oder mit der Inanspruchnahme einer bereits bezahlten Dienstleistung verbunden ist (Blümich/Wied, EStG, § 4 Rdnr. 705). In diesen Kontext fällt auch das sog. Sozio-Sponsoring. Zuwendungen i. R. des Sozio-Sponsorings (Unterstützung sozialer Institutionen durch Unternehmen mit dem Ziel imagefördernder Vorteile bei der Vermarktung von Produkten) stellen i. d. R. mangels Unentgeltlichkeit keine Geschenke dar (Breuninger/Prinz, DStR 1994, 1401, 1406 f.). Spenden können, wenn sie überhaupt Betriebsausgaben sind, unter § 4 Abs. 5 Nr. 1 EStG fallen (§ 10b Abs. 1 EStG).

Soweit die Leistung aufgrund einer privaten Veranlassung hingegeben wird (z. B. Geburtstagsgeschenke an Familienangehörige), liegt bereits begrifflich keine Betriebsausgabe vor; deshalb ist, bevor man § 4 Abs. 5 Nr. 1 EStG prüft, festzustellen, ob es nicht schon an der betrieblichen Veranlassung bei der Zuwendung fehlt. Dann greift das Abzugsverbot nach § 12 EStG. Die Geschenke sind dann als Entnahme aus dem Betriebsvermögen zu behandeln.

2.4 Wertgrenze

Bei der Grenze von 35 € handelt es sich um eine Freigrenze. Wird sie auch nur geringfügig überschritten, dürfen die Aufwendungen insgesamt nicht abgezogen werden (R 4.10 Abs. 3 Satz 2 EStR 2012). Im Hinblick auf die Bestimmung der Betragsgrenze kommt es darauf an, ob der Zuwendende zum Vorsteuerabzug berechtigt ist oder nicht (R 9b Abs. 2 Satz 3 EStR 2012). Somit ist der Preis maßgeblich, der sich nach Abzug der Vorsteuer ergibt (z. B. Bruttokaufpreis 40 €; Vorsteuer 6,39 €; Nettokaufpreis 33,61 €; hier liegt der Wert der Zuwendung i. S. von § 4 Abs. 5 Nr. 1 EStG unterhalb der 35-€-Grenze). Ist der Zuwendende nicht zum Vorsteuerabzug berechtigt, so kommt es auf den Bruttokaufpreis i. S. von § 4 Abs. 5 Nr. 1 EStG an. Der 35-€-Grenze liegt eine Summenbetrachtung zugrunde. Übersteigen die Anschaffungs- bzw. Herstellungskosten mehrerer Geschenke an einen Empfänger im Wirtschaftsjahr die 35-€-Grenze, entfällt der Abzug in vollem Umfang. Die Pluralform im Gesetzeswortlaut bringt diese Beurteilung zum Ausdruck („Geschenke"; s. R 4.10 Abs. 3 Satz 2 EStR 2012).

Werden Geschenke an eine Kapitalgesellschaft bzw. an einen Verein erbracht, ist Empfänger der Verein bzw. die Kapitalgesellschaft und nicht die einzelnen Gesellschafter bzw. Vereinsmitglieder (FG Köln, Urteil vom 11.02.1982, II 79/81 K, EFG 1983, 60, rkr.). Bei Zuwendungen an einzelne Personengesellschafter ist auf den Gesellschafter abzustellen (Blümich/Wied, EStG, § 4 Rdnr. 671 m. w. N.).

Die Anschaffungskosten für Kraftfahrzeuge, die bei einer Firmenjubiläumsfeier verlost werden, können nicht als Betriebsausgaben abgezogen werden, wenn der Teilnehmerkreis so überschaubar ist, dass der Wert der Gewinnchance je Teilnehmer über 35 € liegt (FG Köln, Urteil vom 26.09.2013, 13 K 3908/09 DStRE 2015, 65 rkr., wonach Tombolapreise der Wertgrenze für Geschenke unterliegen).

2.5 Empfänger von Geschenken: keine Arbeitnehmer

Nicht als Betriebsausgabe abziehbar sind Geschenke an Personen, die nicht Arbeitnehmer des Stpfl. sind, d. h. die nicht in einem Dienst- oder Arbeitsverhältnis, Ausbildungsverhältnis o. Ä. stehen. Der Begriff des Empfängers ist wirtschaftlich aufzufassen. Zuwendungen an einem Geschäftspartner persönlich nahestehende Personen, die selbst nicht in geschäftlicher Verbindung mit dem Zuwendenden stehen, sind als Zuwendungen an den Geschäftspartner anzusehen (FG Nürnberg, Urteil vom 18.01.1994, II 238/91, EFG 1994, 815, 816, rkr.).

VI. Geschenke und Bewirtungskosten

betr. Geschenke eines Steuerberaters an die Kinder von Mandanten; Stapperfend, in Herrmann/Heuer/Raupach, EStG, § 4 Rdnr. 1160.

Nicht Arbeitnehmer sind daher Personen, zu denen ein Auftrags-, Geschäftsbesorgungs- oder Werkvertragsverhältnis besteht. So ist z. B. ein freiberuflicher Fotograf, der im Wesentlichen nur einen Verlag als Auftraggeber hat, kein Arbeitnehmer des Verlages, so dass ein Geschenk des Verlages an den Fotografen dem Abzugsverbot unterliegt. Auch Personen, zu denen eine ständige Geschäftsbeziehung besteht, z. B. selbständige Handelsvertreter, sind dem Arbeitnehmer nicht gleichzustellen. Ebenso sind Arbeitnehmer z. B. einer Tochtergesellschaft oder einer Muttergesellschaft nicht Arbeitnehmer des Stpfl. An einem Arbeitsverhältnis fehlt es auch, wenn der Chefarzt Geschenke an Mitarbeiter des Krankenhauses macht. Die Mitarbeiter des Krankenhauses sind Arbeitnehmer des Krankenhausträgers (BFH, Urteil vom 08.11.1984, IV R 186/82, BStBl. II 1985, 286, 287; BFH, Urteil vom 05.10.2005, VI R 152/01, BStBl. II 2006, 94; Schade/Bechtel, DB 2006, 358).

Für Geschenke an Arbeitnehmer und ihre Rechtsnachfolger gilt das Betriebsausgabenabzugsverbot nicht. Sie sind im Zweifel Betriebsausgaben (Lohn), und zwar auch dann, wenn sie zu Weihnachten oder zu einem persönlichen Anlass gewährt werden (Nacke, in Littmann/Bitz/Pust, EStG, § 4 Rdnr. 1677).

Richtet ein Arbeitnehmer eine Feier anlässlich seines Arbeitgeberwechsels aus und lädt hierzu nahezu ausschließlich Kollegen und Geschäftspartner ein, sind die Kosten als Werbungskosten abzugsfähig (FG Münster, Urteil vom 29.05.2015, 4 K 3236/12 E, EFG 2015, 1520 rkr mit Anm. Wagner; zu den Bewirtungskosten anlässlich einer standesamtlichen Hochzeitsfeier eines Kommunalpolitikers siehe FG Nürnberg, Urteil vom 05.12.2014, 7 K 1981/12, EFG 2015, 1188 rkr. mit Anm. Hennigfeld). Dies gilt auch für Aufwendungen eines Arbeitnehmers für eine Feier aus beruflichem und privatem Anlass, die dann teilweise als Werbungskosten abziehbar sein kann. Der als Werbungskosten abziehbare Betrag der Aufwendungen kann anhand der Herkunft der Gäste aus dem beruflichen/privaten Umfeld des Steuerpflichtigen abgegrenzt werden, wenn die Einladung der Gäste aus dem beruflichen Umfeld (nahezu) ausschließlich beruflich veranlasst ist. Hiervon kann insbesondere dann auszugehen sein, wenn nicht nur ausgesuchte Gäste aus dem beruflichen Umfeld eingeladen werden, sondern die Einladungen nach abstrakten berufsbezogenen Kriterien (z. B. alle Auszubildenden, alle Zugehörigen einer bestimmten Abteilung) ausgesprochen werden (BFH, Urteil vom 08.07.2015, VI R 46/14, BFH/NV 2015, 1720; hierzu eingehend Renner, DStZ 2016, 121 ff.).

2.6 Rechtsfolge

Stellt sich nach den obigen Ausführungen heraus, dass die Geschenke aus materiell-rechtlichen Gründen oder wegen Verstoßes wegen Nichteinhaltens der Aufzeichnungspflichten dem Abzugsverbot gem. § 4 Abs. 5 Nr. 1 EStG unterliegen, ist ein hierfür gebuchter Aufwand außerhalb der Bilanz dem Gewinn wieder hinzuzurechnen. Erfolgte die Anschaffung im vorherigen Wirtschaftsjahr, jedoch die Schenkung im darauffolgenden Wirtschaftsjahr, ist im Wirtschaftsjahr der Hingabe der Zuwendung der Gewinn zu erhöhen (R 4.10 Abs. 2 Satz 3 EStR 2012).

Die Übernahme der pauschalen Einkommensteuer nach §37b EStG für ein Geschenk unterliegt als weiteres Geschenk dem Abzugsverbot des §4 Abs. 5 Satz 1 Nr. 1 EStG, soweit bereits der Wert des Geschenks selbst oder zusammen mit der übernommenen pauschalen Einkommensteuer den Betrag von 35 € übersteigt (BFH, Urteil vom 30.03.2017, IV R 13/14, BStBl. II 2017, 896).

2.7 Umsatzsteuer

Besteht ertragsteuerlich ein Abzugsverbot für Geschenke, so kommt ein Vorsteuerabzug für dieselben Aufwendungen nicht in Betracht (§15 Abs. 1a Nr. 1 UStG). Die nicht abziehbare Vorsteuer ist eine nicht abzugsfähige Betriebsausgabe (§12 Nr. 3 EStG). Anderes gilt aber für die Umsatzsteuer, die nach §15 Abs. 2 und 4 UStG nicht abziehbar ist. Diese kann laufende Betriebsausgabe oder Teil der Anschaffungs- oder Herstellungskosten sein.

Die BA-Abzugsverbote für Geschenke und Bewirtungsaufwendungen nach §4 Abs. 5 Satz 1 Nr. 1 und 2 EStG finden bei einem Kommissionär auch dann Anwendung, wenn er die Aufwendungen von seinem Kommittenten ersetzt bekommt.

Trotz der Nichtabzugsfähigkeit der erstatteten Aufwendungen führen die Erstattungen bei dem Kommissionär zu steuerpflichtigen Einnahmen (Hessisches FG, Urteil vom 21.08.2019 4 K 2370/17 EFG 2020, 771, 774 m. Anm. Frantzmann = DStR E 2020, 525; bestätigt durch BFH, Beschluss vom 14.07.2020 XI B 1/20 BFH/NV 2020, 1258).

3 Bewirtungsaufwendungen

Die Restriktionen bei der Abzugsfähigkeit von Bewirtungsaufwendungen gelten seit 1975. Die Abzugsbeschränkung für Bewirtungskosten soll der Bekämpfung des Spesenunwesens dienen. Der steuerlich zulässige Abzug von Bewirtungskosten wurde vielfach missbräuchlich ausgenutzt, z. B. durch gegenseitige Bewirtung zwischen Geschäftsfreunden oder durch luxuriöse Aufwendungen. Zur Wahrung der Gleichmäßigkeit der Besteuerung ist deshalb eine Abzugsbeschränkung auf die angemessenen und nachgewiesenen Bewirtungskosten eingeführt worden. Ein vollständiges Abzugsverbot für Bewirtungskosten würde das steuerrechtliche Nettoprinzip jedoch verletzen, denn „Geschäftsfreunde-Bewirtungen" sind betrieblich veranlasst, da sie dazu dienen, die Geschäftsbeziehungen anzuknüpfen oder zu verbessern (BFH, Urteil vom 16.02.1990, III R 21/86, BStBl. II 1990, 575, 577; Meurer, in Lademann, EStG, §4 Rdnr. 669).

Aufwendungen für die Bewirtung von Personen aus geschäftlichem Anlass unterliegen der Abzugsbeschränkung von §4 Abs. 5 Satz 1 Nr. 2 EStG. Unter „Bewirtung" ist dabei jede Darreichung von Speisen, Getränken oder sonstigen Genussmitteln zum sofortigen Verzehr zu verstehen. Weder aus dem Wortlaut

VI. Geschenke und Bewirtungskosten

noch dem Sinn und Zweck von § 4 Abs. 5 Satz 1 Nr. 2 Satz 1 EStG lässt sich entnehmen, dass es sich dabei um eine unentgeltliche Zuwendung entsprechend dem bürgerlich-rechtlichen Begriff der Schenkung handeln muss (BFH, Beschluss vom 06.06.2013, I B 53/12, BFH/NV 2013, 1561).

§ 4 Abs. 5 Satz 1 Nr. 2 EStG setzt voraus, dass der Steuerpflichtige die betreffenden Bewirtungsaufwendungen getragen hat. Ob der Bewirtete weiß, wer die Kosten tatsächlich trägt, ist nicht von Belang (BFH, Urteil vom 17.07.2013, X R 37/10 BFH/NV 2014, 347 betr. Bewirtungsaufwendungen bei sog. Kaffeefahrten).

Nach dieser Vorschrift können Aufwendungen für die Bewirtung von Personen aus geschäftlichem Anlass bis zu einem bestimmten Prozentsatz des angemessenen und der Höhe und betrieblichen Veranlassung nach nachgewiesenen Teils dieser Aufwendungen als Betriebsausgaben abgezogen werden (§ 4 Abs. 5 Nr. 2 EStG lex specialis gegenüber § 4 Abs. 5 Nr. 1 EStG). Von den Beschränkungen ausgenommen ist z. B. durch Hoteliers berufsmäßig und in Gewinnerzielungsabsicht vorgenommene Bewirtung (§ 4 Abs. 5 Satz 2 EStG). Da die in der Vorschrift genannten Aufwendungen, soweit sie über das angemessene Maß und über 70 % hinausgehen, hauptsächlich der Lebensführung dienen, bestehen auch keine verfassungsrechtlichen Bedenken gegen diese typisierende Regelung (Hey, in Tipke/Lang, Steuerrecht, 23. Aufl. 2018, § 8 Rdnr. 292; zur Verfassungsmäßigkeit des § 4 Abs. 5 Satz 1 Nr. 2 Satz 1 EStG i. d. F. des Haushaltsbegleitgesetzes 2004 siehe FG Baden-Württemberg, Beschluss vom 26.04.2013, 10 K 2983/11, Beck RS 2013/95939; hierzu OFD Koblenz, Kurzinformation vom 03.06.2014, 0622 – St 35 1, DStR 2014, 1603). Ob aber der Gesetzgeber eine weitere erhebliche Reduzierung des Prozentsatzes (z. B. auf 50 %) vornehmen darf, dürfte fraglich sein (Nacke, in Littmann/Bitz/Pust, EStG, § 5 Rdnr. 1683). Das Anbieten und Darreichen von Weinen anlässlich einer geschäftlich veranlassten Besprechung sind unabhängig vom Wert des konsumierten Weines ihrer Art nach keine üblichen Gesten der Höflichkeit (FG Münster, Urteil vom 28.11.2014, 14 K 2477/12, EFG 2015, 453, rkr.).

Zu den Bewirtungsaufwendungen gehören aber nicht diejenigen Bewirtungsaufwendungen, die im Leistungsaustausch vergütet werden. Werden z. B. Bewirtungsaufwendungen in die Seminargebühr mit einberechnet, so handelt es sich nicht um Bewirtungsaufwendungen, die nach § 4 Abs. 5 Nr. 2 EStG gekürzt werden (R 4.10 Abs. 5 Satz 6 und 7 EStR 2012). Die Rechtsprechung hat in einer Entscheidung zu Recht Bewirtungsaufwendungen eines Vertriebsunternehmens für medizinische Geräte für an einer Kundenschulung teilnehmende Mitarbeiter der Kunden zum vollen Abzug zugelassen, weil die Bewirtungskosten als Teil der vertraglich geschuldeten Leistung angesehen wurden. Dies wurde jedoch nicht für die Abschlussbewirtung, die am Schluss den Mitarbeitern zugutekam, gesehen, da sie nicht vertraglich geschuldet war (FG Düsseldorf, Urteil vom 16.01.2001, 6 K 2061/97 K, F, EFG 2001, 731, 732 f., rkr.).

Das Abzugsverbot des § 4 Abs. 5 Satz 1 Nr. 2 EStG a. F. gilt nicht, wenn und soweit die Bewirtung Gegenstand eines Austauschverhältnisses im Sinne eines Leistungsaustausches ist. Das Vorliegen eines Leistungsaustausches setzt nicht voraus, dass das Entgelt für die Bewirtung in Geld entrichtet wird. Die Gegenleistung kann u. a. auch in Form einer Werk-, Dienst- oder Vermittlungsleistung erbracht werden. Das Zuführen von potentiellen Kunden stellt eine die Anwendung von § 4 Abs. 5 Satz 1 Nr. 2 EStG a. F. ausschließende Gegenleistung des Busfahrers für die Bewirtung durch den Raststättenbetreiber dar (BFH, Urteil vom 26. 04. 2018, X R 24/17 BStBl. II 2018, 750 = BB 2018, 2610 mit Anm. Kubik, hierzu ausführlich Weiss, NWB 2018, 3370 ff.).

3.1 Abgrenzungen zu den Aufwendungen der Lebensführung

Sind die Bewirtungsaufwendungen i. S. von § 4 Abs. 5 Nr. 2 EStG zu erheblichem Umfang durch die private Lebensführung veranlasst, so sind sie generell vom Betriebsausgabenabzug ausgeschlossen (§ 12 EStG). Es kommt daher gar nicht zur Anwendung der Kürzungsvorschrift des § 4 Abs. 5 Nr. 2 EStG. Ob eine private Mitveranlassung vorliegt, ist daher als Erstes zu prüfen. Aufwendungen für die Bewirtung von Gästen aus Anlass eines in der privaten Sphäre des Einladenden liegenden persönlichen Ereignisses (Geburt, Hochzeit, privates Jubiläum, Amtseinführung) sind grundsätzlich Kosten der Lebensführung. Sie sind nach § 12 Nr. 1 Satz 2 EStG auch dann nicht abzugsfähig, wenn sie zugleich der Förderung des Betriebs, Berufs oder seiner wirtschaftlichen und gesellschaftlichen Stellung dienen. Dies gilt für Einkünfte aus Gewerbebetrieb, aus selbständiger freiberuflicher Tätigkeit oder aus nichtselbständiger Arbeit gleichermaßen. Aufwendungen, die aus Anlass einer solchen Veranstaltung entstehen, werden wegen des in der privaten Sphäre wurzelnden Anlasses zur Einladung von Gästen deshalb vom Aufteilungs- bzw. Abzugsverbot erfasst (BFH, Beschluss vom 19. 10. 1970, GrS 2/70, BStBl. II 1971, 17; BFH, Beschluss vom 27. 11. 1978, GrS 8/77, BStBl. II 1979, 213; BFH, Urteil vom 12. 12. 1991, IV R 58/88, BStBl. II 1992, 524; BFH, Urteil vom 27. 04. 1990, VI R 54/88, BFH/NV 1991, 85; BFH, Urteil vom 08. 03. 1990, IV R 108/88, BFH/NV 1991, 436, st. Rspr.).

Dasselbe gilt für die Bewirtung anlässlich einer Gesellschafterversammlung. Hier gibt es keinen Betriebsausgabenabzug mangels Bewirtung eines Dritten (Geschäftsfreunds), wenn eine Personengesellschaft ihre Gesellschafter anlässlich einer Gesellschafterversammlung bewirtet (FG Rheinland-Pfalz, Urteil vom 13. 12. 1989, 1 K 130/87, EFG 1990, 294, rkr.). Bewirtet eine Kapitalgesellschaft ihre Gesellschafter anlässlich einer Gesellschafterversammlung, so lässt die Finanzverwaltung einen Betriebsausgabenabzug insoweit zu, als ein Betrag von 20 DM pro Gesellschafter (80 % des nach der Verwaltungsauffassung angemessenen Betrags von 25 DM) nicht überschritten wird (BMF, Schreiben vom 26. 11. 1984, IV B 7 – S 2741 – 14/84/IV B 7 – S 2742 – 23/84, BStBl. I 1984, 591; FinMin Schleswig-Holstein, Erlass vom 05. 03. 1998, VI 340 – S 2742 – 022, FR 1998, 702).

VI. Geschenke und Bewirtungskosten

Bewirtungsaufwendungen, die einem Offizier für einen Empfang aus Anlass der Übergabe der Dienstgeschäfte (Kommandoübergabe) und der Verabschiedung in den Ruhestand entstehen, können als Werbungskosten zu berücksichtigen sein. Dies gilt insbesondere auch dann, wenn ein solcher Empfang der „Kontaktpflege mit der Rüstungsindustrie" dient (BFH, Urteil vom 11.01.2007, VI R 52/03, BStBl. II 2007, 317 = NJW 2007, 1773). Bewirtungsaufwendungen eines angestellten Geschäftsführers mit variablen Bezügen anlässlich einer ausschließlich für Betriebsangehörige im eigenen Garten veranstaltenden Feier zum 25-jährigen Dienstjubiläum können Werbungskosten sein (BFH, Urteil vom 01.02.2007, VI R 25/03, BStBl. II 2007, 459 mit Anm. Heuermann, StBp 2007, 156). Bewirtungsaufwendungen eines Arbeitnehmers können Werbungskosten sein. Der berufliche Anlass der Bewirtung gilt nicht schon dann als nachgewiesen, wenn die in § 4 Abs. 5 Nr. 2 Satz 2 und 3 EStG geforderten Angaben über die näheren Umstände der Bewirtung durch den Stpfl. geltend gemacht worden sind. Insbesondere sind die zu treffenden Angaben eine notwendige, aber noch keine hinreichende Bedingung für den Werbungskostenabzug (BFH, Urteil vom 12.04.2007, VI R 77/04, BFH/NV 2007, 1643 betr. Bewirtungskosten eines Pharmaberaters).

Bei der Würdigung, ob Aufwendungen eines Arbeitnehmers für Bewirtung und Werbungskosten beruflich veranlasst sind, kann eine variable, vom Erfolg seiner Arbeit abhängige Entlohnung ein gewichtiges Indiz darstellen. Liegt indessen eine derartige Entlohnung nicht vor, so verlieren Aufwendungen nicht ohne Weiteres ihren beruflichen Charakter; der Erwerbsbezug kann sich auch aus anderen Umständen ergeben (BFH, Urteil vom 24.05.2007, VI R 78/04, BStBl. II 2007, 721; bestätigt durch BFH, Urteil vom 06.03.2008, VI R 68/06, BFH/NV 2008, 1316).

Bewirtet ein Unternehmen im Rahmen einer Schulungsveranstaltung an dieser Veranstaltung teilnehmende Personen, die nicht seine Arbeitnehmer sind, so unterliegt der Bewirtungsaufwand der Abzugsbeschränkung gem. § 4 Abs. 5 Satz 1 Nr. 2 EStG (BFH, Urteil vom 18.09.2007, I R 75/06, BStBl. II 2008, 116 mit Anm. Heuermann, StBp 2008, 57 ff. und Hölzerkopf, BB 2008, 374, 375).

Aufwendungen, die ein Schulleiter anlässlich von Jubiläen, Verabschiedungen, Geburtstagen sowie Krankheitsbesuchen für Kollegen des unterrichtenden sowie des nicht unterrichtenden Personals, Elternvertretern sowie Besucher tätigt, stellen keine Werbungskosten i. S. d. § 9 Abs. 1 EStG bei seinen Einkünften aus nichtselbständiger Arbeit dar (FG Bremen, Urteil vom 17.01.2008, 4 K 1768/07 [6], EFG 2008, 1281, rkr. mit Anm. Siegers). Bewirtet ein leitender Arbeitnehmer mit variablen Bezügen seine Arbeitskollegen, insbesondere ihm unterstellte Mitarbeiter, so unterliegen die Bewirtungsaufwendungen nicht der Abzugsbeschränkung gem. § 4 Abs. 5 Satz 1 Nr. 2 i. V. m. § 9 Abs. 5 EStG (BFH, Urteil vom 19.06.2008, VI R 33/07, BStBl. II 2009, 174 mit Anm. Bergkemper, FR 2009, 236, 237 f.; Heuermann, StBp 2008, 327 f.; Titgemeyer, BB 2009, 1898 ff.; Bode, NWB Fach 6, 4977 ff.; ebenso BFH, Urteil vom 19.06.2008, VI R 12/07, BFH/NV 2007, 1997; BFH, Urteil vom 19.06.2008, VI R 7/07, BFH/NV 2009, 11).

Der persönliche Anwendungsbereich des § 4 Abs. 5 Satz 1 Nr. 2 i. V. m. § 9 Abs. 5 EStG ist bei einem Arbeitnehmer nur erfüllt, wenn dieser selbst als bewirtende Person auftritt (BFH, Urteil vom 19.06.2008, VI R 48/07, BStBl. II 2008, 870 mit Anm. Bergkemper, FR 2009, 131, 133).

Der Anlass einer Feier ist nicht das allein entscheidende Kriterium für die Beurteilung der beruflichen oder privaten Veranlassung von Bewirtungsaufwendungen. Trotz eines herausgehobenen persönlichen Ereignisses kann sich aus den übrigen Umständen des Einzelfalls ergeben, dass die Aufwendungen für die Feier beruflich veranlasst sind. Die Kosten eines Empfangs im Anschluss an eine Antrittsvorlesung können ebenso beruflich veranlasst sein wie die Aufwendungen für ein Betriebsfest. Die Abzugsbeschränkung des § 4 Abs. 5 Satz 1 Nr. 2 EStG greift nicht, wenn ein Arbeitnehmer aus beruflichem Anlass Aufwendungen für die Bewirtung von Arbeitskollegen trägt (BFH, Urteil vom 10.07.2008, VI R 26/07, BFH/NV 2008, 1831; FG Rheinland-Pfalz, Urteil vom 19.02.2009, 5 K 1666/08, DStRE 2009, 1042, rkr.; FG München, Urteil vom 21.07.2009, 6 K 2907/08, DStRE 2010, 719, rkr.).

Für die Beurteilung, ob die Aufwendungen für eine Feier beruflich oder privat veranlasst sind, ist in erster Linie auf den Anlass der Feier abzustellen. Allerdings ist der Anlass einer Feier nur ein erhebliches Indiz für die Beurteilung der beruflichen oder privaten Veranlassung der Bewirtungsaufwendungen. Für die Zuordnung der Aufwendungen zum beruflichen oder privaten Bereich ist daher auch von Bedeutung, wer als Gastgeber auftritt, wer die Gästeliste bestimmt, ob es sich bei den Gästen um Kollegen, Geschäftsfreunde oder Mitarbeiter (des Stpfl. oder des Arbeitgebers), um Angehörige des öffentlichen Lebens, der Presse, um Verbandsvertreter oder um private Bekannte oder Angehörige des Stpfl. handelt. Zu berücksichtigen ist außerdem, an welchem Ort die Veranstaltung stattfindet, ob sich die finanziellen Aufwendungen im Rahmen vergleichbarer betrieblicher Veranstaltungen bewegen und ob das Fest den Charakter einer privaten Feier aufweist oder ob das nicht der Fall ist (BFH, Beschluss vom 26.01.2010, VI B 95/09, BFH/NV 2010, 875 betr. Aufwendungen für krankenhausinterne Abschiedsfeier eines Oberarztes anlässlich Ruhestands). Sind die Aufwendungen zur Durchführung der Jubiläumsfeier eines Steuerberaters (in Anlehnung der neueren BFH-Rechtsprechung) gemischte Aufwendungen, so ist eine Aufteilung der Kosten nach Köpfen (pro rata capitum) nicht vorzunehmen. Die Aufwendungen sind vielmehr insgesamt der privaten Lebensführung zuzuordnen, wenn der Zusammenhang weder mit der Lebensführung noch mit der Einkünfteerzielung von untergeordneter Bedeutung ist (FG Rheinland-Pfalz, Urteil vom 16.09.2008, 2 K 2606/06, EFG 2009, rkr.; mit Anm. Wagner, DStRE 2009, 457; zur anteilsmäßigen Abzugsfähigkeit berufsfördernder Bewirtungskosten im Hinblick auf BFH, Beschluss vom 21.09.2009, GrS 1/06, BStBl. II 2010, 673; s. Leisner/Egensperger, DStZ 2010, 673 ff.).

Bewirtungsaufwendungen sind nur dann als Betriebsausgaben abziehbar, wenn sie angemessen sind. Ob und unter welchen Voraussetzungen bei **nahe-**

VI. Geschenke und Bewirtungskosten

stehenden Personen die Bewirtungsaufwendungen als angemessen zu beurteilen sind, ist bislang nicht abschließend geklärt. Fehlt es an der Angemessenheit der Bewirtungsaufwendungen unterliegen entsprechende (Netto-)Ausgaben hierfür in vollem Umfang (zu 100 %) dem Betriebsausgabenabzugsverbot gem. § 4 Abs. 5 Satz 1 Nr. 2 EStG. Dies soll gem. § 15a Abs. 1 Satz 1 UStG auch für den Vorsteuerabzug entsprechend gelten (so ausdrücklich Wichert, BB 2019, 351, 354).

Fälle der privaten Veranlassung sind i. d. R. auch Bewirtungen von Geschäftsfreunden im Haushalt des Stpfl. (R 4.10 Abs. 6 Satz 8 EStR 2012). In begründeten Ausnahmefällen sind jedoch auch Bewirtungen im Haushalt des Stpfl. abziehbar, wenn wegen der besonderen Umstände die Bewirtung nur im Haushalt des Stpfl. durchgeführt werden kann, etwa weil der Gesundheitszustand des Gastes oder des Stpfl. eine Bewirtung außerhalb des Hauses verbietet oder eine bestimmte Diät eingehalten werden muss (Blümich/Wied, EStG, § 4 Rdnr. 725).

Ein Dienstjubiläum ist ein berufsbezogenes Ereignis. Aufwendungen für eine betriebsinterne Feier anlässlich eines Dienstjubiläums können (nahezu) ausschließlich beruflich veranlasst und damit als Werbungskosten bei den Einkünften aus nichtselbständiger Arbeit zu berücksichtigen sein, wenn der Arbeitnehmer die Gäste nach abstrakten berufsbezogenen Kriterien einlädt (BFH, Urteil vom 20.10.2016, VI R 24/15, BStBl. II 2016, 744 = BB 2016, 2340, 2341 mit Anm. Hilbert).

Eine Habilitation ist ein Ereignis mit überwiegend berufsbezogenem Charakter. Aufwendungen für die Gäste der Habilitationsfeier aus dem beruflichen Umfeld eines Arbeitnehmers können (nahezu) ausschließlich beruflich veranlasst und damit als Werbungskosten bei den Einkünften aus nichtselbständiger Arbeit zu berücksichtigen sein, wenn der Arbeitnehmer (hier: ein angestellter Klinikarzt) die Gäste nach abstrakten allgemeinen berufsbezogenen Kriterien eingeladen hat (BFH, Urteil vom 18.08.2016, VI R 52/15, BFH/NV 2017, 151).

Aufwendungen für eine Feier anlässlich eines Geburtstags sind in der Regel auch durch die gesellschaftliche Stellung des Arbeitnehmers veranlasst und im Allgemeinen nicht als Werbungskosten anzuerkennen. Allerdings kann sich trotz des herausgehobenen persönlichen Ereignisses aus den übrigen Umständen des einzelnen Falls ergeben, dass die Kosten für eine solche Feier ausnahmsweise ganz oder teilweise beruflich veranlasst sind (BFH, Urteil vom 10.11.2016, VI R 7/16, BStBl. II 2017, 409 = EStB 2017, 45 f. mit Anm. Weiss).

> *Hinweis:*
> Ist von einer privaten (Mit-)Veranlassung auszugehen, so greift grundsätzlich das Aufteilungs- und Abzugsverbot des § 12 EStG ein. Eine Aufteilung der Bewirtungskosten in einen betrieblichen und einen privaten Teil ist zulässig, wenn der betrieblichen Sphäre nicht nur untergeordnete Bedeutung zukommt, eine Aufteilung leicht und einwandfrei möglich und objektiv überprüfbar ist. So können die privat veranlassten Kosten, z. B. für die Ehefrau, die bei Festessen dabei war,

leicht aus der Restaurantquittung herausgerechnet werden, so dass der Restbetrag für einen begrenzten Abzug zur Verfügung steht (vgl. Stapperfend, in Herrmann/Heuer/Raupach, EStG, § 4 Rdnr. 1195).

Dies hat nunmehr auch der Bundesfinanzhof eindrucksvoll bestätigt (BFH, Urteil vom 08.07.2015, VI R 46/14, BStBl. II 2015, 1013 man beachte auch die Ausführungen bei 2.5 am Ende; zu den Aufteilungskriterien ausführlich Spilker, in Kirchhof/Söhn/Mellinghoff, EStG, § 4 Anm. H 41; ferner Renner, DStZ 2016, 121 ff.).

3.2 Definition des Bewirtungsbegriffs

Bewirtungskosten sind Aufwendungen des Stpfl., für die Darreichung von Speisen und Getränken und sonstigen Genussmitteln zum sofortigen Verzehr (BFH, Urteil vom 03.12.1993, I R 57/92, BFH/NV 1993, 530, 531; BFH, Beschluss vom 24.04.1997, I B 121/96, BFH/NV 1997, 751). Der auf die Eigenbewirtung des Stpfl. (oder eines Beauftragten) entfallende Anteil an den Aufwendungen anlässlich einer Bewirtung Dritter gehört ebenfalls zu den Bewirtungskosten. Es liegt insoweit begrifflich keine Bewirtung vor; die hinsichtlich des bewirtenden Stpfl. entstehenden Aufwendungen sind jedoch als (zwangsläufiger) Teil des Bewirtungsvorgangs in die beschränkt abziehbaren Betriebsausgaben mit einzubeziehen (Blümich/Wied, EStG, § 4 Rdnr. 721). Egal wie man den Streitstand löst, auch die auf die Eigenbewirtung anfallenden Kosten fallen unter die abzugsfähigen Bruttokosten, die dann durch die 70 %ige Abzugsfähigkeit insoweit gedeckelt werden. Auf den o.g. Streitstand kommt es im Ergebnis nicht an. Unstreitig ist jedoch, dass eine Eigenbewirtung – ohne Geschäftspartner – zum Abzugsverbot gem. § 12 Nr. 1 EStG führt (Heinicke, in Schmidt, EStG, 39. Aufl. 2020, § 4 Rdnr. 542).

Darüber hinaus gehören Bewirtungsnebenkosten, d.h. Aufwendungen, die zwangsläufig im Zusammenhang mit der Bewirtung anfallen, ebenfalls zu den Bewirtungskosten. Darunter fallen Kosten für die Garderobe, Toilette und auch (angemessene) Trinkgelder (Nacke, in Littmann/Bitz/Pust, EStG, § 4 Rdnr. 1688). Steuerlich irrelevant für den Bewirtungsbegriff ist, ob die Beköstigung im Vordergrund steht oder „auch" bzw. „in erster Linie" der Werbung oder der Repräsentation dient (typisierende Betrachtungsweise; so BFH, Urteil vom 03.02.1993, I R 57/92, BFH/NV 1993, 530, 531; BFH, Beschluss vom 24.04.1997, I B 121/96, BFH/NV 1997, 751; BFH, Beschluss vom 19.11.1999, I B 4/99, BFH/NV 2000, 698; BFH, Beschluss vom 12.05.2003, I B 157/02, BFH/NV 2003, 1314).

Nicht zu den Bewirtungskosten gehören auch die An- und Abfahrtkosten, die Kosten für Unterhaltungsdarbietungen (Musikkapelle), Aufwendungen für Eintritte, die Saalmiete und Aufwendungen für die Beherbergung des Eingeladenen (Nacke, in Littmann/Bitz/Pust, EStG, § 4 Rdnr. 1689). Solche Aufwendungen sind, soweit sie betrieblich veranlasst und angemessen sind, in vollem Umfang als Betriebsausgabe abziehbar (§ 4 Abs. 5 Nr. 7 EStG).

VI. Geschenke und Bewirtungskosten

In diesem Kontext ist klarzustellen, dass keine Bewirtung vorliegt, wenn zwar Speisen und Getränke gereicht werden, die Aufwendungen hierfür aber in einem Missverhältnis zu den obigen Leistungen stehen und durch private Motivation oder durch persönliche Erlebnisse überlagert werden. Deshalb sind Aufwendungen für Speisen und Getränke beim Besuch eines Nachtlokals oder einer Striptease-Bar keine Bewirtungskosten, sondern unangemessene Aufwendungen, die nach § 4 Abs. 5 Satz 1 Nr. 7 gänzlich – und nicht nur mit ihrem unangemessenen Teil – vom Betriebsausgabenabzug ausgeschlossen sind (BFH, Urteil vom 16. 02. 1990, III R 21/86, BStBl. II 1990, 575, 577 f.).

Gleiches wird dann auch für Aufwendungen zu Einladungen zu Sportveranstaltungen (Tennisturnier, Sechstagerennen, Reitturnier) gelten, bei denen Geschäftsfreunde in der „VIP-Lounge" bewirtet werden, oder für die Einladung zu herausgehobenen kulturellen (Theater- oder Konzert-)Ereignissen, wenn die Aufwendungen für Speisen und Getränke im Verhältnis zu den übrigen Leistungen in den Hintergrund treten und der insgesamt geforderte Preis in einem offensichtlichen Missverhältnis zu dem Wert der verzehrten Speisen und Getränke steht (Meurer, in Lademann, EStG, § 4 Rdnr. 670).

> *Hinweis:*
> Obwohl die Rechtslage hier eindeutig im Hinblick auf die Nichtabzugsfähigkeit solcher „Luxus-Aufwendungen" ist, sieht die Betriebsprüfungspraxis anders aus. Insbesondere bei einem konstruktiven Prüfungsklima ist es bei exzellent zahlenden Stpfl. innerhalb der verhandelbaren „Vergleichsmasse" in der Praxis durchaus möglich, wenn diese z. B. dokumentieren können, dass Großabschlüsse mit insbesondere ausländischen Geschäftspartnern nur erreicht werden konnten, wenn neben der klassischen Bewirtung auch erhebliche zusätzliche Aufwendungen wie Einladungen zu VIP-Veranstaltungen etc. übernommen werden. Hier gestattet es eine großzügige Betriebsprüfungspraxis, bestimmte Pauschalen als noch geschäftlich veranlasst anzusehen, insbesondere bei großen Geschäftsabschlüssen im acht- oder neunstelligen Bereich.

Auf einen Rechtsstreit mit den Finanzbehörden sollte sich der Stpfl. im Zweifel dennoch nicht einlassen, weil die Rechtsprechung hier im Hinblick auf die Nichtabzugsfähigkeit stringent ist und keine Toleranzen zulässt. Es gibt jedoch auch juristische Abgrenzungsfälle. Darunter fallen Aufmerksamkeiten, Produkt- und Warenverköstigungen sowie Kundschaftsessen und -trinken. Diese fallen nicht unter das Abzugsverbot des § 4 Abs. 5 Nr. 2 EStG. Keine Bewirtung liegt vor, wenn der Stpfl. Aufmerksamkeiten in geringem Umfang gewährt und es sich hierbei um eine übliche Geste der Höflichkeit handelt. Darunter fällt die Darreichung von Kaffee, Tee, Gebäck anlässlich einer geschäftlichen Besprechung. Die entsprechenden Aufwendungen können ohne Einschränkung abgezogen werden (R 4.10 Abs. 5 Satz 9 Nr. 1 EStR 2012).

Ob es sich bei den angebotenen Speisen und Getränken noch um eine Aufmerksamkeit oder schon um eine Bewirtung handelt, ist nach den Umständen des Einzelfalls zu entscheiden, wobei es auf die Höhe der Aufwendungen nicht entscheidend ankommt. Auch die Beköstigung mit kleineren, kostengünstigeren Speisen (z. B. belegte Brötchen, Kartoffelsalat mit Würstchen) wird i. d. R. als Bewirtung anzusehen sein, während die Darreichung eines teuren Getränks bei entsprechendem Anlass (Sekt/Champagner bei größeren Geschäftsabschluss) als bloße Aufmerksamkeit zu qualifizieren sein dürfte (Broudré, DB 1995, 1430, 1431). Bei einer Produkt- und Warenverkostung bietet der Stpfl. die Waren, die er herstellt oder mit denen er handelt, seinem Abnehmer oder dem Endverbraucher zur Verkostung an; hierin liegt keine Bewirtung mit der Folge, dass die hierauf entfallenden Aufwendungen als Werbeaufwand voll abziehbar sind. Ob der Stpfl. die Verkostung selbst durchführt oder einen Dritten beauftragt sowie der Ort der Verkostung (Herstellungsbereich, beim Zwischenhändler oder beim Kunden), ist nicht von Bedeutung; werden bei der Verkostung Aufmerksamkeiten in geringem Umfang gereicht (z. B. Brot bei Weinproben), so sind auch die Aufwendungen hierfür unbeschränkt abziehbar (R 4.10 Abs. 5 Satz 9 Nr. 2 EStR 2012).

Nicht unter § 4 Abs. 5 Nr. 2 EStG fallen auch Kundschaftsessen und -trinken. Ein Kundschaftsessen oder Kundschaftstrinken liegt vor, wenn der Stpfl., zu dessen Kunden Gastwirte gehören, zur Entgegennahme von Bestellungen oder auch zur allgemeinen Kontaktpflege eine Gastwirtschaft aufsucht und, da dies von ihm erwartet wird, eine Speise und Getränke zum eigenen Verzehr bestellt. Dies ist insbesondere dann der Fall, wenn insbesondere Getränkehändler, Brennereien oder Brauereien für (potentielle) Kunden kostenlose Lokalrunden hinsichtlich der von ihnen verbreiteten Warenprodukte und Speisen ausgeben (BFH, Urteil vom 11. 12. 1963, VI 340/62 U, BStBl. III 1964, 98, 99; BFH, Urteil vom 14. 04. 1988, IV R 205/85, BStBl. II 1988, 771, 772 f.).

Aufwendungen im Zusammenhang mit Bewirtungen (Bewirtungen von Kunden und Lieferanten; Galaempfang zum Betriebsjubiläum) unterliegen auch bei einem erwerbsbezogen bewirtenden Unternehmen (hier: einem Hotelbetrieb mit Restaurants und Veranstaltungsräumen) der Abzugsbeschränkung des § 4 Abs. 5 Satz 1 Nr. 2 EStG 1997. Die insoweit in § 4 Abs. Satz 2 EStG 1997 eingeräumte Ausnahme betrifft nur Bewirtungen, die unmittelbar Gegenstand der erwerbsbezogenen bewirtenden Tätigkeit sind (BFH, Urteil vom 07. 11. 2011, I R 12/11, BSBl II 2012, 194).

Eine Bewirtung liegt hierin, da der Stpfl. die Speisen/Getränke selbst verzehrt, nicht. Etwas anderes ergibt sich jedoch, wenn der Stpfl. den Gastwirt oder andere Gäste einlädt (z. B. Lokalrunde). In diesem Fall liegt eine Bewirtung i. S. des § 4 Abs. 5 Nr. 2 EStG vor. Es muss also geprüft werden, ob es sich schwerpunktmäßig um eine Marketingmaßnahme oder um einen Bewirtungsvorgang handelt (Stapperfend, in Herrmann/Heuer/Raupach, EStG, § 4 Rdnr. 1185; Spilker, in Kirchhof/Söhn/Mellinghoff, § 4 Rdnr. H 47, jeweils m. w. N. zu Abgrenzungsfragen). § 4 Abs. 5 Satz 1 Nr. 2 EStG setzt voraus, dass der Steuerpflichtige die betreffenden Bewirtungsaufwendungen getragen hat. Ob der Bewirtete weiß, wer die Kosten tatsächlich trägt, ist nicht von Belang (BFH, Urteil vom

VI. Geschenke und Bewirtungskosten

17.07.2013, X R 37/10, BFH/NV 2014, 347 betr. Bewirtungsaufwendungen bei Kaffeefahrten).

3.3 Bewirtung aus geschäftlichem Anlass

Seit 1990 ist neben der betrieblichen Veranlassung auch der geschäftliche Anlass zu prüfen. Die Bewirtung geschieht aus geschäftlichem Anlass, wenn sie im Zusammenhang mit der unmittelbaren Beteiligung des Stpfl. am allgemeinen wirtschaftlichen Verkehr steht, d. h., wenn der Stpfl. sich damit im weitesten Sinne nach außen wendet. Damit wollte der Gesetzgeber unter die Beschränkung des § 4 Abs. 5 Nr. 2 EStG auch die Bewirtung von Arbeitnehmern des Stpfl. erfassen, wenn sie bei betrieblichem Anlass mit beköstigt werden. Gleiches gilt für die Arbeitnehmer des Geschäftsfreundes, die mit bewirtet werden (BT-Drucks. 11/2536 vom 21.06.1988, 76 – 1. Bericht des Finanzausschusses; R 4.10 Abs. 6 Satz 7 EStR 2012).

Wenn die Arbeitnehmer des Stpfl. dagegen alleine bewirtet werden, sind die Aufwendungen in vollem Umfang abzugsfähig (Stapperfend, in Herrmann/Heuer/Raupach, EStG, § 4 Rdnr. 1190). Letzteres ist mangels geschäftlichen Anlasses der Fall, wenn eine Bewirtung z. B. bei einer Dienstbesprechung, einem Betriebsausflug oder einer Weihnachtsfeier nur für Arbeitnehmer erfolgt. Der Chefarzt einer Krankenhausabteilung, der im Krankenhaus mit Hilfe des Krankenhauspersonals, das in keinem Arbeitsverhältnis zu ihm steht, eine freiberufliche Arztpraxis ausübt, kann Bewirtungskosten für dieses Personal anlässlich eines Betriebsausflugs nach Maßgabe des § 4 Abs. 5 Nr. 2 EStG als Betriebsausgabe abziehen (BFH, Urteil vom 06.12.1984, IV R 135/83, BStBl. II 1985, 288).

Zu den Bewirtungen aus geschäftlichem Anlass gehören nicht nur Bewirtungen von Personen, zu denen der Stpfl. Geschäftsbeziehungen unterhält, sondern auch von Besuchern des Betriebs (z. B. Politiker, Journalisten) oder sonstigen Personen (z. B. Prüfer des FA oder der Sozialversicherungsträger). An einer Bewirtung aus geschäftlichem Anlass fehlt es, wenn die Aufwendungen für freie Außendienstmitarbeiter getätigt werden, was den Betriebsausgabenabzug in voller Höhe bedeutet (FG Düsseldorf, Urteil vom 29.09.1999, 2 K 8431/97 F, DStRE 2000, 113, rkr.; s. Blümich/Wied, EStG, § 4 Rdnr. 722).

Aufwendungen eines Vereins und einer GmbH für Gäste einer Wochenend-Jubiläumsfeier, die ganz überwiegend beruflichen Zwecken und der beruflichen Kontaktpflege dient, sind keine Geschenke, sondern als abzugsfähige Betriebsausgaben anzuerkennen, soweit die Gäste für die auf der Veranstaltung an sie erbrachten Leistungen konkrete Gegenleistungen in Form ihrer Anwesenheit und des fachlichen Austauschs erbringen und dem Rahmenprogramm demgegenüber lediglich eine untergeordnete Bedeutung ohne eigenen Erlebniswert zukommt (FG Münster, Urteil vom 09.11.2017, 13 K 3518/15 K, EFG 2018, 389, 395 f. mit Anm. Schmitz-Herscheidt, DStRE 2018, 1281; bestätigt durch BFH, Beschluss vom 20.02.2019 XI B 15/18, BFH/NV 2020, 207.

Bestehen nach Ausschöpfung der im Einzelfall angezeigten Ermittlungsmaßnahmen keine gewichtigen Zweifel daran, dass ein abgrenzbarer Teil von Aufwendungen beruflich veranlasst ist, bereitet seine Quantifizierung aber Schwierigkeiten, so ist dieser Anteil unter Berücksichtigung aller maßgeblichen Umstände zu schätzen. Dies gilt auch, wenn im Rahmen eines Kanzleifests („sog. Herrenabend") Mandanten, potenzielle Neu-Mandanten und Geschäftsfreunde eingeladen werden, sich aber weder abschließend beurteilen lässt, welche der eingeladenen Personen auf der Feier tatsächlich erschienen sind, noch aufgrund der zahlreichen persönlichen und geschäftlichen Beziehungen zu den eingeladenen Gästen abschließend beurteilt werden kann, bei welchem Gast von einer überwiegend beruflich veranlassten Einladung auszugehen ist (BFH, Beschluss vom 31.03.2019, VIII B 129/18 BFH/NV 2019, 812).

Kosten, die ein Filmproduktionsunternehmen für unentgeltlich ausgegebene Speisen und Getränke für die am Drehort (Set) mit der Herstellung der Aufnahmen beschäftigten Personen aufwendet, sind Aufwendungen für „die Bewertung von Personen aus geschäftlichem Anlass" und nur zu 70 % als Betriebsausgaben abzugsfähig, soweit die Speisen und Getränke auch denjenigen Personen gereicht werden, die nicht den zu den eigenen Arbeitnehmern des Unternehmens gehören, aber z. B. als Arbeitnehmer der beteiligten Fernsehsender bei der Produktion am Set mitwirken (FG Köln, Urteil vom 06.09.2018, 13 K 939/13 EFG 2019, 55, 58 f. mit Anm. Weingarten, vorläufig nicht rkr.).

Ob Bewirtungsaufwendungen angemessen oder unangemessen sind, richtet sich nach der Verkehrsanschauung. Hierbei ist nicht zu kleinlich zu verfahren. Die geltend gemachten Aufwendungen müssen sich noch i.R. des Üblichen bewegen. Wie bereits erwähnt, ist der Besuch von Nachtlokalen (Bordellen) keine Bewirtung und dem Grunde nach keine Betriebsausgabe, da hier die betriebliche Veranlassung durch die private Motivation derart überlagert wird, dass eine Angemessenheit schon dem Grunde nach nicht anerkannt wird. Die Angemessenheitsprüfung ist nach Ansicht der Rechtsprechung auf jede einzelne Aufwendung zu beziehen. Es könne nicht eine Gesamtposition „Bewirtungs- und Unterhaltsaufwand" für Geschäftsfreunde gebildet und ins Verhältnis zu anderen Betriebsmerkmalen gesetzt werden (BFH, Urteil vom 16.02.1990, III R 21/86, BStBl. II 1990, 575, 576; großzügiger: FG München, Urteil vom 16.12.1999, 1 K 1285/99, DStRE 2000, 452, rkr. betreffend Einweihungs- bzw. Jubiläumsfeier).

Lädt der Unternehmer Geschäftspartner zu einer Schiffsreise ein, sind die Aufwendungen für die Reise und hiermit zusammenhängende Bewirtungen ungeachtet ihrer betrieblichen Veranlassung nicht abziehbar, wenn ein Zusammenhang mit der Unterhaltung der Teilnehmer oder der Repräsentation des Unternehmens nicht ausgeschlossen werden kann (BFH, Urteil vom 02.08.2012, IV R 25/09, BStBl. II 2012, 824).

VI. Geschenke und Bewirtungskosten

> *Hinweis:*
> Die Höhe der Aufwendungen und ihre betriebliche Veranlassung sind für jede einzelne Bewirtung nachzuweisen. Jede einzelne Aufwendung bedeutet nicht, die Aufwendung pro Person als Ausgangspunkt zu nehmen. Absolute Betrachtungsgrenzen für die Bewirtungsaufwendungen lassen sich somit nicht bestimmen. Insbesondere bei Stpfl. mit hohen Umsätzen und erheblichen steuerlichen Einkünften können entsprechende Repräsentationsfeierlichkeiten, wie Jubiläumsfeiern, durchaus angemessen sein.

Betriebsausgaben, die für die Unterhaltung von Geschäftsfreunden aufgewendet werden, unterliegen als Aufwendungen für „ähnliche Zwecke" nur dann dem Abzugsverbot nach § 4 Abs. 5 Satz 1 Nr. 4 EStG, wenn sich aus der Art und Weise der Veranstaltung und ihrer Durchführung ableiten lässt, dass es sich um Aufwendungen handelt, die für eine überflüssige und unangemessene Unterhaltung und Repräsentation getragen werden (BFH, Urteil vom 13.07.2016, VIII R 26/14, BStBl. II 2017, 161 = StB 2017, 2, 3 mit Anm. Weiss; ferner Bilsdorfer, Steuer & Studium 2017, 79 f. – „Herrenabende").

3.4 Nachweis der Höhe und der betrieblichen Veranlassung

Ob der Stpfl. eine Aufwendung als Betriebsausgabe abziehen kann, hängt von einem entsprechenden Nachweis ab. Hierfür trägt wegen der steuermindernden Wirkung der Betriebsausgaben grundsätzlich der Stpfl. die Feststellungslast. Vom Gesetz her wird der Nachweis formalisiert und damit die freie Beweiswürdigung eingeschränkt (§ 4 Abs. 5 Nr. 2 Satz 2 EStG). Wird der Nachweis nicht in der vom Gesetz festgelegten Form erbracht, ist die Aufwendung insgesamt nicht abzugsfähig. Der Nachweis durch Aufzeichnungen ist materielle Tatbestandsvoraussetzung für den Abzug als Betriebsausgabe (BFH, Urteil vom 25.02.1988, IV R 95/86, BStBl. II 1988, 581; BFH, Urteil vom 25.03.1988, III R 96/85, BStBl. II 1988, 655; BFH, Urteil vom 31.07.1990, I R 62/88, BStBl. II 1991, 28). Umgekehrt bedeutet der formelle Nachweis der Aufwendungen nicht, dass es sich um abzugsfähige Betriebsausgaben handelt. Es kann sich trotz mehrfach erbrachten Nachweises um verdeckte Lebenshaltungskosten handeln. Die Verwaltung und die FG können in Zweifelsfällen jederzeit die betriebliche Veranlassung nachträglich überprüfen.

Zum Nachweis der Höhe und betrieblichen Veranlassung der Bewirtungskosten hat der Stpfl. schriftliche Angaben über den Ort, den Tag, die Teilnehmer und den Anlass der Bewirtung sowie die Höhe der Aufwendungen zu machen. Das Schriftstück (Eigenbeleg) ist vom Stpfl. zu unterschreiben (BFH, Urteil vom 15.01.1998, IV R 81/96, BStBl. II 1998, 263 f.).

Der Schriftlichkeit der Angaben ist genügt, wenn sie handschriftlich oder maschinenschriftlich gemacht wurden. Die Erfordernisse der Verwendung eines amtlich vorgeschriebenen Vordrucks und das Unterschreiben der Rechnung durch den Inhaber der Gaststätte wurden seit 1990 gestrichen (Steuerreformgesetz vom 25.07.1988, BGBl. BGBl. I 1988, 1093 = BStBl. I 1988, 224). Ist eine

Rechnung vorhanden (z. B. Quittung des Gastwirtes), so können die Angaben auf der Rechnung (regelmäßig Rechnungsrückseite) oder getrennt davon gemacht werden. Erfolgen die Angaben getrennt von der Rechnung, müssen das Schriftstück über die Angaben und die Rechnung grundsätzlich zusammengefügt werden. Geschieht dies nicht, so muss zumindest eine Zuordnung der Schriftstücke zu den Rechnungen ohne großen Zeitaufwand möglich sein (R 4.10 Abs. 8 Satz 5 bis 7 EStR 2012). Eine bestimmte Frist für die Abfassung der schriftlichen Angaben ist nicht vorgeschrieben. Jedoch ist der Beleg zeitnah zu erstellen. Der Zweck der Vorschrift (laufende, besonders leichte und sichere Prüfungsmöglichkeit, Manipulationsausschluss) kann jedoch nur gewahrt werden, wenn im zeitlichen Zusammenhang der Beleg erstellt wird. Diesem Zweck ist jedenfalls dann nicht Genüge getan, wenn die Verbuchungen erstmals nach Ablauf des Geschäftsjahres vorgenommen werden (BFH, Urteil vom 25.03.1988, III R 96/85, BStBl. II 1988, 655, 657; BFH, Urteil vom 11.03.1988, III R 62/87, BFH/NV 1989, 22; BFH, Urteil vom 31.07.1990, I R 62/88, BStBl. II 1991, 28 f.). Am besten sollten unmittelbar nach dem Bewirtungsvorgang oder in den nächsten Tagen und spätestens noch im selben Monat die Bewirtungsbelege vollständig ausgefüllt und gesondert aufgezeichnet werden. Unabhängig davon ist aber im Einzelfall eine geringfügige Ergänzung bereits zeitnaher, grundsätzlich erstellter, aber unvollständiger Angaben zulässig (streitig; Heinicke, in Schmidt, EStG, 39. Aufl. 2020, § 4 Rdnr. 554 m. w. N.). Weiterhin müssen alle Teilnehmer der Bewirtung namentlich angegeben werden. Dazu gehören die bewirtenden Geschäftsfreunde, Begleitpersonen der Geschäftsfreunde, teilnehmende Arbeitnehmer des Stpfl., Familienangehörige des Stpfl. oder des Geschäftsfreundes und der bewirtende Stpfl. selbst. Die Unterschrift des Stpfl. reicht nicht als Namensangabe aus. Eine Ausnahme von der Angabe der Teilnehmer lassen die Rechtsprechung und die Verwaltung zu, wenn die Angabe der teilnehmenden Personen nicht zumutbar ist (R 4.10 Abs. 9 EStR 2012; BFH, Urteil vom 25.02.1988, IV R 95/86, BStBl. II 1988, 581).

Problematisch ist, ob dies auch für Berufsangehörige gilt, die ein Auskunftsverweigerungsrecht haben (z. B. Journalisten) oder die dem Verschwiegenheitsgebot unterliegen (z. B. Rechtsanwälte, Steuerberater, Wirtschaftsprüfer), das sogar strafbewehrt ist (§ 102 AO; § 203 StGB). Leider hat sich hier die Rechtsprechung dazu durchgerungen, dem Grundsatz der Gleichmäßigkeit der Besteuerung (Art. 3 Abs. 1 GG) Vorrang vor dem Schutz des besonderen Vertrauensverhältnisses zwischen Berater und Mandant einzuräumen (BFH, Urteil vom 15.01.1998, IV R 81/96, BStBl. II 1998, 263 ff.; BFH, Urteil vom 26.02.2004, IV R 50/01, BStBl. II 2004, 502 ff.; hierzu Dikmen, NJW 2013, 1142, 1143). Diese Rechtsprechung ist in der Tat bedenklich. Insbesondere bei Steuerstrafmandaten, die noch nicht aufgedeckt sind, ist eine Benennung des Mandanten i. V. m. dem Bewirtungsanlass kaum zumutbar. Der Berater sollte dann möglicherweise den Anlass verschleiert formulieren, um hier nicht wegen der Wechselwirkungen Besteuerungsverfahren des Beraters/Steuerstrafverfahren des Mandanten Anhaltspunkte für weitere Ermittlungen unfreiwillig zu liefern (z. B. Durchsuchung beim Berater). Die Rechtsprechung lässt dies sogar ausdrücklich

VI. Geschenke und Bewirtungskosten

zu, indem sie in solchen sensiblen Fällen weniger konkrete Darlegungen vom Stpfl. verlangt. Die Angaben zum Anlass der Bewirtung müssen den Zusammenhang mit einem geschäftlichen Vorgang oder einer Geschäftsbeziehung erkennen lassen (R 4.10 Abs. 9 Satz 5 EStR 2012; BFH, Urteil vom 26.02.2004, IV R 50/01, BStBl. II 2004, 502 f.). Bewirtungskosten sind nur dann als Betriebsausgabe berücksichtigungsfähig, wenn der Stpfl. Belege vorlegt, auf denen der konkrete Anlass der Bewirtung so genau bezeichnet wird, dass der Finanzbehörde die Überprüfung des Sachverhalts ohne Schwierigkeiten möglich ist. Dafür reicht die Angabe der Geschäftsbeziehung, in der der Stpfl. zu der bewirteten Person steht, nicht aus (FG Berlin-Brandenburg, Urteil vom 11.05.2011, 12 K 12209/10, EFG 2011, 2130, rkr. = DStRE 2012, 137).

Weiterhin sind Angaben zur Höhe der Aufwendungen zu machen. Dabei verlangt die Finanzverwaltung eine Aufschlüsselung der kredenzten Speisen und Getränke und überhaupt jeglicher Einzelleistungen (R 4.10 Abs. 8 Satz 9 EStR 2012). Es wird im Schrifttum kritisiert, dass sich dies dem jetzigen Wortlaut nicht entnehmen lasse (Nacke, in Littmann/Bitz/Pust, EStG, § 4 Rdnr. 1700).

> *Hinweis:*
> Aus Vorsichtsgründen sollte der Position der Verwaltung gefolgt werden. Es sollten also Gaststätten aufgesucht werden, die in der Lage sind, einen Computer-Ausdruck sämtlicher servierter Speisen und Getränke anzufertigen. Das alte Verfahren („Bewirtung und Verzehr") genügt der Finanzverwaltung nicht. Um jeglichem Streitpotential zu entgehen, sollten ebenfalls aus Vorsichtsgründen den erhöhten qualifizierten Formerfordernissen im Zweifel Rechnung getragen werden. Ausnahmen sind höchstens dann gegeben, wenn die Bewirtung im Ausland erfolgt und dort solche Aufzeichnungsvorschriften nicht bekannt sind.

Hat die Bewirtung in einer Gaststätte stattgefunden, so sind die schriftlichen Angaben der Rechnung des Gastwirtes über die Bewirtung beizufügen. Die Anforderungen an eine Rechnung ergeben sich aus dem Umsatzsteuerrecht (§ 14 UStG). Danach muss neben Namen und Anschrift der Gaststätte sowie dem Tag der Bewirtung aus der Rechnung grundsätzlich auch der Name des Leistungsempfängers ersichtlich sein. Dies gilt jedoch nicht für Rechnungen über Kleinbeträge (bis 150 €), in denen auch der Name des Empfängers nicht enthalten sein muss (§ 33 UStDV; R 4.10 Abs. 8 Satz 4 EStR 2012).

Weiterhin ist erforderlich, dass die in Anspruch genommenen Leistungen auch nach Art und Umfang in der Rechnung gesondert bezeichnet werden. Die Angabe der Steuernummer ist für Zwecke des beschränkten Betriebsausgabenabzugs nach § 4 Abs. 5 Nr. 2 EStG nicht erforderlich (R 4.10 Abs. 8 Satz 9 EStR 2012). Jedoch sind für die Sicherung des Vorsteuerabzugs die Angabe der Steuernummer oder der USt-Identifikationsnummer und eine fortlaufende Rechnungsnummer seitens des Rechnungsausstellers zwingend notwendig (§ 14 Abs. 4 Nr. 2 und 4 UStG).

3.5 Verhältnis zwischen Bewirtungsaufwendungen und Geschenken

Die Aufwendungen für Bewirtungen können auch gleichzeitig als unentgeltliche vermögenswerte Zuwendungen i. S. von § 4 Abs. 5 Nr. 1 EStG gewertet werden. Entscheidend für die Frage, ob § 4 Abs. 5 Nr. 1 oder 2 EStG zur Anwendung kommt, ist, welche Leistung im Vordergrund steht (ein Geschenk oder eine Bewirtung). Wird z. B. eine Auslandsreise geschenkt, so gehören Aufwendungen für Speisen und Getränke zu den hierbei anfallenden Aufwendungen (akzessorischer Charakter der Aufwendungen für Getränke und Speisen). Da die Schenkung der Reise im Vordergrund steht, kommt somit in diesem Fall § 4 Abs. 5 Nr. 1 EStG zur Anwendung. Steht dagegen die Darreichung von Speisen und Getränken eindeutig im Vordergrund (z. B. Geschäftsessen mit Geschäftsfreunden nach Geschäftsverhandlungen), so handelt es sich um Bewirtungsaufwendungen (Nacke, in Littmann/Bitz/Pust, EStG, § 4 Rdnr. 1702).

4 Aufzeichnungspflichten

4.1 Allgemeines

Der Gesetzgeber hat vorgegeben, die Abzugsfähigkeit von Aufwendungen durch Anordnung der einzelnen und getrennten Aufzeichnungen besonders leicht und sicher zu gestalten. Damit soll u. a. Manipulationen entgegengewirkt werden. Der Gesetzgeber hat ferner angeordnet, dass eine Abzugsfähigkeit der Aufwendungen, die getrennt und einzeln erfasst wer den müssen, nicht besteht, wenn die Aufzeichnungen dementsprechend nicht vorgenommen wurden (§ 4 Abs. 7 EStG). Der Anwendungsbereich dieser Vorschrift umfasst sowohl die Gewinneinkünfte als auch die Überschusseinkünfte. Die Vorschrift ist nicht nur i. R. der Gewinnermittlung nach § 4 Abs. 1 EStG, sondern auch i. R. der Einnahme-Überschussrechnung nach § 4 Abs. 3 EStG anzuwenden (BFH, Urteil vom 14.11.1989, IV R 122/88, BFH/NV 1990, 495; BFH, Urteil vom 13.05.2004, IV R 47/02, BFH/NV 2004, 1402).

Die Aufzeichnungspflicht nach § 4 Abs. 7 EStG umfasst u. a. die Aufwendungen für Geschenke und Bewirtungen. Nach dem Gesetzeswortlaut ist der Aufwand für jede Gruppe ihrer Art nach gesondert aufzuzeichnen, d. h. für alle Geschenke Nr. 1, für alle Bewirtungen Nr. 2 etc. Es ist aber auch ausreichend, wenn für diese Aufwendungen zusammengenommen ein Konto oder eine Spalte geführt wird. In diesem Fall muss sich aus jeder Buchung oder Aufzeichnung die Art der Aufwendung ergeben (R 4.11 Abs. 1 EStR 2012).

Ein Verstoß gegen die einkommensteuerrechtlichen Aufzeichnungspflichten für Bewirtungsaufwendungen (z. B. ein fehlender Bewirtungsbeleg) führt nicht zugleich zur Versagung des **Vorsteuerabzugs**; entscheidend ist insoweit vielmehr, ob die unternehmerische Verwendung der Bewirtungsleistungen nachgewiesen und die Aufwendungen nach allgemeiner Verkehrsauffassung als angemessen zu beurteilen sind. Die Versagung des **Vorsteuerabzugs** allein auf Grundlage der Nichteinhaltung von Formvorschriften – unabhängig davon, ob der Steuerpflichtige die materiellen Voraussetzungen des Vorsteuerabzugs nachweisen kann – stellt eine mit dem mehrwertsteuerrechtlichen Neutralitätsgrundsatz nicht zu vereinbarende Belastung des Steuerpflichtigen dar (FG Berlin-Brandenburg, Urteil vom 09.04.2019, 5 K 5119/18 EFG 2019, 1142, 1143 f. mit Anm. Hartmann, DStRE 2019, 1088 rkr., zu weiteren umsatzsteuerlichen Implikationen siehe Sprang, StBp 2019, 65, 66 ff.).

4.2 Anforderungen an die Aufzeichnungen

Aufzeichnen heißt, schriftlich festhalten, verbuchen; es gelten die allgemeinen Grundsätze bezüglich der Aufzeichnungen. Das bloße Ablegen von Belegen ist grundsätzlich keine Aufzeichnung. Dies gilt auch dann, wenn die Belegsammlung geordnet ist. Die gesonderte und geordnete Erfassung der Belege, d.h. von anderen Belegen getrennte Ablage, genügt nur dann § 4 Abs. 7 EStG, wenn zusätzlich die Summe der Aufwendungen periodisch und zeitnah auf einem besonderen Konto gebucht wird. Es reicht nicht aus, wenn die Aufwendungen erstmals nach Ablauf des Geschäftsjahres summenmäßig erfasst werden. Eintragungen in der Umbuchungsliste oder in der Hauptabschlussübersicht sind nicht ausreichend (BFH, Urteil vom 22.01.1988, III R 171/82, BStBl. II 1988, 535, 537; BFH, Urteil vom 26.02.1988, III R 20/85, BStBl. II 1988, 613); siehe auch FG Baden-Württemberg, Urteil vom 12.04.2016, 6 K 2005/11, EFG 2016, 1197, 1200 mit Anm. Hoffsümmer, zwischenzeitlich rkr. durch Rücknahme der Revision.

> *Hinweis:*
> Jedoch ist die Finanzverwaltung und die gefestigte BFH-Rechtsprechung regelmäßig formstrenger. Neben der periodischen und zeitnahen Kontobuchführung sollten die Belege in einem gesonderten Ordner aufbewahrt werden. Bei Überschussrechnungen empfiehlt es sich möglicherweise auch noch, eine tabellarische Auflistung beizufügen, die nach Ende des Monats, Quartals oder Jahres noch unterschrieben wird. Mehr kann man vom Stpfl. nicht verlangen. Getrennt von den sonstigen Betriebsausgaben heißt zunächst nicht außerhalb der Buchführung; vielmehr müssen die Aufzeichnungen i.R. der Buchführung verbucht werden (BFH, Urteil vom 10.03.1988, IV R 207/85, BStBl. II 1988, 611).

Erfolgt die Buchführung im Wege des Bestandsvergleichs, so bedeutet dies, dass gesonderte Konten für diese Aufwendungen angelegt werden müssen. Bei der Gewinnermittlung nach § 4 Abs. 3 EStG bedeutet die getrennte Erfassung eine gesonderte Erfassung i.R. der Ausgabenaufzeichnung. Diese gesonderte Erfassung ist auch dann vorzunehmen, wenn nur wenige Geschäftsvorfälle zu verbuchen sind. Es genügt nicht, wenn diese Aufwendungen auf einem Konto „Verschiedenes", „Sonstige Einzelposten", „Diverses" etc. verbucht werden (BFH, Urteil vom 26.02.1988, III R 20/85, BStBl. II 1988, 613; FG Hamburg, Urteil vom 18.03.1980, III 87/78, EFG 1980, 431). Dies gilt im Zweifel auch dann, wenn nur wenige Geschäftsvorfälle auf diesen Konten enthalten sind.

Grundsätzlich sind die Aufwendungen einzeln aufzuzeichnen. Dies bedeutet aber nicht, dass Sammelbuchungen nicht zulässig sind. Sie sind möglich, wenn die weiteren Einzelheiten aus den dazugehörigen Belegen mit genügender Deutlichkeit ersichtlich sind (BFH, Urteil vom 28.05.1968, IV R 150/67, BStBl. II 1968, 648, 650). Bei Geschenken gleicher Art ist auch die Finanzverwaltung der Auffassung, dass diese durch Sammelbuchungen erfasst werden können (R 4.11 Abs. 2 EStR 2012). Werden Geschenkaufwendungen an Geschäftsfreunde gemacht und überschreiten die Aufwendungen an den einzelnen Geschäftsfreund nicht die Freigrenze des § 4 Abs. 5 Satz 1 Nr. 1 EStG, so ist es für die Erfüllung der Aufzeichnungsverpflichtungen nach § 4 Abs. 7 EStG als ausreichend anzusehen, wenn als Empfänger des Geschenkes die jeweilige Firma des bedachten Geschäftsfreundes genannt wird (Starke, FR 2006, 501, 503).

Darüber hinaus lässt die Rechtsprechung folgende Vereinfachung zu: Die Buchung mehrerer Einzelbeträge, die mittels Kreditkarte bezahlt wurden, in einem Betrag nach Eingang der Abrechnung des Kreditkartenunternehmens entspricht den Gepflogenheiten des Zahlungsverkehrs bei Benutzung einer Kreditkarte. Hinsichtlich der einzelnen Beträge muss auf die zugehörigen Belege zurückgegriffen werden. In gleicher Weise kann der in einer Sammelabrechnung eines Gastwirts ausgewiesene Betrag ohne Verstoß gegen § 4 Abs. 7 Satz 1 EStG in einer Summe gebucht werden, wenn deutlich gemacht wird, dass mehrere Bewirtungen vorliegen (BFH, Urteil vom 19.08.1999, IV R 20/99, BStBl. II 2000, 203, 205 f.). Für den Fall der Bewirtung in einer Gaststätte ergeben sich die Voraussetzungen zur Erfüllung der Nachweispflicht hinsichtlich der Bewirtungsaufwendungen aus der Vorschrift des § 4 Abs. 5 Satz 1 Nr. 2 Satz 3 EStG, die lex specialis zu § 4 Abs. 5 Satz 1 Nr. 2 Satz 2 EStG ist. Die über Bewirtungen in einer Gaststätte ausgestellten Rechnungen i. S. des § 4 Abs. 5 Satz 1 Nr. 2 Satz 3 EStG müssen, sofern es sich nicht um Rechnungen über Kleinbeträge i. S. der UStDV handelt, den Namen des bewirtenden Stpfl. enthalten (BFH, Urteil vom 18.04.2012, X R 57/09, BSBl II 2012, 770 mit Anm. Köhler, BB 2012, 2545, 2548; Kanzler; FR 2013, 30, 36 f.; BFH, Urteil vom 18.04.2012, X R 58/09, BFH/NV 2012, 1768).

Allerdings sind hiervon – unter Berücksichtigung der Zwecksetzung des § 4 Abs. 7 EStG sowie des Grundsatzes der Verhältnismäßigkeit – Ausnahmen anzuerkennen. Zum einen stehen Fehlbuchungen dann dem Betriebsausgabenabzug nicht entgegen, wenn sie sich als offenbare Unrichtigkeit darstellen (§ 129 AO; BFH, Urteil vom 19.08.1999, IV R 20/99, BStBl. II 2000, 203, 205 betr. irrtümliche Buchungen von Rechtsberatungsaufwendungen auf Bewirtungskostenkonto).

Zum anderen ist – vor allem mit Rücksicht auf materiell-rechtliche Abgrenzungsschwierigkeiten – eine Verletzung der Aufklärungspflicht des § 4 Abs. 7 EStG nicht darin zu sehen, dass der Stpfl. auf dem Bewirtungskostenkonto nicht nur Bewirtungsaufwendungen bucht, die der Abzugsbegrenzung des § 4 Abs. 5 Nr. 2 EStG (geschäftlicher Anlass) unterstehen, sondern auch sonstige nicht dieser Abzugsbegrenzung unterliegenden Bewirtungskosten sowie Aufwendungen für die Darreichung von Annehmlichkeiten; insoweit ist eine Kontotrennung nicht erforderlich (BFH, Urteil vom 19.08.1999, IV R 20/99, BStBl. II 2002, 203, 204).

VI. Geschenke und Bewirtungskosten

Die Verwaltung und die Rechtsprechung verlangen weiter, dass die Aufzeichnungen fortlaufend und damit **zeitnah** erfolgen (H 4.11 EStR 2012; BFH, Urteil vom 22.01.1988, III R 171/82, BStBl. II 1988, 535; BFH, Urteil vom 26.10.1988, X R 25/87, BFH/NV 1989, 571, 572; BFH, Urteil vom 13.05.2004, IV R 47/02, BFH/NV 2004, 1402). Maßgeblich ist der Zeitablauf zwischen Geschäftsvorfall und Verbuchung. Eine Verbuchung, die erstmals nach Ablauf des Geschäftsjahres erfolgt, genügt nicht einer zeitnahen Aufzeichnung (BFH, Urteil vom 11.03.1988, III R 62/87, BFH/NV 1989, 22, 23). Zeitnah bedeutet, dass die Aufzeichnungen grundsätzlich innerhalb von zehn Tagen erfolgen. Spätestens sollen sie einen Monat nach dem Geschäftsvorfall vorgenommen werden (BFH, Urteil vom 24.03.1970, I R 38/68, BStBl. II 1970, 540). Die Rechtsvorschrift zum Benennungsverlangen wird durch § 4 Abs. 7 EStG nicht berührt. Danach ist auf Verlangen der Empfänger mit Namen und Adresse zu benennen, damit sichergestellt werden kann, dass die Aufwendungen beim Empfänger als Einnahmen erfasst werden (§ 160 AO; BFH, Urteil vom 20.04.1972, IV R 137/68, BStBl. II 1972, 694, 696).

4.3 Folgen unrichtiger Verbuchung

Wird die getrennte Aufzeichnungspflicht – aus welchen Gründen auch immer – nicht erfüllt, sind die Aufwendungen nicht als Betriebsausgaben zu berücksichtigen (§ 4 Abs. 7 Satz 2 EStG). Dies gilt auch dann, wenn die Aufwendungen, z. B. Bewirtungskosten, beruflich veranlasst sind (BFH, Urteil vom 13.05.2004, IV R 47/02, BFH/NV 2004, 1402). Es ist insoweit grundsätzlich in Bagatellfällen keine Ausnahme zu machen (BFH, Urteil vom 12.08.2004, V R 49/02, BStBl. II 2004, 1090; a. A. FG Berlin, Urteil vom 27.02.2002, 6 K 5026/00, EFG 2003, 378 als Vorinstanz). Wird die Aufzeichnungspflicht nur teilweise erfüllt, dann sind die Aufwendungen zum Abzug nicht ausgeschlossen, die nach § 4 Abs. 7 EStG aufgezeichnet wurden. Die Beachtung der besonderen Aufzeichnungspflichten ist daher eine materiell-rechtliche Voraussetzung des Betriebsausgabenabzugs (BFH, Urteil vom 12.08.2004, V R 49/02, BStBl. II 2004, 1090).

> *Hinweis:*
>
> Die genannten strengen Rechtsgrundsätze sind daher den Mitarbeitern in der Buchhaltung eines Unternehmens i. S. eines Merkblatts zur Verfügung zu stellen. Die Stpfl. sollten darauf achten, dass gesonderte Konten bzw. gesonderte Ordner bei Einnahme-Überschuss-Rechnung angelegt werden und das Ausfüllen der Belege zeitnah binnen zehn Tagen (spätestens binnen eines Monats) erfolgt. Die Sanktionen sind ansonsten erheblich, da die Betriebsausgaben im wahrsten Sinne des Wortes „flöten gehen". Insbesondere ist hier ein akribisches Vorgehen angezeigt, da sich viele Betriebsprüfer dem Gebiet der Abzugsfähigkeit von Geschenken/Bewirtungskosten mit äußerster Intensität widmen, um hier wegen der genannten Formfehlermöglichkeiten zu sicheren Mehrergebnissen zu gelangen.

4 Aufzeichnungspflichten

Das Unterlassen der gesonderten Aufzeichnungen nach § 4 Abs. 7 EStG rechtfertigt jedoch keine Besteuerung als Eigenverbrauch (§ 1 Abs. 1 Nr. 2 Buchst. c UStG 1980/1991 a. F. bzw. Rechtsfolgevorschrift des § 15 Abs. 1 Nr. 1a UStG n. F.; BFH, Urteil vom 12.08.2004, V R 49/02, BStBl. II 2004, 1090f. im Hinblick auf Nichtvereinbarkeit mit höherrangigem EU-Recht).

Geschenke und Bewirtungskosten – Checkliste
- empirische Erfahrungen im Hinblick auf die erhöhten Anforderungen an formelle Aufzeichnungspflichten seitens der Finanzverwaltung
- Begriff der Aufwendungen für Geschenke (Unentgeltlichkeit der Zuwendung, Gegenstand des Geschenks, Wertgrenze, Besonderheiten bei der Zuwendung an Arbeitnehmer, Rechtsfolgen, Umsatzsteuer)
- Bewirtungsaufwendungen
- Definition des Bewirtungsbegriffs
- Bewirtung aus geschäftlichem Anlass versus private Lebensführung
- Nachweis der Höhe der betrieblichen Aufwendungen
- Verhältnis zwischen Bewirtungsaufwendungen und Geschenken
- Beachtung der strengen Aufzeichnungspflichten, die unbedingt eingehalten werden müssen (Folgen unrichtiger Verbuchung)

VII. Liebhaberei im Brennpunkt der Betriebsprüfung

Schrifttum: Birk, Liebhaberei im Ertragsteuerrecht, BB 2009, 860; Brehm, Die Einkünfteerzielungsabsicht bei den Einkünften aus Vermietung und Verpachtung, Steuer und Studium 2009, 127; Dreßler, Einkünfte oder Verluste aus sog. „Liebhaberei" nach neuerem deutschen und internationalen Steuerrecht, aus DBA-Ländern oder dem sonstigen Ausland, StBp 2019, 251; Drüen, Über den Totalgewinn, FR 1999, 1097; Falkner, Die Einkunftserzielungsabsicht im Spannungsfeld von Dogmatik und Praxis, DStR 2010, 788; Gebert/Bartelt, Werbungskosten für Homeoffice bei Vermietung an Arbeitgeber – Einkünfteerzielungsabsicht, GmbHR 2018, R 280; Gommers, Die Gewinnerzielungsabsicht im Rahmen von künstlerischen Tätigkeiten, DB 2019, 270; Groh, Der Beschluss des Großen Senats vom 25.06.1984 zur Besteuerung der GmbH & Co. KG, WPg 1984, 655; Groh, Gewinnerzielungsabsicht und Mitunternehmerschaft, DB 1984, 2424; Günther; Einkünfteerzielung bei unbebauten Grundstücken, EStB 2014, 186; Günther; Einkünfteerzielungsabsicht in der Rechtsprechung des BFH (Teil I), EStB 2017, 164; EStB 2017, 202 (Teil II); Hage/Hoffmann, Liebhaberei – das verspätete Handeln der FinanzVerw kann der Änderung von Steuerbescheiden entgegenstehen, Stbg 2020, 101; Haisch/Krampe, Überschusserzielungsabsicht bei der Kapitalanlage unter der Abgeltungssteuer, DStR 2011, 2178; Herrmann, Einkommensteuerrechtliche Fragen der Gestaltung geschlossener Immobilienfonds, StuW 1989, 97; Heuermann, Können wir auf die Überschusserzielungsabsicht verzichten?, DStZ 2010, 825; Hübner, Subjektive Elemente der Liebhaberei, DStR 2013, 1520; Iser, Einkünfteerzielungsabsicht bei Vermietung und Verpachtung – Das (Dauer-)Problem Leerstand, immobilien intern, Beilage 23 vom 30.10.2013, 1; Ismer/Riemer, Der zweigliedrige Liebhabereibegriff: Negative Totalgewinnprognose und fehlende Einkünfteerzielungsabsicht, FR 2011, 455; Jachmann-Michel, Zur Einkünfteerzielungsabsicht bei Einkünften aus Kapitalvermögen, DStR 2017, 1849; Jachmann-Michel, Zur Abgeltungssteuer: Erste Rechtsprechungslinien und offene Fragen, StuW 2018, 9; Jakob/Hörmann, Einkünfteerzielungsabsicht oder Liebhaberei im Rahmen der Einkünfte aus Vermietung und Verpachtung, FR 1989, 665; Jakob/Hörmann, Zur Einkünfteerzielungsabsicht bei gemeinsamer wirtschaftlicher Betätigung, FR 1990, 33; Kaligin, Probleme bei der Dokumentation der Gewinnerzielungsabsicht bei sog. Leerstandsimmobilien, StBp 2016, 76; Kraft/Schaz, Liebhaberei bei vermögenden Privatpersonen – ein Rechtsprechungskompendium, DStR 2016, 2936; Lang, Liebhaberei im Einkommensteuerrecht, StuW 1981, 223; Leingärtner, Zur Liebhaberei im Einkommensteuerrecht, FR 1979, 105; Leisner-Egensperger, Zulässigkeit von Überschussprognosen bei Vermietung?, DStZ 2010, 790; Lüdemann, Zur Kontroverse um die Einkünfteerzielungsabsicht bei gewerblich geprägten Personengesellschaften gem. § 15 Ab3 Nr.2 EStG, BB 1996, 2650; Mindermann, Liebhaberei – eine rein steuerliche Angelegenheit, NWB 2012, 182; Neufang, Vermietung von Ferienwohnungen, StB 2017, 248; Paus, Absicht der Einkünfteerzielung bei leerstehenden Räumen: Umbau erforderlich?, DStZ 2010, 23; Paus, Anerkennung von Verlusten bei der Vermietung unter Angehörigen, FR 2016, 212; Paus, Spätere Realisationstatbestände für die stillen Reserven bei Wechsel zur Liebhaberei, DStZ 2017, 377; Pieske-Kontny, Zur Einkünfteerzielungsabsicht bei Vermietung einer Ferienwohnung, StBp 2020, 32; Ritzrow, Abgrenzung der Liebhaberei von den Einkünften aus selbständiger Arbeit, Steuer und Studium 2009, 66; Ritzrow, Abgrenzung der Liebhaberei von den Einkünften aus Land- und Forstwirtschaft, Steuer und Studium 2011, 364; Ritzrow, Gewinnerzielungsabsicht bei Gewerbebetrieben, Steuer und Studium 2013, 703; Ritzrow, Gewinnerzielungsabsicht bei selbständig tätigen Rechtsanwälten, EStB 2018, 448; Rödder, Die Beurteilung der Feststellung der Einkünfteerzielungsabsicht mittels „Totalerfolg", DB 1986, 2241; Schallmoser, Neues zu Immobilien im Einkommensteuerrecht, DStR 2013, 501; Schießl, Einkünfteerzielungsabsicht bei den Einkünften aus Vermietung und Verpachtung, Steuer und Studium 2007, 529; Spindler, Einkünfteerzielungsabsicht bei Vermietung und Verpachtung, DB 2007, 185; Stein, Einflüsse der Fördergesetze auf die Totalüberschussermittlung, DStZ 2000, 780; Stein, Aktuelle Problemfelder bei der Prüfung der Überschusserzielungsabsicht im Rahmen des § 21 EStG, StBp 2001, 294; Stein, Abgrenzung von Einkunftserzielungsabsicht und Liebhaberei bei der Vermietung von Grundstücken – Teil I, Inf. 2001, 641; Stein, Neues zur Abgrenzung von

VII. Liebhaberei im Brennpunkt der Betriebsprüfung

Einkunftserzielungsabsicht und Liebhaberei bei der Vermietung von Grundstücken, Inf. 2003, 902; Stein, Praxisprobleme des Nachweises der Vermietungsabsicht bei leerstehenden Immobilien, DStR 2009, 1079; Stein, Keine Liebhaberei bei Wohnvermietung auf Dauer?, DStZ 2009, 768; Stein, Einkunftserzielung und Einkunftsermittlung bei der Vermietung von Ferienwohnungen, StBp 2010, 101; Stein Einkunftserzielungsabsicht bei Wohnraumvermietung, StBp 2010, 217 (Teil I) und 246 (Teil II); Stein, Gesetzgebungsvorbehalt einer unwiderlegbaren Vermutung, DStZ 2011, 442; Stein, Einkünfteerzielungsabsicht und Werbungskostenabzug bei verbilligter Wohnraumvermietung an Angehörige, DStZ 2011, 580 ff.; Stein, Rechtsfolgen verbilligter Wohnungsvermietung, DStZ 2012, 19; Stein, Zur Feststellung ernsthafter und nachhaltiger Vermietungsabsicht bei Leerstand von Wohn- und Gewerberäumen sowie bei unbebauten Grundstücken, StBp 2012, 225 (Teil I) und 262 (Teil II); Stein, Einige Gedanken zur Einkunftserzielungsabsicht bei der Vermietung von Immobilien, DStZ 2013, 33 (Teil 1) und 114 (Teil II); Stein, An den Arbeitgeber vermietetes Büro (Homeoffice) als Liebhabereiobjekt?, StBp 2018, 376; Stein, Die Hürde der Liebhaberei für Vermietungsverluste, 2. Aufl. 2019, Berlin; Stein, Zur Feststellung der Vermietungsabsicht bei Leerstand von Wohnraum, StBp 2019, 100; Stöber, Die subjektübergreifende Einkünfteerzielungsabsicht, FR 2017, 801; Thiele, Die ertragsteuerliche Behandlung von Ferienimmobilien in der Praxis, FR 2017, 904; Tipke, Über „erwirschaftete" Einkünfte mit Einkünfteerzielungsabsicht, FR 1983, 580; Wassermeyer, Liebhaberei und Spendenabzug bei der Einkommensermittlung im Körperschaftsteuerrecht, DB 2011, 1828; Weber-Grellet, Wo beginnt die Grenze zur „Liebhaberei"? (Teil I), DStR 1992, 561; Weiss, Zur Einkünfteerzielungsabsicht bei der Abgeltungssteuer, StuB 2016, 802; Werth, Vermietung eines Homeoffice an Arbeitgeber, DB 2018, 2334.

Verwaltungsanweisungen:

BMF, Schreiben vom 23.07.1992, IV B 3 - S 2253 - 29/92, BStBl. I 1992, 434 betr. Einkunftserzielung bei den Einkünften aus Vermietung und Verpachtung

FinMin. Thüringen, Schreiben vom 18.03.1993, S 2253 a A - 6/93 - 2.04.2, DStR 1993, 725 betr. Einkunftserzielungsabsicht bei Gesellschaftern oder Gemeinschaften von geschlossenen Fonds oder Bauherrengemeinschaften: Beurteilung von sog. Rückkauf- und Wiederverkaufsgarantien

BMF, Schreiben vom 14.07.2000, IV D 1 - S 7303 a - 5/00, DStR 2000, 1264 betr. umsatzsteuerliche Behandlung von Tätigkeiten, die als Liebhaberei anzusehen sind

BMF, Schreiben vom 20.05.2003, IV A 2 - S 2724 - 26/03, BStBl. I 2003, 333 betr. durch das Gesellschaftsverhältnis veranlasste Durchführung von Risikogeschäften mit einer Kapitalgesellschaft

BMF, Schreiben vom 08.10.2004, IV A 3 - S 2253 - 91/04, BStBl. I 2004, 933 betr. Einkunftserzielungabsicht bei den Einkünften aus Vermietung und Verpachtung

OFD Niedersachsen, Verfügung vom 20.01.2010, S 7303 a - St 174, DStR 2010, 758 betr. Ausschluss des Vorsteuerabzugs bei Aufwendungen für „ähnliche Zwecke" i.S. des §4 Ab5 Nr.4 EStG– Repräsentationsaufwand– bei mangelnder Gewinnerzielungsabsicht (Liebhaberei)

BMF, Schreiben vom 13.12.2005, IV C 3 - S 2253 - 112/05, BStBl. I 2006, 4 betr. Vermietung eines Büroraums an den Arbeitgeber; Anwendung des BFH-Urteils vom 16. September 2004 (BStBl. II 2006, 10)

FinMin. Niedersachsen, Erlass vom 18.06.2010, S 2254 - 52 - St 233/St 234, DStR 2010, 1842 betr. einkommensteuerrechtliche Behandlung von Ferienwohnungen; Ergänzungen zum BMF-Schreiben vom 08.10.2004

SenFin Berlin, Erlass vom 19.12.2012, III B - S 2253-1/2012 - 1, DB 2013, 259 betr. Einkünfteerzielungsabsicht bei der Vermietung von Gewerbeimmobilien

BMF, Schreiben vom 27.07.2015, IV C 1 - S 2211/11/10001, 2015/0644430, BStBl. I 2015, 581 betreffend Schuldzinsen als nachträgliche Werbungskosten bei den Einkünften aus Vermietung und Verpachtung nach Veräußerung des Mietobjekts oder nach Wegfall der Einkünfteerzielungsabsicht; Anwendung der BFH-Urteile vom 21.01.2014, IX R 37/12 vom 11.02.2014, IX R 42/

1 Grundsätze der Liebhaberei

13 und vom 08.04.2014, IX R 45/1311. OFD Frankfurt a.M., Rundverfügung vom 21.08.2018 – S 2253A – 48 – St 242, DStR 2018, 2385 betr. Einkunftserzielungsabsicht bei den Einkünften aus Vermietung und Verpachtung – Nicht auf Dauer angelegte Vermietungstätigkeit

Bayerisches Landesamt für Steuern vom 01.12.2018, EStB 2019, 99 = StuB 2019, 209 betr. Leitfaden zur Einkünfteerzielung bei Vermietung und Verpachtung

BMF, Schreiben vom 18.04.2019, IV C 1 – S 2211/16/10003:005 DOK 2019/0046116, BStBl. I 2019, 461 betr. Vermietung eines Arbeitszimmers oder einer als Homeoffice genutzten Wohnung an den Arbeitgeber; Anwendung der BFH-Urteil vom 16. September 2004 (BStBl. II 2006, 10) und vom 17.04.2016 (BStBl. II 2019, 219)

OFD Frankfurt a.M., Verfügung vom 19.08.2019, S 2253A – 48 – St 242 DB 2019, 2326 betr. Einkünfteerzielungsabsicht bei den Einkünften ausw Vermietung und Verpachtung

1 Grundsätze der Liebhaberei

Eine Vielzahl von gut verdienenden Steuerpflichtigen hat das Ansinnen in diesem Hochsteuerland, die Steuern dadurch zu minimieren, dass neben den positiven (guten) Einkunftsquellen simultan „steuerliche Verluste produziert" werden, um so die Gesamtsteuerlast zu senken oder gar auf Null zurückzufahren. Dieses Ansinnen widerspricht natürlich den Interessen des Fiskus, positive Einkünfte einer effektiven Besteuerung zuzuführen und somit simultane „unechte" Verluste möglichst die steuerliche Anerkennung unter der Fahne „Liebhaberei" zu versagen. Zur Terminologie ist anzumerken, dass man bei den Gewinneinkunftsarten (Land- und Forstwirtschaft, Gewerbebetrieb, selbstständiger Arbeit) die erforderliche Gewinnerzielungsabsicht benötigt bzw. bei den Überschusseinkunftsarten (Einkünfte aus Vermietung und Verpachtung, Kapitalvermögen, sonstige Einkünfte) die entsprechende Überschusserzielungsabsicht vom Steuerpflichtigen dokumentiert werden kann. Kann dieses Ziel nicht erreicht werden, so werden die Verluste unter der Überschrift „Liebhaberei" auf Null festgesetzt und somit steuerlich im Ergebnis neutralisiert.

Eher eine akademische Frage ist die Rechtsgrundlage für das steuerliche Institut der Liebhaberei. Für die Rechtsprechung ist Einkunftserzielungsabsicht als allgemeines, alle Einkunftstatbestände betreffendes Tatbestandsmerkmal im Gesetz angelegt. Danach unterliegen Einkünfte, die der Steuerpflichtige erzielt, der Einkommensteuer. Mit dem „Erzielen" stellt das Gesetz für alle Einkunftsarten einen Zusammenhang her zwischen den Einkünften und der Tätigkeit, durch die sie erzielt, d.h. erwirtschaftet werden. Tätigkeit in diesem Sinne ist auch die Vermögensnutzung. Einkünfte werden grundsätzlich durch zielgerichtetes Handeln erwirtschaftet (§2 Abs.1 Satz 1 EStG; BFH, Urteil vom 30.09.1997, IX R 80/94, BStBl. II 1998, 771, 772; vom 14.09.1999, IX R 88/95, BStBl. II 1999, 776, 777 st. Rspr.).

Im Gesetzestext findet sich normalerweise keine ausdrückliche Formulierung der Einkunftserzielungsabsicht. Nur für die Einkunftsart Gewerbebetrieb verlangt das Gesetz eine Gewinnerzielungsabsicht (§15 Abs.2 EStG). Teilweise wird das Institut der Liebhaberei mit dem Anwendungsbereich der Vorschrift des § 12 EStG begründet (BFH, Urteil vom 22.01.1980, VIII R 134/78, BStBl. II 1980, 447, 448).

Zutreffenderweise wird man der Auffassung zuneigen müssen, dass die Nichtsteuerbarkeit liebhaberischer Tätigkeiten letztlich ein Produkt von Richterrecht ist. Geltendes Recht sei es deswegen, weil der Gesetzgeber diese Rechtsprechung nicht korrigiert habe: Der Gesetzgeber hätte nämlich die Ausgrenzung der Liebhabereieinkünfte positiv geregelt, wenn er die richterliche Einengung des Einkünftekatalogs als nicht gesetzmäßig bezweifelt hätte (Lang, StuW 1981, 223, 229).

Im Folgenden wird nun die Kasuistik des Richterrechts zur Liebhaberei anhand typischer Fallgruppen in der Bp exemplarisch dargestellt. Die Rechtsprechung rechtfertigt das Institut der steuerlichen Unbeachtlichkeit von durch Liebhaberei verursachten Verlusten aus dem Zweck des EStG, Mittel für die öffentliche Hand zu beschaffen und dabei den Steuerpflichtigen entsprechend seiner Leistungsfähigkeit heranzuziehen. Dieser Zweck ist nur zu erreichen, wenn auf Dauer gesehen positive Einkünfte für die Besteuerung erfasst werden können. Dass Steuergesetze auch durch nicht an die Leistungsfähigkeit anknüpfende finanzpolitische, volkswirtschaftliche, sozialpolitische, steuertechnische oder andere Erwägungen motiviert sein können, steht dem nicht entgegen. Auch solche Erwägungen sind letztlich von der Absicht auf Einnahmeerzielung durch die öffentliche Hand getragen (BFH, Beschluss vom 25.06.1984, GrS 4/82, BStBl. II 1984, 751, 766; BFH, Urteil vom 25.06.1996, VIII R 28/94, BStBl. II 1997, 202; hierzu Spindler, DB 2007, 185 ff.; Schießl, Steuer und Studium 2007, 529 ff.).

Als weitere These wird vertreten, dass der Grundsatz der Besteuerung nach der wirtschaftlichen Leistungsfähigkeit dazu führt, dass die Liebhaberei als private Einkunftsverwendung zu qualifizieren ist (§ 12 EStG).

Ferner wird die Anwendung der Liebhaberei mit dem Gleichheitsgrundsatz des Grundgesetzes begründet (Art. 3 GG).

Schließlich hat die Rechtsprechung den auch auf den Gleichheitsgrundsatz gegründeten Sinn und Zweck zu verhindern, dass hohe Aufwendungen und damit zusammenhängende Verluste, die bei einer Liebhaberei der privaten Lebensführung anfallen und nur wegen anderer zur Verfügung stehender Geldquellen finanziell verkraftet werden können, über den Verlustausgleich getragen werden (ein Aspekt der Belastungs- und Verteilungsgerechtigkeit; so Leingärtner, FR 1979, 105, 113; Tipke, FR 1983, 580, 581; Weber-Grellet, DStR 1992, 561, 563).

Unstreitig ist, dass die von der Rechtsprechung entwickelten Liebhabereigrundsätze auch unter Hinzuziehung des Einkunftsbegriffs i. S. von § 2 EStG mit dem Rechtsstaatsprinzip konform geht (Art. 20 Abs. 3 GG; BVerfG, Beschluss vom 18.11.1986, 1 BvR 330/86, HFR 1988, 34, 35 zu BFH, Urteil vom 19.11.1985, VIII R 4/83, BStBl. II 1986, 289, 292; BFH, Beschluss vom 24.04.1990, 2 BvR 2/90, HFR 1991, 111).

1 Grundsätze der Liebhaberei

Durch die steuerliche Nichterfassung von Liebhabereieinkünften wird auch die Eigentumsgarantie nicht verletzt, weil das Grundgesetz grundsätzlich nicht gegen die Auferlegung von Geldleistungspflichten schützt (Art. 14 GG; BFH, Urteil vom 25.06.1996, VIII R 28/94, BStBl. II 1997, 202, 206).

Es gehört somit zum „Basis-Know-how" eines Beraters, die steuerlichen Grundsätze der Liebhaberei, wie sie von der Rechtsprechung konzipiert und weiter fortentwickelt werden, zu kennen und sich mit ihnen auch i. r. der Fortbildung auseinanderzusetzen. Die Negierung der Einkunftserzielungsabsicht ist schließlich für die Finanzverwaltung ein scharfes Schwert, simultan pro forma erwirtschaftete Verluste steuerlich zu neutralisieren. Darüber hinaus sind sie für Initiatoren von steuerlichen Verlustzuweisungsmodellen ein Damoklesschwert, welches bei Nichtbeachtung der Liebhabereigrundsätze zu erheblichen zivilrechtlichen Verantwortlichkeiten i. R. der Prospekthaftung etc. führen kann (zu betriebswirtschaftlichen Aspekten der Liebhaberei eingehend Mindermann, NWB 2012, 182 ff.).

Grundlegend sind die Rechtsprechungsgrundsätze des Großen Senats des BFH, der seine bis dahin zwischen subjektiver und objektiver Beurteilung schwankende Rechtsprechung zur Liebhaberei dahingehend präzisiert, dass Kennzeichen der Liebhaberei die fehlende Einkünfteerzielungsabsicht ist, während objektive Kriterien, durch die bisher das Vorliegen oder Fehlen einer Einkünfteerzielung belegt wurde, nunmehr nur noch „Beweisanzeichen" darstellen.

Die nach der bisherigen Rechtsprechung des BFH zur Liebhaberei geltenden Grundsätze haben weiter „dadurch eine neue Perspektive erhalten, dass der Große Senat – im Gegensatz zur bisherigen Rechtsprechung – die Gewinnerzielungsabsicht als Streben nach Betriebsvermögensmehrung in Gestalt eines Totalgewinns, d. h. eines positiven Gesamtergebnisses des Betriebs von der Gründung bis zur Veräußerung, Aufgabe oder Liquidation definiert". Für die Berücksichtigung solcher Verluste genügte „bisher die Feststellung, dass in Zukunft nachhaltige, wenn auch bescheidene Gewinne erwirtschaftet werden können, wobei das Gewicht auf der Nachhaltigkeit der Gewinne, nicht auf ihrer Höhe lag".

Merkmale der neuen Liebhabereirechtsprechung sind:
- Fehlende Einkünfteerzielungsabsicht als Voraussetzung der Liebhaberei, stattdessen Tätigkeit aus persönlichen (nicht wirtschaftlichen) Gründen;
- Einkünfteerzielungsabsicht als Streben nach einem Totalgewinn bzw. Totalüberschuss i. S. der steuerlichen Gewinnermittlungsvorschriften;
- Beurteilung der Einkünfteerzielungsabsicht als inneres Tatbestandsmerkmal anhand äußerer (objektiver) Merkmale (Beweisanzeichen);
- Erforderlichkeit einer in die Zukunft gerichteten und langfristigen Beurteilung für den jeweiligen Veranlagungszeitraum, wofür die Verhältnisse eines bereits abgelaufenen Zeitraums wichtige Anhaltspunkte bieten können.

VII. Liebhaberei im Brennpunkt der Betriebsprüfung

(BFH, Beschluss vom 25.06.1984, GrS 4/82, BStBl. II 1984, 751 ff.; BFH, Urteil vom 21.03.1985, IV R 25/82, BStBl. II 1985, 399, 400; hierzu auch grundlegend Birk, BB 2009, 860 ff. Günther, EStB 2017, 164 ff.; ders., EStB 2017, 202 ff.).

In der o. g. Grundsatzentscheidung des Großen Senats des BFH hat sich dieser den subjektiven Liebhabereibegriff zu eigen gemacht. Der Steuerpflichtige müsse die Absicht haben, auf Dauer gesehen nachhaltig einen Gewinn bzw. einen Überschuss der Einnahmen über die Werbungskosten zu erzielen. Maßgebend sei der sogenannte Totalgewinn, d. h. nicht der Periodenerfolg, sondern das Gesamtergebnis von der Gründung bis zur Veräußerung, Aufgabe oder Liquidation. Allerdings dürfe nur „aus objektiven Umständen ..." auf das Vorliegen oder Fehlen der Absicht geschlossen werden.

Als Beispiel für ein Beweiszeichen nennt der Große Senat eine Betriebsführung, „bei der der Betrieb nach seiner Wesensart und der Art seiner Bewirtschaftung auf die Dauer gesehen dazu geeignet und bestimmt ist, mit Gewinn zu arbeiten." Allein eine längere Verlustperiode erlaube noch nicht den Schluss auf das Fehlen dieser Absicht.

Erzielt der Steuerpflichtige Einkünfte als Gesellschafter einer Personengesellschaft bzw. Gemeinschafter eines wirtschaftlich vergleichbaren Gemeinschaftsverhältnisses, muss die Absicht der Gewinnerzielung bei der Gesellschaft und auf der Ebene des einzelnen Gesellschafters vorliegen (BFH, Urteil vom 07.04.1987, IX R 103/85, BStBl. II 1987, 707, 710; vom 01.12.1987, IX R 170/83, BFHE 152, 101, 107 f.; BFH, Beschluss vom 03.03.1989, IX B 70/88, BFH/NV 1990, 26 f.; vom 03.07.1995 GrS 1/93, BStBl. II 1995, 617, 622).

Im Schrifttum sind die Thesen und Lösungsansätze des Großen Senats weitgehend übernommen worden und haben kaum Widerspruch gefunden (Jäschke, in: Lademann, EStG, § 2 Anm. 194 m. w. N.).

In der Argumentation oben wird von einem zweigliedrigen Tatbestand der Gewinnerzielungsabsicht gesprochen. Liebhaberei setze objektiv **eine negative Totalgewinnprognose** aus der Sicht des Steuerpflichtigen bzw. **langjährige Verluste der Vergangenheit** voraus. Auf der subjektiven Seite ist die Ausübung der Tätigkeit aus **persönlicher Neigung** oder sonstigen einkommensteuerrechtlich unbeachtlichen Motiven der allgemeinen Lebensführung ein Merkmal. Bei einer positiven Ergebnisprognose kommt es also auf die Motive des Steuerpflichtigen nicht an (Weber-Grellet, DStR 1992, 561, 563; ders., in: Schmidt, EStG, 39. Aufl. 2020, § 2 Rdnr. 23; Ismer/Riemer, FR 2011, 455 ff.; Hübner, DStR 2013, 1520 ff.; vgl. aber BFH, Urteil vom 20.09.2012, IV R 43/10, BFH/NV 2013, 408).

Im Rahmen der zweistufigen Prüfung zu der Liebhaberei sind private Motive bei länger anhaltenden Verlusten wie folgt zu berücksichtigen:

Liebhaberei liegt auch dann vor, wenn neben einer negativen Ergebnisprognose die Tätigkeit auf einkommensteuerlich unbeachtlichen Motiven beruht und sich der Steuerpflichtige nicht wie ein Gewerbetreibender verhält. Wohnungsnahe Beschäftigung von Angehörigen und die Möglichkeit der Steuerersparnis durch Verlustverrechnung können als private Motive bei länger anhaltenden Verlusten berücksichtigt werden (BFH, Beschluss vom 07.11.2012 X B 4/12, BFH/NV 2013, 370).

Zu Recht wird kritisiert, dass die Rechtsprechung mit ihrem subjektiven Ansatz den Steuerpflichtigen überfordert. Deutlich wird das im Bereich der Überschusseinkünfte: Es reicht nicht der unbestimmte Wille, sein Vermögen zu mehren.

Vielmehr soll der Steuerpflichtige den endgültigen Entschluss gefasst haben, ohne Berücksichtigung von steuerlichen Effekten (Einkommensteuererstattungen aufgrund von Verlustzuweisungen), ohne Berücksichtigung von (steuerfreien) Veräußerungsgewinnen und nach Ansicht der Rechtsprechung unter „Herausrechnen" von Sonderabschreibungen einen Totalüberschuss oder zumindest langfristig ein positives Ergebnis zu erzielen, wobei sich diese Absicht gerade auf eine Summe von Tätigkeiten beziehen muss, die in ihrer Gesamtheit eine (von Gesetz wegen vorgegebene) Beurteilungseinheit bilden.

2 Fehlende Einkünfteerzielungsabsicht

Die höchstrichterliche Rechtsprechung verlangt Einkünfteerzielungsabsicht als Voraussetzung der Einkommensteuerpflicht und damit auch als Voraussetzung für den Verlustausgleich. Die Absicht der Gewinnerzielung ist eine innere Tatsache. Die Feststellung, dass der Betrieb bei objektiver Beurteilung nicht geeignet war, nachhaltig Gewinne zu erwirtschaften, lässt allerdings nicht den Schluss zu, dass der Kläger in den Streitjahren keine Gewinnerzielungsabsicht hatte. Maßgebend ist immer, wie sich die Verhältnisse aus der Sicht des an objektiven Gegebenheiten orientierten Steuerpflichtigen dargestellt haben (BFH, Urteil vom 19.11.1985, VIII 4/83, BStBl. II 1986, 289, 291; Groh, DB 1984, 2424, 2426; ders. WPg 1984, 655, 658; Woerner, BB 1985, 908).

Die Feststellung, ob der Steuerpflichtige beabsichtigte, langfristig Einkünfte aus einem Immobilienobjekt zu erzielen, hat das FG nach seiner freien, aus dem Gesamtergebnis des Verfahrens gewonnenen Überzeugung zu treffen. Diese Feststellung ist als Frage der Tatsachen- und Beweiswürdigung vom Revisionsgericht nur daraufhin zu prüfen, ob sie gegen Denkgesetze oder allgemeine Erfahrungssätze verstößt. Die Schlussfolgerungen des FG haben schon dann Bestand und sind bindend, wenn sie möglich sind (so klarstellend BFH, Urteil vom 16.02.2016, IX R 28/15, BFH/NV 2016, 1006 mit Anm. Günther, EStB 2016, 219f.).

Die Einkünfteerzielungsabsicht kann von Anfang an fehlen, so wenn der Betrieb nach Art der Betriebsführung des Steuerpflichtigen von vornherein nicht in der Lage war, Gewinn zu erzielen und lediglich aus „privaten Gründen" betrieben wird. Dies hat die Rechtsprechung bei landwirtschaftlichen Betrieben, Gestüten und ähnlichen Betrieben angenommen (BFH, Urteil vom 15.11.1984, IV R 139/81, BStBl. II 1985, 205, 207; Beschluss vom 04.06.2009, IV

B 69/08, BFH/NV 2009, 1644). BFH, Beschluss vom 31.07.2009, IV B 96/08, BFH/NV 2010, 207; BFH, Beschluss vom 10.01.2012, IV B 137/10, BFH/NV 2012, 732; BFH, Beschluss vom 10.05.2012 X B 57/11, BFH/NV 2012, 1307; FG Baden-Württemberg, Urteil vom 23.06.2015, 8 K 1493/13, DStRE 2017, 729 rkr.; zur Segmentierung bei verlustbringender Pferdezucht und gewinnbringender Pferdepension s. FG Köln, Urteil vom 09.09.2010, 10 K 2460/07, EFG 2012, 1621, rkr.; zur Segmentierung verschiedener, wirtschaftlich eigenständiger gewerblicher Betätigungen bei einem Yachtbetrieb, siehe BFH, Urteil vom 23.08.2017, X R 27/16, BFH/NV 2018, 36. Bei einer schriftstellerischen Tätigkeit fehlt die Gewinnerzielungsabsicht dann von vornherein, wenn die Tätigkeit nicht um des Erwerbswillens, sondern allein zwecks Veröffentlichung von Erkenntnissen, Ideen oder Auffassungen betrieben wird. Ansonsten ist Schriftstellern auch dann eine – nicht zu kurz bemessene – Anlaufzeit zuzugestehen, wenn die Tätigkeit nur im Nebenberuf ausgeübt wird (BFH, Beschluss vom 24.08.2012, III B 21/12, BFH/NV 2012, 1973; auf gleicher Linie FG Rheinland-Pfalz, Urteil vom 18.09.2019, 3 K 2083/18 DStRE 2020, 391 rkr.).

Die Gewinnerzielungsabsicht kann aber auch später einsetzen oder wegfallen, Letzteres z. B., wenn ein Gewinn objektiv unmöglich ist, der Betrieb aber aus „privaten Gründen" weitergeführt wird (BFH, Beschluss vom 25.06.1984, GrS 4/82, BStBl. II 1984, 751, 768).

Zur Einkünfterzielungsabsicht im Spannungsfeld zwischen Dogmatik und Praxis instruktiv Falkner, DStR 2010, 788 ff.

Zu Einkünften oder Verlusten aus sog. „Liebhaberei" im Blickwinkel des internationalen Steuerrechts, aus DBA-Ländern oder dem sonstigen Ausland eingehend Dreßler, StBp 2019, 251 ff.

2.1 Persönliche Gründe der Lebensführung

Liebhaberei ist eine Betätigung, die nicht Ausdruck eines wirtschaftlichen, auf Erzielung von Erträgen gerichteten Verhaltens ist, sondern auf privaten Neigungen beruht. Ergibt eine betriebswirtschaftliche Beurteilung, dass das Unternehmen auf absehbare Zeit nicht zur Einkunftserzielung geeignet sei, so muss geprüft werden, ob diese objektiven Feststellungen den Rückschluss auf ein Handeln des Steuerpflichtigen aus persönlichen Motiven zulassen. Persönliche Gründe (Neigungen) sind solche, die typisch der privaten Lebensführung eines Steuerpflichtigen zuzurechnen sind (BFH, Urteil vom 10.12.1959/17.03.1960, IV 193/58 U, BStBl. III 1960, 324).

Im Hobbybereich erlaubt eine objektiv negative Gewinnprognose einen, wenn auch wederlegbaren, Schluss auf das Fehlen der Gewinnerzielungsabsicht. Außerhalb des Hobbybereichs bedarf es zusätzlicher Anhaltspunkte dafür, dass die Verluste aus persönlichen Gründen oder Neigungen hingenommen werden. An deren Feststellung sind keine hohen Anforderungen zu stellen; die Feststellung ist aber nicht gänzlich entbehrlich (BFH, Urteil vom 23.08.2017, X R 27/16, BFH/NV 2018, 36).

2 Fehlende Einkünfteerzielungsabsicht

Nach der Systematik des Einkommensteuergesetzes stellt sich die Frage der Einkünfteerzielungsabsicht als subjektives Tatbestandsmerkmal erst, nachdem eine auf Einkünfteerzielung gerichtete Tätigkeit als objektiver Tatbestand festgestellt wurde (BFH, Beschluss vom 10.06.2010, IX B 233/09, BFH/NV 2010, 1824).

Zur persönlichen Lebensführung in diesem Sinne gehören in erster Linie die Erholung und Freizeitgestaltung. Die Rechtsprechung hat typische Fälle privater Lebensführung bei bestimmten so genannten Hobbybetrieben angenommen:

- Land- und Forstwirtschaft: Gestüt, Forstbetrieb unterhalb einer Mindestgröße;
- Gewerbebetrieb: Traberzucht, Vollblutzucht, Reitschule, Motorbootvercharterung, Einfeld-Tennishalle;
- selbstständige Tätigkeit aus privaten Motiven ohne Gewinnerzielungsabsicht bei künstlerischen, schriftstellerischen und wissenschaftlichen Tätigkeiten.

Bei der Einkunftsart **Vermietung und Verpachtung** gelten besondere Grundsätze (dazu noch später). Bei dieser Einkunftsart kann insbesondere im Falle der klassischen Fremdvermietung stets die Überschusserzielungsabsicht unterstellt werden.

Persönliche Gründe i.S. der Rechtsprechung sind darüber hinaus aber „alle einkommensteuerlich unbeachtlichen Motive"; eine einkommensteuerlich unbeachtliche Tätigkeit setzt nicht voraus, dass sie der persönlichen Lebenshaltung in Form von Erholung und Freizeitgestaltung dient.

Als solche Motive kommen in Betracht:

- dass die Tätigkeit allein darauf angelegt ist, Steuervorteile dergestalt zu erzielen, dass durch die Geltendmachung von Verlusten andere an sich zu versteuernde Einkünfte nicht versteuert werden müssen (z.B. Mietkaufmodell),
- dass ein verlustbringender Betrieb weitergeführt wird, nur um ihn in der Familie zu erhalten (problematisch),
- dass ein verlustbringender Betrieb weitergeführt wird, um Arbeitsplätze zu erhalten (zweifelhaft).

Die Absicht, die Weinbautradition der Familie fortzuführen, ist ein persönliches Motiv, das die fehlende Gewinnerzielungsabsicht bei der Führung eines land- und forstwirtschaftlichen Betriebs mit langjährigen Verlusten indiziert. Stehen einem Steuerpflichtigen anderweitige hohe positive Einkünfte zur Verfügung, die ihn in die Lage versetzen, einen land- und forstwirtschaftlichen Betrieb trotz andauernder hoher Verluste über einen längeren Zeitraum zu führen, so bringt dies regelmäßig eine vom wirtschaftlichen Erfolg unabhängige persönliche Passion einer gehobenen Lebenshaltung zum Ausdruck. Dass der Betrieb der Lebensführung in Form von Erholung und Freizeitgestaltung dient, ist nicht erforderlich (BFH, Beschluss vom 14.07.2003, IV B 81/01, BStBl. II 2003, 804; zur Liebhaberei beim Kauf und Verkauf von Wein siehe BFH, Urteil vom 27.05.2009, X R 62/06, BFH/NV 2009, 1793).

Bei einem Forstbetrieb, insbesondere einem sog. aussetzenden Betrieb, ist die Totalgewinnprognose objektbezogen, d.h. generationenübergreifend über den Zeitraum der durchschnittlichen oder bei Erwerb bereits hergestellter Baumbestände verbleibenden Umtriebszeit des darin vorherrschenden Baumbestands zu ermitteln. Ein Steuerpflichtiger, der durch den Erwerb eines Waldgrundstücks von knapp 5 ha einen Forstbetrieb begründet und diesen durch Hinzuerwerbe auf ca. 7,5 ha erweitert, kann sich regelmäßig auch dann nicht auf Liebhaberei berufen, wenn er ansonsten keine Land- und Forstwirtschaft betreibt, er in der Zeit zwischen Erwerb und Veräußerung weder Bewirtschaftungsmaßnahmen durchführt noch Holzeinschläge vornimmt und die auf die verbleibende Umtriebszeit verteilten jährlichen Gewinne 500 € nicht übersteigen (BFH, Urteil vom 09.03.2017, VI R 86/14, BFH/NV 2017, 1226; zur Problematik der generationenübergreifenden Betrachtungsweise siehe Stöber, FR 2017, 801 ff.). Bei seit Generationen in Familienbesitz befindlichem Forstbetrieb ist die Gewinnerzielungsabsicht anhand objektbezogener Kriterien zu prüfen (hierzu FG München, Urteil vom 15.12.2014, 7 K 2242/12, EFG 2015, 376, rkr.).

Eine generationenübergreifende Totalgewinnprognose unter Einbeziehung des unentgeltlichen Rechtsnachfolgers kommt bei einem Landwirtschaftsbetrieb in Betracht, wenn der aktuell zu beurteilende Steuerpflichtige infolge umfangreicher Investitionen die wirtschaftliche Grundlage des späteren Erfolgs in Form von positiven Einkünften bei seinem unentgeltlichen Rechtsnachfolger gelegt hat. Dies gilt zugleich betriebsübergreifend auch dann, wenn der Landwirtschaftsbetrieb zunächst unter Nießbrauchsvorbehalt an die nächste Generation übertragen wird. Die Totalgewinnprognose ist dann ungeachtet der Entstehung zweier landwirtschaftlicher Betriebe für einen fiktiven konsolidierten Landwirtschaftsbetrieb zu erstellen (BFH, Urteil vom 23.10.2018, VI R 5/17, BStBl. II 2019, 601, EStB 2019, mit Anm. Weiss im Anschluss an BFH, Urteil vom 07.04.2016, IV R 38/13, BStBl. II 2016, 65).

Eine Einkünfteerzielungsabsicht bei von vornherein geplanter Betriebsübertragung der Einkunftsquelle auf Rechtsnachfolger entfällt dann, wenn der Rechtsnachfolger in einem niedrig besteuerten Ausland ansässig ist. Nach den Grundsätzen der Individualbesteuerung hat sich die Überschussprognose auch bei unentgeltlicher Übertragung einer Einkunftsquelle (hier: Kapitalanlage) regelmäßig an der Nutzung des Vermögensgegenstands durch den Steuerpflichtigen zu orientieren. Nur ausnahmsweise kann auch die Nutzung durch einen (unentgeltlichen) Rechtsnachfolger berücksichtigt werden. Eine solche Ausnahmekonstellation liegt nicht vor, wenn bereits bei Eingehung des Investments geplant ist, die Einkunftsquelle vor dem Eintreten positiver Einkünfte unentgeltlich auf einen im niedrig besteuerten Ausland ansässigen Rechtsnachfolger zu übertragen (vgl. BFH, Beschluss vom 18.04.2018, I R 2/16, BStBl. II 2018, 567 mit Anmerkung Weiss, IWB 2018, 665 ff.).

2 Fehlende Einkünfteerzielungsabsicht

Langjährige Verluste eines selbständig tätigen Rechtsanwalts, dessen Einnahmen ohne plausible Gründe auf niedrigstem Niveau stagnieren und der seinen Lebensunterhalt aus erheblichen anderweitigen Einkünften bestreitet, sprechen regelmäßig dafür, dass er seine Tätigkeit nur aus persönlichen Gründen fortführt (BFH, Urteil vom 14.12.2004, XI R 6/02, BStBl II 2005, 392; BFH, Beschluss vom 25.05.2012, III B 233/11, BFH/NV 2012, 1453; BFH, Beschluss vom 13.05.2013, VIII B 162/11, BFH/NV 2013, 1235; BFH, Beschluss vom 18.04.2013, VIII B 135/12, BFH/NV 2013, 1556; BFH, Beschluss vom 03.02.2015, III B 37/14, BFH/NV 2015, 857, mit Anm. Günther, EStB 2015, 168, hierzu eingehend Ritzrow, EStB 2015, 448 ff.; FG Münster, Urteil vom 14.12.2011, 7 K 3913/09 E, 7 K 1731/10 E, 7 K 2134/11 E, EFG 2012, 919; FG Münster, Urteil vom 25.04.2012, 11 K 1021/10 E, EFG 2012, 1842, rkr.; FG Köln, Urteil vom 13.06.2012, 5 K 3525/10, EFG 2013, 212, rkr.). Eine fortbestehende Lehrbefähigung eines emeritierten Hochschulprofessors ist kein Indiz dafür, dass dieser im Rahmen einer nach der Pensionierung ausgeübten selbständigen Tätigkeit eine Gewinnerzielungsabsicht hat (FG Köln, Urteil vom 13.06.2012, 5 K 3525/10, EFG 2013, 212, rkr.; BFH, Beschluss vom 19.10.2007, XI B 86/07, BFH/NV 2008, 213). Zur Gewinnerzielungsabsicht eines Gemeinderatmitglieds siehe BFH, Beschluss vom 13.06.2013, III B 156/12, BFH/NV 2013, 1428; Zur Gewinnerzielungsabsicht einer Tierärztin siehe BFH, Beschluss vom 04.07.2013, III B 69/12, BFH/NV 2013, 1573; siehe FG Düsseldorf, Urteil vom 12.03.2014, 7 K 2815/13 E, EFG 2014, 992, rkr. betr. Pferdezucht als Liebhaberei; zu Verlusten aus der Tätigkeit als Hobbyautor siehe FG Rheinland-Pfalz, Urteil vom 14.08.2013, 2 K 1409/12, DStRE 2014, 1296, rkr.; zur Gewinnerzielungsabsicht eines selbständig bildenden Künstlers Thüringer FG, Urteil vom 21.11.2013, 2 K 728/11, EFG 2014, 264, rkr., mit Anmerkung Bauhaus; zu Beweisanzeichen für das Fehlen der Einkünfteerzielungsabsicht bei nebenberuflich tätigen Psychotherapeuten FG München, Urteil vom 22.01.2014, 5 K 618/12, DStRE 2015, 706 rkr.; zur Einkünfteerzielungsabsicht bei Amway-Tätigkeit FG Sachsen-Anhalt, Urteil vom 13.05.2014, 5 K 893/09, EFG 2014, 1955, rkr.; zur Liebhaberei bei Pflanzenschutzbetrieb FG Köln, Urteil vom 03.09.2014, 2 K 2875/09, EFG 2014, 2120, rkr.; zur Gewinnerzielungsabsicht bei Beteiligung an einer GmbH FG Düsseldorf, Urteil vom 07.07.2015, 10 K 546/12 E, EFG 2015, 1608, rkr., mit Anmerkung Pfützenreuter; zur fehlenden Gewinnerzielungsabsicht bei einem Heilpraktiker siehe FG Köln, Urteil vom 20.08.2015, 11 K 2921/14, EFG 2015, 1937 rkr.); zur Überschusserzielungsabsicht bei Behandlung der während der Investitionsphase anfallenden Aufwendungen als Anschaffungskosten der Beteiligungen siehe FG Hamburg, Urteil vom 08.12.2015, 6 K 184/12, EFG 2016, 367 mit Anmerkung Müller-Horn, zwischenzeitlich rkr.; zur Einkünfteerzielungsabsicht des unentgeltlichen Erwerbers von Anteilen i.S.v. § 17 Abs.1 EStG siehe FG Hamburg, Urteil vom 25.11.2015, 2 K 258/14, BB 2016, 1123; zu Kosten einer Lehrerin für die Teilnahme an einer Kunstausstellung als Werbungskosten vs. Liebhaberei siehe FG Baden-Württemberg, Urteil vom 19.02.2016, 13 K 2981/13, EFG 2016, 627 mit Anmerkung Hör, zwischenzeitlich rkr.; anzuerkennende Gewinnerzielungsabsicht eines nebenberuflich von einem Arbeitnehmer betriebenen Dachdeckerbetriebs trotz langjähriger Anlaufverluste siehe FG Berlin-Brandenburg, Urteil vom 19.12.2016, 9 K 9193/15, DStRE 2017, 1473]; zum Kutschunternehmen als Liebhabereibetrieb vgl. FG Nürnberg, Urteil vom 14.11.2018, 5 K 732/17, EFG 2019, 95 mit Anmerkung Schmidt – vorläufig nicht rechtskräftig; zur Annahme einer Liebhaberei bei Anmietung einer als Homeoffice genutzten Wohnung des Arbeitnehmers durch den Arbeitgeber siehe FG Köln, Urteil vom 01.09.2020, 5 K 2225/18 DStZ 2020, 729).

Besonders schwierig gestaltet sich die Dokumentation der Gewinnerzielungsabsicht im Rahmen von **künstlerischen Tätigkeiten**, da die Einschätzung des Kunstmarktes besonders schwierig ist. Ob ein Künstler mit seiner Kunst erwerbswirtschaftlichen Erfolg hat oder nicht, stellt sich häufig erst nach vielen Jahren, teilweise sogar erst posthum heraus. Gerade bei Künstlern hat die negative Totalüberschussprognose daher regelmäßig nur eine geringe Aussagekraft. Denn hier sind nur eine planmäßige Betriebsführung, Marktpreise oder eine nachprüfbare Kalkulation nicht wesensmäßig. Verluste können ebenso gut Ausdruck eines zurzeit zurückhaltenden Kunstmarkts sein (hierzu differenzierend Gommers, DB 2019, 270 ff.).

Auch ein Reitstall kann mit Gewinnerzielungsabsicht geführt werden, wenn hohe Einnahmen erzielt werden und diese übersteigende Aufwendungen nicht nachgewiesen werden (Niedersächsisches FG, Urteil vom 14.05.2009, 11 K 556/07, EFG 2010, 1016 rkr.; zur Einkünfteerzielungsabsicht der Erben bei verpachtetem Reithallenbetrieb während mehrjährig angeordneter Nachlasspflicht siehe Niedersächsisches FG, Urteil vom 27.03.2009, 1 K 11543/05, DStRE 2010, 1045 zwischenzeitlich rkr.).

Es ist nicht zu beanstanden, wenn das Finanzgericht das Fehlen einer Gewinnerzielungsabsicht u. a. damit begründet, dass die Tierzucht auf der schmalen Basis von nur wenigen Zuchttieren erfolgt sei (BFH, Beschluss vom 16.06.2010, X B 214/09, BFH/NV 2010, 1811).

Erzielt eine Steuerberaterin über einen Zeitraum von neun Jahren ausschließlich Verluste, ohne dass sie Maßnahmen ergreift, die erkennen lassen, dass in Zukunft Gewinne anfallen könnten, so ist von einer fehlenden Gewinnerzielungsabsicht auszugehen. Dies gilt jedenfalls, wenn die Beraterin jährlich lediglich Umsätze im niedrigen vierstelligen Bereich erzielt. Hier ist anzunehmen, dass die Verluste aus außerbetrieblichen Gründen toleriert werden (FG Köln, Urteil vom 19.05.2010, 10 K 3679/08, EFG 2010, 1411 = DStRE 2010, 1298 rkr. mit Anm. Wüllenkemper).

Im Schrifttum sind fallbezogene Anwendungsfragendes Rechtsinstituts der Liebhaberei bei **vermögenden Privatpersonen** anhand der einschlägigen Rechtsprechung eingehend analysiert worden (s. Kraft/Schaz, DStR 2016, 2936 ff.).

Allein die Möglichkeit, einen Rentenversicherungsvertrag innerhalb der ersten Jahre seiner Laufzeit zu kündigen, lässt nicht auf Kündigungsabsicht und fehlende Einkünfteerzielungsabsicht schließen (BFH, Urteil vom 19.01.2010, X R 2/07, BFH/NV 2010, 1251).

Typische *Anlaufverluste* können bei objektiv aussichtslosen Geschäftsmodellen steuerlich nicht geltend gemacht werden (vgl. FG Baden-Württemberg, Urteil vom 23.06.2015, 8 K 1493/13, EFG 2016, 276 rkr. mit Anm. Hoffmann).

Der Steuerpflichtige muss somit Wert darauflegen, dass bei dem Betreiben von „langjährigen Verlustbetrieben" betriebswirtschaftliche Maßstäbe angelegt werden und notfalls Umstrukturierungsmaßnahmen erfolgen müssen. Werden ansonsten lange Verlustphasen toleriert und stehen positive Einkunftsquellen zur Verfügung, um aus Prestigegründen die verlustträchtigen unternehmerischen Aktivitäten fortzuführen, so führt dies zur Annahme der Liebhaberei.

2.2 Von Beginn an ausschließlich persönliche Gründe (Wechsel zwischen Einkunftserzielungsabsicht und persönlichen Gründen)

Von Beginn an liegen ausschließlich persönliche Gründe vor, wenn eine Tätigkeit oder Vermögensnutzung von vornherein nicht des Erwerbs wegen, sondern zur Befriedigung persönlicher Neigungen betrieben wird. Dabei sind folgende Fälle beispielhaft:

- Ein land- und forstwirtschaftlicher Betrieb wird objektiv erkennbar von vornherein nur aus „Passion", nicht nach betriebswirtschaftlichen Grundsätzen betrieben.
- Einem Schriftsteller geht es nur darum, dass seine Werke überhaupt veröffentlicht werden, und zwar um jeden Preis.
- Bei Mietkaufmodellen oder Fällen mit Rückkaufgarantie kann die Einkünfteerzielungsabsicht von vornherein fehlen, wenn sich aus den Vertragsbestimmungen ergibt, dass eine nachhaltige Erzielung positiver Einkünfte nicht möglich bzw. nicht beabsichtigt ist.

Eine andere Sachlage liegt vor, wenn Steuerpflichtige mit Änderungs- bzw. **Restrukturierungsmaßnahmen** als Maßnahmen auf dauernde Verluste reagiert. Stellt der Steuerpflichtige fest, dass seine Prognosen über Umsatz- und Kostenentwicklung nicht zutreffend sind, so dass ein Totalgewinn bzw. ein Überschuss nicht mehr erzielbar ist, so hat er verschiedene Möglichkeiten, den Übergang zur Liebhaberei zu vermeiden.

Er kann

- umsatzsteigernde und/oder kostensenkende (Rationalisierungs-)Maßnahmen ergreifen,
- die Bewirtschaftungsform ändern,
- einen weiteren ertragsbringenden Betriebszweig eröffnen (z.B. Kombination einer bestehenden extensiven mit einer neu aufgenommenen intensiven Bewirtschaftungsform, etwa einem zeitweise leerstehenden Wirtschaftsgebäude) oder
- den Betrieb verpachten oder den Betrieb aufgeben.

VII. Liebhaberei im Brennpunkt der Betriebsprüfung

Setzt der Stpfl. hingegen den Betrieb unverändert fort, so kann darin ein Tätigwerden aus privaten Gründen der Lebensführung liegen, z. B. weil er die Verluste des privaten Erholungswerts in Kauf nimmt oder den Betrieb für seine Familie erhalten will. Hierzu hat die Rechtsprechung in folgenden Entscheidungen Feststellungen getroffen (BFH, Urteil vom 21.07.2004, X R 33/03, BStBl. II 2004, 1063; BFH, Urteil vom 12.05.2011, IV R 36/09, BFH/NV 2011, 2092; BFH, Beschluss vom 20.07.2011, X B 159/10, BFH/NV 2011, 1865; FG Baden-Württemberg, Urteil vom 18.03.2008, 4 K 111/06, EFG 2008, 1118, rkr.; FG Münster, Urteil vom 18.10.2011, 1 K 4894/08 E, EFG 2012, 913, rkr.): Trotz langjähriger Verluste kann die Vornahme geeigneter Umstrukturierungsmaßnahmen ein gewichtiges Indiz für das Vorhandensein einer Gewinnerzielungsabsicht darstellen. Diese Maßnahmen sind als geeignet anzusehen, wenn nach dem damaligen Erkenntnishorizont aus der Sicht eines wirtschaftlich vernünftig denkenden Betriebsinhabers eine hinreichende Wahrscheinlichkeit dafür bestand, dass sie innerhalb eines überschaubaren Zeitraums zum Erreichen der Gewinnzone führen würden. Eine hauptsächlich in einer Kostensenkung bestehende Umstrukturierung ist auch dann als geeignete Maßnahme anzusehen, wenn sie nur bei Außerachtlassung der Zinsen auf Verbindlichkeiten aus früheren Fehlmaßnahmen zu künftig positiven Ergebnissen führt (BFH, Urteil vom 21.07.2004, X R 33/03, BStBl. II 2004, 1063; BFH, Urteil vom 12.05.2011, IV R 36/09, BFH/NV 2011, 2092; BFH, Beschluss vom 20.07.2011, X B 159/10, BFH/NV 2011, 1865; FG Baden-Württemberg, Urteil vom 18.03.2008, 4 K 11/06, EFG 2008, 1118, rkr.; FG Münster, Urteil vom 18.10.2011, 1 K 4894/08 E, EFG 2012, 913, rkr.).

Umstrukturierungsmaßnahmen sind als geeignet anzusehen – und können daher trotz tatsächlich erzielter Verluste den Schluss auf das Vorliegen von Einkunftserzielungsabsicht zulassen –, wenn nach dem damaligen Erkenntnishorizont aus der Sicht eines wirtschaftlich vernünftigen Gewerbetreibenden eine hinreichende Wahrscheinlichkeit dafür bestand, dass die Maßnahmen innerhalb eines überschaubaren Zeitraums zum Erreichen der Gewinnzone führen würden (BFH, Urteil vom 04.03.2016, X B 188/15, BFH/NV 2016, 1036).

Die für die steuerliche Berücksichtigung von Verlusten erforderliche Gewinnerzielungsabsicht ist bei verschiedenen, wirtschaftlich eigenständigen oder nach der Verkehrsauffassung trennbaren Betätigungen eines Arztes nicht einheitlich für die gesamte Tätigkeit, sondern gesondert für die jeweilige Betätigung zu prüfen (sog. Segmentierung). Ein wichtiges Merkmal bei der Feststellung der Gewinnerzielungsabsicht ist, wie der Steuerpflichtige auf eine längere Verlustperiode reagiert, ob er unverändert das verlustbringende Geschäftskonzept beibehält oder Umstrukturierungsmaßnahmen ergreift oder sich um eine Beendigung bemüht (BFH, Urteil vom 15.11.2006, XI R 58/04, BFH/NV 2007, 434).

Nach ständiger Rechtsprechung des BFH sind auch Anlaufverluste dann steuerrechtlich nicht anzuerkennen, wenn aufgrund der bekannten Entwicklung des Betriebs eindeutig feststeht, dass dieser von vornherein nicht in der Lage gewe-

2 Fehlende Einkünfteerzielungsabsicht

sen ist, nachhaltig Gewinne zu erzielen und deshalb nach objektiver Beurteilung von Anfang an keine Einkunftsquelle im Sinne des Einkommensteuerrechts darstellt (BFH, Beschluss vom 01.12.2006, VIII B 2/06, BFH/NV 2007, 450; BFH, Urteil vom 23.05.2007, X R 33/04, BStBl. II 2007, 874; BFH, Beschluss vom 05.03.2013, X B 98/11 BFH/NV 2013, 924; BFH, Beschluss vom 10.04.2013, X B 106/12, BFH/NV 2013, 1090).

Beruht die Entscheidung zur Neugründung eines Gewerbebetriebs im Wesentlichen auf den persönlichen Interessen und Neigungen des Steuerpflichtigen, so sind die entstehenden Verluste nur dann für die Dauer einer betriebsspezifischen Anlaufphase steuerlich zu berücksichtigen, wenn der Steuerpflichtige zu Beginn seiner Tätigkeit ein schlüssiges Betriebskonzept erstellt hat, das ihn zu der Annahme veranlassen durfte, durch die gewerbliche Tätigkeit werde er insgesamt ein positives Gesamtergebnis erzielen können. Als betriebsspezifische Anlaufzeit bis zum Erforderlichwerden größerer Korrektur- und Umstrukturierungsmaßnahmen wird ein Zeitraum von weniger als fünf Jahren nur im Ausnahmefall in Betracht kommen (BFH, Urteil vom 23.05.2007, X R 33/04, BStBl. II 2007, 874, Beschluss vom 07.12.2006, VIII B 48/05, BFH/NV 2007, 712, 714 mit Anm. Rätke, StuB 2008, 30 ff und Kanzler, FR 2008, 81, 85).

Fehlende Reaktionen auf bereits eingetretene hohe Verluste und das unveränderte Beibehalten eines verlustbringenden Geschäftskonzepts sind ein gewichtiges Beweisanzeichen für eine fehlende Gewinnerzielungsabsicht. An die Feststellung persönlicher Gründe und Motive, die den Steuerpflichtigen zur Weiterführung seines Unternehmens bewogen haben könnten, sind in diesen Fällen keine hohen Anforderungen zu stellen (BFH, Urteil vom 17.11.2004, X R 62/01, BStBl. II 2005, 336; BFH, Urteil vom 29.03.2007, IV R 6/05, BFH/NV 2007, 1492; Urteil vom 19.03.2009, IV R 40/06, BFH/NV 2009, 1115; Beschluss vom 04.06.2009, IV B 69/08, BFH/NV 2009, 1644).

In die Totalgewinnprognose sind Gewinne und Verluste eines Unternehmens von der Gründung bis zur Betriebsveräußerung einzubeziehen. Das Streben nach einem finanzwirtschaftlichen Überschuss (Cash-Flow) reicht ebenso wenig, wie das Streben nach Kostendeckung aus, eine Gewinnerzielungsabsicht zu begründen. Betriebswirtschaftliche Grundsätze einer gewinnorientierten Unternehmensführung können schon deshalb bei der Frage, ob ein Unternehmen mit Gewinnerzielungsabsicht geführt wird, nicht übernommen werden, weil steuerlich die Aufwendungen der Vergangenheit nicht irrelevant sind. Über die Abschreibungen haben sie vielmehr Auswirkungen auch auf steuerliche Gewinne zukünftiger Veranlagungszeiträume. Fehlende Reaktionen auf bereits eingetretene hohe Verluste und das unveränderte Beibehalten eines verlustbringenden Geschäftskonzepts sind gewichtige Beweisanzeichen für eine fehlende Gewinnerzielungsabsicht. An die Feststellung persönlicher Gründe und Motive, die den Steuerpflichtigen zur Weiterführung seines Unternehmens bewogen haben könnten, sind in diesen Fällen keine hohen Anforderungen zu stellen (BFH, Beschluss vom 24.09.2008, X B 86/07, BFH/NV 2009, 18).

VII. Liebhaberei im Brennpunkt der Betriebsprüfung

Bei der Vermietung oder Verpachtung von Gewerbeimmobilien ist die Einkünfteerzielungsabsicht stets im Einzelfall festzustellen. Gewerbeimmobilie in diesem Sinne ist auch ein aus landwirtschaftlichen Grundstücksflächen und Gebäuden bestehendes Anwesen, das für den Betrieb einer Pferdepensionshaltung und Pferdezucht zu dienen bestimmt ist (BFH, Urteil vom 16.09.2015, IX R 31/14, BFH/NV 2016, 188; hierzu Paus, FR 2016, 212 ff.).

Eine mit Einkünfteerzielungsabsicht unternommene Tätigkeit setzt auch bei Prüfung der gewerblichen Prägung (§ 15 Abs. 3 Nr. 2 EStG) die Absicht zur Erzielung eines Totalgewinns (einer Betriebsvermögensmehrung) einschließlich etwaiger steuerpflichtiger Veräußerungs- oder Aufgabegewinne voraus. Hieran fehlt es, wenn in der Zeit, in der die rechtsformabhängigen Merkmale der gewerblichen Prägung erfüllt sind, lediglich Vorlaufverluste erzielt werden (BFH, Urteil vom 25.09.2008, IV R 80/05, BStBl. II 2009, 266). Zur außergewöhnlichen Fallgestaltung betreffend Verluste beim **gewerblichen Grundstückshandel** hat der BFH wie folgt Stellung genommen: Trotz der bei Erwerb gegebenen Absicht, die Grundstücke mit Gewinn zu veräußern, kann die für einen gewerblichen Grundstückshandel erforderliche Gewinnerzielungsabsicht fehlen. War bei Grundstücksverkäufen von Beginn an erkennbar, dass nur Verluste erlitten werden, ist die Tätigkeit dem Privatbereich zuzuordnen (BFH, Urteil vom 27.05.2009, X R 39/06, BFH/NV 2009, 1790; vgl. a. BFH, Beschluss vom 05.03.2013, X B 121/11, BFH/NV 2013, 1083).

Dies bedeutet, dass bei „verlustträchtigen unternehmerischen Aktivitäten" – insbesondere in der Anlaufphase bei neuen Betrieben mittels eines zeitnah (und nicht erst in der Bp) zu erstellenden Businessplans dokumentiert werden sollte, aufgrund welcher Annahmen in absehbarer Zeit ein Totalgewinn (nach Überwindung der verlustträchtigen Anlaufphase) erwirtschaftet werden wird.

Setzt sich die Verlustphase wider Erwarten fort (beispielsweise wegen härterer Wettbewerbssituation, Erlöseinbrüchen, nicht vorhersehbarem Kostenanstiegs etc.), so sind umgehend entsprechende o. g. Restrukturierungsmaßnahmen zu prüfen und möglichst unverzüglich umzusetzen, um sich nicht dem steuerlichen Verdacht der Liebhaberei in der Bp auszusetzen.

Es gibt aber auch die umgekehrte Konstellation, dass bei einem Wechsel von persönlichen Gründen eine Einkunftserzielungsabsicht ab einem bestimmten Veranlagungszeitraum angenommen werden kann. Der Steuerpflichtige muss dann aber anhand objektiver Beweisanzeichen dokumentieren können, dass er künftig mit Gewinnerzielungsabsicht tätig wird. Geeignet ist dafür vor allem der Nachweis einer „planvoll marktorientierten Betriebsführung, die nach betriebswirtschaftlichen Gesichtspunkten orientiert ist" (Hessisches FG, Urteil vom 09.12.1986, VIII 228/80, EFG 1987, 303 rkr. betreffend Übergang von musikelektronischem Basteln als Hobby zu einem gewerblichen Tonstudio mit Herstellung und Vertrieb elektronischer Spezialgeräte; siehe auch Ritzrow, Steuer & Studium 2013, 703, 708).

2 Fehlende Einkünfteerzielungsabsicht

Auch nach Aufgabe der Einkünfteerzielungsabsicht können vorab entstandene vergebliche Werbungskosten abziehbar sein, wenn der Steuerpflichtige sie tätigt und sich aus einer gescheiterten Investition zu lösen, um so die Höhe der vergeblich aufgewendeten Kosten klar zu begrenzen. Der durch die Absicht der Einkünfteerzielung gerundete Veranlassungszusammenhang wirkt fort, solange er nicht durch eine der privaten Vermögenssphäre zuzuweisende neue Veranlassung überlagert wird (BFH, Urteil vom 15.11.2005, IX R 3/04, BStBl. II 2006, 258).

Zur vorläufigen Verlustberücksichtigung bei unklarer Gewinnerzielungsabsicht ist folgendes Judikat ergangen:

Das Finanzamt muss unter Berücksichtigung des Prinzips der Abschnittsbesteuerung in jedem Veranlagungszeitraum erneut die Entscheidung treffen, ob im Rahmen einer vorläufigen Steuerfestsetzung die ungewissen Besteuerungsgrundlage einzubeziehen oder auszuklammern sind. Das Finanzamt kann im Rahmen einer vorläufigen Steuerfestsetzung die Verluste aus einer Pferdepension und Pferdezucht nicht berücksichtigen, wenn im Zeitpunkt der Ermessensentscheidung eine endgültige Nichtberücksichtigung der Verluste wahrscheinlich ist. Das gilt auch dann, wenn es in den Vorjahren die bisher erklärten Verluste in den ersten Jahren endgültig und später dann vorläufig bei der Steuerfestsetzung berücksichtigt hat (FG des Landes Berlin-Brandenburg, Urteil vom 19.11.2005, 6 K 356/03, DStRE 2006, 1170; die eingelegte Nichtzulassungsbeschwerde wurde mit BFH-Beschluss vom 07.09.2006, IV B 13/05, BFH/NV 2007, 27 verworfen).

Die Ungewissheit i. S. von § 165 AO i. V. m. § 171 Abs. 8 AO, ob ein Steuerpflichtiger mit Einkünfteerzielungsabsicht tätig geworden ist oder ob Liebhaberei vorliegt, ist beseitigt, wenn die für die Beurteilung der Einkünfteerzielungsabsicht maßgeblichen Hilfstatsachen festgestellt werden können und das FA davon positive Kenntnis hat (BFH, Urteil vom 04.09.2008, IV R 1/07, BStBl. II 2009, 335 = BB 2009, 481, 482 ff. mit Anm. Seßinghaus). Zu den Voraussetzungen, unter denen es für die Beurteilung der Einkünfteerzielungsabsicht und die Zurechnung der Einkünfteerzielung auf die Person des Vertretenen und nicht auf die Person des gesetzlichen Vertreters ankommt, hat die höchstrichterliche Rechtsprechung Stellung genommen (siehe BFH, Urteil vom 29.05.2008, IX R 46/06, BFH/NV 2007, 1479).

Der Erwerb eines bislang gepachteten Grundstücks führt bei einem Gewerbebetrieb, bei dem die Einkünfteerzielungsabsicht fraglich ist, nicht zur Beseitigung der Ungewissheit, wenn lediglich eine Umstrukturierungsmaßnahme zu sehen ist (BFH, Urteil vom 21.08.2013, X R 20/10, BFH/NV 2014, 524).

2.3 Feststellungslast

Nach allgemeiner Meinung trägt die objektive Beweislast (Feststellungslast) für die Steuerbarkeit einer Tätigkeit und damit für das Vorliegen der Einkunftserzielungsabsicht derjenige, der sich zur Ableitung von Rechtsfolgen auf das

Vorhandensein eines Gewerbebetriebs bzw. allgemein einer steuerbaren Tätigkeit beruft (BFH, Urteil vom 19.11.1985, VIII R 4/83, BStBl. II 1986, 289; vom 12.12.1995 VIII R 59/92, BStBl. II 1996, 219, 224; vgl. a. BFH, Beschluss vom 23.01.2013, X B 84/12, BFH/NV 2013, 771; Musil, in Hermann/Heuer/Raupach, EStG, § 2 Rdnr. 412; Blümich/Ratschow, EStG, § 2 Rdnr. 132). Wenn der Steuerpflichtige also Verluste aus einer bestimmten Einkunftsart steuerlich berücksichtigen will, liegt die Feststellungslast für das Vorhandensein der Einkunftserzielungsabsicht bei ihm. Die o. g. Kriterien sind also vom Steuerpflichtigen am besten anhand eines vorher erstellten Businessplans zu dokumentieren und durch weitere flankierende Angaben i. R. der Bp oder i. R. eines Finanzgerichtsprozesses glaubhaft zu machen.

Bei der Prüfung der Einkünfteerzielungsabsicht können aufhellend auch Umstände in den Folgejahren zu berücksichtigen sein (BFH, Beschluss vom 04.11.2009, IX B 166/09, BFH/NV 2010, 234; zu prozessualen Problemen bei der Beweiserhebung in den Fällen der Liebhaberei siehe BFH, Beschluss vom 18.11.2013, III B 45/12, BFH/NV 2014, 342).

Die Änderung eines Steuerbescheids gem. § 173 Abs. 1 Nr. 1 AO setzt voraus, dass dem FA eine bereits vorhandene Tatsache erst nachträglich bekannt wird. Soweit allerdings Hilfstatsachen, die den Schluss auf eine innere Haupttatsache (hier die Einkünfteerzielungsabsicht) zulassen, betroffen sind, kommt es nicht auf den Zeitpunkt der Entstehung der Tatsache, sondern allein auf das Bekanntwerden nach Erlass des Steuerbescheids an (Niedersächsisches FG, Urteil vom 25.02.2020 9 K 112/18 EFG 2020, 1077, 1083 f. mit Anm. Tiedchen, vorläufig nicht rkr.). Im Schrifttum ist anhand eines Fallbeispiels dargelegt worden, dass das verspätete Handeln der Finanzverwaltung einer Änderung von Steuerbescheiden entgegenstehen kann (so Hage/Hoffmann, Stbg 2020, 169).

3 Totalgewinn

Einkunftserzielungsabsicht ist nach der neuen BFH-Rechtsprechung und der h. M. i. R. der Gewinneinkunftsarten das Streben nach Betriebsvermögensmehrung in Gestalt eines Totalgewinns. Nach dem zweigliedrigen Liebhabereibegriff ist der Totalgewinn hingegen nicht Gegenstand einer Vorstellung des Steuerpflichtigen, sondern objektiv i. S. einer negativen Erfolgsprognose zu verstehen (Drüen, FR 1999, 1097).

Zur Feststellung der Gewinnerzielungsabsicht ist der zu erwirtschaftende Totalgewinn zu prognostizieren und nicht auf einzelne Periodengewinne abzustellen. Werden über mehrere Jahre Geschäftsergebnisse erzielt, die insgesamt zu einem Gewinn führen, liegt darin ein Beweisanzeichen dafür, dass die Tätigkeit mit Gewinnerzielungsabsicht ausgeübt wurde (BFH, Beschluss vom 30.01.2011, III B 107/09, BFH/NV 2011, 804; zur Einbeziehung zukünftig eintretender Faktoren in eine Totalüberschussprognose bei verbilligter Vermietung s. FG München, Urteil vom 21.05.2010, 8 K 680/08, DStRE 2011, 998; aufgrund der eingelegten NZB erfolgte per BFH, Beschluss vom 27.12.2010, IX B 107/10, n. v.

3 Totalgewinn

Zurückverweisung an das FG). Dieser Totalgewinn, der ansonsten in der steuerlichen Gewinnermittlung keine Rolle spielt, soll sich nach steuerlichen Vorschriften berechnen (BFH, Beschluss vom 25.06.1984 GrS 4/82, BStBl. II 1984, 751, 766; BFH, Urteil vom 28.11.1985, IV R 178/83, BStBl. II 1986, 293, 295).

An der Gewinnerzielungsabsicht fehlt es, wenn mit den Einnahmen lediglich die Selbstkosten gedeckt werden sollen, wobei zur Kostendeckung neben der Erwirtschaftung der laufenden Kosten auch die Erhaltung des der gewerblichen Tätigkeit dienenden Vermögens gehört. Angestrebt werden muss ein positives Ergebnis zwischen Betriebsgründung und Betriebsbeendigung. Dasselbe gilt analog für die Einkünfte aus Vermietung und Verpachtung (BFH, Urteil vom 18.05.1995, IV R 31/94, BStBl. II 1995, 718, 719betr. § 15 EStG; vom 03.06.1992, X R 130/90, BFH/NV 1992, 807, 808 betr. § 21 EStG).

Der Totalgewinn setzt sich aus den in der Vergangenheit erzielten und künftig zu erwartenden laufenden Gewinnen/Verlusten und den sich bei Betriebsbeendigung voraussichtlich ergebenden **Veräußerungs- bzw. Aufgabegewinn und -verlust** zusammen (BFH, Urteil vom 17.06.1998, XI R 64/97, BStBl. II 1998, 727: ferner BFH, Beschluss vom 13.04.2011, X B 186/10, BFH/NV 2011, 1137 betr. Hotelbetrieb als Liebhaberei).

Dabei ist ein etwaiger wirtschaftlicher Vorteil aus der steuerlichen Begünstigung von Veräußerungs- und Aufgabegewinnen infolge der Inanspruchnahme von Freibeträgen irrelevant (§ 14, § 16 Abs. 4, § 18 Abs. 3, § 34 EStG (streitig); Jäschke, in: Lademann, EStG, § 2 Anm. 210; **a.A.** Lüdemann, BB 1996, 2650 ff. m.w.N.).

Stille Reserven sind bei der Berechnung des Totalgewinns zu berücksichtigen (BFH, Urteil v. 04.06.2009, IV B 69/08, BFH/NV 2009, 1644).

Für die im Rahmen der Gewinnerzielungsabsicht vorzunehmende Ergebnisprognose ist das Streben nach einem Totalgewinn, d.h. nach einem positiven Gesamtergebnis des Betriebs von der Gründung bis zur Veräußerung oder Aufgabe oder Liquidation (§ 16 Abs. 1 Satz 3 i.V.m. § 4 Abs. 1, § 5 EStG) entscheidend (BFH, Urteil vom 09.04.2014, X R 40/11, BFH/NV 2014 1359, 1361 unter Hinweis auf BFH Urteil vom 21.08.2013, X R 20/10, BFH/NV 2014, 524).

Nach wie vor ist jedoch nicht abschließend geklärt, ob die Totalerfolgsprognose subjektiv bezogen nur den betreffenden Steuerpflichtigen oder aber objektbezogen zu erstellen ist. Im letzteren Fall wäre auf die Einkunftsquelle abzustellen und in den Prognosezeitraum u.U. auch die Zeit einzubeziehen, in der nicht mehr der Steuerpflichtige selbst, sondern ein (unentgeltlicher) Rechtsnachfolger über die Einkunftsquelle verfügt (weitere Einzelheiten bei Stöber, FR 2017, 801 ff.).

I.R. des schon mehrfach erwähnten Businessplans muss durch eine realistische Prognoserechnung unter Heranziehung betriebswirtschaftlicher Maßstäbe bei der Kalkulation eines Gewerbebetriebs (unter Einbeziehung von Veräußerungs- bzw. Aufgabegewinnen) ein Gewinn angestrebt werden. Dies ist aufgrund von langfristigen Prognoserechnungen, die gegebenenfalls von einem Wirtschaftsprüfer testiert werden sollen, zeitnah (vor der Bp!) zu dokumentieren.

Die Grundsätze gelten sinngemäß auch für den Bereich der **Überschusseinkünfte**. Dort ist eine Betätigung bzw. Vermögensnutzung nur dann einkommensteuerlich relevant, wenn die Absicht besteht, auf Dauer gesehen nachhaltige Überschüsse zu erzielen (BFH, Beschluss vom 25.06.1984, GrS 4/82, BStBl. II 1984, 751, 766).

Dies erfordert die Absicht, bezogen auf die voraussichtliche Dauer der Tätigkeit oder Vermögensnutzung einen Totalüberschuss der Einnahmen über die Werbungskosten zu erwirtschaften (BFH, Urteil vom 30.03.1999, VIII R 70/96, BFH/NV 1999, 1323 zu § 20 EStG; vom 14.09.1994, IX R 71/93, BStBl. II 1995, 116 betr. § 21 EStG; BFH, Urteil vom 15.12.1999, X R 23/95, BStBl. II 2000, 267, 270 betr. § 22 Nr. 1 EStG); zur Einkünfteerzielungsabsicht im sog. Disagio-Modell vgl. FG Bremen, Urteil vom 11.11.2015, 1 K 91/13 (5), EFG 2016, 182 [Rev. eingelegt, Az. d. BFH: I R 2/16] mit Anm. Wendt; zur Einkünfteerzielungsabsicht bei der Abgeltungsteuer eingehend Weiss, StuB 2016, 852 ff.

Solange man den Totalgewinn nach steuerlichen Grundsätzen prognostiziert, ist er im Hinblick auf das Nominalwertprinzip eine Totalgewinnprognose auch nicht um inflationsbedingte Scheingewinne zu bereinigen (BFH, Urteil vom 15.12.1999, X R 23/95, BStBl. II 2000, 267, 271; BFH, Urteil vom 09.05.2000, VIII R 77/97, BStBl. II 2000, 660; **a. A.** BFH, Urteil vom 14.07.1988, IV R 88/86, BFH/NV 1989, 771, 772 für Ausklammerung von inflationsbedingten Gewinnen und damit tendenziell für eine Barwertbetrachtung mit einem Abzinsungsfaktor von 5,5 % in Anlehnung an § 12 Abs. 3 Satz 2 BewG).

Aus dem gleichen Grund sind kalkulatorische Kosten, wie beispielsweise Unternehmerlohn und Eigenkapitalverzinsung, bei der Prognose nicht zu berücksichtigen. Gem. den allgemeinen Bestimmungen der AO sind nicht als Betriebsausgaben zu berücksichtigende Aufwendungen, auch dann außer Betracht zu bleiben, wenn sie unstreitig anfallen (§ 160 AO; BFH, Urteil vom 15.05.1996, X R 99/92, BFH/NV 1996, 891).

Die Rechtsprechung bezieht jedoch steuerbare, aber nach DBA steuerfreie Vermögensmehrungen in den Totalgewinn mit ein, weil es sich hierbei unbeachtet ihrer Steuerfreiheit um Einkünfte i. S. des § 2 Abs. 1 EStG handelt (BFH, Urteil vom 18.09.1996, I R 69/95, BFH/NV 1997, 408, 410).

Da nach dem nunmehr vorgesehenen Inkrafttreten des § 15b EStG steuerliche Verlustzuweisungsmodelle im Inland nicht mehr anerkannt werden, werden nunmehr DBA-steuerbefreite Vermögensanlagen (insbesondere ausländische Immobilienfonds) empfohlen. Deren Steuerfreiheit ist selbst bei Vorliegen von Anlaufverlusten (Stichwort: negativer Progressionsvorbehalt) grundsätzlich unschädlich.

3 Totalgewinn

Da bei Überschusseinkunftsarten, Veräußerungs- und Aufgabegewinne grundsätzlich nicht besteuert werden, für Absetzungen für Abnutzung unterschiedliche Regelungen gelten (z. B. Inanspruchnahme von Sonderabschreibungen nach §§ 3, 4 Fördergebietsgesetz) muss vorab geklärt werden, in welcher(n) Einkunftsart(en) die Einkünfte bei Verneinung einer Liebhaberei zu erfassen wären (BFH, Urteil vom 29. 03. 2001, IV R 88/99, BFH/NV 2001, 1076).

In der Praxis ist jedoch eine Totalgewinnprognose als Beweisanzeichen für das Vorliegen einer darauf gerichteten Absicht in vielen Fällen nicht möglich oder mit erheblichen Unwägbarkeiten belastet. Das gilt insbesondere bei den Gewinneinkunftsarten im Zeitpunkt einer Betriebsgründung. In gleicher Weise lehnt die Rechtsprechung bei den Einkünften aus Vermietung und Verpachtung eine Kalkulation über 50 oder 100 Jahre ab („zu viele spekulative Komponenten"). An die Stelle einer Prognose treten bei ihm andere Indizien (z. B. langfristige Vermietung, Höhe der Miete, Fremdfinanzierungsquote, Rückkaufvereinbarungen; so BFH, Urteil vom 25. 01. 1994, IX R 139/92, BFH/NV 1995, 11; vom 27. 07. 1999, IX R 64/94, BStBl. II 1999, 826, 827).

Bei Inanspruchnahme von auf Verluste getrimmten Kapitalanlagemodellen (insbesondere Mietkaufmodell) oder bei Bauherrenmodellen mit Rückkaufangebot oder Verkaufsgarantie (insbesondere während der Verlustphase) fehlt es regelmäßig an einem endgültigen Entschluss zur Vermietung über den Rückkaufzeitpunkt hinaus. In einem solchen Zeitpunkt muss der Totalüberschuss deswegen bis zum vereinbarten Rückkaufszeitpunkt wahrscheinlich sein (BFH, Urteil vom 31. 03. 1987, IX R 111/86, BStBl. II 1987, 668, 669; vom 14. 09. 1994, IX R 71/93, BStBl. II 1995, 116, 118; BFH, Urteil vom 08. 03. 2006, IX R 19/04, BFH/NV 2006, 1637).

Unschädlich sind jedoch sogar nach Auffassung der Finanzverwaltung sogenannte Notfallgarantien, wenn sich der Initiator verpflichtet, für limitierte Fallgruppen aus sozialpolitischer Sicht (z. B. Arbeitslosigkeit des Kapitalanlegers, Verarmung bis zur Sozialhilfe) einen Rückkaufgarantie abzugeben. Unschädlich sind selbstverständlich auch Rückkaufgarantien, die nach einer Zeit eintreten, in der der Totalgewinn bereits erreicht ist (Finanzministerium Thüringen, Schreiben vom 18. 03. 1993, S 2253 a A 6/93 2.04.2, DStR 1993, 725).

Der Begriff Totalgewinn beinhaltet, dass bestimmte wirtschaftliche Einheiten auf ihren möglichen Gesamterfolg hin untersucht werden (Rödder, DB 1986, 2241 ff.).

Für verschiedene, wirtschaftlich einheitliche Betätigungen sind die Voraussetzungen für das Vorliegen der Einkunftserzielungsabsicht jeweils getrennt zu prüfen (tätigkeitsbezogene Prüfung). Es muss sich dabei um selbstständige Tätigkeitsbereiche handeln, die nicht lediglich im Verhältnis bloßer Hilfs- oder Nebentätigkeiten zu einer (einkünfterelevanten oder liebhaberischen) Haupttätigkeit stehen. Abzugrenzen ist nach dem Förderungs- und Sachzusammenhang der Einzeltätigkeiten (BFH, Urteil vom 25.06.1996, VIII R 28/94, BStBl. II 1997, 202; Urteil vom 24. 02. 1999, X R 106/95, BFH/NV 1999, 1081).

VII. Liebhaberei im Brennpunkt der Betriebsprüfung

Mit dieser Betrachtungsweise wird verhindert, dass im Wege einer weitreichenden Segmentierung eine Vielzahl isoliert betrachteter verlustbringender Tätigkeiten aus dem einkünfterelevanten Bereich ausgeschieden wird.

Die Entscheidung, nach welchen Vorschriften der Gewinn eines Betriebs zu ermitteln ist, hat Vorrang gegenüber der Frage, ob der Betrieb mit Gewinnerzielungsabsicht unterhalten wird (BFH, Urteil vom 17.03.2010, IV R 60/07, BFH/NV 2010, 1446).

Bei den **Gewinneinkunftsarten** hängt der Grad der Segmentierung von den Umständen des Einzelfalls ab. Das gilt auch für verschiedene Betriebszweige eines land- und forstwirtschaftlichen Betriebs (BFH, Urteil vom 04.10.1984, IV R 195/83, BStBl. II 1985, 133, 134f.).

Bei der Unterscheidung zwischen einer auf Gewinnerzielung ausgerichteten unternehmerischen Tätigkeit und der der Privatsphäre zuzurechnenden Liebhaberei sind die Besonderheiten der jeweils zu würdigenden Verhältnisse zu berücksichtigen (BFH, Beschluss vom 16.07.2008, X B 25/08, BFH/NV 2008, 1673).

Auch bei einer negativen Totalgewinnprognose eines Gewerbebetriebs kann eine Gewinnerzielungsabsicht nur bei steuerlich unbeachtlichen Motiven des Steuerpflichtigen verneint werden. Werden Verträge zur Altersvorsorge abgeschlossen, die mit Einnahmen aus dem Betrieb bespart werden, führt dies nicht zur steuerlichen Aberkennung von gewerblichen Verlusten (FG Baden-Württemberg, Urteil vom 09.02.2017, 1 K 841/15, EFG 2017, 913, rkr. mit Anm. Dornheim).

Zur Abgrenzung der Liebhaberei von den Einkünften aus selbständiger Arbeit siehe Ritzrow, Steuer und Studium 2009, 66 ff.; zur Abgrenzung der Liebhaberei von den Einkünften aus Land- und Forstwirtschaft siehe Ritzrow, Steuer & Studium 2011, 364 ff.

Getrennt zu beurteilen sind danach jedenfalls Teilbetriebe mit einem eigenen Kundenkreis, wie z.B. ein Gestüt oder eine Tierzucht, welche durch ein ansonsten gewerblich tätiges Unternehmen betrieben wird (BFH, Urteil vom 30.01.1986, IV R 270/84, BStBl. II 1986, 516; anders, aber zu Recht für einen Sonderfall siehe BFH, Urteil vom 01.02.1990, IV R 45/89, BStBl. II 1991, 625, 626 betreffend Rinderzucht einer Wurst- und Fleischfabrik).

Eine generationsübergreifende Totalgewinnprognose ist bei einem Nebenerwerbsbetrieb regelmäßig nicht möglich. Der Prognosezeitraum, der für die Totalgewinnprognose zugrunde zu legen ist, kann nicht in der Land- und Forstwirtschaft ohne nähere Begründung an das Pensionseintrittsalter des Nebenerwerbslandwirts gekoppelt werden (BFH, Urteil vom 30.08.2007, IV R 12/05, BFH/NV 2008, 759).

Der Beurteilungszeitraum für die Totalgewinnprognose bei einem landwirtschaftlichen Pachtbetrieb erstreckt sich nur auf die Dauer des Pachtverhältnisses. Dies gilt auch dann, wenn das Pachtverhältnis lediglich eine Vorstufe zu der

3 Totalgewinn

später geplanten unentgeltlichen Hofübergabe ist (BFH, Urteil vom 11.10.2007, IV R 15/05, BStBl. II 2008, 465 mit Anm. Kanzler, FR 2008, 977, 981).

Zur Einkünfteerzielungsabsicht einer zwischen dem Alleingesellschafter einer GmbH und der (überschuldeten) GmbH gegründeten atypisch stillen Gesellschaft siehe BFH, Urteil vom 31.05.2012, IV R 40/09, BFH/NV 2012, 1440.

Der Strukturwandel zur Liebhaberei stellt keine gewinnrealisierende Betriebsaufgabe dar. Die weiterhin in dem – nun nicht mehr einkommensteuerrelevanten – Betrieb genutzten Wirtschaftsgüter bleiben Betriebsvermögen. Wertänderungen dieses Betriebsvermögens, die während der Zeit der Liebhaberei eintreten, sind einkommensteuerrechtlich allerdings irrelevant. Ermittelt der Steuerpflichtige seinen Gewinn durch Einnahmen-Überschuss-Rechnung, ist er nicht verpflichtet, im Zeitpunkt des Strukturwandels zur Liebhaberei zum Betriebsvermögensvergleich überzugehen und einen daraus resultierenden Übergangsgewinn zu ermitteln und zu versteuern (BFH, Urteil vom 11.05.2016, X R 61/14, BStBl II 2016, 939, DStR 2016, 1725; mit Anmerkung Kanzler, FR 2016, 1043, 1048; EStB 2016, 283, 285 mit Anmerkung Krömker; bestätigt durch BFH-Urteil vom 11.05.2016, X R 15/15, BStBl. II 2017, 112; FR 2017, 490, 493 mit Anmerkung Kanzler; ferner BFH, Urteil vom 05.04.2017, X R 6/15, BFH/NV 2017, 1161; hierzu eingehend Paus, DStZ 2017, 377 ff.).

Bei den **Überschusseinkunftsarten** wird grundsätzlich jede Immobilie, jedes Arbeitsverhältnis und jede Kapitalanlage gesondert betrachtet (BFH, Urteil vom 27.07.1999, VIII R 36/98, BFH/NV 2000, 107, 108). Steuerobjekt ist die einzelne „Einkunftsquelle", die sich nach dem jeweiligen einheitlichen Nutzungs- und Funktionszusammenhang einer Sache bestimmt (BFH, Urteil vom 18.08.2010, X R 30/07, BFH/NV 2011, 215).

Die Einkünfteerzielungsabsicht bei den Einkünften aus Kapitalvermögen setzt die Absicht voraus, auf Dauer gesehen einen Überschuss zu erzielen, sofern die Absicht, steuerfreie Wertsteigerungen zu realisieren, nur mitursächlich für die Anschaffung der ertragbringenden Kapitalanlage ist (BFH, Urteil vom 21.07.1981, VIII R 128/76, BStBl. II 1982, 36, st. Rspr.). Dabei ist die Einkünfteerzielungsabsicht für jede einzelne Kapitalanlage getrennt zu beurteilen (BFH, Urteil vom 23.03.1982, VIII R 132/80, BStBl. II 1982, 463, st. Rspr.). Für diese auf einzelne Anlagen bezogene Prüfung ist grundsätzlich nur der tatsächlich verwirklichte Sachverhalt zugrunde zu legen, nicht aber ein hypothetischer, nicht verwirklichter Sachverhalt, wie die Nichtdurchführung eines Vorhabens zu einer bestimmten Kapitalanlage (BFH, Urteil vom 14.05.2015, VIII R 37/12, BFH/NV 2014, 1883).

Bei wesentlicher Beteiligung ist selbst bei anhaltenden Verlustperioden eine Einkünfteerzielungsabsicht lediglich dann zu verneinen, wenn Beweisanzeichen dafür vorliegen, dass der Steuerpflichtige die verlustbringende Beteiligung nur aus im Bereich seiner Lebensführung liegenden persönlichen Gründen oder Neigungen hält (BFH, Urteil vom 02.04.2014, VIII R 26/11, BFH/NV 2014, 1745, mit Anm. Günther, EStB 2014, 371).

VII. Liebhaberei im Brennpunkt der Betriebsprüfung

Das entspricht auch der Rechtsprechung zur Zuordnung von Werbungskosten bei den Einkünften aus Kapitalvermögen (BFH, Urteil vom 15.12.1987, VIII R 281/83, BFHE 154, 456, st. Rspr.; zur fehlenden Überschusserzielungsabsicht bei Refinanzierung des zu Zinseinkünften führenden Darlehens FG Köln, Urteil vom 26.06.2007, 8 K 898/07, EFG 2009, 1194; die eingelegte Revision wurde mit BFH, Urteil vom 07.05.2013, VIII R 17/09, BFH/NV 2013, 1581 als unbegründet zurückgewiesen).

Zur fehlenden Einkünfteerzielungsabsicht bei Verzugszinsen hat die Rechtsprechung wie folgt Stellung genommen:

Fordert ein Schuldner den in Erfüllung einer vermeintlichen privaten Schuld geleisteten Geldbetrag erfolgreich zurück, so sind die vom Gläubiger neben der Rückzahlung geleisteten Verzugszinsen nicht der Besteuerung beim Empfänger zugrunde zu legen, wenn ihnen Zinsen in übersteigender Höhe gegenüberstehen, die durch die Refinanzierung der ursprünglichen Zahlung auf die vermeintliche Schuld veranlasst waren (BFH, Urteil vom 24.05.2011, VIII R 3/09, BStBl. II 2011, 254, mit Anm. Hahne, BB 2012, 94).

Voraussetzung für den Werbungskostenabzug bei den Einkünften aus Kapitalvermögen ist die für jede einzelne Kapitalanlage zu prüfende Absicht, hieraus Einnahmen und langfristig gesehen auch einen Überschuss der Einnahmen über die Aufwendungen zu erzielen; hieran fehlt es bei ertraglosen Wertpapieren (FG Köln, Urteil vom 24.03.2011, 10 K 1071/08, DStRE 2012, 53, rkr.).

Bei einem erklärten Werbungskostenüberschuss aus Kapitalvermögen hat der Stpfl. die objektive Beweislast für seine Einkünfteerzielungsabsicht zu tragen (BFH, Beschluss vom 09.07.2012, XIII B 51/12, BFH/NV 2012, 1780).

Die mit der Abgeltungssteuer als Schedule eingeführten Besonderheiten der Einkünfte aus Kapitalvermögen (§ 20 EStG) bedingen eine tatsächliche Vermutung der Einkünfteerzielungsabsicht. Sie gilt auch hinsichtlich von Verlusten aus der Veräußerung einer Lebensversicherung (BFH, Urteil vom 14.03.2017, VIII R 38/15, BStBl. II 2017, 1040; siehe auch BFH-Urteil vom 14.03.2017 VIII R 25/14, BFH/NV 2017, 1365; zur Einkünfteerzielungsabsicht bei Einkünften aus Kapitalvermögen im Kontext zur Abgeltungssteuer Haisch, DStR 2011, 2178 ff.; Jachmann/Michel, DStR 2017, 1849 ff.; dies., StuW 2018, 9, 10 f.).

Zur Überschusserzielungsabsicht bei Rückkauf von Sterbegeldversicherungen mit Sparanteilen siehe BFH, Urteil vom 14.03.2017, VIII R 25/14 BStBl. II 2017, 1038, 1040. Zur Überschusserzielungsabsicht bei der Fremdfinanzierung einer englischen Lebensversicherung siehe FG Baden-Württemberg, Urteil vom 09.06.2011 2 K 3718/08, EFG 2012, 520, rkr.; zur Feststellung der Einkünfteerzielungsabsicht bei Bondstripping im Privatvermögen siehe FG Münster, Urteil vom 05.09.2019, 8 K 2950/16 E, EFG 2019, 1774, 1780 mit Anm. Haversath = DStRE 2020, 131 [Rev. eingelegt; Az. des BFH: VIII R 36/19]; zum Überschussprognosezeitraum beim sog. Disagio-Modell, vgl. FG Hamburg, Urteil vom 26.09.2019 3 K 227/17 EFG 2020, 199, 203 f. mit Anm. Tiedchen [NZB eingelegt; Az. des BFH: I B 62/19].

Zur Einkünfteerzielungsabsicht bei der Anschaffung einer Inhaberschuldverschreibung durch die Ausübung einer Option siehe FG München, Urteil vom 29.09.2011, 5 K 1050/08, EFG 2012, 325, DStRE 2012, 1243; die Revisionen wurden mit BFH, Urteil vom 20.08.2013, IX R 38/11, BFH/NV 2013, 1985 als unbegründet zurückgewiesen.

Die Einkunftserzielungsabsicht kann auch bei den Einkünften aus nichtselbständiger Arbeit fehlen, so dass von einer einkommensteuerrechtlich unbeachtlichen Liebhaberei auszugehen ist. Beurteilungseinheit für die Überschusserzielungsabsicht bei den Einkünften aus nichtselbständiger Arbeit ist das einzelne Dienstverhältnis. Fiktive weitere Einkünfte aus anderen Beschäftigungsverhältnissen, die sich im Anschluss an das jeweilige Dienstverhältnis ergeben könnten, sind für die Totalüberschussprognose nicht zu berücksichtigen. In die Totalüberschussprognose ist das zu erwartende Ruhegehalt des Stpfl. und eine etwaige Hinterbliebenenversorgung seines Ehegatten mit den nach der aktuellen Sterbetafel des statistischen Bundesamts zu bestimmenden und nicht abzuzinsenden Verkehrswerten einer lebenslänglichen Leistung einzubeziehen (BFH, Urteil vom 28.08.2008, VI R 50/06, BStBl. II 2009, 243).

Auch die Frage, ob die Investitionszulage Einfluss auf die Beurteilung der Einkunftserzielungsabsicht haben kann, ist – soweit ersichtlich – bislang nicht aufgetreten. Aus einer nicht veröffentlichten Verwaltungsanweisung geht hervor, dass diese Problematik mit den obersten Finanzbehörden der Länder erörtert worden ist. Danach sei die Investitionszulage

– bei der Beurteilung der Gewinnerzielungsabsicht gewerblicher Unternehmen bzw. Gesellschafter als Betriebsvermögensmehrung einzubeziehen,
– auch bei der Beurteilung der Einkunftserzielungsabsicht (Überschusserzielungsabsicht) vermögensverwaltender Gesellschaften zu berücksichtigen.

Zur Begründung wird angeführt, es entspräche nicht dem Förderzweck der Investitionszulage, Unternehmen, die ohne Einbeziehung der Zulage in den Totalgewinn keine Gewinnabsicht hätten, durch Versagung der Gewinnabsicht auch die Grundlage für die Inanspruchnahme der Investitionszulage zu entziehen. Denn gerade derartige Unternehmen seien besonders förderungswürdig (BMF, Schreiben vom 04.03.1999, IV C 2 – S 2240 – 11/99, juris VV Steuer; Kaligin in Lademann, EStG, § 9 InvZulG 1999 Anm. 2; a.A. Stein, DStZ 2000, 780, 785 ff.; ders., StBp 2001, 294, 300; ders., INF 2001, 641, 644, der auf die ausdrückliche Nichtsteuerbarkeit der Investitionszulage abstellt).

Die Gewinnerzielungsabsicht ist bei positiver Ertragsprognose einer Photovoltaikanlage zu bejahen, wobei ein Prognosezeitraum von 20 Jahren zugrunde zu legen ist (so ausführlich FG Baden-Württemberg, Urteil vom 09.02.2017, 1 K 841/15, DStRE 2018, 710 rkr.).

VII. Liebhaberei im Brennpunkt der Betriebsprüfung

4 Einzelfragen

4.1 Besonderheiten bei den Einkünften aus Vermietung und Verpachtung

Schrifttum: Stein, Die Hürde der Liebhaberei für Vermietungseinkünfte, 2. Aufl. 2019, Berlin

> *Hinweis:*
> Einen ausgezeichneten Überblick aus der Perspektive der Finanzverwaltung hinsichtlich der Einkunftserzielungsabsicht bei Vermietung und Verpachtung gibt der entsprechende Leitfaden des Bayerischen Landesamtes für Steuern (vom 01.12.2018, EStB 2019, 99 = StuB 2019, 209).

4.1.1 Allgemeine Grundsätze
Bei einer auf Dauer angelegten Vermietung von Wohnungen bzw. Mietwohngrundstücken (anders als bei dauernder Verpachtung von unbebauten Grundstücken) ist nach ständiger Rechtsprechung ohne weitere Prüfung vom Vorliegen einer Einkunftserzielungsabsicht auszugehen (BFH, Urteil vom 30.09.1997 IX R 80/94, BStBl. II 1998, 771; BFH, Urteil vom 27.07.1999, IX R 64/96, BStBl. II 1999, 826, 827; BFH, Urteil vom 06.11.2001, IX R 97/00, BStBl. II 2002, 726, 727 f.; eine Bestandsaufnahme der Rechtsprechung findet sich bei Stein, INF 2003, 902 ff.; Spindler, DB 2007, 185 ff.; Schießl, Steuer und Studium 2007, 529 ff.; hierzu grundlegend und kritisch Brehm, Steuer und Studium 2009, 127 ff.; ferner kritisch Stein, DStZ 2009, 768 ff.; ders., DStZ 2011, 442 ff.; ders., DStZ 2013, 33 ff. und 114 ff.; zur Zulässigkeit von Überschussprognosen bei Vermietungen s. Leisner-Egensperger, DStZ 2010, 790 ff.; zur Spezialproblematik der Einkunftserzielungsabsicht bei Wohnraumvermietung Stein, StBp 2010, 217 ff. und 246 ff.; ders., DStZ 2011, 80 ff.; ders., DStZ 2012, 19, 27 ff.; zum Erfordernis der Überschusserzielungsabsicht eingehend Heuermann, DStZ 2010, 825 ff.). Hingegen ist bei der Vermietung von Gewerbeobjekten die Einkünfteerzielungsabsicht stets konkret festzustellen (BFH, Urteil vom 20.07.2010, IX R 49/09, BStBl. II 2010, 1038, mit Anm. Heuermann, StBp 2010, 321 und Bode, FR 2010, 1087, 1089 f.; BFH, Urteil vom 19.02.2013, IX R 7/10, BStBl. II 2013, 436, mit Anm. Bode, FR 2013, 812, 814; hierzu Sen.F.in Berlin, Erlass vom 19.12.2012, III B – S 2253 – 1/2012 1, DB 2013, 259).

Hingegen ist bei der Vermietung von **Gewerbeobjekten** die Einkünfteerzielungsabsicht stets konkret festzustellen (BFH, Urteil vom 20.07.2010, IX R 49/09, BStBl II 2010, 1038 mit Anm. Heuermann, StBp 2010, 321 und Bode, FR 2010, 1087, 1089 f.).

Gewerbeimmobilie in diesem Sinne ist auch ein aus landwirtschaftlichen Grundstücksflächen und Gebäuden bestehendes Anwesen, das für den Betrieb einer Pferdepensionshaltung und Pferdezucht zu dienen bestimmt ist (BFH, Urteil vom 16.09.2015, IX R 31/14, BFH/NV 2016, 188; vgl. a. BFH, Urteil vom 08.05.2019, VI R 8/17, BFH/NV 2019, 1332; hierzu OFD Frankfurt a.M. Verfügung vom 19.08.2019, S 2233A – 48 – St 242 DB 2019, 2326; ferner Paus, FR 2016, 212 ff.).

Sowohl der objektive als auch der subjektive Tatbetsand des § 21 Abs. 1 Satz 1 Nr. 1 EStG sind **objektbezogen** zu prüfen (BFH, Urteil vom 08.01.2019, IX R 37/17, BFH/NV 2019, 390 = EStB 2019, 136 f. mit Anm. Günther).

Die Beurteilung der Einkunftserzielungsabsicht erfolgt objekt- und nicht grundstücksbezogen. Die Verpachung eines Hotelkomplexes (bestehend aus Hotel, Nebengebäude und Einfamilienhaus) aufgrund eines einheitlichen Pachtvertrags ist als Verpachtung eines Objekts anzusehen (FG München, Urteil vom 16.11.2017, 11 K 1149/14, EFG 2018, 1651, 1653 f. mit Anm. Wacker [Rev. eingelegt; Az. des BFH: IX R 16/18]).

Entschließt sich der Steuerpflichtige, nach einer vorangegangenen dauerhaften Vermietung eine „andere Form der Vermietung" aufzunehmen, ist der subjektive Tatbestand des § 21 Abs. 1 Satz 1 Nr. 1 EStG in diesem Zeitpunkt neu zu bewerten. Die zur Vermietung von Ferienwohnungen aufgestellten Rechtsprechungsgrundsätze gelten in gleicher Weise, wenn der Steuerpflichtige seine Wohnung nicht tageweise, sondern wochen- oder monatsweise an „Kurzzeitmieter" überlässt (BFH, Urteil vom 02.07.2019, IX R 18/18, BFH/NV 2020, 9; hierzu o. V., StuB 2020, 32/33).

Verpachtet ein Steuerpflichtiger ein Appartement dauerhaft an ein Hotel als Übernachtungszimmer, so wird das Bestehen einer Einkunftserzielungsabsicht nach den Rechtsprechungsgrundsätzen zur Vermietung von Wohnraum vermutet (Hessisches FG, Urteil vom 28.05.2018, 2 K 1925/16, EFG 2018, 1796, 1798 m. Anm. Wackerbeck = DStRE 2019, 422 [Rev. eingelegt; Az. des BFH: IX R 18/18]).

Einkünfteerzielungsabsicht im Rahmen der Einkünfte aus VuV setzt voraus, dass die Vermietung auf Dauer angelegt ist und der Steuerpflichtige dementsprechend beabsichtigt, einen Einnahmeüberschuss zu erzielen. Wird die vermietete Immobilie nach nur formalem Beginn des Mietverhältnisses von dem Vermieter aufwendig renoviert und erweitert, sodann für kurze Zeit (im Streitfall weniger als 2 ½ Jahre) vermietet und im Anschluss auf den Mieter übertragen, lässt dies den – allerdings widerlegbaren – Schluss zu, dass keine langfristige Vermietung beabsichtigt war (Niedersächsisches FG, Urteil vom 25.02.2020, 9 K 112/18, EFG 2020, 1077, 1083 f. m. Anm. Tiedchen = DStRE 2020, 1292, vorläufig nicht rkr.).

Zur Feststellung der Bebauungs- und Vermietungsabsicht bei einem **unbebauten Grundstück** sind folgende Grundsätze von der Rechtsprechung aufgestellt worden. Auf die Bebauungs- und Vermietungsabsicht kann nur anhand von äußeren Umständen geschlossen werden. Erforderlich ist eine Gesamtwürdigung der objektiven Umstände des Einzelfalls. Ein vorsichtiges, auf das Ansparen von Eigenkapital gerichtetes Finanzierungsverhalten spricht nicht gegen die behauptete Bebauungsabsicht. In diesem Fall muss sich aber aus weiteren Umständen ergeben, dass sich der Steuerpflichtige seinen Angaben entsprechend verhalten und entsprechende Mittel tatsächlich angesammelt hat. Dafür kann die spätere Verwendung der angesparten Mittel rückwirkend von Bedeutung sein (BFH, Urteil vom 01.12.2015, IX R 9/15, BStBl. II 2016, 335; hierzu Günther, EStB 2016, 174, 175; ders., EStB 2016, 186f.).

Die Einkünfteerzielungsabsicht für ein Grundstück mit Gebäude von untergeordnetem Wert (unbebaut i.S. von §72 Abs. 2 BewG) beurteilt sich nach den Grundsätzen für die Vermietung bebauter Grundstücke (FG Düsseldorf, Urteil vom 17.12.2008, 1 K 4861/07 E, EFG 2010, 151 mit Erledigungsbeschluss des BFH vom 25.11.2010, VI R 48/09 nv.).

Dies ergibt sich aus dem Umstand, dass aufgrund des zweigliedrigen Liebhabereibegriffs niemand aus persönlichen Neigungen etc. bei fremdgenutzten Wohnobjekten künstlich Verluste aus Vermietung und Verpachtung produzieren will.

I. R. der Einkunftsart Vermietung und Verpachtung ist die Einkünfteerzielungsabsicht nicht entgegen der auf §2 Satz 1 Abs. 1 Nr. 1 EStG beruhenden typisierenden Annahme, eine langfristige Vermietung werde i. d. R. letztlich zu positiven Einkünften führen, deshalb zu prüfen, weil der Steuerpflichtige die Anschaffungs- oder Herstellungskosten des Vermietungsobjekts sowie anfallende Schuldzinsen mittels Darlehen finanziert, die zwar nicht getilgt, indes bei Fälligkeit durch den Eintritt von parallel laufenden Lebensversicherungen abgelöst werden sollen (BFH, Urteil vom 19.04.2005, IX R 15/04, BStBl. II 2005, 754; vom 19.04.2005, IX R 10/04, BStBl. II 2005, 692; zur Geltendmachung vorab entstandener Werbungskosten bei gescheiterter Sanierung vgl. BFH, Urteil 06.09.2016, IX R 9/15, BFH/NV 2017, 19).

Die historische Bausubstanz des vom Steuerpflichtigen vermieteten Gebäudes spricht ebenso wenig gegen die typisierende Annahme der Einkünfteerzielungsabsicht wie die aus Gründen des Denkmalschutzes bedingte Unabgeschlossenheit der Wohnung (BFH, Urteil vom 27.10.2005, IX R 3/05, BFH/NV 2006, 525 in Ergänzung zu BFH, Urteil vom 19.04.2005, IX R 10/04, BStBl. II 2005, 692).

Eine Totalüberschussprognose ist im Bereich der Einkünfte aus Vermietung und Verpachtung nur anzustellen, wenn sich aus der besonderen Art der Vermietungstätigkeit ein Beweisanzeichen gegen das Vorliegen der Einkünfteerzielungsabsicht ergibt (BFH, Urteil vom 10.05.2006, IX R 35/05, BFH/NV 2006, 1648); zur Einbeziehung des unentgeltlichen Rechtsnachfolgers in die Prüfung der Einkünfteerzielungsabsicht bei Vereinbarung eines Vorbehaltsnießbrauchs vgl. FG Münster, Urteil vom 16.12.2016, 4 K 2628/14 F, EFG 2017, 407 mit Anm. Böwing – Schmalenbroch.

Ob eine Vermietung einen Totalüberschuss erwarten lässt, hängt von einer unter Heranziehung aller objektiv erkennbaren Umstände zu treffenden Prognose über die vorausichtliche Dauer der Vermögensnutzung, die in dieser Zeitspanne voraussichtlich erzielbaren steuerpflichtigen Erträge und anfallenden Werbungskosten, ab. Zukünftige Faktoren sind nur einzubeziehen, wenn sie bei objektiver Betrachtung konkret vorhersehbar waren (FG München, Urteil vom 21.05.2010, 8 K 680/08 EFG 2010, 2090; die NZB wurde mit BFH, Beschluss vom 21.12.2010, IX B 117/10, BFH/NV 2011, 598 verworfen). Zeigt sich aufgrund bislang vergeblicher Vermietungsbemühungen, dass für das Objekt, so wie es baulich gestaltet ist, kein Markt besteht und die Immobilie deshalb nicht vermietbar ist, so muss der Steuerpflichtige – will er seine fortbestehende Vermietungsabsicht belegen – zielgerichtet darauf hinwirken, unter Umständen auch durch bauliche Umgestaltungen einen vermietbaren Zustand des Objekts zu erreichen. Bleibt er untätig und nimmt den Leerstand auch künftig hin, spricht dieses Verhalten gegen den endgültigen Entschluss zu vermieten oder – sollte er bei seinen bisherigen, vergeblichen Vermietungsbemühungen mit Einkünfteerzielungsabsicht gehandelt haben – für deren Aufgabe (BFH, Urteil vom 25.06.2009, IX R 54/08, BStBl. II 2010, 124 mit Anm. Heuermann, StBp 2010, 31; Kanzler, FR 2010, 172, 173; zu den praktischen Auswirkungen instruktiv Paus, DStZ 2010, 23 ff.).

Kann ein Steuerpflichtiger eine in seinem Eigentum stehende Wohnung aus tatsächlichen oder rechtlichen Gründen dauerhaft nicht in einen betriebsbereiten Zustand versetzen und zur Vermietung bereitstellen, ist es nicht zu beanstanden, wenn das FG nach einer Gesamtwürdigung aller Tatsachen vom Fehlen der Einkünfteerzielungsabsicht ausgeht (BFH-Urteil vom 31.01.2017, IX R 17/16, BFH/NV 2017, 829 = EStB 2017, 187, 188 mit Anm. Günther; auf gleicher Linie FG Münster, Urteil vom 22.02.2017, 7 K 860/14 F, EFG 2017, 727 vorl. nicht rkr. mit Anm. Wackerbeck, großzügiger jedoch FG Düsseldorf, Urteil vom 17.09.2016 13 K 2850/13, EFG 2016, 1879, vorl. nicht rkr., mit Anm. Ortmann).

Ernsthafte und nachhaltige Vermietungsbemühungen sind Voraussetzung für das Fortbestehen der Einkünfteerzielungsabsicht bei Leerstand einer zuvor auf Dauer vermieteten Gewerbeimmobilie. Bei Leerstand einer Immobilie sind umso höhere Anforderungen an die Intensität steuerlich relevanter Vermietungsbemühungen zu stellen, desto schwieriger sich die Vermietung eines Objekts in Anbetracht seines Zustands, seiner Belegenheit und der wirtschaftlichen Entwicklung der Region gestaltet (FG München, Urteil vom 17.12.2009, 5 K 942/07, EFG 2010, 216 mit Anm. Pfützenreuter; die eingelegte Revision wurde mit BFH, Urteil vom 20.07.2010, IX R 49/09, BStBl. II 2010, 1038 als unbegründet verworfen).

Eine Vermietungsabsicht ist nicht nachgewiesen, wenn keine Vermietungsbemühungen erkennbar sind, wobei in einem schwierigen Marktumfeld ein Aushang am schwarzen Brett der Universität und des örtlichen Lebensmittelgeschäfts nicht ausreichend ist (so FG München, Urteil vom 31.07.2017, 7 K 53/14 DStRE 2018, 1206 rkr.). Zur Einkünfteerzielungsabsicht bei mehrjähriger Untervermietung von Wohnraum und Pkw-Garagen s. FG Berlin-Brandenburg, Urteil vom 15.01.2010, 9 K 7050/06 B, EFG 2010, 1128, DStRE 2010, 997, rkr. Eine Sanierung **über zehn Jahre** kann zur Verneinung einer Einkünfteerzielungsabsicht führen (Niedersächsisches FG, Urteil vom 06.05.2010, 11 K 12069/08, EFG 2010, 1199, rkr.).

Diese Rechtsprechung ist insbesondere wichtig für Anleger, die sich im Bereich von Immobilien in den **neuen Bundesländern** mit langfristiger Fremdvermietung verspekuliert haben. Hier müssen auch grundsätzlich langfristige Anlaufverlustphasen in Kauf genommen werden. Schließlich hat der Anleger erhebliche Nachteile (z. B. Zahlung von den Mieteinnahmen überschießenden Schuldzinsen an die Kreditinstitute neben der Inanspruchnahme von Sonderabschreibungen) zu verzeichnen. Dass der Anleger sich bei der Einschätzung des Marktes, wie z. B. Überstrapazierung von Standorten, schlechte Mieterstruktur, Leerstand, verkalkuliert hat, macht ihn noch nicht automatisch zu einem „Liebhaber".

Die § 21 Abs. 1 Satz 1 Nr. 1 EStG zugrunde liegende typisierende Annahme, dass bei einer auf Dauer angelegten Vermietungstätigkeit der Steuerpflichtige beabsichtigt, letztlich einen Einnahmeüberschuss zu erwirtschaften, gilt nicht für die dauerhafte Verpachtung **unbebauten Grundbesitzes**. Der Prognosezeitraum beträgt auch bei einer Verpachtung unbebauten Grundbesitzes 30 Jahre (BFH, Urteil vom 28. 11. 2007, IX R 9/06, BStBl. II 208, 515 mit Anm. Heuermann, StBp 2008, 122 und Bode, FR 2008, 570, 571 f.; siehe auch Niedersächsisches FG, Urteil vom 26. 02. 2015, 14 K 316/13 EFG 2015, 1008, 1009 rkr.).

Zur Einkünfteerzielungsabsicht bei verbilligter Überlassung an nahe Angehörige vgl. FG Hamburg, Urteil vom 17. 12. 2013, 6 K 147/12, EFG 2014, 546 rkr.

Ist für die Ausübung eines grundsätzlich lebenslangen dinglichen Wohnrechts ein Entgelt nur für eine zeitlich begrenzte Dauer (hier ca. zehn Jahre) zu entrichten, muss die Einkünfteerzielungsabsicht anhand einer Totalüberschussprognose überprüft werden. Der Prognosezeitraum ist hierbei auf die Dauer der (voraussichtlichen) entgeltlichen Nutzungsüberlassung (hier: entgeltliche Ausübung des dinglichen Wohnungsrechts) begrenzt (BFH, Urteil vom 29. 05. 2018, IX R 8/17, BFH/NV 2019, 386 = FR 2019, 380 mit Anm. Griemla = EStB 2019, 220 f. mit Anm. Günther; hierzu OFD Frankfurt a.M., Rundverfügung vom 19. 08. 2019, S2253A – 48 – St 242, DB 2019, 2326 mit Anm. Günther, EStB 2020, 95 f.).

Ob die Vermietungstätigkeit einen Totalüberschuss erwarten lässt, hängt von einer unter Heranziehung aller objektiv erkennbaren Umstände zu treffenden Prognose über die voraussichtliche Dauer der Vermögensnutzung, die in dieser Zeitspanne voraussichtlich erzielbaren steuerpflichtigen Erträge und anfallenden Werbungskosten ab. Der Prognosezeitraum beginnt grundsätzlich mit dem Erwerb oder der Herstellung des für die Prognoseentscheidung maßgeblichen Objekts. Entschließt sich der Steuerpflichtige, nach einer vorangegangenen Vermietungstätigkeit eine andere Form der Vermietung aufzunehmen, ist der subjektive Tatbestand des § 21 Abs. 1 Satz 1 Nr. 1 EStG in diesem Zeitpunkt neu zu bewerten (BFH, Urteil vom 19. 02. 2019, IV R 16/18, BFH/NV 2019, 804 = EStB 2019, 265 mit Anm. Günther).

Eine dauerhafte Vermietungsabsicht kann auch dann zu bejahen sein, wenn sich der Vermieter eine Kündigung zu einem bestimmten Zeitpunkt wegen

Eigenbedarfs vorbehält, um das Mietobjekt einem Angehörigen zu überlassen, sofern davon auszugehen ist, dass diese Überlassung nicht unentgeltlich erfolgen soll (FG Hamburg, Urteil vom 12.09.2018, 2 K 151/17 rkr.).

Ist für die Ausübung eines grundsätzlich lebenslangen dinglichen Wohnungsrechts ein Entgelt nur für eine zeitlich begrenzte Dauer (hier: ca. zehn Jahre) zu entrichten, muss die Einkünfteerzielungsabsicht anhand einer Totalüberschussprognose überprüft werden. Der Prognosezeitraum ist hierbei auf die Dauer der (voraussichtlichen) entgeltlichen Nutzungsüberlassung (hier: entgeltliche Ausübung des dinglichen Wohnungsrechts) begrenzt (BFH, Urteil vom 29.05.2018 IX R 8/17 BFH/NV 2019, 386).

Der Tatbestand des §21 Abs.1 Satz 1 Nr.1 EStG ist grundsätzlich für jede einzelne vermietete Immobilie gesondert zu prüfen. Vermietet ein Stpfl. aufgrund eines einheitlichen Mietvertrags ein bebautes zusammen mit einem unbebauten Grundstück, so gilt die §21 Abs.1 Satz 1 Nr.1 EStG zugrunde liegende Typisierung der Einkünfteerzielungsabsicht bei auf Dauer angelegter Vermietungstätigkeit grundsätzlich nicht für die Vermietung des unbebauten Grundstücks (BFH, Urteil vom 26.11.2008, IX R 67/07, BStBl. II 2009, 370, mit Anm. Heuermann, StBp 2009, 150f. und Bode, FR 2009, 621, 622). Die Einkünfteerzielungsabsicht ist bei §21 Abs.1 Satz 1 Nr.1 EStG nicht grundstücksbezogen, sondern für jede einzelne vermietete Immobilie gesondert zu prüfen, wenn sich die Vermietungstätigkeit nicht auf das gesamte Grundstück bezieht, sondern auf darauf befindliche Gebäude oder Gebäudeteile. Ist die Vermietung eines Gebäudes oder Gebäudeteils auf Dauer angelegt, so ist auch dann grundsätzlich und typisierend davon auszugehen, dass der Stpfl. beabsichtigt, letztlich einen Einnahmeüberschuss zu erwirtschaften, wenn der Mieter oder Pächter das Objekt nicht zu Wohnzwecken nutzt (BFH, Urteil vom 01.04.2009, IX R 39/08, BStBl. II 2009, 776).

Wird nur ein auf einem Grundstück gelegenes Gebäude oder ein Gebäudeteil vermietet oder verpachtet, bezieht sich die Einkünfteerzielungsabsicht nur hierauf. Die Prüfung, ob der Steuerpflichtige durch seine Vermietungstätigkeit langfristig einen Einnahmenüberschuss erzielen will, ist jeweils auf das einzelne Mietobjekt bezogen (BFH, Urteil vom 09.10.2013, IX R 2/13, BStBl. II 2014, 527). Die Einkünfteerzielungsabsicht ist objektbezogen für zwei Objekte zu prüfen, sobald der Steuerpflichtige ein bisher einheitlich genutztes Grundstück unterschiedlich nutzt (FG Nürnberg, Urteil vom 10.02.2015, 1 K 1064/13, EFG 2015, 1940 zwischenzeitlich rkr.).

4.1.2 Besonderheiten bei Ferienwohnungen

Aktueller Literaturhinweis: Pieske/Kontny, Zur Einkünfteerzielungsabsicht bei Vermietung einer Ferienwohnung, StBp 2020, 327ff.

Ähnliche Grundsätze gelten auch, wenn eine **Ferienwohnung** in Eigenregie oder über eine Vermieterorganisation ausschließlich an wechselnde Feriengäste vermietet und dauerhaft nur für diesen Zweck bereitgehalten wird (BFH, Urteil vom 21.11.2000, IX R 37/98, BStBl. II 2001, 705, 92; vom 06.11.2001, IX R

VII. Liebhaberei im Brennpunkt der Betriebsprüfung

97/00, BStBl. II 2002, 726; Urteil vom 15.02.2005, IX R 53/03, BFH/NV 2005, 1059; Urteil vom 24.08.2006, IX R 15/06, BStBl. II 2007, 256; Urteil vom 28.10.2009, IX R 30/08, BFH/NV 2010, 850; Beschluss vom 14.01.2010, IX B 146/09, BFH/NV 2010, 869; BFH, Beschluss vom 18.01.2013, IX B 143/12, BFH/NV 2013, 554; zu praktischen Anwendungsfragen eingehend Stein, StBp 2010, 101 ff.; Neufang, StB 2017, 248 ff.; Thiele, FR 2017, 904 ff.).

Dies hat wiederum grundsätzlich zur Folge, dass ohne weitere Prüfung von der Einkunftserzielungsabsicht des Steuerpflichtigen auszugehen ist (BFH, Urteil vom 05.11.2002, IX R 18/02, BStBl. II 2003, 914; vom 19.04.2005, IX R 10/04, BStBl. II 2005, 692; Beschluss vom 20.09.2006 IX B 102/05, BFH/NV 2007, 32).

Etwas anderes (Überprüfung der Einkünfteerzielungsabsicht) gilt aber, wenn sich der Steuerpflichtige eine Zeit der Selbstnutzung vorbehalten hat; dies gilt unabhängig davon, ob und inwieweit er tatsächlich von seinem Eigennutzungsrecht Gebrauch macht (BFH, Urteil vom 29.08.2007, IX R 48/06, BFH/NV 2008, 34; BFH, Urteil vom 11.12.2012, IX R 15/12 BFH/NV 2013, 720; BFH, Urteil vom 16.04.2013, IX R 26/11, BStBl. II 2013, 613 mit Anm. Bode, FR 2013, 999, 1000 f.; ferner BFH, Beschluss vom 21.06.2010, IX B 25/10, BFH/NV 2010, 2052; BFH, Beschluss vom 09.03.2017, IX B 122/16, BFH/NV 2017, 728; BFH, Urteil vom 08.01.2019, IX R 37/17 BFH/NV 2019, 390 = EStB 2019, 135 f. mit Anm. Günther; siehe auch Niedersächsisches FG, Urteil vom 25.02.2010, 11 K 100/08, EFG 2010, 1038 rkr. mit Anm. Wüllenkemper; Kreft, DB 2012; Heft 22 vom 16.06.2012, M 10; FG Münster, Urteil vom 08.03.2012, 9 K 1189/09 F EFG 2012, 1661 rkr.; siehe auch Schallmoser, DStR 2013, 505, 506 f.).

Bei der Vermietung von Ferienwohnungen ist die Einkünfteerzielungsabsicht auch dann anhand einer Prognose zu überprüfen, wenn die Vermietung die ortsübliche Vermietungszeit von Ferienwohnungen erheblich unterschreitet, ohne dass Vermietungshindernisse gegeben sind. Erzielt ein Steuerpflichtiger aus der Vermietung mehrerer gleichwertiger Wohnungen in unmittelbarer räumlicher Nähe Einkünfte aus VuV, so sind zur Ermittlung der Anzahl der ortsüblichen Vermietungstage die konkreten Objektdaten heranzuziehen (FG Münster, Urteil vom 09.11.2006, 14 K 3244/05 E, EFG 2007, 1163; die Revision wurde mit BFH, Urteil vom 24.06.2008, IX R 12/07, BFH/NV 2008, 1484 als unbegründet zurückgewiesen. Vgl. auch FG München, Urteil vom 29.06.2015, 7 K 2102/13, DStRE 2017, 17).

Zur Prüfung der Auslastung einer Ferienwohnung müssen die individuellen Vermietungszeiten des jeweiligen Objekts an Feriengäste mit denen verglichen werden, die bezogen auf den gesamten Ort im Durchschnitt erzielt werden. Dabei kann das FG auf Vergleichsdaten eines Statistikamtes auch dann zurückgreifen, wenn diese Werte für den betreffenden Ort nicht allgemein veröffentlicht, sondern nur auf Nachfrage zugänglich gemacht werden. Die Bettenauslastung kann Rückschlüsse auf die ortsübliche Vermietungszeit zulassen (BFH, Urteil vom 26.05.2020 IX R 33/19 BFH/NV 2020, 1132 = EStB 2020, 378, 379 m. Anm. Meurer).

Es ist von der Rechtsprechung geklärt, dass in die zur Ermittlung der Einkünfteerzielungsabsicht durchzuführende Prognoserechnung auch nach Beginn der Vermietungstätigkeit eintretende tatsächliche Veränderungen, die auf eine zukünftige Verbesserung der Einnahmensituation schließen lassen, einzubeziehen sind (BFH, Beschluss vom 25.07.2017, IX B 50/17, BFH/NV 2017, 1457).

Für die Beurteilung der Absicht, Einkünfte aus Vermietung und Verpachtung zu erzielen, kommt es nicht darauf an, aus welchen Gründen der Steuerpflichtige den Werbungskostenüberschuss hinnimmt. Ist bei objektiver Betrachtung ein Totalüberschuss nicht zu erwarten, kann die Einkünfteerzielungsabsicht nicht deshalb bejaht werden, weil private Motive oder persönliche Neigungen für die Renovierung und den Ausbau der Ferienwohnung nicht feststellbar sind (BFH, Urteil vom 31.01.2017, IX R 23/16, BFH/NV 2017, 897).

Es ist höchstrichterlich geklärt, dass bei teilweise selbstgenutzten und teilweise vermieteten Ferienwohnungen die Frage, ob der Steuerpflichtige mit oder ohne Einkünfteerzielungsabsicht vermietet hat, anhand einer unter Heranziehung aller objektiv erkennbaren Umstände zu treffenden Prognose zu entscheiden ist (BFH, Beschluss vom 09.03.2017, IX B 122/16, BFH/NV 2017, 728, EStB 2017, 280 mit Anmerkung Günther).

Die Rechtsprechung des BFH, wonach bei einer ausschließlich an wechselnde Feriengäste vermieteten und in der hierfür bereitgehaltenen Ferienwohnung ohne weitere Prüfung von der Überschusserzielungsabsicht des Steuerpflichtigen auszugehen ist, ist auf die Feststellung der Gewinnerzielungsabsicht bei der gewerblichen Vermietung eines Ferienhauses nicht übertragbar. Ist für die Dauer der gewerblichen Vermietung eines Ferienhauses kein bestimmter Zeitraum festgelegt, kann für die Prognoseberechnung des Totalergebnisses nur darauf abgestellt werden, ob sich nach den Absichten des Steuerpflichtigen in absehbarer Zeit ein Überschuss des Betriebsvermögens ergibt. Ein Zeitraum von 50 Jahren oder gar von 100 Jahren kommt hierfür nicht in Betracht, da Gewinnvorhersagen über einen solchen Zeitraum zu viele spekulative Elemente enthalten würden (BFH, Beschluss vom 05.03.2007, X B 146/05, BFH/NV 2007, 1125).

Im Rahmen der Einkunftsart Vermietung und Verpachtung ist die Einkunftserzielungsabsicht bei einer langfristigen Vermietung ausnahmsweise zu prüfen, wenn der Steuerpflichtige die Anschaffungskosten oder Herstellungskosten des Vermietungsobjekts sowie anfallende Schuldzinsen fremdfinanziert und somit Zinsen auflaufen lässt, ohne dass durch ein Finanzierungskonzept von vornherein deren Konsultation durch spätere positive Ergebnisse vorgesehen ist (BFH, Urteil vom 10.05.2007, IX R 7/07, BStBl. II 2007, 873 mit Anm. Heuermann, StBp 2007, 344 ff.).

Wegen dieses Grundsatzes sind die auf die Leerzeiten entfallenden Aufwendungen als Werbungskosten bei den Einkünften aus Vermietung und Verpachtung abziehbar (BFH, Urteil vom 25.06.2002, IX R 61/01, BFH/NV 2002, 1442).

VII. Liebhaberei im Brennpunkt der Betriebsprüfung

Dies gilt aber nur, wenn das Vermieten der Ferienwohnung die ortsübliche Vermietungszeit von Ferienwohnungen nicht wesentlich unterschreitet. Wird die ortsübliche Vermietungszeit mindestens um 25 % unterschritten ohne das Vermietungshindernisse gegeben sind, kann die Einkunftserzielungsabsicht nicht ohne Weiteres unterstellt werden; vielmehr ist in eine Prognoseentscheidung nach den allgemeinen Grundsätzen über den Totalgewinn einzutreten (BFH, Urteil vom 26.10.2004, IX R 57/02, BStBl. II 2005, 388 in Modifikation der o. g. Rspr.; ferner BFH, Beschluss vom 07.10.2008, IX B 92/08, BFH/NV 2009, 22). Die ortsübliche Vermietungszeit ist anhand der Vermietungstage vergleichbarer Ferienwohnungen zu ermitteln (BFH, Urteil vom 29.08.2007, IX R 48/06, BFH/NV 2008, 34, 35).

Ob eine Ferienwohnung dauerhaft zur Vermietung angeboten und bereitgehalten wird, hat das FG tatsächlich zu würdigen, wobei die Beweislast beim Steuerpflichtigen liegt (BFH, Urteil vom 06.11.2001, IX R 97/00, BStBl. II 2002, 726, 728; BFH, Beschluss vom 10.08.2011, X B 100/10, BFH/NV 2011, 2098, 2099 f.; FG Baden-Württemberg, Urteil vom 16.12.2003, 2 K 367/01, EFG 2005, 112 rkr.; Niedersächsisches FG, Urteil vom 19.07.2007, 10 K 583/03, EFG 2007, 1770 rkr.).

Wird eine Ferienwohnung nicht durchweg im ganzen Jahr an wechselnde Feriengäste vermietet und können ortsübliche Vermietungszeiten nicht festgestellt werden, ist ihr Vermieten mit einer auf Dauer ausgerichteten Vermietungstätigkeit nicht vergleichbar, so dass die Einkünfteerzielungsabsicht durch eine Prognose überprüft werden muss (BFH, Urteil vom 19.08.2008, IX R 39/07, BStBl. II 2009, 138 = FR 2009, 435, 436 mit Anm. Bode).

Die zur Vermietung von Ferienwohnungen entwickelten Maßstäbe sind grundsätzlich auch auf die Vermietung von Messezimmern oder -wohnungen anwendbar, bei denen regelmäßig und typischerweise von einem häufigen Wechsel an Gästen in Verbindung mit Leerstandszeiten auszugehen ist (BFH, Urteil vom 04.03.2008, IX R 11/07, BFH/NV 2008, 1462).

Die Vermietungstätigkeit ist **auf Dauer angelegt**, wenn sie nach den bei Beginn der Vermietung ersichtlichen Umständen keiner Befristung unterliegt; dies schließt mehrere aufeinanderfolgende Mietverträge nicht aus (BFH, Urteil vom 14.12.2004, IX R 1/04, BStBl. II 2005, 211).

Bei einer ausschließlich an wechselnde Feriengäste vermieteten und in der übrigen Zeit hierfür bereit gehaltenen Ferienwohnung ist ohne weitere Prüfung von der Überschusserzielungsabsicht des Steuerpflichtigen auszugehen. Nutzt er die Ferienwohnung auch selbst, ist die Überschusserzielungsabsicht durch eine auf 30 Jahre angelegte Prognose zu überprüfen (BFH, Beschluss vom 03.05.2006, IX B 16/06, BFH/NV 2006, 1471 vgl. a. BFH, Beschluss vom 20.12.2013, IX B 100/13, BFH/NV 2014, 516).

Verluste aus der Vermietung eines Ferienhauses können ohne Einnahmeüberschussprognose abgezogen werden, wenn die ursprünglich in einem Gästevermittlungsvertrag vereinbarte Selbstnutzung nachträglich ausgeschlossen wird; FG Köln, Urteil vom 17.12.2015, 10 K 2322/13, DStRE 2016, 1357 rkr.

4 Einzelfragen

4.1.3 Subjektive Momente, Bestimmung des Prognosezeitraums, Sonstiges

Unschädlich ist die Veräußerung aufgrund eines **neu gefassten Entschlusses**; wobei hier der Steuerpflichtige beweislastpflichtig ist (BFH, Urteil vom 09.07.2002, IX R 47/99, BStBl. II 2003, 580).

In der Rechtsprechung ist geklärt, dass ein gegen die Einkünfteerzielungsabsicht sprechendes Indiz vorliegt, wenn der Steuerpflichtige ein bebautes Grundstück innerhalb eines engen zeitlichen Zusammenhangs – von i. d. R. bis zu **fünf Jahren** – seit der Anschaffung oder Herstellung wieder veräußert und innerhalb dieser Zeit insgesamt nur einen Werbungskostenüberschuss erzielt (BFH, Beschluss vom 30.11.2005, IX B 172/04, BFH/NV 2006, 720). Die heranzuziehende Zeitspanne von fünf Jahren bildet keine starre Grenze; auch erst nach Ablauf von fünf Jahren veräußerte Immobilien können ggf. mit Folgerungen für die Indizwirkung in die Betrachtung einbezogen werden (BFH, Beschluss vom 29.12.2006, IX B 139/05, BFH/NV 2007, 1084).

Ein gegen den Entschluss, auf Dauer zu vermieten sprechendes Indiz liegt vor, wenn der Steuerpflichtige ein bebautes Grundstück innerhalb eines engen zeitlichen Zusammenhangs – von in der Regel bis zu fünf Jahren – seit der Anschaffung oder Herstellung wieder veräußert (BFH, Urteil vom 18.01.2006, IX R 18/04, BFH/NV 2006, 1078).

Zur Prüfung und Ermittlung der Einkünfteerzielungsabsicht, wenn sich eine ursprünglich vorhandene Vermietungsabsicht nicht verwirklichen lässt, weil die Gemeinde die notwendigen planungsrechtlichen Änderungen ablehnt (hierzu BFH Beschluss vom 12.10.2006, IX B 202/05, BFH/NV 2007, 226; ferner BFH, Urteil vom 19.12.2007, IX R 30/07, BFH/NV 2008, 1300).

Allein die noch indifferenten Überlegungen einer möglichen Selbstnutzung, die der Vermieter – nur für sich – in Betracht zieht und die er dem Außenprüfer gegenüber als Grund für die hochwertige Ausstattung des Gebäudes nennt, rechtfertigt steuerrechtlich noch nicht, von einer Vermietung auf Zeit mit Selbstnutzungsvorbehalt auszugehen (BFH, Urteil vom 02.04.2008, IX R 63/07 BFH/NV 2008, 1323 in Fortführung des BFH, Urteil vom 14.12.2004, IX R 1/04, BStBl. II 2005, 211; siehe auch BFH, Urteil vom 16.04.2013, IX R 26/11, BStBl II 2013,613; BFH, Urteil vom 16.04.2013, IX R 22/12, BFH/NV 2013, 1552; vgl. auch BFH, Beschluss vom 05.01.2016, IX B 106/15, BFH/NV 2016, 550; BFH, Beschluss vom 04.03.2016, IX B 114/15, BFH/NV 2016, 917; FG Köln, Urteil vom 17.12.2015, 10 K 2322/13, EFG 2016, 381 rkr. mit Anmerkung Hollatz).

Ist kein bestimmter Zeitraum für die Dauer der gewerblichen Vermietung einer Ferienwohnung festgelegt, kann für die Prognoseberechnung des Totalgewinns nur darauf abgestellt werden, ob sich nach den Absichten des Steuerpflichtigen in absehbarer Zeit ein Überschuss des Betriebsvermögens ergibt. Dabei kann ein **Zeitraum von 30 Jahren** als überschaubar angesehen werden. Anders als bei der Erzielung von Einkünften aus Vermietung und Verpachtung ist die Gewinnerzielungsabsicht nicht zu unterstellen, sondern in jedem Einzelfall zu prüfen. Hierfür trägt der Steuerpflichtige die Feststellungslast (FG Nürnberg,

VII. Liebhaberei im Brennpunkt der Betriebsprüfung

Urteil vom 11.02.2016, 4 K 1104/14, EFG 2016, 902 rkr. mit Anm. Hüttner, siehe auch FG Köln, Urteil vom 17.12.2015, 10 K 2322/13, EFG 2016, 381 rkr. mit Anm. Hollatz).

Hat der Steuerpflichtige den Entschluss, auf Dauer zu vermieten, endgültig gefasst, ist für die Dauer seiner Vermietungstätigkeit von der Einkünfteerzielungsabsicht auszugehen, selbst wenn er das Vermietungsobjekt nicht nur ernsthaft und nachhaltig zur Vermietung, sondern daneben auch zum Erwerb anbietet und damit die Vermietungsabsicht nicht endgültig aufgibt (BFH, Urteil vom 12.07.2006, IX R 47/05 BFH/NV 2007, 658).

Je kürzer der Abstand zwischen der Anschaffung oder Errichtung des Objekts und der nachfolgenden Veräußerung ist, umso mehr spricht dies gegen eine auf Dauer angelegte Vermietungstätigkeit und ist von einer von Anfang an bestehenden Veräußerungsabsicht (BFH, Beschluss vom 28.02.2007, IX B 161/06, BFH/NV 2007, 1477).

Eine im Hinblick auf von vornherein geplante und durchgeführte Eigennutzung nur kurzfristige Fremdvermietung während derer lediglich Werbungskostenüberschüsse erzielt werden, spricht gegen eine auf Dauer angelegte Vermietungstätigkeit mit Einkünfteerzielungsabsicht (BFH, Urteil vom 29.03.2007, IX R 7/06, BFH/NV 2007, 1847).

Zur Einkünfteerzielungsabsicht bei längerem Leerstand eines Ferienhauses hat der BFH wie folgt Stellung genommen. Danach ist nach der bisherigen Rechtsprechung bei einer vorangehenden auf Dauer angelegten Vermietung davon auszugehen, dass das betreffende Haus selbst während Leerstandszeiten der Erzielung von Vermietungseinkünften dient, zumal wenn das Objekt in dieser Zeit betriebsbereit gemacht und anschließend tatsächlich vermietet wird (BFH, Urteil vom 31.07.2007, IX R 30/05, BFH/NV 2008, 202).

Die Rechtsprechung zur typisierenden Annahme der Einkünfteerzielungsabsicht bei Ferienwohnungen, die ausschließlich an wechselnde Feriengäste vermietet und in der übrigen Zeit hierfür bereitgehalten werden, findet auch auf Objekte Anwendung, die wegen nur beschränkter Verfügbarkeit der Wasserversorgung nicht ganzjährig oder zeitweise nur eingeschränkt nutzbar sind. Hohe Sanierungs- bzw. Renovierungskosten rechtfertigen noch nicht die Annahme, dass es sich um ein Luxusobjekt handelt, auf das die Grundsätze über die typisierende Annahme der Einkünfteerzielungsabsicht keine Anwendung finden (FG München, Urteil vom 08.04.2009, 10 K 713/09, EFG 2009, 1295; die NZB wurde als unbegründet vom BFH, Beschluss vom 22.09.2009, IX B 82/09, BFH/NV 2010, 36, verworfen).

Erfolgt aber die Veräußerung in der Zeit bis zu fünf Jahren nach der Anschaffung/Herstellung des Objekts, liegt ein gegen die Einkunftserzielungsabsicht sprechendes (widerlegbares) Indiz vor. Bei einem leerstehenden, ernsthaft zur Wiedervermietung und alternativ auch zum Verkauf angebotenen Objekt fehlt noch nicht die Einkunftserzielungsabsicht (BFH, Urteil vom 09.07.2003, IX R 102/00, BStBl. II 2003, 940; vom 09.07.2003, IX R 48/02, BFH/NV 2004, 170; vom

4 Einzelfragen

09.07.2003, IX R 30/00, BFH/NV 2004, 1382; BMF, Schreiben vom 08.10.2004, IV C 3 – S 2253 – 91/04, BStBl. I 2004, 933, Tz. 24 bis 27; ergänzend FinMin. Niedersachsen, Erlass vom 18.06.2010, S 2254 – 52 – St 233/St 234, DStR 2010, 1842).

Weiterhin umstritten ist die Maßgeblichkeit des **Prognosezeitraums** für die Anwendung der Grundsätze des Totalüberschusses. Zuerst hatte die Finanzverwaltung die Auffassung vertreten, dass hierfür bei Immobilien ein Zeitraum von 100 Jahren maßgebend ist (BMF, Schreiben vom 23.07.1992, IV B 3 – S 2253 – 29/92, BStBl. I 1992, 434).

Aufgrund neuerer Rechtsprechungstendenzen und Änderungen in der Verwaltungsanweisung ist dieser Prognosezeitraum nunmehr typisiert mit 30 Jahren anzusetzen (BMF, Schreiben vom 08.10.2004, IV C 3 – S 2253 – 91/04, BStBl. I 2004, 933, Tz. 34).

Für diesen Zeitraum sind die voraussichtlichen Einnahmen und die Ausgaben zu schätzen, wobei auch die Durchschnittswerte vergangener Jahre (i.d.R. fünf Jahre) einen Anhalt bieten können; inflationsbedingte Erhöhungen sind nicht zu berücksichtigen. Instandhaltungsaufwendungen können in Anlehnung an die II. BVO geschätzt werden. Für die Einrichtungsgegenstände kann auf die amtlichen AfA-Tabellen zurückgegriffen werden. Für das Gebäude ist die Normal-AfA gem. § 7 Abs. 4 EStG anzusetzen; soweit die negativen Einkünfte auf Subventions-/Lenkungsnormen (z. B. Sonderabschreibungen nach §§ 3, 4 Fördergebietsgesetz, erhöhte Absetzungen nach §§ 7h, 7i EStG) entfallen, sind sie bei Dauervermietung außer Ansatz zu lassen. Hervorzuheben ist, dass nicht steuerbare Gewinne unberücksichtigt bleiben (BFH, Beschluss vom 25.06.1984, GrS 4/82, BStBl. II 1984, 751, 766).

Dies bedeutet, dass bei Ostimmobilien kurzfristige Verkäufe nach Ablauf des (fünfjährigen) Begünstigungszeitraums für die Inanspruchnahme der Sonder-AfA im Zweifel steuerschädlich sind, weil sich der Steuerpflichtige im Zweifel in einer Verlustphase befinden wird. Vermietet er jedoch dieses Objekt langfristig, so sollte er anhand eines glaubhaft zu dokumentierenden Businessplans darlegen können, dass er zumindest möglichst nach Ablauf von 30 Jahren einen Totalüberschuss erzielt. Bei der Berechnung ist dann jedoch die Normal-AfA anzuwenden.

Hingegen wird die Auffassung vertreten, dass nach § 23 EStG steuerpflichtige Spekulationsgewinne mit in die Totalüberschussprognose einzubeziehen sind (streitig) Drenseck., DStZ 2002, 864; Heuermann, StuW 2003, 101; BMF, Schreiben vom 08.10.2004, IV C 3 – S 2253 – 91/04, BStBl. I 2004, 933, Tz. 34 (gegen eine Einbeziehung von steuerpflichtigen Gewinnen gem. § 23 EStG).

Den Prognosezeitraum für reine Vermietungsfälle hat der BFH im Anschluss an die Entscheidung zu Ferienwohnungen generell auf 30 Jahre festgelegt. Dabei stellt sich die Frage nach der Einbeziehung von Wertsteigerungen des betreffenden Objektes in die Prognose dann nicht, wenn keine nach § 23 EStG steuerpflichtigen Wertsteigerungen angefallen sind; nicht steuerbare Veräußerungsgewinne bleiben außer Ansatz (BFH, Beschluss vom 27.03.2008, IX B 36/07, BFH/NV 2008, 1149, 1150f.).

Ist die **Vermietung nicht auf Dauer** angelegt, so ist ebenfalls die Einkunftserzielungsabsicht mittels einer Prognose, der der kürzere Zeitraum der tatsächlichen Vermutung zu Grunde liegt, zu ermitteln (BFH, Urteil vom 06.11.2001, IX R 84/97, BFH/NV 2002, 769f.; vom 06.11.2001, IX R 44/99, BFH/NV 2002, 773).

Eine vorangegangene Vermietung von später in einer größeren Wohneinheit aufgegangenen Wohnräumen entfaltet keine Indizwirkung für eine Einkünfteerzielungsabsicht bezogen auf das Gesamtobjekt (BFH, Urteil vom 11.08.2010, IX R 3/10, BStBl. II 2011, 166 mit Anm. Heuermann, StBp 2011, 27 und Bode, FR 2011, 186, 188f. betr. Einkünfteerzielungsabsicht bei langjähriger Renovierung).

Kann in diesem Zeitraum ein positives Gesamtergebnis nicht erzielt werden, so fehlt es an der Einkunftserzielungsabsicht (BFH, Urteil vom 09.07.2002, IX R 57/00, BStBl. II 2003, 695, BFH-PR 2002, 419; vom 04.11.2003, IX R 55/02, BFH/NV 2004, 484; BFH, Urteil vom 29.05.2018, IX R 8/17, BFH/NV 2019, 386 = FR 2019, 380, 382 mit Anm. Griemla; hierzu OFD Frankfurt a.M., Rundverfügung vom 21.08.2018, S 2253 A – 48 – St 242, DStR 2018, 2385).

Bei einer nicht auf Dauer angelegten Vermietungs- und Verpachtungstätigkeit ergibt sich ein Beweisanzeichen für das Fehlen der Einkünfteerzielungsabsicht daraus, dass der Steuerpflichtige in der Zeit der Nutzungsüberlassung noch kein positives Gesamtergebnis erreichen kann. Ebenso spricht als Indiz gegen das Bestehen einer Einkünfteerzielungsabsicht, wenn der Steuerpflichtige die Immobilie innerhalb eines engen zeitlichen Zusammenhangs – von in der Regel bis zu fünf Jahren – seit der Anschaffung oder Herstellung veräußert und innerhalb dieser Zeit insgesamt einen Werbungskostenüberschuss erzielt. Bei der in diesem Zusammenhang zu stellenden Prognose des zu (erwartenden) Überschusses sind auch die vorgenommenen Sonderabschreibungen nach dem FördG einzubeziehen. Je kürzer der Abstand zwischen der Anschaffung und Errichtung des Objekts und der nachfolgenden Veräußerung ist, umso mehr spricht dies gegen eine auf Dauer angelegte Vermietungstätigkeit und für eine von Anfang an bestehende Veräußerungsabsicht (BFH, Urteil vom 03.08.2004, X R 55/01, BFH/NV 2005, 517).

Tritt der Erwerber eines Mietobjekts in einen bestehenden Mietvertrag ein, so wird seine Einkünfteerzielungsabsicht auf der Grundlage der Auslegung dieses Mietvertrags durch den Umgang des Erwerbers mit ihm, insbesondere mit einer noch laufenden Befristung und/oder Eigenbedarfsklausel, indiziert (BFH, Urteil vom 22.01.2013, IX R 13/12, BStBl. II 2013, 533, mit Anm. Bode, FR 2013, 865, 866f.).

Wie bereits erwähnt sind insbesondere die Kauf-/Bauherrenmodelle mit Rückkaufoder Verkaufsgarantie innerhalb der Verlustzone steuerschädlich. Anders als bei einer auf Dauer angelegten Vermietung sind hier aber negative Ein-

4 Einzelfragen

künfte aufgrund von Subventions- und Lenkungsnormen (Sonderabschreibungen, erhöhte Absetzungen etc.) in die befristete Totalüberschussprognose einzubeziehen (BFH, Urteil vom 09.07.2002, IX R 57/00, BStBl. II 2003, 695). Geltend gemachte Sonderabschreibungen nach den §§ 1, 3 und 4 FördG sind nicht in eine befristete Totalüberschussprognose (hier: zehn Jahre) einzubeziehen, wenn die nachträglichen Herstellungskosten innerhalb der voraussichtlichen Dauer der Vermietungstätigkeit gem. § 4 Abs. 3 FördG vollständig abgeschrieben werden (BFH, Urteil vom 25.06.2009, IX R 24/07, BFH/NV 2009, 1882).

Hat der Steuerpflichtige den Entschluss, auf Dauer zu vermieten, endgültig gefasst, so wird die Einkünfteerzielungsabsicht nicht dadurch ausgeschlossen, dass der Steuerpflichtige nach dem Beginn seiner Vermietungstätigkeit das bebaute Grundstück aufgrund eines neu gefassten Entschlusses veräußert. Ein gegen den Entschluss, auf Dauer zu vermieten, sprechendes Indiz liegt vor, wenn der Steuerpflichtige ein bebautes Grundstück innerhalb eines engen zeitlichen Zusammenhangs – von i. d. R. bis zu fünf Jahren – seit der Anschaffung oder Herstellung wieder veräußert (BFH, Urteil vom 18.01.2006, IX R 18/04, BFH/NV 2006, 1078).

Wer Aufwendungen für seine zunächst selbst bewohnte, anschließend leerstehende und noch nicht vermietete Wohnung als vorab entstandene Werbungskosten geltend macht, muss seinen endgültigen Entschluss, diese Wohnung zu vermieten, durch ernsthafte nachhaltige Vermietungsbemühungen belegen. Die Ernsthaftigkeit und Nachhaltigkeit der Vermietungsbemühungen dienen als Belege (Beweisanzeichen) für die Einkünfteerzielungsabsicht, deren Feststellung und Würdigung im Wesentlichen dem FG als Tatsacheninstanz obliegt (BFH, Urteil vom 28.10.2008, IX R 1/07, BStBl. II 2009, 848). Die Schaltung von zwei Vermietungsanzeigen in einem VZ allein ist jedenfalls im Fall eines langjährigen Leerstands einer Wohnung nicht ausreichend, eine Vermietungsabsicht überzeugend darzulegen (FG München, Urteil vom 22.10.2008, 1 K 77/07 EFG 2009, 250 rkr.; zu Praxisproblemen des Nachweises der Vermietungsabsicht bei leerstehenden Immobilien eingehend Stein, DStR 2009, 1079 ff.).

Die Einkünfteerzielungabsicht bei einer leerstehenden Wohnung erfordert eine ernsthafte und nachhaltige Vermietungsabsicht. Die Bemühungen müssen vom Steuerpflichtigen so gewählt sein, dass sie auf Dauer erfolgreich sind. Das ist nicht der Fall, wenn der Steuerpflichtige sich jahrelang bemüht, eine Wohnung, die in einem reinen Wohngebiet liegt, nur zu gewerblichen, freiberuflichen oder solchen Zwecken, die einen Publikumsverkehr nach sich ziehen müssen, zu vermieten (Hessisches FG, Beschluss vom 25.01.2010, 5 V 2138/09, DStRE 2010, 1485 rkr.).

Wer Aufwendungen für ein leerstehendes und noch nicht vermietetes Objekt als vorab entstandene Werbungskosten geltend macht, muss seinen endgültigen Beschluss, dieses Objekt zu vermieten, durch ernsthafte und nachhaltige

VII. Liebhaberei im Brennpunkt der Betriebsprüfung

Vermietungsbemühungen belegen. Bei einem Leerstand von mehr als 20 Jahren spricht allein die Dauer des Leerstands dafür, dass eine Vermietungsabsicht nicht vorhanden war (BFH, Urteil vom 18.08.2010, X R 30/07, BFH/NV 2011, 215).

Erwirbt der Stpfl. ein nicht vermietetes Gebäude und veräußert er dieses in engem zeitlichen Zusammenhang mit dem Übergang von Nutzen und Lasten weiter, genügt ein bis zum Weiterverkauf alternativ erteilter Vermittlungsauftrag zum Verkauf und zur Vermietung nicht zum Nachweis der Vermietungsabsicht (FG München, Urteil vom 19.05.2010, 10 K 288/09, DStRE 2011, 1189, rkr.).

Eine Vermietungsabsicht setzt ein nachhaltiges und ernsthaftes Bemühen, einen Mieter zu finden, voraus. Zwei symbolische „Pro-forma-Anzeigen" und wenige Aushänge am schwarzen Brett eines Supermarktes reichen hierfür nicht aus (Thüringer FG, Urteil vom 03.11.2010, 3 K 285/10, EFG 2011, 796, rkr.).

Hat der Stpfl. den Entschluss, auf Dauer zu vermieten, endgültig gefasst, so gilt diese Annahme für die Dauer seiner Vermietungstätigkeit auch dann, wenn er das vermietete Objekt aufgrund eines neu gefassten Entschlusses veräußert oder selbst nutzt. Ein gegen die Einkünfteerzielungsabsicht sprechendes Indiz der Liebhaberei liegt aber z.B. dann vor, wenn der Stpfl. eine zunächst vermietete Eigentumswohnung in einem engen zeitlichen Zusammenhang mit der Anschaffung oder Herstellung – i.d.R. innerhalb von bis zu fünf Jahren – wieder veräußert oder selbst nutzt und während dieser Zeit nur einen Werbungskostenüberschuss erzielt hat. Zu dem Erfordernis, nach erfolglosen eigenen Bemühungen (hier: zehn Zeitungsannoncen) ggf. einen Makler einschalten zu müssen, hat ein Finanzgericht Stellung genommen (FG Hamburg, Urteil vom 11.04.2011, 6 K 257/09, EFG 2011, 2076, DStRE 2012, 1044, rkr.).

Zu den Anforderungen an den Nachweis der Vermietungsabsicht hat ein Finanzgericht wie folgt Stellung genommen. Die Einkünfteerzielungsabsicht kann als eine innere Tatsache nur anhand äußerlicher Merkmale beurteilt werden. Dauert der Umbau einer Wohnung mehrere Jahre, sind i.d.R. plausible Gründe darzulegen (FG Baden-Württemberg, Urteil vom 16.05.2011, 10 K 4499/08, EFG 2011, 2073, rkr.).

Aufwendungen für eine Wohnimmobilie, die nach vorheriger (auf Dauer angelegter) Vermietung leer steht, können auch während der Zeit des für die Dauer notwendiger Renovierungsarbeiten bestehenden Leerstandes als Werbungskosten abgezogen werden, solange der Steuerpflichtige den ursprünglichen Entschluss zur Einkünfteerzielung im Zusammenhang mit dem Leerstand der Wohnung nicht endgültig aufgegeben hat. Die Art, der Umfang und die zeitliche Abfolge von Renovierungsarbeiten können im Einzelfall den Schluss zulassen, dass der Steuerpflichtige von vorneherein nach Abschluss der Arbeiten eine Selbstnutzung des Objektes geplant und mithin seine Einkünfteerzielungsabsicht schon mit Beginn der Renovierungsphase aufgegeben hat. Ein dahin gehender Schluss erfordert hinreichende Feststellungen zu der Frage, ob vom Steuerpflichtigen nachgewiesene Vermietungsbemühungen nur zum Schein unternommen wurden (BFH, Urteil vom 11.12.2012, IX R 15/12, BFH/NV 2013, 720).

Allein wegen fehlenden Nachweises von Einnahmen aus Vermietung (eines geerbten Hauses) während eines Zeitraums von drei Monaten kann nicht auf eine fehlende Einkünfteerzielungsabsicht geschlossen werden (BFH, Beschluss vom 29.08.2011, VIII B 24/11, BFH/NV 2011, 2101; vgl. a. BFH, Beschluss vom 12.12.2011, IX B 132/11, BFH/NV 2012, 727).

Es besteht keine steuerlich anzuerkennende Vermietungsabsicht, wenn bei allgemein stark nachgesuchtem Mietwohnraum eine (möblierte) Wohnung über Jahre hinweg nicht vermietet wird.

Auch wenn Vermietungsanzeigen ein Indiz für eine Vermietungsabsicht bilden, kann sich aus anderen Umständen das Fehlen dieser Absicht ergeben.

Im Streit um Werbungskostenüberschüsse bei den Einkünften aus Vermietung und Verpachtung bedarf es keiner Totalüberschussprognose anhand hypothetisch erzielbarer Mieten, wenn eine Vermietung tatsächlich weder erfolgt noch beabsichtigt ist.

In einem vom Stpfl. auch selbst genutzten Zweifamilienhaus sind anteilige Aufwendungen für dauerhaft leerstehende Nebenräume keine Werbungskosten (BFH, Urteil vom 17.10.2012, VIII R 51/09, BFH/NV 2013, 365).

Aufwendungen für eine Wohnung, die nach vorheriger (auf Dauer angelegter) Vermietung leersteht, können auch während der Zeit des Leerstands als Werbungskosten abgezogen werden, solange der Stpfl. den ursprünglichen Entschluss zur Einkünfteerzielung im Zusammenhang mit dem Leerstand der Wohnung nicht endgültig aufgegeben hat. Von einer endgültigen Aufgabe der Einkünfteerzielungsabsicht darf im Einzelfall ausgegangen werden, wenn sich der Stpfl. nicht (mehr) ernsthaft und nachhaltig um eine Vermietung bemüht (BFH, Urteil vom 11.12.2012, IV R 39/11, BFH/NV 2013, 540; BFH, Urteil vom 11.12.2012, IX R 40/11, BFH/NV 2013, 541; BFH, Urteil vom 11.12.2012, IV R 41/11, BFH/NV 2013, 543).

Zu den ernsthaften und nachhaltigen Vermietungsbemühungen als Voraussetzung einer (fort-)bestehenden Einkünfteerzielungsabsicht, deren Feststellung und Würdigung im Wesentlichen dem FG als Tatsacheninstanz obliegt, kann auch gehören, bei einem lang andauernden Leerstand einer möblierten Wohnung geeignetere Wege der Vermarktung zu suchen und die Wohnung unmöbliert zur Vermietung anzubieten (BFH, Beschluss vom 05.01.2015, IX B 126/14, BFH/NV 2015, 494).

Eine beendete Vermietung von Wohnungen in einem Mehrfamilienhaus entfaltet keine Indizwirkung für eine (fortbestehende) Einkünfteerzielungsabsicht hinsichtlich zweier im Dachgeschoss neu geschaffener Wohnungen. Dem Steuerpflichtigen ist ein inhaltlich angemessener, zeitlich jedoch begrenzter Beurteilungs- und Entscheidungsspielraum zuzubilligen, innerhalb dessen er über die Fortführung oder Aufgabe seiner Vermietungsätigkeit entscheiden muss (BFH, Urteil vom 13.01.2015, IX R 46/13, BFH/NV 2015, 668 im Anschluss an BFH, Urteil vom 11.08.2010, IX R 13/10, BStBl II 2011, 166).

Im Einzelfall kann ein besonders lang andauernder Leerstand – auch nach vorheriger, auf Dauer angelegter Vermietung – dazu führen, dass eine vom Stpfl. aufgenommene Einkünfteerzielungsabsicht ohne sein Zutun oder Verschulden wegfällt. Für die Ernsthaftigkeit und Nachhaltigkeit von Vermietungsbemühungen als Voraussetzung einer (fort-)bestehenden Einkünfteerzielungsabsicht, deren Feststellung und Würdigung im Wesentlichen dem FG als Tatsacheninstanz obliegt, trägt der Stpfl. die Feststellungslast (BFH, Urteil vom 11.12.2012, IX R 14/12, BStBl. II 2013, 279, mit Anm. Bode, FR 2013, 465, 468 und Heuermann, StBp 2013, 149 ff.; hierzu Kreft, DB 2013, Heft 5 vom 01.02.2013, M 9; Schallmoser, DStR 2013, 505, 506; Iser, immobilien intern, Nr. 23 vom 30.10.2013, 1, 3 f.; bestätigt durch BFH, Urteil vom 09.07.2013, IX R 48/12, BStBl. II 2013, 693; hierzu Kreft, DB 2013, Heft 18 vom 03.05.2013, M 19; siehe auch FG Köln, Urteil vom 26.06.2013, 7 K 1166/12, EFG 2013, 1663, rkr., mit Anm. Bauhaus, DStRE 2014, 70. Zum Zeitpunkt der Einkünfteerzielungsabsicht bei den Einkünften aus VuV siehe FG Köln, Beschluss vom 14.11.2012, 4 V 2408/12, EFG 2013, 355, rkr.).

Eine Vermietungsabsicht setzt eine ernsthafte und nachhaltige Mietersuche voraus (Thüringer FG, Urteil vom 14.06.2017, 3 K 111/16, EFG 2017, 1343, vorläufig nicht rkr. mit Anmerkung Skerhut).

In einem neueren Judikat hat der Bundesfinanzhof das maßgebliche Zeitfenster wie folgt definiert. Kommt es über einen Zeitraum von mehr als **zehn Jahren** nicht zu der angeblich beabsichtigten Vermietung, ist es regelmäßig nicht zu beanstanden, wenn die Vermietungsabsicht verneint wird (BFH, Urteil vom 16.06.2015, IX R 27/14, BFH/NV 2016, 98).

Aufwendungen für eine nach Herstellung leerstehende Wohnung können als vorab entstandene Werbungskosten abziehbar sein, wenn der Stpfl. die Einkünfteerzielungsabsicht hinsichtlich dieses Objekts erkennbar aufgenommen und sie später nicht aufgegeben hat. Grundsätzlich steht es dem Stpfl. frei, die im Einzelfall geeignete Art und Weise der Platzierung des von ihm angebotenen Mietobjekts am Wohnungsmarkt und ihrer Bewerbung selbst zu bestimmen. Die Frage, welche Vermarktungsschritte als erfolgversprechend anzusehen sind, bestimmt sich nach den Umständen des Einzelfalles; dem Stpfl. steht insoweit ein inhaltlich angemessener, zeitlich begrenzter Beurteilungsspielraum zu. Auch die Reaktion auf „Mietgesuche" – d.h. die Kontaktaufnahme seitens des Stpfl. mit etwaigen Mietinteressenten – kann als ernsthafte Vermietungsbemühung anzusehen sein; in diesem Fall sind jedoch an die Nachhaltigkeit solcher Bemühungen erhöhte Anforderungen zu stellen (BFH, Urteil vom 11.12.2012, IX R 68/10, BStBl. II 2013, 367; mit Anmerkung Bode, FR 2013, 708, 710; Heuermann, StBp 2013, 270 f.).

Aufwendungen im Zusammenhang mit einem stark sanierungsbedürftigen und teilweise leerstehenden Wohnobjekt können nicht als Werbungskosten bei den Einkünften aus Vermietung und Verpachtung berücksichtigt werden, wenn der Steuerpflichtige seinen Entschluss, aus dem Objekt durch Vermietung Einkünfte zu erzielen, nach den objektiven gegebenen Umständen aufgegeben hat.

Zur Begründung einer Einkunftserzielungsabsicht reichen substanzerhaltende und der Gefahrenabwehr dienende Maßnahmen nicht aus. Es müssen darüber hinaus nach außen erkennbare Merkmale vorliegen, die den Schluss zulassen, dass das bestehende, sanierungsbedürftige Objekt wieder in einen vermietbaren Zustand versetzt und vermietet werden soll (FG Nürnberg, Urteil vom 10.02.2015, 1 K 1064/13, EFG 2015, 1940, zwischenzeitlich rkr.; Pieske-Kontny, Zur Einkünfteerzielungsabsicht bei Vermietung einer Ferienwohnung, StBp 2020, 327).

Der Steuerpflichtige trägt die Feststellungslast für die Ernsthaftigkeit und Nachhaltigkeit seiner Vermietungsbemühungen als Voraussetzung seiner (fort-)bestehenden Einkünfteerzielungsabsicht. Stehen einige Wohnungen bereits seit einigen Jahren leer und befinden sich die noch vermieteten Wohnungen wegen Feuchtigkeit und Schimmelbildung in einem solch desolaten Zustand, dass die Mieter keine Miete mehr gezahlt haben, ist davon auszugehen, dass der Steuerpflichtige seine Vermietungsbemühungen aufgegeben hat (FG Münster, Urteil vom 22.01.2014, 10 K 2160/11 E, EFG 2014, 635, DStRE 2015, 1153, rkr.).

Leerstandszeiten im Rahmen der Untervermietung einzelner Räume innerhalb der eigenen Wohnung des Stpfl. sind nicht der Eigennutzung, sondern der Vermietungstätigkeit zuzurechnen, wenn ein solcher Raum – als Objekt der Vermietungstätigkeit – nach vorheriger, auf Dauer angelegter Vermietung leer steht und feststeht, dass das vorübergehend leer stehende Objekt weiterhin für eine Neuvermietung bereitgehalten wird (BFH, Urteil vom 22.01.2013, IX R 19/11, BStBl. II 2013, 376; mit Anmerkung Bode, FR 2013, 768, 769).

Bei Gewerbeimmobilien ist stets im Einzelfall festzustellen, ob der Stpfl. beabsichtigt, auf die voraussichtliche Dauer der Nutzung einen Überschuss der Einnahmen über die Werbungskosten zu erzielen. Aufwendungen für ein nach Anmietung leerstehendes Gewerbeobjekt können als vorab entstandene Werbungskosten abziehbar sein, wenn der Stpfl. – als gewerblicher Zwischenmieter – die Einkünfteerzielungsabsicht hinsichtlich dieses Objektes erkennbar aufgenommen und sie später nicht aufgegeben hat. Ist dem Stpfl. von Anfang an bekannt oder zeigt sich später aufgrund bislang vergeblicher Vermietungsbemühungen, dass für ein seit Jahren leerstehendes Objekt, so wie es baulich gestaltet ist, kein Markt besteht und deshalb nicht vermietbar ist, muss der Stpfl. – will er die Aufnahme oder Fortdauer seiner Vermietungsabsicht belegen – zielgerichtet darauf hinwirken, u.U. auch durch bauliche Umgestaltungen einen vermietbaren Zustand des Objekts zu erreichen (BFH, Urteil vom

19.02.2013, IX R 7/10, BStBl. II 2013, 436; mit Anmerkung Bode, FR 2013, 812, 814).

Gewerbeimmobilie in diesem Falle ist auch ein aus landwirtschaftlichen Grundstücksflächen und Gebäuden bestehendes Anwesen, das für den Betrieb einer Pferdepensionshaltung und Pferdezucht zu dienen bestimmt ist (so BFH, Urteil vom 16.09.2015, IX R 31/14, BFH/NV 2015, 188; vgl. a. BFH, Urteil vom 08.05.2019, VI R 8/17 BFH/NV 2019, 1332; hierzu OFD Frankfurt a. M., Verfügung vom 16.08.2019, S 2253A – St 242, DB 2019, 2326; ferner Paus, FR 2016, 212 ff.).

Aufwendungen für eine Wohnung, die nach vorheriger, auf Dauer angelegter Vermietung leer steht, sind auch während der Zeit des Leerstands als Werbungskosten abziehbar, solange der Stpfl. den ursprünglichen Entschluss zur Einkünfteerzielung in Zusammenhang mit dem Leerstand der Wohnung nicht endgültig aufgegeben hat. Diese Grundsätze sind auch auf den Leerstand einzelner Räume innerhalb einer Wohnung, die vom Stpfl. im Übrigen anderweitig genutzt wird, anzuwenden. Aufwendungen für eine leerstehende Wohnung sind nicht (mehr) in vollem Umfang als Werbungskosten bei den Einkünften aus Vermietung und Verpachtung abziehbar, wenn der Stpfl. den Entschluss zu vermieten hinsichtlich einzelner Teile der Wohnung aufgegeben hat. Von einer („teilweisen") Aufgabe der Vermietungsabsicht ist auch dann auszugehen, wenn der Stpfl. einzelne Räume der Wohnung nicht mehr zur Vermietung bereithält, sondern in einen neuen Nutzungs- und Funktionszusammenhang stellt, selbst wenn es sich dabei um einen steuerrechtlich bedeutsamen Zusammenhang handelt (BFH, Urteil vom 12.06.2013, IX R 38/12, BStBl. II 2013, 1013; mit Anmerkung Bode, FR 2014, 132, 133 f.; zur Feststellung der Vermietungsabsicht bei Leerstand von Wohnraum eingehend Stein, StBp 2019, 100 ff.).

Der Steuerpflichtige ist also bei akutem **Leerstand** gehalten zu dokumentieren, dass er alles Mögliche getan hat, um positive Einkünfte zu erzielen. Dazu gehört insbesondere:

- das ständige Inserieren in marktüblichen Presseorganen bzw. über das Internet (Stichwort: „immobilienscout"),
- ggf. zusätzliche Einschaltung von Maklern,
- Etablierung einer professionellen Hausverwaltung, die sich um die obig genannten Aktivitäten ebenfalls kümmert,
- Durchführung von Renovierungsmaßnahmen, um die Immobilie in einen vermietungsfähigen Zustand zu versetzen (was insbesondere bei abgewirtschafteten Ost-Immobilien der Fall ist; hierzu eingehend Kaligin, StBp 2016, 76 ff.).

Das Finanzamt ist bei ungewisser Vermietungsabsicht zur Änderung einer vorläufigen Steuerfestsetzung nach § 165 Abs. 2 Satz 1 AO auch dann befugt, wenn sich eine neue Tatsachenlage allein durch Zeitablauf ergeben hat. Kommt es über einen Zeitraum von **mehr als zehn Jahren** nicht zu der angeblich beabsichtigten Vermietung, ist es regelmäßig nicht zu beanstanden, wenn die Vermietungsabsicht verneint wird (BFH, Urteil vom 16.06.2015, IX R 27/14, BFH/NV 2016, 98, BB 2016, 99, 102 mit Anm. Heinmüller).

Erzielt er dennoch trotz der obig genannten Aktivitäten Werbungskostenüberschüsse (z. B. weil sich die Immobilie in einer strukturschwachen Region und in einer schlechten Wohnlage befindet), so kann nicht vom Institut der Liebhaberei ausgegangen werden. Kann das Finanzamt jedoch nachweisen, dass die obig bezeichneten Vermietungsaktivitäten lediglich Alibi-Charakter haben, weil der Stpfl. sich planmäßig durch die Erwirtschaftung von Werbungskostenüberschüssen möglicherweise die Option erhalten möchte, nach Ablauf der zehnjährigen Spekulationsfrist steuerfreie Veräußerungsgewinne zu erzielen oder eine Selbstnutzung vorzunehmen, so kann die Gewinnerzielungsabsicht aberkannt werden (Tatfrage; hierzu eingehend Stein, StBp 2012, 225 ff. und 262 ff.; Schallmoser, DStR 2013, 501, 502).

Ein folgendes Judikat zieht die Konsequenzen der Prüfung der Einkünfteerzielungsabsicht bei den Einkünften aus Vermietung und Verpachtung im Hinblick auf die Geltendmachung nachträglicher Schuldzinsen nach Aufgabe der Einkünfteerzielungsabsicht.

Ein fortbestehender Veranlassungszusammenhang von (nachträglichen) Schuldzinsen mit früheren Einkünften i. S. d. § 21 EStG ist nicht anzunehmen, wenn der Steuerpflichtige ursprünglich mit Einkünfteerzielungsabsicht gehandelt hat, seine Absicht zur einer (weiteren) Einkünfteerzielung jedoch bereits vor der Veräußerung des Immobilienobjekts aus anderen Gründen weggefallen ist (BFH, Urteil vom 21.01.2014, IX R 37/12, BStBl II 2014, 631; siehe auch BFH, Urteil vom 11.02.2014, IX R 42/13, BFH/NV 2014, 1254; siehe auch BFH, Urteil vom 08.04.2014, IX R 45/13, BStBl. II 2015, 635; hierzu BMF, Schreiben vom 27.07.2015, IV C 1 – S 2211/11/100001, 2015/0644430, BStBl. I 2015, 581).

Setzt ein Steuerpflichtiger das Entgelt aus der Veräußerung einer Immobilie nicht zur Darlehenstilgung, sondern zur Begründung einer Kapitalanlage ein, so sind nachlaufende Schuldzinsen aus dem Immobilienkredit nicht als Werbungskosten bei den Einkünften aus Kapitalvermögen abziehbar, wenn sich bei Beendigung der Kapitalanlage kein steuerlich relevanter Überschuss ergibt (Niedersächsisches FG, Urteil vom 27.02.2007, 8 K 35/02, DStRE 2008, 68; die NZB wurde mit BFH, Beschluss vom 21.11.2007 VIII B 48/07, n. v. als unbegründet zurückgewiesen; zu einem weiteren Fall siehe FG des Saarlandes, Urteil vom 04.04.2008, 2 K 1153/04, EFG 2008, 1688 rkr.). Bei einer Verpachtung von beweglichem Betriebsvermögen (im konkreten Fall Sachinbegriffe/Praxiseinrichtung) nach § 21 Abs. 1 Satz 1 Nr. 2 EStG kann nicht ohne Weiteres angenommen werden, dass der Steuerpflichtige beabsichtigt, letztlich einen Einnahmenüberschuss zu erwirtschaften. Zu dem für die Beurteilung der Einkünfteerzielungsabsicht maßgebichen Zeitpunkt des Vertragsschlusses muss ein Konzept erkennbar sein, dass einen Überschuss der Einnahmen über die Werbungskosten als möglich erscheinen lässt (BFH, Urteil vom 28.10.2008, IX R 51/07, BFH/NV 2009, 157).

Das Fehlen einer rechtlichen Grundlage für die Hingabe verlorener Aufwendungen, die zu Anschaffungskosten eines Vermietungsobjekts hätten führen sollen, schließt den wirtschaftlichen Zusammenhang der Aufwendungen mit einer beabsichtigten Vermietung nicht aus (BFH, Urteil vom 09.05.2017, IX R 24/16, BStBl. II 2018, 168 betr. Geltendmachung von Werbungskosten nach gescheitertem Anschaffungsgeschäft).

Bei einer Einliegerwohnung des Steuerpflichtigen, die er zweckfremd als Homeoffice an seinen Arbeitgeber für dessen betriebliche Zwecke vermietet, ist stets im Einzelfall festzustellen, ob er beabsichtigt, auf die voraussichtliche Dauer der Nutzung einen Überschuss der Einnahmen über die Werbungskosten zu erzielen (so BFH, Urteil vom 17.04.2018, IX R 9/17 BFH/NV 2018, 1102 = FR 2018, 1004, 1007 mit Anm. Kanzler = EStG 2018, 372, BStBl. II 2019, 219 mit Anm. Bleschick = DB 2018, 2334 ff. mit Anm. Werth = GmbHR 2018, R 280 mit. Anm. Geberth/Bartelt; hierzu ausführlich Stein, StBp 2018, 376; entgegen BMF, Schreiben vom 13.12.2005, IV C 3 – S 2253 – 112/05, BStBl. I 2006, 4; hierzu aktualisierend BMF, Schreiben vom 18.04.2019, IV C 1 – S 2211/16/10003:005 DOK 2019/0046116, BStBl. I 2019, 461 = EStB 2020, 226 f. mit Anm. Gehm).

4.2 Anwendungsfragen bei Personenmehrheiten (Personengesellschaften und vergleichbare Gemeinschaftsverhältnisse)

Bei Personengesellschaften prüft die Rechtsprechung auf zwei Ebenen, ob eine Betätigung steuerbar ist: Auf der Ebene der Gesellschaft (subjektiv) und auf der des einzelnen Gesellschafters (s.o.). Nach der Rechtsprechung muss die Absicht der Gewinnerzielung jedenfalls bei der Gesellschaft vorliegen (BFH, Beschluss vom 25.06.1984, GrS 4/82, BStBl. II 1984, 751, 765).

Im Bereich der Gewinneinkünfte (**Mitunternehmerschaften**) muss sie auf eine Mehrung des Betriebsvermögens der Gesellschaft unter **Einschluss des Sonderbetriebsvermögens** gerichtet sein (BFH, Urteil vom 25.06.1996, VIII R 28/94, BStBl. II 1997, 202, 205).

Dabei ist grundsätzlich von einem einheitlichen Gewerbebetrieb auszugehen. Bei gemischten Tätigkeiten ist (unter Berücksichtigung einer Umqualifikation gem. § 15 Abs. 2 EStG) das Vorliegen der Gewinnerzielungsabsicht für die jeweils verschiedenen, selbstständigen Tätigkeitsbereiche im Wege einer Segmentierung gesondert zu prüfen. Diese Grundsätze gelten auch für die Tätigkeit einer Mitunternehmerschaft (BFH, Urteil vom 25.06.1996, VIII R 28/94, BStBl. II 1997, 202).

Hinzu kommt nach dem oben zitierten Beschluss des Großen Senats bezogen auf die Person des einzelnen Gesellschafters der Begriff des Mitunternehmers i.S. des § 15 Abs. 1 Satz 1 Nr. 2 EStG. Der Gesellschafter einer Personengesellschaft sei „dann nicht Mitunternehmer, wenn eine Teilhabe an der von der Gesellschaft beabsichtigten Betriebsvermögensmehrung ... nicht zu erwarten

4 Einzelfragen

ist." (BFH, Beschluss vom 25.06.1984, GrS 4/82, BStBl. II 1984, 751, 768; BFH, Urteil vom 28.11.1985, IV R 13/83, BFH/NV 1986, 332 f.).

Neben der Gewinnerzielungsabsicht als subjektivem Tatbestandsmerkmal auf der Ebene der Gesellschaft steht damit bei Mitunternehmerschaften – bezogen auf die einzelnen Gesellschaften – eine objektive Erfolgsprognose. Hingegen muss nach der Rechtsprechung die Absicht der Gewinnerzielung auf der Ebene des einzelnen Gesellschafters vorliegen (BFH, Urteil vom 07.04.1987, IX R 103/85, BStBl. II 1987, 707, 710; vom 01.12.1987, IX R 170/83, BFHE 152, 101, 107 f.).

Insbesondere bei Beteiligungen an Verlustzuweisungsgesellschaften muss durch die Einbeziehung des Sonderbetriebsvermögens i. R. einer Totalprognose (Zeitraum möglicherweise 30 Jahre) dargelegt werden, dass ein Totalgewinn sowohl auf der Ebene der Gesellschafter als auch auf der Ebene des Anlegers zu erwarten ist.

Auf eine eventuell bestehende Einkünfteerzielungsabsicht bei einzelnen Gesellschaftern kommt es nicht an, wenn diese nach Ansicht des FG bereits auf der Ebene der Gesellschaft nicht besteht (BFH, Beschluss vom 07.12.2006, IX B 4/06, BFH/NV 2007, 714).

Problematisch ist insbesondere, wenn durch eine mehr als 100 %ige Fremdfinanzierung zusätzliche Verluste auf der Ebene des Sonderbetriebsvermögens künstlich produziert werden, die die Verlustzuweisungsquote erhöhen und damit den Totalgewinn auf der Ebene des Gesellschafters gefährden. Dies gilt auch für die Einbeziehung von im Zweifel steuerschädlichen Rückkaufgarantien innerhalb der Verlustphase der Beteiligung.

Dasselbe gilt grundsätzlich bei den Überschusseinkunftsarten (vermögensverwaltende Personengesellschaften); hier muss auch sowohl auf der Ebene der Gesellschaft als auch auf der des Gesellschafters geprüft werden, ob jeweils eine Überschusserzielungsabsicht vorliegt. Die Einkünfte sind auf der Ebene der Personenmehrheit (KG, GbR oder Bruchteilsgemeinschaft) zu ermitteln (BFH, Urteil vom 07.10.1986, IX R 167/83, BStBl. II 1987, 322; siehe Beschluss vom 02.07.2008, IX B 46/08 BStBl. II 2008, 815; Beschluss vom 28.07.2008, IX B 33/08, BFH/NV 2008, 1841).

Sodann sind sie auf die Gesellschafter oder die Gemeinschafter zu verteilen. Sonderwerbungskosten sind bei den Veranlagungen der Beteiligten zu berücksichtigen, wenn sie vom FA in einem Teilfeststellungsbescheid nicht erfasst sind (BFH, Urteil vom 07.12.1993, IX R 134/92, BFH/NV 1994, 547). Es ist ernstlich zweifelhaft, ob vom Fehlen der Gewinnerzielungsabsicht eines Personengesellschafters auszugehen ist, wenn er die Schenkung des Anteils an Angehörige plant, nachdem ihm Verlustanteile zugewiesen worden sind und bevor später erwartete Gewinnanteile anfallen (BFH, Beschluss vom 10.12.2013 IV B 63/13, BFH/NV 2014, 512).

VII. Liebhaberei im Brennpunkt der Betriebsprüfung

Wenn auch die Rechtsprechung die Personengesellschaft für die Einkommensteuer insoweit als Steuerrechtssubjekt ansieht, als ihre Gesellschafter gemeinsam Merkmale des Besteuerungstatbestands verwirklichen, so ist für die Frage der Überschusserzielungsabsicht (Liebhaberei) nicht nur auf der Ebene der Personengesellschaft, sondern auch auf der Ebene des einzelnen Gesellschafters zu prüfen (BFH, Urteil vom 08.12.1998, IX R 49/95, BStBl. II 1999, 468; vom 05.09.2000, IX R 33/97, BStBl. II 2000, 676; vom 21.01.2000, IX R 2/96, BStBl. II 2001, 789; BMF, Schreiben vom 08.10.2004, IV C 3 – S 2253 – 91/04, BStBl. I 2004, 933, Tz. 30).

Soll die Vermietungstätigkeit einer Gesellschaft bürgerlichen Rechts nur elf Jahre umfassen, ist sie nicht auf Dauer ausgerichtet und die Einkünfteerzielungsabsicht muss auf der Ebene der Personengesellschaft überprüft werden. Für die Prüfung der Einkünfteerzielungsabsicht auf der Ebene der Gesellschaft kommt es nicht darauf an, ob die Gesellschafter nach der Beendigung der GbR beabsichtigten, im Rahmen einer neu zu gründenden GbR oder in eigener Person Wohnungen weiterhin zu vermieten (BFH, Urteil vom 20.01.2009, IX R 49/07, BFH/NV 2009, 757).

Für Gründungsgesellschafter, die ihren Gesellschaftsanteil innerhalb kurzer Zeit nach Gründung der Gesellschaft (hier: weniger als zehn Monate) auf Null absenken und ab diesem Zeitpunkt nach der Gewinnverteilungsabrede auch nicht mehr an den Gewinnen und Verlusten der Gesellschaft beteiligt sind, scheidet die typisierende Annahme der Überschusserzielungsabsicht bei VuV aus, wenn sie bis zur Aufnahme der weiteren Gesellschafter positive Einkünfte nicht erzielt haben (FG Berlin-Brandenburg, Urteil vom 14.11.2007, 1 K 10547/03 B, EFG 2008, 1958 = DStRE 2009, 183, das Urteil wurde allerdings mit BFH, Urteil vom 25.02.2009, IX R 76/07, aufgehoben und zur weiteren Verhandlung zurückverwiesen).

Dies hat zur Folge, dass bei der Frage des Totalüberschusses auch auf die Zeit nach Beendigung der Personengesellschaft abzustellen ist, wenn nach Auflösung der Personengesellschaft Grundstücke von den bisherigen Gesellschaftern übernommen und i.R. der Vermietung und Verpachtung oder einer anderen Einkunftsart eingesetzt werden (Jakob/Hörmann, FR 1989, 665, 676; dies., FR 1990, 33, 38; Herrmann, StuW 1989, 97, 102 f. zum geschlossenen Immobilienfonds).

Dies folgt aus dem Zweck des EStG, bei natürlichen Personen einen tatsächlichen Zuwachs an Leistungsfähigkeit zu besteuern. Von Bedeutung ist dies bei geschlossenen Immobilienfonds in der Form des sogenannten Hamburger Modells, bei denen der Anleger wenige Jahre nach seinem Beitritt wieder aus der Gesellschaft ausscheiden wird und ihm dann das Wohnungseigentum an einer bestimmten Wohnung im Objekt zugeteilt wird. Hier reicht es aus, wenn der einzelne Gesellschafter einen Totalüberschuss erst nach dem Ausscheiden aus der Gesellschaft mit der zugeteilten Wohnung erzielen wird (BFH, Beschluss vom 03.03.1989, IX B 70/88, BFH/NV 1990, 26 f.).

4 Einzelfragen

Auch eine unentgeltliche Übertragung der Beteiligung an einem Immobilienfonds innerhalb von fünf Jahren nach Erwerb indiziert die fehlende Absicht, einen Totalüberschuss zu erwirtschaften (FG Düsseldorf, Urteil vom 10.10.2007, 7 K 2177/04 F, EFG 2008, 377 = DStRE 2008, 857 rkr.).

Es ist ernstlich zweifelhaft, ob vom Fehlen der Gewinnerzielungsabsicht eines Personengesellschafters auszugehen ist, wenn er die Schenkung des Anteils an Angehörige plant, nachdem ihm Verlustanteile zugewiesen worden sind und bevor später erwartete Gewinnanteile anfallen (BFH, Beschluss vom 10.12.2013, IV B 63/13, BFH/NV 2014, 512).

Die Vermutung einer Überschusserzielungsabsicht bei Einkünften aus VuV gilt grundsätzlich auch bei einer Investition in einem geschlossenen Immobilienfonds. Allein die Umstände, dass in dem Anlageprospekt eine Ertragsplanung über 22 Jahre erfolgt und nach dem Gesellschaftsvertrag eine Kündigung des Beteiligungsverhältnisses nach Ablauf von 20 Jahren möglich ist, sind noch kein ausreichender Hinweis auf eine zeitlich begrenzte Beteiligung mit der Folge, dass auch nur dieser Zeitraum einer Prognoserechnung zugrunde gelegt werden kann (FG Hamburg, Urteil vom 15.12.2009 2 K 247/08 EFG 2010, 842 mit Anm. Pfützenreuter = DStRE 2010, 1300 rkr.).

Die Ausführungen zu den Mitunternehmerschaften gelten weitgehend analog. Auf der persönlichen Ebene des Gesellschafters muss berücksichtigt werden, dass durch übertriebene Bildung von Sonderwerbungskosten (aufgrund einer hochgradigen Fremdfinanzierung der Beteiligung) oder Rückkaufgarantien die Einkunftserzielungsabsicht i.R. der Verlustphase bei der Beteiligung gefährdet wird. Ansonsten gilt der Grundsatz, dass bei Beteiligungen mit Einkünften mit langfristiger Vermietung und Verpachtung von Mietwohngrundstücken das Thema Liebhaberei im Zweifel kein Problem sein kann.

Die Art der Betriebsführung, wenn diese auf das Erreichen von Verlustzuweisungen ausgerichtet ist, und der Prospekt einer Fondsgesellschaft, der ausschließlich mit Steuervorteilen wirbt, sprechen für eine fehlende Gewinnerzielungsabsicht (sehr zweifelhaft; so aber FG Berlin-Brandenburg, Urteil vom 13.04.2010, 6 K 5440/04 B, EFG 2010, 1956; die eingelegte NZB wurde mit BFH Beschluss vom 03.11.2011, IV B 62/10, BFH/NV 2012, 369 als unbegründet verworfen).

Eine Überschusserzielungsabsicht bei einer gewerblich nicht geprägten KG kann nicht angenommen werden, wenn die vereinbarten Verträge steuerlich nach den Grundsätzen über Verträge zwischen nahen Angehörigen nicht anzuerkennen sind (FG Hamburg, Urteil vom 10.07.2015, 6 K 121/14, EFG 2015, 1917; rkr. betr. Anerkennung von Verträgen zwischen Schwestergesellschaften).

Die Absicht der Gesellschafter einer GbR, einen weiteren Gesellschafter aufzunehmen rechtfertigt es grundsätzlich nicht, den Anteil jedes Gesellschafters aufzuteilen, in einen, den er veräußern und einen restlichen, den er halten will,

VII. Liebhaberei im Brennpunkt der Betriebsprüfung

mit der Folge, dass die Überschusserzielungsabsicht nur für den letzteren Teil zu bejahen ist (BFH, Urteil vom 30.06.1999, IX R 68/96, BStBl. II 1999, 718).

Spricht es gegen die Einkünfteerzielungsabsicht, wenn der Stpfl. ein bebautes Grundstück innerhalb eines engen zeitlichen Zusammenhangs – von in der Regel bis zu fünf Jahren – seit der Anschaffung oder Herstellung wieder veräußert, so auch dann, wenn er seine vermietete Immobilie in einem entsprechenden Zeitraum an eine die Vermietung fortführende gewerblich geprägte Personengesellschaft (§ 15 Abs. 3 Nr. 2 EStG) veräußert, an der er selbst beteiligt ist (BFH, Urteil vom 09.03.2011, IX R 50/10, BStBl. II 2011, 704, mit Anm. Cölln, BB 2011, 1511 f.; Heuermann, StBp 2011, 257 ff.; Bode, FR 2011, 615, 617 f.).

Kostengemeinschaften (Maschinenring, Laborgemeinschaften) sind mangels Gewinnerzielungsabsicht keine Mitunternehmerschaften. Dort reicht es aus, dass die Gesellschafter ihre Beteiligungen zur Einkunftserzielung einsetzen, um die im Gesamthandsvermögen befindlichen Wirtschaftsgüter sowie die von der Gesamthand getätigten Aufwendungen den Gesellschaftern anteilig zuzurechnen (faktisch eine Art Bilanzbündelbetrachtung; BFH, Urteil vom 14.04.2005, XI R 82/03, BStBl. II 2005, 752).

Vermietet eine Personengesellschaft (hier eine KG) die Wohnungen eines Mietwohngrundstücks im Rahmen eines Mehrgenerationenwohnprojekts überwiegend an ihre Gesellschafter für eine Kostenmiete zur Deckung des Kapitaldienstes sowie der Bewirtschaftungskosten und ist insofern unstreitig ohne Überschusserzielungsabsicht tätig, so handelt die Personengesellschaft auch bezüglich der Vermietung einer Wohnung im gleichen Objekt zu der gleichen Kostenmiete an einen Nichtgesellschafter (hier die Tochter eines Gesellschafters) ebenfalls ohne Einkunftserzielungsabsicht (FG Nürnberg, Urteil vom 03.12.2019 1 K 1683/18 EFG 2020, 843, 845 f. m. Anm. Lutter [NZB eingelegt; Az. des BFH: IX B 1/20]).

Zu Verlusten einer gewerblich geprägten Vorratsgesellschaft ist folgende neue höchstrichterliche Entscheidung ergangen.

Es ist zu vermuten, dass die von einer gewerblich geprägten Personengesellschaft und ihren Gesellschaftern angestrebte, aber bis zur Liquidation der Gesellschaft niemals aufgenommene wirtschaftliche Tätigkeit auf Erzielung eines Gewinns ausgerichtet war, wenn keine Anhaltspunkte dafür bestehen, dass die Tätigkeit verlustgeneigt hätte sein können, dass die gewerbliche Prägung später hätte entfallen sollen. Die durch die Gründung und Verwaltung der Gesellschaft veranlassten Ausgaben sind dann als negative Einkünfte aus Gewerbebetrieb gesondert und einheitlich festzustellen (BFH, Urteil vom 30.10.2014, IV R 34/11, BStBl. II 2015, 380, FR 2015, 409, 411, mit Anm. Wendt, EStB 2015, 83 f.).

Zur Einkunftserzielung durch eine Ehegatten-Innengesellschaft s. FG des Saarlandes, Urteil vom 18.12.2012, 1 K 1628/10, EFG 2013, 361; die eingelegte NZB wurde per BFH, Beschluss vom 15.07.2013, IX B 22/13, BFH/NV 2013, 1608 als unbegründet verworfen.

5 Körperschaftsteuer

Fraglich ist, ob der Begriff der Liebhaberei auch auf Körperschaften Anwendung findet. Soweit eine Körperschaft über Bereiche oder Vermögensmehrungen verfügt, die nicht zu Einkünften i. S. v. § 2 Abs. 1 EStG führen oder zählen, kann man von der außerbetrieblichen Sphäre, von der Privatsphäre und der gesellschaftsrechtlichen Sphäre der Körperschaft sprechen. Die höchstrichterliche Rechtsprechung lehnt jedoch – eine Segelyacht betreffend – die Existenz einer Privatsphäre ab (BFH, Urteil vom 04.12.1996, I R 54/95, DStR 1997, 492; vom 08.07.1998, I R 123/97, BFH/NV 1999, 269; BFH, Beschluss vom 08.08.2001, I R 106/99, BStBl. II 2003, 487; vom 31.03.2004, I R 83/03, BFH/NV 2004, 1482; Urteil vom 22.08.2007, I R 32/06, BStBl. II 2007, 961, 963 f.; hierzu Birk, BB 2009, 860, 865 ff.).

Hervorzuheben ist, dass diese Rechtsprechung von der Finanzverwaltung nicht anerkannt wird und mit einem Nichtanwendungserlass belegt ist (BMF, Schreiben vom 20.05.2003, IV A 2 – S 2742 – 26/03, BStBl. I 2003, 333).

Dies führt dazu, dass Ausgaben einer Körperschaft danach ausnahmslos Betriebsausgaben im steuerlichen Sinne sind. Dennoch bleibt es dabei, dass die gesellschaftsrechtliche Sphäre die Einkünfteermittlung nicht beeinflussen darf. Sie rechtfertigt die Korrekturen im Einlage- und Gewinnausschüttungsbereich. Eine etwaige „Privatveranlassung" kann insbesondere eine verdeckte Gewinnausschüttung hervorrufen (Streck/Schwedhelm, KStG, 8. Aufl. [2014], § 8 Anhang Rdnr. 794 m. w. N.).

Die Gewinnerzielungsabsicht eines Wasser- und Bodenverbands ist auch dann nach dem tatsächlichen Ergebnis seines Wirtschaftens zu beurteilen, wenn sein Wirtschaften nach kommunalrechtlicher oder satzungsmäßiger Vorgabe nicht auf eine Gewinnerzielung hin ausgerichtet ist (BFH, Beschluss vom 08.08.2012, I B 9/12, BFH/NV 2013, 83). Zur Liebhaberei und zum Spendenabzug bei der Einkommensermittlung im Körperschaftsrecht s. Wassermeyer, DB 2011, 1828 ff.

6 Umsatzsteuer

Im Umsatzsteuerrecht ist die Einkunftserzielungsabsicht nicht Voraussetzung für die Unternehmereigenschaft (§ 2 Abs. 1 Satz 3 UStG).

Der Begriff der „wirtschaftlichen Tätigkeiten" in Art. 4 Abs. 1 der 6. EG-Richtlinie steht dieser Auslegung nach Auffassung der Finanzverwaltung nicht entgegen (BMF, Schreiben vom 14.07.2000, IV D 1 – S 7303 a – 5/00, DStR 2000, 1264).

Bei Liebhabereibetrieben unterliegen Vorsteuern aus Vorbezügen (Eingangsleistungen) nicht dem Abzugsverbot, weil Aufwendungen im Zusammenhang mit einer liebhaberischen Betätigung nicht wegen § 12 Nr. 1 EStG, sondern aus dem „vorgelagerten" Gesichtspunkt der Liebhaberei ertragsteuerlich unbeachtlich sind (§ 15 Abs. 1a Nr. 1 UStG; BMF, Schreiben vom 14.07.2000, IV D 1 – S 7303 a – 5/00, DStR 2000, 1264).

VII. Liebhaberei im Brennpunkt der Betriebsprüfung

Ist die Unternehmereigenschaft eines Schmuckhändlers zu bejahen, führt die einkommensteuerliche Bewertung seiner Tätigkeit als Liebhaberei nicht zu einer Eigenverbrauchsbesteuerung (Niedersächsisches FG, Urteil vom 22.11.2000, 5 V 205/99, DStRE 2001, 877 rkr.).

Die Vermietung einer Segelyacht ist eine unternehmerische Tätigkeit i.S.v. § 2 Abs. 1 Satz 3 UStG 1993/1999, wenn die Segelyacht dauerhaft zur Erzielung von Einnahmen eingesetzt wird. Aufwendungen für eine Segelyacht, die vom Unternehmer nachhaltig und zur Erzielung von Einnahmen, jedoch ohne Überschusserzielungsabsicht vermietet wird, unterliegen dem Eigenverbrauch gem. § 1 Abs. 1 Nr. 2 Satz 2 Buchst. c UStG 1993 i.V.m. § 4 Abs. 5 Satz 1 Nr. 4 EStG (BFH, Urteil vom 02.07.2008, XI R 70/06, BFH/NV 2009, 223).

Demgegenüber kommt es laut Finanzverwaltung bei Liebhabereibetrieben für den Verweis nach den Vorschriften oben darauf an, ob die Aufwendungen „ihrer Art nach" unter das Abzugsverbot des § 4 Abs. 5 Satz 1 Nr. 1 bis 4 EStG fallen (BMF, Schreiben vom 14.07.2000, IV D 1 – S 7303 a – 5/00, DStR 2000, 1264).

Zum Ausschluss des Vorsteuerabzugs bei Aufwendungen für „ähnliche" Zwecke i.S.d. § 4 Abs. 5 Nr. 4 EStG – Repräsentationsaufwand – bei mangelnder Gewinnerzielungsabsicht (Liebhaberei) siehe OFD Niedersachsen, Verfügung vom 20.01.2010, S 7303 a – 2 – St 174, DStR 2010, 758).

> *Liebhaberei im Brennpunkt der Betriebsprüfung – Checkliste*
> - Grundsatzfragen der Abgrenzung Einkünfteerzielung versus steuerliche irrelevante Liebhaberei (persönliche Gründe der Lebensführung, Feststellungslast)
> - Spezifizierung des Totalgewinns anhand der einzelnen Einkunftsarten
> - Besonderheiten bei den Einkünften aus Vermietung und Verpachtung (Gewerbeimmobilien, unbebautes Grundstück, selbstgenutzte Objekte, Ferienwohnungen)
> - Bedeutung des Prognosezeitraums (10, 30 bzw. 100 Jahre)
> - Besonderheiten bei Personengesellschaften und vergleichbaren Gemeinschaftsverhältnissen (Erfassung von Sonderbetriebsvermögen, kritische Beäugung der Aktivitäten von sog. Verlustzuweisungsgesellschaften)
> - Besonderheiten bei der Körperschaft- und Umsatzsteuer

VIII. Das Benennungsverlangen der Finanzämter gem. § 160 AO

Schrifttum: Apitz, Benennung von Gläubigern und Zahlungsempfängern (§ 160 AO) im Spannungsfeld einer strafrechtlichen Beurteilung, DStZ 2006, 688; Bruschke, Die Benennung von Zahlungsempfängern nach § 160 AO, DStZ 2014, 315; Christian/Schwehm, Benennung von Gläubigern mit Zahlungsempfängern nach § 160 Abgabenordnung (AO), DStZ 1997, 324; Dörn, Behauptete Darlehen in der Betriebsprüfung, StBp 2003, 24; Fey/Kraft/Neyer, Betriebsausgabenabzug und Benennungsverlangen gem. § 160 AO bei Verlosungen, DStR 2000, 812; Gebbers, Zur steuerlichen Behandlung fragwürdiger „Darlehen", StBp 1986, 179 (Teil I) und 200 (Teil II); Halle, Eidesstattliche Versicherungen über Auslandssachverhalte, RIW 1993, 59; Gehm, Benennung von Gläubigern und Zahlungsempfängern gem. § 160 AO – Risikoprofil in der Praxis, StBp 2015, 283; Höfer-Grosjean, Zuwendungen zur Auftragserlangung: Vom Betriebsausgabenabzugsverbot zum strafrechtlichen Ermittlungsverfahren und weiteren Folgen, DB 2018, 1040; Jorde/Verfürth, Benennung von Zahlungsempfängern bei Teilwertabschreibungen, DB 2014, 563; Kaligin, Schmiergeldzahlungen an ausländische Geschäftspartner, RIW 1988, 634; Rehm/Nagler, Zurechnungsbesteuerung bei ausländischen Familienstiftungen (§ 15 AStG) und die Empfängerbenennung, IStR 2008, 284; Rübenstahl, (Un-)Zulässigkeit von Benennungsverlangen (§ 160 AO) bei Überweisungen an intransparente Domizilgesellschaften, StBp 2011, 329; Scheuffele, Steuerliche Behandlung von Schmiergeldern, unbelegte Wareneinkäufen und oR-Geschäften, FR 1971, 359; Reichling, Nichtbenennung von Zahlungsempfängern – zur Irrelevanz des § 160 Abs. 1 S. 1 AO, PStR 2017, 289; Schmitz, Empfängerbenennung bei Auslandssachverhalten – § 16 AStG oder § 160 AO, IStR 1997, 193; Teufel/Wassermann, Domizilgesellschaft und Benennungsverlangen nach § 160 AO (Beispiel: Schweiz), IStR 2002, 112; Weber, Steuer- und steuerstrafrechtliche Risiken in Unterhaltung der Geschäftsbeziehungen zu den ausländischen Briefkastenfirmen in Deutschland, DStZ 2017, 512; Wegner, Kein Betriebsausgabenabzug bei Nichtbenennung von Zahlungsempfängern, PStR 2018, 310; Weinschütz, Benennungsverlangen gem. § 160 AO auch für hinzugeschätzte Ausgaben, DB 2010, Heft 44 vom 05.11.2010, M 19.

Verwaltungsanweisungen:

OFD Düsseldorf/Münster/Köln, NWB ESt-Kartei zu § 4 Abs. 4 EStG Nr. 43 betr. Schmiergeldzahlungen

OFD Hamburg, Verfügung vom 24.01.1983, S 2522 – 4/82 St 21, StEK EStG § 4 Betriebsausgaben Nr. 252 = RIW 1984, 829 betr. Betriebsausgaben für Schmiergelder an Ausländer

BMF, Schreiben vom 10.10.2002, IV A 6 – S 2145 – 35/02, BStBl. I 2002, 1031 betr. Abzugsverbot für die Zuwendung von Vorteilen i. S. des § 4 Abs. 5 Nr. 10 EStG

1 Kein Betriebsausgabenabzug bei unerwünschten Geschäften

1.1 Bedeutung der Vorschrift für die Stpfl.

Wirtschaftliche Transaktionen werden hin und wieder auch dann durchgeführt, wenn der Gläubiger oder Empfänger nicht bereit ist, seine Identität preiszugeben oder Wert darauf legt, gegenüber Behörden nicht genannt zu werden. Solche Geschäfte werden dann häufig nicht durch Belege dokumentiert. Die Geschäfte können gegen gesetzliche Verbote verstoßen oder sittenwidrig sein (§ 134, § 138 BGB). Sie können auch strafbare Handlungen darstellen oder mit strafbaren Handlungen in einem Sachzusammenhang stehen, wie Bestechung,

VIII. Das Benennungsverlangen der Finanzämter gem. § 160 AO

Betrug, Untreue, Hehlerei, Steuerhinterziehung. Die Ausgaben können insbesondere in **Bestechungsgeldern, Schmiergeldern oder Geschenken, Bargeschäften mit Unbekannten, Domizilgeschäften** bestehen.

Mit der Ausbreitung der organisierten Kriminalität nimmt die Zahlung von Bestechungs- und Schmiergeldern nicht nur zu; für verstrickte Unternehmen kann die Zahlung auch die weitere Existenz sichern, da die Aufträge sonst an die Konkurrenz vergeben werden. Fälle von Korruption vor allem in der Baubranche werden immer wieder aufgedeckt. Die Zahlung von Bestechungsgeldern und Schmiergeldzahlungen sind bei internationalen Transaktionen mit verschiedenen Regionen durchaus handelsüblich. Aus den genannten Gründen ist der Steuergesetzgeber berechtigt, in Durchbrechung des Grundsatzes der Leistungsfähigkeit bestimmte Schulden und Ausgaben, die gesellschaftlich oder ökonomisch unerwünscht sind, vom Abzug von der Bemessungsgrundlage auszuschließen.

Ist der Stpfl. in problematischen Branchen tätig, wie z. B. Baubranche, Rotlichtmilieu, oder wird er bei internationalen Transaktionen ohne Absicht tätig, eine korrespondierende Steuerpflicht auf der Ebene des Geschäftspartners zu begründen, so gerät die Vorschrift des § 160 AO i. R. der Betriebsprüfung immer mehr in den Fokus. Die Finanzverwaltung ist häufig nicht in der Lage, insbesondere bei grenzüberschreitenden Sachverhalten mit Hilfe der Rechts- und Amtshilfe diese Sachverhalte effektiv nachzuvollziehen. Ihr einziges Schwert ist die Nichtabzugsfähigkeit der angefallenen Betriebsausgaben an dubiose Geschäftspartner, um potentielle Steuerausfälle zu unterbinden oder zumindest zu minimieren.

1.2 Benennung des Zahlungsempfängers für den Betriebsausgabenabzug

§ 160 AO versagt die steuermindernde Berücksichtigung von Schulden und Ausgaben, wenn der Stpfl. auf Verlangen der Finanzbehörde den Gläubiger oder Empfänger nicht benennt. Die Regelung sieht zwei Ermessensentscheidungen vor. Zunächst muss die Finanzbehörde entscheiden, ob sie überhaupt ein Benennungsverlangen nach § 160 Abs. 1 Satz 1 AO stellen will. Anschließend trifft die Finanzbehörde darüber, ob und in welcher Höhe die Schulden und Ausgaben zum Abzug zugelassen werden, bei denen der Empfänger nicht genau bestimmt ist (BFH, Beschluss vom 25. 08. 1986, IV B 76/86, BFH/NV 1987, 13 ff.; BFH, Urteil vom 09. 08. 1989, I R 66/86, BStBl. II 1989, 995; BFH, Urteil vom 24. 06. 1997, VIII R 9/96, BStBl. II 1998, 51; BFH, Urteil vom 01. 04. 2003, I R 28/02, BFH/NV 2003, 1241). Die Vorschrift kann für jede Steuerart Bedeutung haben. Sie gilt also sowohl bei der Einkommensteuer, Körperschaftsteuer, Gewerbesteuer, Umsatzsteuer etc.

Die Vorschrift des § 160 AO enthält eine Art **Gefährdungshaftung**. Der Stpfl., der dem Benennungsverlangen der Finanzbehörde nicht in der gebotenen Weise nachkommt, kann von der Finanzbehörde gleichsam wie ein Haftender für den Steuerausfall in Anspruch genommen werden (BFH, Beschluss vom 05.11.2001, VIII B 16/01, BFH/NV 2002, 312, 313).

Die Vorschrift ist keine Schätzungsvorschrift wie § 162 AO und hat auch keinen Strafcharakter. Sie ist verfassungsgemäß und verstößt nicht gegen das Rechtsstaatsprinzip und dem daraus abgeleiteten Verhältnismäßigkeitsgrundsatz (Art. 20 Abs. 3 GG; BFH, Urteil vom 17.12.1980, I R 148/76, BStBl. II 1981, 333; Scheuffele, FR 1971, 359, 362 ff. mit kritischer Analyse).

> *Hinweis:*
> Die Auseinandersetzungen mit dem Anwendungsbereich des § 160 AO kann für Mandanten mit der obig beschriebenen problematischen Geschäftsklientel sogar existenzielle Bedeutung erlangen. Insbesondere bei geringen Gewinnmargen kann die Versagung des Betriebsausgabenabzugs dazu führen, dass Unternehmen Gewinne besteuern, die sie wirtschaftlich nicht erzielt haben und somit aus der Substanz bestreiten müssen. Im Einzelfall können unbillige oder unzumutbare Folgen aufgrund einer entsprechenden Ermessensausübung vermieden werden. Kann ein existenzgefährdender Charakter nachgewiesen werden, so besteht ferner die Möglichkeit eines Antrags auf Erlass der Steuern wegen unbilliger Härte (§ 163, § 227 AO).

1.3 Verhinderung von Steuerausfällen

§ 160 AO will in erster Linie Steuerausfälle im Inland verhindern, die dadurch eintreten können, dass bei den Stpfl. geltend gemachte Steuern und Ausgaben zu einer Steuerminderung führen, während der Gläubiger oder Empfänger die Schulden und Ausgaben bei sich nicht korrespondierend steuererhöhend erfasst (BT-Drucks. VI/1982, 146 – amtl. Begr. zu § 141 AO a.f.; BFH, Urteil vom 30.03.1983, I R 228/78, BStBl. II 1983, 654; BFH, Urteil vom 01.04.2003, I R 28/02, BFH/NV 2003, 1241 f.). Durch § 160 AO erhält die Finanzbehörde eine Kontrollmöglichkeit und kann Steuerausfälle, insbesondere durch Kontrollmitteilungen, vermeiden (§ 194 Abs. 3 AO). Daneben beugt die Vorschrift auch indirekt mittelbar unlauteren Geschäftspraktiken vor, wie z.B. Schmiergeldzahlungen, Bestechungen, Schwarzarbeit und Ohne-Rechnung-Geschäften. Dieser wirtschaftspolitisch erwünschte Nebenzweck des § 160 AO ist jedoch allenfalls erschwerend bei den Ermessenserwägungen der Finanzbehörde zu berücksichtigen (BFH, Urteil vom 09.04.1987, IV R 142/85, BFH/NV 1987, 689, 690).

Die Vorschrift dient nicht dazu, beim Stpfl. die Besteuerungsgrundlagen zutreffend zu ermitteln und dem Staat zusätzliche Einnahmen zu verschaffen (§ 157 Abs. 2 AO; Krumm, in Tipke/Kruse, AO, § 160 Tz. 4; Cöster, in König, AO, 3. Aufl. [2014], § 160 Rdnr. 6).

1.4 Keine Ermittlungspflicht

Die Finanzbehörde hat nach § 160 Abs. 1 Satz 2 AO das Recht, aber nicht die Pflicht, eigene Ermittlungen anzustellen, um die behaupteten Verhältnisse fest-

VIII. Das Benennungsverlangen der Finanzämter gem. § 160 AO

zustellen. Der Untersuchungsgrundsatz wird durch die ausdrückliche Regelung in § 160 Abs. 1 Satz 2 AO nicht eingeschränkt, die Benennung von Gläubigern und Leistungsempfängern zu verlangen (§ 88 AO). Die Finanzbehörde kann also ggf. zweigleisig vorgehen. Aufgrund der erweiterten Ermittlungsbefugnisse und Zugriffsmöglichkeiten der Finanzbehörde kann somit der Stpfl. z. B. bei Auslandsbeziehungen anregen, sich mit dem **Bundeszentralamt für Steuern** in Verbindung zu setzen, um Recherchen über ausländische Geschäftspartner einzuholen. Insbesondere können auch Dritte, wie z. B. Kreditinstitute, nach § 93 AO befragt werden, da diese Vorschrift ebenfalls parallel anwendbar ist.

> *Hinweis:*
> Auch eine Verständigung über die Nichtabziehbarkeit von Betriebsausgaben nach § 160 AO ist als tatsächliche Verständigung wirksam (FG Düsseldorf, Urteil vom 02.12.2008, 6 K 2722/06 K, EFG 2010, 546, rkr. mit Anm. Claßen). Auf gleicher Linie der BFH. Er bestätigt, dass eine trennscharfe Abgrenzung zwischen Tatfrage und Rechtsfrage nicht in allen Fällen nach abstrakten Maßstäben im Vorhinein möglich ist. Deshalb ist bei der Anwendung des § 160 Abs. 1 Satz 1 AO im Übrigen zu berücksichtigen, dass der Tatbestand nach seiner Struktur sowohl bei seiner Entscheidung „dem Grunde nach" als auch „der Höhe nach" Tatsachenelemente aufweist (BFH, Beschluss vom 31.08.2009, I B 21/09, BFH/NV 2010, 163).

1.5 Verhältnis zu anderen Vorschriften

Die Bestimmungen des **Außensteuergesetzes** verstärken und präzisieren die Mitwirkungspflichten bei Auslandssachverhalten und den Umfang der sich aus § 160 AO ergebenden Verpflichtungen (§ 16 AStG; Gosch, StBp 1999, 80, 82 – Urteilsanmerkung). Die Bestimmungen des AStG enthalten keine selbständigen Eingriffsermächtigungen (Schuster, in Hübschmann/Hepp/Spitaler, AO, § 160 Rdnr. 5). Keinesfalls schränkt § 16 AStG jedoch die Anwendbarkeit von § 160 AO inhaltlich ein (BFH, Urteil vom 01.04.2003, I R 28/02, BFH/NV 2003, 1241, 1242; FG Düsseldorf, Urteil vom 04.12.2001, 6 K 7875/98 K, G, F, EFG 2002, 884; aufgrund der eingelegten und begründeten NZB wurde per BFH-Beschluss vom 26.06.2002 I B 15/02 n. v. das Verfahren für erledigt erklärt; hierzu Schmitz, IStR 1997, 193 ff.).

Insbesondere enthält § 16 AStG eine Erweiterung der Auskunftspflichten nur insoweit, als der Stpfl. gehalten ist, alle Beziehungen offenzulegen, die unmittelbar oder mittelbar zwischen ihm und der ausländischen Gesellschaft bestehen. Die Informationspflicht des Stpfl. bezieht sich deshalb nicht auf „Hintermänner", zu denen er keinen Kontakt hat. Es geht deshalb stets um **eigene** Beziehungen der Auskunftsperson. Gerade die Befugnis, die unmittelbaren und mittelbaren Beziehungen des Stpfl. zum ausländischen Empfänger zu erfragen, spricht dafür, dass über § 16 AStG nur Fallgestaltungen erfasst werden sollen, in denen der inländische Stpfl. gleichzeitig in irgendeiner Weise auf der Empfängerseite mit beteiligt ist (vgl. Schuster, in Hübschmann/Hepp/Spitaler,

AO, § 160 Rdnr. 30). Weiterhin kann die Finanzbehörde die Benennung von Gläubigern auch nach dem **allgemeinen Auskunftsrecht** verlangen (§ 93 AO). Das Auskunftsersuchen i. S. d. § 93 AO ist mit Zwangsmitteln durchsetzbar, während das Benennungsverlangen nach § 160 AO dem Adressaten lediglich ein bestimmtes Verhalten nahe legt, verbunden mit der Sanktion der Nichtberücksichtigung der Ausgaben bzw. Schulden (§§ 328 ff. AO). Darüber hinaus sind die **Schätzungsvorschriften** anwendbar, wenn die Höhe der Betriebsausgaben streitig ist und deren Empfänger nicht benannt worden sind. Die bei der Anwendung des § 160 AO zu treffenden Ermessensentscheidungen können aber eine unterlassene Schätzung nicht ersetzen (§ 162 AO i. V. mit § 5 AO). In solchen Fällen hat die Finanzbehörde zunächst die Höhe der Betriebsausgaben zu ermitteln oder ggf. zu schätzen. Anschließend hat sie zu prüfen, ob und inwieweit die fehlende Benennung der Zahlungsempfänger dem Betriebsausgabenabzug nach § 160 AO entgegensteht (BFH, Urteil vom 23.03.1966, IV 248/63, BStBl. III 1966, 360; BFH, Urteil vom 24.06.1997, VIII R 9/96, BStBl. II 1998, 51).

Die Bestimmung zur Bezeichnung von Treuhandverhältnissen sind neben § 160 AO parallel grundsätzlich anwendbar (§ 159 AO). Ein Kreditinstitut als Emittent von Inhaberverschuldverschreibungen ist auch dann nicht verpflichtet, dem ihm gegenüber vorgebrachten Verlangen des FA gem. § 160 Abs. 1 Satz 1 AO nachzukommen und die Gläubiger der verbrieften Ansprüche und der darauf zu zahlenden Zinsen zu benennen, wenn es von den Forderungsinhabern tatsächlich Kenntnis hat oder sich diese Kenntnis verschaffen kann. Das Benennungsverlangen ist regelmäßig unzumutbar und unverhältnismäßig und damit ermessensfehlerhaft (BFH, Urteil vom 25.02.2004, I R 13/03, BFH/NV 2004, 1209).

Eine Anwendung der Vorschrift des § 160 AO scheidet aus, wenn ein Empfänger von Bauleistungen seiner Verpflichtung aus § 48 Abs. 1 EStG nachkommt, von der Gegenleistung einen Steuerabzug i. H. v. 15 % für Rechnung des Leistenden vornimmt (sog. Bauabzugsteuer), diesen Steuerabzugsbetrag angemeldet und an das zuständige FA abgeführt hat (§ 48 Abs. 4 Nr. 1 EStG). Der Ausschlusstatbestand des § 48 Abs. 4 Nr. 1 EStG gilt auch dann, wenn Bauleistender eine inaktive ausländische Domizilgesellschaft ist. Eine einschränkende Auslegung gegen den klaren Wortlaut – zumal zum Nachteil des Steuerpflichtigen – kommt nicht in Betracht, da die teilweise in der steuerrechtlichen Literatur vorgebrachten Bedenken sich weder in den Gesetzesmaterialien widerspiegeln, noch Eingang in den Gesetztext gefunden haben. Auch aus verfassungsrechtlicher Sicht ist weder eine andere (verfassungskonforme) Auslegung geboten noch bestehen Bedenken gegen die Verfassungsmäßigkeit des § 48 Abs. 4 Nr. 1 EStG im Hinblick auf einen verfassungswidrigen Begünstigungsausschluss Dritter, die nicht Bauleistungen empfangen. Eine Anwendung der Ausschlussregelung auf inaktive Domizilgesellschaften ist nur dann unter dem Gesichtspunkt des Gestaltungsmissbrauchs (§ 42 AO) bedenklich, wenn der Bauleistungsempfänger § 48 Abs. 4 Nr. 1 EStG „instrumentalisiert" und sich den Abzug entgegen § 160 AO im Zusammenwirken mit einer formal als Subunternehmer eingeschalteten Domizilgesellschaft in rechtsmissbräulicher Weise erschlichen hat (Niedersächsisches FG, Urteil vom 05.02.2020 9 K 95/13 EFG 2020, 857, 862 f. m. Anm. Kreft = DStRE 2020, 1221, IStR 2020, 722 [Rev. eingelegt; Az. des BFH: IV R 4/20]).

Nur wenn aufgrund des Benennungsverlangens nachträglich **neue Tatsachen** i. S. v. § 173 AO bekannt werden, ist die Änderung einer bestandskräftigen Steuerfestsetzung nach dieser Vorschrift möglich; BFH, Urteil vom 09.03.2016, X R 9/13, BStBl. II 2016, 815; Urteil vom 09.03.2016, X R 10/13, BFH/NV 2016, 1665 = BfS 2016, 2342, 2344 mit Anm. Hildebrand.

2 Begriff der Schulden und Lasten

§ 160 AO erfasst Schulden und andere Lasten, Betriebsausgaben, Werbungskosten und andere Ausgaben. Die Vorschrift will jede Art von steuerrechtlich erheblichen Belastungen oder Aufwendungen erfassen, ohne Rücksicht auf die Steuerart. **Lasten** sind Verpflichtungen aller Art, auch die Schulden fallen unter den Oberbegriff „Lasten". Schulden sind Verpflichtungen zu einmaliger (auf einmal oder in Teilbeträgen zu erbringender) Leistungen. Andere Lasten sind Verpflichtungen zu wiederkehrenden Leistungen (insbesondere Rentenlasten, Nießbrauchlasten). Schulden und andere Lasten spielen nicht nur im Bereich der Substanzsteuern, sondern auch bei der Gewinnermittlung durch Bestandsvergleich eine Rolle. Deshalb ist die Vorschrift bei der Festsetzung von Ertragsteuern nicht auf Schulden anwendbar, deren Ansatz sich in der Bilanz erfolgsneutral vollzogen hat. § 160 AO gilt deshalb nicht für fingierte Darlehen (BFH, Urteil vom 16.03.1988, I R 151/85, BStBl. II 1985, 759, 760).

Der Betriebsausgabenabzug ergibt sich aus dem Gesetz (§ 4 Abs. 4 EStG). Unerheblich ist, ob die Betriebsausgaben sofort abgezogen werden können oder ob sie aktiviert werden müssen, weil die Aufwendungen der Anschaffung eines (nicht geringwertigen) Wirtschaftsgutes gedient haben (BFH, Urteil vom 17.12.1980, I R 148/76, BStBl. II 1981, 333, 335 – st. Rspr.). Wie die Ausgaben bezeichnet werden – etwa Provisionen, Trinkgeld, Bewirtungskosten, Übernachtungskosten – ist unerheblich. **Durchlaufende Posten** sind jedoch keine Betriebsausgaben (§ 4 Abs. 3 Satz 2 EStG). Daher kann § 160 AO insoweit nicht angewendet werden (BFH, Urteil vom 04.12.1996, I R 99/94, BStBl. II 1997, 404, 406; bestätigt durch BFH, Urteil vom 06.09.2018, IV R 26/16 BFH/NV 2018, 1260, 1264 f.). Die Anerkennung einer Rückstellung wegen möglicher Inanspruchnahme aus Bürgschaften kann von der Benennung des Darlehensgläubigers jedoch abhängig gemacht werden (BFH, Urteil vom 15.10.1998, IV R 8/98, BFH/NV 1999, 698). Der Werbungskostenbegriff ergibt sich ebenfalls aus dem Gesetz (§ 9 EStG). Andere Ausgaben sind insbesondere Sonderausgaben (z. B. Steuerberatungskosten und außergewöhnliche Belastungen; s. § 10 EStG bzw. §§ 33, 33a, 33c EStG).

§ 160 AO erfasst nicht Lasten und Ausgaben, die schon nach den Einzelsteuergesetzen nicht zu berücksichtigen sind. Er erfasst nur berücksichtigungsfähige (abzugsfähige) Lasten und Ausgaben. Bei der Nichtberücksichtigung nach anderen Vorschriften läuft § 160 AO somit im Ergebnis leer (§ 4 Abs. 5 und 6, § 9 Abs. 5 EStG; Seer, in Tipke/Kruse, AO, § 160 Tz. 9, 10). Auf gewinn- und steuermindernde Vorgänge, die nicht „Schulden und Lasten" betreffen, wie z. B. eine Forderungsberichtigung, ist die Vorschrift des § 160 AO nicht anwendbar (FG Hamburg, Urteil vom 28. 09. 2007, 6 K 202/04, EFG 2008, 426, rkr.).

3 Verlangen der Finanzbehörde zur Empfängerbenennung

3.1 Rechtsnatur des Verlangens

Im Schrifttum wird sehr vehement die Auffassung vertreten, dass das Verlangen der Empfängerbenennung als Verwaltungsakt zu qualifizieren ist und somit eine isoliert anfechtbare Verfahrenshandlung darstellt (§ 118 AO; Seer, in Tipke/Kruse, AO, § 160 Tz. 12 m. w. N.). Die maßgebende höchstrichterliche Rechtsprechung teilt diese Meinung im Schrifttum jedoch nicht. Danach ist das Verlangen der Empfängerbenennung nur eine nicht selbständig anfechtbare **schlichte Vorbereitungshandlung** zur Festsetzung von Besteuerungsgrundlagen oder zur Steuerfestsetzung. Dies wird insbesondere mit der mangelnden Vollstreckbarkeit des Benennungsverlangens begründet (BFH, Urteil vom 12. 09. 1985, VIII R 371/83, BStBl. II 1986, 537; BFH, Urteil vom 20. 04. 1988, I R 67/84, BStBl. II 1988, 927 – st. Rspr.; Schuster, in Hübschmann, AO, § 160 Anm. 20). Da das Benennungsverlangen nach dieser Auffassung kein Verwaltungsakt ist, kann auch die Rechtmäßigkeit der Ermessensausübung nur im Verfahren gegen den nach Anwendung des § 160 AO erlassenen Steuerbescheid gerichtlich überprüft werden (so Bruschke, DStZ 2014, 315, 319 bzw. 323).

Hinweis:
Obwohl in den anderen vergleichbaren Regionen der AO – wie z. B. in § 97 AO – ein Verlangen als Verwaltungsakt qualifiziert wird, ist aus Praktikabilitätsgründen im Zweifel der BFH-Rechtsprechung zu folgen. Dies bedeutet, dass gegen ein Benennungsverlangen keine isolierten Rechtsbehelfe, wie z. B. Einspruch, Klage etc., zulässig sind. Es ist ferner unstreitig, dass das Benennungsverlangen nicht mit Zwangsmitteln gem. §§ 328 ff. AO erzwungen werden kann. Rechtsbehelfe sind erst dann nach der höchstrichterlichen Judikatur gegen die geänderten Steuerbescheide statthaft, in denen dann inzidenter die Rechtmäßigkeit des Benennungsverlangens geprüft wird.

3.2 Ermessenscharakter des Benennungsverlangens

Ob die Finanzverwaltung eine Empfängerbenennung im konkreten Einzelfall verlangen will, ist eine Ermessensfrage. Die Finanzbehörde hat diesbezüglich ein **Entschließungsermessen**. Die Ermessensausübung muss dem Zweck des § 160 AO entsprechen; ansonsten liegt Ermessensfehlgebrauch vor.

VIII. Das Benennungsverlangen der Finanzämter gem. § 160 AO

Eine Aufforderung zur Benennung von Zahlungsempfängern ist auch dann rechtmäßig, wenn dem Stpfl. mit Sicherheit Betriebsausgaben entstanden sind. Das Verlangen nach Gläubiger- oder Empfängerbenennung ist grundsätzlich gerechtfertigt, wenn der Verdacht besteht oder aufgrund allgemeiner Erfahrungen die Vermutung begründet ist, der Gläubiger oder Empfänger könnte die Forderung, die Einnahme usw. zu Unrecht nicht versteuert haben (BFH, Urteil vom 09.08.1989, I R 66/86, BStBl. II 1989, 995, 996; BFH, Urteil vom 24.06.1997, VIII R 9/96, BStBl. II 1998, 51, 53; BFH, Urteil vom 10.03.1999, XI R 10/98, BStBl. II 1999, 434, 436; BFH, Urteil vom 17.10.2001, I R 19/01, BFH/NV 2002, 609, 610).

Das Verlangen der Finanzbehörde, den Zahlungsempfänger gem. § 160 AO zu benennen, ist frei von Ermessensfehlern, wenn der im Baugewerbe tätige Stpfl. für „Personalrückstellungen" hohe Beträge bar ausgezahlt hat (BFH, Beschluss vom 30.11.2004, XI B 48/04, BFH/NV 2005, 1209; FG Bremen, Urteil vom 11.01.2005, 2 V 79/04 (5), EFG 2005, 671, rkr. betreffend Zumutbarkeit eines Benennungsverlangens bei Barzahlungen an Subunternehmer). Diese Annahme liegt stets nahe bei Bestechung, Schmiergeldzahlungen, Geschäften ohne Rechnung, Schwarzarbeit, Schwarzmarktgeschäften etc. und auch bei Bargeschäften mit Unbekannten (BFH, Urteil vom 13.03.1985, I R 7/81, BStBl. II 1986, 318, 320; FG Münster, Urteil vom 26.02.1998, 8 K 4318/95 E, EFG 1998, 920, rkr.).

Diese Vermutung gilt auch, wenn die Angaben über den Zahlungsempfänger in der Buchführung unzutreffend oder unvollständig sind (BFH, Urteil vom 10.03.1999, XI R 10/98, BStBl. II 1999, 434, 436; BFH, Urteil vom 17.10.2001, I R 19/01, BFH/NV 2002, 609, 610). Bei den diesbezüglichen wirtschaftlichen Transaktionen ist somit normalerweise – bis auf wenige Ausnahmen – die Empfängerbenennung regelmäßig unter Ermessensausübungsaspekten kaum zu beanstanden.

Spezifische Anwendungsprobleme bestehen bei Auslandsbeziehungen. Hier gilt eine erhöhte Mitwirkungspflicht des Stpfl. (§ 90 Abs. 2 AO; § 16 AStG; BFH, Beschluss vom 16.01.2003, VIII B 114/01, BFH/NV 2003, 738).

Es genügt auch schon, dass die Annahme der Nichtversteuerung nicht auszuschließen ist. Zwar reicht die bloße Möglichkeit einer nicht bestehenden Steuerpflicht des Empfängers im Inland allein nicht aus, um von der Rechtsfolge des § 160 AO abzusehen (BFH, Urteil vom 13.03.1985, I R 7/81, BStBl. II 1986, 318, 320).

Ein vorwerfbares (schuldhaftes) Verhalten des Stpfl. ist für die Ermessensfehlerfreiheit des Benennungsverlangens nicht erforderlich (BFH, Urteil vom 17.12.1980, I R 148/76, BStBl. II 1981, 333, 335 f.). Das Benennungsverlangen wird jedoch dann **ermessensfehlerhaft** (und damit rechswidrig), wenn feststeht, dass bei vernünftiger Würdigung der bekannten Tatsachen **kein Zweifel daran besteht**, dass durch die Forderung, die Einnahme, den Bezug usw. beim Gläubiger oder Empfänger gar kein besteuerbarer stpfl. Tatbestand verwirklicht

3 Verlangen der Finanzbehörde zur Empfängerbenennung

worden ist und folglich auch kein Steuerausfall entstanden sein kann (BT-Drucks. VI/1982, 146 – amtl. Begründung zu § 141 AO a. F.; Krumm, in Tipke/Kruse, AO, § 160 Tz. 16).

Besteht somit kein Anlass zu bezweifeln, dass der Empfänger der Leistung diese auch ordnungsgemäß versteuert oder dass er nicht stpfl. ist, ist § 160 AO nicht anzuwenden (BFH, Urteil vom 30.03.1983, I R 228/78, BStBl. II 1983, 654, 655; BFH, Urteil vom 13.03.1985, I R 7/81, BStBl. II 1986, 318, 320). Wird bei Glücksspielgewinnen kein Ertragsteuertatbestand verwirklicht, so kann auch kein Steuerausfall entstehen (Fey/Kraft/Neyer, DStR 2000, 812, 814). Dies wird insbesondere dann der Fall sein, wenn i.R. von im Inland stpfl. Liefergeschäften Zahlungen an im Ausland sitzende Geschäftspartner geleistet werden, die in Deutschland weder einen Wohnsitz, gewöhnlichen Aufenthalt noch eine Betriebsstätte/ständigen Vertreter haben und somit weder der unbeschränkten noch der beschränkten Steuerpflicht in Deutschland unterliegen. Werden solche Zuwendungen an ausländische Geschäftspartner ohne eindeutige Steuerpflicht im Inland geleistet, so kann § 160 AO nicht angewendet werden (Kaligin, RIW 1988, 634; s. auch Rübenstahl, StBp 2011, 329 f.).

Ein weiteres praktisches Problem ergibt sich dann, wenn diese „nützlichen Aufwendungen" auch noch astronomische Höhen erlangen. So ist es durchaus üblich, dass in den arabischen Regionen, VR China, Südostasien (insbesondere Indonesien) bis zu 20 % des Bruttoumsatzes an Schmiergeldzahlungen bzw. „Provisionen" gezahlt werden. Die Finanzverwaltung legt auf folgende Aspekte ein besonderes Gewicht (OFD Hamburg, Verfügung vom 24.01.1983, S 2522 – 4/82 – St 21, StEK EStG § 4 Betriebsausgaben Nr. 252, RIW 1984, 829):

- Die Tatsache und die Höhe der Zahlung müssen nachgewiesen bzw. ausreichend glaubhaft gemacht werden.
- Es muss sichergestellt sein, dass es sich nicht um Zahlungen an Inländer handelt oder Zahlungen, die für Inländer bestimmt sind.
- Eigenbelege zur Glaubhaftmachung von Baraufwendungen müssen außer der Unterschrift des Betriebsinhabers oder des Geschäftsführers zusätzlich die Unterschrift eines weiteren Firmenangehörigen (kein Familienangehöriger) – möglichst der auszahlenden Person – tragen.
- Die Finanzverwaltung (NWB ESt-Kartei OFD Düsseldorf/Münster/Köln zu § 4 Abs. 4 EStG Nr. 43) verzichtet darüber hinaus aus Vereinfachungsgründen auf die Namensnennung, wenn nachgewiesen wird, dass
- Gelder der bezeichneten Art tatsächlich gezahlt worden sind und
- die Höhe dieser Gelder in einem angemessenen Verhältnis zum Auslandsumsatz steht (etwa 0,5 % vom Umsatz).

Die Aufforderung gem. § 160 AO, den Zahlungsempfänger zu benennen und bei unterlassener Empfängerbenennung den Betriebsausgabenabzug zu versagen, ist grundsätzlich auch dann rechtmäßig, wenn die geltend gemachten Betriebsausgaben dem Stpfl. mit Sicherheit entstanden sind (BFH, Beschluss vom 10.12.2009, X B 172/08, BFH/NV 2010, 596). Es ist jedoch der Umstand zu

VIII. Das Benennungsverlangen der Finanzämter gem. § 160 AO

beachten, dass sämtliche rechtswidrigen Zuwendungen (insbesondere Bestechungszahlungen) seit dem VZ 1999 dem Betriebsausgabenabzugsverbot unterliegen (§ 4 Abs. 5 Nr. 10 EStG). Damit hat die gelegentlich vertretene Ansicht, über § 160 AO solle auf indirektem Wege der Zahlung von Schmier- und Bestechungsgeldern entgegengewirkt werden, erheblich an Gewicht verloren. Schließlich betrifft § 160 AO nur steuerlich abzugsfähige Schulden oder Ausgaben.

Gleichwohl wird § 160 AO im Anwendungsbereich von § 4 Abs. 5 Nr. 10 EStG nicht bedeutungslos sein, weil die Nichtabzugsfähigkeit erst durch die rechtskräftige Verurteilung bzw. die Einstellung des Strafverfahrens ausgelöst wird (§§ 153 bis 154e StPO; BMF, Schreiben vom 10.10.2002, IV A 6 – S 2145 – 35/02, BStBl. I 2002, 1031). Vor diesem Zeitpunkt kann die Finanzbehörde nach § 160 AO weiter vorgehen. Wurde der Abzug über § 160 AO nur teilweise versagt, so wird man die spätere (positive) Entscheidung i. S. v. § 4 Abs. 5 Nr. 10 EStG als rückwirkendes Ereignis einstufen müssen (§ 175 Abs. 1 Satz 1 Nr. 2 AO). Kommt es zu keiner Verurteilung, bleiben die Rechtsfolgen aus § 160 AO erhalten (Schuster, in Hübschmann/Hepp/Spitaler, AO, § 160 Anm. 4).

Sofern Aufwendungen im Zusammenhang mit Bestechungsdelikten im Raum stehen, ist der Anwendungsvorgang des § 4 Abs. 5 Satz 1 Nr. 10 EStG dringend zu beachten. Insofern sind Betriebsprüfer verpflichtet, die Staatsanwaltschaft zu informieren. Tun sie dies wider besseres Wissen nicht, setzen sie sich des Vorwurfs einer Strafvereitelung im Amt (§ 258a StGB) aus (Gehm, StBp 2015, 283, 289).

> *Hinweis:*
>
> Das Problem ist jedoch die Glaubhaftmachung und Dokumentation des Zahlungsvorganges und der Nachweis, dass kein Rückfluss – insbesondere keine Innenprovisionen – z. B. auf ausländische Konten erfolgt sind. Die betroffenen Stpfl. können als höchste Stufe der Glaubhaftmachung eine diesbezügliche eidesstattliche Versicherung an Amtsstelle abgeben. Bei strafbaren Zuwendungen, die nunmehr dem inländischen Betriebsausgabenabzugsverbot unterliegen, werden bei multinationalen Unternehmen die Zahlungen über ausländische Tochtergesellschaften erfolgen mit Sitz in den Ländern, in denen ein solches Betriebsausgabenabzugsverbot nicht besteht (§ 95 AO; Kaligin, RIW 1988, 634 ff.; Halle, RIW 1993, 59 ff.).

Das Empfängerbenennungsverlangen ist auch ermessensfehlerhaft, wenn die Benennung (beurteilt für den einzelnen Geschäftsvorfall) nicht notwendig, unzumutbar oder unverhältnismäßig oder aus Gründen nicht erfüllbar ist, die dem Stpfl. nicht vorgeworfen werden können. Das Verlangen ist unverhältnismäßig, wenn der Stpfl. Nachteile erleiden würde, die im Missverhältnis zum Aufklärungserfolg stehen (z. B. Existenzgefährdung, aber geringfügiges Mehrsteuerergebnis beim Empfänger; s. BFH, Urteil vom 10.03.1999, XI R 10/98, BStBl. II 1999, 434, 436; Krumm, in Tipke/Kruse, AO, § 160 Rdnr. 16). Die Benennung ist z. B. nicht notwendig, wenn der Gläubiger oder Empfänger der Finanz-

3 Verlangen der Finanzbehörde zur Empfängerbenennung

behörde bereits bekannt ist; sie hat es dann selbst in der Hand, den Steuerausfall zu verhindern (FG Münster, Urteil vom 02.10.1979, VI 286/76 F, EFG 1980, 159, nicht rkr.).

Ansonsten sind Fälle der Unzumutbarkeit – mit Ausnahme der o.g. Auslandsbeziehungen – bei Inlandssachverhalten äußerst selten. Ein solcher Ausnahmefall kann z.B. dann vorliegen, wenn dem Stpfl. eine Ermittlung der Identität des Empfängers nicht zugemutet werden kann, wie z.b. bei Zinszahlungen auf Inhaberschuldverschreibungen (BFH, Urteil vom 25.02.2004, I R 31/03, BStBl. II 2004, 582; BFH, Urteil vom 25.02.2004, I R 13/03, BFH/NV 2004, 1209, jeweils m.w.N.). In diesen Fällen hat der Stpfl. aber alle Angaben zu machen, die möglich sind und die das FA bzw. das FG in den Stand setzen, erfolgversprechende eigene Ermittlungen anzustellen (v. Wedelstädt, in Kühn/v. Wedelstädt, AO, 21. Aufl. 2015, § 160 Rdnr. 12).

Eine Aufforderung zur Benennung des tatsächlichen Zahlungsempfängers ist nicht allein deshalb rechtswidrig, weil gegenüber dem zahlenden Unternehmer eine in der EU ansässige Person oder Gesellschaft als Vertragspartner aufgetreten ist (BFH, Beschluss vom 16.07.2003, I B 163/02, BFH/NV 2004, 4). Ist bei vernünftiger Wertung aller Umstände und Ausschöpfung aller zumutbaren Erkenntnismöglichkeiten für den Stpfl. nicht erkennbar, dass es sich beim Zahlungsempfänger um eine Domizilgesellschaft handeln könnte, ist das Verlangen, die „hinter dem Zahlungsempfänger stehenden Personen" zu benennen, unzumutbar bzw. unverhältnismäßig (betreffend Bauunternehmen in Großbritannien; s. BFH, Urteil vom 17.10.2001, I R 19/01, BFH/NV 2002, 609).

Die Empfängerbenennung kann unzumutbar sein, wenn bei Lösegelderpressungen der Lösegeldzahler (der außergewöhnliche Belastungen geltend macht) für den Fall der Namensnennung mit Mord oder Entführung von Familienmitgliedern rechnen muss oder ihm der anonyme Empfänger nicht bekannt ist (Hessisches FG, Urteil vom 12.03.1981, IX 9/78, EFG 1981, 571, rkr.). Ansonsten ist die Benennung dem Stpfl. aber grundsätzlich auch dann zuzumuten, wenn er sich gegenüber seinem Vertragspartner vertraglich zum Schweigen verpflichtet hat (FG München, Urteil vom 19.02.1997, 1 K 1702/94, EFG 1997, 1078, rkr.).

Zwar kann ein Benennungsverlangen (§ 160 AO) unzumutbar und damit ermessensfehlerhaft sein, wenn der Steuerpflichtige den Empfänger seiner Zahlung nicht benennen kann, weil er Opfer einer für ihn undurchschaubaren Täuschung geworden ist. Allein die Vorlage von Formalpapieren durch den Zahlungsempfänger bewirkt im Regelfall aber keinen Vertrauenstatbestand, der die Anwendung des § 160 AO ausschließen könnte.

Die Anwendung des § 160 AO ist auch dann jedenfalls nicht zwingend ausgeschlossen, wenn als unmittelbarer Zahlungsempfänger ein Strohmann auftritt, der einem Milieu angehört, in dem durch Einsatz körperlicher Gewalt ein Schweigegebot gegenüber staatlichen Stellen durchgesetzt wird. Vielmehr wird es vom Zweck des § 160 AO gedeckt, den Steuerpflichtigen mittelbar dazu

VIII. Das Benennungsverlangen der Finanzämter gem. § 160 AO

anzuhalten, Geschäfte mit derartigen Personen zu unterlassen und dadurch diejenigen, die nicht zu einer offenen Teilnahme am Wirtschaftsverkehr bereit sind, wirtschaftlich zu isolieren (BFH, Beschluss vom 13.12.2016, X B 23/16, BFH/NV 2017, 564).

3.3 Genaue Bezeichnung des Empfängers

Der Empfänger bzw. der Gläubiger der empfangenen Leistung ist genau zu benennen, so dass er ohne Schwierigkeiten bestimmt und ermittelt werden kann (BFH, Urteil vom 15.03.1995, I R 46/94, BStBl. II 1996, 51; BFH, Urteil vom 25.02.2004, I R 31/03, BStBl. II 2004, 582, 583). Das FA muss nicht von sich aus weitere Ermittlungen anstellen.

Der Empfänger ist regelmäßig derjenige, dem der in der Betriebsausgabe enthaltene wirtschaftliche Wert vom Stpfl. übertragen wurde (BFH, Urteil vom 08.02.1972, VIII R 41/66, BStBl. II 1972, 442; BFH, Beschluss vom 25.08.1996, IV B 76/86, BStBl. II 1987, 481, 482; BFH, Urteil vom 24.06.1997, VIII R 9/96, BStBl. II 1998, 51, 53; BFH, Urteil vom 25.02.2004, I R 31/03, BStBl. II 2004, 582, 583). Bei Scheingeschäften kommt es nicht auf den Scheinpartner an (Krumm, in Tipke/Kruse, AO, § 160 Tz. 24). Ist für den Stpfl. erkennbar, dass die Person, die eine Zahlung entgegennimmt, als Bote, Vertreter oder Treuhänder für einen anderen handelt, ist dem Stpfl. zuzumuten, Name und Anschrift des Hintermannes festzustellen, um der Finanzbehörde auf Befragen den Empfänger benennen zu können (BFH, Urteil vom 25.11.1986, VIII R 350/82, BStBl. II 1987, 286, 288; BFH, Urteil vom 01.06.1994, X R 73/91, BFH/NV 1995, 2, 3).

Werden an einen Vermittler Schmiergelder gezahlt mit der Auflage, diese an Dritte weiterzuleiten, so kommt bei Nichtbenennung dieser Dritten eine Anwendung des § 160 AO nur bei den Auftraggebern, nicht aber beim Vermittler in Betracht (FG München, Beschluss vom 26.10.2000, 10 V 388/00, EFG 2001, 189 rkr.)

Es ist bereits geklärt, dass sich der in § 160 Abs. 1 Satz 1 AO verwendete Begriff „Empfänger" auf denjenigen bezieht, dem der in der Betriebsausgabe enthaltene wirtschaftliche Wert vom Steuerpflichtigen übertragen wurde und bei dem er sich dezumfolge steuerlich auswirkt. Bei der Zwischenschaltung einer Person, welche die vereinbarten Leistungen nicht selbst erbringt, ist Empfänger nicht die zwischengeschaltete Person, sonder der hinter ihr stehende Dritte, an den die Gelder letztlich gelangt sind. Hat der von dem Steuerpflichtigen bezeichnete Empfänger die erhaltenen Zahlungen an Schwarzarbeiter des Steuerpflichtigen weitergeleitet, sind diese als Empfänger i. S. v. § 160 Abs. 1 Satz 1 AO anzusehen. Empfänger im Sinne des § 160 Abs. 1 Satz 1 AO können auch die Angestellten des vom Steuerpflichtigen benannten Subunternehmers sein, wenn der benannte Subunternehmer nicht existiert oder dessen Angestellte Schwarzarbeiter des Steuerpflichtigen sind (BFH, Beschluss vom 11.10.2013, III B 50/13, BFH/NV 2014, 289).

Eine Person ist nicht „Zahlungsempfänger" i. S. d. § 160 AO, wenn sie die geleistete Zahlung für einen anderen entgegennimmt, der die entgoltene Leistung erbracht hat und für den die Zahlung deshalb nach dem übereinstimmenden Verhältnis der Beteiligten bestimmt ist. Ein Zahlungsempfänger ist auch dann hinreichend benannt, wenn die Finanzbehörde mangels ausreichender Beweismittel oder aus anderen Gründen den Steueranspruch gegenüber dem benannten Empfänger nicht durchsetzen kann (BFH, Urteil vom 24.10.2006, I R 90/05 BFH/NV 2007, 849).

Bei Darlehensgeschäften ist der Darlehensempfänger nicht verpflichtet, die Refinanzierungsmittel des Darlehensgebers nachzuweisen. Der Darlehensnehmer ist auch bei Auslandsbeziehungen nicht zur Darlegung verpflichtet, auf welche Art und Weise die Darlehensgeber die Beträge erwirtschaftet bzw. refinanziert haben. Dies führt zu einer Überspannung der Anforderungen (BFH, Urteil vom 01.06.1994, X R 73/91, BFH/NV 1995, 2; Gebbers, StBp 1986, 179 ff., 200 ff.; Dörn, StBp 2003, 24 ff.). Diese zutreffende Rechtsprechung ist – ohne sich mit der bisherigen Judikatur auseinanderzusetzen – für behauptete Privatdarlehen aus dem islamischen Kulturkreis durch folgende Entscheidung ausgehebelt worden: Es mag sein, dass zwischen natürlichen Personen aus dem islamischen Kulturkreis rein mündliche, zinslose und hinsichtlich des Rückzahlungszeitpunkts unbestimmte Darlehensvereinbarungen eine stärkere Verbreitung aufweisen als im deutschen Kulturkreis. Dies verdrängt aber nicht die bei der Prüfung von Betrieben der Bargeldbranche in Deutschland allgemein geltenden Darlegungs- und Nachweisanforderungen. Jedenfalls die **Darlegung der Mittelherkunft beim Darlehensgeber** und des tatsächlichen Geldflusses bleibt auch in diesen Fällen grundsätzlich erforderlich. (BFH, Beschluss vom 31.05.2016, X B 73/15, BFH/NV 2016, 1299 = BB 2016, 2278, 2280 mit Anm. Heinmüller, bestätigt durch BFH, Beschluss vom 01.12.2016, X S 6/16 [PKH], BFH/NV 2017, 440). Werden Schuldzinsen für ein Darlehen als Betriebsausgaben geltend gemacht, ist der Fall der Refinanzierung eines von einem Darlehensgeber auf dessen eigene Rechnung vergebenen Darlehens vom Fall der bloßen Durchleitung eines bestimmten, von einem dahinterstehenden Geldgeber aufgebrachten Darlehensbetrages an den Darlehensnehmer zu unterscheiden. Im letztgenannten Fall kommt der Stpfl. einem Benennungsverlangen i. S. d. § 160 Abs. 1 Satz 1 AO nur nach, wenn er den hinter dem Darlehensgeber stehenden Geldgeber als wirtschaftlichen Empfänger der Schuldzinsen benennt (BFH, Urteil vom 25.01.2006, I R 39/05, BFH/NV 2006, 1618).

Werden an einen Vermittler Schmiergelder gezahlt mit der Auflage, diese an Dritte weiterzuleiten, so kommt bei Nichtbenennung dieser Dritten eine Anwendung des § 160 AO nur bei den Auftraggebern, nicht aber beim Vermittler in Betracht (FG München, Urteil vom 26.10.2000, V 388/00, EFG 2001, 189, rkr.). Das kann jedes Rechtssubjekt sein. Ist für den Stpfl. erkennbar, dass diese Person den Wert als Überbringer für einen anderen entgegennimmt, so ist dieser als Empfänger anzusehen. In diesem Fall ist es dem Stpfl. zuzumuten,

VIII. Das Benennungsverlangen der Finanzämter gem. § 160 AO

sich Gewissheit über die dahintergeschaltete Person zu verschaffen (BFH, Urteil vom 25.11.1986, VIII R 350/82, BStBl. II 1987, 286, 288).

Ein Großteil der Streitfälle bezieht sich darauf, dass **Domizilgesellschaften** als Empfänger auftauchen. Hier gibt es eine ausgefeilte Judikatur. Leistet der Stpfl. Zahlungen an eine (in der Regel keine aktive wirtschaftliche Tätigkeit ausübende) Domizilgesellschaft für Leistungen, die diese mangels fach- und branchenkundigen Personals gar nicht erbringen kann, so ist Zahlungsempfänger in der Regel nicht die Domizilgesellschaft, sondern es sind diejenigen, an die die Gelder weitergeleitet worden sind (BFH, Beschluss vom 25.08.1986, IV B 76/86, BStBl. II 1987, 481, 482; BFH, Urteil vom 10.11.1998, I R 108/97, BStBl. II 1999, 121; BFH, Urteil vom 12.08.1999, XI R 51/98, BFH/NV 2000, 299). In einem solchen Fall kommen sowohl die Anteilseigner als auch die Auftragnehmer der Domizilgesellschaft als zu benennende Leistungsempfänger in Betracht (BFH, Urteil vom 05.11.1992, I R 8/91, BFH/NV 1994, 357; BFH, Urteil vom 01.06.1994, X R 73/91, BFH/NV 1995, 2; Krumm, in Tipke/Kruse, AO, § 160 Tz.19a; zu steuer- und steuerstrafrechtlichen Risiken wegen Unterhaltung der Geschäftsbeziehungen zu den ausländischen Briefkastenfirmen in Deutschland eingehend Weber, DStZ 2017, 512 ff.). Jedoch kann es auch Fallgestaltungen geben, bei denen es nach dem objektiven Empfängerhorizont eine Überspannung der Anforderungen an den Stpfl. darstellt, von diesem eine Dokumentation zu verlangen, wer hinter der Domizilgesellschaft steht, wenn deren Charakter als solche überhaupt nicht erkennbar ist (BFH, Urteil vom 17.10.2001, I R 19/01, BFH/NV 2002, 609).

Ist eine natürliche oder juristische Person, die Zahlungen des Stpfl. entgegennahm, lediglich zwischengeschaltet, weil sie entweder mangels eigener wirtschaftlicher Betätigung die vertraglich bedungenen Leistungen gar nicht erbringen konnte oder weil sie aus anderen Gründen die ihr erteilten Aufträge und die empfangenen Gelder an Dritte weiterleitete, so ist sie nicht Empfänger i.S.d. § 160 Abs.1 Satz 1 AO, so dass die hinter ihr stehenden Personen, an die die Gelder letztlich gelangt sind, zu benennen sind. Dies gilt gleichermaßen für inländische und ausländische Personen. Im Rahmen des § 160 AO kommt es nicht darauf an, ob und unter welchen Voraussetzungen eine ausländische Gesellschaft – aufgrund des Abkommens über den Europäischen Wirtschaftsraum (EWR) vom 02.05.1992 (BGBl. II 1993, 267) – als eingeständiges Rechtssubjekt anzuerkennen ist. Sprechen konkrete Anhaltspunkte dafür, dass die Anteile an einer ausländischen Basisgesellschaft treuhänderisch für Dritte gehalten wurden, kann das FA gem. § 160 Abs.1 Satz 1 AO deren Benennung verlangen (so BFH, Beschluss vom 24.04.2009, IV B 104/07, BFH/NV 2009, 1398 betr. Benennungsverlangen bei Gesellschaften im Fürstentum Liechtenstein und bei Treuhandverhältnissen; s. auch schon BFH, Urteil vom 01.04.2003, I R 28/02, BStBl. II 2007, 855; zum Benennungsverlangen bei Gesellschaften am Beispiel der Schweiz s. auch Teufel/Wassermann, IStR 2003, 112 ff.; zur Zurechnungsbesteuerung bei ausländischen Familienstiftungen gem. § 15 AStG und zur Empfängerbenennung s. Rehm/Nagler, IStR 2008, 284 ff.).

3 Verlangen der Finanzbehörde zur Empfängerbenennung

Empfänger i. S. d. § 160 Abs. 1 Satz 1 AO ist, wem der in der Betriebsausgabe enthaltene wirtschaftliche Wert vom Stpfl. übertragen wurde, bei dem er sich demzufolge steuerlich auswirkt. Benannt ist ein Empfänger, wenn er (nach Namen und Adresse) ohne Schwierigkeiten und eigene Ermittlungen der Finanzbehörde bestimmt und ermittelt werden kann. Ist Zahlungsempfänger eine Domizilgesellschaft, hat der Stpfl. grundsätzlich den dahinterstehenden Gesellschafter zu benennen. Weitergehende Ausführungen – etwa ob der Anteilseigner für dritte Personen handelt – können vom Stpfl. ohne besondere Indizien nicht verlangt werden (FG Köln, Urteil vom 18.04.2013, 10 K 1043/10, EFG 2013, 1370, rkr.).

Bei ausländischen Domizil- bzw. Basisgesellschaften ist der Zweck des § 160 Abs. 1 Satz 1 AO erst erreicht, wenn sichergestellt ist, dass der wirkliche Empfänger der Zahlungen entweder im Inland nicht stpfl. ist oder im Inland seine steuerlichen Pflichten erfüllt hat. Die Finanzbehörde ist zwar berechtigt, nicht aber verpflichtet, aufzuklären, wer wirklich hinter einer solchen Gesellschaft steht (BFH, Urteil vom 11.07.2013, IV R 27/09, BStBl. II 2013, 989 mit Anm. Bode, DB 2013, 2372 und Köth, BB 2013, 3041, 3047; ferner Jorde/Verfürth, DB 2014, 563 ff.).

Finanziert eine GmbH den Erwerb einer inländischen Immobilie mit einem Darlehen einer ausländischen Domizilgesellschaft und behandelt sie die vereinbarten endfälligen Zinsen als Betriebsausgaben, so ist die Versagung des Betriebsausgabenabzugs nach § 160 AO rechtmäßig, wenn auf die Aufforderung, den hinter der Domizilgesellschaft stehenden Empfänger zu benennen, zwar ein Inländer als Treugeber der Domizilgesellschaft benannt wird, es aber nach den Umständen nicht auszuschließen ist, dass das Geld nicht von ihm, sondern von einer Person aus dem Umkreis der GmbH stammte (FG München, Urteil vom 17.09.2018, 7 K 1258/17, EFG 2019, 7, 9 f. mit Anm. Forchhammer [NZB eingelegt; Az. des BFH: XI B 104/18], jedoch zwischenzeitlich erledigt; zur Nichtabzugsfähigkeit von Provisionszahlungen an Domizilgesellschaften in Kasachstan, vgl. FG Hamburg, Beschluss vom 22.01.2018, 2 V 305/17, DStRE 2018, 1513 rkr.; hierzu Wegner, PStR 2018, 310 f.).

Bei Auslandsbeziehungen ist somit der Stpfl. zwecks Vermeidung von Nachteilen gehalten zu dokumentieren, wer hinter der ausländischen Gesellschaft steht, also deren Anteilseigner und vertretungsberechtigte Personen sind, wem also im Ergebnis der wirtschaftliche Wert zufließt. Die Rechtsprechung ist hier äußerst streng. Versäumnisse bei der Dokumentation gehen in jedem Fall zu Lasten des Stpfl. Einzige Ausnahme ist der Fall, wenn der Domizilcharakter der Gesellschaft – wie z. B. im EU-Raum (z. B. von einem vom BFH beschriebenen Fall betreffend Bauunternehmer in Großbritannien) – nicht einmal ansatzweise erkennbar war.

Gibt der Steuerpflichtige in der ESt-Erklärung Werbungskosten für eine Outplacement-Beratung an, die von einer ausländischen Ltd. erbracht und teilweise bar im Ausland bezahlt wurden, verletzt das FA seine Ermittlungspflicht, wenn

VIII. Das Benennungsverlangen der Finanzämter gem. § 160 AO

es der Erklärung ohne weitere Ermittlungen folgt und den Steuerpflichtigen durch Aufhebung des zunächst beigefügten Vorbehaltes der Nachprüfung endgültig und vorbehaltlos zur ESt veranlagt. Der Steuerpflichtige ist nicht verpflichtet, von sich aus – ohne sich ihm aufdrängende Zweifel bzw. ohne Aufforderung seitens des FA – weitere Nachforschungen zur Identität und Solidität des Zahlungsempfängers anzustellen. Die Ermittlungspflichtverletzung des FA schließt eine spätere Änderung des Steuerbescheides gem. § 173 Abs. 1 Nr. 1 AO aus (so FG Köln, Urteil vom 23. 10. 2013, 4 K 1589/10, EFG 2014, 411 rkr.).

Zur genauen Bezeichnung des Empfängers gehört die Angabe des **vollen Namens** (der Firma) und der **Adresse** (BFH, Beschluss vom 25.08.1986, IV B 76/86, BStBl. II 1987, 481, 482 – st. Rspr.). Ist der Empfänger eine Personenhandelsgesellschaft, so genügt die Benennung mit deren Firma (§ 17 Abs. 1 HGB). Bei einer GbR reicht die Angabe eines oder einzelner Gesellschafter aus, an der/die Stpfl. die Zahlung(en) geleistet hat. Er muss nicht sämtliche Gesellschafter benennen (BFH, Urteil vom 25. 11. 1986, VIII R 350/82, BStBl. II 1987, 286, 288; Schuster, in Hübschmann/Hepp/Spitaler, AO, § 160 Rdnr. 20; vgl. Cöster, in König, AO, 3. Aufl. 2014, § 160 Rdnr. 32). Das FA muss sich aufgrund der gemachten Angaben jedenfalls von der Empfängereigenschaft überzeugen können (BFH, Beschluss vom 27. 11. 2000, IV B 23/00, BFH/NV 2001, 424). Ist dies im Einzelfall schwierig, weil sich der Zahlungsempfänger nicht „outen" will, so muss der Stpfl. sich durch Ausweispapiere (Personalausweis, Pass und Führerschein) von der Identität des Gläubigers bzw. Zahlungsempfängers vergewissern (BFH, Urteil vom 10.03.1999, XI R 10/98, BStBl. II 1999, 434, 436). Die Benennung ist nicht genau, wenn sich herausstellt, dass Name und/oder Adresse fingiert sind. Das Risiko, dass der angegebene Empfänger nicht existiert, trägt im Zweifel der Stpfl. (BFH, Urteil vom 17. 12. 1980, I R 148/76, BStBl. II 1981, 333, 335; BFH, Beschluss vom 18.09.1997, X S 7/97, BFH/NV 1998, 279, 280).

Ein Benennungsverlangen gem. § 160 AO ist auch dann rechtmäßig, wenn es zwar ein Unternehmen des von dem Stpfl. angegebenen Namens gab, aber die Angaben des Stpfl. über die Merkmale dieses Unternehmens (Unternehmensgegenstand, Name des Schäftsführers, Anzahl der Arbeitnehmer) von den Merkmalen des tatsächlich existierenden Unternehems abweichen und somit anzunehmen ist, dass es sich nicht um das nämliche Unternehmen handelt (FG Berlin-Brandenburg, Beschluss vom 04.04.2012, 12 V 12208/11, EFG 2012, 1465, rkr.). In einem solchen Fall ist dem Stpfl. allerdings die Gelegenheit zu geben, den Empfänger „aufzuspüren". In bestimmten betroffenen Branchen, wie z. B. Holz- und Bautenschutz, Baubranche etc., wo bekanntlich viele in- und ausländische Unternehmer unter falschem Namen auftreten, ist somit der Stpfl. zwecks Sicherung des Betriebsausgabenabzugs gehalten, sich über die Identität des Stpfl. nicht nur Gedanken zu machen, sondern diesbezügliche Recherchen anzustellen bzw. einzuholen. Insbesondere ist zu empfehlen, selbst zu überprüfen, ob eine Eintragung der Firma im Handelsregister erfolgt ist. Darüber hinaus muss er sich anhand von Kopien von Ausweisen etc. die Identität der auftreten-

3 Verlangen der Finanzbehörde zur Empfängerbenennung

den Personen, die z. B. Quittungen über Barzahlungen ausstellen, entsprechend professionell dokumentieren.

In letzter Zeit häufen sich die Fälle, in denen ausländische Unternehmer aus dem **„Multikulti-Milieu"** ihre Existenz mit hohen Barbeträgen finanzieren. Sie sind dazu gezwungen, weil sie von den inländischen Banken mangels hinreichender Bonität und Zweifel an der dauerhaften Sesshaftigkeit in Deutschland keine Fremdmittel erhalten. Sie sind darauf angewiesen, von Verwandten (zinslose) Darlehen zu erhalten und in ihr Unternehmen zu investieren. Bei einer Betriebsprüfung wird dann diese Version der fremdfinanzierten Unternehmensfinanzierung angezweifelt mit der Begründung, es handele sich um Schwarzumsätze. Diese Fälle beschäftigen die unteren Instanzen der Finanzgerichtsbarkeit zurzeit vermehrt. In einem solchen Fall ist der ausländische Unternehmer gehalten, von seinen Angehörigen eidesstattliche Versicherungen anzufordern, in denen er darlegt, dass er bestimmte Geldmittel auf Darlehensbasis (z. B. US-Dollar aus Verkauf von Grundbesitz in Vietnam; Auflösung von Konten im ehemaligen Jugoslawien) erhalten hat.

Hinweis:
Teilweise verlangen die Finanzbehörden eine Bestätigung der eidesstattlichen Versicherung vor einem inländischen Notar und lassen ausländische eidesstattliche Versicherungen ausländischer Notare – selbst mit amtlich beglaubigter Übersetzung – nicht gelten. Hier sind die Dokumentationsanforderungen sehr streng. Es sollte eine entsprechende Beweismittelbeschaffung vorsorglich betrieben werden. Aufgrund der genannten BFH-Rechtsprechung ist jedoch der Darlehensempfänger nicht verpflichtet zu dokumentieren, wie der Darlehensgeber seine Beträge erwirtschaftet hat.

Im Folgenden soll noch zu einzelnen Fallgestaltungen Stellung genommen werden. Bei Zahlungen an **Taxiunternehmer** genügt nicht die Benennung der Ordnungsnummer des Taxis (BFH, Urteil vom 02.03.1967, VI 309/64, BStBl. III 1967, 396). Für hinzugeschätzte Personalkosten und Reparaturen ist in der Regel die Benennung der Empfänger (§ 160 AO) zu fordern (FG Hamburg, Urteil vom 07.09.2010, 3 K 13/09, EFG 2010, 2057 mit Anm. Matthes; die eingelegte NZB wurde per BFH, Beschluss vom 13.07.2011, X B 187/10, BFH/NV 2011, 1899 als unzulässig verworfen; hierzu Weinschütz, DB 2010, Heft 44 vom 05.11.2010, M 19).

Empfänger i. S. d. § 160 AO ist derjenige, dem der in der Betriebsausgabe enthaltene wirtschaftliche Wert übertragen wurde. Leistet der Stpfl. die Zahlung an den Verkäufer einer Ware in Erfüllung eines tatsächlich durchgeführten Kaufvertrages, ist der Verkäufer auch dann als Empfänger anzusehen, wenn die Zahlung auf seine Anweisung hin an einen Dritten geleistet wird. Der Stpfl. ist daher nicht verpflichtet, den Inhaber eines Schweizer Nummernkontos, auf das er den Kaufpreis auf Anweisung des Verkäufers überwiesen hat, zu benennen. Darauf, ob es sich bei dem Dritten um eine Domizilgesellschaft oder ein wirtschaftlich tätiges Unternehmen handelt, kommt es nicht an. Denn dem Sinn und Zweck des § 160 AO, die Besteuerung der Einnahmen beim Empfänger zu sichern, ist durch die Benennung des – wirtschaftlich tätigen – Kaufpreisgläubigers Genüge getan (FG Hamburg, Urteil vom 02.02.2007, 2 K 21/06, EFG 2007, 974, rkr. mit Anm. Kühnen).

Erfolgt die Zahlung des Entgelts durch den Stpfl. nicht an den Vertragspartner, sondern auf dessen Wunsch unmittelbar an einen Dritten, ist nicht der Dritte, sondern der Vertragspartner der Gläubiger und Empfänger i. S. d. § 160 Abs. 1 Satz 1 AO. Die Versagung des Betriebsausgabenabzugs gem. § 4 Abs. 5 Satz 1 Nr. 10 EStG kommt insbesondere in Betracht, wenn durch die Zahlung der **Straftatbestand des § 299 Abs. 2 und 3 StGB** erfüllt wird. Eine Bestechung im geschäftlichen Verkehr liegt auch dann vor, wenn die Zahlung nicht unmittelbar an den Angestellten, sondern an zwischengeschaltete Gesellschaften zum Zwecke der verdeckten Schmiergeldzahlungen erfolgen (FG Münster, Beschluss vom 17.08.2010, 10 V 1009/10 K, F, EFG 2010, 2053, rkr. mit Anm. Hennigfeld).

Empfänger i. S. d. § 160 Abs. 1 Satz 1 AO ist, wem der in der Betriebsausgabe enthaltene wirtschaftliche Wert vom Stpfl. übertragen wurde. Dies ist die Person, die bei wirtschaftlicher Betrachtung die vom Stpfl. durch seine Zahlung entgoltene Leistung erbracht hat (BFH, Beschluss vom 17.11.2010, I B 143/10, BFH/NV 2011, 198; hierzu Rübenstahl, StBp 2011, 329 ff.). Ein Zahlungsempfänger ist auch dann hinreichend benannt, wenn die Finanzbehörde mangels ausreichender Beweismittel oder aus anderen Gründen den Steueranspruch gegenüber dem benannten Empfänger nicht durchsetzen kann (BFH, Urteil vom 24.10.2006, I R 90/05, BFH/NV 2007, 849).

3.4 Kein Einfluss auf Auskunftsverweigerungsrechte

I. R. des Anwendungsbereichs des § 160 AO bleiben bestimmte Auskunftsverweigerungsrechte unberührt (§ 102 AO). Dabei ist jedoch zu berücksichtigen, dass in § 102 Abs. 1 Nr. 4 letzter Halbsatz AO geregelt ist, dass § 160 AO seinerseits unberührt bleibt. Die Wechselbezüglichkeit dieser beiden Vorschriften und deren praktische Auswirkungen sind somit diffus und geben Raum für unterschiedliche Auslegungen (Schuster, in Hübschmann/Hepp/Spitaler, AO, § 160 Rdnr. 30).

Die fiskalisch günstigste Auffassung vertritt die Meinung, dass „unbeschadet von Mitwirkungsverweigerungsrechten" die Finanzbehörde die Gläubiger- oder Empfängerbenennung weiter verlangen kann. Allerdings müssen die Auskunftsverweigerungsrechte dabei i. R. des § 160 AO – insbesondere bei der Ermessensausübung – gewürdigt werden (Gegenausnahme: Fallgruppe des § 102 Abs. 1 Nr. 4 letzter Halbsatz AO; Tipke, in Tipke/Kruse, AO, § 160 Tz. 18 – Vorauflage). Eine Mittelmeinung bringt die Auskunftsverweigerungsrechte nur auf bestimmte Fallgruppen des § 102 AO zur Geltung, mit Ausnahme des Abs. 1 Nr. 4 und der §§ 101 und 103 AO und kommt zu dem Ergebnis, dass insoweit weiterhin ein Auskunftsverweigerungsrecht gem. § 102 Abs. 1 Nr. 1 bis 3 AO besteht, § 160 Abs. 1 Satz 1 AO insoweit nicht angewendet werden kann (v.

Wedelstädt, in Kühn/v. Wedelstädt, AO, 21. Aufl. 2015, § 160 Rdnr. 27, 28; so auch BFH, Urteil vom 04. 12. 2014, V R 16712, BFH/NV 2015, 645, 648 bezüglich des Schutzes des Vertrauensverhältnisses zwischen Arzt und Patient). Eine andere Auffassung im Schrifttum meint, dass die o. g. Auskunfts und Zeugnisverweigerungsrechte auch i. R. des § 160 AO von der Finanzbehörde respektiert werden müssen. Verweigert der Stpfl. nach § 102 AO die Benennung des Gläubigers bzw. Empfängers, so kann der Abzug nicht nach § 160 AO versagt werden (Cöster, in Pahlke/König, AO, 3. Aufl. 2014, § 160 Rdnr. 46; Krumm, in Tipke/Kruse, AO, § 160 Tz. 27). Letzterer Auffassung ist zuzustimmen, da ansonsten der hohe Stellenwert der Ausschlussverweigerungsrechte in unzulässiger Weise ausgehebelt werden würde.

4 Rechtsfolgen der Nichterfüllung des Benennungsverlangens

Kommt der Stpfl. dem Benennungsverlangen der Finanzbehörde nicht nach, so entscheidet die Finanzbehörde nach **pflichtgemäßem Ermessen**, ob und in welcher Höhe die Lasten und Ausgaben steuerlich nicht zu berücksichtigen sind (§ 5 AO). Diese Entscheidung trifft die Finanzbehörde i. R. der Steuerfestsetzung bzw. im Verfahren zur gesonderten Feststellung von Besteuerungsgrundlagen. Sie bildet einen unselbständigen Teil des Festsetzungs- bzw. Feststellungsbescheids (BFH, Urteil vom 20. 04. 1988, I R 67/84, BStBl. II 1988, 927).

Maßstab für die **Ermessensausübung** ist der Zweck des § 160 AO, Steuerausfälle zu vermeiden. Im Regelfall ist es bei unterlassener Empfängerbenennung nicht ermessensfehlerhaft, wenn die Lasten und Ausgaben unberücksichtigt bleiben („regelmäßig"). Die Rechtsfolge des § 160 AO scheidet nicht deshalb aus, weil es feststeht oder glaubhaft ist, dass die abgesetzte Last tatsächlich besteht oder dem Stpfl. die Ausgabe tatsächlich entstanden ist (BFH, Urteil vom 29. 11. 1978, I R 148/76, BStBl. II 1979, 587; BFH, Beschluss vom 20. 07. 1993, XI B 85/92, BFH/NV 1994, 241).

> *Hinweis:*
>
> I. R. von Vergleichsverhandlungen bei der Schlussbesprechung in der Betriebsprüfung ist es jedoch üblich, dass selbst bei unterlassener Empfängerbenennung, wenn feststeht, dass tatsächlich Kosten angefallen sind (z. B. von Vorarbeiten von Subunternehmern im Baubereich), durchaus ein bestimmter Betriebsausgabenansatz bei den Ertragsteuern grundsätzlich erfolgt. Ein Vorsteuerabzug scheidet aus, weil keine ordnungsgemäße Rechnung vorliegt. Dies ist insbesondere dann der Fall, wenn ein gutes Betriebsprüfungsklima vorhanden ist und definitiv feststeht, dass Betriebsausgaben dem Grunde nach entstanden sein müssen. Hier sollte man sich einigen, weil bei einer Konfliktsituation vor dem FG das große Prozessrisiko besteht, dass der Stpfl. als „zweiter Sieger" vom Platz gehen wird.

Die **Verhältnisse des Empfängers** sind bei der Ermessensausübung zu berücksichtigen, soweit sie bekannt sind, da durch § 160 AO lediglich eine Art Haftung

VIII. Das Benennungsverlangen der Finanzämter gem. § 160 AO

und keine Doppelbelastung erreicht werden soll (BFH, Urteil vom 10.03.1999, XI R 10/98, BStBl. II 1999, 434, 437). Steht z. B. fest, dass der Empfänger die vom Stpfl. erhaltenen Beträge ganz oder z. T. versteuert hat oder die Beträge nicht zu versteuern sind, so ist dies bereits bei der Ermessensausübung zu berücksichtigen. Bedeutung hat auch, welche Kosten dem Zahlungsempfänger entstanden sind, wobei jedoch regelmäßig bei Ohne-Rechnung-Geschäften davon ausgegangen werden darf, dass beim Empfänger wegen der Beschaffung durch Diebstahl oder Unterschlagung die angefallenen Kosten eher geringfügig sind (BFH, Urteil vom 29.11.1978, I R 148/76, BStBl. II 1979, 587, 589; BFH, Beschluss vom 20.07.1993, XI B 85/92, BFH/NV 1994, 241, 242).

Ist bekannt, welcher Berufsgruppe der Empfänger angehört, ist auch zu berücksichtigen, welche weiteren Einkünfte er bezogen hat, wobei diese Einkünfte ggf. durch Schätzung zu ermitteln sind (BFH, Urteil vom 09.04.1987, IV R 142/85, BFH/NV 1987, 689, 691; BFH, Urteil vom 15.03.1995, I R 46/94, BStBl. II 1996, 51, 53; Christian/Schwehm, DStZ 1997, 324, 327). Auch wenn der nicht benannte Empfänger nachweislich nicht gewerbestpfl. ist, kann die an ihn geleistete Zahlung bei Ermittlung des Gewerbeertrags nicht abgezogen werden, wenn der Betriebsausgabenabzug bei der Ermittlung des einkommensteuerlichen Gewinns gem. § 160 AO zu versagen ist (streitig; BFH, Urteil vom 15.03.1995, I R 46/94, BStBl. II 1996, 51 = BB 1995, 2308 mit Anm. Salzmann). Bei der Ermittlung des drohenden Steuerausfalls ist auch eine eventuelle Gewerbesteuerpflicht des Empfängers zu beachten (BFH, Beschluss vom 20.07.1993, XI B 85/92, BFH/NV 1994, 241, 243).

Hat sich der Empfänger lediglich dem Stpfl. gegenüber bereit erklärt, dessen Mehrsteuern zu zahlen, sind die Ausgaben des Stpfl. nicht zu berücksichtigen (BFH, Urteil vom 30.03.1983, I R 228/78, BStBl. II 1983, 654). Dabei geht jedoch jegliche Ungewissheit zu Lasten des Stpfl. (BFH, Urteil vom 09.08.1989, I R 66/86, BStBl. II 1989, 995). Stellt sich also heraus, dass erhebliche Steuersatzdifferenzen beim Zahlenden und beim Zahlungsempfänger bestehen, so ist die Differenz im Hinblick auf die Belastungsüberhänge beim Zahlenden als Betriebsausgabe zu berücksichtigen. Dies kann z. B. der Fall sein, wenn Unternehmen, die sich im Spitzensteuersatz befinden (einschließlich Gewerbesteuer), geringfügige Zahlungen an Schwarzarbeiter leisten, die erfahrungsgemäß einen geringen Lohnsteuersatz aufzuweisen haben. Hier dürfte dann der Großteil der Zahlungen als Betriebsausgabe nach § 160 AO abzugsfähig sein (BFH, Urteil vom 04.04.1996, IV R 55/94, BFH/NV 1996, 801, 803).

Durch die Versagung des Betriebsausgabenabzugs, insbesondere bei Branchen mit geringen Gewinnmargen, kann die Anwendung des § 160 AO zu einer wirtschaftlichen Existenzgefährdung des Stpfl. führen. Ob hier in einem konkreten Einzelfall eine unbillige Härte vorliegt, kann nur i. R. von allgemeinen Billigkeitserwägungen geprüft werden (§ 163, § 227 AO; BFH, Urteil vom 25.04.1963, IV 376–378/60 U, BStBl. III 1963, 342, 344).

Die Abwägung der Interessen des Steuergläubigers und der am Wirtschaftsleben Beteiligten gebietet es im Rahmen des § 160 AO, Schwierigkeiten der Finanzbehörden bei der Ermittlung weiterer auf der Seite der Vorlieferanten beteiligten Personen in Kauf zu nehmen. Denn der Rechtsgedanke des § 160 AO ist nicht so weitgehend zu verstehen, dass ein Steuerpflichtiger, um den Betriebsausgabenabzug nicht zu gefährden, in jedem Falle erschöpfende Ermittlungsaufgaben des FA wahrzunehmen hat (Niedersächsisches FG, Beschluss vom 13.04.2015, 3 V 234/14, EFG 2015, 2145 rkr.).

Gewinnzurechnungen außerhalb der Handelsbilanz einer Personengesellschaft wegen § 160 AO haben keinen Einfluss auf die Kapitalkonten der Mitunternehmer. Mangels Empfängerbenennung nicht abziehbare Betriebsausgaben erhöhen den Gewinn der Gesellschaft und sind nicht unabhängig von der Verantwortung der einzelnen Gesellschafter für die unterlassene Empfängerbenennung allein nach deren Beteiligungsverhältnissen anteilig zuzurechnen (FG München, Urteil vom 27.11.2008, 15 K 2915/04, EFG 2009, 843 = DStRE 2009, 1426 rkr.).

Eine haftungsbegründende Verletzung der Steuererklärungspflicht ist nicht darin zu sehen, dass Geschäftsführer der GmbH dem auf § 160 AO gestützten Verlangen der Finanzbehörde auf Benennung von Gläubigern und Zahlungsempfängern nicht nachkommt (FG des Saarlandes, Urteil vom 14.12.2011, 2 K 1564/09, EFG 2012, 478; zwischenzeitlich rechtskräftig, da die eingelegte Revision zurückgenommen wurde).

In diesem Kontext ist auch darauf hinzuweisen, dass § 160 AO auch eine Norm ist, die für den steuerlichen Berater Haftungsrisiken bergen, wenn er seine Mandantschaft nicht hinreichend dahingehend berät, wie sie bereits im Vorfeld Abzugskürzungen nach § 160 AO begegnen können (hierzu eingehend Gehm, StBp 2015, 283, 288 f. anhand eines ausführlichen Fallbeispiels).

5 Verfahrensfragen

Nach der höchstrichterlichen Rechtsprechung kann die Entscheidung über das Benennungsverlangen und über die Abzugsfähigkeit der Schulden bzw. Ausgaben erst i.R. der Anfechtung der Steuerfestsetzung überprüft werden. Im finanzgerichtlichen Verfahren überprüft das FG ein Benennungsverlangen der Finanzbehörde nach § 160 AO und die Entscheidung über die Behandlung der Ausgaben oder Schulden als Ermessensentscheidung nur im eingeschränkten Maße im Hinblick auf das (Nicht-)Vorliegen eines Ermessensfehlgebrauchs (§ 5 AO, § 102 FGO). Allerdings kann das FG auch selbst nach eigenem Ermessen von der Regelung des § 160 AO Gebrauch machen (BFH, Urteil vom 15.05.1996, X R 99/92, BFH/NV 1996, 891, 893; BFH, Urteil vom 24.06.1997, VIII R 9/96, BStBl. II 1998, 51, 53). Das FG hat daher ggf. ein vom FA unterlassenes oder fehlerhaftes Benennungsverlangen im Klageverfahren als Tatsacheninstanz nachzuholen (BFH, Urteil vom 25.11.1986, VIII R 350/82, BStBl. II 1987, 286; BFH, Urteil vom 24.06.1997, VIII R 9/96, BStBl. II 1998, 51, 53 f.). Zuständig ist

VIII. Das Benennungsverlangen der Finanzämter gem. § 160 AO

ausschließlich das FG. Der BFH darf als Revisionsgericht § 160 AO selbst nicht anwenden. Bei einer unrechtmäßigen Ermessensausübung durch das FG ist der Rechtsstreit an die Tatsacheninstanz zurückzuverweisen (BFH, Urteil vom 24.06.1997, XIII R 9/96, BStBl. II 1998, 51, 54). Der Stpfl. kann auch noch im Einspruchs- bzw. im Klageverfahren bis zur letzten mündlichen Tatsachenverhandlung einem Benennungsverlangen der Finanzbehörde bzw. des FG nach § 160 AO erfüllen mit der Folge, dass die Ausgaben und Schulden bei ihm zu berücksichtigen sind.

Ist der Steuerbescheid bereits bestandskräftig geworden, führt die nachträgliche Erfüllung des Benennungsverlangens nur unter den engen Voraussetzungen der AO-Korrekturvorschriften zu einer entsprechenden Änderung des Steuerbescheids. Das setzt jedoch fehlendes grobes Verschulden voraus (§ 173 Abs. 1 Satz 1 Nr. 2 AO).

Weder ein Benennungsverlangen i.S.d. § 160 AO noch die (fehlende) Antwort hierauf begründen die Tatbestandsvoraussetzungen einer Änderung nach § 173 Abs. 1 Nr. 1 AO oder nach § 175 Abs. 1 Satz 1 Nr. 2 AO (BFH, Urteil vom 09.03.2016, X R 9/13, BStBl. II 2016, 815; Urteil vom 19.01.2017, III R 28/14, BStBl. II 2017, 743).

§ 160 AO hat in einem etwaigen Steuerstrafverfahren keine präjudizielle Wirkung. Macht der Stpfl. fingierte Angaben geltend, ohne den Empfänger zu nennen, wird der Tatbestand der Steuerhinterziehung bereits durch die unrichtigen Angaben erfüllt (§ 370 AO). Sind die Ausgaben beim Stpfl. tatsächlich angefallen und weigert er sich, dem Benennungsverlangen nachzukommen bzw. gibt eine unrichtige Auskunft, kommt lediglich nach allgemeinen Regeln eine Beihilfe zur Tat des Dritten in Betracht; das Benennungsverlangen hat grundsätzlich kein selbständiges Gewicht (BGH, Urteil vom 22.11.1985, 2 StR 64/85, NStZ 1986, 271; hierzu Streck/Rainer, StRK AO 1977 § 370 R. 86; Schuster, in Hübschmann/Hepp/Spitaler, AO, § 160 Rdnr. 6).

Strafrechtlich ist das bloße Nichtbenennen des Empfängers von geltend gemachten Betriebsausgaben irrelevant. Die Versuche der Finanzverwaltung neben der Wirkung des § 160 AO eine Bestrafung herbeizuführen, sind zum Scheitern verurteilt. Ebenso begründet das Vorlegen von Scheinrechnungen zur Verhinderung eines Verfahrens nach § 160 AO noch keine Strafbarkeit nach § 370 AO, soweit es sich um die Hinterziehung eigener Steuern handelt (BGH, Urteil vom 22.11.1985, 2 StR 64/85, NStZ 1986, 271; Apitz, DStZ 2006, 688, 691). Bei der Geltendmachung dubioser Zahlungen – insbesondere ins Ausland – kommt es im Besteuerungs- und Steuerstrafverfahren praktisch zu einer Pattsituation. Kann oder will der Stpfl. den Empfänger im In- oder Ausland nicht benennen, stehen die Ausgaben jedoch dem Grunde nach fest, so werden ihm die Betriebsausgaben nach § 160 AO gestrichen. Ein Steuerstrafverfahren ist meistens einzustellen, wenn der Anfall von Betriebsausgaben unstreitig ist und der Stpfl. lediglich nicht in der Lage war, die Empfängerbenennung zu leisten, was als solches keinen Steuerstraftatbestand darstellt. Er wird schließlich von

5 Verfahrensfragen

der Steuergefährdungshaftung des § 160 AO wirtschaftlich, aber nicht strafrechtlich getroffen.

Auch dann, wenn der Steuerpflichtige einem rechtmäßigen Verlangen nicht nachkommt, den (tatsächlichen) Empfänger einer Zahlung zu benennen und ein Betriebsausgabenabzug nach einer entsprechenden Ermessensausübung durch die Finanzbehörde aufgrund von § 160 Abs. 1 S. 1 AO versagt wird, scheidet eine Strafbarkeit wegen Steuerhinterziehung gem. § 370 Abs. 1 Nr. 1 AO (so klarstellend Reichling, PStR 2017, 289, 292; zu steuerstrafrechtlichen Risiken eines Benennungsverlangs zur Eruierung illegaler Zuwendungen zur Auftragserlangung siehe Höfer-Grosjean/Welter, DB 2018, 1040, 1042).

> *Das Benennungsverlangen der Finanzämter gem. § 160 AO – Checkliste*
> – Zweck der Vorschrift des § 160 AO zwecks Vermeidung unerwünschter Steuerausfälle
> – Verhältnis zu anderen Vorschriften, z. B. § 16 AStG, § 162 AO
> – Verlangen der Finanzbehörde zur Empfängerbenennung
> – Rechtsnatur des Verlangens (schlichte Vorbereitungshandlung versus Annahme eines anfechtbaren Verwaltungsaktes)
> – Ermessenscharakter des Benennungsverlangens (spezifische Dokumentationsprobleme bei Auslandssachverhalten, insbesondere bei grenzüberschreitenden Schmiergeldzahlungen)
> – genaue Bezeichnung des Empfängers (praktische Probleme bei Begründung von Geschäftsbeziehungen zu Domizilgesellschaften im EU-Inland und EU-Ausland)
> – Auswirkung von Auskunftsverweigerungsrechten (insbesondere bei Angehörigen der rechts- und steuerberatenden Berufe)
> – Rechtsfolgen der Nichterfüllung des Benennungsverlangens zwecks aufwendigen Ausschlusses des Betriebsausgabenabzugs oder lediglich Teilabzugsverbot anhand von Einzelfragen

IX. Private Nutzung betrieblicher Kfz; Anforderungen an ein Fahrtenbuch

Schrifttum: Becker, Private Nutzung im Betriebsvermögen befindlicher Kraftfahrzeuge, StBp 2007, 83 (Teil I) und 109 (Teil II); Becker, Die private Nutzung im Betriebsvermögen befindlicher Kraftfahrzeuge, StBp 2011, 218 (Teil I), 254 (Teil II), 285 (Teil III); Bilsdorfer, Der Bundesfinanzhof, die Pkw-Nutzung und das Fahrtenbuch, DStR 2012, 1477; Bingel/Göttsching, Die Anforderungen an ein ordnungsgemäßes Fahrtenbuch – in der Praxis noch zu leisten?, DStR 2013, 690; Binnewies, Besteuerung der privaten Nutzung von Dienstwagen durch Vorstände – Keine Änderung oder doch?, Die AG 2006, 499; Bruschke, Pkw-Überlassung an Arbeitnehmer und Gesellschafter, DStZ 2018, 119; Eismann, Rechtsprechungsänderung zum „Anscheinsbeweis" bei der privaten Dienstwagennutzung durch Arbeitnehmer, DStR 2013, 2740; Fissenewert, Nichtanerkennung eines elektronischen Fahrtenbuchs (FG Baden-Württemberg, Urteil vom 14.10.2014 11 K 736/11 DB StR kompakt DB 0693242); Foerster, Besteuerung von Firmenwagen, StuB 2013, 497; Günther, Kfz-Kosten als BA, EStB 2018, 224; Haas, Aktuelles zur Firmenwagenbesteuerung, DStR 2008, 656; Höreth/Franke, Steuerliche Gestaltungsüberlegungen zum Jahresende 2006, BB 2006, 2553; Hollatz, Kein ordnungsgemäßes Fahrtenbuch durch besprochene Kassetten und Excel-Tabellen (FG Köln, Urteil vom 18.06.2015 10 K 33/15 DB StR kompakt DB 1075211); Jahndorf/Oellerich, Die neue 1%-Regelung (§6 Abs.1 Nr.4 Satz 2 EStG) für privatgenutzte betriebliche Kfz – Verfassungswidrige Typisierung oder strukturelles Vollzugsdefizit, DB 2006, 2537; Levedag, Bewertung der betrieblichen Nutzungsentnahme eines betrieblichen Fahrzeugs bei einem Importfahrzeug, GmbHR 2018, R 101; Levedag, Lohnsteuerliche Behandlung der Überlassung eines betrieblichen Kraftfahrzeugs an Arbeitnehmer – neues BMF-Schreiben vom 04.04.2018, GmbHR 2018, R 153; Möller, Dienstwagen und Umsatzsteuer, StuB 2015, 264; Müller, 1%-Besteuerung von Dienstwagen: Nutzung des Kfz auch im Rahmen der Einkünfte aus selbständiger Arbeit, DStZ 2017, 83; Neufang/Haak, Steuerliche Behandlung eines Pkw als Privat-, Betriebs- oder Unternehmensvermögen, StBp 2014, 291; Paus, Dienstwagen für den geringfügig beschäftigten Ehegatten, DStZ 2019, 589; Paus, Wert der Privatnutzung bei Überlassen mehrerer Pkw, FR 2020, 71; Pflaum, Die Privatnutzung von Kraftfahrzeugen im Umsatzsteuerrecht, UR 2018, 105; Riepolt, Aufwandseinlagen bei betrieblicher Kfz-Nutzung nach der modifizierten Fahrtenbuchmethode, DStR 2013, 2157; Rüsch/Hoffmann, Die 1%-Steuerfalle bei der privaten Pkw-Nutzung, DStR 2006, 399; Seifert, BFH verschärft Anforderungen an Fahrtenbücher, StuB 2006, 384; Seifert, Änderungen bei der Dienstwagenbesteuerung, StuB 2013, 608 ff.; Seifert, Fahrtenbuch ist ganzjährig zu führen – zumindestens grundsätzlich, StuB 2014, 497; Seifert, Dienstwagen: Wie wirken sich die vom Arbeitnehmer selbstgetragenen Kosten aus?, StuB 2017, 829; Seifert, Dienstwagen und geldwerter Vorteil, StuB 2018, 489; Seifert, Aktuelle Entwicklungen bei der Lohnsteuer zum Jahresbeginn 2018: Rechtsprechung und Finanzverwaltung, DStZ 2018, 145; Stolz, Private Pkw-Nutzung: Wie das Finanzamt ermittelt, steuertip 2013, Beilage 4 vom 25.01.2013, 1; Strohner, Firmenwagenversteuerung, Anscheinsbeweis und die Mär vom Fahrtenbuch, DB 2013, 1986; Ulbrich, Nachweis der (fast) ausschließlich betrieblichen Pkw-Nutzung für den IAB, EStB 2020, 306; Urban, Das Fahrtenbuch – eine steuerrechtliche Dauersatire, FR 2020, 61; Warnke, Lohnsteuerhaftung des Arbeitgebers und Überlassung mehrerer Kfz, EStB 2014, 306; Wöltge, Die modifizierte Fahrtenbuchmethode, DStR 2013, 1318; Weigel, Elektronisches Fahrtenbuch; o.V., Privatnutzung eines dem Unternehmensvermögen zugeordneten Dienstwagens, GmbHR 2014 R 328.

Verwaltungsanweisungen:

BMF, Schreiben vom 12.05.1997, IV B 2 – S 2177 – 29/97, BStBl. I 1997, 562 betr. ertragsteuerliche Erfassung der Nutzung eines betrieblichen Kraftfahrzeugs zu Privatfahrten, zu Fahrten zwischen Wohnung und Betriebsstätte sowie zu Familienheimfahrten nach §4 Abs.5 Satz 1 Nr.6 und §6 Abs.1 Nr.4 Sätze 2 und 3 EStG

IX. Private Nutzung betrieblicher Kfz; Anforderungen an ein Fahrtenbuch

BMF, Schreiben vom 21.01.2002, IV A 6 – S 2177 – 1/02, BStBl. I 2002, 148 betr. ertragsteuerliche Erfassung der Nutzung eines betrieblichen Kraftfahrzeugs zu Privatfahrten, zu Fahrten zwischen Wohnung und Betriebsstätte sowie zu Familienheimfahrten nach § 4 Abs. 5 Satz 1 Nr. 6 und § 6 Abs. 1 Nr. 4 Sätze 2 und 3 EStG; Anwendung des Gesetzes zur Einführung einer Entfernungspauschale vom 21.12.2000 (BStBl. 2001 I S. 36) sowie des BFH-Urteils vom 03.12.2000 – III R 2/00 –, BStBl. II 2001, 332

BMF, Schreiben vom 27.08.2004, IV B 7 – S 7300 – 70/04, BStBl. I 2004, 864 betr. Umsatzsteuer, Vorsteuerabzug und Umsatzbesteuerung bei unternehmerisch genutzten Fahrzeugen ab 01.04.1999

BMF, Schreiben vom 17.11.2004, IV B 2 – S 2134 – 2/04, BStBl. I 2004, 1064 betr. Bildung gewillkürten Betriebsvermögens bei der Gewinnermittlung nach § 4 Abs. 3 EStG; BFH-Urteil vom 02.10.2003, IV R 13/03

BMF, Schreiben vom 07.07.2006, IV B 2 – S 2177 – 44/06/IV A 5 – S 7206 – 7/06, BStBl. I 2006, 446 betr. Gesetz zur Eindämmung missbräuchlicher Steuergestaltungen vom 28.04.2006 (BGBl. I 2006, 1095, BStBl. I 2006, 353); Änderung des § 6 Abs. 1 Nr. 4 Satz 2 EStG; Begrenzung der Anwendung der 1 %-Regelung auf Fahrzeuge, die zu mehr als 50 Prozent betrieblich genutzt werden; Nachweispflichten

OFD Münster, Kurzinformation ESt-Nr. 14/2008 vom 09.04.2008, DStR 2008, 872 betr. Nutzung betrieblicher Kfz im Rahmen anderer Einkunftsarten – Anwendung des BFH-Urteils vom 26.04.2006, X R 35/05, DStR 2006, 1876

BMF, Schreiben vom 23.10.2008, IV C 5 – S 2334/08/10010 DOK 2008/0570272, BStBl. I 2008, 961 betr. Überlassung von Dienstwagen für Fahrten zwischen Wohnung und Arbeitsstätte (§ 8 Abs. 2 Satz 3 EStG; Anwendung der Urteile des BFH vom 04.04.2008, VI R 85/04 (BStBl. II 2008, 887) und VI R 68/05 (BStBl. II 2008, 890))

BMF, Schreiben vom 18.11.2009, IV C 6 – S 2177/07/10004, DOK 2009/0725394, BStBl. I 2009, 1326 betr. ertragsteuerliche Erfassung der Nutzung eines betrieblichen Kraftfahrzeugs zu Privatfahrten, zu Fahrten zwischen Wohnung und Betriebsstätte sowie zu Familienheimfahrten nach § 4 Abs. 5 Satz 1 Nummer 6 und § 6 Abs. 1 Nummer 4 Satz bis 3 EStG; Berücksichtigung der Änderungen durch das Gesetz zur Eindämmung missbräuchlicher Steuergestaltungen vom 28.04.2006 (BStBl. I 2006, 353) und des Gesetzes zur Fortführung der Gesetzeslage 2006 bei der Entfernungspauschale vom 20.04.2009 (BGBl. I 2009, 774, BStBl. I 2009, 536)

BMF, Schreiben vom 15.11.2012, IV C 6 – S 2177/10/10002, DOK 2012/1038276, BStBl. I 2012, 1099 betr. ertragsteuerliche Erfassung der Nutzung eines betrieblichen Kraftfahrzeugs zu Privatfahrten nach § 6 Abs. 1 Nr. 4 Satz 1 bis 3 EStG; Glaubhaftmachung der Nutzung bestimmter Kraftfahrzeuge

OFD Rheinland und Münster, Kurzinfo LSt-Außendienst Nr. 02/2013 vom 18.02.2013, DB 2013, 489 betr. Ordnungsmäßigkeit eines elektronischen Fahrtenbuchs

OFD Frankfurt/M., Rundverfügung vom 27.01.2015, S 7100 A – 68 – St 110, DStR 2015, 1567 betr. nichtunternehmerische Nutzung eines dem Unternehmensvermögen der Gesellschaft zugeordneten Fahrzeugs durch Gesellschafter

OFD Niedersachsen, Verfügung vom 14.06.2016, S 7100 – 421 – St 172, UR 2016, 808 betr. Überlassung eines Fahrzeugs durch eine Gesellschaft an ihren Gesellschafter-Geschäftsführer zur privaten Nutzung

OFD Niedersachsen, Verfügung vom 28.02.2017, S 7100 – 421 – St 172, UR 2017, 723 betr. Überlassung eines Pkw durch eine Gesellschaft an ihren Gesellschafter-Geschäftsführer zur privaten Nutzung

BMF, Schreiben vom 21.09.2017, IV C 5 – S 2334/11/10004–02 DOK 2017/0613843, BStBl. I 2017, 1336 betr. Lohnsteuerliche Behandlung vom Arbeitnehmer selbst getragener Aufwendungen bei der Überlassung eines betrieblichen Kraftfahrzeugs (§ 8 Absatz 2 Satz 2 ff. EStG); Anwendung von R 8.1 Absatz 9 Nummer 1 Satz 5 LStR 2015 und R 8.1 Absatz 9 Nummer 4 LStR 2015; Anwendung der Urteile des BFH vom 30.11.2016, VI R 49/14 (BStBl. II 2017, 1011) und VI R 2/15 (BStBl. II 2017, 1014)

BMF, Schreiben vom 04.04.2018, IV C 5 – S 2334/18/100001 DOK 2018/0258099, BStBl. I 2018, 592 betr. lohnsteuerliche Behandlung der Überlassung eines betrieblichen Kraftfahrzeugs an Arbeitnehmer

OFD NRW, Kurzinformation ESt Nr. 12/2018 vom 19.09.2018, DB 2018, 2467 betr. Versteuerung der privaten Pkw-Nutzung gem. § 6 Abs. 1 Nr. 4 Satz 2 EStG bei der Gewinnermittlung nach § 4 Abs. 3 EStG

OFD NRW, Kurzinformation Lohnsteuer-Außendienst Nr. 2/2013 vom 18.02.2013 (Stand: 27.05.2020) n. v. betr. Ordnungsmäßigkeit eines elektronischen Fahrtenbuchs

1 Vorbemerkungen

Die steuerliche Behandlung der privaten Nutzung betrieblicher Kfz ist ein Dauerbrenner bei Auseinandersetzungen zwischen Stpfl. und der Finanzverwaltung und galt in der Vergangenheit – und wohl auch in der Gegenwart und der Zukunft – als Auslöser einer unendlichen Vielzahl von Rechtsstreitigkeiten. Bei Unternehmern und Selbständigen ist dieser Vorteil der privaten Nutzung betrieblich genutzter Kfz als **Entnahme** zu erfassen, wobei bei Beziehern von Überschusseinkünften eine Einnahme anzusetzen ist. Nach dem Gesetzestext ist die private Nutzung von Kfz für jeden Kalendermonat pauschal mit 1 % des inländischen Listenpreises im Zeitpunkt der Erstzulassung zuzüglich der Kosten für Sonderausstattungen einschließlich Umsatzsteuer anzusetzen (**1 %-Regelung**; s. § 6 Abs. 1 Nr. 4 Satz 2 i. V. mit § 8 Abs. 2 Satz 2 EStG; BFH, Beschluss vom 11.10.2006, XI B 89/06, BFH/NV 2007, 416 zur Verfassungsmäßigkeit der 1 %-Regelung; BFH, Urteil vom 14.03.2007, XI R 59/04, BFH/NV 2007, 1838; FG Köln, Urteil vom 24.08.2006, 10 K 1356/05, EFG 2008, 552, rkr.; BFH, Beschluss vom 18.12.2007, XI B 179/06, BFH/NV 2008, 564 zum Anspruch auf Billigkeitsmaßnahmen bei der pauschalen Bewertung der Privatnutzung eines Betriebs-Pkw; Haas, DStR 2008, 656 ff.). Auch wenn die Anwendung der 1 %-Regelung seit 2006 voraussetzt, dass das Kfz zu mehr als 50 % betrieblich genutzt wird, ist es verfassungsrechtlich nicht geboten, die nach der 1 %-Regelung ermittelte Nutzungsentnahme auf 50 % der Gesamtaufwendungen für das Kfz zu begrenzen (BFH, Urteil vom 15.05.2018, X R 28/15, BStBl. II 2018, 712 = EStB 2018, 365 f. mit Anm. Apitz). Bei Ermittlung der Bemessungsgrundlage der 1 %-Regelung ist kein Abschlag auf den Bruttolistenneupreis vorzunehmen (BFH, Urteil vom 13.12.2012, VI R 51/11, BFH/NV 2013, 641; BFH, Beschluss vom 16.05.2013, X B 172/11, BFH/NV 2013, 1404); zur steuerlichen Berücksichtigung von selbst getragenen Kraftstoffkosten bei Anwendung der 1 %-Regelung s. BFH, Urteil vom 30.11.2016, VI R 2/15, BFH/NV 2017, 519 = EStB 2017, 97, 98 mit Anm. Apitz; zur Anwendung der 1 %-Regelung bei Gehaltsverzicht in Zusammenhang mit der PKW-Überlassung s. Niders. FG, Urteil vom 12.11.2015, 7 K 94/13, DB StR 1204832 mit Anm. Kreft.

Überlässt der Arbeitgeber dem Arbeitnehmer mehr als ein Kfz auch zur privaten Nutzung, so ist der in der Überlassung des Fahrzeugs zur privaten Nutzung liegende geldwerte Vorteil für jedes Fahrzeug nach der 1 %-Regelung zu berechnen. Die Möglichkeit des Arbeitnehmers, die Kfz – bei Vorliegen einer entsprechenden arbeitsvertraglichen Erlaubnis – auch einem Dritten zu überlassen, ist keine Voraussetzung für die Erfassung des Nutzungsvorteils nach der 1 % Regelung für jedes dem Arbeitnehmer zur Privatnutzung überlassene Kfz (BFH, Beschluss vom 24.05.2019, VI B 101/18, BFH/NV 2019, 1072).

Zur lohnsteuerlichen Behandlung der Überlassung eines betrieblichen Kraftfahrzeugs an Arbeitnehmer hat die Finanzverwaltung in einer ausführlichen Verwaltungsregelung Stellung genommen (BMF, Schreiben vom 04.04.2018, IV C 5 S 2334/18/100001 DOK 2018/0258099, BStBl. I 2018, 592; hierzu erläuternd Seifert, StuB 2018, 489 ff.; ders., StuB 2019, 225 ff.; zur Pkw-Überlassung an Arbeitnehmer und Gesellschafter eingehend Bruschke, DStZ 2018, 119 ff.; ferner Günther, EStB 2018, 224 ff.; zur Versteuerung der privaten Pkw-Nutzung gem. § 6 Abs. 1 Nr. 4 Satz 2 EStG bei der Gewinnermittlung nach § 4 Abs. 3 EStG siehe OFD NRW Kurzinformation Nr. 12/2018 vom 19.09.2018, DB 2018, 2467 f.)

Ist die private Nutzung eines betrieblichen Fahrzeugs nach der 1 %-Regelung zu bewerten, ist der inländische Bruttolistenpreis zu schätzen, wenn das Fahrzeug ein **Importfahrzeug** ist und weder ein inländischer Bruttolistenpreis vorhanden ist noch eine Vergleichbarkeit mit einem bau- und typengleichen inländischen Fahrzeug besteht. Der inländische Bruttolistenpreis ist jedenfalls dann nicht zu hoch geschätzt, wenn die Schätzung sich an den typischen Bruttoabgabepreisen orientiert, die Importfahrzeughändler, welche das betreffende Fahrzeug selbst importieren, von ihren Endkunden verlangen (BFH, Urteil vom 09.11.2017, III R 20/16, BStBl. II 2018, 278; hierzu Levedag, GmbHR 2018, R 101).

Auch die Privatnutzung von **Taxen** unterfällt dem Anwendungsbereich des § 6 Abs. 1 Nr. 4 Satz 2 EStG. Listenpreis i. S. d. § 6 Abs. 1 Nr. 4 Satz 2 EStG ist nur der Preis, zu dem der Steuerpflichtige das Fahrzeug als Privatkunde erwerben könnte (BFH, Urteil vom 08.11.2018, III R 13/16 BStBl. II 2019, 229 = EStB 2019, 130 ff. mit Anm. Bleschick).

Überlässt ein Arbeitgeber seinem Arbeitnehmer einen betrieblichen Pkw, dessen Kosten der Arbeitgeber in vollem Umfang trägt, auch zur Nutzung für Fahrten im privaten Bereich und zur Erzielung anderer Einkünfte und versteuert der Arbeitnehmer den daraus erlangten geldwerten Vorteil nach der sog. 1 %-Regelung, kann der Arbeitnehmer für die Nutzung des Pkw im Rahmen der Einkünfte aus selbständiger Tätigkeit keine Betriebsausgaben abziehen (BFH, Urteil vom 16.07.2015, III R 33/14, BStBl. II 2016, 44 = FR 2016, 220, 223 mit Anm. Kanzler; hierzu eingehend Müller, DStZ 2017, 83 ff.).

Im Rahmen der Fahrtenbuchmethode sind die Gesamtkosten jedenfalls dann periodengerecht anzusetzen, wenn der Arbeitgeber die Kosten des von ihm überlassenen Kfz in seiner Gewinnermittlung dementsprechend erfassen muss

(BFH, Urteil vom 03.09.2015, VI R 27/14, BStBl. II 2016, 174 = EStB 2016, 6, 7 mit Anm. Formel = FR 2016, 177, 179 f. mit Anm. Kanzler).

Die 1 %-Regelung begegnet insbesondere im Hinblick auf die dem Stpfl. zur Wahl gestellte Möglichkeit, die vom Arbeitgeber zugewandten Nutzungsvorteil auch nach der sog. Fahrtenbuchmethode zu ermitteln und zu bewerten, keinen verfassungsrechtlichen Bedenken (BFH, Urteil vom 13.12.2012, VI R 51/11, BStBl. II 2013, 385; hierzu Oberste Finanzbehörden der Länder, Allgemeinverfügung vom 13.12.2013, S 0623 – 34 – V A 2, DB 2014, 89).

Die Rechtsprechung hat sich i.r. eines Regresses gegen einen Steuerberater damit beschäftigt, ob eine qualifizierte Hinweispflicht seit der Einführung der 1 %-Regelung besteht. Hierzu hat nunmehr ein Zivilgericht Stellung genommen. Dabei macht es Ausführungen zur Pflichtverletzung eines Steuerberaters, der seinen Mandanten nicht ausreichend darüber belehrt hat, dass die Geltendmachung der ausschließlich betrieblichen Nutzung seines Betriebsfahrzeugs und die Vermeidung der Besteuerung des geldwerten Vorteils einer Privatnutzung nach der 1 %-Regelung ab 01.01.1996 gem. § 6 Abs. 1 Nr. 4 Satz 3 EStG nur noch möglich sei, wenn die ausschließlich betriebliche Nutzung mittels eines Fahrtenbuchs nachgewiesen wird. Der Steuerberater schuldet dem Mandanten eine konkrete, auf die speziellen Probleme des Mandanten bezogene Belehrung. Allgemeine Ausführungen in Mandantenschreiben können solche konkreten Hinweise ebenso wenig ersetzen wie nach Art eines steuerlichen Lehrbuchs abgefasste Merkblätter (OLG Düsseldorf, Urteil vom 29.01.2008, I – 23 U 64/07, DStR 2008, 1159, rkr. mit Anm. Meixner/Hömig).

Die Nutzung eines betrieblichen Kfz zur Erzielung von **Überschusseinkünften** ist durch die Bewertung der privaten Nutzung nach der 1 %-Regelung nicht mit abgegolten. Sie ist vielmehr mit den auf sie entfallenden tatsächlichen **Selbstkosten** als Entnahme zu erfassen (BFH, Urteil vom 24.06.2006, X R 35/05, BFH/NV 2006, 2157; OFD Münster, Kurzinformation ESt Nr. 14/2008 vom 09.04.2008, DStR 2008, 872).

Eine vertragswidrige private Pkw-Nutzung durch den Gesellschafter-Geschäftsführer einer Kapitalgesellschaft stellt i. H. der Vorteilsgewährung eine verdeckte **Gewinnausschüttung** dar. Der Vorteil ist nicht gem. § 6 Abs. 1 Nr. 4 Satz 2 EStG mit 1 % des Listenpreises, sondern nach Fremdvergleichsmaßstäben mit dem gemeinen Wert der Nutzungsüberlassung zuzüglich angemessenen Gewinnaufschlags zu bewerten (BFH, Urteil vom 23.01.2008, I R 8/06, BFH/NV 2008, 1057 unter Bestätigung von BFH, Urteil vom 23.02.2005, I R 70/04, BStBl. II 2005, 882; hierzu Heuermann, StBp 2008, 178 f, und Pezzer, FR 2008, 963, 964 f). Ist die private Nutzung eines betrieblichen Pkw durch den Gesellschafter-Geschäftsführer im Anstellungsvertrag mit der GmbH ausdrücklich gestattet, kommt der Ansatz einer vGA in Höhe der Vorteilsgewährung nicht in Betracht. Nach übereinstimmender Auffassung des I. Senats und des VI. Senats des BFH liegt in einem solchen Fall immer Sachlohn und keine vGA vor (s. BFH, Urteil vom 23.04.2009, VI R 81/06, BStBl. II 2012, 262); vgl. a. FG Münster, Urteil um

11.10.2019 13 K 172/17 E DStRE 2020, 556 [NZB eingelegt; Az. des BFH: X B 174/19].

Zum Vorwurf der **Steuerhinterziehung** durch GmbH-Gesellschafter wegen privater Dienstwagennutzung vgl. BFH, Beschluss vom 01.12.2015, 1 StR 273/15, NJW 2016, 1747.

Wird ein Pkw nicht zu betrieblichen Zwecken, sondern ausschließlich privat genutzt, ist er weder notwendiges noch gewillkürtes Betriebsvermögen, sondern **notwendiges Privatvermögen**. Die Anwendung der 1 %-Regelung scheidet daher aus (BFH, Beschluss vom 28.02.2008, X B 207/07, BFH/NV 2008, 791). Die Zuordnung eines geleasten Pkw zum gewillkürten Betriebsvermögen setzt entsprechende, zeitnah erstellte Aufzeichnungen voraus; dafür genügt nicht allein die Erfassung der Leasingraten sowie der weiteren Betriebskosten des Kraftfahrzeugs in der Gewinnermittlung als Betriebsausgaben (BFH, Urteil vom 29.04.2008, VIII R 67/06, BFH/NV 2008, 1662 in Anlehnung an BFH, Urteil vom 02.03.2006, IV R 36/04, BFH/NV 2006, 1277, vgl. aber FG Köln, Beschluss vom 29.01.2007, 14 V 4485/06, DStR 2007, 815, rkr.). Zur steuerlichen Behandlung eines Pkw als Privat-, Betriebs- oder Unternehmensvermögen siehe eingehend Neufang/Haak, StBp 2014, 291, 293 f.; zum Anscheinsbeweis für Privatnutzung eines Dienstwagens s. BFH, Beschluss vom 30.09.2015 I B 85/14, BFH/NV 2016, 423.

Die 1 %-Regelung kommt nicht zur Anwendung, wenn eine **Privatnutzung** des Firmenfahrzeugs **ausscheidet**. Das Verbot des Arbeitgebers, das Fahrzeug privat zu nutzen, kann ausreichen, den Anscheinsbeweis zu erschüttern, sofern es nicht zum Schein ausgesprochen ist (BFH, Urteil vom 07.11.2006, VI R 19/05, BFH/NV 2007, 136; vgl. BFH, Beschluss vom 22.02.2012, VIII B 66/11, BFH/NV 2012, 988; zur Reichweite des Anscheinsbeweises bei einem familienangehörigen Arbeitnehmer, siehe BFH, Urteil vom 14.11.2013, VI R 25/13, BFH/NV 2014, 678, 679 f.).

Der Anscheinsbeweis für eine private Nutzung eines betrieblichen Fahrzeugs einer Personengesellschaft ist erschüttert, wenn die in Status und Gebrauchswert vergleichbaren Fahrzeuge der Gesellschafter ihnen auch bei Betrachtung der Familienverhältnisse tatsächlich zur Verfügung stehen (FG Münster, Urteil vom 21.03.2018, 7 K 388/17 G, U, F, EFG 2018, 968, 970 f. mit Anm. Dominik = BB 2018, 1062, 1064 mit Anm. Janz. Die eingelegt NZB wurde per BFH-Beschluss vom 06.03.2019 IV B 28/18 n. v. als unbegründet verworfen).

Die allgemeine Lebenserfahrung spricht auch dann für eine private Nutzung eines betrieblichen Fahrzeugs, wenn dem Steuerpflichtigen zwar für private Fahrten ein Fahrzeug zur Verfügung steht, aber dieses Fahrzeug dem betrieblichen Fahrzeug in Status und Gebrauchswert nicht vergleichbar ist. Allerdings ist unter diesen Umständen der für eine private Nutzung sprechende Anscheinsbeweis umso leichter zu erschüttern, je geringer die Unterschiede zwischen den Fahrzeugen ausfallen (Niedersächsisches FG, Urteil vom 19.02.2020 9 K 104/19 rkr., DStRE 2020, 1092 = DB 2020, 1203 f. mit Anm. Kreft =

1 Vorbemerkungen

NWB 2020, 1598, 1599 mit Anm. Zieglmair = DStRK 2020, 171 mit Anm. Pielke betr. Widerlegung des Anscheinsbeweises für die Privatnutzung eines Betriebs-Kfz durch den einzigen Kommanditisten einer GmbH & Co. KG).

Nutzt ein Steuerpflichtiger in seinem Betrieb gelegentlich eine zum Betriebsvermögen seines Ehegatten gehörenden Pkw, ohne hierfür Aufwendungen zu tragen, kann er für die betriebliche Nutzung keine Betriebsausgaben abziehen. Bei dem Ehegatten, zu für dessen Betriebsvermögen der Pkw gehört, ist die Nutzung des Pkw durch den anderen Ehegatten mit der Anwendung der 1%-Regelung abgegolten; ein Betrag für eine zusätzliche Nutzungsentnahme ist nicht anzusetzen (so BFH, Urteil vom 15.07.2014, X R 24/12, BStBl. II 2015, 132 = EStB 2015, 2, 3 mit Anm. Wischmann; Urteil vom 16.07.2015, III R 33/14, BStBl. II 2016, 44 = EStB 2016, 5, 6 mit Anm. Formel).

Bei der 1%-Regelung zur Ermittlung der privaten Nutzung eines Firmenfahrzeugs handelt es sich um eine zwingende Bewertungsregelung, die nicht durch die Zahlung eines Nutzungsentgeltes vermieden werden kann, selbst wenn dieses als angemessen anzusehen ist. Die vereinbarungsgemäß gezahlten Nutzungsvergütungen sind von den nach § 8 Abs. 2 Sätze 2 und 3 EStG ermittelten Werten in Abzug zu bringen (BFH, Urteil vom 07.11.2006, VI R 95/04, BStBl. II 2007, 269; Urteil vom 21.03.2013, VI R 49/11, BFH/NV 2013, 139). Die Überlassung eines Dienstwagens zur unbeschränkten und selbstbeteiligungsfreien Privatnutzung des Arbeitnehmers ist im Rahmen eines geringfügigen – zwischen Ehegatten geschlossenen – Beschäftigungsverhältnisses (§ 8 Abs. 1 Nr. 1 SGB IV) fremdunüblich. Ein Arbeitgeber wird bei lebensnaher und die unternehmerische Gewinnerwartung einzubeziehender Betrachtungsweise typischerweise nur dann bereit sein, einem Arbeitnehmer ein Firmenfahrzeug zur Privatnutzung zur Verfügung zu stellen, wenn nach einer überschlägigen, allerdings vorsichtigen Kalkulation der sich für ihn hieraus ergebende tatsächliche Kostenaufwand zuzüglich des vertraglich vereinbarten Barlohns als wertangemessene Gegenleistung für die Zuvrverfügungstellung der Arbeitskraft anzusehen ist. Je geringer der Gesamtvergütungsanspruch des Arbeitnehmers ist, desto eher erreicht der Arbeitgeber die Risikoschwelle, nach der sich wegen einer nicht abschätzbaren intensiven Privatnutzung die Fahrzeugüberlassung als nicht mehr wirtschaftlich erweist (BFH, Urteil vom 10.10.2018, X R 44–45/17, BStBl. II 2019, 203 betr. Pkw-Überlassung bei einem geringfügigen Beschäftigungsverhältnis = EStB 2019, 124 f. mit Anm. Bleschick = FR 2019, 481, 485 f. mit Anm. Urban; hierzu eingehend Paus, DStZ 2019, 589 ff.). Diese stringente Rechtsprechung ist durch folgendes Judikat modifiziert worden: Leistet der Arbeitnehmer an den Arbeitgeber für die Nutzung eines betrieblichen Kfz zu privaten Fahrten zwischen Wohnung und regelmäßiger Arbeitsstätte ein Nutzungsentgelt, mindert dies den Wert des geldwerten Vorteils aus der Nutzungsüberlassung (BFH, Urteil vom 30.11.2016, VI R 49/14, BFH/NV 2017, 516 = EStB 2017, 98, 99 mit Anm. Apitz = BB 2017, 1314, 1318 mit Anm. Hilbert; BFH, Urteil vom 30.11.2016 VI R 24/14, BFH/NV 2017, 448). Fahrten eines Arbeitnehmers in einem ihm von seinem Arbeitgeber zur Verfügung gestellten Pkw sind nicht durch die Anwendung der 1 %-Regelung abgegolten, soweit der Arbeitnehmer den Pkw i. R. eines weiteren Dienstverhältnisses zur Erzielung von Einkünften nutzt (Niedersächsisches FG, Urteil vom 28. 06. 2007, 11 K 502/06, EFG 2007, 1582, Rev. eingelegt; Az. des BFH: VI R 38/07, zwischenzeitlich Hauptsacheerledigung). Der nach der 1 %-Regelung gem. § 40 Abs. 1 EStG pauschaliert besteuerte Vorteil eines vom Arbeitgeber dem Arbeitnehmer zur Privatnutzung überlassenen Dienstwagens ist nicht um die vom Arbeitnehmer selbst getragenen Treibstoffkosten zu mindern. Übernommene individuelle Kosten sind kein Entgelt für die Einräumung der Nutzungsmöglichkeit (BFH, Urteil vom 18. 10. 2007, VI R 96/04, BFH/NV 2008, 282). Überlässt ein Arbeitgeber seinem Arbeitnehmer ein Kraftfahrzeug für dessen private Nutzung, können einzelne vom Arbeitnehmer selbst getragene Kraftfahrzeugkosten als Werbungskosten berücksichtigt werden, wenn der Nutzungsvorteil nach der Fahrtenbuchmethode ermittelt wird. Dagegen kommt ein Werbungskostenabzug nicht in Betracht, wenn der Nutzungsvorteil pauschal nach der 1 %-Regelung bemessen wird (BFH, Urteil vom 18. 10. 2007, VI R 57/06, BFH/NV 2008, 283). Zuzahlungen zu den Anschaffungskosten eines dem Arbeitnehmer zur privaten Nutzung überlassenen Dienstwagens sind auch dann als Werbungskosten bei den Einnahmen aus nichtselbständiger Arbeit zu berücksichtigen, wenn der Nutzungsvorteil nach der 1 %-Regelung besteuert wird (BFH, Urteil vom 18. 10. 2007, VI R 59/06, BFH/NV 2008, 284). Die Inanspruchnahme der 1 %-Regelung hindert den Gesellschafter einer Personengesellschaft nicht daran, die für das Dienstfahrzeug selbst getragenen Kosten (hier: Garagenmiete) als Betriebsausgaben geltend zu machen (FG Berlin-Brandenburg, Urteil vom 29. 10. 2007, 6 K 1463/04 B, DStRE 2008, 544, rkr.).

Führt ein Rechtsanwalt kein Fahrtenbuch, ist die private Nutzung des betrieblichen Kraftfahrzeugs auch dann nach der 1 %-Regelung zu ermitteln, wenn er vorträgt, aus Gründen seiner Verschwiegenheitspflicht kein Fahrtenbuch zu führen (BFH, Beschluss vom 03. 01. 2007, XI B 128/06, BFH/NV 2007, 706). Die Verschwiegenheitspflicht eines Wirtschaftsprüfers zwingt nicht dazu, die Maßstäbe bei der Führung eines Fahrtenbuchs in Bezug auf diese Personengruppe herabzusetzen. Die Angaben in einem Fahrtenbuch zum Fahrtziel müssen grundsätzlich aus sich heraus verständlich sein. Können verschlüsselte Angaben nur unter Zuhilfenahme von Mandantenlisten und weiterer Erläuterungen ermittelt werden, reicht dies nicht aus (FG Hamburg, Urteil vom 17. 01. 2007, 8 K 74/06, EFG 2007, 669, rkr.; zur analogen Anwendung der Judikatur zu den Bewirtungsaufwendungen s. Bilsdorfer, DStR 2012, 1477, 1479 f.).

Die Anwendbarkeit der sog. 1 %-Regelung zur Ermittlung des Anteils der privaten Nutzung eines Kfz richtet sich nach Sinn und Zweck des EStG. Deswegen gilt diese Regelung nicht nur für sog. Sport-Utility-Vehicles, sondern auch für betrieblich genutzte sog. US-amerikanische Pickup-Trucks (FG München, Urteil vom 06. 03. 2008, 15 K 4626/06, EFG 2008, 1448, rkr.).

Auf Taxen ist die 1 %-Regelung grundsätzlich anwendbar (BFH, Beschluss vom 18. 04. 2013, X B 18/12, BFH/NV 2013, 1401). Das Wahlrecht zur Führung des

1 Vorbemerkungen

Fahrtenbuchs kann nur einheitlich für die Nutzung des einzelnen Dienstwagens zu privaten Fahrten und für Fahrten zwischen Wohnung und Arbeitsstätte ausgeübt werden (so klarstellend BFH, Urteil vom 04.04.2008, VI R 68/05, BStBl. II 2008, 890, 893; hierzu ausführlich BMF, Schreiben vom 23.10.2008, IV C 5 – S 2334/08/10010 DOK 2008/0570272, BStBl. I 2008, 961).

Gehören mehrere Kraftfahrzeuge zu einem Betriebsvermögen, ist §6 Abs. 1 Nr. 4 Satz 2 EStG grundsätzlich auch dann fahrzeugbezogen, also mehrfach anzuwenden, wenn in tatsächlicher Hinsicht feststeht, dass ausschließlich eine Person die Fahrzeuge auch privat genutzt hat (BFH, Urteil vom 09.03.2010, VIII R 24/08, BStBl. II 2010, 903; FG Münster, Urteil vom 25.11.2010, 3 K 2414/07 E, EFG 2012, 23 mit Anm. Wagner; im Ergebnis bestätigt durch BFH, Urteil vom 06.08.2013, VIII R 33/11 BFH/NV 2014, 151; hierzu auch BMF, Schreiben vom 15.11.2012, IV C 6 – S 2177/10/10002 DOK 2012/1038276, BStBl. I 2012, 1099; zum Wert der Privatnutzung bei Überlassung mehrerer Pkw siehe BFH , Beschluss vom 24.05.2019 VI B 101/18 BFH/NV 2019, 1072; hierzu Paus, FR 2020, 71 ff.). Zur Erschütterung des für eine Privatnutzung sprechenden Anscheinsbeweises muss ein Sachverhalt dargelegt werden, aus dem sich die ernstliche Möglichkeit eines anderen als des der allgemeinen Erfahrung entsprechenden Geschehensablaufs ergibt. Der Anscheinsbeweis kann insbesondere durch ein ordnungsgemäßes Fahrtenbuch erschüttert werden. Wird das Fahrtenbuch nicht ordnungsgemäß geführt, ist die Anwendung der 1%-Regelung zwingend. Eine Schätzung des Privatnutzungsanteils kommt nicht in Betracht (FG Münster, Urteil vom 18.12.2008, 12 K 1073/07 E, EFG 2009, 1001, rkr. mit Anm. Reuß). Spricht bei fehlendem Fahrtenbuch der Anscheinsbeweis für eine Privatnutzung eines von mehreren betrieblichen Pkw, darf auf Basis des teuersten Fahrzeugs geschätzt werden. Für ESt-Zwecke kommt die 1%-Regelung zur Anwendung. Die USt kann auf Basis statistischer Fahrleistungen geschätzt werden (FG München, Urteil vom 05.08.2009, 1 K 4556/06, EFG 2010, 2084, rkr.).

Mit folgenden Judikaten haben sich Rechtsprechungsänderungen zum „Anfangsbeweis" bei der privaten Dienstwagennutzung durch Arbeitnehmer wie folgt konkretisiert.

Der Beweis des ersten Anscheins, der für eine private Nutzung betrieblicher Pkw spricht, ist entkräftet, wenn für private Fahrten andere Fahrzeuge zur Verfügung stehen, die dem betrieblichen Fahrzeug in Status und Gebrauchswert vergleichbar sind (BFH, Urteil vom 04.12.2012, VIII R 42/09, BStBl. II 2013, 365).

Die unentgeltliche oder verbilligte Überlassung eines Dienstwagens durch den Arbeitgeber an den Arbeitnehmer für dessen Privatnutzung führt unabhängig davon, ob und in welchem Umfang der Arbeitnehmer den betrieblichen Pkw tatsächlich nutzt, zu einem lohnsteuerlichen Vorteil. Ob der Arbeitnehmer den Beweis des ersten Anscheins, dass dienstliche Fahrzeuge, die zu privaten Zwecken zur Verfügung stehen, auch tatsächlich privat genutzt werden, durch die substantiierte Darlegung eines atypischen Sachverhalts zu entkräften vermag,

IX. Private Nutzung betrieblicher Kfz; Anforderungen an ein Fahrtenbuch

ist damit für die Besteuerung des Nutzungsvorteils nach § 8 Abs. 2 EStG unerheblich (BFH, Urteil vom 21.03.2013, VI R 31/10, BStBl. II 2013, 700 mit Anm. Kanzler, FR 2013, 1040, 1042 ff.; ferner BFH, Urteil vom 21.03.2003, VI R 26/10, BFH/NV 2013, 1396; BFH, Urteil vom 13.06.2013, VI R 17/12, BStBl. II 2014, 340; mit Anm. Balmes, BB 2013, 3105, 3017; Bergkemper, FR 2014, 30, 32 f.).

Über die Frage, ob und welches betriebliche Fahrzeug dem Arbeitnehmer ausdrücklich oder doch zumindest konkludent zur privaten Nutzung überlassen ist, entscheidet das FG unter Berücksichtigung sämtlicher Umstände des Einzelfalles nach seiner freien, aus dem Gesamtergebnis des Verfahrens gewonnenen Überzeugung. Steht nicht fest, dass der Arbeitgeber dem Arbeitnehmer einen Dienstwagen zur privaten Nutzung überlassen hat, kann auch der Beweis des ersten Anscheins diese fehlende Feststellung nicht ersetzen. Dies gilt auch bei angestellten Gesellschafter-Geschäftsführern in einer GmbH. Auch in einem solchen Fall lässt sich kein allgemeiner Erfahrungssatz des Inhalts feststellen, dass ein Privatnutzungsverbot nur zum Schein ausgesprochen ist oder der (Allein-)Geschäftsführer ein Privatnutzungsverbot generell missachtet. Nutzt der Gesellschafter-Geschäftsführer den betrieblichen Pkw allerdings unbefugt privat, liegt kein Arbeitslohn, sondern eine verdeckte Gewinnausschüttung vor (BFH, Urteil vom 21.03.2013, VI R 46/11, BStBl. II 2013, 1044; BFH, Urteil vom 21.03.2013, VI R 42/12, BStBl. II 2013, 918; BFH, Urteil vom 21.03.2013, VI R 49/11, BFH/NV 2013, 1399; BFH, Urteil vom 18.04.2013, VI R 23/12, BStBl. II 2013, 920; BFH, Urteil vom 08.08.2013, VI R 71 /12, BFH/NV 2014, 153; vgl. auch BFH, Urteil vom 06.02.2014, VI R 39/13, BFH/NV 2014 778; BFH, Urteil vom 06.02.2014, VI R 29/13, BStBl. II 2014, 641 ; vgl. auch FG Berlin-Brandenburg, Urteil vom 03.09.2013, 6 K 6154/10, EFG 2013, 1955, rkr. mit Anm. Kuhfus; FG Köln, Urteil vom 15.09.2016, 10 K 2497/15, EFG 2016, 2081 rkr. mit Anm. Schober; zur gesamten Rechtsprechungsänderung instruktiv Strohner, DB 2013, 1986 ff.; Foerster StuB 2013, 497 ff.; Seifert, StuB 2013, 608 ff.; Eismann, DStR 2013, 2740 ff.).

Leistet der Arbeitnehmer an den Arbeitgeber für die Nutzung eines betrieblichen Kfz zu privaten Fahrten und zu Fahrten zwischen Wohnung und regelmäßiger Arbeitsstätte ein Nutzungsentgelt, mindert dies den Wert des geldwerten Vorteils aus der Nutzungsüberlassung (BFH, Urteil vom 07.11.2006, VI R 95/04, BStBl. II 2007, 269, Urteil vom 30.09.2016, VI R 49/14, BStBl. II 2017, 1011). Nichts anderes gilt, wenn der Arbeitnehmer i. R. der privaten Nutzung einzelne (individuelle) Kosten (hier: Kraftstoffkosten) des betrieblichen Pkw trägt. Der Umstand, dass der geldwerte Vorteil aus der Kfz-Überlassung nach der 1 %-Regelung ermittelt worden ist, steht dem nicht entgegen. Eine vorteilsmindernde Berücksichtigung der für den betrieblichen Pkw getragenen Aufwendungen beim Arbeitnehmer kommt allerdings nur in Betracht, wenn er den geltend gemachten Aufwand im Einzelnen umfassend darlegt und belastbar nachweist. Ein negativer geldwerter Vorteil (geldwerter Nachteil) kann aus der Überlassung eines Dienstwagens zur Privatnutzung auch dann nicht entstehen, wenn das vom Arbeitnehmer zu zahlende Nutzungsentgelt den Wert der privaten Dienstwagennutzung und der Nutzung des Fahrzeugs zu Fahrten zwischen Wohnung und Arbeitsstätte übersteigt. Soweit das Nutzungsentgelt den Wert der privaten Dienstwagennutzung und der Nutzung des Fahrzeugs zu Fahrten zwischen Wohnung und Arbeitsstätte übersteigt, kann es auch nicht als Werbungskosten bei den Einkünften aus nichtselbständiger Arbeit abgezogen werden (BFH, Urteil vom 30.11.2016, VI R 49/14, BStBl. II 2017, 1011 = FR 2017, 782, 785 f. mit Anm. Bergkemper; BFH, Urteil vom 30.11.2016, VI R 2/15, BStBl. II 2017, 1014 = FR 2017, 786, 789 f. mit Anm. Bergkemper = Steuer & Studium 2017, 407 f. mit Anm. Gehm; bestätigt durch BFH, Beschluss vom 15.01.2018, IV B 77/17 BFH/NV 2018, 521 = EStB 2018, 134 f. mit Anm. Günther; siehe auch Seifert, StuB 2017, 829 f.; dazu erläuternd BMF, Schreiben vom 21.09.2017, IV C 5 – S 2334/11/10004 – 02 DOK 2017, 0613843, BStBl. I 2017, 1338 = BB 2017, 2728 mit Anm. Hilbert; bestätigt durch BFH, Urteil vom 15.02.2017, VI R 50/15 BFH/NV 2017, 1155).

1.1 Keine einheitliche Betrachtungsweise bei Ertragsteuern und Umsatzsteuer

Die Besteuerungsproblematik bei privat genutzten betrieblichen Kfz wird deshalb kompliziert, weil es keine einheitliche Behandlung bei den verschiedenen Steuerarten gibt. Bei der Umsatzsteuer kann der Unternehmer das gemischt genutzte Fahrzeug – unabhängig von der ertragsteuerlichen Behandlung als Betriebsvermögen oder Privatvermögen – seinem Unternehmen zuordnen, sofern das Fahrzeug **zumindest 10 %** für das Unternehmen genutzt wird (§ 15 Abs. 1 Satz 2 UStG; BMF, Schreiben vom 27.08.2004, IV B 7 – S 7300 – 70/04, BStBl. I 2004, 864; zur Privatnutzung von Kraftfahrzeugen im Umsatzsteuerrecht eingehend Pflaum, UR 2018, 105 ff.; zur Überlassung eines Pkw durch eine Gesellschaft an ihren Gesellschafter-Geschäftsführer zur privaten Nutzung siehe OFD Niedersachsen, Verfügung vom 28.02.2017 – S7100 – 421 – St 172 UR 2017, 723). Bei Zuordnung zum Unternehmen ist die **nichtunternehmerische** Nutzung unter den gesetzlichen Voraussetzungen als **unentgeltliche Wertabgabe** der Umsatzsteuer zu unterwerfen (§ 3 Abs. 9a Nr. 1 UStG). Zur Ermittlung der auf die nichtunternehmerische Nutzung entfallenden Kosten hat der Unternehmer ein **Wahlrecht** zwischen der **1 %-Regelung**, der **Fahrtenbuchregelung** oder der **Schätzung** des nichtunternehmerischen Nutzungsanteils (BMF, Schreiben vom 27.08.2004, IV B 7 – S 7300 – 70/04, BStBl. I 2004, 864, Tz. 2.1 bis 2.3; hierzu Möller, StuB 2015, 264 ff.).

Der positive Unterschiedsbetrag gem. § 4 Abs. 5 Satz 1 Nr. 6 Satz 3 Halbsatz 1 EStG ist bei Anwendung der 1 %-Regelung auch dann unter Ansatz von 0,03 % des inländischen Listenpreises des Fahrzeugs je Kalendermonat zu berechnen, wenn der Steuerpflichtige im Monat durchschnittlich weniger als 15 Fahrten zur Betriebsstätte unternommen hat (BFH, Urteil vom 12.06.2018, VIII R 14/15, BStBl. II 2018, 755 = EStB 2018, 405 ff. mit Anm. Bleschick = FR 2018, 1099, 1103 ff. mit Anm. Urban).

IX. Private Nutzung betrieblicher Kfz; Anforderungen an ein Fahrtenbuch

Eine Ausdehnung der 1 %-Regelung im ertragsteuerlichen Bereich wurde vorübergehend durch die Rechtsprechung bei den Einnahme-Überschussrechnungen durch die Einbeziehung des gewillkürten Betriebsvermögens ermöglicht. Dies eröffnet Einnahme-Überschussrechnern (also insbesondere Freiberuflern und Existenzgründern) die Möglichkeit, ein überwiegend privat genutztes Kfz der Praxis bzw. dem Betrieb zuzuordnen (BFH, Urteil vom 02.10.2003, IV R 13/03, BFH/NV 2004, 132; BMF, Schreiben vom 17.11.2004, IV B 2 – S 2134 – 2/04, BStBl. I 2004, 1064).

Diese interimsweise faktische Ausweitung der 1 %-Regelung gilt dennoch unabhängig von der Art der Gewinne, also auch bei der Bilanzierung. Dies hat zu gesetzgeberischen Gegenmaßnahmen ab dem 01.01.2006 geführt. Wird der Wert der Nutzungsentnahme für ertragsteuerliche Zwecke nach der 1 %-Regelung ermittelt, kann dies aus Vereinfachungsgründen als Bemessungsgrundlage für die Umsatzsteuer übernommen werden. Für die nicht mit Vorsteuern belasteten Kosten kann ein pauschaler Abschlag von 20 % vorgenommen werden; auf den so ermittelten Nettobetrag ist die Umsatzsteuer (allgemeiner Steuersatz) aufzuschlagen.

Die Pkw-Überlassung an einen Gesellschafter-Geschäftsführer zur privaten Nutzung unterliegt der Umsatzsteuer, wenn ein – im Einzelfall zu prüfender – Zusammenhang zwischen Nutzungsüberlassung und Arbeitsleistung im Sinne eines Entgelts besteht oder wenn die Voraussetzungen einer unentgeltlichen Wertabgabe (wie z. B. bei der Pkw-Nutzung aufgrund eines Gesellschaftsverhältnisses) gegeben sind. In beiden Fällen kann die Bemessungsgrundlage entsprechend den von der Finanzverwaltung getroffenen Vereinfachungsregelungen geschätzt werden; hierbei handelt es sich jeweils um eine einheitliche Schätzung, die der Unternehmer nur insgesamt oder gar nicht in Anspruch nehmen kann (BFH, Urteil vom 05.06.2014, XI R 2/12, BFH/NV 2014, 1864; hierzu o. V., GmbHR 2014, R 328 f.; siehe hierzu die Verwaltungsanweisungen OFD Frankfurt/M., Rundverfügung vom 27.01.2015, S 7100 A – 68 – St 110, DStR 2015, 1567; OFD Niedersachsen, Verfügung vom 14.06.2016, S 7100 – 421 – St 172, UR 2016, 808).

1.2 Fahrtenbuchregelung

Setzt der Unternehmer für ertragsteuerliche Zwecke die private Nutzung mit den auf die Privatfahrten entfallenden tatsächlichen Aufwendungen an, indem er die für das Kfz insgesamt entstehenden Aufwendungen durch Belege und das Verhältnis der privaten zu den übrigen Fahrten durch ein ordnungsgemäßes Fahrtenbuch nachweist, ist von diesem Wert auch für die Besteuerung der nichtunternehmerischen Nutzung auszugehen (§ 6 Abs. 1 Nr. 4 Satz 3 EStG).

1.3 Schätzung des nichtunternehmerischen Nutzungsanteils

Macht der Unternehmer von der 1 %-Regelung keinen Gebrauch oder werden die pauschalen Wertansätze durch die **Kostendeckelung** auf die nachgewiesenen tatsächlichen Kosten begrenzt und liegen die Voraussetzungen der Fahrtenbuchregelung nicht vor, ist der private Nutzungsanteil für Umsatzsteuerzwecke anhand geeigneter Unterlagen im Wege einer **sachgerechten Schätzung** zu ermitteln. Fehlen geeignete Schätzungsunterlagen, ist der private Nutzungsanteil grundsätzlich mit mindestens 50 % anzusetzen, soweit sich aus den besonderen Verhältnissen des Einzelfalls nichts Gegenteiliges ergibt (BMF, Schreiben vom 27.08.2004, IV B 7 – S 7300 – 70/04, BStBl. I 2004, 864, Tz. 2.3).

2 Fahrtenbuch mit Kostendeckelung

Nachdem die Rechtsprechung die Bildung von gewillkürtem Betriebsvermögen auch für Einnahme-Überschussrechner für zulässig erachtet hat, profitieren ertragsteuerlich u. U. diejenigen Stpfl. von der 1 %-Regelung, bei denen die betriebliche Nutzung des Fahrzeugs zwar höher als 10 %, aber deutlich unterhalb von 50 % der Gesamtnutzung liegt. Indessen kann die 1 %-Regelung bei Stpfl. mit relativ hohem betrieblichen Nutzungsanteil oder bei denen, die ältere – gebrauchte erworbene – Fahrzeuge mit hohem Listenpreis nutzen, zu höchst ungerecht empfundenen steuerlichen Ergebnissen führen. Übersteigt der nach der 1 %-Regelung ermittelte Wert die **tatsächlich entstandenen Aufwendungen**, ist der Nutzungswert höchstens mit den auf das Kfz entfallenden Gesamtkosten anzusetzen (fahrzeugbezogene **Kostendeckelung**; so BMF, Schreiben vom 12.05.1997, IV B 2 – S 2177 – 29/97, BStBl. I 1997, 562, Tz. 13; zum fehlenden Anspruch des Steuerpflichtigen auf Kostendeckelung aus Billigkeitsgründen bei privater Nutzung betrieblicher Kfz vg. FG Rheinland-Pfalz, Urteil vom 10.12.2019 3 K 1681/19 EFG 2020, 519, S 21 f. mit Anm. Schmidt [Rev. eingelegt, Az. des BFH: VIII R 11/20]).

Die Möglichkeit der Kostendeckelung besteht aber nur, wenn das Verhältnis der privaten zu den übrigen Fahrten durch ein **ordnungsgemäßes Fahrtenbuch** nachgewiesen wird (vgl. BFH, Urteil vom 15.02.2017, VI R 50/15 BFH/NV 2017, 1155).

3 Gesetzliche Neuregelung

Aufgrund des Gesetzes zur Eindämmung missbräuchlicher Steuergestaltungen wird der Anwendungsbereich der 1 %-Regelung auf Fahrzeuge begrenzt, die zu mehr als 50 % betrieblich genutzt werden (§ 6 Abs. 1 Nr. 4 Satz 2 EStG; BGBl. I 2006, 1095, BStBl. I 2006, 353). Seit dem 01.01.2006 muss somit der Unternehmer nachweisen, dass er seinen Firmenwagen mehr als 50 % betrieblich nutzt. Kann er dies nicht, darf die 1 %-Regelung für die Ermittlung der privaten Nutzung nicht mehr angewendet werden. Dann schätzt das FA großzügig, wie hoch der Anteil der Privatfahrten ist. Dadurch ist die Frage aufgeworfen worden, ob für den Nachweis der mehr als 50 %igen betrieblichen Nutzung ein Fahrtenbuch zwingend erforderlich ist oder nicht. Hierzu hat nunmehr die Finanzverwaltung in einem erläuternden Schreiben zu äußert praxisrelevanten Fallgruppen dezidiert Stellung genommen (BMF, Schreiben vom 07.07.2006, IV B 2 –

IX. Private Nutzung betrieblicher Kfz; Anforderungen an ein Fahrtenbuch

S 2177 – 44/06/IV A 5 – S 7206 – 7/06, BStBl. I 2006, 446; Höreth/Franke, BB 2006, 2553, 2555).

Der Umfang der betrieblichen Nutzung ist vom Stpfl. darzulegen und glaubhaft zu machen. Dies kann **in jeder geeigneten Form** erfolgen. Ein Fahrtenbuch ist somit auch offiziell nicht zwingend notwendig. Auch die Eintragung in Terminkalendern, die Abrechnung gefahrener Kilometer gegenüber den Auftraggebern, Reisekostenaufstellungen sowie andere Abrechnungsunterlagen können zur Glaubhaftmachung geeignet sein. Sind entsprechende Unterlagen nicht vorhanden, kann die überwiegende betriebliche Nutzung durch formlose Aufzeichnungen über einen repräsentativen zusammenhängenden Zeitraum (i. d. R. drei Monate) glaubhaft gemacht werden. Dabei reichen Angaben über die betrieblich veranlassten Fahrten (jeweiliger Anlass und die jeweils zurückliegende Strecke) und die Kilometerstände zu Beginn und Ende des Aufzeichnungszeitraumes aus.

Die Besteuerung der privaten Nutzung eines betrieblichen Kfz nach der 1 %-Regelung hängt nach der Neufassung des § 6 Abs. 1 Nr. 4 Satz 2 EStG künftig von der Darlegung einer überwiegenden betrieblichen Nutzung ab (50 %-Grenze). Nach der Gesetzesbegründung muss die überwiegende betriebliche Nutzung nicht durch Fahrtenbuch nachgewiesen werden. Ein Fahrtenbuchnachweis oder ein vergleichbarer Nachweis darf von der Finanzverwaltung auch nicht verlangt werden, weil § 6 Abs. 1 Nr. 4 Satz 2 EStG als Typisierungsnorm nur gerechtfertigt ist, wenn er den typischen Fall erfasst und geeignet ist, der Verwaltungsvereinfachung zu dienen. Ein lückenloser Fahrtenbuchnachweis würde der 1 %-Regelung somit die Rechtfertigung entziehen. Nach dem BMF, Schreiben vom 07. 07. 2006 soll die Finanzverwaltung auf einen Fahrtenbuchnachweis verzichten. Die überwiegende betriebliche Nutzung könne in jeder geeigneten Form nachgewiesen werden. Dies wird dem Vereinfachungszweck der 1 %-Regelung als Typisierungsnorm gerecht, gerät aber mit dem Verifikationsprinzip in Konflikt, das auch durch eine Typisierung nicht durchbrochen werden darf (Jahndorf/Oellerich, DB 2006, 2537, 2540).

Hinweis:

Da die Anforderungen für die Dokumentation der betrieblichen Nutzung schwammig formuliert sind, ist man sehr von der Einschätzung des zuständigen Sachbearbeiters bzw. Betriebsprüfers abhängig. Die Nachweise nur innerhalb eines repräsentativen Zeitraums laden dazu ein, während dieser Zeit viel betrieblich und wenig privat zu fahren. Damit ist der Stpfl. der Nachweispflicht in der genannten Verwaltungsauffassung formal nachgekommen. Hat nämlich der Stpfl. den betrieblichen Nutzungsumfang des Kfz einmal dargelegt, so ist, wenn sich keine wesentlichen Veränderungen in Art oder Umfang der Tätigkeit oder bei den Fahrten zwischen Wohnung und Betriebsstätte ergeben, auch für die folgenden Veranlagungszeiträume von diesem Nutzungsumfang auszugehen.

Daneben gibt es Erleichterungen für bestimmte **Berufsgruppen**. Nach Auffassung der Finanzverwaltung in dem zitierten Schreiben kann eine mehr als

50 %ige betriebliche Nutzung i.d.R. bei Stpfl. angenommen werden, die ihr Kraftfahrzeug für eine durch ihren Betrieb oder Beruf bedingte typische Reisetätigkeit benutzen oder die zur Ausübung ihrer räumlich ausgedehnten Tätigkeit auf die ständige Benutzung des Kraftfahrzeugs angewiesen sind (z.B. bei Taxiunternehmen, Handelsvertretern, Handwerkern der Bau- und Baunebengewerbe, Landtierärzten). Diese Vermutung gilt, wenn ein Stpfl. mehrere Kraftfahrzeuge im Betriebsvermögen hält, nur für das Kfz mit der höchsten Jahreskilometerleistung. Für die weiteren Kraftfahrzeuge gelten die allgemeinen Grundsätze. Diese Aufzählung der Berufsgruppen ist nicht abschließend. Folglich kann bei Dokumentation von ähnlichen empirischen Erfahrungen bei anderen Berufsgruppen ebenfalls eine überwiegende 50 %ige betriebliche Nutzung möglicherweise unterstellt werden.

Eine weitere Frage ist, ob sich durch die Gesetzesänderungen Auswirkungen auf die Besteuerung der privaten Nutzung von Dienstwagen ergeben. Ausweislich der Begründung der Bundesregierung ist mit der Änderung des § 6 Abs. 1 Nr. 4 Satz 2 EStG keine Änderung der Besteuerung des geldwerten Vorteils bei Dienstwagennutzung durch Arbeitnehmer verbunden (§ 8 Abs. 2 Satz 2 EStG). Die Gesetzesbegründung geht dabei davon aus, dass der Dienstwagen beim Arbeitgeber unabhängig von der Nutzung notwendiges Betriebsvermögen darstellt. Diese Vorstellung der Bundesregierung stimmt mit der vorgenommenen Gesetzesänderung nicht überein. I. R. von § 8 Abs. 2 Satz 2 EStG verbleibt es bei der Verweisung auf § 6 Abs. 1 Nr. 4 Satz 2 EStG. Da der Verweis uneingeschränkt ist, wird damit auch auf das Erfordernis der 50 %igen betrieblichen Nutzung verwiesen. Folgt man strikt dem Wortlaut des Gesetzes, würde das Erfordernis der 50 %igen betrieblichen Nutzung des Dienstwagens bestehen. Es ist zu hoffen, dass die Finanzverwaltung den Verweis aus § 8 Abs. 2 EStG auf § 6 Abs. 1 Nr. 4 Satz 2 EStG im Sinne der Bundesregierung auslegt. In diesem Fall ändert sich an der Besteuerung der privaten Nutzung des Dienstwagens durch Arbeitnehmer im Ergebnis nichts (Binnewies, Die AG 2006, 499, 500).

4 Praktische Auswirkungen (Fallbeispiele)

Ein Unternehmer nutzt seinen Firmenwagen mit einem Bruttolistenpreis von 60.000 € zu 51 % für betriebliche Zwecke. Das hat er dem FA anhand seiner individuellen Verhältnisse glaubhaft gemacht. In seiner Einnahme-Überschussrechnung macht er für die Pkw-Nutzung insgesamt 5.000 € als Betriebsausgaben geltend. Da er kein Fahrtenbuch führt, muss er die 1 %-Regelung anwenden. Als Einnahme muss er aufgrund der Pauschalierung eigentlich 7.200 € (60.000 € × 1 % × 12 Monate) gegenrechnen. Steuerlich betrachtet, ein Minusgeschäft, denn er hätte einen zusätzlichen Gewinn von 2.200 € zu versteuern. Allerdings hat die Finanzverwaltung für solche Fälle eine Deckelung eingeführt. Danach braucht der Unternehmer für die Privatnutzung maximal die tatsächlichen Kosten, hier also 5.000 €, als Betriebseinnahmen zu berücksichtigen. Damit neutralisieren sich Einnahmen und Ausgaben im Ergebnis, so

IX. Private Nutzung betrieblicher Kfz; Anforderungen an ein Fahrtenbuch

dass es im Ergebnis steuerlich nichts mehr anzusetzen gilt, obwohl eine 51 %ige betriebliche Nutzung vorliegt.

Anders sieht der nahezu fast gleiche Sachverhalt mit einem Bruttolistenpreis von 60.000 € mit 5.000 € an Betriebsausgaben pro Jahr aus, wenn der betreffende Unternehmer kein Fahrtenbuch führt und glaubhaft macht, dass er den Pkw nur zu 48 % (also unter 50 %) betrieblich nutzt. Kann er dem FA gegenüber glaubhaft machen, dass er den Pkw unter 50 % betrieblich nutzt, so ist die 1 %-Regelung im Einzelfall nicht anwendbar. Für die Privatnutzung muss er somit lediglich 2.600 € (5.000 € × 52 %) als Einnahme verbuchen. Somit bleibt ihm per Saldo ein steuerlicher Aufwand von 2.400 € erhalten.

> *Hinweis:*
> Es muss also im konkreten Einzelfall sehr genau durchgerechnet werden – möglichst i. R. einer Vorausschätzung für das Jahr 2014 (und die folgenden Jahre) –, ob es sinnvoll ist, auf die überwiegende betriebliche Nutzung und die damit verbundene zwingende Anwendung der 1 %-Regelung in jedem Fall zu pochen. Es kann auch Fallgestaltungen geben, dass bei geringerer betrieblicher Nutzung ein steuerlich höherer Aufwand geltend gemacht werden kann.

Aufgrund von umfangreichen mathematischen Rechenmodellen, die hier aus Platzgründen nicht wiedergegeben werden können, kommen empirische Untersuchungen aufgrund der gesetzlichen Regelung zu folgendem Gesamtergebnis:

Das **Gesetzesziel** wird tendenziell bei dem Stpfl. erreicht, der

- seine Betriebsstätte zu Hause hat,
- wenig betrieblich Auto fährt,
- sich seinen Mittelklassewagen ohne Rabatt beschafft und
- keinen Vorsteuerabzug geltend machen kann.

Umgekehrt **profitiert** derjenige, der

- von der Villa im Grünen eine stattliche Entfernung zum Betrieb zurückzulegen hat,
- seine Oberklasse-Limousine mit branchenüblichem Rabatt beschafft,
- relativ häufig betrieblich Auto fährt und
- Vorsteuerabzug geltend machen kann.

Weiter zeigen empirische Untersuchungen die **generelle Vorteilhaftigkeit** der Fahrtenbuchmethode

- im betrieblichen Nutzungsbereich zwischen 50,01 % und 100 % und
- bei der „Einlegermethode" (Willkürung als Privatvermögen) bei einem betrieblichen Nutzungsanteil zwischen 10 % und 50 %.

In den überwiegenden Fällen werden die angesprochenen Stpfl. durch den verordneten Verzicht auf die 1 %-Regelung von Gesetzes wegen zu ihrem Glück gezwungen (Rüsch/Hoffmann, DStR 2006, 399, 403 f.; Höreth/Franke, BB 2006, 2553, 2555; Seifert, DStZ 2018, 145, 161 f.; ders., StuB 2018, 489 ff.; ders., StuB 2019, 225 ff., alle mit umfangreichen Beispielen und Rechenmodellen; s. auch Becker, StBp 2007, 83, 85 f. und 109 ff. mit instruktiven Checklisten).

Zur verursachungsgerechten Ermittlung des privaten Pkw-Nutzungsanteils nach der modifizierten Fahrtenbuchmethode siehe Wöltge, DStR 2013, 1318 ff. und Riepolt, DStR 2013, 2157 f.

5 Anforderungen an ein ordnungsgemäß geführtes Fahrtenbuch

Es war lange Zeit umstritten, in welcher Art und Weise in schriftlicher oder elektronischer Form ein steuerlich anzuerkennendes Fahrtenbuch geführt werden kann. Die Finanzverwaltung hatte hierzu erhöhte formale Anforderungen gestellt, um insbesondere nachträgliche Manipulationen auszuchließen. Folgende Rechtsprechungsaxiome haben nunmehr weitgehende Klarheit in diese vorher undurchsichtige Problematik gebracht (eine empirische Analyse zur Dauersatire Fahrtenbuch nimmt Urban, FR 2020, 61 ff. vor).

Nur ein **zeitnah** geführtes Fahrtenbuch ist geeignet, die Anwendung der 1 %-Regelung auszuschließen (FG Münster, Urteil vom 08.06.2005, 1 K 6335/02 L, EFG 2007, 999, rkr.). Ein ordnungsgemäßes Fahrtenbuch muss zeitnah und in geschlossener Form geführt werden und die zu erfassenden Fahrten einschließlich des an ihrem Ende erreichten Gesamtkilometerstands vollständig und in ihrem fortlaufenden Zusammenhang wiedergeben (BFH, Urteil vom 09.11.2005, VI R 27/05, BFH/NV 2006, 858; BFH, Urteil vom 14.12.2006, IV R 62/04, BFH/NV 2007, 691; BFH, Beschluss vom 28.11.2006, VI B 32/06, BFH/NV 2007, 439 f.; BFH, Beschluss vom 25.01.2007, XI B 149/06, BFH/NV 2007, 892; BFH, Beschluss vom 13.02.2007, XI B 33/06, BFH/NV 2007, 915; BFH, Beschluss vom 13.03.2007, XI B 141/06, BFH/NV 2007, 1132; BFH, Beschluss vom 14.03.2007, XI B 88/06, BFH/NV 2007, 1318; BFH, Beschluss vom 17.04.2007, VI B 145/06, BFH/NV 2007, 1314; FG Köln, Urteil vom 28.03.2012, 15 K 4080/09, EFG 2012, 1758, rkr. = DStRE 2013, 326).

Ordnungsgemäße Fahrtenbücher als die dem Nachweis des zu versteuernden Privatanteils an der Gesamtfahrleistung dienende Aufzeichnungen müssen eine hinreichende Gewähr für ihre Vollständigkeit und Richtigkeit bieten und mit vertretbarem Aufwand auf ihre materielle Richtigkeit hin überprüfbar sein. Dem FG obliegt i. R. seiner tatrichterlichen Würdigung die Entscheidung, ob die Aufzeichnungen noch als ordnungsgemäße Fahrtenbücher zu qualifizieren sind (BFH, Urteil vom 15.03.2007, VI R 94/04, BFH/NV 2007, 1302; vgl. BFH, Beschluss vom 20.09.2012, VI B 36/12, BFH/NV 2013, 359).

Ein ordnungsgemäßes Fahrtenbuch muss zeitnah und in geschlossener Form geführt werden, um so nachträgliche Einfügungen oder Änderungen auszuschließen oder als solche erkennbar zu machen. Aufzeichnungen mit Bleistift genügen diesen Anforderungen nicht (FG Nürnberg, Urteil vom 23.01.2020 4 K 1789/18 DStRE 2020, 905).

Eine mit Hilfe eines Computerprogramms erzeugte Datei genügt den Anforderungen an ein ordnungsgemäßes Fahrtenbuch nur dann, wenn nachträgliche Veränderungen an den zu einem früheren Zeitpunkt eingegebenen Daten nach der Funktionsweise des verwendeten Programms technisch ausgeschlossen sind oder in ihrer Reichweite in der Datei selbst dokumentiert und offengelegt werden. Kann der Arbeitnehmer den ihm überlassenen Dienstwagen auch privat nutzen und wird über die Nutzung des Dienstwagens ein ordnungsgemäßes Fahrtenbuch nicht geführt, so ist der zu versteuernde geldwerte Vorteil nach der 1 %-Regelung zu bewerten. Eine Schätzung des Privatanteils anhand anderer Aufzeichnungen kommt nicht in Betracht (BFH, Urteil vom 16.11.2005, VI R 64/04, BStBl. II 2006, 410 mit Anm. Seifert, StuB 2006, 384 ff.).

Ein ordnungsgemäßes Fahrtenbuch muss grundsätzlich zu den beruflichen Reisen Angaben zum Datum, zum Reiseziel, zum aufgesuchten Kunden oder Geschäftspartner bzw. zum Gegenstand der dienstlichen Verrichtung und zu dem bei Abschluss der Fahrt erreichten Gesamtkilometerstand des Fahrzeugs enthalten.

Mehrere Teilabschnitte einer einheitlichen beruflichen Reise können miteinander zu einer zusammenfassenden Eintragung verbunden werden, wenn die einzelnen aufgesuchten Kunden oder Geschäftspartner im Fahrtenbuch in der zeitlichen Reihenfolge aufgeführt werden. Der Übergang von der beruflichen Nutzung zur privaten Nutzung des Fahrzeugs ist im Fahrtenbuch durch Angabe des bei Abschluss der beruflichen Fahrt erreichten Gesamtkilometerstands zu dokumentieren.

Die erforderlichen Angaben müssen sich dem Fahrtenbuch selbst entnehmen lassen. Ein Verweis auf ergänzende Unterlagen ist nur zulässig, wenn der geschlossene Charakter der Fahrtenbuchaufzeichnungen dadurch nicht beeinträchtigt wird (BFH, Urteil vom 16.03.2006, VI R 87/04, BStBl. II 2006, 625 mit Anm. Seifert, StuB 2006, 384 ff.; BFH, Urteil vom 04.03.2007, XI R 59/04, BFH/NV 2007, 1838, 1840). Der BFH akzeptiert somit ein elektronisches bzw. mittels EDV-Software erstelltes Fahrtenbuch nur, wenn sich daraus im Ergebnis dieselben Erkenntnisse wie aus einem manuell geführten Fahrtenbuch gewinnen lassen. Da Excel-Tabellen-Aufzeichnungen nachträglich manipuliert werden können, genügen diese Aufzeichnungen nicht den an ein „ordnungsgemäßes Fahrtenbuch" zu stellenden Anforderungen. Unabhängig von der Frage, ob bei EDV-geführten Aufzeichnungen die vom BFH geforderte „geschlossene Form" vorliegt, müssen Korrekturen erkennbar, eine „Lösch- oder Überschreibungsfunktion" also ausgeschlossen, sein (BFH, Beschluss vom 26.06.2007, V B 197/05, BFH/NV 2007, 1897).

Ein Fahrtenbuch als Eigenbeleg des Fahrzeugführers hat begrifflich die Aufgabe, über die mit dem Fahrzeug unternommenen Fahrten Rechenschaft abzulegen. Der allgemeine Sprachgebrauch verlangt dazu, dass die zu führenden

Aufzeichnungen eine „buch"-förmige äußere Gestalt aufweisen, also in einer gebundenen oder jedenfalls in einer geschlossenen Form festgehalten werden, die nachträgliche Änderungen und Einfügungen ausschließt. Lose Notizzettel können daher schon begrifflich kein „Fahrtenbuch" sein (Niedersächsisches FG, Urteil vom 29.03.2006, 12 K 591/02, DStRE 2007, 1217, rkr.). Da ein Fahrtenbuch zur Gewährung für Vollständigkeit und Richtigkeit der darin gemachten Angaben insbesondere zeitnah geführt werden muss, ist die angebotene – nachträgliche – Erstellung eines Fahrtenbuchs für einen Zeitraum, der nur ca. 1/12 des gesamten Zeitraums entspricht, für den Aufzeichnungen zu führen waren, von vornherein ungeeignet, geltend gemachte Fahrtkosten zu belegen (BFH, Beschluss vom 26.06.2007, VIII B 33/06, BFH/NV 2007, 2093).

Die Aufzeichnungen im Fahrtenbuch müssen eine hinreichende Gewähr für ihre Vollständigkeit und Richtigkeit bieten. Kleinere Mängel führen nicht zur Verwerfung des Fahrtenbuchs und Anwendung der 1%-Regelung, wenn die Angaben insgesamt plausibel sind (BFH, Urteil vom 10.04.2008, VI R 38/06, DStR 2008, 1373). Ein Fahrtenbuch ist nicht ordnungsgemäß, wenn es erst im **außergerichtlichen Verfahren** mit einer Anlage der Kunden und mit Ziffern versehen wird, ob und wann welche Kunden besucht worden sind. Die Eintragung der Insel „Sylt" im Fahrtenbuch ist nicht ausreichend (Schleswig-Holsteinisches FG, Urteil vom 25.10.2006, 1 K 170/05, EFG 2007, 20, rkr.).

Die in der Rechtsprechung des BFH entwickelten Merkmale eines ordnungsgemäßen Fahrtenbuchs gelten auch dann, wenn einem hohen Beamten ein Dienstwagen mit der Möglichkeit der privaten Nutzung zur Verfügung gestellt wird. Enthält das Fahrtenbuch keine Angaben über den jeweiligen Anlass einer Fahrt und den aufgesuchten Gesprächspartner, genügt es nicht, dass der Beamte gegenüber seinem Dienstherren die Richtigkeit der Eintragungen als Dienstfahrten bestätigt (BFH, Beschluss vom 28.06.2007, VI B 112/06, BFH/NV 2007, 1654; s. auch BFH, Beschluss vom 13.12.2011, VIII B 82/11 BFH/NV 2012, 573).

Die Rechtsfrage, welche Rechtsfolgen ein nicht ordnungsgemäß geführtes Fahrtenbuch hat, ist grundsätzlich nicht mehr klärungsbedürftig. Steht die Bewertungsalternative Fahrtenbuch aus rechtlichen Gründen nicht zur Verfügung, greift die 1%-Regelung, nämlich die Bewertung auf Grundlage des inländischen Listenpreises des Kraftfahrzeuges. Fehlen ordnungsgemäße Aufzeichnungen durch ein Fahrtenbuch, bleibt weder Raum für eine freie Schätzung des Anteils der Privatnutzung noch für eine an den Angaben des Stpfl. in einem Fahrtenbuch orientierte Schätzung (BFH, Beschluss vom 17.04.2007, VI B 145/06, BFH/NV 2007, 1314).

Angaben in einem Fahrtenbuch, wie „Termin wg. Einrichtung", „Termine wg. Geräte", „Besichtigung Studio mit Partner", „Treffen wg. Werbekonzepts" u.Ä. sind allgemein, unpräzise und austauschbar. Eine Nachprüfung der beruflichen Veranlassung der Fahrten ist dadurch nicht möglich.

IX. Private Nutzung betrieblicher Kfz; Anforderungen an ein Fahrtenbuch

Sprechen der Zustand der Aufzeichnungen und das Schriftbild nicht dafür, dass die Aufzeichnungen als tägliches Arbeitsmittel im Fahrzeug verwendet werden, ist davon auszugehen, dass das Fahrtenbuch nicht zeitnah geführt wurde (FG Nürnberg, Urteil vom 28.02.2008, IV 94/2006, DStRE 2008, 1116; die eingelegte NZB wurde durch BFH, Beschluss vom 04.06.2009, IV B 53/08, n.v. als unbegründet verworfen).

Ein Fahrtenbuch ist nicht ordnungsgemäß, wenn die Fahrtziele nahezu ausschließlich durch Abkürzungen der jeweils aufgesuchten Kunden und Einrichtungen ohne jegliche Ortsangaben aufgeführt werden (FG Köln, Urteil vom 18.03.2016, 3 K 3735/12, EFG 2016, 1332 [NZB eingelegt, Az. d. BFH: VIII B 54/16] mit Anm. Hollatz, DB 2016, 1847f.) Die Aufzeichnungen im Fahrtenbuch müssen eine hinreichende Gewähr für ihre Vollständigkeit und Richtigkeit bieten. Kleinere Mängel führen nicht zur Verwerfung des Fahrtenbuchs und Anwendung der 1%-Regelung, wenn die Angaben insgesamt plausibel sind (BFH, Urteil vom 10.04.2008, VI R 38/06, BStBl. II 2008, 768 mit Anm. Bergkemper, FR 2008, 37, 38f.). Fahrtenbücher sind – zumal bei entsprechender Dienstpflicht – täglich zu führen (FG Köln, Urteil vom 21.04.2008, 15 K 3899/07, EFG 2009, 120, rkr.).

Rechenfehler führen nicht zwingend dazu, dass ein Fahrtenbuch nicht mehr ordnungsgemäß ist – ebenso wenig Differenzen aus einem Vergleich zwischen Fahrtenbuch einerseits und Routenplaner andererseits, wenn diese Differenzen auf ein Jahr bezogen geringfügig sind (FG Düsseldorf, Urteil vom 07.11.2008, 12 K 4479/07 E, EFG 2009, 324, rkr. mit Anm. Zimmermann).

Eine mittels eines Computerprogramms (Excel) erzeugte Datei, an deren bereits eingegebenem Datenbestand zu einem späteren Zeitpunkt noch Veränderungen vorgenommen werden können, ohne dass die Reichweite dieser Änderungen in der Datei selbst dokumentiert wird, genügt nicht den Anforderungen an ein ordnungsgemäßes Fahrtenbuch. Andere Aufzeichnungen (hier: Kopien eines Terminkalenders, aus denen sich Namenseintragungen mit Datum und Uhrzeit entnehmen lassen), die nicht die Anforderungen an ein ordnungsgemäßes Fahrtenbuch erfüllen, sind nicht geeignet, den privaten Nutzungsanteil zu ermitteln (Hessisches FG, Urteil vom 01.12.2008, 13 K 2874/07, DStRE 2009, 1170, rkr.).

Eine mit Hilfe eines Computerprogramms erzeugte Datei, an deren bereits eingegebenem Datenbestand zu einem späteren Zeitpunkt noch Änderungen vorgenommen werden können, ohne dass deren Reichweite dokumentiert und bei gewöhnlicher Einsichtnahme in die Datei offengelegt wird, ist kein ordnungsgemäßes Fahrtenbuch i.S.d. 6 Abs. 1 Nr. 4 S. 3 EStG. Den Steuerpflichtigen trifft die Feststellungslast dafür, mit welcher Version des von ihm genutzten Fahrtenbuchprogramms die Eintragungen erstellt wurden, wenn einige Versionen den Anforderungen an ein ordnungsgemäßes Fahrtenbuch nicht genügen (FG Baden-Württemberg, Urteil vom 14.10.2014, 11K 736/11, DStRE 2016, 10921, rkr.).

5 Anforderungen an ein ordnungsgemäß geführtes Fahrtenbuch

Die Rechtsfrage, welche Anforderungen an ein ordnungsgemäßes Fahrtenbuch zu stellen sind, ist höchstrichterlich hinreichend geklärt. Danach ist der Begriff des ordnungsgemäßen Fahrtenbuchs gesetzlich nicht näher bestimmt. Aus dem Wortlaut und aus dem Sinn und Zweck der Regelung folgt allerdings, dass die dem Nachweis des zu versteuernden Privatanteils (Privatfahrten einschließlich der Fahrten zwischen Wohnung und Arbeitsstätte) an der Gesamtfahrleistung dienenden Aufzeichnungen eine hinreichende Gewähr für ihre Vollständigkeit und Richtigkeit bieten und mit vertretbarem Aufwand auf ihre materielle Richtigkeit hin überprüfbar sein müssen, wobei dem FG die tatrichterliche Würdigung obliegt (so BFH, Beschluss vom 16.01.2009, VIII B 140/08, BFH/NV 2009, 770). Nur ein zeitnah geführtes Fahrtenbuch ist ein ordnungsgemäßes Fahrtenbuch. Das Merkmal der Zeitnähe bezieht sich auf den zeitlichen Zusammenhang zwischen einer durchgeführten Fahrt und dem schriftlichen oder elektronischen Festhalten dieser Fahrt in einer Aufzeichnung, die die Anforderungen an ein Fahrtenbuch erfüllt (BFH, Urteil vom 21.04.2009, VIII R 66/06, BFH/NV 2009, 1422).

Ein Fahrtenbuch ist trotz nur weniger nachweisbarer Fehleintragungen im Verhältnis zur Gesamtzahl aller Eintragungen auch dann nicht ordnungsgemäß, wenn die Fehleintragungen systematischer Natur sind und zu erheblichen Zweifeln an der Richtigkeit der übrigen (formal nicht zu beanstandenden) Eintragungen Anlass geben (FG München, Urteil vom 14.05.2009, 15 K 2945/07, EFG 2009, 1449; die NZB wurde durch BFH, Beschluss vom 19.10.2009, VIII B 109/09 als unzulässig zurückgewiesen). Es liegt kein ordnungsgemäßes Fahrtenbuch vor, wenn nur der km-Stand am Anfang der jeweiligen Seite und der km-Stand am Ende der letzten Fahrt der jeweiligen Seite eingetragen, Reiseziele häufig nicht angegeben und auch aus anderen Unterlagen, z.B. der Kostenrechnung, der Tag und die gefahrenen Kilometer nicht ersichtlich sind (FG des Landes Sachsen-Anhalt, Urteil vom 10.06.2009, 2 K 14074/05, DStRE 2010, 651, rkr.; die NZB wurde durch BFH, Beschluss vom 29.01.2010, VIII B 189/09 als nicht begründet verworfen).

Ein ordnungsgemäßes Fahrtenbuch muss zeitnah und in geschlossener Form geführt werden (BFH, Beschluss vom 13.10.2009, V B 109/09, BFH/NV 2010, 475). Ein elektronisch geführtes Fahrtenbuch ist nicht ordnungsgemäß, wenn an den automatisch aufgezeichneten Fahrdaten nachträglich Änderungen in Bezug auf Art, Ziel und Zweck der Fahrt vorgenommen werden können und diese Änderungen nicht dokumentiert werden (FG Münster, Urteil vom 04.02.2010, 5 K 5046/07 E, U, EFG 2010, 947, rkr. = DStRE 2011, 207). Ein ordnungsgemäßes Fahrtenbuch ist zeitnah und fortlaufend in einer geordneten und geschlossenen äußeren Form zu führen, die nachträgliche Einfügungen oder Veränderungen ausschließt oder zumindest deutlich als solche erkennbar werden lässt. Laufend, aber lose gefertigte Aufzeichnungen reichen nicht aus (BFH, Beschluss vom 12.07.2011, VI B 12/11, BFH/NV 2011, 1863; bestätigt durch BFH, Urteil vom 06.08.2013, VIII R 33/11 BFH/NV 2014, 151).

IX. Private Nutzung betrieblicher Kfz; Anforderungen an ein Fahrtenbuch

Der Senat hält an seiner mittlerweile ständigen Rechtsprechung fest, dass ein ordnungsgemäßes Fahrtenbuch insbesondere Datum und Ziel der jeweiligen Fahrten ausweisen muss. Dem ist nicht entsprochen, wenn als Fahrtziele jeweils nur Straßennamen angegeben sind und diese Angaben erst mit nachträglich erstellten Auflistungen präzisiert werden (BFH, Urteil vom 01.03.2012, VI R 33/10, BStBl. II 2012, 505; kritisch Bingel/Göttsching, DStR 2013, 690, 691).

Ein Fahrtenbuch ist nicht ordnungsgemäß, wenn es wesentliche Umwegfahrten nicht enthält sowie Namens- und Ortsangaben keine zweifelsfreien Feststellungen zulassen (BFH Urteil vom 21.03.2013, VI R 31/10 BStBl. II 2013, 700, 703; vgl. a. BFH, Beschluss vom 23.07.2020, VIII B 130/19 BB 2020, 2594).

Verwirft das Finanzgericht ein Fahrtenbuch wegen fehlender Aufzeichnungen über Umwegfahrten, so ist die Revision weder zur Sicherung einer einheitlichen Rechtsprechung noch zur Fortbildung des Rechts zuzulassen, wenn sich bei einer Entfernung von höchstens 232 km zu demselben Ziel Abweichungen (nach oben) um bis zu 56 km aus dem Fahrtenbuch ergeben. Aufzeichnungen in einem handschriftlich geführten Fahrtenbuch müssen lesbar sein (BFH, Beschluss vom 14.03.2012, VIII B 120/11, BFH/NV 2012, 949; hierzu Bingel/Göttsching, DStR 2013, 690, 691).

Eine mittels eines **Computerprogramms** erzeugte Datei, an deren bereits eingegebenen Datenbestand zu einem späteren Zeitpunkt noch Veränderungen vorgenommen werden können, ohne dass die Reichweite dieser Änderungen in der Datei selbst dokumentiert und bei gewöhnlicher Einsichtnahme in die Datei offengelegt wird, stellt kein ordnungsgemäßes Fahrtenbuch dar. Unerheblich ist hierbei, ob der Steuerpflichtige tatsächlich Veränderungen am eingegebenen Datenbestand vorgenommen hat. Lässt sich nicht mehr feststellen, ob der Steuerpflichtige das Fahrtenbuch mit einer abänderbaren oder nicht abänderbaren Version des von ihm genutzten Fahrtenbuchprogramms erstellt hat, geht die Nichtaufklärbarkeit des Sachverhalts zu seinen Lasten, soweit er sich auf die für ihn steuerlich günstigere Ermittlung des Privatanteils der Kfz-Nutzung durch Führen eines Fahrtenbuches beruft (FG Baden-Württemberg, Urteil vom 14.10.2014, 11 K 735/11 und 11 K 737/11, EFG 2015, 459 rkr. mit Anm. Fissenewert, DB StR kompakt DB 0693242).

Ein Fahrtenbuch ist nicht ordnungsgemäß, wenn die Fahrten unterwegs mittels Diktiergerät auf Kassetten aufgenommen werden, die dann regelmäßig in Excel-Tabellen übertragen werden (FG Köln, Urteil vom 18.06.2015, 10 K 33/15, EFG 2015, 1598 rkr. mit Anm. Reuß und Hollatz, DB StR kompakt DB 1075211).

Die Ausgangs- und Endpunkte der jeweiligen Fahrten und die jeweils aufgesuchten Kunden und Geschäftspartner gehören zu den unverzichtbaren Angaben, die im Fahrtenbuch selbst zu machen sind. Die erforderlichen Mindestangaben können nicht durch anderweitige nicht im Fahrtenbuch selbst enthaltene Auflistungen ersetzt werden (BFH, Urteil vom 13.11.2012, VI R 3/12, BFH/NV 2013, 520).

Aufzeichnungen über die mit einem Kraftfahrzeug vorgenommenen Fahrsten stellen auch dann kein ordnungsgemäßes Fahrtenbuch dar, wenn sie für jeden Monat auf einem eigenen Blatt geführt werden, das jeweilige Monatsblatt aber keine feste Verbindung zu den Blättern für weitere Monate aufweist (BFH, Beschluss vom 10.06.2013, X B 258/12, BFH/NV 2013, 1412).

Zu den Anforderungen an ein elektronisches Fahrtenbuch hat die Finanzverwaltung wie folgt Stellung genommen.

Ein elektronisches Fahrtenbuch ist anzuerkennen, wenn sich daraus dieselben Erkenntnisse wie aus einem manuell geführten Fahrtenbuch gewinnen lassen. Beim Ausdrucken von elektronischen Aufzeichnungen müssen nachträgliche Veränderungen der aufgezeichneten Angaben technisch ausgeschlossen, zumindest aber dokumentiert werden. Es bestehen keine Bedenken, ein elektronisches Fahrtenbuch, in dem alle Fahrten automatisch bei Beendigung jeder Fahrt mit Datum, Kilometerstand und Fahrziel erfasst werden, jedenfalls dann als zeitnah geführt anzusehen, wenn der Fahrer den dienstlichen Fahrtanlass (Reisezweck und aufgesuchte Geschäftspartner) innerhalb eines Zeitraums von bis zu sieben Kalendertagen nach Abschluss der jeweiligen Fahrt in einem Webportal einträgt und die übrigen Fahrten dem privaten Bereich zugeordnet werden (Tz. 25–27 des BdF-Schreibens vom 04.04.2018, IV C 5 – S 2334/18/100001, DOK 2018/0258099, BStBl. I 2018, 592; hierzu Levedag, GmbH 2018, R 153; ergänzend OFD NRW, Kurzinformation Lohnsteuer-Außendienst Nr. 02/2013 vom 18.02.2013 [Stand: 27.05.2020] n. v.). Dementsprechend müssen die zu erfassenden Fahrten, einschließlich des an ihrem **Ende erreichten Gesamtkilometerstandes**, im Fahrtenbuch vollständig und in ihrem fortlaufenden Zusammenhang wiedergegeben werden (Seifert, DStZ 2018, 145, 162).

Die unmittelbare elektronische Erfassung der Fahrtwege eines betrieblichen Fahrzeugs durch ein technisches System reicht zur Führung eines Fahrtenbuches nicht aus. Neben dem Bewegungsprofil müssen die Fahrtanlässe ebenfalls zeitnah erfasst werden. Eine technische Lösung, die auch nach Jahren noch Änderungen zulässt, kann nicht als elektronisches Fahrtenbuch anerkannt werden (FG Niedersachsen, Urteil vom 23.01.2019, 2 K 107/18, EFG 2017, 875, 878 f. mit Anm. Ossinger = DStRE 2019, 938 mit Anm. Kreft, DB StR 1305349; die eingelegte NZB wurde per BFH, Beschluss vom 02.09.2019 VI B 25/19 n. v. als unzulässig verworfen; zu den spezifischen Besonderheiten eines elektronischen Fahrtenbuches eingehend Weigel, EStB 2017, 75 ff.).

Aufgrund der Vielzahl von Judikaten hat die **Finanzverwaltung** eine bundeseinheitliche neue Regelung zur Führung von Fahrtenbüchern getroffen: Ein elektronisches Fahrtenbuch ist anzuerkennen, wenn sich daraus dieselben Erkenntnisse wie aus einem manuell geführten Fahrtenbuch gewinnen lassen. Beim Ausdrucken von elektronischen Aufzeichnungen müssen nachträgliche Veränderungen der aufgezeichneten Angaben technisch ausgeschlossen, zumindest aber dokumentiert werden.

IX. Private Nutzung betrieblicher Kfz; Anforderungen an ein Fahrtenbuch

Ein Fahrtenbuch muss zeitnah und in geschlossener Form geführt werden. Es muss die Fahrten einschließlich des an ihrem Ende erreichten Gesamtkilometerstandes vollständig und in ihrem fortlaufenden Zusammenhang wiedergeben. Das Fahrtenbuch muss mindestens folgende Angaben enthalten (vgl. R 8.1 Abs. 9 Nr. 2 Satz 3 LStR 2015): Datum und Kilometerstand zu Beginn und Ende jeder einzelnen betrieblich/beruflich veranlassten Fahrt, Reiseziel, Reisezweck und aufgesuchte Geschäftspartner. Wird ein Umweg gefahren, ist dieser aufzuzeichnen. Auf einzelne dieser Angaben kann verzichtet werden, soweit wegen der besonderen Umstände im Einzelfall die betriebliche/berufliche Veranlassung der Fahrten und der Umfang der Privatfahrten ausreichend dargelegt sind, Überprüfungsmöglichkeiten also nicht beeinträchtigt werden. So sind z. B. folgende berufsspezifische Erleichterungen möglich:

- Handelsvertreter, Kurierdienstfahrer, Automatenlieferanten und andere Stpfl., die regelmäßig aus betrieblichen/beruflichen Gründen große Strecken mit mehreren unterschiedlichen Reisezielen zurücklegen: Zu Reisezweck, Reiseziel und aufgesuchten Geschäftspartnern ist anzugeben, welche Kunden an welchem Ort besucht wurden. Angaben zu den Entfernungen zwischen den verschiedenen Orten sind nur bei größerer Differenz zwischen direkter Entfernung und tatsächlich gefahrenen Kilometern erforderlich.
- Taxifahrer, Fahrlehrer: Bei Fahrten eines Taxifahrers im sog. Pflichtfahrgebiet ist es in Bezug auf Reisezweck, Reiseziel und aufgesuchten Geschäftspartner ausreichend, täglich zu Beginn und Ende der Gesamtheit dieser Fahrten den Kilometerstand anzugeben mit der Angabe „Taxifahrten im Pflichtfahrtgebiet" o. Ä. Wurden Fahrten durchgeführt, die über dieses Gebiet hinausgehen, kann auf die genaue Angabe des Reiseziels nicht verzichtet werden. Für Fahrlehrer ist es ausreichend, in Bezug auf Reisezweck, Reiseziel und aufgesuchtem Geschäftspartner „Lehrfahrten", „Fahrschulfahrten" o. Ä. anzugeben.

Werden regelmäßig dieselben Kunden aufgesucht, wie z. B. bei Lieferverkehr, und werden die Kunden mit Name und (Liefer-)Adresse in einem Kundenverzeichnis unter einer Nummer geführt, unter der sie später identifiziert werden können, bestehen keine Bedenken, als Erleichterung für die Führung eines Fahrtenbuches zu Reiseziel, Reisezweck und aufgesuchtem Geschäftspartner jeweils zu Beginn und Ende der Lieferfahrten, Datum und Kilometerstand sowie die Nummern der aufgesuchten Geschäftspartner aufzuzeichnen. Das Kundenverzeichnis ist dem Fahrtenbuch beizufügen.

Für die Aufzeichnung von Privatfahrten genügen jeweils Kilometerangaben; für Fahrten zwischen Wohnung und Dienststätte genügt jeweils ein kurzer Vermerk im Fahrtenbuch (so BMF, Schreiben vom 18.11.2009, IV C 6 – S 2177/07/10004 DOK 2009/0725394, BStBl. I 2009, 1326, Tz. 23–29; ergänzend OFD Rheinland und Münster, Kurzinfo LSt-Außendienst Nr. 02/2013 vom 18.02.2013, DB 2013, 489; ferner Becker, StBp 2011, 218 ff., 254 ff. und 288 ff.; Stolz, steuertip 2013, Beilage 4 vom 25.01.2013, 1; kritisch hinsichtlich der exzessiven Dokumentationsforderungen Bingel/Göttsching, DStR 2013, 690 ff.).

Ein weiteres Judikat hat klargestellt, dass die Fahrtenbuchmethode nur bei Nachweis der individuellen Aufwendungen in Betracht kommt. Durch eine Kostenaufstellung, der teilweise keine individuelle Kostenermittlung, sondern für wesentliche Teile (Haftpflicht, Kfz-Steuer, GEZ) ein betriebsinterner Kostenverrechnungssatz bzw. (Vollkasko) ein fiktiver Kostenansatz zugrunde liegt, wird das Erfordernis, die Aufwendungen lückenlos im Einzelnen zu belegen, nicht erfüllt, da die Kostensätze nur in einer Summe und mit teilweise nicht individuell ermittelten Werten mitgeteilt werden. Da die Gründe für einen unzureichenden Belegnachweis grundsätzlich unerheblich sind, geht eine Berufung darauf, dass es aufgrund der Größe des Fuhrparks des Konzerns praktisch unmöglich sei, für jeden einzelnen Firmenwagen zu allen Kosten einzelne Belege vorzulegen und Kosten auszuweisen, ins Leere (FG München, Urteil vom 29.01.2018, 7 K 3118/16, DStRE 2019, 539 rkr.).

Die Rechtsfrage, ob aufzeichnungspflichtige Umwegfahrten vorliegen, ist nicht grundsätzlich bedeutsam, weil deren Beantwortung von den besonderen Umständen des Einzelfalles abhängig ist (BFH, Beschluss vom 25.02.2014, III B 115/12, BFH/NV 2014, 855).

Die Fahrtenbuchmethode bestimmt den Wert der Privatnutzung als Anteil an den gesamten Fahrzeugaufwendungen und an der gesamten Fahrzeitleistung des Fahrzeugs. Die Fahrtenbuchmethode ist nur dann zugrunde zu legen, wenn der Arbeitnehmer das Fahrtenbuch für den **gesamten Veranlagungszeitraum** führt, in dem er das Fahrzeug nutzt; ein unterjähriger Wechsel von der 1%-Regelung zur Fahrtenbuchmethode für dasselbe Fahrzeug ist **nicht zulässig** (so klarstellend BFH, Urteil vom 20.03.2014, VI R 35/12, BStBl. II 2014, 643; hierzu Seifert, StuB 2014, 497 f.).

Eine nahezu ausschließlich betriebliche Nutzung eines Wirtschaftsguts i.S. des §7g EStG setzt eine Nutzung zu betrieblichen Zwecken von 90% oder mehr voraus.

Für Kfz ist die betriebliche Nutzung i.S. des §7g EStG mittels eines ordnungsgemäßen Fahrtenbuchs (i.S. des §6 Abs. 1 Nr. 4 Satz 3 EStG) nachzuweisen. Liegt kein ordnungsgemäßes Fahrtenbuch vor, kommt die Schätzung eines geringeren privaten Nutzungsanteils als 10% nicht in Betracht (FG Berlin-Brandenburg, Urteil vom 13.06.2018 7 K 7287/16 EFG 2019, 992, 995 f. mit Anm. Lutter [Rev. eingelegt; Az. des BFH: III R 62/19]; hierzu grundlegend Ulbrich, EStB 2020, 306 ff).

Private Nutzung betrieblicher Kfz; Anforderungen an ein Fahrtenbuch – Checkliste
- das betrieblich genutzte Kfz nebst Fahrtenbuch als notorischer Streitpunkt in der Betriebsprüfung
- Anwendungsfragen der 1%-Regelung, vertragswidrige private Pkw-Nutzung bei Kapitalgesellschaften führt zur verdeckten Gewinnausschüttung, Nutzung mehrerer Fahrzeuge

IX. Private Nutzung betrieblicher Kfz; Anforderungen an ein Fahrtenbuch

- Fahrtenbuch mit Kostendeckelung (gesetzliche Neuregelung, Fallbeispiele, Auswirkungen der gesetzlichen Neuregelung)
- Anforderung an die Dokumentation und Nachweis der zeitnahen Führung des Fahrtenbuches (Ausschluss von nachträglichen Manipulationen)
- Probleme bei der Verwendung von Computerprogrammen (Gebot, dass nachträgliche Änderungen angezeigt werden müssen)
- geschlossene Form des Fahrtenbuches
- Rechtsprechung und Verwaltungsanweisungen zu den Anforderungen an ein ordnungsgemäß geführtes Fahrtenbuch

X. Der Investitionsabzugsbetrag gem. § 7g EStG nach der Unternehmenssteuerreform 2008

Schrifttum: Ammermann, Geplante Änderungen beim Investitionsabzugsbetrag durch das Jahressteuergesetz 2020 (JStG-E 2020), DB 2020, 2432; Baltromejus/Hiller, Zweifelsfragen zu den Investitionsabzugsbetrugen nach § 7g Abs. 1-4 und 7 EStV i. d. F. des StÄndG 2015, StuB 2017, 415; Bergan/Martin, Die Verzinsung des Investitionsabzugsbetrages, DStR 2011, 1546; Broemel/Endert, Zur Vereinbarkeit des § 7g EStG mit EU-Recht, Ubg 2011, 720; Bruschke, Der „neue" Investitionsabzugsbetrag, DStZ 2008, 204; Cremer, Die Investitionsabzugsbetrag nach § 7g EStG – Was sind die Voraussetzungen für die Inanspruchnahme und die Folgen einer schädlichen Verwendung?, NWB 2017 Beilage zu Heft 39, 17; Geberth/Höhn, Verwendung von Investitionsabzugsbeträgen nach § 7g EStG bei Mitunternehmerschaften, GmbHR 2019, R 287; Görke, Die Kompensation von Steuererhöhungen durch nachträgliche Inanspruchnahme von Investitionsabzugsbeträgen, FR 2014, 158; Grefe, Erhöhte Wertgrenzen bei geringwertigen Wirtschaftsgütern ab 2018, DStZ 2017 718; Groß, Verfahrensrechtliche Probleme und Gestaltungshinweise zum Investitionsabzugsbetrag nach § 7g EStG, StuB 2009, 214; Grützner, Überlegungen zur Inanspruchnahme der Vergünstigungen nach § 7g EStG n. F., StuB 2008, 332; Grützner, Einzelfragen zur Inanspruchnahme des Investitionsabzugsbetrags nach § 7g EStG, StuB 2009, 524; Grützner, Ausgleich von Mehrgewinnen aufgrund einer Betriebsprüfung bei Anwendung der unterschiedlichen Regelungen des § 7g EStG, StuB 2011, 101; Grützner, Aktuelle Einzelfragen zum Investitionsabzugsbetrag, StuB 2012, 297; Grützner, Zinslauf bei rückwirkendem Wegfall einer Voraussetzung für den Investitionsabzugsbetrag, StuB 2013, 855; Grützner, Zweifelsfragen zum Investitionsabzugsbetrag, StuB 2014, 12; Grützner, Inanspruchnahme von Investitionsabzugsbeträgen nach § 7g EStG, StuB 2015, 301; Grützner, Verzinsung bei der Rückgängigmachung von Vergünstigungen nach § 7g EStG, StuB 2015, 808; Grützner, Keine Sonderabschreibung nach § 7g Abs. 5 EStG neben der Poolabschreibung für geringwertige Wirtschaftsgüter, StuB 2014, 819; Grützner, Die Neufassung des § 7g Abs. 1 bis 4 EStG, StuB 2015, 904; Grützner, Aufstockung eines Investitionsabzugsbetrags nach § 7g EStG a. F., StuB 2016, 178; Grützner, Aktuelle Rechtsprechung des BFH zum Investitionsabzugsbetrag, StuB 2016, 688; Grützner, Inanspruchnahme von Investitionsabzugsbeträgen durch Personengesellschaften, StuB 2018, 321; Guschi, Inanspruchnahme von Investitionsabzugsbeträgen nach § 7g EStG, Steuer & Studium 2018, 335; Hage/Hoffmann, Investitionsabzugsbeträge auflösen und Anschaffungskosten optimal kürzen, Stbg 2019, 3; Happe, Praxisfragen zum Investitionsabzugsbetrag, BBK Fach 13, 5159; Happe, Investitionsabzugsbetrag nach § 7g EStG, BBK Fach 13, 5227; Happe, Zweifelsfragen zum Investitionsabzugsbetrag, BBK 2014, 127; Harle, Prüfungsfelder der steuerlichen Betriebsprüfung aufgrund des BilMoG, NWB 2013, 1301; Herkens, Investitionsabzugsbeträge bei Personengesellschaften und Gemeinschaften, EStB 2020, 266; Hörster/Merker, Unternehmenssteuerreformgesetz 2008, NWB, Fach 2, 9351; Hottmann, Der Investitionsabzugsbetrag nach § 7g EStG, DStR 2009, 1236; Jauch, Fallstudie zum Investitionsabzugsbetrag, Steuer und Studium 2010, 467; Jauch, Die voraussichtliche Anschaffung oder Herstellung eines nach § 7g Abs. 1 EStG n. F. begünstigten Wirtschaftsguts bei der Betriebseröffnung, StuB 2012, 851; Kolbe, Inanspruchnahme des Investitionsabzugsbetrags nach § 7g Abs. 1 EStG n. F. ohne Finanzierungszusammenhang? BBK 2012, 853; Kolbe, Die voraussichtliche Anschaffung oder Herstellung eines nach § 7g Abs. 1 EStG n. F. begünstigten Wirtschaftsguts bei der Betriebseröffnung, StuB 2012, 851; Krudewig, Investitionsabzugsbetrag, NWB 2013, 2946 (Teil 1) und, 3015 (Teil 2); Kulosa, Der Investitionsabzugsbetrag (§ 7g EStG) nach dem Unternehmensteuerreformgesetz sowie neue Entwicklungen zur Ansparabschreibung, DStR 2008, 131; Lehmann, Steuerliche Anreize für Forschungs- und Entwicklungskosten, DStR 2010, 1459; Levedag, BFH: Rückgängigmachung eines Investitionsabzugsbetrags im Abzugsjahr trotz durchgeführter Investitionen wegen unterbliebener Hinzurechnung im Investitionsjahr, GmbHR 2020, R 169; Luft, Möglichkeiten der Weiterentwicklung des Investitionsabzugsbetrags gem. § 7g Abs. 1 EStG, DStR 2012, 57; Meinert/Heeke, Rückgängigmachung eines Investitionsabzugsbetrags trotz durchgeführter Investition, NWB 2020, 2459; Merker, Bundestag verabschiedet Unternehmensteuerreformge-

X. Der Investitionsabzugsbetrag gem. § 7g EStG nach 2008

setz 2008, StuB 2007, 407; Merker, Unternehmenssteuerreformgesetz 2008 (Teil 1), StuB 2007, 431; Meyer, Probleme beim nachträglichen Abzug des Investitionsabzugsbetrags, steuerberater intern, Beilage Nr. 8 vom 24.04.2012, 1; Meyer/Ball, Zweifelsfragen zum Investitionsabzugsbetrag gem. § 7g EStG – Tücken im BMF-Schreiben vom 08.05.2009, Beilage zu Steuertip Nr. 25 vom 19.06.2009, 1; Meyer/Ball, (Zweifelhafte) Zweifelsfragen zu § 7g EStG, FR 2009, 641; Meyer/Ball, Der Investitionsabzugsbetrag – Das neue BMF-Schreiben vom 20.11.2013 zu § 7g EStG, steuerberater intern, Beilage zur Ausgabe 24 vom 02.12.2013, 1; Meyer/Ball, Investitionsabzugsbetrag gem. § 7g, StBp 2014, 232 (Teil I) und StBp 2014, 257 (Teil II); Meyer/Ball, Neuregelung des Investitionsabzugbetrags nach § 7g EStG, steuerberater intern Beilage Nr. 2 vom 18.01.2016, 1; Meyer/Ball, Der neue Investitionsabzugsbetrag nach § 7g EStG, StBp 2017, 41; Meyer/Ball, Endlich Klarheit bei der Anwendung des Investitionsabzugsbetrags nach § 7g EStG bei Personengesellschaften, steuerberater intern, Beilage zu Ausgabe 9 vom 23.04.2018, 1; Moorkamp, Der Investitionsabzugsbetrag nach § 7g EStG, StuB 2012, 536; Moorkamp, Investitionsförderung nach § 7g EStG vs. Förderung des Direktverbrauchs von selbst erzeugtem Strom, StuB 2012, 698; Moorkamp, Photovoltaikanlagen im Einkommensteuerrecht, StuB 2014, 515; Ott, Problembereiche des Investitionsabzugsbetrags nach § 7g EStG, StuB 2008, 247; Ott, Investitionsabzugsbetrag und Rückstellung für passive latente Steuern, StuB 2015, 403; Paitner, Das Gesetz zur Umsetzung der Amtshilferichtlinie sowie zur Änderung steuerlicher Vorschriften im Überblick, DStR 2013, 1629; Paus, Gesetzliche Umstrukturierung beim Investitionsabzugsbetrag, EStB 2016, 107; Paus, Investitionsabzugsbetrag bei Personengesellschaften – Darf der „Wechsel" vom Gesamthands- zum Sonderbetriebsvermögen zu Gewinnverlagerungen unter den Gesellschaftern führen?, NWB 2018, 1212; Peetz, Investitionsabzugsbetrag statt Ansparabschreibung – Eine vergleichende Betrachtung, DStZ 2008, 680; Pitzke, Der neue Investitionsabzugsbetrag nach § 7g EStG, NWB, Fach 3, 14671; Pitzke, Der neue Investitionsabzugsbetrag nach § 7g EStG, NWB 2009, 2063; Pitzke, BMF beantwortet Zweifelsfragen zum Investitionsabzugsbetrag nach § 7g EStG, NWB 2014, 18; Pohl, Steuervergünstigungen nach § 7g EStG für geringwertige Wirtschaftsgüter – Rechts- und Planungsprobleme nach Inkrafttreten des UntStRefG 2008, DStR 2008, 2302; Rätke, Keine verbindliche Bestellung zum Nachweis der Investitionsabsicht erforderlich, StuB 2012, 110; Rätke, Investitionsabzugsbetrag bei Verwendung eines Wirtschaftsguts in zwei Betrieben, StuB 2014, 511; Reddig, Neue Gestaltungsmöglichkeiten beim Investitionsabzugsbetrag – Aktuelles zu § 7g EStG durch das StÄndG 2015, NWB 2015, 3574; Reddig, BMF klärt Zweifelsfragen zum neuen Investitionsabzugsbetrag – Anmerkung zum BMF-Schreiben vom 20.03.2017, NWB 2017, 2022; Reddig, Zum 11-jährigen Geburtstag des Investitionsabzugsbetrags – Zeit für eine Bestandsanalyse, FR 2018, 925; Riepolt, Investitionsabzugsbetrag nach § 7g EStG bei der E-Bilanz, StuB 2016, 62; Rosarius, Investitionsabzugsbetrag – neues BMF-Schreiben zu Zweifelsfragen, DStZ 2009, 463; Rosarius, BMF überarbeitet Anwendungsschreiben zum Investitionsabzugsbetrag nach § 7g EStG, DStZ 2014, 63; Rosarius, BMF nimmt zu Zweifelsfragen im Zusammenhang mit Investitionsabzugsbetrag ab 2016 Stellung, DStZ 2017, 402; Schießl, Berücksichtigung einer Ausschüttungsverbindlichkeit bei der Größe des Betriebsvermögens gem. § 7g Abs. 1 EStG?, StuB 2010, 585; Schmelter/Suck, Die Wirkungen des Investitionsabzugsbetrags nach § 7g EStG auf die Verluste bei beschränkter Haftung nach § 15a EStG, DStR 2011, 1637; Schmidt, Übergang von der Ansparrücklage zum Investitionsabzugsbetrag, BBK, Fach 13, 5139; Schneider/Hoffmann/Hage, Hinweise zum Jahreswechsel, Stbg 2011, 533; Schneider/Hoffmann/Hage, Angaben zum Investitionsabzugsbetrag gem. § 7g EStG können im Klageverfahren nachgeholt werden, Stbg 2012, 25; Schneider/Hoffmann/Hage, Sonderabschreibungen gem. § 7g EStG trotz Überschreitens der Größenmerkmale, Stbg 2013, 121; Schoor, Investitionsabzugsbeträge zur Förderung kleiner und mittlerer Betriebe: Nachbesserungen durch den Gesetzgeber, StuB 2007, 453; Schoor, Investitionsabzugs-Betrag: Gelöste und ungelöste Probleme, StuB 2009, 757; Schoor, Praxisrelevante Fall-Beispiele zum Investitionsabzugsbetrag, Stbg 2011, 18; Schoor, Rechtsentwicklungen zum Investitionsbetrag (Teil I), StBp 2012, 318; Schröder/Jedicke, Verzinsung vermeiden durch rechtzeitige Rückgängigmachung von Steuerabzugsbeträgen, DStZ 2013, 793; Schumann, Ertragsteuerliche Behandlung von Blockheizkraftwerken, EStB 2016, 148; Schumann, § 7g EStG 2015: Das neue BMF-Schreiben vom 20.03.2017, EStB 2017, 248; Seifert, Investitionsabzugsbeträge und Sonderabschreibungen zur Förderung von kleinen und mittleren Betrieben – Erstmalige Anwendung der Neuregelungen durch das UntStRefG 2008, DStZ 2007, 791; Seifert, Investitionsab-

Schrifttum

zugsbeträge und Sonderabschreibungen zur Förderung von kleinen und mittleren Betrieben – Die Neuregelungen durch die Unternehmenssteuerreform 2008, DStZ 2007, 818; Seifert, Investitionsabzugsbetrag: Nachträgliche Geltendmachung nach einer Außenprüfung möglich, StuB 2016, 662; Siegle, Investitionsabzugsbetrag und Sonderabschreibung zur Förderung kleiner und mittlerer Betriebe, Steuer und Studium 2008, 255; Spieker, Zweifelsfragen zum Investitionsabzugsbetrag nach § 7g Abs. 1–4 und 7 EStG, DB 2014, 327; Urbach, Investitionsabzugsbetrag gem. § 7g EStG – Einhaltung der Größenmerkmale, KÖSDI 2017, 20.383; Urban, Vermarktung größerer Photovoltaikanlagen und § 7g EStG, NWB 2020, 3177; Vogel/Cortez, Zur Europarechtskonformität der Bezugnahme auf eine „inländische Betriebsstätte" in den § 6b und § 7g EStG, FR 2015, 437; Warnke, Zweifelsfragen zum Investitionsabzugsbetrag, EStB 2014, 105; Warnke, Das Steueränderungsgesetz 2015, EStB 2015, 449; Wendt, Investitionsabzugsbetrag und Sonderabschreibung nach dem neu gefassten § 7g EStG 2008, FR 2008, 598; Weiss, Aktuelle Gesetzgebung, Rechtsprechung und Verwaltungsanweisungen zur Ansparabschreibung bzw. Investitionsabzugsbetrag des § 7g EStG, BB 2017, 1003; Weiss, Zum Verfahrensrecht beim Investitionsabzugsbetrag des § 7g EStG, StuB 2020, 405; Weiss, Aktuelle Gesetzgebung, höchstrichterliche Rechtsprechung und Verwaltungsanweisungen zum Investitionsabzugsbetrag des § 7g EStG, BB 2020, 1963; Wendt, Neuere Entwicklungen beim Investitionsabzugsbetrag nach § 7g EStG, StuB 2019, 841; Weßling, Beginn des Zinslaufes bei Mehrsteuern wegen Rückgängigmachung des Investitionsabzugsbetrags im Falle der Nicht- oder Andersinvestition, BB 2010, 1450; Weßling, Die Verzinsung des Investitionsabzugsbetrages, DStR 2011, 1645; Weßling, Erwerb eines 100%igen Kommanditanteils als Anschaffung eines Wirtschaftsguts i.S. des § 7g Abs. 2 Satz 1 EStG?, DStR 2012, 687; Wischott/Nogens, Laufende Besteuerung und steuerliche Risiken beim Erwerb von Windkraft- und Photovoltaikanlagen, DB 2012, 1352; Zimmet, Keine erweiterte Auslegung des § 7g EStG für Härtefälle, NWB 2014, 247.

Verwaltungsanweisungen:

OFD Münster, Kurzinfo Nr. 023/2008 vom 06.06.2008, StuB 2008, 605 betr. Überwachungsbogen für Investitionsabzugsbeträge i.S.d. § 7g Abs. 1–4 EStG;

OFD Rheinland, Kurzinformation ESt Nr. 35/2008 vom 27.06.2008, DB 2008, 2623 betr. Regelung über den Investitionsabzugsbetrag gilt auch für Freiberufler bereits im Kalenderjahr 2007;

BMF, Schreiben vom 08.05.2009, IV C 6 – S 2139-b/07/10002, 2009/0294464, BStBl.I 2009, 633 betr. Zweifelsfragen zum Investitionsabzugsbetrag nach § 7g Abs. 1 bis 4 und 7 EStG in der Fassung des Unternehmensteuerreformgesetzes 2008 vom 14.08.2007 (BGBl.I 2007, 1912);

OFD Hannover, Verfügung vom 18.05.2009, S 2137 – 135 – StO 221/222, DStR 2009, 1202 betr. Auswirkung des § 4 Abs. 5b EStG auf die Zulässigkeit der Bildung von Gewerbesteuerrückstellungen/-forderungen und das Größenmerkmal nach § 7g Abs. 1 Satz 2 Nr. 1 Buchst.a EStG;

OFD Hannover, Verfügung vom 23.11.2009, S 2137 – 135 – StO 221/StO 222, DB 2010, 24 betr. Auswirkung des § 4 Abs. 5b EStG i.d.F. des UntStRefG 2008 auf das Größenmerkmal Betriebsvermögen nach § 7g Abs. 1 Satz 2 Nr. 1 Buchst.a EStG;

Gleichlautende Erlasse der obersten Finanzbehörden der Länder vom 26.01.2011, BStBl.I 2011, 152, betr. Ermittlung des Gewerbeertrags (§ 7 Gewerbesteuergesetz) bei der gewinnerhöhenden Hinzurechnung eines Investitionsabzugsbetrags gem. § 7g Einkommensteuergesetz nach Eintritt der Gewerbesteuerpflicht;

OFD Münster, Kurzinfo ESt Nr. 16/2011 vom 09.06.2011, DB 2011, 1367 betr. Berücksichtigung von Rumpfwirtschaftsjahren bei der Inanspruchnahme eines Investitionsabzugsbetrags;

FinMin. Schleswig-Holstein, Kurzinfo Nr. 2012/42 vom 02.08.2012, StuB 2012, 682 betr. Anwendung des § 7g EStG auf Photovoltaikanlagen, deren Strom ganz oder teilweise in das allgemeine Stromnetz eingespeist wird;

BMF, Schreiben vom 20.11.2013, IV C 6 – S 2139-b/07/10002, 2013/1044076, BStBl.I 2013, 1493 betr. Zweifelsfragen zum Investitionsabzugsbetrag nach § 7g Abs. 1 bis 4 und 7 EStG;

X. Der Investitionsabzugsbetrag gem. § 7g EStG nach 2008

BMF, Schreiben vom 15.08.2014, IV C 6 - S 2139-b/07/10002, IV A 3 - S 0460a/08/10001, 2014/0694271, BStBl. I 2014, 1174, betr. Investitionsabzugsbeträge nach § 7g EStG; BFH, Urteil vom 11.07.2013 (BStBl. II 2014, 609) zur Verzinsung der Steuernachforderungen gem. § 233a AO bei der Rückgängigmachung von Investitionsabzugsbeträgen nach § 7g Abs. 3 EStG.

OFD Frankfurt/Main, Rundverfügung vom 05.02.2015, S 2183b A - 8 - St 210, DStR 2015, 900 betr. Verzinsung der Steuernachforderungen gem. § 233a AO bei der Rückgängigmachung von Investitionsabzugsbeträgen nach § 7g Abs. 3 EStG;

OFD Niedersachsen, Verfügung vom 15.09.2015, S 2240 - 186 - St 222/St 221, DB 2015, 2360 betr. ertragsteuerliche Behandlung von Blockheizkraftwerken;

BMF, Schreiben vom 15.01.2016, IV C 6 - S 2139-b/13/10001, 2016/0020329, BStBl. I 2016, 83, betr. Aufstockung von Investitionsabzugsbeträgen nach § 7g EStG i. d. F. des UntStRefG 2008 vom 14.08.2007 in einem Folgejahr;

BMF, Schreiben vom 20.03.2017, IV C 6 - S 2139b/07/10002-02 DOK 2017/0202664, BStBl. I 2017, 423 betr. Steuerliche Gewinnermittlung; Zweifelsfragen zu den Investitionsabzugsbeträgen nach § 7g Absatz 1 bis 4 und 7 EStG in der Fassung des Steueränderungsgesetzes 2015 vom 02.11.2015 (BStBl. I S. 1834).

BMF, Schreiben vom 26.08.2019, IV C 6 - S 2139 - b/07/10002 - 02, DOK 2019/0716523, BStBl. I 2019, 870 betr. steuerliche Gewinnermittlung: Beschluss des Bundesfinanzhofes vom 15.11.2017 (BStBl. II 2019, 466) zur Verwendung von Investitionsabzugsbeträgen nach § 7g Einkommensteuergesetz (EStG) im Gesamthandsvermögen einer Mitunternehmerschaft für Investitionen im Sonderbetriebsvermögen eines Mitunternehmers.

1 Gründe für die Neufassung des § 7g EStG

Die Regelungen in § 7g EStG Abs. 1 bis 4 ermöglichen die Vorverlagerung von Abschreibungspotential in ein Wirtschaftsjahr vor Anschaffung oder Herstellung eines begünstigten Wirtschaftsguts. Dadurch wird die Wettbewerbssituation kleiner und mittlerer Betriebe verbessert, deren Liquidität und Eigenkapitalbildung unterstützt und die Investitions- und Innovationskraft gestärkt. Die Inanspruchnahme von § 7g Abs. 1 EStG führt zu einer Steuerstundung, wodurch Mittel angespart werden können, um dem Unternehmen die Finanzierung von Investitionen zu erleichtern. Eine allgeme ne Liquiditätsverbesserung ist dagegen nicht Ziel der Vorschrift. Im Zuge der Unternehmenssteuerreform 2008 werden die bisherigen Regelungen zu den Ansparabschreibungen aufkommensneutral und deutlich vereinfacht.

I. R. dieser Umgestaltung wird auf die **Existenzgründerrücklage verzichtet**. In Verlustfällen (bei Neugründungen fallen regelmäßig Anlaufverluste an) wirkt sich ein weiterer Abzug hinsichtlich der Gewinnbesteuerung i. d. R. nicht aus. In Gewinnfällen ist der Investitionsabzugsbetrag nach § 7g Abs. 1 EStG für eine Förderung ausreichend. Zudem ist die Streichung des bisherigen § 7g Abs. 7 und 8 EStG insbesondere wegen der komplizierten Regelungen zu den sogenannten sensiblen Sektoren i. S. d. bisherigen Abs. 8 ein wesentlicher Beitrag zur Steuervereinfachung.

Aus systematischen Gründen werden die bisherigen Regelungen in § 7g Abs. 3 bis 6 EStG nunmehr in den Absätzen 1 bis 4 den Sonderabschreibungen vorangestellt. Die Vorverlagerung von Abschreibungspotenzial liegt zeitlich gesehen

1 Gründe für die Neufassung des § 7g EStG

vor der Inanspruchnahme der Sonderabschreibungen bei Investitionen des begünstigten Wirtschaftsguts.

Gegenüber dem geltenden Recht ergeben sich folgende **Verbesserungen**:

- Der Höchstbetrag der Summe der in Anspruch genommenen Investitionsabzugsbeträge (bislang Ansparabschreibungen) wird von 154.000 € auf 200.000 € erhöht,
- Verlängerung der Investitionsfrist von zwei auf drei Jahre,
- künftig sind auch solche Wirtschaftsgüter begünstigt, die nicht neuwertig sind,
- es wird ein zusätzlicher, den Gewinn mindernder Abzug von 40 % der Anschaffungs- oder Herstellungskosten der begünstigten Investitionen geschaffen und
- es entfällt die bislang für die Inanspruchnahme der Sonderabschreibung nach § 7g geforderte vorherige Bildung von Ansparabschreibungen/Investitionsabzugsbeträgen.

Es sind auch signifikante **Verschlechterungen**: hervorzuheben:

- Streichung der Existenzgründerrücklage,
- erstmalige Einführung einer Gewinnobergrenze von 100.000 € bei Einnahme-Überschuss-Rechnern,
- rückwirkende Nachversteuerung bei fehlender Investition.

Die Änderung des neuen § 7g EStG ist erstmals in dem nach dem Tag der Verkündung des Unternehmenssteuerreformgesetzes 2008 im BGBl. endenden Wirtschaftsjahr anzuwenden. Dies bedeutet, dass bei Ende dieses Jahres gebildeten Investitionsabzugsbeträgen bereits das neue Recht gilt (!). Gleichzeitig wird klargestellt, dass bei vor diesen Wirtschaftsjahren gebildeten Ansparabschreibungen die bisherige Regelung weiter anzuwenden ist (§ 52 Abs. 23 EStG n. F.; Schmidt, BBK, Fach 13, 5139 f.; Seifert, DStZ 2007, 791 ff.; Bruschke, DStZ, 2008, 204, 209; Wendt, FR 2008, 598, 603 f.).

Bei Investitionen **vor** 2008, für die auch noch die degressive AfA nach § 7 Abs. 2 EStG zum Tragen kommt, ist es nach Ansicht des Gesetzgebers jedoch sachgerecht, die Sonderabschreibungen nach den Grundsätzen des bisherigen § 7g EStG vorzunehmen, so dass Unternehmen für Investitionen in 2007 ohne vorherige Bildung einer Ansparabschreibung die Sonderabschreibung i. H. von 20 % nicht geltend machen können. Eine Sonderabschreibung nach den Grundsätzen des § 7g Abs. 5 und 6 EStG n. F. ist **erstmals** für Wirtschaftsgüter möglich, die nach dem 31.12.2007 angeschafft oder hergestellt werden (Merker, StuB 2007, 407, 409; ders. StuB 2007, 431, 433; Hörster/Merker, NWB, Fach 2, 9351, 9353).

Wird das Wirtschaftsgut im Jahr 2008 geliefert, kommt die degressive AfA nicht mehr in Betracht, weil diese Vergünstigung mit Wirkung ab 2008 gestrichen wurde. Für die Zulässigkeit der neuen Sonderabschreibungen (neben der linea-

X. Der Investitionsabzugsbetrag gem. § 7g EStG nach 2008

ren AfA) ist hinsichtlich der geänderten Größenmerkmale auf den 31.12.2007 (bzw. den Gewinn des Jahres 2007) abzustellen. Stammen Ansparrücklagen nach § 7g EStG a.F. aus Wirtschaftsjahren, die vor dem 18.08.2007 endeten, sind die Investitionen also noch 2007 und 2008 möglich. Es sollte deshalb geprüft werden, ob nicht wegen des Wegfalls der degressiven AfA und der Minderung des Höchstbetrags des Investitionsabzugsbetrags Investitionen im Jahr 2007 insgesamt vorteilhafter sind (Schmidt, BBK, Fach 13, 5139, 5146).

Wird eine in 2006 gebildete Ansparrücklage auch noch in der Bilanz zum 31.12.2007 ausgewiesen, vermindert das den Spielraum für den Investitionsabzugsbetrag, weil die Ansparabschreibung insgesamt auf 200.000 € begrenzt ist. Hat der Betrieb 2006 den damaligen Höchstbetrag von 154.000 € ausgeschöpft und bleibt die Rücklage in voller Höhe bestehen, kann nur noch ein Investitionsabzugsbetrag von 46.000 € in Anspruch genommen werden. Handelt es sich nur um die Anschaffung eines einzelnen, größeren Wirtschaftsguts, gewinnt der Betrieb durch den Investitionsabzugsbetrag die Möglichkeit, im Jahr der Lieferung die Anschaffungskosten um den entsprechenden Betrag zu kürzen.

Hat ein Existenzgründer vor 2007 eine Rücklage von 200.000 € oder mehr gebildet, kommt ein Investitionsabzugsbetrag nicht in Betracht, solange diese Rücklage nicht auf weniger als 200.000 € gekürzt wird.

Liegt für 2006 bereits ein Steuerbescheid vor, kann die Rücklage bei Gewinnermittlung durch Einnahmen-Überschuss-Rechnung mit Hilfe eines Einspruchs nachgeschoben werden. Zu beachten ist jedoch, dass die zum 31.12.2006 gebildeten § 7g-EStG-Rücklagen noch nach altem Recht abgewickelt werden und jene bis zum 31.12.2008 unverändert weiterlaufen (bei Existenzgründern sogar bis zum 31.12.2011). Bei ausbleibender Investition werden also nicht die früheren Steuerfestsetzungen geändert.

Dass die neuen Bestimmungen bereits vor 2007 und ggf. auf das abweichende Jahr 2006/2007 anzuwenden sind, bedeutet in vielen Fällen eine Vergünstigung. **Für Betriebe mit Gewinnermittlung durch Überschussrechnung (mit einem Gewinn von mehr als 100.000 €) und vor allem für Existenzgründer kann sich jedoch eine deutliche Schlechterstellung ergeben.** Insoweit können gegen den rückwirkenden Wegfall der Vergünstigung verfassungsrechtliche Bedenken (Verstoß gegen das Rückwirkungsverbot, Vertrauensschutz) geltend gemacht werden (Schmidt, BBK, Fach 13, 5139 ff.; Wendt, FR 2008, 598, 603 f.; vgl. a. Seifert, DStZ 2007, 791 f.; siehe auch Bruschke, DStZ 2008, 204, 209).

Die Schlechterstellung von Betrieben mit einer Gewinnermittlung durch Überschussrechnung im Rahmen des § 7g EStG ist verfassungsrechtlich nicht zu beanstanden (FG Düsseldorf, Urteil vom 11.03.2013, 10 K 2457/11 F, DStRE 2014, 520 rkr., FG Schleswig-Holstein, Urteil vom 14.12.2016, 4 K 37/16, StuB 2017, 399, NZB eingelegt; Az. d. BFH: VIII B 18/17; hierzu Göllner, DB StR 1229901; zur Inanspruchnahme von Investitionsabzugsbeträgen nach § 7g EStG im Hinblick auf die aktuelle und alte Rechtslage im Überblick eingehend

1 Gründe für die Neufassung des § 7g EStG

Guschi, Steuer & Studium 2018, 335 ff.; eine Bestandsaufnahme anlässlich des 11-jährigen Geburtstags des Investitionsabzugsbetrags nimmt Reddig, FR 2018, 925 ff. vor).

Im Regierungsentwurf zum **Jahressteuergesetz 2020** ist u. a. vorgesehen, die **Betriebsgrößenmerkmale** als Eingangsvoraussetzung für die Verwendung der Investitionsabzugsbeträge auf eine **Gewinngrenze um 150.000 € zu vereinheitlichen** (§ 7g Abs. 1 Satz 2 EStG-E). Weiterhin sollen die nach § 7g Abs. 1 Satz 1 EStG-E begünstigten Investitionskosten von **40 auf 50 %** angehoben werden.

Die Änderungen sind erstmals für Investitionsabzugsbeträge und Sonderabschreibungen anzuwenden, die in nach dem 31.12.2019 endenden Wirtschaftsjahren in Anspruch genommen werden (§ 52 Abs. 16 Satz 1 EStG-E); zu weiteren geplanten Änderungen des § 7g EStG-E siehe Ammermann, DB 2020, 2432 ff).

Die Finanzverwaltung hat zu einer wichtigen Klarstellung wegen der unpräzisen Gesetzesfassung folgende Klarstellung getroffen.

Der Begriff „Wirtschaftsjahr" ist nicht auf Betriebe der Land- und Forstwirtschaft und auf Gewerbebetriebe beschränkt. Er ist vielmehr für alle Gewinneinkunftsarten anzuwenden. Demnach ist unabhängig von der Einkunftsart die Anwendungsregelung in § 52 Abs. 23 EStG zu beachten. Bei Freiberuflern, die kein vom Kalenderjahr abweichendes Wirtschaftsjahr haben dürfen, ist deshalb bereits im VZ 2007 die Gewinngrenze von 100.000 € zu beachten, auch wenn sie ihren Gewinn nach § 4 Abs. 3 EStG ermitteln (OFD Rheinland, Kurzinformation ESt Nr. 35/2008 vom 27.06.2008 DB 2008, 2623; Wendt, FR 2008, 598, 693 f.).

Ein Investitionsabzugsbetrag kann bereits vor Einbringung des Betriebs in eine Personengesellschaft für von dieser zu tätigende Investitionen gebildet werden. Die Geltendmachung des Investitionsabzugsbetrags geschieht in diesen Fällen durch den einbringenden Gesellschafter im Rahmen seines Besteuerungsverfahrens.

Für das Größenmerkmal des § 7g Abs. 1 Satz 2 Nr. 1 Buchst. c EStG ist in diesen Fällen auf den Gewinn des einzubringenden Betriebs im Jahr der Geltendmachung des Investitionsabzugsbetrags abzustellen (FG München, Urteil vom 27.06.2019 11 K 3048/18 EFG 2020, 989, 991 f. mit Anm. Tiedchen [Rev. eingelegt; Az. des BFH: VIII R 22/19]).

Ein **Prüfschema** zur Anwendung des Investitionsabzugsbetrags nach § 7g EStG findet sich bei Happe, BBK, Fach 13, 5227 ff. und eine **Fallstudie** zum Abzugsbetrag bei Jauch, Steuer und Studium 2010, 467 ff.

§ 7g EStG, der es kleinen Unternehmen erlaubt, Liquidität für einen bevorstehenden Anschaffungs- oder Herstellungsvorgang zu schaffen, ist auch für im Rahmen von Vorhaben im Bereich der **Forschung und Entwicklung** geplante wirtschaftsbezogene Investitionen möglich, soweit sich die Investition auf ein

X. Der Investitionsabzugsbetrag gem. § 7g EStG nach 2008

bewegliches Wirtschaftsgut bezieht. Gerade die von der Vorschrift erfassten kleinen und mittelständischen Unternehmen (KMU) haben jedoch oft keine eigenen Forschungseinrichtungen. Sie greifen deshalb häufig auf Auftragsforschung zurück, um neue Technologien und Verfahren zu entwickeln. Die so erworbenen immateriellen Wirtschaftsgüter in Form von Verfahren, Lizenzen, Patenten und sonstigen Rechten stellen aber keine begünstigten beweglichen Wirtschaftsgüter dar (so kritisch Lehmann, DStR 2010, 1459, 1460, der für einen erweiterten Anwendungsbereich des § 7g plädiert).

Überblick Neues Recht versus altes Recht

(Quelle: Bundesfinanzministerium: Unternehmenssteuerreform 2008 – Häufige Fragen und Antworten [Teil 1], Downloadmöglichkeit des PDF-Dokuments auf *www.bundesfinanzministerium.de*, Suche-Eingabe „Unternehmenssteuerreform 2008 Antworten"; siehe auch die ausführliche Betrachtung von Peetz, DStZ 2008, 680 ff.)

Neues Recht:

Für eine geplante Investition in Höhe von 100.000 € wird 2007 ein Investitionsabzugsbetrag von 40.000 € (40 %) außerbilanziell als Betriebsausgabe angesetzt.

Das Wirtschaftsgut wird 2008 angeschafft, jedoch ist es teurer als geplant: 150.000 € Anschaffungs- bzw. Herstellungskosten entstehen. Auflösung des gebildeten Investitionsabzugsbetrags = 40.000 €.

Im Jahr 2008 können bis zu 40 % der Anschaffungskosten (= 60.000 €), maximal der zuvor gebildete Investitionsabzugsbetrag, hier: 40.000 €, als Betriebsausgabe angesetzt werden.

Weitere Abschreibungen:

- Sonderabschreibungen vom Anschaffungswert ./. Abschreibung gem. § 7g Abs. 2 EStG: 150.000 € ./. 40.000 € = 110.000 €, 20 % von 110.000 € = 22.000 €.
- Lineare Abschreibung für fünf Jahre Nutzungsdauer 20 % von 110.000 € = 22.000 €
- Betriebsausgaben 2008 = Sonderabschreibung + lineare Abschreibung: 22.000 € + 22.000 € = 44.000 €
- Buchwert zum 31.12.2008 = Anschaffungswert ./. Abschreibungen gem. § 7g Abs. 2 EStG./. Sonder-AfA ./. lineare AfA: 150.000 € ./. 40 000 €./. 22.000 € ./. 22.000 € = 66.000 €

Altes Recht:

Bildung einer Ansparrücklage für ein Wirtschaftsgut mit geplanten Anschaffungskosten 100.000 € im Jahr 2005: 40 % von 100.000 € = 40.000 € als Ansparrücklage gewinnmindernd 2005 in GuV-Rechnung eingestellt.

1 Gründe für die Neufassung des § 7g EStG

2006 wird das geplante Wirtschaftsgut für 150.000 € gekauft:
- Sonderabschreibung 20 % von 150.000 €: 30.000 €
- Lineare Abschreibung für fünf Jahre von 150.000 €: 30.000 €
- Betriebsausgaben 2006 = Sonder-AfA + lineare AfA ./. aufgelöste Ansparrücklage: 30.000 € + 30.000 € ./. 40.000 € = 20.000 €
- Buchwert zum 31.12.2006 = Anschaffungswert ./. Sonderabschreibung ./. lineare AfA: 150.000 €./. 30.000 ./. 30.000 = 90.000 €

Die **Gestaltungsmöglichkeiten** sind im Vergleich zur alten Fassung gering. Insbesondere ist es zwecklos, einen Investitionsabzug vorzunehmen, wenn tatsächlich keine Investition erfolgen soll und wird, denn der Abzug würde nach Ablauf der Dreijahresfrist rückwirkend versagt werden.

Gestaltungsmöglichkeiten bestehen nur noch, wenn tatsächlich eine Investition vorgenommen wird. Hier kann der Steuerpflichtige wählen, ob er lieber das Einkommen eines früheren Jahres (dann Vornahme des Investitionsabzugs) oder das Einkommen des Investitionsjahres und der Folgejahre (dann keine Vornahmen eines Investitionsabzugs, sondern Erlangung höherer AfA) in höchstmöglichem Maße mindern will. Hingegegen ist es zwecklos einen Investitionsabzugsbetrag vorzunehmen, wenn tatsächlich keine Investition erfolgen soll und wird, denn der Abzug würde nach Ablauf der Drei-Jahres-Frist rückwirkend (unter Anfall von hohen 6 % Zinsen) versagt werden. (vgl. Schmidt/Kulosa, EStG, 39. Aufl. 2020, § 7g Rdnr. 4).

Nachdem der am 10.11.2011 vorgestellte Bericht der Arbeitsgruppe zur Verlustverrechnung und Gruppenbesteuerung für diesen Bereich der Unternehmensbesteuerung keine Erleichterung vorsieht, wird im Schrifttum eine Reformierung des Investitionsabzugsbetrags des § 7g Abs. 1 EStG wie folgt diskutiert:

Die derzeitige Ausgestaltung des § 7g Abs. 1 EStG birgt unscharfe bzw. nicht mehr zeitgemäße Einschränkungen für die Nutzung des Investitionsabzugsbetrags. Die Beschränkung des Investitionsabzugsbetrags auf bewegliche und damit materielle Wirtschaftsgüter trägt nicht zu einer fortschrittlichen Investitionsplanung bei. Gerade die von der Finanzverwaltung vorgegebene Entwicklung innerhalb der elektronischen Datenübertragung fordert verstärkt Investitionen in Software als immaterielles Wirtschaftsgut. Bislang kann für Software aus historischen Gründen kein Investitionsabzugsbetrag geltend gemacht werden, wobei dies jedoch wiederum nicht für die Investition in reine Datensammlungen und Trivialprogramme mit Anschaffungskosten bis 410 € gelten soll. Auch sofern die Investition in Software in Verbindung mit einer entsprechenden Hardwareanschaffung erfolgt, stellt die Software im Gesamtpaket dann u.U. ein materielles Wirtschaftsgut dar. Für den Unternehmer sind der grundsätzliche Ausschluss von Softwareinvestitionen, aber auch die hiervon bestehenden Ausnahmen nicht verständlich.

Die Verpflichtung, das Wirtschaftsgut, in das investiert werden soll, vorab seiner Funktion nach konkret zu benennen, stellt den Unternehmer nicht nur vor

X. Der Investitionsabzugsbetrag gem. § 7g EStG nach 2008

die Frage, inwieweit ein die Funktion umschreibender Oberbegriff zulässig ist oder es sich hierbei um eine unzulässige Sammelbezeichnung handelt, sondern verhindert die Anpassung an Preisschwankungen, Bedarfsänderungen sowie Änderungen innerhalb der Investitionsplanung. Gerade auf diese gesamtwirtschaftlichen Veränderungen müssen Unternehmer jedoch flexibel reagieren, um ihren Betrieb optimal führen zu können. Daher muss auch die Investitionsrücklage, die ja gerade kleineren und mittleren Betrieben zu einer Verbesserung der Liquidität und Eigenkapitalausstattung verhelfen soll, entsprechende Möglichkeiten zu einer flexiblen Unternehmensführung geben.

Daher sollte § 7g Abs. 1, um seinem Ziel, die Förderung kleinerer und mittlerer Betriebe, weiterhin gerecht werden zu können, innerhalb des Vorabbenennungserfordernisses flexibler gestaltet und die Beschränkung auf bewegliche Wirtschaftsgüter zumindest hinsichtlich ausgewählter immaterieller Wirtschaftsgüter wie Software gelockert werden. Die Flexibilisierung wäre dabei gänzlich aufkommensneutral und auch die Ausdehnung des § 7g Abs. 1 auf die Investition in Software würde nach § 7g spätere Abschreibungen durch den gewinnmindernd abgezogenen Investitionsabzugsbetrag lediglich vorverlagern und damit nur einen Steuerstundungseffekt und keinen tatsächlichen Bonus bewirken, spätere Mindereinnahmen infolge von Abschreibungen lediglich verlagern (so das Votum der Referentin für Steuern und Finanzpolitik beim Zentralverband des Deutschen Handwerks Luft, DStR 2012, 57 f.).

Das Bundesfinanzministerium hat zuletzt in einem ergänzenden BMF-Schreiben vom 20.11.2013, IV C 6 – S 2139-b/07/10002, 2013/1044077, BStBl. I 2013, 1493 zu zahlreichen Zweifelsfragen zum Investitionsabzugsbetrag nach § 7g EStG Stellung genommen, der von den Praktikern unbedingt beachtet werden muss. Zu diesem BMF-Schreiben gibt es umfangreiche Kommentierungen in den Fachzeitschriften; hierzu Krudewig, NWB 2013, 2946 ff. und 3015 ff.; Meyer/Ball, steuerberater intern, Beilage zur Ausgabe 24, vom 02.12.2013, 1 ff.; dies., StBp 2014, 232 ff. und 257 ff.; Pitzke, NWB 2014, 18 ff.; Grützner, StuB 2014, 12 ff.; Rosarius, DStZ 2014, 63 ff. und 257 ff.; Warnke, EStB 2014, 105 ff.; Happe, BBK 2014, 127 ff.; Spieker, DB 2014, 327 ff.; zu Anwendungsfragen des Investitionsabzugsbetrags in Wechselwirkung zum BilMoG ausführlich Harle, NWB 2013, 1301 ff.

Durch das Steueränderungsgesetz 2015 vom 02.11.2015 (BGBl. I 2015, 1834 – BStBl. I 2015, 846) ist das Funktionsbenennungserfordernis, was zu vielen Streitfällen geführt hat, abgeschafft worden, so dass künftig wieder Oberbegriffe und Sammelbezeichnungen möglich sind. Mit der ab dem 01.01.2016 geltenden Neufassung des Gesetzes ist dieses Gestaltungsrecht noch flexibler ausgestattet worden (hierzu Grützner, StuB 2015, 904 ff.; Reddig, NWB 2015, 3574 ff.; Meyer/Ball, steuerberater intern Beilage Nr. 2 vom 18.01.2016, 1 ff).

Aufgrund der gesetzlichen Neuregelung hat die Finanzverwaltung zu den Zweifelsfragen des § 7g EStG n. F. in einer aktualisierten Verwaltungsvorschrift eingehend Stellung genommen (BMF, Schreiben vom 20.03.2017, IV C 6 – S 2139 –

b/07/10002-02 DOK 2017 0202664, BStBl. I 2017, 423 mit Anm. Apitz, EStB 2017, 147, 148; hierzu eingehend Weiss, BB 2017, 1003 ff; Rosarius, DStZ 2017, 402 ff; Baltromejus/Hiller, StuB 2017, 415 ff.; Reddig, NWB 2017, 2022 ff.; Schumann, EStB 2017, 248 ff.; Cremer, NWB 2017, Beilage zu Heft 39, 17 ff.).

2 Grundelemente der neuen Fördersystematik

Steuerpflichtige können künftig bis zu 40 % der voraussichtlichen Anschaffungs- oder Herstellungskosten eines beweglichen Wirtschaftsguts des Anlagevermögens **außerbilanziell** gewinnmindernd abziehen **(Investitionsabzugsbetrag).** Die bisherige buchungsmäßige Bildung von Rücklagen (die sog. Ansparabschreibungen) entfällt. Der systematische Wechsel ist zum einen wegen der nach höchstrichterlicher Rechtsprechung missverständlichen Bezeichnung der Rücklagen nach § 7g Abs. 3 als „Ansparabschreibungen" geboten (BFH, Urteil vom 31.08.2006, IV R 26/05, BStBl. II 2006, 910). Zudem kennt das Einkommensteuerrecht grundsätzlich nur sog. Gewinnrücklagen, die – abweichend von dem bisherigen § 7g – auf bereits realisierten Gewinnen beruhen (z. B. § 6b-Rücklagen). Zum anderen werden durch den außerbilanziellen Abzug bilanztechnische Probleme, wie z. B. Bilanzberichtigung und Maßgeblichkeit der Handelsbilanz für die steuerliche Gewinnermittlung per se vermieden (BT-Drucks. 16/4841 vom 27.03.2007, 51 amtl. Begr.). Zur Berücksichtigung des Investionsabzugsbetrags bei Berechnung des Hinzurechnungsbetrags gem. § 4 Abs. 4a EStG siehe FG Münster, Urteil vom 18.06.2013 2 K 1040/12 F, EFG 2014, 254 – rkr. –, DStRE 2014, 900, BB 2014, 43 mit Anm. von Glasenapp; zur Berücksichtigung eines Investitionsabzugesbetrags beim Abzug von Unterhaltsaufwendungen als außergewöhnliche Belastungen siehe BFH, Urteil vom 06.02.2014, VI R 34/12, BStBl. II 2014, 619; zur Berücksichtigung eines Investitionsabzugsbetrags nach § 7g EStG bei der Veranlagung von Berufsträgern zur Versorgungsabgabe, Schleswig-Holsteinisches VG, Urteil vom 08.03.2013, 7 A 122/11, DStR 2013, 2139 – rkr. – mit Anm. Juretzek); Zum Verhältnis von § 7 Satz 1 UmwStG und § 7g Abs. 2 Satz 1 EStG hat der Bundesfinanzhof klargestellt, dass ein außerbilanziell gebildeter und dem Gewinn noch nicht nach § 7g Abs. 2 Satz 1 EStG hinzugerechneter Investitionsabzugsbetrag das bilanzierte Eigenkapital mindert, so BFH, Urteil vom 11.04.2019 IV R 1/17, BStBl II 2019, 501 = BB 2019, 1584, 1586 mit Anm. Kubik.).

Da nach § 7g Abs. 1 EStG ein Investitionsabzugsbetrag nur für künftige Investitionen gebildet werden darf, kommt seine Inanspruchnahme im Jahr der Investition (Herstellung oder Anschaffung) nicht in Betracht (so klarstellend BFH, Urteil vom 12.11.2014, X R 19/13, BFH/NV 2015, 328).

Die Inanspruchnahme des § 7g Abs. 1 wird auch dadurch erleichtert, dass das begünstigte bewegliche Wirtschaftsgut des Anlagevermögens nicht mehr „neu" sein muss. Somit wird also auch die Anschaffung gebrauchter Wirtschaftsgüter erstmals begünstigt.

X. Der Investitionsabzugsbetrag gem. § 7g EStG nach 2008

Zu der Frage, ob der von einer **Photovoltaikanlage** produzierte und für den Privatgebrauch – z. B. zur Versorgung des eigenen Wohnhauses – verwendete Strom als schädliche außerbetriebliche Nutzung i. S. d. § 7g Abs. 1 Satz 2 Nr. 3 Buchst. b, Abs. 6 Nr. 2 anzusehen ist, ist folgende Auffassung zu vertreten: Nach Tz. 46 des BMF-Schreibens vom 08. 05. 2009, IV C 6 – S 2139-b/07/10002 (BStBl. I 2009, 633) wird ein Wirtschaftsgut ausschließlich oder fast ausschließlich betrieblich genutzt, wenn es der Steuerpflichtige zu nicht mehr als 10 % privat nutzt. Dabei kommt es maßgeblich auf die unmittelbare Verwendung des Wirtschaftsguts an, für das ein Investitionsabzugsbetrag in Anspruch genommen werden soll. Im Fall des gewerblichen Betriebs einer Photovoltaikanlage ist der private Verbrauch des Stromes keine private Verwendung der Anlage, sondern eine Sachentnahme des produzierten Stroms (so FinMin. Schleswig-Holstein, Kurzinfo ESt-Nr. 2012/42 vom 02. 08. 2012, StuB 2012, 682; Rdnr. 45 des BMF-Schreibens vom 20. 03. 2017 IV C 6 – S 2139-b/07/10002–02 DOK 2017/0202664, BStBl. I 2017, 423 hierzu Moorkamp, StuB 2012, 396 ff.; ders., StuB 2012, 690; ders., StuB 2014, 515, 521 f.; Wischott/Nogens, DB 2012, 1352, 1353 f.; ferner ergänzend OFD Niedersachsen, Vfg. vom 15. 09. 2015, S 2240 – 186 – St 222/St 221, DB 2015, 2360, 2363); zur ertragsteuerlichen Behandlung von Blockheizkraftwerken siehe Schumann, EStB 2014, 148, 151 f. Eine Wegeanlage zu einer Windenergieanlage ist keine Betriebsvorrichtung (FG Mecklenburg-Vorpommern, Urteil vom 08. 12. 2016, 2 K 464/14, EFG 2017, 645 [Rev. eingelegt, Az. d. BFH: IV R 3/17] mit Anm. Kaufhold). Zur Problematik des Investitionsabzugsbetrages in der Konstellation des Betreibens einer Photovoltaikanlage und eines Autohauses als einheitlicher Gewerbebetrieb hat die Rechtsprechung Stellung genommen (BFH, Beschluss vom 25. 02. 2016, X B 130, 131/15, BFH/NV 2016, 915 mit Anm. Günther, EStB 2016, 218; ferner BFH, Urteil vom 11. 04. 2019 IV R 3/17 BFH/NV 2019, 1076, hierzu Weiss, BB 2020, 1963, 1965 f.; FG Köln Beschluss vom 22. 06. 2020 14 K 2039/19 n. v.; hierzu eingehend Urban, NWB 2020, 3177 ff.).

Bei der Gewinnermittlung durch Betriebsvermögensvergleich ist der Anspruch auf **Investitionszulage** bei Bestimmung der Betriebsgröße gem. § 7g Abs. 1 Satz 2 Nr. 1 Buchst. a EStG als Voraussetzung eines Investitionsabzugsbetrags zu berücksichtigen (BFH, Urteil vom 03. 08. 2017 IV R 12/14, BStBl II 2018, 20 = BB 2017, 2800, 2802 mit Anm. Abele = StBp 2018, 62 ff. mit Anm. Brandt).

Die Auflösung eines Investitionsabzugsbetrages nach § 7g EStG n. F. mindert das negative Kapitalkonto eines Kommanditisten i. S. v. § 15a EStG nicht (FG Münster, Urteil vom 15. 04. 2014, 1 K 3247/11 F, n. v. rkr.).

Zum Investitionsabzugsbetrag und Rückstellung für passive latente Steuern in der Handels- und Steuerbilanz eingehend Ott, StuB 2015, 403 ff.

Der Investitionsabzugsbetrag nach § 7g EStG bei der E-Bilanz betr. Taxonomien 5.3 und 5.4 hierzu Riepolt, StuB 2016, 62 ff.

3 Förderfähige Betriebe

3.1 Definition der Betriebsvermögensgrenze

Wie bisher können ausschließlich kleine und mittlere Betriebe, die die in §7g Abs. 1 Satz 2 Nr. 1 EStG. genannten **Betriebsgrößenmerkmale** nicht überschreiten, den Abzugsbetrag in Anspruch nehmen. Die bisherigen Obergrenzen bleiben unter Berücksichtigung einer Aufrundung der aus der Euro-Umrechnung resultierenden bisherigen ungeraden Beträge grundsätzlich bestehen. Jedoch wurde die für die Inanspruchnahme des §7g EStG maßgebende **Betriebsvermögensgrenze** von 210.000 € auf 235.000 € angehoben (§7g Abs. 1 Satz 2 Nr. 1 Buchst. a; zu Anwendungsfragen instruktiv Schoor, StBp 2012, 318f.; Urbach, KÖSDI 2017, 20.383 ff.).

Für die Inanspruchnahme des Investitionsabzugsbetrags (§7g Abs. 1 EStG) sind die Größenmerkmale des Jahres entscheidend, in dem der Investitionsabzugsbetrag gebildet werden soll. Die Größenmerkmale gelten vor Bildung des Investitionsabzugsbetrags. Für die Inanspruchnahme der Sonderabschreibungen (§7g Abs. 4 EStG) sind immer die Größenmerkmale entscheidend, die der Betrieb zum Schluss des Wirtschaftsjahres erreicht hat, das der Anschaffung oder Herstellung der Wirtschaftsgüter vorangeht (§7g Abs. 6 Nr. 1 EStG). Die Möglichkeit der Sonderabschreibungen ist nicht von der vorherigen Bildung eines Investitionsabzugsbetrags abhängig (so Schneider/Hoffmann/Hage, Stbg 2013, 121).

Der Investitionsabzugsbetrag gem. §7g Abs. 1 EStG i.d.F. des UntStRefG 2008 kann nach §7g Abs. 1 Satz 2 Nr. 1 Buchst. c EStG i.d.F. des UntStRefG 2008 nicht in Anspruch genommen werden, wenn der Betrieb, der seinen Gewinn nach §4 Abs. 3 EStG ermittelt, am Schluss des Wirtschaftsjahres, in dem der Abzug vorgenommen wird, ohne Berücksichtigung des Investitionsabzugsbetrags einen Gewinn von 100.000 € durch die gewinnwirksame Auflösung früherer Ansparabschreibungen überschreitet (BFH, Urteil vom 15.04.2015, VIII R 29/13, BStBl. II 2015, 832 mit Anm. Wendt, FR 2015, 1030, 1031f.; von Glasenapp, BB 2015, 2161, 2162; Formel, EStB 2015, 347 und Brandt, StR kompakt, DB vom 06.11.2015, DB1164870; bestätigt durch BFH, Urteil vom 27.01.2016, X R 2/14, BStBl. II 2016, 534).

Die Ansparabschreibung nach §7g EStG a.F. konnte nur für einen werbenden, aktiv am wirtschaftlichen Verkehr teilnehmenden Betrieb gebildet werden. Sie setzte weiter voraus, dass die Investition zum Zeitpunkt der Einreichung des Jahresabschlusses beim FA noch durchführbar war. Sie war ausgeschlossen, wenn bis zu diesem Zeitpunkt der Betrieb bereits aufgegeben oder veräußert oder dies beschlossen war. Für einen Liebhabereibetrieb kann keine Ansparabschreibung gebildet werden. Die Ansparabschreibung ist auch ausgeschlossen, wenn bis zum Zeitpunkt der Einreichung des Jahresabschlusses beim FA der Betrieb bereits zum **Liebhabereibetrieb** geworden war (BFH, Urteil vom 11.10.2017, X R 2/16, BFH/NV 2018, 421).

X. Der Investitionsabzugsbetrag gem. § 7g EStG nach 2008

Eine **Ausschüttungsverbindlichkeit** für eine Ausschüttung, die nach dem Bilanzstichtag und vor Bilanzerstellung beschlossen wurde, welche bereits bei Aufstellung des Jahresabschlusses unter Berücksichtigung der Verwendung des Jahresüberschusses (§ 268 Abs. 1 HGB) ausgewiesen wird, mindert steuerlich nicht das Betriebsvermögen i. S. d. § 7g Abs. 1 Satz 2 Nr. 1 Buchst. a EStG (FG Baden-Württemberg, Urteil vom 08.03.2010, 10 K 2329/09, EFG 2011, 343 rkr.; hierzu ergänzend eingehend Schießl, StuB 2010, 585 ff.).

Die Erfassung von **latenten Steuern** nach dem Bilanzmodernisierungsgesetz legt eine Gesetzeslücke bei der Inanspruchnahme des § 7g EStG offen. Das darin enthaltene Problem stellt sich für alle Gesellschaften, die bei Erfüllung der Voraussetzungen des § 7g Abs. 1 Satz 2 Nr. 1a EStG einen Investitionsabzugsbetrag in Anspruch nehmen. Zwar treffen die Voraussetzungen zum Ansatz latenter Steuerposten primär nur mittelgroße und große Kapitalgesellschaften und Gesellschaften i. S. v. § 264a HGB. Bei entsprechend geringem Betriebsvermögen ist diesen jedoch die Inanspruchnahme von § 7g nicht verwehrt. Darüber hinaus sind auch kleine Kapitalgesellschaften davon betroffen, weil sie in nicht wenigen Fällen entweder freiwillig oder aufgrund gesetzlicher vertraglicher Bestimmungen für mittelgroße oder große Kapitalgesellschaften Rechnung zu legen haben. Nach Sinn und Zweck der Vorschrift unter ergänzender Heranziehung der Gesetzesbegründung erscheint es zulässig und notwendig, die Regelung auch auf solche Fälle anzuwenden. Eine gesetzliche Klarstellung wäre darüber hinaus wünschenswert (so Zimmert, DStR 2010, 826 f.).

Der Investitionsabzugsbetrag kann auch von Personengesellschaften, Gemeinschaften und Kapitalgesellschaften in Anspruch genommen werden (§ 7g Abs. 7 EStG). Die Betriebsvermögen- bzw. Gewinngrenzen sind in diesem Fall **betriebs- und nicht gesellschaftsbezogen** zu ermitteln. Der Investitionsabzugsbetrag kann bei Betriebsaufspaltungen sowohl für das Besitz- als auch für das Betriebsunternehmen, bei mehreren Betrieben in jedem Betrieb abgezogen werden. Gehört zur Mitunternehmerschaft Sonderbetriebsvermögen, ist dieses bei der Ermittlung der Betriebsvermögensgrenze/Gewinngrenze einzubeziehen. Nach der Verwaltungsauffassung ist der Investitionsabzug aber nicht für Wirtschaftsgüter möglich, die sich bereits im Gesamthands- oder Sonderbetriebsvermögen befinden (Rdnr. 4 des BMF-Schreibens vom 20.03.2017, IV C 6 – S 2139-b/07/10002–02 DOK 2017/0202664, BStBl. I 2017, 423).

Eine Partnerschaftsgesellschaft, die weder rechtlich selbständige noch im Rahmen der Mitunternehmerschaft einkommensteuerrechtlich gesondert zu betrachtende Rechtsanwaltskanzleien in verschiedenen Städten betreibt und hieraus ausschließlich Einkünfte aus selbständiger Arbeit erzielt, unterhält nur einen „Betrieb" (BFH, Urteil vom 13.07.2016, VIII R 56/13, BStBl. II 2016, 936 = BB 2016, 2608, 2610 mit Anm. Abele zur betriebsbezogenen Betrachtung des § 7g EStG bei einer Partnerschaftsgesellschaft).

Eine begünstigte Investition i. S. d. § 7g EStG liegt auch dann vor, wenn bei einer Personengesellschaft der Investitionsabzugsbetrag vom Gesamthandsgewinn

3 Förderfähige Betriebe

abgezogen wurde und die geplante Investition später (innerhalb des dreijährigen Investitionszeitraums) von einem ihrer Gesellschafter vorgenommen und in dessen Sonderbetriebsvermögen aktiviert wird. Im Wirtschaftsjahr der Anschaffung ist der in Anspruch genommene Investitionsabzugsbetrag in einem solchen Fall dem Sonderbetriebsgewinn des investierenden Gesellschafters außerbilanziell hinzuzurechnen (BFH, Beschluss vom 15.11.2107, VI R 44/16 BStBl. II 2019, 466 = BB 2018, 751, 754 mit Anm. Kleinmans = FR 2018, 600, 603 ff. mit Anm. Kanzler; ferner Grützner, StuB 2018, 321 ff.; Paus, NWB 2018, 1212 ff.; Meyer/Ball, steuerberater inter, Beilage 9 vom 23.04.2018, 1 ff.; hierzu BMF, Schreiben vom 26.08.2019, IV C 6 – S 2139 – B/07/10002 – 02, DOK 2019/0716523, BStBl. I 2019, 870 = BB 2019, 2610 mit Anm. Abele = EStB 2019, 412 mit Anm. Günther; hierzu ausführlich Weiss, StuB 2019, 841 ff.; vgl. auch FG Münster, Urteil vom 28.06.2017 6 K 3183/14 F, DStRE 2018, 837 rkr.).

Gemeint sind damit Fälle, in denen ein Gesellschafter das Wirtschaftsgut aus dem Gesamthandsvermögen kauft und an die Gesellschaft vermietet oder ein Gesellschafter bisheriges Sonderbetriebsvermögen einer Gesellschaft kauft. Als Ausweichgestaltung sollte geprüft werden, ob es im Einzelfall Sinn macht, eine mitunternehmerische Betriebsaufspaltung zu begründen.

Eine weitere Folge von § 7g Abs. 7 EStG ist auch, dass beim Ausscheiden eines Gesellschafters bzw. bei einem Gesellschafterwechsel die erwerbenden Gesellschafter somit keinen Investitionsabzugsbetrag in Anspruch nehmen können, da der anteilige Erwerb der Wirtschaftsgüter nicht von der Personengesellschaft, sondern von den verbleibenden Gesellschaftern bzw. von neu eintretenden Gesellschaftern erfolgt (Hottmann, DStR 2009, 1236, 1237 m.w. Einzelheiten).

Zu den Auswirkungen des Investitionsabzugsbetrages gem. § 7g EStG im Anwendungsbereich des § 15a EStG siehe die Judikate von FG Münster, Urteil vom 15.04.2014, 1 K 3247/11 F, EFG 2015, 899 rkr., BB 2015, 994, 996 mit Anm. Winkels und FG Baden-Württemberg, Urteil vom 19.11.2014, 1 K 3220/12, EFG 2015, 636 rkr. mit Anm. Neu; Rdnr. 58 des BMF-Schreibens vom 20.03.2017, IV C 6 – S 2139-b/07/10002–02 DOK 2017/0202664, BStBl. I 2017, 423 s. ferner Kaligin in Lademann, § 15a EStG Anm. 77.

Auch zur Problematik der Wechselwirkung von Abzugsbetrag und **Steuerrückstellung** nimmt das BMF in der Verwaltungsanweisung dezidiert Stellung.

Die außerbilanzielle Inanspruchnahme des Investitionsabzugsbetrags reduziert naturgemäß die Steuerrückstellung mit der Folge einer Erhöhung des Betriebsvermögens. Die Finanzverwaltung zeigt sich hier jedoch großzügig und gestattet, diese Minderung außer Acht zu lassen. Das gilt auch, wenn die Betriebsvermögensgrenze allein dadurch eingehalten wird (Rdnr. 9 des BMF-Schreibens vom 08.05.2009, IV C 6 – S 2139-b/07/10002, 2009/0294464, BStBl. I 2009, 633; vgl. a. Rdn. 12 des BMF-Schreibens vom 20.03.2017, IV C 6 – S 2139 – b/07/10002-02, 2017/0202664, BStBl. I 2017, 423).

X. Der Investitionsabzugsbetrag gem. § 7g EStG nach 2008

Probleme treten auf bei der Bildung einer **Gewerbesteuerrückstellung** in der Steuerbilanz auch im Hinblick auf die maßgebende Betriebsvermögensgrenze im Sinne des § 7g Abs. 1 Satz 2 Nr. 1 Buchst. a EStG. Nach § 4 Abs. 5b EStG in der Fassung des Unternehmenssteuerreformgesetzes 2008 sind die Gewerbesteuer und die darauf entfallenden Nebenleistungen keine Betriebsausgaben mehr. Nach § 52 Abs. 12 Satz 7 EStG gilt diese Neuregelung erstmals für die Gewerbesteuer, die für Erhebungszeiträume festgesetzt wird, die nach dem 31.12.2007 enden. Die Frage, ob die außerbilanzielle Bildung einer Rückstellung für Gewerbesteuer weiterhin zulässig ist, wurde auf Bundesebene mit folgendem Ergebnis erörtert:

Besteht im Abzugsjahr noch keine sachliche Gewerbesteuerpflicht, wirkt sich die Inanspruchnahme eines Investitionsabzugsbetrags gewerbesteuerlich nicht aus (BFH, Urteil vom 04.03.2015, IV R 38/12, BFH/NV 2015, 984).

Ungeachtet des Abzugsverbots des § 4 Abs. 5b EStG ist in der Steuerbilanz weiterhin eine Gewerbesteuerrückstellung zu bilden. Dabei ist der volle Steuerbetrag anzusetzen, der sich ohne Berücksichtigung der Gewerbesteuer ergibt (keine Anwendung der sog. 5/6-Methode nach R 4.9 Abs. 2 Satz 2 EStR 2005). Die Gewinnauswirkungen sind jedoch **außerbilanziell zu neutralisieren.** Es ist nicht ernstlich zweifelhaft, dass im Rahmen der Neuberechnung der Steuer bei Rückgängigmachung des Investitionsabzugsbetrags die Gewerbesteuerrückstellung nicht nachträglich zu erhöhen ist (BFH, Beschluss vom 17.07.2012, I B 56, 57/12, BFH/NV 2012, 1955).

Stellt eine steuerliche Regelung auf das Größenmerkmal des Betriebsvermögens ab, ist, soweit der Rechtsnorm nichts Gegenteiliges entnommen werden kann, auf das Betriebsvermögen abzustellen, das sich unter Berücksichtigung der anzusetzenden Gewerbesteuerrückstellung ergibt. Die Gewerbesteuerrückstellung mindert somit insbesondere das maßgebende Betriebsvermögen i. S. d. § 7g Abs. 1 Satz 2 Nr. 1 Buchst. a EStG (OFD Hannover, Verfügung vom 18.05.2009, S 2137 – 135 – StO 221/222, DStR 2009, 1202; ergänzend Verfügung vom 23.11.2009, S 2137 – 135 – StO 221/StO 222, DB 2010, 24; siehe auch Schoor, StuB 2009, 757, 758).

Zur Ermittlung des Gewerbeertrags gem. § 7 GewStG bei der gewinnerhöhenden Hinzurechnung eines Investitionsabzugsbetrags gem. § 7g EStG nach Eintritt der Gewerbesteuerpflicht hat die Finanzverwaltung wie folgt Stellung genommen. Ein bereits vor der Betriebseröffnung (= Beginn der Gewerbesteuerpflicht) gewinnerhöhend in Anspruch genommener Investitionsabzugsbetrag wirkt sich gewerbesteuerlich nicht aus. Die gewinnerhöhende Hinzurechnung eines Investitionsabzugsbetrags nach der Betriebseröffnung unterliegt jedoch der Gewerbesteuer. Im Hinblick auf den Sinn und Zweck des § 7g EStG wird zur Vermeidung von Härten die gewinnerhöhende Hinzurechnung eines Investitionsabzugsbetrags auf Antrag aus Billigkeitsgründen nach § 163 AO nicht in den Gewerbeertrag einbezogen, soweit die Inanspruchnahme des Investitionsabzugsbetrags den Gewerbeertrag nicht gemindert hat (gleichlautende Erlasse der obersten Finanzbehörden der Länder vom 26.01.2011, BStBl. I 2011, 152).

3.2 Gestaltungsmöglichkeiten

Es gibt jedoch eine gravierende Abweichung. In der Vergangenheit wurden Einnahme-Überschuss-Rechnungen (z. B. exzellent verdienende Freiberufler-Sozietäten) ohne Limit begünstigt. Erstmals fallen Einnahme-Überschuss-Rechner mit einer Gewinneinkommensgrenze von über 100.000 € aus dem Anwendungsbereich des §7g heraus (zu den Gründen siehe Pitzke, NWB, Fach 3, 14671, 14674).

Dies macht möglicherweise Gestaltungsübergänge erforderlich, so dass Einnahme-Überschuss-Rechnungen, die diese 100.000 €-Gewinngrenze überschreiten, möglicherweise veranlasst werden können, in den Betriebsvermögensvergleich zu wechseln, falls sie die angehobene Betriebsgröße für Bilanzierende (235.000 € Betriebsvermögen von ursprünglich 200.000 € p.a.) nicht überschreiten (zu einigen Detailfragen siehe Grützner, StuB 2012, 297).

Die Praxis zeigt, dass bei **„Grenzfällen"** oftmals die Möglichkeit eines Investitionsabzugsbetrags dadurch verloren geht, dass beispielsweise das betriebliche Bankkonto über erhebliches Guthaben zum Jahresende verfügt. Eine Entnahme in das Privatvermögen kann in solchen Fällen die erforderliche Unterschreitung der Betriebsvermögensgrenze erreichen (so Schneider/Hoffmann/Hage, Stbg 2011, 553).

Werden die gesetzlichen Grenzen nicht zu weit überschritten, kann der Steuerpflichtige sein Betriebsvermögen bzw. seinen Gewinn möglicherweise durch gezielte Gestaltungen in den zulässigen Bereich drücken. Dazu könnte er z. B. vorhandene Barmittel entnehmen und durch Darlehen, möglicherweise von Seiten eines Angehörigen, ersetzen. Mit Eigenkapital finanzierte Wirtschaftsgüter könnte er, statt sie im Betriebsvermögen zu führen, von einem anderen Angehörigen anmieten. Das nicht im Betrieb eingesetzte Eigenkapital könnte als Kapitalvermögen genutzt werden, wegen der neuen Abgeltungssteuer oft mit geringerer steuerlicher Belastung. Den größten Spielraum in dieser Hinsicht würde es jedoch eröffnen, wenn der Betrieb nicht auf den Namen des eigentlichen Initiators läuft, sondern auf den des Ehegatten, ggf. auch eines anderen Angehörigen (Eltern, Großeltern). **In Sonderfällen kann es für die Ansparabschreibung günstig sein, statt eines einheitlichen mehrere getrennte Betriebe zu führen, u. U. in der Rechtsform einer Personen- oder Kapitalgesellschaft.**

3.3 Besonderheiten bei Betrieben der Land- und Forstwirtschaft

Bei Betrieben der **Land- und Forstwirtschaft** wird zudem nicht mehr auf den Einheitswert abgestellt. Maßgebend ist nunmehr der **Wirtschaftswert** oder – in den neuen Ländern – der **Ersatzwirtschaftswert**, der eine Größe von 125.000 € nicht übersteigen darf (§7g Abs. 1 Satz 2 Nr. 1 Buchstabe b EStG). Der Einheits-

X. Der Investitionsabzugsbetrag gem. § 7g EStG nach 2008

wert eines land- und forstwirtschaftlichen Betriebs beinhaltet auch den (privaten) Wohnungswert. Bei Bezug auf den Einheitswert kann sich die Obergrenze von 125.000 € je nach Größe und Ausstattung des Wohnhauses um bis zu 50 % verringern. Da die Förderung durch Investitionsabzugsbeträge und Sonderabschreibungen eine betriebsbedingte Steuervergünstigung darstellt, sollte sich die Obergrenze auf ausschließlich betriebliche Kennzahlen beziehen. Daher ist der Wirtschaftswert des land- und forstwirtschaftlichen Betriebs die zielführende Bezugsgröße (Hörster/Merker, NWB, Fach 2, 9351, 9352).

Die Neuregelung lehnt sich an die bislang maßgebenden bewertungsrechtlichen Grundsätze bei der Bestimmung der Betriebsgrößenmerkmale an. Denn auch beim Einheitswert wird nur das eigene Eigentum berücksichtigt. Dieses Ergebnis entspricht somit der bisherigen Systematik des § 7g. Allerdings ist die weitergehende bestehende Ungleichbehandlung gegenüber den land- und forstwirtschaftlichen Betrieben in den neuen Bundesländern zu kritisieren. Dort sind bei der Ermittlung des sog. Ersatzwirtschaftswerts alle selbstbewirtschafteten Flächen unabhängig von den Eigentumsverhältnissen zu berücksichtigen (auf diese unterschiedliche Behandlung weist Pitzke, NWB Fach 3, 14671, 14673 f. hin).

Die Nutzungsvoraussetzung des § 7g Abs. 1 Satz 2 Nr. 2 Buchst. b EStG ist auch dann erfüllt, wenn der Steuerpflichtige ein Wirtschaftsgut sowohl in seinem eigenen landwirtschaftlichen Betrieb als auch in den landwirtschaftlichen Betrieben Dritter einsetzt, selbst wenn der Einsatz in den fremden Betrieben dazu führt, dass diese Tätigkeit ertragsteuerrechtlich zu einem Gewerbebetrieb (Lohnunternehmen) verselbständigt und das Wirtschaftsgut dem Betriebsvermögen dieses Gewerbebetriebs zugeordnet wird. In derartigen Fällen setzt die Gewährung des Investitionsabzugsbetrags allerdings voraus, dass das Größenmerkmal des § 7g Abs. 1 Satz 2 Nr. 1 EStG in Bezug auf denjenigen Betrieb, in dem die Investition vorgenommen werden soll, auch dann noch erfüllt ist, wenn die Größe desjenigen Betriebs, in dem das Wirtschaftsgut ebenfalls genutzt werden soll, in die Betrachtung einbezogen wird (BFH, Urteil vom 19.03.2014, X R 46/11, BStBl. II 2017, 291 mit Anm. Abele, BB 2014, 1712, 1714 und Müller, DB StR kompakt vom 23.06.2014, DB 066 4029; hierzu Rätke, StuB 2014, 511 ff.).

3.4 Bestimmung des Investitionszeitraums

Die Geltendmachung eines Abzugsbetrages setzt wie bisher die Absicht des Steuerpflichtigen voraus, dass begünstigte Wirtschaftsgut voraussichtlich im Wirtschaftsjahr des Abzugs folgenden **drei Wirtschaftsjahren** anzuschaffen oder herzustellen (Investitionszeitraum). Die **Investitionsfrist**, innerhalb derer das Wirtschaftsgut, für das ein Investitionsabzugsbetrag in Anspruch genommen wurde, angeschafft oder hergestellt wurde, wurde im Rahmen des Gesetzgebungsverfahrens von zwei auf **drei Jahre** verlängert. Dem Steuerpflichtigen verbleibt dadurch ein längerer Zeitraum für die Durchführung der geplanten Investition. Diese Verbesserung kommt insbesondere den Steuerpflichtigen zugute, die aus nicht von ihnen zu vertretenden Gründen – wie längere Lieferzeiten, verzögerte Kreditvergaben oder fehlende Genehmigungen – erst später die Investition tätigen können (Pitzke, NWB, Fach 3, 14671, 14676).

Durch das **Zweite Corona-Steuerhilfegesetz** wurde nun in § 52 Abs. 16 EStG n. F. diese Frist um **ein weiteres Jahr** für die im Jahr 2017 beanspruchten Investitionsabzugsbeträge verlängert (BGBl. I 2020, 1512 ff.). Insoweit hat hierfür keine Neuanschaffung bzw. -herstellung zwingend im Jahr 2020 zu erfolgen, vielmehr kann diese auch im Jahr 2021 erfolgen (siehe Weiss, BB 2020, 1963).

Ein Abzug im Wirtschaftsjahr der Investition ist somit – entsprechend der bisherigen Regelung – nicht möglich (so klarstellend BFH, Urteil vom 12. 11. 2014 X R 19/13, BFH/NV 2015, 328).

Nach dem Gesetzeswortlaut ist der Investor eigentlich nicht gehindert, Abzugsbeträge beliebig auf den dreijährigen Investitionszeitraum zu verteilen, um eine optimale Steuerminderung möglicherweise zu erreichen und damit den vom Gesetzgeber gewollten Finanzierungseffekt zu steigern. Durch Teilabzug im Erstjahr wird das Abzugswahlrecht nicht verbraucht. Dem tritt jedoch die Finanzverwaltung nunmehr entgegen. Sie gestattet nunmehr den **Abzug nur in einem einzigen Wirtschaftsjahr** (so Rdnr. 6 des BMF-Schreibens vom 08. 05. 2009, IV C 6 – S 2139-b/07/10002, 2009/0294464, BStBl. I 2009, 633; vgl. a. Rdn. 9/10 des BMF, Schreiben vom 20. 03. 2017, IV C 6 – S 2139 – b/07/10002-02, 2017 / 0202664, BStBl I 2017, 423).

Der Investitionsabzugsbetrag gehört zu den zeitlich unbefristeten Wahlrechten. Eine nachträgliche Wahlrechtsausübung ist somit bis zum Eintritt der Bestandskraft möglich. Bei zwischenzeitlich eingetretener formeller Bestandskraft ist dies ggf. auch noch nachträglich innerhalb eines Korrekturrahmens nach § 351 Abs. 1 AO, § 42 FGO möglich.

Die nachträgliche Bildung eines Investitionsabzugsbetrags für ein (anderes) Wirtschaftsgut ist auch zur Kompensation einer Gewinnerhöhung, die durch die Rückgängigmachung eines Investitionsabzugsbetrags für ein tatsächlich nicht angeschafftes Wirtschaftsgut entsteht, zulässig (Sächsisches FG, Urteil vom 15. 07. 2014, 6 K 824/14, BB 2014, 2355 rkr. mit Anm. Abele). Zum Ausgleich von Mehrgewinnen aufgrund einer Betriebsprüfung bei Anwendung der unterschiedlichen Regelungen des § 7g EStG hat Grützner, StuB 2011, 101 ff., unter Bezugnahme auf BFH, Urteil vom 17. 06. 2010, III R 43/06, BFH/NV 2011, 104 Stellung genommen.

3.5 Erstreckung des Investitionsabzugsbetrags auf Betriebsstätten in der EU

Im Hinblick auf die Tatbestandsvoraussetzungen des anzuschaffenden Wirtschaftsgutes in einer **inländischen Betriebsstätte** sind **EU-rechtliche Bedenken** im Schrifttum mit folgender Argumentation artikuliert worden. Es ist festzuhalten, dass die Anknüpfung an das Inland in der Vorschrift des § 7g EStG. für die Gewährung des Investitionsabzugsbetrags sowie der Sonderabschreibungen europarechtlich unzulässig ist. Die Versagung des Investitionsabzugsbetrags bei Verlagerung eines Wirtschaftsguts in eine Betriebsstätte im EU-Ausland führt zu einer steuerlichen Ungleichbehandlung gleichartiger Sachverhalte und stellt eine Beschränkung der Niederlassungsfreiheit dar. Diese Beschränkung kann weder durch die gleichmäßige Aufteilung der Besteuerungsbefugnis noch durch die Kohärenz des Steuersystems oder die Vermeidung von Missbräuchen gerechtfertigt werden (so Broemel/Endert, Ubg 2011, 720 ff., vgl. a. Seifert, DStZ 2007, 818, 820; Kulosa, DStR 2008, 131, 136).

Nunmehr hat der BFH mit eingehender Begründung klargestellt und herausgearbeitet, dass eine Ansparabschreibung auch für Wirtschaftsgüter gebildet werden kann, die für eine **im Ausland gelegene Betriebsstätte** angeschafft werden sollten (BFH, Urteil vom 10.08.2011, I R 45/15, BStBl. II 2012, 118; m. Anmerkung Abele, BB 2012, 1022; zur fehlenden Europarechtskonformität der Bezugnahme auf eine inländische Betriebsstätte siehe eingehend Vogel/Cortez, FR 2015, 437 ff.).

4 Konkretisierung der Investitionen

4.1 Dokumentation der Investitionsabsichten

Es ist eine Prognoseentscheidung über das künftige Investitionsverhalten zu fordern (BFH, Urteil vom 19.09.2002, X R 51/00, BStBl. II 2004, 184. Der Steuerpflichtige trägt die Darlegungs- und Feststellungslast für die Investitionsabsicht gem. § 7g EStG I. d. F. des UntStRefG).

Die Durchführung einer Investition ist ein Indiz für die Existenz einer entsprechenden Investitionsabsicht (BFH, Urteil vom 06.04.2016 X R 15/14, BStBl. II 2017, 298; Urteil vom 06.04.2016, X R 28/14, BStBl. II 2017, 302 = BB 2016, 2734 mit Anm. von Glasenapp = FR 2017, 280, 283 f. mit Anm. Wendt; hierzu DB StR 1220580); zum Nachweis der Investitionsabsicht in Bezug auf den neuen Unternehmensgegenstand „Photovoltaikanlage" siehe FG Nürnberg, Urteil vom 13.10.2016, 4 K 146/15, EFG 2016, 2066; vorl. nicht rkr. mit Anm. Hüttner. Maßgebend sind die Verhältnisse am Ende des Wirtschaftsjahres der beabsichtigten Geltendmachung des Investitionsabzugsbetrages. Zu diesem Zeitpunkt muss die Investition auch noch durchführbar sein; d. h., es darf keine Absicht einer Betriebsaufgabe oder Betriebsveräußerung vorliegen. Die Vorlage eines Investitionsplans oder eine feste Bestellung eines bestimmten Wirtschaftsguts ist dagegen auch weiterhin regelmäßig nicht erforderlich (BT-Drucks. 16/4841 vom 27.03.2007, 52 amtl. Begr.).

Da nach § 7g Abs. 1 EStG ein Investitionsabzugsbetrag nur für künftige Investitionen gebildet werden darf, kommt seine Inanspruchnahme im Jahr der Investition (Herstellung oder Anschaffung) nicht in Betracht. § 7g Abs. 1 EStG normiert keine Sonderabschreibung. Die Vorschrift ist nur bei vorheriger Bildung eines Investitionsabzugsbetrags anwendbar (BFH, Urteil vom 12.11.2014, X R 19/13, BFH/NV 2015, 328).

4 Konkretisierung der Investitionen

Bei Betriebseröffnungen und wesentlichen Betriebserweiterungen sind nach Auffassung der Finanzverwaltung wie bisher **verbindliche Bestellungen** erforderlich, soweit es sich bei den jeweiligen Wirtschaftsgütern um wesentliche Betriebsgrundlagen handelt. Dasselbe gilt bei Investitionsabzugsbeträgen bei wesentlicher Erweiterung eines bestehenden Betriebs (Rdnr. 28–39 des BMF-Schreibens vom 08.05.2009, IV C 6 – S 2139-b/07/10002, 2009/0294464, BStBl. I 2009, 633; eine Übersicht zu den anhängigen Revisionsverfahren findet sich bei Schoor, StBp 2012, 318, 319 f.).

Im Falle einer **wesentlichen Betriebserweiterung**, bedarf es keiner erhöhten Glaubhaftmachung der Investitionsabsicht, um einen Investitionsabzugsbetrag bilden zu können. Die strengeren Prüfungsmaßstäbe wie im Falle einer Neugründung eines Betriebs kommen in diesem Falle nicht zum Zuge (so FG Rheinland-Pfalz, Urteil vom 20.08.2015, 4 K 1297/14, DStRE 2017, 330, zwischenzeitl. rkr.).

In dem ergänzenden Anwendungsschreiben zu § 7g EStG n. F. hat das Bundesfinanzministerium zu den Anforderungen an die Dokumentation der relevanten Investitionsabsicht wie folgt eingehend Stellung genommen: In Zweifelsfällen hat der Steuerpflichtige die Betriebseröffnungsabsicht glaubhaft darzulegen. Indizien für eine Betriebseröffnung sind beispielsweise eine Gewerbeanmeldung, beantragte Kredite oder Unterlagen, aus denen sich die geplante Anschaffung oder Herstellung der wesentlichen Betriebsgrundlagen ergibt, z. B. Kostenvoranschläge, Informationsmaterial, konkrete Verhandlungen oder Bestellungen. Für eine beabsichtigte Betriebseröffnung spricht außerdem, dass der Steuerpflichtige bereits selbst und endgültig mit Aufwendungen belastet ist oder dass die einzelnen, zum Zwecke der Betriebseröffnung bereits unternommenen Schritte sich als sinnvolle, zeitlich zusammenhängende Abfolge mit dem Ziel des endgültigen Abschlusses der Betriebseröffnung darstellen (Rdnr. 3 des BMF-Schreibens vom 20.03.2017 IV C 6 – S 2139 – b/07/10002-02 2017/ 0202664, BStBl. I 2017, 423).

4.2 Finanzierungszusammenhang betr. Bildung des Investitionsabzugsbetrags und der Investition

Zwischen der Bildung des Investitionsabzugbetrages und der Investition muss ein **Finanzierungszusammenhang** bestehen. Ein Finanzierungszusammenhang ist zu verneinen, wenn der mit der Förderung nach § 7g verfolgte Zweck der Investitionserleichterung nicht mehr erreicht werden kann. Es muss sich also um eine noch durchführbare, objektiv mögliche Investition handeln. Andernfalls kann es sich nicht um eine voraussichtliche Investition handeln. Wird die Steuererklärung erst nach Ablauf des dreijährigen Investitionszeitraums abgegeben und kam es bis dahin zu keiner Investition, wird der Investitionsabzugsbetrag nicht anerkannt (Tz. 20 des BMF-Schreibens vom 08.05.2009, IV C 6 – S 2139-b/07/10002, 2009/0294464, BStBl. I 2009, 633; ferner Schorr, Stbg 2011, 18, 21). Der BFH hat inzwischen klargestellt, dass für die **neue Rechtslage** (Geltungsbereich des § 7g EStG i. d. F. des UntStRefG) ein Finanzierungszusam-

X. Der Investitionsabzugsbetrag gem. § 7g EStG nach 2008

menhang nicht mehr zu fordern ist (BFH, Urteil vom 06.04.2016, X R 15/14, BStBl. II 2017, 298; Urteil vom 06.04.2016, X R 28/14, BStBl. II 2017, 302 = BB 2016, 2734 mit Anm. von Glasenapp = FR 2017, 280, 283 f. mit Anm. Wendt = EStB 2017, 437, 438 mit Anm. Formel; hierzu Janz, DB StR 1220580; ebenso FG Berlin-Brandenburg, Urteil vom 25.05.2016, 11 K 11050/14, EFG 2016, rkr. mit Anm. Hartmann = DStRE 2017, 387).

Wird der Investitionsabzugsbetrag (§ 7g Abs. 1 Satz 1 EStG 2002 n. F.) mit der Steuererklärung des Abzugsjahres geltend gemacht, ist daraus auf eine Investitionsabsicht im Investitionszeitraum zu schließen. Dies gilt auch dann, wenn die Steuererklärung erst im Einspruchsverfahren gegen einen Schätzungsbescheid abgegeben wird.

Das Nachweiserfordernis des § 7g Abs. 1 Satz 2 Nr. 3 EStG 2002 n. F. ist in zeitlicher Hinsicht nicht an den Zeitpunkt der Abgabe der Steuererklärung gebunden. Bereits eingereichte Unterlagen können noch im Einspruchs- bzw. Klageverfahren vervollständigt werden (BFH, Urteil vom 08.06.2011, I R 90/10, BStBl. II 2013, 949 mit Anm. Kleinmanns, BB 2011, 2288, 2290; hierzu Schneider/Hoffmann/Hage, Stbg 2012, 25).

Ob eine „künftige" Anschaffung i. S. d. § 7g EStG gegeben ist, ist aus der Sicht am Ende des Gewinnermittlungszeitraums zu beurteilen, für den der Investitionsabzugsbetrag geltend gemacht wird. Das Wahlrecht gem. § 7g EStG kann noch nach Einlegung des Einspruchs ausgeübt werden. Schafft der Steuerpflichtige ein Wirtschaftsgut an, bevor er dafür mit seiner Steuererklärung mit einem nachfolgenden Einspruch einen Investitionsabzugsbetrag geltend macht, ist es nicht erforderlich, dass er im Zeitpunkt der Anschaffung die Absicht hatte, den Investitionsabzugsbetrag in Anspruch zu nehmen (BFH, Urteil vom 17.01.2012, VIII R 48/10, BStBl. II 2013, 952 mit Anm. Wendt, FR 2012, 640, 642; entgegen der Vorinstanz des FG Berlin-Brandenburg vom 16.09.2010, 12 K 12197/09, EFG 2010, 2076; hierzu Schneider/Hoffmann/Hage, Stbg 2014, 169).

Es ist grundsätzlich unbeachtlich, ob die Investition bei Abgabe der Steuererklärung bereits durchgeführt wurde oder ob der Steuerpflichtige im Zeitpunkt der Anschaffung oder Herstellung des begünstigten Wirtschaftsgutes die Absicht hatte, einen Investitionsabzugsbetrag in Anspruch zu nehmen (BFH, Urteil vom 17.01.2012, VIII R 48/10, BStBl. II 2013, 952). Ist allerdings die Investitionsfrist nach § 7g Abs. 1 Satz 2 Nr. 2 Buchst. a EStG bereits abgelaufen und wurde tatsächlich keine Investition getätigt, kann ein Investitionsabzugsbetrag bereits wegen der gleichzeitigen Rückgängigmachung nicht mehr berücksichtigt werden (Tz. 20 i. V. m. Tz. 50 des BMF-Schreibens vom 20.11.2013, IV C 6 – S 2139-b/07/10002, 2013/1044077, BStBl. I 2013, 1493). Entsprechendes gilt, wenn der Abzug so kurze Zeit vor Ablauf des Investitionszeitraums geltend gemacht wird, dass nicht mehr mit einer fristgerechten Durchführung der Investition gerechnet werden kann (BFH, Urteil vom 17.01.2012, VIII R 48/10, BStBl. II 2013, 952).

4 Konkretisierung der Investitionen

Im zeitlichen Anwendungsbereich des § 7g EStG i. d. F. des Unternehmenssteuerreformgesetzes 2008 vom 14.08.2007 (BGBl. I 2007, 1912) setzt der Nachweis der Investitionsabsicht auch bei noch in Gründung befindlichen Betrieben nicht zwingend eine verbindliche Bestellung des anzuschaffenden Wirtschaftsguts noch im Wirtschaftsjahr der Geltendmachung des Investitionsabzugsbetrags voraus. Die von der Rechtsprechung entwickelten Grundsätze über den Finanzierungszusammenhang stehen der Gewährung eines Investitionsabzugsbetrags auch dann nicht entgegen, wenn der Steuerpflichtige ihn nicht bereits in der ursprünglichen Steuererklärung, sondern erst in einem Nachtrag zur Steuererklärung geltend macht (BFH, Urteil vom 20.06.2012 X R 42/11, BStBl. II 2014, 719; hierzu Kolbe, StuB 2012, 851 ff.).

Bei der Prüfung der Investitionsabsicht ist auch eine begrenzte Berücksichtigung der künftigen Entwicklung nach Ende des Veranlagungszeitraums zulässig. Der Nachweis der Investitionsabsicht kann als geführt angesehen werden, wenn in dem Jahr, für das der Investitionsabzug vorgenommen wird, bereits konkrete Verhandlungen über den Erwerb der wesentlichen Betriebsgrundlage geführt werden, die dann nach dem Ende dieses Wirtschaftsjahres - ggf. über weitere Zwischenschritte, deren zeitlicher Abstand den bei ernsthaft geplanten Investitionen üblichen Rahmen nicht wesentlich überschreitet - tatsächlich in die verbindliche Investitionsentscheidung münden (BFH, Urteil vom 26.07.2012, III R 37/11, BFH/NV 2013, 351).

4.3 Probleme bei der nachträglichen Geltendmachung des Investitionsabzugsbetrags

Der Senat lässt offen, ob das Merkmal des sog. Finanzierungszusammenhangs auch im Rahmen des Investitionsabzugsbetrags nach § 7g EStG 2002 n. F. (i. d. F. des UntStRefG 2008) zu prüfen ist. Das Merkmal ist jedenfalls nicht deshalb zu verneinen, weil die nachträgliche Geltendmachung des Investitionsabzugsbetrags lediglich der Kompensation eines durch die Bp veranlassten Mehrergebnisses dient, ohne dass hiermit eine weitergehende Zielsetzung - wie beispielsweise der Erhalt einer privaten Steuervergünstigung außerhalb der investitionsbezogenen Förderung des § 7g EStG 2002 a.f. - verknüpft wird (BFH, Urteil vom 28.04.2016, I R 31/15, BStBl. II 2017, 306 = BB 2016, 2031, 2034 mit Anm. von Glasenapp = EStB 2016, 320, 321 mit Anm. Günther = StBp 2016, 308 ff. mit Anm. Brandt = FR 2016, 1099, 1102 mit Anm. Wendt, in Abweichung zu Tz. 26 des BMF-Schreibens vom 20.11.2013, IV C 6 - S 2139-b/07/10002, 2013/1044277, BStBl. I 2013, 1493 = BB 2016, 2031, 2034 mit Anm. Glasenapp = EStB 2016, 320, 321 mit Anm. Günther = StBp 2016, 308 ff. mit Anm. Brandt = FR 2016, 1099, 1102 mit Anm. Wendt).

In den Fällen der Betriebseröffnung hat der Steuerpflichtige seine Investitionsabsicht nachzuweisen. Diese liegt vor, wenn anhand objektiver, äußerer Umstände feststellbar ist, dass ein Investitionsentschluss gefasst worden ist. Ein entsprechender Nachweis kann nicht nur durch eine verbindliche Bestellung geführt werden. In welcher Form der Nachweis geführt werden kann, hängt vielmehr von den Umständen des Einzelfalles ab (FG Münster, Urteil vom 08.02.2012, 11 K 3035/10 E, EFG 2012, 825 rkr. mit Anm. Reuß und Lühn, BB 2012, 698); zur Erledigung eines VA durch Ablauf des Investitionszeitraums i.S.d. § 7g Abs. 3 EStG siehe FG Münster, Urteil vom 07.03.2014, 11 K 1725/12 F, EFG 2014, 1129 zwischenzeitlich rkr. mit Anm. Kühnen.

Allein der Hinweis auf eine frühere betriebliche Übung ist auch bei bereits getätigter Investition noch kein hinreichender Nachweis des Bestehens einer Investitionsabsicht. Überwiegen investitionsfremde Gründe (Steuergestaltung durch Ausgleich einer Einkommenserhöhung oder Betriebsprüfung), ist aufgrund der den Steuerpflichtigen treffenden Feststellungslast im Rahmen der vorzunehmenden Prognoseentscheidung eine Investitionsabsicht zu verneinen (FG Düsseldorf, Urteil vom 17.07.2013 15 K 4719/12 E, [Rev. eingelegt; Az. des BFH: X R 15/14] mit Anm. Abele, BB 2014, 1010).

Der Inanspruchnahme eines Investitionsabzugsbetrags steht es nicht entgegen, wenn im Zeitpunkt seiner Geltendmachung feststeht, dass die Investition nicht mehr von dem Steuerpflichtigen selbst, sondern aufgrund einer bereits durchgeführten oder feststehenden **unentgeltlichen Betriebsübertragung** von dem Betriebsübernehmer vorgenommen werden soll. Voraussetzung dafür ist, dass der Steuerpflichtige bei Fortführung des Betriebs die von ihm benannten Wirtschaftsgüter selbst angeschafft oder hergestellt hätte und er zum maßgeblichen Bilanzstichtag anhand objektiver Kriterien erwarten konnte, dass die Investition nach Übertragung des Betriebs fristgemäß von seinem Rechtsnachfolger zur Nutzung in dem übertragenen Betrieb vorgenommen werden würde (BFH, Urteil vom 10.03.2016, IV R 14/12, BStBl. II 2016, 763 = FR 2016, 893, 895 f. mit Anm. Weber-Grellet = EStB 2016, 318 ff. mit Anm. Weiss; ferner Brandt, DB StR 1215020. Rdnr. 22 des BMF-Schreibens vom 20.03.2017, IV C 6 – S 2139-b/07/10002-02 DOK 2017/0202664, BStBl. I 2017, 423).

4.4 Weitere Einzelfragen

Ein Investitionsabzugsbetrag kann dann nicht gebildet werden, wenn bereits bei der im Hinblick auf die voraussichtliche Anschaffung zu treffenden Prognose feststeht, dass die WG (hier: Legehennen und Hähne) nicht bis zum Ende des auf das Wj. der Anschaffung folgenden Wj. im BV verbleiben (Nieders. FG, Urteil vom 15.08.2012, 2 K 80/12, EFG 2012, 2191 rkr.).

§ 7g EStG setzt für den Nachweis der Investitionsabsicht auch bei in Gründung befindlichen Betrieben keine verbindliche Bestellung des anzuschaffenden Wirtschaftsguts voraus. An die Feststellung der Investitionsabsicht sind jedoch strenge Maßstäbe zu legen. Bei der Prüfung der Investitionsabsicht ist eine begrenzte Berücksichtigung der künftigen Entwicklung zulässig (siehe BFH, Urteil vom 04.03.2015, IV R 30/12, BFH/NV 2015, 971; BFH, Urteil vom 04.03.2015, IV R 38/12, BFH/NV 2015, 984, jeweils mit Anm. Günther, EStB 2015, 242; vorher schon BFH, Beschluss vom 02.09.2014, X B 10/14, BFH/NV 2015, 190; FG Nürnberg, Urteil vom 01.07.2015, 5 K 842/14, EFG 2015, 2050; die eingelegte NZB wurde vom BFH per Beschluss vom 25.02.2016, X B 130, 131/15, BFH/NV 2016, 915 als unbegründet verworfen).

In den Fällen der unentgeltlichen Betriebsübertragung nach § 6 Abs. 3 EStG oder der Buchwerteinbringung nach §§ 20, 24 UmwStG verkürzt das im Übertragungsjahr regelmäßig entstehende Rumpfwirtschaftsjahr nicht den maßgebenden Investitionszeitraum. Erfolgt die Übertragung beispielsweise im letzten Wirtschaftsjahr der Investitionsfrist für ein Wirtschaftsgut, für das der Rechtsvorgänger einen Investitionsabzugsbetrag beansprucht hat, kann der Rechtsnachfolger die Investition noch bis zum Ende der regulären Investitionsfrist steuerbegünstigt durchführen (Tz. 18 des BMF-Schreibens vom 20.11.2013, IV C 6 – S 2139-b/07/10002, 2013/1044077, BStBl. I 2013, 1493).

5 Verbleibensvoraussetzungen

Ein Investitionsabzugsbetrag kann nur dann in Anspruch genommen werden, wenn das begünstigte Wirtschaftsgut voraussichtlich mindestens bis zum Ende des dem Wirtschaftsjahr der Investition folgenden Wirtschaftsjahres in der Bilanz einer inländischen Betriebsstätte des Betriebes aktiviert wird und ausschließlich oder fast ausschließlich, d.h. zu mindestens 90 % betrieblich genutzt wird. Diese – für die Inanspruchnahme von Ansparabschreibungen bisher nicht geforderte Bedingung – lehnt sich an die Regelungen zu den Sonderabschreibungen im bisherigen § 7g Abs. 2 Nr. 2 an. Es gelten die Verbleibensvoraussetzungen in R 7g Abs. 7 EStR 2005 entsprechend; siehe auch Schoor, Stbg 2011, 18, 19.

Die Frage, ob die geforderten Verbleibens- und Nutzungsvoraussetzungen erfüllt werden, ist anhand einer Prognoseentscheidung zu beurteilen. Stellt sich bei der Investition heraus, dass diese Voraussetzungen nicht erfüllt werden, wurde kein begünstigtes Wirtschaftsgut im Sinne des § 7g Abs. 1 und 2 angeschafft oder hergestellt. In diesen Fällen ist Abs. 3 anzuwenden. Werden die Voraussetzungen erst nach Beginn der Verbleibens- und Nutzungsfristen nicht mehr erfüllt, z.B. weil das Wirtschaftsgut vorzeitig in das Privatvermögen überführt wird, ist eine Rückgängigmachung der Steuervergünstigung nach Abs. 4 erforderlich (zur Berücksichtigung von Rumpfwirtschaftsjahren bei der Inanspruchnahme eines Investitionsabzugsbetrags siehe OFD Münster, Kurzinfo ESt 16/2011 vom 09.06.2001, DB 2011, 1367).

Zu der Frage, wann Werkzeuge ausschließlich in der inländischen Betriebsstätte genutzt werden, ist Folgendes Judikat ergangen:

Der Einsatz und die zwischenzeitliche Lagerung von Werkzeugen des Anlagevermögens (hier: Spritzgussformen) bei einem (ausländischen) Auftragnehmer ist bei funktionaler Betrachtung der einzigen inländischen Betriebsstätte zuzuordnen, wenn die tatsächliche Gewalt über das Wirtschaftsgut regelmäßig innerhalb kurzer Frist wiederlangt werden kann und damit im Einflussbereich des Betriebes verbleibt (FG Niedersachsen, Urteil vom 15.05.2018, 3 K 74/18,

BB 2018, 1906 mit Anm. Weiss = DStRK 2018, 336 mit Anm. Grädler [Rev. eingelegt; Az. d. BFH: IV R 16/18]).

6 Bezeichnung des Wirtschaftsgutes

6.1 Alte Rechtslage

In § 7g Abs. 1 Satz 2 Nr. 3 wird gefordert, dass das begünstigte Wirtschaftsgut, das voraussichtlich angeschafft und hergestellt werden soll, wie bisher hinreichend zu beschreiben ist. Jedes einzelne Wirtschaftsgut ist gesondert zu dokumentieren. Sammelbezeichnungen wie „Maschinen" oder „Fuhrpark" sind nicht ausreichend. Die Höhe der voraussichtlichen Anschaffungs- oder Herstellungskosten ist weiterhin anzugeben. Nicht erforderlich ist dagegen die Angabe des Wirtschaftsjahres der Investition (BT-Drucks. 16/4841 vom 27.03.2007, 52 amtl. Begr.).

Eine Ansparrücklage nach § 7g EStG muss für das konkret benannte Wirtschaftsjahr beansprucht werden (Niedersächsisches FG, Urteil vom 02.07.2013, 3 K 1/13, DStRE 2015, 193 rkr.).

Investitionsabzugsbeträge können nur dann in Anspruch genommen werden, wenn die in § 7g Abs. 1 Satz 2 Nr. 3 genannten Angaben dem Finanzamt in den nach § 60 EStDV einzureichenden Unterlagen zur Steuererklärung mitgeteilt werden. Dadurch werden Rückfragen seitens des Finanzamts vermieden und die Überprüfbarkeit der geltend gemachten Investitionsabzugsbeträge ist gewährleistet (BT-Drucks. 16/4841 vom 27.03.2007, 52 amtl. Begr.).

Die geänderte Willensbetätigung zu einer wahlrechtsbezogenen Rechtsfolge (hier: Minderung von Anschaffungskosten gem. § 7g Abs. 2 S. 2 EStG a. F.) ist nur nach Maßgabe der Regelungen zur Bilanzänderung (§ 4 Abs. 2 S. 2 EStG) steuerlich zugelassen, wenn sie (wie ebenfalls die ursprünglich Wahl) in einer dem FA eingereichten Überleitungsrechnung (§ 60 Abs. 2 S. 1 EStDV) vor der Veranlagung erfolgt (BFH, Urteil vom 27.05.2020 XI R 12/18, BFH/NV 2020, 1336, DStR 2020, 2233 = BB 2020, 2543, 2546 mit Anm. Münch = DStRK 2020, 297 mit Anm. Schlund = FR 2020, 1054, 1057 f. mit Anm. Weber = Grellet = EStB 2020, 416 mit Anm. Weiss).

Bislang wurde nur gefordert, dass Bildung und Auflösung der Ansparabschreibungen in der Buchführung verfolgt werden können. Da aber die Buchführung nicht der Steuererklärung beizufügen ist, ist der Steuerpflichtige bislang nicht verpflichtet, die Informationen zu den einzelnen Ansparabschreibungen dem Finanzamt mit der Steuererklärung mitzuteilen. Dies hat sich nunmehr geändert. Künftig können Investitionsabzugsbeträge nur noch berücksichtigt werden, wenn die notwendigen Erklärungen der Steuererklärung entnommen werden können (darauf weist Pitzke, NWB, Fach 3, 14671, 14675 hin).

Des Weiteren ist die Regelung auch in Bezug auf das begünstigte Wirtschaftsgut flexibler ausgestaltet worden. Abweichend vom Regierungsentwurf ist es nicht mehr erforderlich, das jeweilige Wirtschaftsgut individuell genau zu bezeich-

6 Bezeichnung des Wirtschaftsgutes

nen. Vielmehr reicht es aus, das geplante Investitionsgut seiner **Funktion** nach zu benennen. Wenn bei Inanspruchnahme des Investitionsabzugsbetrags lediglich eine allgemeine Angabe entsprechend der Funktionalität erfolgt, wird es ermöglicht, später ein anderes Wirtschaftsgut mit einer vergleichbaren Funktion zu erwerben (Hörster/Merker, NWB, Fach 2, 9351, 9352; siehe ferner Kulosa, DStR 2008, 131, 132 mit kritischen Anmerkungen zu den angeblichen Formerfordernissen; vgl. a. Bruschke, DStZ 2008, 204, 207 ff.; Wendt, FR 2008, 598, 599 ff.).

Mit dem Verzicht darauf, das Investitionsgut wie ursprünglich vorgesehen „hinreichend" und stattdessen nur seiner Funktion nach bezeichnen zu müssen, meint der Gesetzgeber, eine Erleichterung geschaffen zu haben (BT-Drucks. 16/5491 vom 24.05.2007, 17 f. Ber. d. FinA). Dies wird jedoch für zweifelhaft gehalten.

Welche materiell-rechtlichen Änderungen im Übrigen beabsichtigt waren, wird aus dem geänderten § 7g EStG nicht deutlich. Dem Steuerpflichtigen wird daher die Nutzung des Abzugsbetrags durch die Neuregelung nicht spürbar erschwert (Peetz, DStZ 2008, 680, 687).

Der Finanzausschuss des Bundestages bildet folgendes Beispiel: Bezeichnet wird ein „Transportfahrzeug", womit ein Gabelstapler gemeint sein soll. Beschafft werden soll dann ein Lkw, aber kein Pkw. Jedoch muss die Funktion genauer beschrieben werden, wie man an dem vom Finanzausschuss gebildeten Beispiel demonstrieren kann: Natürlich ist auch ein Pkw ein Transportfahrzeug, er dient dem Transport von Personen, aber auch dem Transport von Gütern. Wenn die Bezeichnung also überhaupt einen Sinn haben soll, dann muss die Funktion so genau beschrieben werden, dass man die Art des Wirtschaftsgutes erkennen kann. Damit ändert sich insoweit letztlich nichts an der bisherigen Rechtslage (§ 7g EStG a. F.). Die Angabe „Büromöbel" ist deshalb möglicherweise nicht ausreichend (so zweifelnd Wendt, FR 2008, 598, 599 f.; siehe auch Kulosa, DStR 2008, 131, 132 f.; Blümich/Brandis, § 7g EStG Rdnr. 50a).

Die Finanzverwaltung hat hier folgende Klarstellung getroffen. Weiterhin nicht erforderlich ist, das begünstigte Wirtschaftsgut konkret zu benennen. Funktionsangaben sind ausreichend (Rdnr. 41 des BMF-Schreibens vom 08.05.2009, IV C 6 – S 2139-b/07/10002, 2009/0294464, BStBl. I 2009, 633).

X. Der Investitionsabzugsbetrag gem. § 7g EStG nach 2008

Beispiele für die Funktionsbeschreibung eines Wirtschaftsgutes:

Beschreibung	Begünstigtes Wirtschaftsgut	Nicht begünstigtes Wirtschaftsgut
Vorrichtung oder Werkzeug für die Herstellung eines Wirtschaftsgutes	Produktionsmaschine, Werkzeug für Reparatur und Wartung	Einrichtungsgegenstand für die Produktionshalle
Vorrichtung für die Beseitigung und Entsorgung betrieblicher Abfälle	Sammelbehälter für Abfälle, Reinigungsmaschine	Produktionsmaschine
Vorrichtung für die Verbesserung des Raumklimas in betrieblichen Räumen und Hallen	Klima- und Trockengerät (sofern nicht Gebäudebestandteil)	Produktionsmaschine, Einrichtungsgegenstand
Vorrichtung für die Versorgung des Viehs in einem landwirtschaftlichen Betrieb	Fütterungsanlage, Futterbehälter, Werkzeug für die Futterverteilung	Klimagerät, Abfallbehälter, Stalleinrichtung

Beispiele für stichwortartige Bezeichnungen, aus denen sich die Funktion des jeweiligen Wirtschaftsgutes ergibt:

Wird als geplante Investition beispielsweise „Nutzfahrzeug" angenommen, sind ein Traktor, Lkw, Mähdrescher, Anhänger oder Gabelstapler begünstigt, nicht hingegen ein Pkw. Weitere Beispiele sind dem obig genannten BMF-Schreiben zu entnehmen.

Der Steuerpflichtige ist also – wegen der diffusen Rechtslage – aus Vorsichtsgründen weiterhin gehalten, die geplante Anschaffung der Investitionsgüter so genau wie möglich zu bezeichnen und von allgemeinen Sammelbezeichnungen (wie z. B. Maschinen, Fuhrpark, Büroeinrichtung) Abstand zu nehmen.

Ein Wirtschaftsgut, das der Steuerpflichtige voraussichtlich anschaffen will, ist jedenfalls dann nicht in den beim FA einzureichenden „Unterlagen" benannt, wenn der Steuerpflichtige es gegenüber dem FA lediglich telefonisch benannt hat und das FA darüber einen Vermerk anfertigt, der Steuerpflichtige im Veranlagungs-, Einspruchs- und Klageverfahren aber in schriftlicher Form ein anderes Wirtschaftsgut genannt hat. Die Bezeichnung „Studiobedarf" für eine in einem Fotostudio geplante Investition stellt keine ausreichende Benennung des Wirtschaftsguts „seiner Funktion nach" dar (BFH, Urteil vom 19.10.2011, X R 25/10, BFH/NV 2012, 718).

6 Bezeichnung des Wirtschaftsgutes

Stichwortartige Bezeichnung	Begünstigtes Wirtschaftsgut	Nicht begünstigtes Wirtschaftsgut
Bürotechnik-Gegenstand	Computer, Drucker, Faxgerät, Telefon, Kopierer	Büroeinrichtungsgegenstand, Büromöbelstück
Nutzfahrzeug	Traktor, Lkw, Mähdrescher, Anhänger, Gabelstapler	Pkw
Pkw	jedes Fahrzeug, das üblicherweise vorrangig der Personenbeförderung dient	Traktor, Lkw, Mähdrescher, Anhänger, Gabelstapler
Büroeinrichtungsgegenstand/Büromöbelstück	Schreibtisch, Stuhl, Rollcontainer, Regal, Dekorationsgegenstand	Bürotechnik-Gegenstand, Klimagerät

Der Steuerpflichtige muss hier abwägen. Eine möglichst genaue Beschreibung des zu erwerbenden Wirtschaftsguts dient der sicheren Durchsetzung des Abzugsbetrags. Die weite Funktionsbeschreibung wiederum gestattet eine gewisse Investitionsbreite zu seinem Vorteil. Diese Vielfalt steht bei konkreter Beschreibung der Investition nicht zur Verfügung.

Probleme wirft der Gesetzgeber auf, wonach die Benennung „der beim Finanzamt einzureichenden Unterlagen" erfolgen muss. Einzureichen sind nach § 60 EStDV die Bilanz und die Gewinn- und Verlustrechnung, ggf. auch Anhang, Lagebericht und Prüfungsbericht. Da der Investitionsabzugsbetrag **außerhalb der Bilanz** vorgenommen wird, kann er in den genannten Unterlagen weder enthalten sein noch erläutert werden. Der Gesetzgeber hat sich möglicherweise vorgestellt, dass der Steuerpflichtige bei Geltendmachung eines Investitionsabzugs das Finanzamt von sich aus über die Funktion und die Anschaffungs-/Herstellungskosten der Wirtschaftsgüter informieren muss. Bisher genügte es, wenn diese Angaben in der – nicht beim Finanzamt einzureichenden – **Buchführung** enthalten waren. Jedoch ist diese Vorstellung im Gesetzestext nicht umgesetzt worden. In der Praxis wird man wohl damit rechnen müssen, dass das Finanzamt den Investitionsabzug nur gewähren wird, wenn der Steuerpflichtige in einer „Anlage zur Ermittlung des steuerlichen Gewinns" die geforderten Angaben macht, obwohl eine Rechtsgrundlage dafür expressis verbis nicht besteht (siehe auch Kulosa, DStR 2008, 131, 133). Die Frage, ob von der höchstrichterlichen Rechtsprechung, wonach bezogen auf den Investitionsabzugsbetrag nach § 7g EStG ein einmal benanntes Wirtschaftsgut nicht durch ein anderes, nicht funktionsgleiches Wirtschaftsgut ersetzt werden darf, im Auslegungswege Ausnahmen bei Vorliegen einer besonderen persönlichen Härte anzuerkennen sind, ist nicht klärungsbedürftig. Ihre Beantwortung ergibt sich eindeutig aus dem Gesetz. Danach lässt weder der Wortlaut des § 7g EStG noch der mit der Norm verfolgte Begünstigungszweck eine von der höchstrichterlichen Rechtsprechung abweichende erweiternde Auslegung zu (so BFH, Beschluss vom 19.11.2013, IV B 86/13, BFH/NV 2014, 336; hierzu Zimmet, NWB 2014, 247 ff.).

X. Der Investitionsabzugsbetrag gem. § 7g EStG nach 2008

Investitionsbeschreibung

Für einen betrieblichen Pkw, der auch privat genutzt werden soll, kann die Absicht der ausschließlich oder fast ausschließlich betrieblichen Nutzung des Pkw. dadurch dargelegt werden, dass der Steuerpflichtige geltend macht, den (ausreichenden) betrieblichen Nutzungsanteil mittels eines Fahrtenbuches zu dokumentieren. Dem steht bei summarischer Prüfung nicht entgegen, dass der Steuerpflichtige für ein im Zeitpunkt der Geltendmachung des Investitionsabzugsbetrags vorhandenes Fahrzeug den privaten Nutzungsanteil unter Anwendung der sog. 1 %-Regelung (§ 6 Abs. 1 Nr. 4 Satz 2 EStG) ermittelt (BFH, Beschluss vom 26. 11. 2009, VIII B 190/09, BFH/NV 2010, 331 gegen Tz. 47 des BMF-Schreibens vom 08. 05. 2009, IV C 6 – S 2139-b/07/10002, 2009/0294464, BStBl. I 2009, 633).

Im Schrifttum ist problematisiert worden, ob der Erwerb eines 100 %igen Kommanditanteils als Anschaffung eines Wirtschaftsguts i. S. d. § 7g Abs. 2 Satz 1 qualifiziert werden kann. Dabei kommt man zu dem Ergebnis, dass die Investition in einen 100 %igen Kommanditanteil (Komplementärin ist nicht am Vermögen der KG beteiligt), bei dem die Kommanditgesellschaft das begünstigte Wirtschaftsgut bilanziert, den Tatbestand des § 7g Abs. 2 Satz 1 erfüllt. Hat der Steuerpflichtige danach den Investitionsabzugsbetrag in seinen Einzelunternehmen gebildet, kann er diesen nach Investitionen in einen solchen Kommanditanteil auflösen (so das Votum von Weßling, DStR 2012, 687 f.).

6.2 Neue Rechtslage

Durch das Steueränderungsgesetz 2015 vom 02. 11. 2015 (BGBl. I 2015, 1834 – BStBl. I 2015, 846) ist die Abschaffung des **Funktionsbenennungserfordernisses** eingefügt worden. Damit sind Oberbegriffe und Sammelbezeichnungen, die in der Vergangenheit zu den obig bezeichneten Streitfragen geführt haben, nunmehr grundsätzlich möglich (siehe hierzu Paus, EStB 2016, 107 ff.; Warnke, EStB 2016, 449, 450 f.; Grützner, StuB 2016, 178 f.; Günther, EStB 2016, 58; Meyer/Ball, StBp 2017, 41 ff.).

Die streng wirtschaftsgutbezogene Betrachtungsweise gehört der Vergangenheit an. Das Gesetz fördert nunmehr ganz allgemein die Investitionsbereitschaft des Unternehmers.

Abzugsbeträge können auf jedes begünstigte Wirtschaftsgut, das innerhalb der Drei-Jahres-Frist angeschafft oder hergestellt wird, durch Hinzurechnung „übertragen" werden. Zudem ist die Pflicht zur Hinzurechnung bei Erwerb entfallen. Der Steuerpflichtige kann somit künftig selbst entscheiden, ob eine Hinzurechnung des Abzugsbetrags im Anschaffungsjahr oder eine rückwirkende Rückgängigmachung des Investitionsabzugsbetrags im Bescheid des Abzugsjahres (einschließlich der Verzinsung der Steuernachforderung) im Rahmen einer Gesamtbetrachtung steuerlich günstiger ist (hierzu ausführlich Reddig, NWB 2015, 3574 ff.). Im Schrifttum werden jedoch auch weiterhin Zweifel geäußert, ob es im Belieben des Unternehmens steht, den Investitionsabzugsbetrag auch nachträglich geltend zu machen (hierzu Meyer/Ball, steuerberater intern, Beilage Nr. 2 vom 18.01.2016, 1 ff.).

Der Gesetzgeber hat die Förderung von Investitionen kleiner und mittlerer Betriebe verbessert. Durch den Verzicht auf die Festlegung der Art und des Umfangs von Einzelinvestitionen wird eine flexiblere Nutzung der Vergünstigung erleichtert. **Beispiel** (nach Grützner, StuB 2015, 904, 908):

Der Einzelunternehmer A (Wirtschaftsjahr = Kalenderjahr) plant für 2018 die Anschaffung verschiedener abnutzbarer beweglicher Anlagegüter für rd. 60.000 €. Er nimmt deswegen für 2016 einen Investitionsabzugsbetrag von 24.000 € in Anspruch. Infolge technischer Änderungen sind für die Investitionen in 2018 nur 50.000 € aufzuwenden. Gem. § 7g Abs. 2 EStG verbleibt ein nicht ausgenutzter Investitionsabzugsbetrag von 4.000 €. Nach bisheriger Rechtslage wäre insoweit die ESt-Veranlagung 2016 zu ändern. Die Neuregelung erlaubt es, den verbleibenden Abzugsbetrag von 4.000 € Investitionen des noch zum Investitionszeitraum gehörenden Jahres 2019 zuzuordnen.

Sofern die Zuordnung eines Investitionsabzugsbetrages zu einer bestimmten Investition entfällt, besteht die Möglichkeit, diesen Betrag – wie aus dem obigen Beispiel ersichtlich – anderen Investitionen innerhalb des maßgebenden Investitionszeitraums zuzuordnen. Nach bisheriger Rechtslage wäre der Abzugsbetrag zu versagen und dementsprechend die Veranlagung für das Abzugsjahr zu ändern gewesen. Einer späteren Versagung eines beanspruchten Investitionsabzugsbetrags wird jedoch nur bei sorgfältiger Investitionsplanung entgegengewirkt werden können.

Die Neuregelung des § 7g EStG ist erstmals auf Investitionsabzugsbeträge anwendbar, die in nach dem 31.12.2015 endenden Wirtschaftsjahren in Anspruch genommen werden. Bei vor dem 01.01.2015 endenden Wirtschaftsjahren bleibt die bisherige Rechtslage anwendbar. Nach altem Recht gebildete Investitionsabzugsbeträge sind auf den Höchstbetrag von 200.000 € anzurechnen, sowet sie nicht hinzugerechnet oder rückgängig gemacht wurden (§ 52 Abs. 16 EStG n. F.).

7 Berechnung des Höchstbetrages

Der Höchstbetrag für die insgesamt am Stichtag abgezogenen Beträge wird auf 200.000 € erhöht. Dabei bleiben die Investitionsabzugsbeträge, die bei erfolgter Investition nach § 7g Abs. 2 EStG wieder hinzuzurechnen sind, unberücksichtigt. Das gilt auch für die am Stichtag nach § 7g Abs. 3 und 4 EStG rückgängig zu machenden Abzugsbeträge, da diese im Ergebnis nicht berücksichtigt wurden.

Der Höchstbetrag von 200.000 € für die Vornahme des Investitionsabzugsbetrags bezieht sich auf sämtliche Abzugsbeträge, die im Wirtschaftsjahr des Abzugs und den drei vorangegangenen Wirtschaftsjahren vorgenommen wurden.

Dabei sind auch Ansparrücklagen zu berücksichtigen, die nach altem Recht gebildet und noch nicht gewinnerhöhend aufgelöst worden sind (§ 52 Abs. 23 Satz 3 n. F.).

Höchstbetrag

Umstritten war bislang, ob der geltend gemachte **Investitionsabzugsbetrag** in einem Folgejahr **nachträglich aufgestockt** werden kann.

8 Besonderheiten bei geringwertigen Wirtschaftsgütern

Des Weiteren ist bei sog. geringfügigen Wirtschaftsgütern i. S. v. § 6 Abs. 2 EStG und bei der Bildung eines Sammelpostens nach § 6 Abs. 2a EStG die Herabsetzung der Investitionskosten um bis zu 40 % entsprechend zu berücksichtigen. Dies wirkt sich auch auf die Anwendung der Regelungen in § 6 Abs. 2 und 2a EStG aus. Sinken beispielsweise durch die Herabsetzung die maßgeblichen Anschaffungskosten unter 150 €, ist ein Sofortabzug nach § 6 Abs. 2 EStG vorzunehmen.

> **Beispiel:**
> A bildet zum 31.12.2008 für die geplante Anschaffung eines Schreibtisches für sein Büro einen Investitionsabzugsbetrag von 40 % von 300 € = 120 € und einer Sitzgelegenheit für sein Büro gewinnmindernd einen Investitionsabzug von 40 % von 250 € = 100 €.
> Schreibtisch und Sitzgelegenheit werden im Juni 2009 für 300 € bzw. 250 € angeschafft.
> Im Jahr 2009 sind die Investitionsabzugsbeträge von 120 € und 100 € außerbilanziell gewinnerhöhend hinzuzurechnen. Andererseits können im Jahr 2009 die Anschaffungskosten des Schreibtischs um bis zu 40 % = 120 € gewinnmindernd herabgesetzt werden. Die Bemessungsgrundlage für den Sammelposten beträgt dann 300 € ./. 120 € = 180 €. Des Weiteren können die Anschaffungskosten für die Sitzgelegenheit um bis zu 100 € gewinnmindernd abgesetzt werden. Da die verbleibenden Anschaffungskosten von 250 € ./. 100 € = 150 € die neue GWG-Grenze von 150 € nicht übersteigen, sind sie im Jahr 2009 in voller Höhe als Betriebsausgaben abzusetzen (§ 6 Abs. 2 Satz 1 EStG n. F.).

Das Verhältnis von Sonderabschreibungen und Poolabschreibungen gem. § 6 Abs. 2a EStG ist ungeklärt. Zunächst einmal dürfen beide Abschreibungen nur nebeneinander in Anspruch genommen werden. Das Kumulierungsverbot nach § 7a Abs. 5 EStG greift nicht ein, weil die Poolabschreibung keine Sonderabschreibung, sondern eine zwingende Regelabschreibung ist. Die Regelabschreibung nach § 7 EStG ist aber nach allgemeinen Grundsätzen neben der Sonderabschreibung vorzunehmen (§ 7a Abs. 4 EStG). Da § 6 Abs. 2a EStG zwingend anstelle der AfA nach § 7 Abs. 1 EStG tritt, muss auch diese Abschreibung neben der Sonderabschreibung vorzunehmen sein. Für Sonderabschreibungen steht auch nicht das Erfordernis einer besonderen Aufzeichnung nach § 7a Abs. 8 EStG entgegen (Wendt, FR 2008, 598, 603).

8 Besonderheiten bei geringwertigen Wirtschaftsgütern

Beispiel zur Wirkungsweise des neuen § 7g EStG in Relation zur Poolabschreibung:

X nimmt im Sommer 2008 eine freiberufliche Tätigkeit auf und beabsichtigt, innerhalb von drei Jahren ein Notebook zur ausschließlich betrieblichen Nutzung anzuschaffen. Die Anschaffungskosten betragen nach den Verhältnissen Ende 2008 voraussichtlich 2.000 €.
Im Dezember 2009 beschafft X das Notebook. Es kostet tatsächlich 1.650 €. Die betriebsgewöhnliche Nutzungsdauer beträgt drei Jahre. Der von X erzielte Gewinn beläuft sich in allen Jahren auf weit weniger als 100.000 €.

Lösung:

X kann im Jahr 2008 einen Investitionsabzugsbetrag von 800 € in Anspruch nehmen. Im Jahr 2009 ist wegen der niedrigen Anschaffungskosten der Abzugsbetrag teilweise rückgängig zu machen. Der niedrigere Abzugsbetrag von 660 € muss 2009 gewinnerhöhend aufgelöst werden. Zugleich kann X die Anschaffungskosten um bis zu 660 € mindern. Nutzt er den Höchstbetrag, fällt das Notebook in die Poolabschreibung. Wegen der Nutzungsdauer von weniger als fünf Jahren ist die Poolabschreibung ungünstiger, so dass eine geringere Absetzung der Anschaffungskosten gewählt werden kann. Im Anschaffungsjahr ist bei linearer AfA nur 112 € abzuziehen. Außerdem kann X die Sonderabschreibungen um 20 % der reduzierten Anschaffungskosten beanspruchen.

	2008	2009		2010	
		Pool	ohne Pool	Pool	ohne Pool
Bildung Abzugsbetrag	– 800 €				
Auflösung Abzugsbetrag	+ 140 €	+ 660 €	+ 660 €		
Minderung HK		– 660 €	– 649 €		
AfA 2009		– 198 €	– 28 €		
Sonderabschreibung		– 198 €	– 198 €		
	– 660 €	– 396 €	– 237 €		
AfA 2010				198 €	334 €

Bei der Wahl des höchstzulässigen Abzugs nach § 7g Abs. 2 Satz 2 EStG und Inanspruchnahme der Sonderabschreibung kommt es zu einer die AK übersteigenden Gewinnminderung:

AK	1650 €
Gewinnabzug	– 660 €
AfA 2009	– 198 €
AfA 2010	– 198 €
AfA 2011	– 198 €
AfA 2012	– 198 €
AfA 2013	– 198 €
Sonderabschreibung	– 198 €

X. Der Investitionsabzugsbetrag gem. § 7g EStG nach 2008

Aufgrund des Nebeneinanders von Sonderabschreibungen nach § 7g EStG bzw. Poolabschreibungen nach § 6 Abs. 2a EStG gelangt man folglich zu einer quasi 120 %-Abschreibung (so das Fazit von Wendt, FR 2008, 598, 604 aufgrund des von ihm erarbeiteten vorgenannten Rechenbeispiels; differenzierend Pohl, DStR 2008, 2302 ff.).

Dieser großzügigen Betrachtungsweise steht jedoch das folgende Judikat entgegen:

Sog. geringwertige Wirtschaftsgüter (§ 6 Abs. 2 EStG) oder Wirtschaftsgüter, die nach § 6 Abs. 2a EStG in einem Sammelposten erfasst werden, sind nach § 7g EStG begünstigt (Rdnr. 7 des BMF-Schreibens vom 20. 03. 2017 IV C 6 – S 2139-b/07/10002–02 DOK 2017/0202664, BStBl. I 2017, 423; a. A. FG München, Urteil vom 12. 12. 2013, 10 K 1076/12, EFG 2014, 522, DStRE 2015, 451, rkr.; mit Anm. Bolik, BB 2014, 1074 und Grützner, StuB 2015, 819).

Zu den Auswirkungen der erhöhten Wertgrenzen bei geringwertigen Wirtschaftsgütern ab 2018 siehe eingehehend Grefe, DStZ 2017, 718 ff.

9 Entstehen von Verlusten

Wie bisher bei der Ansparrücklage können Investitionsabzugsbeträge auch dann in Anspruch genommen werden, wenn dadurch ein Verlust entsteht oder sich erhöht (§ 7g Abs. 1 Satz 3 EStG).

Der Investitionsabzugsbetrag mindert das Ergebnis des in Betracht kommenden Betriebs außerhalb der Bilanz. Seine Inanspruchnahme durch eine KG führt danach bei den Kommanditisten weder zur Entstehung noch zur Erhöhung eines negativen Kapitalkontos, so dass insoweit die Ausgleichs- und Abzugsbeschränkungen des **§ 15a EStG** nicht eingreifen (so die ausführliche Begründung von Grützner, StuB 2008, 332, 337; hierzu ausführlich Schmelzer/Suck, DStR 2011, 1637 ff.).

10 Auflösung des Investitionsabzugsbetrages

10.1 Allgemeines

Wird das begünstigte Wirtschaftsgut, für das ein Abzugsbetrag nach § 7g Abs. 1 in Anspruch genommen wurde, planmäßig angeschafft oder hergestellt, können die tatsächlichen Anschaffungs- oder Herstellungskosten um bis zu 40 % gewinnmindernd reduziert werden. Dem Steuerpflichtigen steht es jedoch frei, in welcher Höhe er im Wirtschaftsjahr der Anschaffung oder Herstellung des begünstigten Wirtschaftsguts die Anschaffungs- oder Herstellungskosten reduziert. Zwischen 1 € und 40 % der tatsächlichen Anschaffungs- oder Herstellungskosten ist jeder Betrag zulässig (Wahlrecht). Die 40 % sind also hier keine zwingende Vorgabe, sondern nur der zulässige Maximalbetrag (Schoor, StuB 2007, 301, 305; ders., StuB 2007, 453).

10 Auflösung des Investitionsabzugsbetrages

Die Bemessungsgrundlage für die weiteren Abschreibungen (z. B. § 7 Abs. 1, § 7g Abs. 4) vermindert sich entsprechend. Gleichzeitig ist der für dieses Wirtschaftsgut zu berücksichtigende Investitionsabzugsbetrag in Höhe von 40 % der Anschaffungs- oder Herstellungskosten **außerbilanziell** gewinnerhöhend hinzuzurechnen. Die Hinzurechnung ist aber auf den nach § 7g Abs. 1 abgezogenen Betrag für das begünstigte Wirtschaftsgut begrenzt. Die Regelungen sind weiterhin wirtschaftsgutbezogen ausgestaltet.

Es ist nicht zulässig, den für eine bestimmte künftige Investition berücksichtigten Abzugsbetrag ganz oder teilweise für eine Investition anderer Art zu verwenden. Das bei Inanspruchnahme des Investitionsabzugsbetrages benannte Wirtschaftsgut und das später tatsächlich angeschaffte oder hergestellte Wirtschaftsgut müssen zumindest **funktionsgleich** sein. Dies ist z. B. der Fall, wenn der Steuerpflichtige anstelle der geplanten Anschaffung eines Lkw der Marke A einen Lkw der Marke B erwirbt. Dagegen ist die Funktionsgleichheit zu verneinen, wenn z. B. anstelle der geplanten Anschaffung eines Lkw ein Pkw erworben wird (BT-Drucks. 16/4841 vom 27.03.2007, 53 amtl. Begr.).

Führt eine **Betriebsaufgabe** zur Rückgängigmachung eines Investitionsabzugsbetrags, ist die im Jahr der ursprünglichen Vornahme des Gewinnabzugsbetrags eintretende Gewinnerhöhung Teil des laufenden Gewinns (BFH, Urteil vom 27.04.2016, X R 16/15, BFH/NV 2016, 1444 = EStB 2016, 331, 332 mit Anm. Günther; so schon vorher FG Hamburg, Urteil vom 21.05.2015, 2 K 14/15, DStRE 2016, 771 rkr.).

Auch ein Investitionsabzugsbetrag, der wegen Überschreitens der Gewinngrenze schon gar nicht hätte in Anspruch genommen werden dürfen, kann gem. § 7g Abs. 3 EStG rückwirkend rückgängig gemacht werden, wenn die beabsichtigte Investition innerhalb der dreijährigen Investitionsfrist tatsächlich nicht vorgenommen wird (BFH, Beschluss vom 05.02.2018, X B 161/17, BFH/NV 2018, 527 = EStB 2018, 134 mit Anm. Günther).

Bei **unentgeltlicher Betriebsübertragung** nach § 6 Abs. 3 EStG treffen die Folgen einer ausbleibenden Investition den früheren Betriebsinhaber. Abweichende Vereinbarungen hierzu, die erst nach Ablauf des Geschäftsjahres getroffen werden, entfalten steuerlich keine Wirkung (FG Düsseldorf, Urteil vom 08.05.2019, 15 K 1457/18 E, EFG 2019, 988, 970 mit Anm. Kühnen = BB 2019, 1394 mit Anm. Münch [vorläufig nicht rechtskräftig]).

10.2 Übereinstimmung zwischen den tatsächlichen und prognostizierten Anschaffungskosten

Entsprechen die bei der Inanspruchnahme des Investitionsabzugsbetrages prognostizierten Anschaffungs- oder Herstellungskosten dem tatsächlichen Investitionsaufwand, ergeben sich im Wirtschaftsjahr der Anschaffung oder Herstellung bei Inanspruchnahme der maximalen Herabsetzung der Anschaffungs- oder Herstellungskosten keine Gewinnauswirkungen. Die außerbilanzielle gewinnerhöhende Hinzurechnung kann durch die gewinnmindernde Kürzung

X. Der Investitionsabzugsbetrag gem. § 7g EStG nach 2008

der Anschaffungs- oder Herstellungskosten des investierten Wirtschaftsguts **vollständig kompensiert** werden.

Beispiel:
A bildet in seiner Bilanz zum 31.12.2008 für die geplante Anschaffung einer Maschine einen Investitionsabzugsbetrag von 40 % von 50.000 €. Die Maschine wird im Juni 2009 für 50.000 € angeschafft.
Im Jahr 2009 kann A die Anschaffungskosten von 50.000 € in Höhe von 40 % = 20.000 € als Betriebsausgaben abziehen (§ 7g Abs. 2 Satz 1). Die Bemessungsgrundlage für die AfA beträgt dann 50.000 € ./. 20.000 € = 30.000 €. Der Investitionsabzugsbetrag von 20.000 € ist außerbilanziell dem Gewinn 2009 hinzuzurechnen.

10.3 Tatsächliche Anschaffungskosten sind höher als die prognostizierten

Sind dagegen die tatsächlichen Kosten höher als der prognostizierte Anschaffungs- oder Herstellungsaufwand, übersteigt die höchstmögliche gewinnmindernde Kürzung der Bemessungsgrundlage den hinzuzurechnenden, in einem Vorjahr berücksichtigten Abzugsbetrag. In Höhe der Differenz verbleibt ein den Gewinn mindernder Aufwand.

Beispiel:
A bildet in seiner Bilanz zum 31.12.2008 für die geplante Anschaffung einer Maschine einen Investitionsabzugsbetrag von 40 % von 50.000 €= 20.000 €. Die Maschine wird im Juni 2009 für 55.000 € angeschafft.
Im Jahr 2009 kann A die Anschaffungskosten von 55.000 € in Höhe von 40 % = 22.000 € als Betriebsausgaben abziehen (§ 7g Abs. 2 Satz 1). Die Bemessungsgrundlage für die AfA beträgt dann 55.000 € ./. 22.000 € = 33.000 €. Der 2008 in Anspruch genommene Investitionsabzugsbetrag von 20.000 € ist außerbilanziell dem Gewinn 2009 hinzuzurechnen, so dass sich im Jahr 2009 per Saldo ein zusätzlicher Aufwand von 22.000 € ./. 20.000 € = 2.000 € ergibt. A kann die Reduzierung der Anschaffungskosten aber auch auf den Investitionsabzugsbetrag von 20.000 € begrenzen, dann beträgt die AfA-Bemessungsgrundlage 35.000 €.

10.4 Tatsächliche Anschaffungskosten sind niedriger als die prognostizierten

Wurden die voraussichtlichen Kosten zu hoch geschätzt, kann ein maximal beanspruchter Investitionsabzugsbetrag nicht vollständig hinzugerechnet werden, da die Hinzurechnung auf 40 % der (geringeren) Investitionskosten beschränkt ist. Der verbleibende Restbetrag ist spätestens nach Ablauf der Investitionsfrist gem. § 7g Abs. 1 Satz 1 Nr. 2a i. V. m. Abs. 3 rückwirkend gewinnerhöhend zu erfassen.

: 10 Auflösung des Investitionsabzugsbetrages

> **Beispiel:**
> A plant zum 31.12.2008 für die geplante Anschaffung einer Maschine einen Investitionsabzugsbetrag von 40% von 55.000 € = 22.000 €. Die Maschine wird im Juni 2009 für 50.000 € angeschafft.
> Im Jahr 2009 kann A die Anschaffungskosten von 50.000 € in Höhe von 40% = 20.000 € als Betriebsausgaben abziehen. Die Bemessungsgrundlage für die AfA beträgt dann 50.000 €./. 20.000 € = 30.000 €. Der 2008 in Anspruch genommene Investitionsabzugsbetrag von 22.000 € ist in Höhe eines Teilbetrags von 20.000 € außerbilanziell dem Gewinn 2009 hinzuzurechnen, so dass sich im Ergebnis keine Gewinnauswirkung ergibt. Der verbleibende Restbetrag von 2.000 € ist spätestens nach Ablauf der Investitionsfrist gem. § 7g Abs. 1 Satz 2 Nr. 2a i. V. m. Abs. 3 **rückwirkend gewinnerhöhend** zu erfassen.

Diese rückwirkende Hinzurechnung entfällt jedoch nur dann, wenn innerhalb des verbleibenden Investitionszeitraumes nachträgliche Anschaffungs- oder Herstellungskosten i. S. v. § 255 Abs. 1 HGB für das begünstigte Wirtschaftsgut anfallen, die entsprechend den „Hauptkosten" zu behandeln sind (Berücksichtigung zu 40%).

10.5 Folgen einer Nichtinvestition

Drei Jahre, nachdem der Investitionsabzugsbetrag geltend gemacht wurde, endet die Investitionsfrist. Ist es bis dahin nicht zu der geplanten Investition gekommen, ist also der Investitionsabzugsbetrag nicht bis zum Ende des dritten auf das Wirtschaftsjahr des Abzugs folgenden Wirtschaftsjahres nach § 7g Abs. 2 Satz 2 hinzugerechnet worden, muss der Abzug **rückgängig** gemacht werden (§ 7g Abs. 3 Satz 1). Wurde der Gewinn des maßgebenden Wirtschaftsjahres bereits einer Steuerfestsetzung oder einer gesonderten Feststellung zugrunde gelegt, ist der entsprechende Steuer- oder Feststellungsbescheid insoweit zu ändern (§ 7g Abs. 3 Satz 2). Das gilt auch dann, wenn der Steuer- oder Feststellungsbescheid bestandskräftig geworden ist; die Festsetzungsfrist endet insoweit nicht, bevor die Festsetzungsfrist für den Veranlagungszeitraum abgelaufen ist, in dem das dritte auf das Wirtschaftsjahr des Abzugs folgende Wirtschaftsjahr endet (§ 7g Abs. 3 Satz 3).

> **Beispiel:**
> A bildet zum 31.12.2008 für die geplante Anschaffung eines Lkw einen Investitionsabzugsbetrag von 40% von 100.000 € = 40.000 €. Die Steuererklärungen für 2008 gibt A im Jahr 2009 ab, er wird auch noch im Jahr 2009 veranlagt.
> Die Bescheide 2008 sind bestandskräftig.
> Bis Ende 2011 ist der Lkw nicht angeschafft worden. Davon erfährt das Finanzamt im Jahr 2013, als A seine Steuererklärungen im Jahr 2011 einreicht. Die Veranlagung 2011 erfolgt im Jahr 2014. Das Finanzamt ändert im Jahr 2014 zugleich die Veranlagung 2008 nach § 7g Abs. 3 und rechnet rückwirkend außerbilanziell den Investitionsabzugsbetrag von 40.000 € dem Gewinn 2008 wieder hinzu. Die Änderung des bestandskräftigen Steuerbescheids für 2008 ist deshalb

X. Der Investitionsabzugsbetrag gem. § 7g EStG nach 2008

> möglich, weil die Festsetzungsfrist für das Jahr 2008 aufgrund der Spezialvorschrift des § 7g Abs. 3 Satz 3 n. F. noch nicht abgelaufen ist. Sie endet insoweit nicht, bevor die Festsetzungsfrist für den Veranlagungszeitraum 2011 endet (§ 7g Abs. 3 Satz 3 2. Halbsatz n. F.).

Die Veranlagung des Wirtschaftsjahres des Abzugs ist in diesen Fällen nach § 7g Abs. 3 EStG rückwirkend zu korrigieren, d. h., der ursprüngliche Abzug in diesem Veranlagungszeitraum wird nicht mehr berücksichtigt, was zu einer entsprechenden außerbilanziellen Gewinnerhöhung führt. Daraus ergibt sich zwangsläufig eine automatische Verzinsung der daraus resultierenden Steuerforderungen nach Maßgabe des § 233a AO.

Konsequenz einer rückwirkenden Änderung der Veranlagung oder der Feststellung ist die Anwendung des § 233a AO (Vollverzinsung). Ob der **Zinslauf** analog einer Änderung nach § 175 Abs. 1 Satz 1 Nr. 2 AO und damit analog § 233a Abs. 2a AO erst 15 Monate nach dem zur Korrektur führenden Ereignis beginnt, wird als zweifelhaft erachtet. Hervorzuheben ist, dass das Gesetz nur für den Fall einer Nichteinhaltung der Nutzungsvoraussetzungen ausdrücklich die Nichtanwendbarkeit des § 233a Abs. 2a AO regelt. Daraus kann jedoch nicht geschlossen werden, dass in den anderen Fällen eine analoge Anwendung des § 233a Abs. 2a AO in Betracht kommt. Vielmehr soll der Hinweis in § 7g Abs. 4 Satz 4 EStG offenbar sicherstellen, dass § 233a Abs. 2a AO nicht unmittelbar angewendet werden kann. Somit verbietet sich eine analoge Anwendung ebenfalls. Damit kommt es in allen Fällen zu einem regulären Fristbeginn, also 15 Monate nach Ablauf des Kalenderjahres, für das der Abzugsbetrag beansprucht worden ist (BT-Drucks. 16/4841 vom 27.03.2007, 53 amtl. Begr.; Tz. 72 des BMF-Schreibens vom 08.05.2009, IV C 6 – S 2139-b/07/10002, 2009/0294464, BStBl. I 2009, 633; Blümich/Brandis, § 7g EStG Rdnr. 66; Pitzke, NWB F. 3, 14671, 14680; ders., NWB 2009, 2063, 2072; Schmidt/Kulosa, EStG 39. Aufl. 2020, § 7g Rdnr. 70; ders., DStR 2008, 131, 134 zur alten Rechtslage; Wendt, FR 2008, 598, 602; Grützner, StuB 2009, 524, 532; Weßling, BB 2010, 1450, 1452; ders., DStR 2011, 1645 f.; **a. A.** Maßgeblichkeit der Aufgabe der Investitionsabsicht so Loose, in: Tipke/Kruse, AO, § 233a Tz. 64; Ott, StuB 2008, 247, 248; Groß, StuB 2009, 214, 215; Meyer/Ball, FR 2009, 641, 645; siehe auch Schoor, Stbg 2011, 18, 28, der darauf hinweist, dass diese Streitfrage erst auf der Ebene der Finanzgerichtsbarkeit abschließend geklärt werden wird; ferner Moorkamp, StuB 2011, 551 und Bergan/Martin, DStR 2011, 1546).

Der Gesetzgeber hat im Rahmen des Amtshilferichtlinie-Umsetzungsgesetzes vom 26.06.2013 durch die Einführung des § 7g Abs. 3 Satz 4 EStG klargestellt, dass die Vorschrift des § 233a Abs. 2a AO keine Anwendung findet. Jedoch musste der Bundesfinanzhof noch entscheiden, ob dies auch für **Altfälle** gilt. Der BFH hat dann klargestellt, dass die Gesetzesänderung nicht rückwirkend gilt und somit der Zinslauf erst mit der Überbrückung der Fünf-Monatsfrist nach § 233a Abs. 2a AO zu verzinsen ist und hat entgegen dem obig beschriebenen Steuerstreitstand vor Inkrafttreten keine planwidrige Regelungslücke gese-

10 Auflösung des Investitionsabzugsbetrages

hen, die nun geschlossen werden müsste. Es liegt vielmehr die Schaffung einer umfassenden Neuregelung vor. Daraus folgt, die festgesetzte Einkommensteuer war vor Inkrafttreten des § 7g Abs. 3 Satz 4 EStG n. F. nach § 233a Abs. 2a AO zu verzinsen (BFH, Urteil vom 11.07.2013, IV R 9/12, BStBl. II 2014, 609 mit Anm. von Glasenapp, BB 2013, 2289; ferner Grützner, StuB 2013, 855 ff.). Der durch das AmtshilfeRLUmsG vorverlagerte Beginn des Zinslaufs bei Rückgängigmachung eines Investitionsabzugsbetrags gilt in allen noch offenen Fällen, nicht erst ab 2013 (FG Berlin-Brandenburg, Urteil vom 29.04.2014, 3 K 3061/14, EFG 2014, 1375, DStRE 2015, 327, rkr. gegen BFH, Urteil vom 11.07.2013 a.a.O. mit kritischer Anmerkung Rätke, StuB 2015, 230; zu einem Sonderfall siehe auch FG Köln, Beschluss vom 08.04.2015, 11 V 339/15, StuB 2015, 757; hierzu Paintner, DStR 2013, 1629, 1631; Schröder/Jedicke, DStZ 2013, 793, 795 f.). Vor 2013 gilt bei der Auflösung eines Investitionsabzugsbetrages also die Zinsregelung für rückwirkende Ereignisse, ab 2013 nicht mehr. Es ist also teurer geworden, nicht zu investieren (zu den technischen Anwendungsfragen zur Verzinsung der Steuernachforderung bei Rückgängigmachung von Investitionsabzugsbeträgen von Altfällen hat das BMF in einem ergänzenden Schreiben vom 15.08.2014, IV C 6 – S 2139-b/07/10002, IV A 3 – S 0460a/08/10001, 2014/0694271, BStBl. I 2014, 1174, DStR 2014, 1677 Stellung genommen; hierzu kommentierend Grützner, StuB 2014, 808; ferner ergänzend OFD Frankfurt a. M., Rundverfügung vom 05.02.2015, S 2183b A – 8 – St 210, DStR 2015, 900; vgl. auch FG Köln, Urteil vom 27.03.2019, 3 K 1602/18 EFG 2020, 565, 568 mit Anm. Juntermanns = DStRK 2020, 167 mit Anm. Weiss [Rev. eingelegt; Az. des BFH: VIII R 16/19] mit Anm. Weiss, DStRK 2020, 167).

Das Gesetz sagt jedoch nichts darüber aus, ob der Unternehmer den von ihm gebildeten Investitionsabzugsbetrag **innerhalb der Investitionsfrist** von drei Jahren vorzeitig auflösen darf. Das Gesetz schreibt nur vor, dass der Abzug rückgängig zu machen ist, soweit er nicht bis zum Ende des dritten Wirtschaftsjahres wegen Anschaffung oder Herstellung des begünstigten Wirtschaftsgutes hinzugerechnet wurde.

Die Verwaltung ist hier jedoch großzügig. Auf Antrag des Steuerpflichtigen können Investitionsabzugsbeträge innerhalb des Investitionszeitraums jederzeit freiwillig ganz oder teilweise nach § 7g Abs. 3 EStG rückgängig gemacht werden (so ausdrücklich Rdnr. 62 des BMF-Schreibens vom 08.05.2009, IV C 6 – S 2139-b/07/10002, 2009/0294464, BStBl. I 2009, 633, siehe auch Schoor, Stbg 2011, 18, 27 f.).

Die bisherige Ansparabschreibung durfte der Steuerpflichtige innerhalb des Ansparzeitraums von zwei Jahren freiwillig gewinnerhöhend auflösen (vgl. Tz. 28 des BMF-Schreibens vom 25.02.2004, IV A 6 – S 2183b – 1/04, BStBl. I 2004, 337). Ob das auch für den korrespondierenden Investitionsabzugsbetrag gilt, ist nicht geregelt. Dies dürfte jedoch analog zu der bisherigen Regelung ebenfalls möglich sein (so auch im Ergebnis Schoor, StuB 2007, 453, 457; Happe, BBK, Fach 13, 5227, 5237 f.; Pitzke, NWB 2009, 2063, 2073).

X. Der Investitionsabzugsbetrag gem. § 7g EStG nach 2008

Im Schrifttum wird jedoch die Auffassung vertreten, dass der freiwilligen Rückgängigmachung des Abzugsbetrags eine Rechtsgrundlage fehlt, jedenfalls dann, wenn das Abzugsjahr formell und materiell bestandskräftig veranlagt ist (Meyer/Ball, FR 2009, 641, 646).

Dabei sollte es die Finanzverwaltung durchaus in Kauf nehmen, dass durch eine geschickte Meldung und daran anknüpfend durch eine zeitnahe Berichtigung des Steuerbescheids für das Jahr des Investitionsabzugsbetrags Nachzahlungszinsen vermieden werden können, also durch die Inanspruchnahme des Investitionsabzugsbetrags eine zeitlich begrenzte unverzinsliche Steuerstundung stattfindet.

> **Beispiel:**
> A hat in 2007 für einen Lkw einen Investitionsabzugsbetrag von 50.000 € in Anspruch genommen. Ende 2008 teilte er dem Finanzamt mit, dass er die beabsichtigte Investition in dem Investitionszeitraum 2008 bis 2010 doch nicht durchführen wird. Das Finanzamt führte daraufhin eine Änderung des Bescheides 2007 noch bis zum 31.03.2009 durch.
> Die Nachzahlung aufgrund der Versagung des Investitionsabzugsbetrages, die für 2007 festgesetzt wird, unterliegt nicht der Vollverzinsung. Damit kommt es de facto zu einer zinslosen Stundung des Nachzahlungsbetrages.

Auch ein Investitionsabzugsbetrag, der wegen Überschreitens der Gewinngrenze schon gar nicht hätte in Anspruch genommen werden dürfen, kann gem. § 7g Abs. 3 EStG rückwirkend rückgängig gemacht werden, wenn die beabsichtigte Investition innerhalb der dreijährigen Investitionsfrist tatsächlich nicht vorgenommen wird (BFH, Beschluss vom 05.02.2018, X B 161/17 BFH/NV 2018, 527 = EStB 2018, 134 m.Anm. Günther; siehe auch Meinert/Heeke, NWB 2020, 2459 ff.).

Bei unentgeltlicher Betriebsübertragung nach § 6 Abs. 3 EStG treffen die Folgen einer ausbleibenden Investition den früheren Betriebsinhaber. Abweichende Vereinbarungen hierzu, die erst nach Ablauf des Geschäftsjahres getroffen werden, entfalten steuerlich keine Wirkung (FG Düsseldorf, Urteil vom 08.05.2019, 15 K 1457/18 E EFG 2019, 988, 970 m.Anm. Kühnen = BB 2019, 1394 m.Anm. Münch [vorläufig nicht rechtskräftig]).

Zur nachträglichen Rückgängigmachung eines Investitionsabzugsbetrags wegen Überschreitens des schädlichen Betriebsgrößenmerkmals vgl. Niedersächsisches FG, Urteil vom 24.06.2020 9 K 253/18 BB 2020, 2736, 2738, mit Anm. Park, rkr.

10.6 Konsequenzen bei Verstoß gegen die Verbleibens- und/oder Nutzungsvoraussetzungen

Wird in Fällen der Anschaffung oder Herstellung des begünstigten Wirtschaftsguts dieses nicht bis zum Ende des dem Wirtschaftsjahr der Anschaffung oder Herstellung folgenden Wirtschaftsjahres in einer inländischen Betriebsstätte

10 Auflösung des Investitionsabzugsbetrages

des Betriebs ausschließlich oder fast ausschließlich betrieblich (mindestens 90 %) genutzt, sind der Abzug sowie die Herabsetzung der Anschaffungskosten oder Herstellungskosten, die Verringerung der Bemessungsgrundlage und die Hinzurechnung des Abzugsbetrags nach § 7g Abs. 2 Satz 1 EStG rückgängig zu machen (§ 7g Abs. 4 Satz 1 EStG). Es kommt dann also zu einer **„Rückabwicklung"**.

Wurden die Gewinne der maßgebenden Wirtschaftsjahre bereits Steuerfestsetzungen oder gesonderten Feststellungen zugrunde gelegt, sind die entsprechenden Steuer- oder Feststellungsbescheide insoweit zu ändern (§ 7g Abs. 4 Satz 2 EStG). Das gilt auch dann, wenn die Steuer- oder Feststellungsbescheide bereits bestandskräftig geworden sind; die Festsetzungsfristen enden insoweit nicht, bevor die Festsetzungsfrist für den Veranlagungszeitraum abgelaufen ist, in dem die Verbleibens- und Nutzungsvoraussetzungen des § 7g Abs. 1 Satz 2 Nr. 2b EStG erstmals nicht mehr vorliegen (§ 7g Abs. 4 Satz 3 EStG).

> **Beispiel:**
> A bildet zum 31. 12. 2008 für die geplante Anschaffung eines Lkw außerbilanziell einen Investitionsabzugsbetrag von 40 % von 50.000 € = 20.000 € und mindert auf diese Weise seinen Gewinn 2008. Die Bescheide 2008 sind bestandskräftig. Der Lkw wird im Juni 2009 für 50.000 € angeschafft.
> Im Jahr 2009 ist der Investitionsabzugsbetrag von 20.000 € außerbilanziell dem Gewinn von 2009 hinzuzurechnen. Die Anschaffungskosten sind 2008 gewinnmindernd um 20.000 € herabzusetzen. Als Bemessungsgrundlage für die AfA sind 50.000 € ./. 20.000 € = 30.000 € anzusetzen.
> Auch die Bescheide 2009 werden bestandskräftig. Jedoch wird das Fahrzeug im Dezember 2010 zum Buchwert in einen anderen Betrieb des A in steuerschädlicher Weise überführt.
> In dem vorliegenden Fall des Verstoßes gegen die Verbleibens- und Nutzungsvoraussetzungen ist eine Rückgängigmachung der Steuervergünstigung nach § 7g Abs. 4 erforderlich. Das bedeutet: Der außerbilanzielle Abzug 2008, d. h. außerbilanzielle Hinzurechnung im Anschaffungsjahr 2009 und die Herabsetzung der Anschaffungskosten sind rückgängig zu machen. Die bereits ergangenen Steuerbescheide 2008/2009 können – trotz Bestandskraft – geändert werden.

Umstritten ist die Hinzurechnung des Investitionsabzugsbetrags bei Betriebsveräußerung im Blickwinkel der Novellierung des § 7g EStG. Hierzu ist folgendes strittiges Judikat ergangen:

Auch im Fall einer Betriebsveräußerung ist ein bisher nicht hinzugerechneter Investitionsabzugsbetrag gem. § 7g Abs. 3 EStG n. F. im Jahr des ursprünglichen Abzugs rückgängig zu machen. Die zu § 7g EStG a. F. ergangene Rechtsprechung des BFH (z. B. Urteile vom 20. 12. 2006, X R 31/03, BStBl. II 2007, 862; Urteil vom 10. 11. 2004, XI R 69/03, BStBl. II 2005, 596; siehe auch Kaligin in Lademann, § 7g EStG a. F. Anm. 123, wonach eine nicht in Anspruch genommene Ansparrücklage im Jahr der Betriebsveräußerung unter Erhöhung des begünstigten Veräußerungsgewinns aufzulösen ist) ist nicht auf § 7g EStG n. F. zu übertragen (FG Hamburg, Urteil vom 21.05.2015, 2 K 14/15, EFG 2015, 1517 mit Anmerkung Berghoff = DStRE 2016, 771 zwischenzeitlich rkr.).

11 Verfahrensfragen

Der Steuerpflichtige hat ein **außerbilanzielles Wahlrecht**, ob er den Investitionsabzugsbetrag geltend macht oder nicht. Verfahrensrechtlich können Wahlrechte prinzipiell bis zur Bestandskraft der jeweiligen Bescheide ausgeübt werden (vgl. BFH, Urteil vom 14.08.2001, XI R 18/01, BFH/NV 2002, 181, 182). Das Wahlrecht ist spätestens bis zur Bestandskraft des Steuerbescheids auszuüben und kann daher auch im Einspruchs- oder Klageverfahren (spätestens bis zur letzten mündlichen Verhandlung beim FG), nicht mehr hingegen im Revisionsverfahren ausgeübt werden.

Das Wahlrecht für eine Gewinnminderung nach § 7g Abs. 2 Satz 2 EStG wird nicht außerbilanziell, sondern in der Steuerbilanz oder einer Anpassungsrechnung gem. § 60 Abs. 2 Satz 1 EStDV ausgeübt. Eine Änderung der einmal getroffenen Wahl ist nach Einreichung der Steuerbilanz beim Finanzamt nur unter den Voraussetzungen des § 4 Abs. 2 EStG möglich. Dies gilt auch bei Einreichung einer Anpassungsrechnung nach § 60 Abs. 2 Satz 1 EStDV (FG Mecklenburg-Vorpommern, Urteil vom 21.02.2018, 3 K 329/15, EFG 2018, 1272, 1275 f. mit Anm. Pfützenreuter = DStRE 2019, 668 [Rev. eingelegt; Az. d. BFH: XI R 12/18]).

Wurde der vom Steuerpflichtigen geltend gemachte Investitionsabzugsbetrag vom Finanzamt versagt, hat das FG nicht nur die Voraussetzungen für dessen Inanspruchnahme nach § 7g Abs. 1 EStG zu prüfen. Gleichzeitig muss es auch klären, ob einem gewinnmindernden Abzug die in § 7g Abs. 3 Satz 1 EStG angeordnete Rückgängigmachung des Investitionsabzugsbetrags entgegensteht, wenn zum Zeitpunkt der mündlichen Verhandlung vor dem FG der dreijährige Investitionszeitraum – möglicherweise ohne Anschaffung des begüngstigten Wirtschaftsgutes – bereits abgelaufen war (BFH, Urteil vom 20.03.2019, X R 13/17, BFH/NV 2019, 1224; BFH, Urteil vom 20.03.2019, X R 14/17, BFH/NV 2019, 1225).

Ein Investitionsabzugsbetrag kann gem. § 7g Abs. 3 Satz 1 EStG nachträglich im Jahr seines Abzugs rückgängig gemacht werden, wenn der Steuerpflichtige im späteren Jahr der Investition zwar den (innerbilanziellen) Abzug von 40 % der Anschaffungskosten vornimmt, es aber unterlassen hat, den in einem Vorjahr abgezogenen Investitionsabzugsbetrag außerbilanziell hinzuzurechnen und das FA auf dieser Grundlage den nicht mehr änderbaren Steuerbescheid für das Jahr der Investition erlassen hat (BFH, Urteil vom 03.12.2019, X R 11/19, BStBl II 2020, 276 = BB 2020, 1136, 1138 mit Anm. Weiss; ders. EStB 2020, 198, 199 f. = FR 2020, 571, mit Anm. Wendt = Scheel, DStRK, 144 und Levedag, GmbHR 2020, R1168; mit Anm. Grune, Aktuelles Steuerrecht 2020, 315 ff.;

hierzu ausführlich Weiss, StuB 2019, 405 ff.; ders. BB 2020, 1963, 1964 f.; Meinert/Heeke, NWB 2020, 2459 ff.)

Zur **nachträglichen Bildung eines Investitionsabzugsbetrags nach § 7g EStG** sind unterschiedliche Judikate ergangen, die deshalb sehr schwierig einzuschätzen sind, da die Rechtslage in diesem Bereich wegen mehrerer Gesetzesänderungen und Rechtsprechungsdivergenzen sich äußerst verkompliziert hat.

Die Gewährung eines Investitionsabzugsbetrags ist nicht deshalb ausgeschlossen, weil der Steuerpflichtige die Begünstigung im Anschluss an eine Außenprüfung zur Kompensation der von dieser ermittelten Gewinnerhöhungen geltend macht (entgegen BMF-Schreiben vom 20.11.2013, IV C 6 – S 2139-b/07/10002, 2013/1044077, BStBl. I 2013 1493, Rz. 26). (BFH, Urteil vom 23.03.2016, IV R 9/14, BStBl. II 2017, 295 = EStB 2016, 320, 321 mit Anm. Günther = StBp 2016, 300 ff. mit Anm. Brandt; ders., DB StR 1214318 mit Folgeentscheidung Nieders. FG, Urteil vom 04.01.2017 4 K 220/16, EFG 2018, 30, 32 rkr. mit Anm. Hennigfeld = BB 2017, 3056 mit Anm. Weiss; bestätigt durch BFH, Urteil vom 28.04.2016, I R 31/15, BStBl. II 2017, 306 = BB 2016, 2013, 2014 mit Anm. von Glasenapp; BB 2016, 2095, 2098 mit Anm. Tippelhofer = EStB 2016, 320, 321 mit Anm. Günther = StBp 2016, 308 ff. mit Anm. Brandt = FR 2016, 1099, 1103 f. mit Anm. Wendt; hierzu die Gesamtbetrachtung von Seifert, StuB 2016, 662 f.; Grützner, StuB 2016, 688 ff.; zu praktischen anwendungsrelevanten Problemen beim nachträglichen Abzug des Investitionsabzugsbetrags s. vorher schon Schoor, StuB 2009, 757, 758 f., ders. StBp 2012, 320 f., instruktiv Meyer, steuerberater intern, Beilage Nr. 8 vom 24.04.2012, 1 f. anhand von ausführlichen Tableaus zur Inanspruchnahme des Investitionsabzugsbetrags nach § 7g Abs. 1 EStG n. F.; ferner Kolbe, BBk 2012, 853 ff; zur Kompensation von Steuererhöhungen durch nachträgliche Inanspruchnahme von Investitionsabzugsbeträgen s. Görke, FR 2014, 158 ff. Ein für ein bestimmtes Wirtschaftsgut in einem Vorjahr gebildeter Investitionsabzugsbetrag kann in einem Folgejahr innerhalb des dreijährigen Investitionszeitraums bis zum gesetzlichen Höchstbetrag aufgestockt werden – gegen BMF, Schreiben vom 20.11.2013, BStBl. I 2013, 1493, Rdnr. 6 (so ausdrücklich BFH, Urteil vom 12.11.2014 X R 4/13, BStBl. II 2016, 38, mit Anm. Winkels, BB 2015, 432, 434; Apitz, EStB 2015, 123; hierzu ausführlicher Grützner, StuB 2015, 301 ff.; vorher schon Schoor, StBp 2012, 318, 322 mit Rechenbeispiel). Die Finanzverwaltung folgt nunmehr ausschließlich auch dieser neuen höchstrichterlichen Rechtsprechung (siehe BMF-Schreiben vom 15.01.2016, IV C 6 – S 2139-b/13/10001 2016/0020329, BStBl. I 2016, 83 m. Anmerkung Abele, BB 2016, 498; Grützner, StuB 2016, 178 f.; Schumann, EStB 2016, 28).

Zum Investitionsabzugsbetrag nach § 7g EStG im Blickwinkel des Vorläufigkeitsvermerks betreffend rückwirkendes Ereignis und Widerstreit siehe BFH, Urteil vom 14.09.2017 IV R 28/14 BFH/NV 2018, 1.

Grundsätzlich sind unter dem Vorbehalt der Nachprüfung stehende Steuer- und Feststellungsbescheide durch entsprechenden Antrag uneingeschränkt änderbar (§ 164 Abs. 2 AO), jedoch nur bis zum **Ablauf der Festsetzungsfrist** (§ 164 Abs. 4 AO), weil dann der Nachprüfungsvorbehalt von Gesetzes wegen entfällt. Wird der Änderungsantrag vor Ablauf der Festsetzungsfrist gestellt, ist die Verjährung bis zur Rechtskraft der Entscheidung über den Antrag gehemmt (§ 171 Abs. 3 AO; weitere Einzelheiten bei Schoor, StuB 2007, 453, 457).

Im Hinblick auf die Überwachung der Verwendung der Investitionsabzugsbeträge i. S. d. § 7g Abs. 1–4 EStG hat die Verwaltung folgende Verwaltungsregelung erlassen: Durch den außerbilanziellen Abzug des Investitionsabzugsbetrags werden zwar Fragen wie z. B. Bilanzberichtigungen/-änderungen vermieden, die Überwachung derartiger Fälle wird jedoch erschwert, da sie nicht mehr durch einen Blick in die Bilanz erfolgen kann. Der der Info als Anlage beigefügte Überwachungsbogen soll hier eine Hilfestellung bieten, um die konkrete Hinzurechnung bei Anschaffung/Herstellung des Wirtschaftsguts, für das ein Investitionsabzugsbetrag abgezogen wurde, und die ggf. notwendig werdenden rückwirkenden Änderungen nach § 7g Abs. 3 und 4 EStG sicherzustellen. Es bietet sich an, den Überwachungsbogen in allen Fällen, in denen nach den bestehenden Bearbeitungsregeln eine Überprüfung des Investitionsabzugsbetrags vorzunehmen ist (z. B. Fälle der RK 3), zu verwenden, zu speichern und fortzuführen. Eintragungsmöglichkeiten sind in den gelb unterlegten Feldern vorgesehen, im Übrigen werden die Daten mittels hinterlegter Berechnungsfunktionen bereitgestellt (OFD Münster, Kurzinfo Nr. 023/2008 vom 06. 06. 2008, StuB 2008, 605).

Kritik an der Praktikabilität der Umsetzung in den Finanzämtern:

Im Zeitalter einer in den Finanzämtern praktizierten gewichtenden risikoorientierten Arbeitsweise dürften die Neuregelungen des § 7g EStG für die Beschäftigten kaum administrierbar sein. Kernproblem der Verwaltung ist dabei die außerbilanzielle Geltendmachung des Investitionsabzugsbetrages. Vor dem Hintergrund, dass Risikomanagement abgesichert wird zum einen durch einen maschinellen Risikofilter und zum anderen durch den Bearbeiter vor Ort, der eine Überwachung in ausgewählten Fällen aufgrund spezieller Aufgriffskriterien für Folgezeiträume anstößt, darf bezweifelt werden, dass der Gesetzgeber hier auch das praktische Handling in den Ämtern vor Augen hatte.

Wegen der komplexen Gesetzgebung und auch unter dem Gesichtspunkt von Personaleinsparungen wird man – schon um das Steuerausfallrisiko zu minimieren – auf die Festlegung einer Aufgriffsgrenze in nicht unbeachtlicher Betragshöhe kaum verzichten können. Es bleibt insoweit spannend, wie die Finanzverwaltung die Neukonzeption des § 7g EStG wirklich umsetzen kann und wird.

12 Sonderabschreibungen

Die Begünstigung bewirkt einen gewinnmindernden „Vorzieheffekt" von Abschreibungen; die Ausübung des Wahlrechts hängt in der Regel von den zu erwartenden Grenzsteuersätzen in den einzelnen Jahren des Begünstigungszeitraums ab. Ab dem VZ 2009 hat der Gesetzgeber allerdings durch den ausdrücklichen Hinweis auf die AfA gem. § 7 Abs. 1 und 2 EStG in § 7g Abs. 8 EStG sichergestellt, dass Unternehmen Sonderabschreibungen nach § 7g Abs. 5 EStG vornehmen können, auch – abweichend von § 7a Abs. 4 EStG – die degressive AfA in Anspruch nehmen können (Kirchhof/Pfirmann, EStG, 18. Aufl. [2019], § 7g Rz. 40).

Die Inanspruchnahme der Sonderabschreibungen sieht nach den Grundsätzen zu § 7 EStG (umgekehrte Maßgeblichkeit) eine entsprechende Abschreibung in der eventuell vorhandenen Handelsbilanz voraus (§ 254 HGB).

Durch die optimale Ausnutzung des Wahlrechts nach § 7g EStG in Verbindung mit den anderen Abschreibungsvorschriften können also erhebliche Steuervorteile im konkreten Einzelfall unter Nutzung des Progressionsunterschieds im Rahmen einer Gesamtbelastung erreicht werden. Dies setzt eine rechtzeitige Steuerplanung mit dem Mandanten im Vorfeld der zu tätigenden Investitionen voraus.

Sonderabschreibungen nach § 7g Abs. 1 EStG in der vor dem Inkrafttreten des Unternehmenssteuerreformgesetzes 2008 vom 14.08.2007 geltenden Fassung (EStG a. F.) sind für Wirtschaftsgüter des Anlagevermögens, die nach dem 31.12.2007 angeschafft oder hergestellt wurden, nicht mehr zulässig. Eine verfassungskonforme Auslegung von § 52 Abs. 23 EStG dergestalt, dass sich Sonderabschreibungen für nach dem 31.12.2007 angeschaffte oder hergestellte Wirtschaftsgüter, für die eine Ansparrücklage nach § 7g Abs. 3 EStG a. F. gebildet worden war, noch nach § 7g Abs. 1 EStG a. F. richten, ist nicht geboten, um eine verfassungswidrige Verletzung schützenswerten Vertrauens zu verhindern (BFH, Urteil vom 06.08.2019 VIII R 26/17, BStBl II 2020, 188 = BB 2020, 432, 434 mit Anm. Abele = EStB 2020, 85, 86 mit Anm. Felte).

13 Anwendung auf Personengesellschaften und Gemeinschaften

§ 7g Abs. 7 EStG stellt für Personengesellschaften und Gemeinschaften klar, dass die Regelungen in den vorherigen Abs. 1 – Abs. 6 analog gelten.

Eine begünstigte Investition i. S. d. § 7g EStG liegt auch dann vor, wenn bei einer Personengesellschaft der Investitionsabzugsbetrag vom Gesamthandsgewinn abgezogen wurde und die geplante Investition später (innerhalb des dreijährigen Investitionszeitraums) von einem ihrer Gesellschafter vorgenommen und in dessen Sonderbetriebsvermögen aktiviert wird. Im Wirtschaftsjahr der Anschaffung ist der in Anspruch genommene Investitionsabzugsbetrag in einem solchen Fall dem Sonderbetriebsgewinn des investierenden Gesellschafters außerbilanziell hinzuzurechnen (BFH, Beschluss vom 15.11.2017, VI R 44/16, BStBl. II 2019, 466 = BB 2018, 751, 754 m. Anm. Kleinmans = FR 2018, 600, 603 ff. mit Anm. Kanzler; ferner Grützner, StuB 2018, 321 ff.; Paus, NWB 2018, 1212 ff.; Meyer/Ball, steuerberater inter, Beilage 8 vom 23.04.2018, 1 ff.; hierzu BMF, Schreiben vom 26.08.2019, IV C 6 – S 2139-b/07/10002-02,2019/0716523,

X. Der Investitionsabzugsbetrag gem. § 7g EStG nach 2008

BStBl. I 2019, 870 = BB 2019, 2615 m. Anm. Abele = EStB 2019, 412 m. Anm. Günther; ferner Geberth/Höhn, GmbHR 2019, R 287 f.; hierzu ausführlich Weiss, StuB 2019, 841 ff.; vgl. a. FG Münster, Urteil vom 28.06.2017 6 K 3183/14 F DStRE 2018, 837, rkr.; hierzu ausführlich Herkens, EStB 2020, 266 ff.; Weiss, BB 2020, 1963, 1966 f.).

Der Investitionsabzugsbetrag gem. § 7g EStG nach der Unternehmenssteuerreform 2008 – Checkliste

- Grundelemente der neuen Fördersystematik (Förderfähige Betriebe, Konkretisierung der Investitionen)
- Konkretisierung der Investitionen (Bedeutung des Finanzierungszusammenhangs, nachträgliche Inanspruchnahme des Investitionsabzugsbetrags und das damit verbundene Gestaltungspotential)
- Dokumentation der Verbleibensvoraussetzungen
- Anforderungen an die ordnungsgemäße Bezeichnung des Wirtschaftsgutes infolge der neuen Rechtslage versus alte Rechtslage anhand von zahlreichen praktisch relevanten Fallbeispielen
- Berechnung des Höchstbetrages
- Besonderheiten bei der Anschaffung von geringwertigen Wirtschaftsgütern
- Entstehung von Verlusten
- Auflösung des Investitionsabzugsbetrages in den Fällen Übereinstimmung von tatsächlichen und prognostizierten Anschaffungskosten und abweichenden Sachverhalten, Folgen einer Nichtinvestition
- praktisch relevante Verfahrensfragen

XI. Spezifische Prüfungsschwerpunkte im Baugewerbe

Schrifttum: Bertheau, Das Vorenthalten von Sozialversicherungsbeiträgen, NJW 2020, 664; Biesgen, § 266a StGB: Kein Vorsatz bei Irrtum über die Arbeitgebereigenschaft, PStR 2018, 133; Binnewies/Bertrand, Kehrtwende der strafrechtlichen Verjährung der Beitragshinterziehung?, Die AG 2020, 535; Büttner, Schwarzlöhne im Baugewerbe: Schätzung der Lohnsummen, PStR 2019, 161; Möller, Finanzkontrolle Schwarzarbeit, StBp 2013, 165; Möller, Bekämpfung der Schwarzarbeit und der illegalen Beschäftigung, StBp 2014, 208; Peetz, Haftung eines Verfügungsberechtigten – Warnschuss für das Baugewerbe?, DStZ 2019, 122; Pieske-Kontny, Kontrollen nach dem SchwarzArbG, StBp 2018, 70; Reiserer, Angst vor Scheinselbständigkeit – Eine permanente Bedrohung für die Bauindustrie, DStR 2016, 1613; Reiserer, Es kommt endlich Bewegung in das Recht der Scheinselbständigkeit, DStR 2020, 1321; Rettenmaier/Reichling, Neue Sanktionsrisiken für Arbeitgeber, NJW 2020, 2147; Salzmann, BFH ändert Rechtsprechung zur Verjährung von Taten nach § 266a StGB, PStR 2020, 75; Versin, Aufgaben und Befugnisse der Zollbehörden nach dem SchwarzArbG, StBp 2020, 71; Wegner, Betriebsausgabenabzug einer GmbH aus vermeintlichen Scheinrechnungen, PStR 2020, 109.

Verwaltungsanweisungen: BMF, Schreiben vom 13.07.2020, III C 2 – S 7280-a/19/10001:001 DOK 2020/0661295, BStBl. I 2020, 644 betr. Postalische Erreichbarkeit des Rechnungsausstellers sowie Identität von Rechnungsaussteller und Leistungserbringer, Veröffentlichung der BFH-Urteile vom 05. Dezember 2018, XI R 22/14 und vom 14. Februar 2019, V R 47/16

1 Branchenspezifische Besonderheiten im Baugewerbe und deren Ursachen

In keiner anderen Branche wie dem Baugewerbe, mit Ausnahme vielleicht des Rotlichtmilieus und des sog. grauen Kapitalmarkts, wird penetrant in illegaler Weise operiert. Dies ist zum einen darauf zurückzuführen, dass legal operierende Anbieter, die sämtliche steuerlichen und sozialversicherungsrechtlichen Verpflichtungen erfüllen, mit ihren „zu teuren" Angeboten dem ruinösen Wettbewerb nicht standhalten können. Die Angehörigen dieser Branche sind also mehr oder weniger gehalten, zumindest im Graubereich zu operieren, um kostendeckende Erträge einfahren und somit überleben zu können. Zum anderen kommt hinzu, dass ausländische Billiganbieter – v. a. aus Osteuropa – mit minimalen Lohnkostenanteilen den Wettbewerb in massiver Weise verschärft haben. Insbesondere diese Anbieter halten sich oft nicht an die obig genannten deutschen Steuergesetze bzw. sozialversicherungsrechtlichen Verpflichtungen. Dies hat quasi automatisch zur Folge, dass auch heimische Anbieter sich den Überbietungsmethoden der ausländischen Billiganbieter anpassen, um im Wettbewerb bestehen zu können.

Wie groß die Bedeutung dieser Schattenwirtschaft und ihrer Ursachen ist, zeigt z. B. auch die Erstellung des neuen Regierungssitzes in Berlin-Mitte. Nach Aussage von Insidern sind ca. 70 % – 80 % davon Schwarzbauten. Diese sollen nach folgendem Muster entstanden sein: Der Großauftrag wird von einem renommierten und seriös operierenden Bauunternehmen akquiriert, das dann die einzelnen Werkleistungen an Subunternehmer vergibt. Diese Subunternehmer operieren wiederum mit anderen Subunternehmern, die sich der oben skizzier-

XI. Spezifische Prüfungsschwerpunkte im Baugewerbe

ten Schwarzmarktmethoden bedienen, um den Bau kostengünstig im Ausschreibungsverfahren durchführen zu können. Da die Subunternehmer ihre Aufwendungen für Löhne häufig schwarz auszahlen und damit inzidenter eine Lohnsteuerhinterziehung und Verkürzung von Sozialversicherungsbeiträgen gem. § 266a StGB begehen, benötigen sie für „steuerliche Zwecke" entsprechende Rechnungen. Die Folge ist, dass **Scheinrechnungen** erstellt werden – um die Erbringung von Schwarzlohnleistungen zu kaschieren – oder es werden sog. **Abdeckrechnungen** für tatsächlich erbrachte Leistungen erstellt, die jedoch anderweitig unter einem anderen Briefkopf eines möglicherweise bestehenden oder nicht bestehenden Unternehmens „abgerechnet" werden. Damit müssen sich dann die Finanzbehörden und die Bußgeld- und Strafsachenstellen (in großen Fällen auch die Staatsanwaltschaft) beschäftigen. Gegenmaßnahmen der obigen genannten staatlichen Institutionen sind damit vorprogrammiert und absorbieren ein enormes Potenzial zur Abarbeitung solcher dubioser Fälle im Baugewerbe. Sie machen bei den Steufa-Stellen in den deutschen Großstädten teilweise bis zu 50 % der zu bearbeitenden Fälle aus. Aufgrund der beschriebenen Erscheinungsformen ergeben sich folgende **Reibungsflächen mit den staatlichen Institutionen**:

- Nichtversteuerung von abgerechneten Bauleistungen, die schwarz vereinnahmt wurden, Einkommen- bzw. Körperschaft-, Gewerbe- und Umsatzsteuerhinterziehung
- Lohnsteuerhinterziehung bei schwarz gezahlten Löhnen
- Hinterziehung des Arbeitgeberanteils bei Sozialversicherungsbeiträgen nach § 266a StGB
- Anerkennung von Betriebsausgaben nach § 4 Abs. 4 EStG nach dem Veranlassungsprinzip für erbrachte, jedoch möglicherweise nicht genügend dokumentierte Leistungen
- Verwendung von Scheinrechnungen nicht existierender Unternehmen
- Benutzung von Rechnungen von Unternehmen, die jedoch kurz nach Leistungserbringung „planmäßig" in die Insolvenz gehen (sog. **Bestattungsfälle**)
- Verwendung von Abdeckrechnungen für tatsächlich erbrachte Leistungen, jedoch nicht in der Weise wie dokumentiert
- Geltendmachung des Vorsteuerabzugs bei Erbringung von abgerechneten Vorleistungen von Unternehmen, die nicht existieren, als Strohmann auftreten oder kurz nach Beendigung der unternehmerischen Leistung planmäßig in Insolvenz gehen.

In relativ neuester Zeit ist zu konstatieren, dass die staatlich autorisierten Stellen (Finanzamt, Deutsche Rentenversicherung, SOKA-BAU, Krankenkassen, Steuerfahndung, Staatsanwaltschaft) versuchen, im Rahmen einer Fiktion die Aufnahme von Geschäftsbeziehungen mit dubiosen Subunternehmern (sog. Servicegesellschaften) als Abdeckrechnungen umzuqualifizieren. Dies hat die katastrophale Konsequenz, dass die diesbezüglich geltend gemachten Betriebsausgaben für die Subunternehmer pauschal als Schwarzlohnzahlungen behandelt werden.

Gegen die Flexibilisierung der Beschäftigungswelt im Bereich des Bauwesens bestehen keine grundsätzlichen Bedenken, wenn die Grundregeln der Abgrenzung zwischen Arbeitsverhältnis einerseits und Fremdpersonal andererseits eingehalten werden. Es geht also darum, ein freies Mitarbeiterverhältnis in der Praxis auch als solches zu führen und abzuwickeln, und nicht einem eingegliederten Arbeitnehmer lediglich den Hut des freien Mitarbeiters aufzusetzen. Denn dann ist der kritische Bereich der sog. Scheinselbständigkeit eröffnet. Und beauftragt der Bauunternehmer einen Werkunternehmer, bestimmte Tätigkeiten in seinem Unternehmen auf Werkvertragsbasis abzuwickeln, werden die dann geschickten Personen aber letztlich doch wie eigene Arbeitnehmer unter Führung der Vorgesetzten des Bauunternehmers eingesetzt, spricht man vom Scheinwerkvertrag.

Auch wenn der Gesetzgeber bis heute keine klaren Linien zu den Themen Scheinselbständigkeit und Scheinwerkvertrag vorgelegt hat, können sich Bauunternehmer schützen, Scheinselbständigkeit erkennen und vermeiden – damit der Zoll als Ermittlungsbehörde der Staatsanwaltschaft im Bereich der Scheinselbständigkeit erst gar keinen Anlass für eine Durchsuchung hat. Kommt es doch zu staatsanwaltschaftlichen Ermittlungen wegen des Vorenthaltens von Sozialversicherungsbeiträgen, ist es unerlässlich, dass die Verantwortlichen bei den betroffenen Bauunternehmen dem Zoll fachkundig entgegentreten: Strafverteidiger kümmern sich um die Ermittlungsverfahren gegen die Geschäftsführer und Bauleiter; die wichtigen Verhandlungen mit der Deutschen Rentenversicherung zur Frage der eigentlichen Scheinselbständigkeit sollten isoliert geführt werden von Experten mit dem Schwerpunkt Arbeits- und Sozialversicherungsrecht (so das Fazit von Reiserer, DStR 2014, 1613, 1618; ferner Bertheau, NJW 2020, 664 ff.).

Steuerberater sind bei solchen Mandanten – v. a. wenn sie aus dem osteuropäischen Raum stammen – gehalten, eine gehörige Distanz zu wahren. Sie sollten insbesondere bei Geschäftsvorfällen vorsichtig sein, in denen der Anfangsverdacht bestehen könnte, dass mit manipulierten Schein- bzw. Abdeckrechnungen operiert wird. Hier darf sich der Berater nicht zum Erfüllungsgehilfen des Mandanten machen. Im Notfall muss er das Mandat rechtzeitig niederlegen.

Unproblematisch im rechtlichen Bereich ist, wenn die Werkvertragsvergütung und die erbrachte Bauleistung nicht versteuert werden. Hinsichtlich der nicht oder unvollständig erklärten Einnahmen liegt eine Einkommen- bzw. Körperschaft-, Gewerbesteuer- und Umsatzsteuerhinterziehung vor. Häufig werden dann aufgrund des Bauvolumens und der bei einer etwaigen Durchsuchung gefundenen Baubeschreibungen und Lohnabrechnungen Schätzungen nach § 162 AO vorgenommen. Die Schätzungen erstrecken sich auch auf die korrespondierende Lohnsteuerhinterziehung bei schwarz gezahlten Löhnen. Hinzu kommt der **Sozialversicherungsbetrug** oder korrekt Vorenthalten und Veruntreuen von Arbeitsentgelt bezogen auf die Arbeitnehmeranteile (§ 266a StGB) und im Wege der Schätzung auch auf die Arbeitgeberanteile. Eine Lösung aus dem Dilemma im Strafverfahren gegen das Nichtabführen von Sozialversicherungsbeiträgen kann möglicherweise jedenfalls bestehen, dass der Vorsatz des Arbeitgebers nicht ohne Weiteres bezüglich seiner Arbeitgeberstellung nachweislich vorliegt. Bei entsprechenden Irrtümern über die Rechtslage liegt nämlich ein vorsatzausschließender **Tatbestandsirrtum** vor (BGH, Beschluss vom 24.09.2019, 1 StR 346/18; DStR 2020, 350 = wistra 2020, 70, 74f. mit Anm. Grötsch, ferner Reiserer, DStR 2020, 1321, 1322 bestätigt durch BGH, Urteil vom 08.01.2020 5StR 122/19 wistra 2020, 260).

Ferner ist auf eine praxisrelevante Änderung der Rechtsprechung zum **Verjährungsbeginn** hinzuweisen. Bei Taten gem. § 266a Abs.1 und Abs.2 Nr.2 StGB beginnt die Verjährung bereits mit dem Verstreichenlassen des Fälligkeitszeitpunkts und nicht erst mit dem Erlöschen der Beitragspflicht (BGH, Beschluss vom 13.11.2019 1 StR 58/19 NJW 2020, 3469, 3473 mit Anm. Klötzer-Assion; mit Anm. Binnewies/Bertrand, Die AG 2020, 535f. und Salzman, PStR 2020, 75 ff.; ferner Reiserer, DStR 2020, 1321,1323, zwischenzeitlich st. Rspr.).

Hierzu ist anzumerken, dass gerade beim sog. Sozialversicherungsbetrug die Strafverfolgungsbehörden (in Gestalt der Staatsanwaltschaft) erheblich rigoroser vorgehen als bei einer „einfachen Steuerhinterziehung". Hier wird der Strafrahmen eher ausgeschöpft und man kommt leicht in das Risikoprofil, dass ein Strafbefehl von mehr als 90 Tagessätzen verhängt wird (Konsequenz: Vorstrafe) bzw. in größeren Fällen sogar Freiheitsstrafe – jedoch bei Ersttätern regelmäßig auf Bewährung. Eine solche Verurteilung hat jedoch auch die Folgen, dass die Unternehmer bei anhängigen Strafverfahren bzw. rechtskräftigen Verurteilungen Probleme bekommen, im öffentlich-rechtlichen Vergabeverfahren Folgeaufträge zu erhalten und deshalb auch für Unternehmen über die strafrechtlichen Risiken auch von kaufmännisch erheblicher Relevanz bei den zukünftigen unternehmerischen Aktivitäten sind.

In Fällen illegaler Beschäftigung hat sich im Dienstleistungsbereich der Ansatz von **66 2/3 %** des Umsatzes als Lohnleistungsquote in Rechtsprechung und Praxis lange Zeit gefestigt (BGH, Beschluss vom 10.11.2009 1 StR 283/09 wistra 2010, 148; BGH, Beschluss vom 06.02.2013 1 StR 577/12 wistra 2013, 277 m.w.N.). Das heißt aber nicht, dass die sog. Zwei-Drittel-Rechnung automatisch angewendet werden darf. Gerade bei dem in der Praxis üblichen Zusammentreffen von tatsächlichen Nachunternehmerleistungen, Lohnleistungen „über die Bücher" und Abdeckrechnungen sind mehr Aspekte zu berücksichtigen als lediglich der Anwendung eines starren Prozentsatzes auf die festgestellten Umsätze (so differenzierend Büttner, PStR 2019, 161 ff. betr. Schätzungen der Schwarzlöhne bzw. Lohnsummen im Baugewerbe).

Die Prüfung nach dem **Schwarzarbeitsgesetz** ist keine Außenprüfung im Sinne der Abgabenordnung. Die Vorschriften über die Außenprüfung in §§ 193 ff. AO oder §§ 210 ff. AO sind nicht anwendbar. Der Ankündigungseffekt der Vorschrift des § 196 AO würde nach Auffassung der Rechtsprechung dazu führen, dass Feststellungen zur Schwarzarbeit aussichtslos wären, wenn sie vorher angekündigt würden (BFH, Beschluss vom 17.04.2013, VII B 41/12, BFH/NV 2013, 1131; FG Berlin-Brandenburg, Urteil vom 04.11.2009, 7 K 7024/07, DStRE 2010, 769, rkr.; hierzu Möller, StBp 2013, 165 ff.; zum Ort der Prüfung nach dem SchwarzArbG siehe BFH, Beschluss vom 17.04.2013, VII B 42/12, BFH/NV 2013, 1130; zum Begriff des Auftraggebers i.S.v. §§ 3–5 SchwarzArbG und zum Umfang der Verpflichtung zur Datenüberlassung siehe FG Münster, Urteil vom 12.02.2014, 6 K 2434/13 AO EFG 2014, 864 rkr.; zur Überprüfung nach dem Schwarzarbeitsgesetz – Zulässigkeit einer Durchsuchung siehe FG Berlin-Brandenburg, Beschluss vom 26.08.2014, 5 S 5159/14, EFG 2014, 2018, 2019 mit Anm. Pfitzenreuter = DStRE 2015, 695 rkr.; zum Erlass einer Durchsuchungs- und Beschlagnahmeanordnung auf der Grundlage von § 4 Abs. 1 i.V.m. § 2 Abs. 1 SchwarzArbG siehe FG Münster, Beschluss vom 23.01.2018, 10 V 3258/17 S, EFG 2018, 536, 539 f. mit Anm. Stalbold = wistra 2018, 357; zur Finanzkontrolle Schwarzarbeit, Möller, StBp 2013, 165 ff.; zur Bekämpfung der Schwarzarbeit und der illegalen Beschäftigung siehe Möller, StBp 2014, 208 ff.; zu Kontrollen nach dem SchwarzArbG Pieske-Kontny, StBp 2018, 70 ff.; zu Aufgaben und Befugnissen der Zollbehörden nach dem SchwarzArbG 2019, StBp, 2020, 77 ff.; Rettenmaier/Reichling NJW 2020, 2147 ff.).

2 Nachversteuerung von verkürzten Beträgen

Wird im Rahmen von Betriebsprüfungen oder sogar in Steuerfahndungsprüfungen festgestellt, dass der sich im Baugewerbe engagierende Unternehmer keine oder nicht sämtliche Umsätze aus dem Bauvorhaben versteuert hat, werden anhand der festgestellten Zahlungen – notfalls im Wege der Schätzung nach § 162 AO ggf. mit Sicherheitszuschlägen – die Einkünfte aus Gewerbebetrieb sowohl für die Einkommen- bzw. Körperschaftsteuer, Gewerbesteuer und Umsatzsteuer entsprechend erhöht.

Ferner ist anzumerken, dass die Unternehmer, die mit Schwarzarbeitern operieren, nicht nur für die Lohnsteuer haften, sondern auch gegenüber den Sozialversicherungsträgern bzw. den korrespondierenden Sozialkassen erhebliche Nachzahlungsbeträge zu leisten haben, die häufig dazu führen, dass „bei zu knapp kalkulierten Bauobjekten" das Bauunternehmen genötigt ist, Insolvenz anzumelden.

Einer Haftungsinanspruchnahme wegen Schwarzlohnzahlungen an unbekannte und illegal beschäftigte Arbeitnehmer steht nicht entgegen, dass die Lohnzahlungsempfänger nicht individualisierbar sind (FG Münster, Beschluss vom 23.06.2015, 1 V 1012/15 L, EFG 2016, 261 rkr. mit Anm. Wagner).

Darüber hinaus beschäftigen sich die Finanzgerichte auch mit der Haftung des an einer Bau-GmbH des Lebensgefährten nicht beteiligten Steuerpflichtigen als Verfügungsberechtigten nach § 35 AO (so FG Berlin-Brandenburg, Urteil vom 06.07.2016, 9 K 9267/12, EFG 2017, 13, 17 mit Anm. Beckmann = DStRE 2017,

997; die eingelegte NZB wurde per BFH, Beschluss vom 11.07.2017, VI B 84/16 n.v. als unbegründet verworfen; hierzu eingehend Peetz, DStZ 2019, 122).

Allein der Umstand, dass der Angeklagte Scheinrechnungen an andere Unternehmen der Baubranche ausgestellt hat, genügt nicht, eine Beihilfestrafbarkeit zu Steuerhinterziehungen und Beitragsvorenthaltungen nach § 266a Abs. 1 StGB durch diese Unternehmen zu begründen (BGH, Beschluss vom 11.10.2018, 1 StR 138/18, wistra 2019, 108).

3 Streichung des Betriebsausgabenabzugs wegen fehlender oder unzureichender Empfängerbenennung

Schwieriger ist die Fallgruppe, wenn der Bauunternehmer – wie oben beschrieben – nachgeschaltete Subunternehmer beschäftigt hat. Die **nachgeschalteten Subunternehmer** zeichnen sich möglicherweise durch folgende Besonderheiten aus:

- Es erfolgt keine Rechnungslegung.
- Es wird ein Unternehmen bezeichnet, das im Handelsregister nicht eingetragen ist.
- Es wird ein Unternehmen bezeichnet, das zwar im Handelsregister eingetragen ist, jedoch nicht über Geschäftsräume verfügt, die für die Durchführung der Subunternehmertätigkeit erforderlich sind.
- Es werden Abdeckrechnungen von anderen Unternehmen eingereicht, um Schwarzlohnzahlungen zu kaschieren.
- Das entsprechende Subunternehmen ist im Handelsregister und bei sonstigen Behörden (Finanzamt, Sozialversicherungsträger) eingetragen bzw. registriert, verfügte in der Vergangenheit über Geschäftsräume, hat sich jedoch beim Ansagen der ersten Betriebsprüfung (oder Umsatzsteuersonderprüfung) „verdünnisiert" und ist den steuerlichen Pflichten nicht oder sehr unzureichend nachgekommen.

Bei der Quittierung des Betriebsausgabenabzugs nach § 4 Abs. 4 EStG hat sich das Unternehmen, welches die an den Subunternehmer gezahlten Werklohnhonorare von der Steuer absetzen möchte, um Folgendes zu kümmern:

- Eintragung im Handelsregister
- Gewerbeanmeldung
- Eruierung der Steuernummer oder zumindest der Umsatzsteuer-Identifikationsnummer
- Freistellungsbescheinigung zum Steuerabzug von Bauleistungen
- Anmeldung des Geschäftspartners bei Sozialversicherungsträgern oder bei der Industrie- und Handelskammer

3 Streichung des Betriebsausgabenabzugs

- Unbedenklichkeitsbescheinigung der Berufsgenossenschaft, Krankenkasse, Finanzbehörde
- Feststellung, dass die operierenden Unternehmer dem oben genannten zu eruierenden Unternehmen zuzurechnen sind, z. B. durch Festhalten der Personalien, Kopie von Personalausweisen/Reisepässen etc.

Zum Betriebsausgabenabzug einer GmbH aus vermeintlichen **Scheinrechnungen** ist folgendes Judikat ergangen:

Macht eine GmbH Betriebsausgaben im Zusammenhang mit Subunternehmerrechnungen geltend, bedarf es des Nachweises, dass den Rechnungen ein tatsächlicher Leistungsaustausch zugrunde liegt, anderenfalls ist von einer gesellschaftsrechtlichen Veranlassung auszugehen und der entsprechende Abzugsbetrag als vGA außerbilanziell zu korrigieren. Die grundsätzlich die Finanzbehörde treffende Feststellungslast für das Vorliegen einer vGA tritt hinter die vorrangige Frage nach der betrieblichen Veranlassung des geltend gemachten Aufwandes zurück.

Ist gänzlich ungewiss, ob der Steuerpflichtige tatsächlich für erlangte Fremdleistungen Aufwand entstanden ist, weil beispielsweise vom FA anerkannte Rechnungen über Subunternehmerleistungen für dasselbe Bauvorhaben vorliegen, kommt auch eine Schätzung von zusätzlichem Personalaufwand nicht in Betracht (FG Hamburg, Urteil vom 27.11.2019 2 K 111/17 DStRE 2020, 606 rkr.; hierzu Wegner, PStR 2020, 109f.; vgl. a. FG Hamburg, Beschluss vom 28.02.2020 2 V 114/19 DStRE 2020, 1232).

Bescheinigen die zuständigen öffentlichen Stellen, dass eine GmbH tatsächlich ein Bauunternehmen betreibt, dass die sozialversicherungsrechtlichen und steuerlichen Pflichten erfüllt werden und dass seitens der Finanzbehörde keine Bedenken gegen eine öffentliche Auftragserteilung bestehen, ist es **ermessensfehlerhaft**, in einem solchen Fall dem Steuerpflichtigen das Risiko aufzuerlegen, dass sich nach der Auftragserteilung, der Ausführung der Arbeiten und der Zahlung durch den Steuerpflichtigen herausstellt, dass die GmbH nicht „Empfängerin" der Zahlungen i. S. d. § 160 Abs. 1 AO war (FG Düsseldorf, Urteil vom 19.07.2001, 10 K 332/99 F, EFG 2001, 1340 rkr. mit Anm. Valentin).

Kommt das Unternehmen diesen Obliegenheiten nicht nach und kann die Finanzverwaltung plausibel darlegen, dass der entsprechende Unternehmer „unter falschem Namen" aufgetreten ist, kann es passieren, dass die Verwaltung sich auf den Standpunkt stellen wird, sämtliche gemachte Betriebsausgaben wegen fehlender zureichender Empfängerbenennung gem. § 160 AO zu streichen.

Anders sieht jedoch die weitere Fallgruppe aus: Kann der Unternehmer darlegen, dass das Unternehmen wirtschaftlich existierte und dies bei den Behörden (insbesondere Finanzamt, Sozialversicherungsträger) nachweislich registriert war und auch über entsprechende Geschäftsräume verfügte, und dass die agierenden Unternehmer diesem Subunternehmer zuzurechnen sind, sind sämtliche Zahlungen als Betriebsausgaben (wegen der erfolgten Empfängerbenen-

XI. Spezifische Prüfungsschwerpunkte im Baugewerbe

nung nach § 160 AO) auch dann abzugsfähig, wenn sich der korrespondierende Subunternehmer seinen steuerlichen Verpflichtungen entzieht. Dies fällt dann in den Risikobereich der Finanzbehörden.

§ 160 AO rechtfertigt nicht, das unredliche Verhalten einzelner Steuerpflichtiger generell auf die redlichen Geschäftspartner nur dann abzuwälzen, wenn es dem Finanzamt nicht gelingt, einen ihm bekannten Steuerpflichtigen wegen wechselndem Aufenthaltsort im Inland zur Steuer heranzuziehen (Niedersächsisches FG, Urteil vom 08. 06. 1989, VI 320/88, EFG 1990, 48 rkr.).

Strenger ist die Rechtsprechung jedoch bei der Zumutbarkeit der Empfängerbenennung bei **hohen Barzahlungen** im Rahmen von Personalgestellung im Baugewerbe. Verlangt der Finanzführende, den Zahlungsempfänger gem. § 160 AO zu benennen, ist dies frei von Ermessensfehlern, wenn der im Baugewerbe tätige Steuerpflichtige für „Personalgestellung" hohe Beträge bar ausbezahlt hat (BFH, Beschluss vom 30. 11. 2004, XI B 48/04, BFH/NV 2005, 1209).

Penibler werden die Finanzbehörden zunehmend auch bei den **Dokumentationsanforderungen der Bauleistungen**, da in der Branche gelegentlich mit Abdeckrechnungen gearbeitet wird, d. h., dass tatsächlich erbrachte Leistungen vorgelegen haben, die jedoch mit Gefälligkeitsrechnungen von anderen Unternehmen kaschiert werden, um die Steuerpflicht des originär Leistenden so de facto auszuschalten. Bei solchen Verdachtsmomenten verlangen die Finanzbehörden anhand der Vorlage von Bauverträgen, Spezifikation der Geschäftspartner (wer ist für den Geschäftspartner aufgetreten, Geschäftsführer, Prokurist etc.), Baubeschreibungen bzw. ggf. Abnahmeprotokolle, die Spezifizierung der Werkleistungen. Kann das Unternehmen – v. a. nach einem größeren Zeitablauf – dem nicht nachkommen, wird der Betriebsausgabencharakter angezweifelt, und es kann zu Diskussionen und zu steuerlichen Anerkennungsproblemen kommen.

Nach § 4 Abs. 4 EStG sind Betriebsausgaben Aufwendungen, die durch den Betrieb veranlasst sind. D. h. es muss feststehen, dass eine Aufwendung in tatsächlichem oder wirtschaftlichem Zusammenhang mit einer konkreten Gewinnerzielungsabsicht angefallen ist und dass eine ggf. private Mitveranlassung unbedeutend ist. Diese Voraussetzungen sind bei summarischer Prüfung im vorliegenden Fall erfüllt. Dass überhaupt ein entsprechender Aufwand entstanden ist, ergibt sich aus den Zahlungen der Antragstellerin an die beiden Subunternehmen, die der Antragsgegner als solche – ggf. jedenfalls mittlerweile – nicht in Frage stellt und von denen auch der Senat ausgeht. Der Antragsgegner geht aufgrund der vorgelegten Unterlagen inzwischen weder von Scheinfirmen noch von Scheinrechnungen aus. Auch eine betriebliche Veranlassung ist für den Senat erkennbar. Die Antragstellerin hat insoweit unwidersprochen vorgetragen, die von ihr in Anspruch genommenen Fremdleistungen in das eigene Rechnungswerk gegenüber den Bauherren aufgenommen zu haben. Dabei unterstellt der Senat, dass eine mangelnde Entsprechung von Eingangs- und Ausgangsrechnungen bei der Antragstellerin im Rahmen der

Betriebsprüfung von der Betriebsprüferin festgestellt worden wäre. Demgegenüber ist kein Anhaltspunkt dafür ersichtlich, dass die – unstreitig – rechnungsmäßig belegten Fremdarbeiten im Zusammenhang mit einer privaten Veranlassung der Gesellschafter, insbesondere mit einem privaten Bauvorhaben gestanden haben. Für die entsprechende Mutmaßung des Antragsgegners ist keine tatsächliche Grundlage ersichtlich. Für die Arbeiten des Subunternehmers ist in diesem Verfahren zudem ein entsprechender Bauvertrag vorgelegt worden. Jedenfalls für das Aussetzungsverfahren reicht dem Senat der glaubhafte Vortrag der Antragstellerin betreffend den Subunternehmer aus, dass kleinere Aufträge regelmäßig nur mündlich erteilt worden seien. Ferner genügt für die Anerkennung als Betriebsausgaben, dass betrieblicher Aufwand (überhaupt) entstanden ist. Die Besteuerung beim Empfänger ist demgegenüber für den Abzug von Betriebsausgaben ohne Bedeutung. Jedenfalls für das summarische Verfahren kann vom Antragsteller keine weitergehende Dokumentation des Leistungsaustauschs mit den Subunternehmern verlangt werden. Davon abgesehen ist für den Senat auch nicht erkennbar, inwieweit vom Antragsteller angeforderte Protokolle über die Abnahme eines Bauwerks durch den Bauherren Rückschlüsse auf das interne Verhältnis zwischen Auftragnehmer und Subunternehmer ermöglichen soll. Das interne Verhältnis auf der Auftragnehmerseite wird auch nicht durch die Anmeldung eines Subunternehmers beim Bauherren beeinflusst. Schließlich dürfte es den Gepflogenheiten im Baugewerbe nicht entsprechen, dass jede Subunternehmerleistung vom Hauptunternehmer förmlich durch Protokoll abgenommen wird. Soweit die Anforderungen des Antragsgegners darauf abzielen sollten, den „wahren" Zahlungsempfänger ausfindig zu machen, und insoweit Zweifeln nachzugehen, die der Senat bei summarischer Prüfung nicht teilt, hätte es zur Versagung des Betriebsausgabenabzugs eines ausdrücklichen Benennungsverlangens, des Antragsgegners nach § 160 AO bedurft (mit einer nachvollziehbaren Ermessensausübung nicht nur hinsichtlich des Benennungsverlangens, sondern auch hinsichtlich des Umfangs der Versagung des Betriebsausgabenabzugs). Schon daran würde es hier fehlen (so ausdrücklich FG Berlin-Brandenburg, Beschluss vom 06.04.2010, 14 V 14207/09 n. v.).

Der Unternehmer, der den Obliegenheiten hinsichtlich der bestehenden rechtlichen und wirtschaftlichen Existenz des Geschäftspartners nicht nachgekommen ist, kann gegenüber den Finanzbehörden nicht plausibel machen, dass die erbrachten Bauleistungen nicht von ihm, sondern wirklich von einem dritten Subunternehmer auf entgeltlicher Basis erbracht worden sind. Somit sollte auf **Schätzungsbasis** nach § 162 AO zumindest im Wege einer **tatsächlichen Verständigung** sowohl im Besteuerungsverfahren als auch ggf. im Steuerstrafverfahren eruiert werden, dass bestimmte Betriebsausgaben angefallen sein müssten, weil für diese ein bestimmter Marktpreis bezahlt wird. Dies ist dann Verhandlungssache und sollte bereits auf Ebene der Betriebsprüfung/Steuerfahndung erfolgen, falls man sich nicht auf die Entscheidungsprärogative eines Finanzrichters verlassen möchte, zumal es im Finanzgerichtsprozess auch nur eine Tatsacheninstanz gibt.

4 Probleme bei der Geltendmachung des Vorsteuerabzugs

Größere Probleme als beim Betriebsausgabenabzug nach § 4 Abs. 4 EStG (in Verbindung mit der Regelung in § 160 AO) ergeben sich beim Vorsteuerabzug, da hier die formalen Regeln erheblich stringenter sind.

Nach § 15 UStG kann der Unternehmer die gesetzlich geschuldete Steuer für Lieferungen und sonstige Leistungen, die er von einem anderen Unternehmer für sein Unternehmen ausgeführt worden sind, als Vorsteuer abziehen. Die Ausübung des Vorsteuerabzugs setzt voraus, dass der Unternehmer eine nach den §§ 14, 14a UStG ausgestellte Rechnung besitzt.

Nach § 15 Abs. 1 Nr. 1 UStG kann der Unternehmer die in Rechnungen i. S. v. § 14 UStG gesondert ausgewiesene Steuer für Lieferungen und sonstige Leistungen als Vorsteuer abziehen, die von anderen Unternehmen für sein Unternehmen ausgeführt worden sind. **Rechnungsaussteller und leistender Unternehmer müssen grundsätzlich identisch sein.** Dabei ergibt sich regelmäßig aus den abgeschlossenen zivilrechtlichen Vereinbarungen, wer bei einem Umsatz als Leistender anzusehen ist (BFH, Urteil vom 28.01.1999, V R 4/98, BStBl. II 1999, 628, 629).

Leistender ist auch danach i. d. R. derjenige, der die Lieferung oder sonstige Leistung im eigenen Namen gegenüber einem anderen selbst oder durch einen Beauftragten ausführt. Ob eine Leistung dem Handelnden oder einem Anderen zuzurechnen ist, hängt grundsätzlich davon ab, ob der Handelnde gegenüber dem Leistungsempfänger bei Ausführung der Leistung im eigenen Namen oder berechtigterweise im Namen des anderen aufgetreten ist (BFH, Urteile vom 05.04.2001, V R 5/00, BFH/NV 2001, 1307; vom 30.09.1999, V R 8/99, BFH/NV 2000, 353).

Auch ein „**Strohmann**" kommt als leistender Unternehmer in Betracht. Dementsprechend können auch dem Strohmann die Leistungen zuzurechnen sein, die der sog. Hintermann als Subunternehmer im Namen des Strohmanns tatsächlich ausgeführt hat (Abgrenzung zum BFH, Urteil vom 13.07.1994, XI R 97/92, BFH/NV 1995, 168).

Unbeachtlich ist das „vorgeschobene" Strohmanngeschäft dann, wenn es zwischen dem Leistungsempfänger und dem Strohmann nur zum Schein abgeschlossen worden ist und der Leistungsempfänger weiß oder davon ausgehen muss, dass der Strohmann keine eigene – ggf. auch durch Subunternehmer auszuführende – Verpflichtung aus dem Rechtsgeschäft übernehmen will und dementsprechend auch keine eigenen Leistungen versteuern will (BFH, Beschluss vom 31.01.2002, V B 108/01, BStBl. II 2004, 622).

Nach der Rechtsprechung des BFH setzt der Vorsteuerabzug u. a. voraus, dass das Abrechnungspapier solche Angaben über den abrechnenden (und leistenden) Unternehmer enthält, die dessen eindeutige und leicht nachprüfbare Identifizierung ermöglichen (BFH, Urteil vom 17.09.1992, V R 41/89, BStBl. II 1993, 205, 206 m. w. N.).

4 Probleme bei der Geltendmachung des Vorsteuerabzugs

Der in der Rechnung angegebene Sitz der GmbH muss bei Ausführung der Leistung und bei Rechnungsstellung tatsächlich bestanden haben, wofür der den Vorsteuerabzug begehrende Unternehmer die Feststellungslast trägt. Nach der Rechtsprechung besteht auch eine Obliegenheit des Leistungsempfängers, sich für den Zeitraum der Durchführung der zielgerichteten Leistungsverpflichtungen, d. h. von der Ausführung der Leistung bis zur Erteilung der Rechnung, über die Richtigkeit der Geschäftsdaten (Anschrift, Firma, Rechnung etc.) zu vergewissern. **Veränderungen, die erst danach eintreten, hat er allerdings nicht zu verantworten.** Dem Vorsteuerabzug steht daher nicht entgegen, dass sich die leistende GmbH nach Leistungsausführung und Rechnungsausstellung ggf. dem Zugriff der Finanzbehörde entzogen hat (BFH, Urteil vom 27.06.1996, V R 51/93 BStBl. II 1996, 620).

Ergeben die Ermittlungen der Finanzbehörden hingegen begründete Zweifel an der Unternehmereigenschaft des Abrechnenden oder an die Erbringung der Leistung durch die im Abrechnungspapier bezeichnete Person oder Firma, obliegt es dem Unternehmer, der den Vorsteuerabzug in Anspruch nehmen will, diese Zweifel auszuräumen. Denn er trägt die Darlegungs- und Feststellungslast für die den Vorsteuerabzug begründenden Tatsachen. Bleiben die Rechnungsangaben über den Leistenden oder den Abrechnenden nicht nachvollziehbar, kann der Vorsteuerabzug schon aus formalen Gründen aus den Rechnungen nicht in Anspruch genommen werden (BFH, Urteil vom 27.06.1996, V R 51/93, BStBl. II 1996, 620, 621).

Hierzu haben die Finanzgerichte folgende **Präzisierungen für die Baubranche** vorgenommen:

Rechnungen von Rechnungsausstellern, deren Funktion sich auf sog. „Servicedienste" beschränkt, die es Dritten (auch Schwarzarbeitern und Kolonnen) gegen Provision ermöglicht, Verträge abzuschließen, Rechnungen zu erstellen und Gelder zu vereinnahmen, berechtigten nicht zum Vorsteuerabzug, da es dafür an der Identität zwischen Rechnungsaussteller und tatsächlich leistendem Unternehmer fehlt (FG Düsseldorf, Urteil vom 06.02.2002, 5 K 8879/97 n. v.).

Dieses folgenschwere Urteil ist mit folgender pragmatischer Begründung vom BFH aufgehoben worden:

Wer bei einem Umsatz (hier: bei Bauleistungen) als Leistender anzusehen ist, ergibt sich regelmäßig aus den zugrundeliegenden zivilrechtlichen Vereinbarungen. Hat der Vertragspartner des Leistungsempfängers die Umsätze (Bauleistungen) ordnungsgemäß versteuert, besteht keine Veranlassung, die Person des Leistenden abweichend von den zivilrechtlichen Leistungsbeziehungen zu bestimmen (BFH, Urteil vom 07.07.2005, V R 60/03, BFH/NV 2006, 139).

Der Vorsteuerabzug setzt zwar Identität von leistenden Unternehmer und Rechnungsaussteller voraus. Die umsatzsteuerliche Behandlung von Leistungsbeziehungen folgt den zivilrechtlichen Vereinbarungen. Das Auftreten für einen Dritten steht dem Vorsteuerabzug auch dann nicht entgegen, wenn es

XI. Spezifische Prüfungsschwerpunkte im Baugewerbe

sich bei dem Dritten um einen **Kolonnenschieber** handelt, der zur Verkürzung von Steuern und Sozialabgaben eingeschaltet ist. Der Vorsteuerabzug ist ausgeschlossen, wenn es sich um ein Scheingeschäft handelt. Für das Vorliegen eines Scheingeschäfts trägt die Finanzverwaltung die Feststellungslast (FG Düsseldorf, Urteil vom 26.04.2002, 1 K 2937/99 U, DStRE 2004, 833 rkr.). Die Geltendmachung eines Vorsteuerabzugs setzt voraus, dass der in der Rechnung angegebene Sitz einer GmbH tatsächlich bestanden hat. Die diesbezügliche Feststellungslast trägt der den Vorsteuerabzug begehrende Unternehmer. Im Einzelfall kann eine Adresse, unter der die postalische Erreichbarkeit des leistenden Unternehmens gewährleistet ist, ausreichen, ohne dass es darauf ankäme, dass an der angegebenen Anschrift tatsächlich ein vollständig eingerichtetes Büro oder Geschäftslokale unterhalten wird. Im Zeitalter der mobilen Kommunikation und der Möglichkeit, Buchführung und verwaltungstechnische Arbeiten von Dienstleistern erledigen zu lassen, dürfen hier die Anforderungen nicht überspannt werden (FG Köln, Urteil vom 22.10.2008, 4 K 1367/05, EFG 2009, 370 rkr. mit Anm. B. Meyer). Zur Spezifikation beim Vorsteuerabzug bei der Einschaltung von Subunternehmern hat ein Finanzgericht folgende Klarstellungen vorgenommen: Dass die formalen Voraussetzungen der streitigen Rechnungen nicht erfüllt worden wären (§ 14 UStG), die sich im Übrigen nicht in den Akten befinden, hat der Antragsgegner nicht feststellen können. Die Leistung für das Unternehmen der Antragstellerin ergibt sich bei summarischer Prüfung aus den Erwägungen, die vorstehend auch für die betriebliche Veranlassung i.S.d. § 4 Abs. 4 EStG sprechen. Allerdings wäre der Vorsteuerabzug zu versagen, wenn der Rechnungsaussteller nicht die tatsächlich Leistenden gewesen wären. Dafür aber hat der Antragsgegner keine entsprechenden Feststellungen getroffen, die auf eine entsprechende Abweichung hindeuten. Entsprechende Anhaltspunkte sind für den Senat auch nicht nach Aktenlage ersichtlich. Wer Leistender ist, beurteilt sich in der Regel nach dem Zivilrecht; das ist grundsätzlich der, der die Leistung im eigenen Namen ausführt.

Zu den Anforderungen zur **Leistungsbeschreibung** und zum **Leistungszeitpunkt** für eine zum Vorsteuerabzug berechtigende Rechnung ist folgendes Judikat ergangen:

Die Bezeichnung der erbrachten Leistungen als „Trockenbauarbeiten" kann den Anforderungen an die Leistungsbeschreibung genügen, wenn sie sich auf ein konkret bezeichnetes Bauvorhaben an einem bestimmten Ort bezieht. Die Angabe des Leistungszeitpunkts kann sich aus dem Ausstellungsdatum der Rechnung ergeben, wenn nach den Verhältnissen des Einzelfalls davon auszugehen ist, dass die Werklieferung oder Werkleistung in dem Monat der Rechnungsausstellung erbracht („bewirkt") wurde (BFH, Urteil vom 15.10.2019 V R 29/19 [V R 44/16] BFH/NV 2020, 298 = StBp 2020, 105 ff. mit Anm. Heuermann).

Zur Bestimmung der Person des Leistenden kann der Leistungsempfänger in erster Linie auf die Rechnung des leistenden Unternehmers zurückgreifen, ergänzend auch auf schriftliche Aufträge, soweit erteilt. Danach hat der Senat wegen der Fakturierung der eingeschalteten Subunternehmer – mangels besse-

4 Probleme bei der Geltendmachung des Vorsteuerabzugs

rer Erkenntnisse – keine Bedenken, diese Unternehmen auch als Leistende im umsatzsteuerlichen Sinne anzusehen (so nochmals FG Berlin-Brandenburg, Beschluss vom 06.04.2010, 14 V 14207/09 n. v.).

§ 15 UStG 1993 schützt nicht den guten Glauben an die Erfüllung der Voraussetzungen für den Vorsteuerabzug. Liegen die materiellen Voraussetzungen für den Vorsteuerabzug wegen unzutreffender Rechnungsangaben nicht vor, kommt unter Berücksichtigung des Grundsatzes des Vertrauensschutzes ein Vorsteuerabzug im Billigkeitsverfahren (§§ 163, 227 AO) in Betracht (BFH, Urteil vom 08.07.2009, XI R 51/07, BFH/NV 2010, 256; hier: kein Gutglaubensschutz bei unzutreffender Rechnungsanschrift des Leistenden).

Eine **Versagung des Vorsteuerabzugs** kommt auch bei **unzutreffender Angabe der Steuernummer** in Betracht. Enthält die Rechnung entgegen § 14 Abs. 4 Satz 1 Nr. 2 UStG nur eine Zahlen- und Buchstabenkombination, bei der es sich nicht um die dem leistenden Unternehmer erteilte Steuernummer handelt, ist der Leistungsempfänger nach § 15 Abs. 1 Satz Nr. 1 Satz 2 UStG – vorbehaltlich einer Rechnungsberichtigung – nicht zum Vorsteuerabzug berechtigt (BFH, Urteil vom 02.09.2010, V R 55/09, DB 2010, 2652 mit kritischer Anmerkung Seifert, StuB 2010, 915 f. mit dem Hinweis, dass sich der BFH außerhalb der Praxisrealität bewegt, da das Umsatzsteuerrecht ein Massenverfahren sei).

Der Unternehmer, der die vom Subunternehmer empfangenen Lieferungen oder sonstigen Leistungen erhält, muss sich erheblich über die wirtschaftliche Existenz und formale Identität anhand nachprüfbarer Dokumente (z. B. Handelsregisterauszug, Freistellungsbescheinigung vom Finanzamt, Bescheinigung der Sozialversicherungsbehörden etc.) Klarheit verschaffen. Ferner werden bei umfangreichen Bauvorhaben auch ergänzende Dokumentationen (z. B. Vorlage von Angeboten, umfangreiche Vertragsunterlagen, Bauprotokolle) gelegentlich verlangt. Bestehen zwischen dem erbringenden Unternehmer und dem Rechnungsaussteller erhebliche Divergenzen, insbesondere in Fällen bei der Verwendung sog. Abdeckrechnungen, kann der Vorsteuerabzug nach § 15 UStG verloren gehen.

Eine weitere formale Hürde hat der BFH neuerdings in Gestalt der **Nennung des Lieferdatums** als Pflichtangabe in einer Rechnung hervorgehoben. In einer Rechnung ist der Zeitpunkt der Lieferung grundsätzlich auch dann zwingend anzugeben, wenn er mit dem Ausstellungsdatum der Rechnung identisch ist (BFH, Urteil vom 17.12.2008, XI R 62/07, BStBl. II 2009, 432).

Enthält eine Rechnung nicht die erforderlichen Pflichtangaben i. S. d. § 14 Abs. 4 UStG, was in der Baubranche häufiger vorkommt, kann der Unternehmer als Leistungsempfänger die ausgewiesene Umsatzsteuer zwar erst nicht als Vorsteuer nach § 15 UStG abziehen. Der Vorsteuerabzug geht ihm in diesem Fall aber nicht endgültig verloren. Der Leistungsempfänger kann vielmehr vom leistenden Unternehmer die Ausstellung einer Rechnung verlangen, die den gesetzlichen Vorgaben entspricht.

XI. Spezifische Prüfungsschwerpunkte im Baugewerbe

In „verkorksten" Fällen ist jedoch der Vorsteuerabzug noch nicht verloren. Eine Pflicht des leistenden Unternehmers zur Rechnungsausstellung ergibt sich zum einen aus § 14 Abs. 2 UStG: Danach ist der Unternehmer verpflichtet, innerhalb von sechs Monaten nach Ausführung der Leistung eine Rechnung auszustellen, wenn er eine steuerpflichtige Werklieferung oder sonstige Leistung im Zusammenhang mit einem Grundstück (§ 14 Abs. 2 Satz 1 Nr. 1 UStG) oder soweit er einen Umsatz an einen anderen Unternehmer für dessen Unternehmen oder an eine juristische Person ausführt (§ 14 Abs. 2 Satz 1 Nr. 2 Satz 2 UStG). Zum anderen bestehen auch zivilrechtliche Pflichten zur Ausstellung einer Rechnung, so z. B. als Nebenpflicht zu einem Kaufvertrag oder nach § 14 der Allgemeinen Vertragsbedingungen für die Ausführung von Bauleistungen (VOB/B).

Die Angabe einer Anschrift, an der keinerlei geschäftliche Aktivitäten des Leistenden stattgefunden haben, reicht für eine zum Vorsteuerabzug berechtigende Rechnung nicht aus (BFH, Beschluss vom 08.07.2015, XI B 5715, UR 2015, 923).

Das Merkmal „vollständige Anschrift" in § 14 Abs. 4 Nr. 1 UStG erfüllt nur die Angabe der zutreffenden Anschrift des leistenden Unternehmers, unter der er seine wirtschaftlichen Aktivitäten entfaltet. Sind Tatbestandsmerkmale des Vorsteuerabzugs nicht erfüllt, kann dieser im Festsetzungsverfahren auch dann nicht gewährt werden, wenn der Leistungsempfänger hinsichtlich des Vorliegens dieser Merkmale gutgläubig war (BFH, Urteil vom 22.07.2015, V R 23/14, BStBl. II 2015, 914).

Eine zum Vorsteuerabzug berechtigende Rechnung setzt nicht voraus, dass die wirtschaftlichen Tätigkeiten des leistenden Unternehmers unter der Anschrift ausgeübt werden, die in der von ihm ausgestellten Rechnung angegeben ist – Änderung der Rechtsprechung. Es reicht jede Art von Anschrift und damit auch eine Briefkastenanschrift, sofern der Unternehmer unter dieser Anschrift erreichbar ist (so BFH, Urteil vom 13.06.2018, XI R 20/14, BStBl. II 2018, 800; Urteil vom 21.06.2018, V R 28/16, BStBl. II 2018, 807; Urteil vom 21.06.2018, V R 25/15, BStBl. II 2018, 809; BFH, Urteil vom 05.12.2018 XI R 22/14 BStBl. II 2020, 418). Zur Identität von Rechnungsaussteller und leistendem Unternehmer hat der Bundesfinanzhof folgende Klarstellung vorgenommen:

Die für die Berechtigung zum Vorsteuerabzug nach ständiger Rechtsprechung erforderliche Identität von Rechnungsausteller und leistendem Unternehmer entspricht der Rechtsprechung des EuGH, der zufolge die Angabe der Anschrift, des Namens und der Mehrwertsteuer-Identifikationsnummer des Rechnungsausstellers es ermöglichen soll, eine Verbindung zwischen einer bestimmten wirtschaftlichen Transaktion und dem Rechnungsaussteller herzustellen (BFH, Urteil vom 14.02.2019, V R 47/16, BStBl. II 2020, 424 hierzu BMF-Schreiben vom 13.07.2020 III C 2 – S 7280 – a/19/10001:001 DOK 2020/0661295, BStBl. 2020 I, S. 644).

Spezifische Prüfungsschwerpunkte im Baugewerbe – Checkliste

– branchenspezifische Ursachen bei systematischen Verstößen im Steuerrecht und Sozialversicherungsrecht im Baugewerbe und ihren Ursachen

4 Probleme bei der Geltendmachung des Vorsteuerabzugs

- Anforderungen an die ordnungsgemäße Einschaltung von steuerlich anzuerkennenden Subunternehmerverhältnissen
- Dokumentationspflichten bei der Überprüfung der Geschäftspartner (Obliegenheiten zwecks Prüfung der bestehenden rechtlichen wirtschaftlichen Existenz des Geschäftspartners, Handelsregistereintragung, Steuernummer, Anmeldung bei den Sozialversicherungsträgern, Anmeldung bei den Krankenkassen, Anmeldung bei den Gewerbeämtern, Anmeldung bei der IHK)
- Folgen der Obliegenheitsverletzung bei der Hinzuschätzung von gewerblichen Einkünften, Umdeutung von Subunternehmeranstellungen und Scheinselbständigkeit in sozialversicherungspflichtige Arbeitsverhältnisse
- Vorgehensweise bei der Deutschen Rentenversicherung
- erhebliche strafrechtliche Risiken, die nicht mehr zu Geldstrafen, sondern sogar zum Vollzug von Haftstrafen (ohne Bewährung) führen können

XII. Steuerchaos Gaststättengewerbe

Schrifttum: Barthel, Schätzung aufgrund von Kassenmängeln, StBp 2016, 80; Brete, Die Nachkalkulation unter besonderer Berücksichtigung von Gastronomiebetrieben, StBp 2007, 70; Eichhorn, Ein Plädoyer für die offene Ladenkasse, StBp 2016, 303; Härtl/Schieder, Ordnungsmäßigkeit digital geführter Erlösaufzeichnungen – Elektronische Registrierkassen und digitale Erlöserfassungssysteme im Brennpunkt des Steuerrisikos Erlösverkürzung, StBp 2011, 33 (Teil I), 68 (Teil II) und 97 (Teil III); Herrfurth, Aufzeichnungen bei Verwendung einer offenen Ladenkasse und Zulässigkeit einer Quantilsschätzung bei Zeitreihenvergleichen, StuB 2017, 847; Herrfurth, Drei Jahre DoBD-Anwendung – höchste Zeit für grundlegende Anpassung des BMF Schreibens vom 14.11.2014, StuB 2018, 167; Kamps, Streit um Schätzung, Verprobung und Kassenbuchführung insbesondere bei bargeldintensiven Geschäftsbranchen in der Betriebsprüfung, Stbg 2017, 201; Kreft, Ausbeutekalkulation als anerkannte Schätzungsmethode, DB 2017, 1117; Pump, Die offene Ladenkasse mit summarischer Kassenführung als Systemfehler gem. § 158 AO, StBp 2017, 84; Schmidt-Liebig, Steuerliche und strafrechtliche Folgen von Kassenfehlbeträgen, NWB, Fach 17, 1297; Scherer, Kassenberichte – Fehlerquellen und Kontrollmöglichkeiten, StBp 1995, 193; Tiede, Neufassung des § 146 Abs. 1 AO durch das Gesetz zum Schutz vor Manipulationen an digitalen Grundaufzeichnungen, StuB 2018, 529; Wacker, Die Kasse in der Betriebsprüfung und der BFH – eine unendliche Geschichte mit gutem Ende? StBp 2019, 341; Wegner, Hinzuschätzung bei manipulierten Kassenaufzeichnungen eines Gastronomen, PStR 2019, 81; Wulf/Bertrand, Neue Rechtsprechung des BGH zu Gastronomie- und „Schwarzlohn"-Fällen, Stbg 2020, 67.

Verwaltungsanweisungen:

BMF, Schreiben vom 07.11.1995, IV A 8 – S 0316 – 52/95, BStBl. I 1995, 738 betr. Grundsätze ordnungsgemäßer DV-gestützter Buchführungssysteme (GoBS)

BMF, Schreiben, vom 26.11.2010, IV A 4 – S 0316/08/10004 – 07 DOK 2010/0946087, BStBl. I 2010, 1342 betr. Aufbewahrung digitaler Unterlagen bei Bargeschäften

BMF, Schreiben vom 14.11.2014, IV A 4 – S 0316/13/10003 DOK 2014/0353090, BStBl. I 2014, 1450 betr. Grundsätze zur ordnungsgemäßen Führung und Aufbewahrung von Büchern, Aufzeichnungen und Unterlagen in elektronischer Form sowie zum Datenzugriff (GoBD)

BMF, Schreiben vom 29.05.2018, IV A 4 – S 0316/13/10005:054 DOK 2018/0427737, BStBl. I 2018, 699 betr. Gesetzliche Neuregelung des § 146b AO durch das Gesetz zum Schutz von Manipulationen an digitalen Grundaufzeichnungen vom 22.12.2016; Anwendungserlass zu § 146b AO

BMF, Schreiben vom 17.06.2019, IV A 4 – S 0316 – a/18/10001 DOK 2019/0511938, BStBl. I 2019, 518 betr. Einführung des § 146a AO durch das Gesetz zum Schutz vor Manipulationen an digitalen Grundaufzeichnungen vom 22.12.2016; Anwendungserlass zu § 146a AO

BMF, Schreiben vom 19.06.2018, IV A 4 – S 0316/13/10005:053 DOK 2018/0427877, BStBl. I 2018, 706 betr. Neufassung des § 146 Abs. 1 AO zum Schutz vor Manipulationen an digitalen Grundaufzeichnungen vom 22.12.2016; Anwendungserlass zu § 146 AO

BMF, Schreiben vom 28.05.2020 IV A 4 – S 0316-a/20/10003:002; DOK 2020/0451857 BStBl I 2020, 534 betr. Gesetz zum Schutz vor Manipulationen an digitalen Grundaufzeichnungen vom 22. Dezember 2016; Änderung des Anwendungserlasses zu § 146a

FinMin Baden-Württemberg, Erlass vom 10.07.2020 – 3 S 031.9/4 DB 2020, 1544 betr. Gesetz zum Schutz vor Manipulationen an digitalen Grundaufzeichnungen – Nichtbeanstandungsregelung zur Aufrüstung elektronischer Aufzeichnungssysteme mit einer zertifizierten technischen Sicherheitseinrichtung (TSE)

XII. Steuerchaos Gaststättengewerbe

Neben dem Baugewerbe stellen die Prüfungen von Betrieben des Gaststättengewerbes einen Schwerpunkt jeder Betriebsprüfungen eines normalen Betriebsstättenfinanzamts dar. Die oben genannten Branchen gelten als äußerst unseriös und notorisch steuerunehrlich. In dem folgenden Beitrag werden Ursachen für wirtschaftskriminelle Aktivitäten, deren Erscheinungsformen sowie die entsprechenden Folgen für Gaststätteninhaber, Geschäftspartner und deren Berater beleuchtet.

1 Wirtschaftliches Umfeld der Branche

In der Gaststättenbranche herrscht bei vorhandenen latenten Überkapazitäten gegenüber einer schrumpfenden Nachfrage infolge der Wirtschaftskrise ein ruinöser Wettbewerb. Dieser wird insbesondere dadurch verschärft, dass ausländische Anbieter (aus den EU-Ländern z. B. Italien oder aus anderen Ländern, wie ehemaliges Jugoslawien, Thailand, Vietnam) auf den Markt treten, um mit enorm niedrigen Lohnkosten und Gewinnmargen und mit einem möglicherweise ausgeprägten Hang zur Steuerhinterziehung am Markt „Kampfpreise" anzubieten. Diese Kampfpreisangebote werden auch noch dadurch verschärft, dass das Gaststättengewerbe sich u. a. auch als ein Tummelplatz für die organisierte Kriminalität dergestalt entwickelt hat, dass Gaststättenbetriebe ein Ort sind, um lediglich „schmutziges" Geld reinzuwaschen. Das Erzielen eines wirtschaftlichen Gewinns ist nicht primäres Ziel, sondern es geht lediglich um das Durchschleusen erheblicher Mengen Bargeld mit dubioser Herkunft, um es „weiß" zu waschen. Die Gaststätte wird quasi zu einer „Wechselstube" umfunktioniert. Dadurch können sogar Preise offeriert werden, die nicht kostendeckend sind. Solche Erscheinungsformen treten beispielsweise in Berlin und Düsseldorf auf (Stichwort: China-Connection).

Wegen dieses Umfeldes haben es insbesondere deutschstämmige Anbieter sehr schwer, insbesondere, wenn sie sich an sämtliche Bestimmungen (Lebensmittelgesetz, Arbeitnehmerschutzbestimmungen, Sozialversicherungsbeiträge, Steuerpflichten, wie ESt, GewSt, USt, Lohnsteuer) halten. Wenn sie alle genannten Bereiche tadelfrei umsetzen, so müssen sie ihre Produkte und Serviceleistungen dermaßen teuer anbieten, dass sie im Wettbewerb nicht bestehen können. Sie sind also gehalten, diese gesetzlichen Bestimmungen zu unterlaufen oder sogar gegen diese vorsätzlich zu verstoßen, um vor allem mit der ausländischen Konkurrenz mithalten zu können.

Dies führt dazu, dass die lebensmittelrechtlichen Bestimmungen nicht immer einwandfrei eingehalten werden (z. B. Ankauf von älterem Fleisch, siehe Gammelfleischskandal, Nichtbeachtung von Arbeitnehmerschutzbestimmungen wie faktische Versklavung ausländischer Arbeitnehmer oder exzessiver Einsatz von Mini-Jobbern, Einführung einer doppelten Buchhaltung, also eine für die interne Erfolgskontrolle und eine andere Dumping-Buchhaltung für das Finanzamt etc.). Damit sind die Angriffsflächen mit den staatlichen Organen (Einsatz des Zolls zur Bekämpfung der Schwarzarbeit, Einsatz der Betriebsprüfung bzw. Steuerfahndung) vorprogrammiert, um korrespondierende Steuerdelikte zu verfolgen, zu ahnden und möglicherweise auch Steuernachforderungen – ggf. im Vollstreckungsweg – zu realisieren.

2 Ordnungsmäßigkeit der Buchführung

2.1 Allgemeines

Der Beginn einer Außenprüfung bei Gaststättenbetrieben wird sich auf den Zustand der präsentierten Buchführung beschränken. Es wird zuerst geprüft werden, ob die Betriebsprüfung bereit ist, das manchmal auch nur rudimentär vorhandene Datenmaterial der Besteuerung zugrunde zu legen bzw. im Fall des Vorliegens einer nicht ordnungsgemäßen Buchführung diese teilweise oder sogar ganz zu verwerfen, um von den Schätzungsmethoden (§ 162 AO) Gebrauch zu machen. Ziel des Unternehmers bzw. involvierten Beraters muss es sein – damit man nicht der Schätzungswillkür der Finanzbehörden ausgesetzt ist –, eine ordnungsgemäße Buchführung der Besteuerung zugrunde zu legen.

Bei inhabergeführten Betrieben im Gastronomiebereich scheint es keine ordnungsmäßig geführten Kassen mehr zu geben (so das Fazit von Barthel, StBp 2016, 80; für ein Plädoyer für die offene Ladenkasse Eichhorn, StBp 2016, 303 ff., hierzu kritisch Pump, StBp 2017, 84 mit dem Tenor: Systemfehler gem. § 158 AO).

Das Ergebnis einer formell ordnungsgemäßen Buchführung kann verworfen werden, soweit die Buchführung mit an Sicherheit grenzender Wahrscheinlichkeit materiell unrichtig ist (BFH, Urteil vom 09.08.1991, III R 129/85, BStBl. II 1992, 55).

Das **Unterschreiten des untersten Rohgewinnsatzes** (Aufschlagsatzes) der Richtsatzsammlung rechtfertigt bei formell ordnungsgemäßer Buchführung eine Schätzung nur dann, wenn der Betriebsprüfer **zusätzlich** konkrete Hinweise auf die sachliche Unrichtigkeit des Buchführungsergebnisses geben kann oder der Steuerpflichtige selbst Unredlichkeiten zugesteht (BFH, Urteil vom 18.10.1983, VIII R 190/82, BStBl. II 1984, 88).

Eine Buchführung, die unverbuchte bare Betriebseinnahmen erst i. R. der Abschlussbuchungen erfasst, ist nicht ordnungsgemäß (BFH, Urteil vom 26.10.1994, X R 114/92, BFH/NV 1995, 373).

Ist die Buchführung nicht der Besteuerung zu Grunde zu legen und fehlen die für eine Nachkalkulation benötigten Unterlagen, so kommt eine **ergänzende Schätzung unter Berücksichtigung der Richtsätze** in Betracht (BFH, Urteil vom 12.09.1990, I R 122/85, BFH/NV 1991, 573).

Entscheidende Voraussetzung für eine Schätzung ist die fehlende sachliche Richtigkeit der Buchführung und nicht deren formelle Ordnungsmäßigkeit. Eine sachlich richtige Buchführung schließt somit eine Schätzung aus, auch wenn sie formelle Mängel aufweist; umgekehrt berechtigen formelle Buchführungsmängel nur dann zur Schätzung, wenn sie Anlass geben, die sachliche Richtigkeit des Buchführungsergebnisses anzuzweifeln.

XII. Steuerchaos Gaststättengewerbe

Kassenfehlbeträge können Anlass geben, die baren Betriebseinnahmen zu schätzen. Die Fehlbeträge geben regelmäßig einen ausreichenden Anhalt für die Schätzung der Höhe nach (BFH, Urteil vom 20.09.1989, X R 39/87, BStBl. II 1990, 109).

Innerhalb des Zeitraums zwischen zwei Kassenbestandsabgleichen ist der höchste festgestellte Kassenfehlbetrag, gegebenenfalls zuzüglich eines Unsicherheitszuschlags, maßgebend. Resultieren Kassenfehlbeträge aus der Nichtanerkennung von Einlagen an mehreren Stichtagen, kann für Schätzungszwecke sogar eine Addition der Fehlbeträge in Betracht kommen (BFH, Urteil vom 21.02.1990, X R 54/87, BFH/NV 1990, 683; Schmidt-Liebig, NWB Fach 17, 1297 (1306); Scherer, StBp 1995, 193; zur Ordnungsmäßigkeit digital geführter Erlösaufzeichnungen betreffend elektronische Registrierkassen und digitale Erlöserfassungssysteme ausführlich Härtl/Schieder, StBp 2011, 33 ff., 68 ff. und 97 ff.).

Sämtliche Geschäftsvorfälle müssen laufend, vollständig, richtig, zeitgerecht und geordnet aufgezeichnet werden (§§ 145 ff. AO; §§ 238 ff. HGB). Bei Bargeschäften muss das **Kassenbuch** diesen Anforderungen genügen. Für Kassenaufzeichnungen gilt grundsätzlich die Einzelaufzeichnungspflicht. Diese entfällt zwar wegen Unzumutbarkeit, wenn Waren von geringem Wert an eine unbestimmte Anzahl nicht bekannter Personen verkauft werden (BFH, Urteile vom 20.06.1985, IV R 41/82, BFH/NV 1985, 12; vom 13.07.1971, VIII 1/65, BStBl. II 1971, 729; vom 12.05.1966, IV 472/60, BStBl. III 1966, 372).

In einem solchen Fall genügt es, dass die Kasseneinnahmen nur täglich in einer Summe in das Kassenbuch oder einen Kassenbericht eingetragen werden (BFH, Urteile vom 12.09.1990 I R 122/85, BFH/NV 1991, 573; vom 18.12.1984, VIII R 195/82, BStBl. II 1986, 226).

Jedoch muss das Zustandekommen der Summe durch **Aufbewahrung der einzelnen Ursprungsaufzeichnungen** wie Kassenstreifen, Kassenzettel oder Kassenbons nachgewiesen werden. Auch ist die tägliche Kassenbestandsaufnahme notwendig. Kassenbuchungen sind grundsätzlich am Tag des Geschäfts, ausnahmsweise am folgenden Geschäftstag, vorzunehmen. Das Erfordernis der Zeitnähe erfordert regelmäßig, dass der Steuerpflichtige selbst das Kassenbuch führt oder einen Kassenbericht erstellt. Die Aufzeichnungen müssen so beschaffen sein, dass es jederzeit möglich ist, den Kassen-Soll-Bestand mit dem Kassen-Ist-Bestand zu vergleichen (Kassensturzfähigkeit; FG Münster, Urteil vom 19.08.2004, 8 V 3055/04 G, EFG 2004, 1810 rkr.; BFH, Urteil vom 21.02.1990, X R 54/87, BFH/NV 1990, 683; zu Aufzeichnungen bei einer offenen Ladenkasse siehe Herrfurth, StuB 2017, 847 ff.; zu den neuesten Rechtsprechungstendenzen siehe Wacker, StBp 2019, 341 ff.).

Ein einheitliches Schriftbild bei der Kassenführung kann dafür sprechen, dass die Kassenberichte nachträglich erstellt wurden (FG Münster, Urteil vom 19.08.2004, 8 V 3055/04 G, EFG 2004, 1810 rkr.).

Mittlerweile völlig üblich ist die Verwendung einer elektronischen Kasse bzw. eines PC-Kassensystems. Hierzu hat die Finanzverwaltung Grundsätze ordnungsmäßiger EDV-gestützter Buchungssysteme (GoBS), aufgestellt (BMF-Schreiben vom 07.11.1995, IV A 8 – S 0316 – 52/95, BStBl. I 1995, 738; zur Aufbewahrung digitaler Unterlagen bei Bargeschäften siehe BMF, Schreiben vom 26.11.2010, IV A 4 S – 0316/08/10004 – 07 DOK 2010/0946087, BStBl. I 2010, 1342), die durch die neuen Grundsätze zur ordnungsgemäßen Führung von Aufzeichnungen und Unterlagen in elektronischer Form sowie zum Datenzugriff (GoBD) weiter massiv verschärft worden sind (BMF, Schreiben vom 14.11.2014, IV A 4 – S 0316/13/10003 DOK 2014/0353090, BStBl. I 2014, 1450; zum Reformbedarf dieser Verwaltungsanweisung siehe Herrfurth, StuB 2018, 167 ff.).

Zum 31.12.2016 lief die Übergangsfrist des BMF-Schreibens vom 26.11.2010, IV A 4 S – 0316/08/10004 – 07 DOK 2010/0946087, BStBl. I 2010, 1342, zur Aufbewahrung digitaler Unterlagen bei Bargeschäften aus. Ab dem 01.01.2017 müssen Unterlagen i. S. d. § 147 Abs. 1 AO, die mittels elektronischer Registrierkassen, Waagen mit Registrierkassenfunktion, Taxametern und Wegstreckenzähler erstellt worden sind, für die Dauer der Aufbewahrungsfrist jederzeit verfügbar, unverzüglich lesbar und maschinell auswertbar aufbewahrt werden (§ 147 Abs. 2 AO). Das Gesetz zum Schutz vor Manipulationen an digitalen Grundaufzeichnungspflicht vom 22.12.2016 (BGBl. I 2016, 3152) sieht eine Einzelaufzeichnungspflicht vor, die am Tag nach der Verkündung des Gesetzes in Kraft tritt. Die Einzelaufzeichnungspflicht bedeutet, dass aufzeichnungspflichtige Geschäftsvorfälle laufend zu erfassen, einzeln festzuhalten sowie aufzuzeichnen und aufzubewahren sind, sodass sich die einzelnen Geschäftsvorfälle in ihrer Entstehung und Abwicklung verfolgen lassen können. Eine Ausnahme von der Einzelaufzeichnungspflicht besteht aus Zumutbarkeitsgründen bei Verkauf von Waren an eine Vielzahl von nicht bekannten Personen gegen Barzahlung. Ab dem 01.01.2018 wird die Möglichkeit der **Kassen-Nachschau** eingeführt. Dies ist ein eigenständiges Verfahren zur zeitnahen Aufklärung steuererheblicher Sachverhalte u. a. im Zusammenhang mit der ordnungsgemäßen Erfassung von Geschäftsvorfällen.

Die Finanzverwaltung hat durch eine Vielzahl von Verwaltungsanweisungen nach dem Erlass des Gesetzes zum Schutz vor Manipulationen an digitalen Grundaufzeichnungen zahlreiche umfangreiche Klarstellungen vorgenommen (BMF, Schreiben vom 29.05.2018, IV A 4 – S 0316/13/10005:054 DOK 2018/0427337, BStBl. I 2018, 699 betr. Gesetzliche Neuregelung des § 146b AO durch das Gesetz zum Schutz von Manipulationen an digitalen Grundaufzeichnungen vom 22.12.2016; Anwendungserlass zu § 146b AO; BMF, Schreiben vom 19.06.2018, IV A 4 – S 0316/13/10005:053 DOK 2018/0427877, BStBl. I 2018, 706 betr. Neufassung des § 146 Abs. 1 AO durch das Gesetz zum Schutz vor Manipulationen an digitalen Grundaufzeichnungen vom 22.12.2016; Anwendungserlass zu § 146 AO; BMF, Schreiben vom 17.06.2019, IV A 4 – S 0316 – a/18/10001 DOK 2019/0511938, BStBl. I 2019, 518 betr. Einführung des § 146a AO durch das Gesetz zum Schutz vor Manipulationen an digitalen Grundaufzeichnungen vom 22.12.2016; Anwendungserlass zu § 146a AO; BMF, Schreiben vom 28.05.2020 IV A 4 – S 0316-a/20/10003:002; DOK 2020/0451857, BStBl I 2020, 534 betr. Gesetz zum Schutz vor Manipulationen an digitalen Grundaufzeichnungen vom 22. Dezember 2016; Änderung des Anwendungserlasses zu § 146a; FinMin Baden-Württemberg, Erlass vom 10.07.2020 – 3 S 031.9/4 DB 2020, 1544 betr. Gesetz zum Schutz vor Manipulationen an digitalen Grundaufzeichnungen – Nichtbeanstandungsregelung zur Aufrüstung elektronischer Aufzeichnungssysteme mit einer zertifizierten technischen Sicherheitseinrichtung (TSE); siehe hierzu Tiede, StuB 2018, 529 ff.

Weiterhin ist **ab dem 01.01.2020** die verpflichtende elektronische Belegausgabe bei elektronischen Aufzeichnungssystemen vorgesehen. Danach muss für den an diesem Geschäftsvorfall Beteiligten ein Beleg erstellt und diesem zur Verfügung gestellt werden. Der Beleg kann elektronisch oder in Papierform zur Verfügung gestellt werden. Mit der Belegausgabepflicht entsteht für den am Geschäftsvorfall Beteiligten aber keine Pflicht zur Mitnahme des Belegs. Aus Gründen der Zumutbarkeit und Praktikabilität besteht unter den Voraussetzungen des § 148 AO die Möglichkeit einer Befreiung von der Belegausgabepflicht.

Ab dem 01.01.2020 haben Stpfl., die elektronische Aufzeichnungssysteme verwenden, die Art und Anzahl der im jeweiligen Unternehmen eingesetzten elektronischen Aufzeichnungssysteme und der zertifizierten technischen Sicherheitseinrichtungen dem zuständigen FA mitzuteilen. Diejenigen Stpfl., die ein elektronisches Aufzeichnungssystem vor dem 01.01.2020 angeschafft haben, haben diese Meldung bis zum 31.01.2020 zu erstatten. (zu den neusten Tendenzen Kamps, Stbg 2017, 201, 208 ff.) Enthalten hiernach die Ausdrucke der Tages- und Monatsabschlüsse (sog. Z-Abschläge oder Z-Bons) keine Stornobuchungen, so verstößt dies gegen § 146 AO, was eine durch eine Nachkalkulation begründete Hinzuschätzung rechtfertigt. Diese wird damit begründet, dass es der allgemeinen Lebenserfahrung widerspreche, dass über einen ganzen Tag oder gar Monat die Eingaben in das Kassensystem ohne Fehler erfolgen. Dies dürfte zumindest dann gelten, wenn mehrheitlich mit ungelernten Servicebzw. Aushilfskräften gearbeitet wird (Niedersächsisches Finanzgericht Beschluss vom 02.09.2004, 10 V 52/04).

Betriebsprüfer richten ihr Augenmerk insbesondere auf den Zeitraum vor dem Jahresschluss und gegen Ende eines Monats; nach den Erfahrungen der Prüfer kommen in diesen Zeiträumen vermehrt Buchungen doloser Sachverhalte vor, z. B.

- Barentnahmen zur Anpassung ungebundener Entnahmen,
- Einnahmebuchungen zur Anhebung des sonst zu niedrigen Richtsatzes,
- nachträgliche Buchungen von Kassenverlusten (z. B. Unterschlagung durch Personal).

Eine weitere, aus der Sicht des FA häufig vorkommende Fehlerquelle ist die Nichterfassung von Bareinzahlungen auf der Bank in den Kassenberichten. Auch die Unterlassung des Eintrags von Betriebsausgaben (nichtabzugsfähige

2 Ordnungsmäßigkeit der Buchführung

Privatausgaben) hat Einnahmeverkürzungen zur Folge (Scherer, StBp 1995, 193).

In der Rechtsprechung sind darüber hinaus folgende Fallkonstellationen als **wesentliche Mängel einer Buchführung** qualifiziert worden:
- nicht chronologisch fortlaufend geführtes Kassenbuch
- nur mit Schwierigkeiten nachprüfbarer Kassenbestand
- nur summenmäßig tägliche Kassenbucheintragung ohne Einzelnachweis durch Kassenbericht oder Registrierkassenstreifen
- Kassenfehlbeträge in größerer Anzahl oder Höhe
- unvollständige Aufzeichnungen der Kasseneinnahmen
- fehlende (Eigen-)Belege über Kasseneinlagen und -entnahmen
- nicht zeitgerechte Verbuchung von Kasseneinlagen und -entnahmen mit nur geschätzten Beträgen ohne Belege
- Verbindung des Kassenkontos mit einem anderen Konto
- fehlende Verbuchung von Geldverschiebungen zwischen verschiedenen Geschäftskassen des Steuerpflichtigen
- nachträgliche Verbuchung von Bareinnahmen, wenn die Unvollständigkeit entdeckt ist
- Radierungen oder Überschreibungen mit Tip-Ex

(weitere Nachweise in Drüen, in: Tipke/Kruse, AO, § 146 Tz. 75)

Folgende empirische Prüfungsansätze finden sich bei Gastronomiebetrieben. Sie betreffen folgende Punkte:
- Beschaffung
- Prüfung der Vollständigkeit des Einkaufs über Gegenkontrolle bei Zulieferern (Lieferanten abfragen, Kontrollmitteilungen)
- Prüfung der Richtigkeit des Personaleinsatzes über Anmeldungen bzw. Feststellung von anderen Behörden

Innerbetrieblicher Wertestrom:
- Kontrolle der Richtigkeit des Einkaufes - Verbrauches über Prüfung der Inventuren, Mengenverprobungen
- Prüfung der Vollständigkeit der Fertigung und Abgabe über Auslastungsrechnungen
- Menge-/Wert-/Aufschlagskontrollen über Bestellung/Einsatz/Fertigung/Service ggf. aus Begleitaufzeichnungen
- Umschlagshäufigkeit des Warenlagers

Eine zentrale Rolle spielt die **Nachkalkulation**. Diese muss die nachfolgenden (Grund-)Anforderungen bei Gastronomiebetrieben erfüllen:

XII. Steuerchaos Gaststättengewerbe

- Der Wareneingang ist gem. den Eingangsrechnungen in die unterschiedlich kalkulierten Warengruppen mengen- und wertmäßig aufzugliedern.
- Es sind stets so viele Warengruppen zu bilden, wie Aufschlagsätze vorkommen. Bei einer reinen Schankwirtschaft genügt in aller Regel eine Aufgliederung in zehn Warengruppen.
- Artikel mit beieinanderliegenden Aufschlagsätzen können in einer Warengruppe zusammengefasst werden, wobei dann aber Untergruppen zu bilden sind.
- Die Aufschlagsätze müssen stets nach der gültigen Speise- und Getränkekarte ermittelt werden. Hierzu bietet sich am besten die Netto-Brutto-Methode an: erzielter Verkaufserlös abzüglich des Einkaufspreises.

Beispiel:
Die Flasche Bier kostet im Einkauf 1,00 € und wird für 3,00 € verkauft. Der Aufschlagsatz beträgt 2,00 €. Aufschlagsatz 200 %.

Für einzelne Warengruppen mit den dazugehörigen Untergruppen kann der Steuerpflichtige selbst einen weiteren Aufschlagsatz ermitteln, z.B. alkoholfreie Getränke, die sich zusammensetzen aus Cola, Limo, Wasser etc.

Beispiel:
Der Aufschlagsatz für Cola beträgt 180 %, für Limo 170 % und für Wasser 166 %. Der mittlere Aufschlagsatz wäre dann 172 % (180 + 170 + 166 = 516./. 3). Alternativ kann natürlich auch der den einzelnen Getränken zugrundegelegte Aufschlagsatz verwendet werden.

Die Warengruppen sind wertmäßig addiert zusammen mit den ermittelten Einzelaufschlagsätzen in die Gaststättenerlösverprobung zu übernehmen.

Beispiel:

Warengruppe	Wareneingang	Aufschlagsatz	Rohgewinn	Erlös
Flaschenbier	10.000	140 %	14.000	24.000
Küchenwaren	30.000	245 %	73.500	103.500

Dann sind jeweils die Spalten Wareneingang und Rohgewinn zu addieren, also Spaltensummen zu bilden und hieraus der durchschnittliche Rohgewinnaufschlag zu berechnen.

2 Ordnungsmäßigkeit der Buchführung

Beispiel:

Summe Wareneingang	40.000
Summe Rohgewinn	87.500
Rohgewinnaufschlag	218,75 %

- Die Spaltensummen „Wareneingang", „Rohgewinn" und „Erlös" sind nun noch mit dem errechneten Durchschnittsaufschlagsatz zum wirtschaftlichen Wareneinsatz umzurechnen, und zwar unter Berücksichtigung von Eigenverbrauch, Personalverpflegung, Schwund, Verderb und Bestandsdifferenzen (weitere Einzelheiten bei Brete, StBp 2007, 70, 72 ff.).

Die Richtigkeitsvermutung einer formell ordnungsgemäßen Buchführung ist nur entkräftet, wenn das FA nachweist, dass das Buchführungsergebnis sachlich nicht zutreffen kann. Dazu kann eine Nachkalkulation von Umsätzen einer Cocktailbar nur dann herangezogen werden, wenn sie sich auf die tatsächlich gehandelten Getränke und deren Verkaufspreise bezieht. Das ist nicht der Fall, wenn der Prüfer die Mixgetränke nicht als solche kalkuliert, sondern für deren Einzelbestandteile (teils geschätzte) Verkaufspreise ansetzt (Sächsisches FG, Urteil vom 26. 10. 2017, 6 K 841/15, EFG 2018, 165, 168 f. rkr. mit Anm. Pfützenreuter).

Zur Schätzung bei manipulierten Kassenaufzeichnungen einer Gaststätte ist Folgendes Judikat ergangen.

Werden für ein programmierbares elektronisches Kassensystem (hier PC-Kasse) anlässlich einer Außenprüfung weder Bedingungsanleitung noch Programmdokumentationen für die in den Streitjahren verwendete Programmversion vorgelegt, führt dies zu einem formellen Buchführungsmangel, der zu einer Hinzuschätzung berechtigt (Anschluss an BFH, Urteil vom 25. 03. 2015, X R 20/13, BFHE 249, 390, BStBl. II 2015, 743). Wenn fortlaufend vergebene Rechnungsnummern in der Journaldatei positive Umsatzdaten zugeordnet werden, in den den Steueranmeldungen zugrunde liegenden Kassenaufzeichnungen hingegen nur 0 €-Beträge, ohne dass korrespondierende Stornobuchungen verzeichnet wurden, ist nachgewiesen, dass die erklärten Umsätze nicht den tatsächlich erzielten Umsätzen entsprechen. Für die Richtigkeitsvermutung des § 158 AO ist dann auch aus diesem Grund kein Raum (FG Berlin-Brandenburg, Beschluss vom 13. 12. 2018, 7 V 7137/18 EFG 2019, 317, 319 ff. rkr. mit Anm. Pfützenreuter; hierzu auch Wegener, PStR 2019, 81 f.).

In Einzelfällen können die Rohgewinnaufschlagsätze auch außerhalb des von der Richtsatzsammlung ausgewiesenen Rahmens liegen, da es sich sowohl beim oberen als auch unteren Satz nicht um einen absoluten, sondern um einen gewogenen Wert handelt. Ein oberhalb des Rahmens von 186 % bis 400 % liegender Rohgewinnaufschlagsatz von 588 % erscheint im Bereich asiatischer Restaurants erzielbar (FG Nürnberg, Urteil vom 13. 01. 2017, 4 K 1172/16, DStRE 2018, 554 rkr.)

XII. Steuerchaos Gaststättengewerbe

Die sog. **„30/70-Methode"** (Getränke vs. Speisen) ist grundsätzlich eine geeignete Schätzungsmethode, die auf betriebsinternen Daten aufbaut (BFH, Beschluss vom 11.01.2017, X B 104/16, BFH/NV 2017, 561, Nieders. FG, Urteil vom 10.05.2016, 8 K 175/15 n. v.; hierzu Kraft, DB 2017, 1117 f.; **a. A.** FG Nürnberg, 08.05.2012, 2 K 1122/2009, DStRE 2013, 304 rkr.). Zur Reichweite der sog. 30/70-Methode hat ein Finanzgericht folgende Klarstellung vorgenommen: Aus dem Ergebnis einer Getränkekalkulation bei einem Restaurant kann auf Speiseumsätze im Haus, aber nicht ohne Weiteres auf Außerhausumsätze geschlossen werden (FG Münster, Urteil vom 04.12.2015, 4 K 2616/14 E, G, U, EFG 2016, 169 rkr. mit Anm. Kister).

Für eine ordnungsgemäße Kassenbuchführung (hier: eines Schnellrestaurants) ist erforderlich, dass sich bei Erfassung der überwiegend baren Einnahmen mit einer elektronischen Registrierkasse sämtliche Stornobuchungen einwandfrei aus den Unterlagen ergeben und ohne Probleme nachvollziehbar sind. Manipulationen der Aufzeichnungen müssen möglichst ausgeschlossen und in dem elektronischen Kassensystem müssen programmmäßige Sicherungen und Speicherungen enthalten sein, die schon vom Zeitpunkt der ersten Speicherungen an verhindern, dass einmal eingegebene Daten nachträglich jederzeit geändert werden können.

Die Kassenführung eines Schnellrestaurants ist schon allein dann insgesamt nicht ordnungsgemäß, wenn die Kasseneinnahmen und -ausgaben nicht täglich, sondern nur monatlich festgehalten werden, und wenn es dadurch möglich war, im Laufe des Monats Umsatzleseberichte für die einzelen Kalendertage zu ziehen, für erhebliche Beträge (im Streitfall: knapp 600.000 € innerhalb von sech Jahren) Stornierungen von Betriebseinnahmen vorzunehmen und Tagesendsummenbons (Z-bon) auszudrucken, aus denen die – tatsächlich unstreitig vorgenommenen – nachträglichen Veränderungen der Einnahmen nicht erkennbar sind, und wenn die Tagesendsummenbons zudem jederzeit austauschbar waren. (FG Bremen, Urteil vom 20.04.2016 1k 88/13 (16) DStRE 2016, 1266, rkr.).

In einem weiteren Judikat, das ein gehobenes italienisches Speiserestaurant betraf, wurde der Rechtssatz aufgestellt, dass bei Manipulationsmöglichkeiten der fast ausschließlichen Nutzung von Bargeschäften und bei vom Steuerpflichtigen zu vertretenen fehlenden Überprüfungsmöglichkeiten lediglich eine grobe Schätzung (dort Richtsatzschätzung) geboten sei (BFH, Beschluss vom 19.09.2001 XI B 7/01 n. v.).

In Einzelfällen können die Rohgwinnaufschlagsätze auch außerhalb des von der Richtsatzsammlung ausgewiesenen Rahmens liegen, da es sich sowohl beim oberen als auch unteren Satz nicht um einen absoluten, sondern um einen gewogenen Wert handelt. Ein oberhalb des Rahmens von 186 % bis 400 % liegender Rohgewinnaufschlagsatz von 588 % erscheint im Bereich asiatischer Restaurants erzielbar (FG Nürnberg, Urteil vom 13.01.2017, 4 K 1172/16 DStRE

2018, 545 rkr; vgl. a. FG Münster, Urteil vom 20.12.2019 4 K 541/16, E, G, U, F, DStRE 2020, 878 [NZB eingelegt; Az. des BFH: III B 22/20]).

Gelingt es dem FA, aus dem Warenwirtschaftssystem eines Großhändlers in erheblichem Umfang detaillierte Daten zu nicht gebuchten Warenlieferungen an einen bestimmten Gastronomen zu rekonstruieren, und tritt der Gastronom dem nicht substantiiert entgegen, kann dies zur Überzeugung des FG führen, ein Gastronom habe Schwarzeinkäufe getätigt.

Allein gravierende formelle Kassenmängel rechtfertigen nicht die Annahme eines Hinterziehungsvorsatzes, weil formelle Mängel keinen sicheren Schluss auf die Verkürzung von Einnahmen zulassen (FG Münster, Urteil vom 17.01.2020 4 K 16/16, E, G, U, F, EFG 2020, 509, 514 f. mit Anm. Bleschick und Gehm, NWB 2020, 2746 ff.; vorläufig nicht rkr.; vgl. a. BFH, Beschluss vom 27.08.2019 X B 160/18, I B 3-10/19, BFH/NV 2020, 5 betr. Nachweis von Schwarzeinkäufen eines Gastronomen aufgrund von Daten aus der IT des Lebensmittel-Großhändlers).

Einen aktuellen Rechtsprechungsüberblick zu Gastronom- und „Schwarzlohn"-Fällen geben Wulf/Bertrand, Stbg 2020, 67 ff.

Steuerhinterzieher müssen darüber hinaus folgende Aspekte im Auge behalten: Beim Erstellen einer sog. „doppelten" Buchführung (Buchführung für die interne Erfolgskontrolle; getürkte Buchführung, um die Steuerbelastung zu minimieren) ist Folgendes zu beachten:

Der Betriebsprüfer nimmt aufgrund der Rechtssatzsammlung eine Nachkalkulation vor. Im Wege der Verprobung wird er versuchen, dem Unternehmer nachzuweisen, dass aufgrund der branchenüblich zu geringen Gewinnaufschlagsätze der Gewinn einfach nicht stimmen kann. Hier kann jedoch in der Praxis mit vielen Gegenargumenten wie folgt gekontert werden:

Zum einen kommt es nicht selten vor, dass Gaststätteneinnahmen vom Personal veruntreut werden. Der Ausschank von Freigetränken (insbesondere bei italienischen Restaurants) lässt eine 100 %ige Übernahme der Richtsatzwerte nicht zu. Es ist ferner dargelegt worden, dass aufgrund des ruinösen Wettbewerbs häufig mit weitaus geringeren Margen in Krisenzeiten operiert werden muss als in wirtschaftlichen Boom-Zeiten. Ausgebuffte Hinterzieher machen deshalb eine doppelte Hinterziehung dergestalt, dass sie auch den Wareneinkauf simultan drücken. Dies erfolgt gelegentlich auch dadurch, dass **Bareinkäufe** bei **Großhändlern** erfolgen. Der Bareinkauf bei Großhändlern, die schwerpunktmäßig ebenfalls geprüft werden, ist ein Indiz dafür, dass eine solche doppelte Steuerhinterziehung vorliegen kann. Dies war z. B. in Berlin der Fall, als ein Getränkehändler geprüft wurde, der systematisch und in großem Stile neben offiziellen Geschäften auch parallele Bargeschäfte tätigte, wodurch es zu lästigen Anschlussprüfungen (ggf. auch Steufa-Prüfungen) bei Gaststätten und verwandten Betrieben (Nachtclubs, Bordellbetriebe etc.) gekommen ist.

2.2 Folgen der Schätzung

Die Folgen einer nicht vorliegenden ordnungsgemäßen Buchführung oder einer nachträglich manipulierten scheinbar ordnungsgemäßen Buchführung hat zur Folge, dass das zugrunde liegende Buchführungsmaterial partiell oder sogar in toto verworfen wird. Dann erfolgt eine Schätzung auf Basis der Richtschätzwerte am oberen Limit. Hier greift der Grundsatz, dass der Steuerunehrliche auf keinen Fall bessergestellt werden darf als der Steuerehrliche. Somit sind Strafzuschätzungen erlaubt. **Hier ist jedoch das Besteuerungsverfahren stark vom Steuerstrafverfahren zu trennen.** Sicherheitszuschläge, die quasi eine Ahndungsfunktion haben, dürfen dem Steuerstrafverfahren nicht ohne Weiteres zugrunde zu legen. Dies hängt damit zusammen, dass im Steuerstrafverfahren der Grundsatz „in dubio pro reo" gilt und nur die Steuern einer Bestrafung zugrunde gelegt werden dürfen, die nach Auffassung eines Strafrichters tatsächlich hinterzogen worden sind.

3 Umkippen eines Besteuerungsverfahrens in ein Steuerstrafverfahren

Ist ein Steuerstrafverfahren eingeleitet worden, so sollte – um einen langwierigen Finanzgerichtsprozess und eine stressige Strafverhandlung zu vermeiden – möglichst eine **doppelte tatsächliche Verständigung** sowohl im Besteuerungsverfahren als auch im Steuerstrafverfahren erzielt werden. Hier müssen auf der Besteuerungsebene nicht nur der Betriebsprüfer, sondern auch der Sachgebietsleiter Betriebsprüfung und Einkommensteuer (ggf. Vorsteher) und ein Sachgebietsleiter der zuständigen Bußgeld- und Strafsachenstelle hinzugezogen werden. Die Staatsanwaltschaft muss nur dann hinzugezogen werden, wenn weitere Delikte (z. B. Bilanzdelikte, Insolvenzdelikte, Verstöße gegen das GmbH-Gesetz, Urkundenfälschung) aufgetreten sind.

3.1 Strafrechtliche Risiken für Großhändler

Tätigt ein Großhändler Barverkäufe, um seinen Kunden Steuerhinterziehungen im Wege der beschriebenen doppelten Buchführung zu ermöglichen, so kann eine Beihilfe zu Steuerhinterziehungen angenommen und damit eine Haftung nach § 71 AO ausgelöst werden, was zur Folge hat, dass der Großhändler für die Steuerhinterziehung seines Kunden (insbesondere im Fall der Insolvenz) haftet (vgl. BFH, Urteil vom 21.01.2004, XI R 3/03, BFH/NV 2004, 1006; FG Münster, Urteil vom 11.12.2001, 1 K 3470/98 E, EFG 2002, 728, rkr.).

3.2 Spezifische Risiken für involvierte Berater (und Geschäftspartner)

Der Geschäftsführer einer GmbH, die Kassensysteme nebst entsprechender Manipulationssoftware herstellt und vertreibt, begeht Beihilfe zu einer Steuerhinterziehung durch einen Kunden, der diese Manipulationssoftware kauft. Der Geschäftsführer wird in diesem Fall nicht für sein Fehlverhalten als Geschäftsführer der GmbH, sondern für die vorsätzliche Beteiligung an einer fremden

3 Umkippen eines Besteuerungsverfahrens in ein Steuerstrafverfahren

Steuerhinterziehung in Haftung genommen (FG Rheinland-Pfalz, Beschluss vom 07.01.2015, 5 V 2068/14, DStRE 2016, 40 rkr.).

Auch der steuerliche Berater kann im obligo sein. Er haftet insbesondere dann, wenn er seinen Mandanten nicht über den Inhalt der nach § 143 Abs. 3 AO erforderlichen Aufzeichnung über die Spezifizierung der Dokumentation des Wareneinganges unterrichtet (BGH, Urteil vom 20.02.2003, IX ZR 384/99, DB 2003, 1899).

Ferner bestehen auch Risiken im Rahmen der steuerlichen Haftung eines Steuerberaters oder dessen Mitarbeiters wegen Beihilfe zur Steuerhinterziehung bei Barverkäufen. Der mit der Betreuung eines Mandats beauftragte Steuerfachgehilfe leistet Beihilfe zur Steuerhinterziehung des Mandanten und haftet gem. § 71 AO für die verkürzten Steuern, wenn er trotz Fehlens von Aufzeichnungen die durch Hochrechnung des Wareneinkaufs ermittelten Umsätze oder vom Mandanten (mündlich) mitgeteilten Umsätze in die USt-Voranmeldungen und USt-Erklärungen übernimmt (FG Münster, Urteil vom 20.09.2006, 5 K 4518/02 U, EFG 2007, 488 bestätigt durch BFH, Beschluss vom 13.08.2007, VII B 345/06, BFH/NV 2008, 23, wonach für den Gehilfenvorsatz der bedingte Vorsatz ausreichend sei, der Wissen und Wollen der Verwirklichung der Straftat voraussetzt).

Steuerchaos Gaststättengewerbe – Checkliste
- Dokumentation des wirtschaftlichen Umfelds der Branche (Konkurrenzverhältnisse von deutschen Bewerbern mit ausländischen Branchenkollegen)
- Schwerpunkt der Kontrolle im Gaststättengewerbe an die Ordnungsmäßigkeit der Buchführung
- dubiose Kassenverhältnisse (insbesondere Nutzung von Kassen mit sogenannter Schummel-Software à la VW)
- Fehlen der Ordnungsmäßigkeit der Buchführung als Ansatzpunkt für die Vornahme von grobschlächtigen Schätzungen
- Bedeutung von Richtsatzkarteien für die Durchführung von Schätzungsverhältnissen
- Umkippen eines Besteuerungsverfahrens in ein Strafverfahren
- strafrechtliche Risiken für Großhändler
- strafrechtliche Risiken für involvierte Berater (Geschäftspartner)
- geplante und durchgeführte Gesetzesänderungen zur verstärkten Kontrolle der Aktivitäten des Gastronomiegewerbes, insbesondere im bargeldintensiven Bereich und künftige Entwicklungen im Rahmen der Durchführung von Außenprüfungen

XIII. Einführung von innerbetrieblichen Kontrollsystemen (Tax Compliance)

Schrifttum: Alzuhn/Kober/Voss, Tax Compliance Management System und USt, DB 2018, 794; Angermann, Steuer IKS in Family Offices, DB 2018, 1429; Ball/Papasikas, Überlegungen bei Einführung eines innerbetrieblichen steuerlichen Kontrollsystems – Überwachungsaufgaben der Steuerabteilung, BB 2016, 1495; Binnewies, Anforderungen der Tax Compliance einer AG bezüglich ihrer Geschäftspartner, Die AG 2019, 644; Binnewies/Hinz, Die AG 2019, 644; Blaufus/Trenn, Tax Compliance Management – Ergebnisse einer Befragung mittelständischer Unternehmen, StuW 2018, 42; Birkemeyer/Blaufus/Keck/Reinicke/Trenn, Internationale Tax-Compliance-Management-Systeme, WPg 2019, 644; Bleckmann, Tax Compliance Management System und die Umsatzsteuer – Herausforderung und Chancen für die Unternehmen, BB 2017, 352; Bleckmann/Hacker, Tax Compliance Management und Digitalisierung in Umsatzsteuer und Zoll, BB 2020, 343; Breimann/Schwetzel, Prüfung von Tax Compliance Management Systemen nach IDW PS 980: Prüfungsarten, Prüfungsvorgehen und Wirkung des Testats, DStR 2017, 2626; Brill, MwSt-Aktionsplan, zertifizierter Steuerpflichtiger und Tax Compliance, UR 2018, 625; Brödel/Jacob/Birkemeyer/Stauder, Einfluss der Digitalisierung auf die Implementierung eines Tax CMS im Unternehmen, WPg, 2018, 779; Creed, Steuerrisiken eindämmen – es ist höchste Zeit für Tax Compliance im Mittelstand!, StB 2016, Heft 6, I; Dahl, Abteilung „Wie geht es richtig?" statt „Geht nicht!", WPg 2020, 91; Dahlke, Risikobewertung in einem Tex-Compliance-Management-System, BB 2019, 619; Damas, Verfahrensdokumentation, IKS und Tax-Compliance-Management: Hintergründe, Missverständnisse, Folgerungen, DB 2020, 1536; Demuß, Praktische Erfahrungen mit Aufbau und Implementierung einer Tax-Compliance-Organisation, WPg 2020, 112; Erdbrügger/Jehke, Das BMF-Schreiben vom 23.05.2016 zu § 153 AO – strafrechtliche Haftungsentlastung bei Einrichtung eines Tax-Compliance-Management-Systems, BB 2016, 2455; Erdbrügger/Kaiser, Neuer Anwendungserlass zu § 153 AO zu Tax Compliance Management Systemen – Auswirkungen für Unternehmen am Beispiel des Umsatzsteuer- und Zollrechts, Ubg 2016, 412; Ernsting, Überlegungen zur Tax Compliance aus der Perspektive der Steuerfunktion eines internationalen Konzerns, Ubg 2020, 441; Esterer/Eisgruber, Steuerlich internes Kontrollsystem – Eine große Chance für einen Cooperative-Compliance-Ansatz, DB 2017, 986; Feldgen, Einrichtung eines Tax CMS bei einem mittelständischen Handelsunternehmen am Beispiel der Umsatzsteuer, StuB 2018, 496; Fischer, Tax Compliance unter Berücksichtigung des VerSanG-E, StBp 2020, 259; Fischer/Schwab, Tax Compliance in KMU: Hinweise der Bundessteuerberaterkammer für ein steuerliches innerbetriebliches Kontrollsystem (Steuer-IKS), DStR 2018, 2040; Geberth, Herausforderungen bei der Einrichtung einer Tax-CMS, WPg 2017, 1293; Gehrs/Brügge, Tax-Compliance – auch ein Thema für die Lohnsteuer, StuB 2017, 100; Geuenich/Ludwig, Tax-Compliance-Management-Systeme (Tax CMS) – Einordnung durch Finanzbehörden und Gerichte, BB 2018, 1303; Gnändiger/Kleff, Bußgeldmindernde Wirkung eines Compliance-Management-Systems, WPg 2018, 470; Grotherr/Ratzinger-Sakel, Tax Compliance im Hinblick auf die Mitteilungspflichten für grenzüberschreitende Steuergestaltungen, WPg 2019, 903; Handel, Tax Compliance-Voraussetzungen und Enthaftung nach IDW, PS, 980, DStR 2017, 1945; Kammerlohner-Lis/Kirsch, Tax Compliance Management Systeme bei Unternehmen der öffentlichen Hand am Beispiel der Kommunen, DB 2018, 151; Köhler, Innerbetriebliches Kontrollsystem (Tax Compliance-Management-System), StBp 2018, 43; Köhler, Innerbetriebliches Kontrollsystem (Tax Compliance-Management-System), StBp 2018, 369; König/Teichert, AEAO zu § 153 AO: Unternehmen schützen mit Tax Compliance, DB 2017, 146; Kowallik, Das interne Kontrollsystem für Steuern, DB 2015, 2774; Kowallik, Vom innerbetrieblichen Kontrollsystem für Steuern zum Tax Compliance Management System, DB 2017, 385; Kowallik, Vom IKS für Steuern zum Tax CMS: Aktueller Stand sowie Anpassungsbedarf beim Outsourcing, DB 2017, 1344; Kowallik, Vom Steuer-IKS zum Tax CMS: Aktueller Stand sowie Anpassungsbedarf bei IT-Lösungen, DB 2017, 1994; Kowallik, Vom Steuer-IKS zum Tax CMS: Aktueller Stand sowie praktische Umsetzung in global tätigen Unternehmen Investitionen im Ausland, DB 2017, 2571; Kowallik, Die begleitende Kontrolle in Österreich – ein Vorbild für

XIII. Einführung von innerbetrieblichen Kontrollsystemen (Tax Compliance)

Deutschland?, WPg 2019, 1230; Kußmaul/Schmeer, Tax Compliance Management System zur Vermeidung von steuerlich bedingten Risiken, Ubg 2019, 613; Kußmaul/Schmeer, Rechtliche und immaterielle Risiken bei unzureichender Tax Compliance, Ubg 2019, 683; Liekenbrock, Digital Tax Compliance, Ubg 2018, 43; Ludwig/Breimann/Kusch, Ausgestaltung eines steuerlichen Kontrollsystems im Sinne des IDW-Praxishinweises zu PS 980 – BMF-Schreiben v. 23.05.2016 zu § 153 AO, DStR 2016, 2240; Machow/Oertel, Tax Compliance Ansätze im Vergleich: Die österr. begleitende Kontrolle und der deutsche Status quo, ISR 2019, 232; Makowicz/Maciuca, Prüfung von Compliance-Management-Systemen im Lichte neuer ISO-Standards, WPg 2020, 73; Mehret/Wähnert, Prüfungsnetze vs Einzelmethoden: Ein wichtiger, (bisher) verkannter Vorteil der summarischen Risikoprüfung (SRP), DStR 2018, 314; Neuling, Tax Compliance im Unternehmen: schlichte Anzeige (§ 153 AO) vs Selbstanzeige, DStR 2015, 558; Niemann/Dodos, Tax Compliance Management System, München 2019; Offerhaus/Dietz, Tax Compliance bei Unternehmens- und Anteilsübertragungen, NWB 2020, 2264; Riegler/Krämer, Implikationen eines Tax CMS auf den Unternehmenskauf, DStR 2019, 2553; Risse, Steuerliche Transparenz durch ein Tax Compliance System und die Anforderungen nach IDW PS 980, DB 2017, 2061; Risse, Digitalisierung: Eignet sich Tax Compliance für die technisch möglichen Innovationen?, Ubg 2020, 356; Stecker/Neumann, Grundsätze ordnungsmäßiger Prüfung von CMS: IDW PS 980 in der Unternehmenspraxis, WPg 2020, 70; Stolz, Tax-Compliance in der Beratungspraxis, steuerberater intern, Beilage Nr. 23 vom 05.11.2019, 1; Streck/Mack/Schwedhelm (Hrsg.), Tax Compliance, Köln, 3. Aufl., 2019; von Busekist/Beneke, Anforderungen an CMS: Compliance-Treiber gestern und heute, WPg 2020, 61; von Woltersdorff/Hey, Was kann ein Tax-Compliance-Management-System leisten?, WPg 2016, 934; Wellens/Wall, Verrechnungspreise als Teil der Compliance-Organisation im Unternehmen, DB 2016, 1385; Werder/Rudolf, Compliance-Berichte in der steuerlichen Betriebsprüfung, BB 2014, 3094; Zeller, Tax Compliance im Bereich des internationalen Steuerrechts, WPg 2019, 232.

1 Einführung in die Problematik (Paradigmenwechsel vom gezielten Steuerschummler zum perfektionierten Steuerpflichtigen mit etablierter Selbstkontrolle)

Ein allgemeines Bewusstsein bezüglich der Anforderungen einer ordnungsgemäßen Tax Compliance besteht spätestens seit dem Anwendungserlass des Bundesministeriums der Finanzen zu § 153 AO vom 23.05.2016, IV A - 3 S 0324/15 10001, BStBl I 2016, 490 Tz. 2.6.; hierzu Erdbrügger/Kaiser, Ubg, 2016, 412 ff.; König/Teichert, DB 2017, 146 ff.

In dieser Verwaltungsanweisung wird auch klargestellt, dass die Schaffung eines Tax Compliance Management Systems (TCMS) bzw. eines Innerbetrieblichen Kontrollsystems (IKS) dazu führen kann, dass auch bei dennoch passierenden Fehlbuchungen und unzutreffenden Steuererklärung der Vorwurf der leichtfertigen Steuerverkürzungen oder gar Steuerhinterziehung entkräftet werden kann; zur schlichten Anzeige gem. § 153 AO vs. Selbstanzeige, Neuling, DStR 2015, 558 ff.; zur Unterscheidung zwischen „bewussten" und „unbewussten" Fehlern im Kontext eines IKS anhand von zahlreichen, praxisbezogenen Beispielen eingehend Köhler, StBp 2018, 43 ff. und 369 ff.; zur Relevanz und Effizienz eines Tax-Compliance-Management-Systems das Interview mit von Woltersdorf/Hey, WPg 2016, 934 ff.; zur Herausforderung bei der Einrichtung eines Tax-CMS aus der Perspektive eines Großkonzerns [hier: Siemens AG] siehe Geberth, WPg 2017, 1293 ff.; zum steuerlichen IKS als große Chance für einen Cooperative-Compliance-Ansatz siehe Esterer/Eisgruber, DB 2017, 986 ff.

1 Einführung in die Problematik

Die Finanzverwaltung geht nunmehr in einer Vielzahl von Tagungen deutschlandweit mit dem Motto: Ihr Unternehmer habt ein Selbstkontrollsystem (Tax CMS bzw. IKS) zu etablieren und diese auch nachweislich durchzuführen und auch entsprechend zu dokumentieren. Dies galt in der Vergangenheit und Gegenwart insbesondere für die Führungskräfte (Vorstandsmitglieder) durch die Etablierung eines Tax Compliance Officers. Nach den neuen gesetzgeberischen Plänen, die allerdings noch nicht umgesetzt worden sind, ist sogar vorgesehen, dieses Selbstkontrollsystem auf untere Ebene in Unternehmen auszudehnen, um von daher eine Delegation von Fehlentscheidungen nicht ermöglichen zu können bzw. dennoch diese zu sanktionieren.

Auf Seminaren wird noch sehr weit kontrovers diskutiert, ob die weiterhin aggressive Nutzung von immer noch verbliebenen legalen Steuersparmodellen sich mit dem neu herangebildeten Institut Tax Compliance vereinbaren lässt. Dies wird zwar von Vertretern der Verwaltung bestritten, während Berater von multinationalen Wirtschaftsprüfungs- und Steuerberatungsgesellschaften weiterhin darauf bestehen, dass legales Steuerpotential zur Steueroptimierung genutzt werden kann. Diesem Phänomen soll dadurch eingeschränkt bzw. verhindert werden, dass Unternehmer, Berater etc. als Intermediäre aufgrund einer EU-Richtlinie, die noch ins nationale Recht umgesetzt werden muss, verpflichtet werden, grenzüberschreitende Steuerspargestaltungen den zuständigen Finanzverwaltungen anzuzeigen, deren Verstoß dann bußgeldbewährt ist.

Seit dem Frühjahr 2016 ist das Thema Tax Compliance immer mehr in das Bewusstsein der Fachöffentlichkeit getreten. Es wird seither in zahlreichen Veröffentlichungen und Veranstaltungen beleuchtet und diskutiert. Während in größeren Unternehmen und Konzernen bereits „Tax Compliance Officer" die Beachtung der internen Regelungen überwachen, herrschen in kleinen Unternehmen vielfach noch Zögern und Unsicherheit darüber vor, was Tax Compliance für sie bedeutet und ob und welche Maßnahmen bei ihnen nötig sind (siehe die umfassende Gesamtdarstellung von Streck/Mack/Schwedhelm, [Hrsg.], 3. Aufl., Köln 2019; Niemann/Dodos, Tax Compliance Management System, München 2019).

Compliance bedeutet zunächst nichts anderes als die Einhaltung von Regeln. Tax Compliance umfasst demnach die Erfüllung der steuerlichen Pflichten lediglich

- der Steueranmeldung
- der pünktlichen Abgabe einer Steuererklärung mit
- vollständigen und inhaltlich richtigen Informationen (einschließlich einer Beachtung der Aufzeichnungs- und Aufbewahrungspflichten) sowie
- der pünktlichen Entrichtung der Steuerschuld.

Eigentlich ist das nichts Neues. Steuerliche Pflichten müssen seit je her beachtet werden. Nun rückt aber die Frage in den Fokus, wie durch organisatorische Maßnahmen sichergestellt ist, dass diese Pflichten erfüllt werden. Diese Maßnahmen und ihre Befolgung müssen auch dokumentiert werden. Mit Hilfe

XIII. Einführung von innerbetrieblichen Kontrollsystemen (Tax Compliance)

dieser Dokumentation soll dann im Fall auftretender Fehler und einer dadurch entstandenen Steuerverkürzung der Vorwurf von (bedingtem) Vorsatz und strafrechtlich zu ahnender Steuerhinterziehung entkräftet werden.

Die Aufmerksamkeit verlagert sich dabei von dem Studium nach Abgabe der Steuererklärung hin zu dem Stadium vor Abgabe der Steuererklärung. Beleuchtet werden verstärkt und die Umgebung des Steuerpflichtigen (Steuerberatung, Banken usw.) und die das Verhalten beeinflussenden Faktoren. Dadurch soll herausgearbeitet werden, was die Ursachen für Fehler sind, wie man diese verhindern oder zumindest eingrenzen kann und wie die Steuermoral erhöht werden kann. Wenn sich die Steuerverwaltungen zunehmend auf vorgelagerte Strategien konzentriert und sich ihre Analysefähigkeit verbessert, können aufwendigere nachgelagerte Aktivitäten der Steuerprüfung und Steuerfahndung verstärkt auf Steuerpflichtige mit hohem Risiko ausgerichtet werden (so das Fazit von Fischer/Schwab, DStR 2018, 2040).

Die steigende Zahl an steuerrechtlichen Vorschriften, verbunden mit dem zunehmenden Grad an Komplexität, erschwert den Steuerpflichtigen die Erfüllung ihrer steuerlichen Pflichten. Dieser Umstand, verbunden mit einer strengeren Sanktionierung durch Finanzbehörden und Rechtsprechung zwingt die Steuerpflichtigen praktisch dazu, sich mit der Thematik Tax Compliance auseinanderzusetzen und ein Tax CMS im Unternehmen zu installieren. Die Steuerpflichtigen können damit eine Vielzahl an unnötigen steuerrechtlichen Sanktionen und Benachteiligungen, beispielsweise durch Maßnahmen zur Einhaltung steuerrechtlicher Fristen oder zur Beachtung der Aufklärungspflichten, vermeiden (so das Fazit von Kußmaul/Schmeer, Ubg 2019, 612 ff. im Hinblick auf die steuerlichen Risiken betr. Verspätungszuschlag, Säumniszuschlag, Verzögerungsgeld, Zwangsgeld, Schätzung und Haftung).

Zur Tax Compliance im Hinblick auf die Mitteilungspflichten für grenzüberschreitende Steuergestaltungen siehe Grotherr/Ratzinger-Sakel, WPg 2019, 903 ff.

Angesichts der zahlreichen Steuerrisiken sind **mittelständische Unternehmen**, ihre Inhaber und Family Offices gut beraten, mit entsprechenden Maßnahmen ihre Compliance im Steuerbereich sicherzustellen. Ziel eines wirksamen Tax-CMS ist neben der Einhaltung und Befolgung von steuergesetzlich normierten Pflichten, wie zum Beispiel der fristgerechten Abgabe von Ertrag-, Umsatz- und Lohnsteuererklärungen, vielmehr auch das aktive Steuermanagement zum Schutz vor Reputationsverlust und ungeplanten sowie zu hohen Cash-Tax-Abflüssen (so Creed, StB 2016, Heft 6, I; zum Thema Tax Compliance für Handwerksbetriebe Konken, BBK 2019, 927 ff.; zur Einrichtung eines Tax CMS bei einem mittelständischen Unternehmen am Beispiel der Umsatzsteuer eingehend Feldgen, StuB 2018, 496 ff.; zu Ergebnissen einer Befragung mittelständischer Unternehmen zum Thema Tax Compliance Management siehe Blaufus/Trenn, StuW 2018, 42 ff.; Dahl, WPg 2020, 91 ff.).

Eine Checkliste für die Einführung eines Tax-Compliance-Systems für kleinere und mittlere Unternehmer ist wie folgt aufgestellt worden:

Nach Ansicht der Finanzverwaltung soll die Einrichtung eines innerbetrieblichen Kontrollsystems (IKS) zur Vermeidung von Verstößen gegen steuerliche Pflichten – vorbehaltlich einer Einzelfallprüfung – dem Erklärungspflichtigen im Fall der Berichtigung von Steuererklärungen ggf. vom Vorwurf des Vorsatzes über die Leichtfertigkeit entlasten. Die Praxis hat gezeigt, dass ein angemessen ausgestaltetes und wirksames steuerliches IKS, die durch die Finanzverwaltung in Aussicht gestellte Entlastungswirkung haben kann. Das Institut der Deutschen Wirtschaftsprüfer (IDW) bettet das steuerliche IKS in das organisatorische Konzept eines Tax-Compliance-Management-Systems (Tax CMS) ein (so Dahlke, BB 2019, 619).

Um ein steuerliches Kontrollsystem aufzubauen, sind Anlagestrategie und Vermögensstrukturierung des **Family Office** von elementarer Bedeutung. Für die Einrichtung eines steuerlichen Kontrollsystems (Steuer IKS) empfiehlt es sich, auf dem digitalen Vermögenscontrolling des Family Office aufzubauen und dieses zu einem steuerlichen Kontrollsystem zu erweitern (hierzu eingehend Angermann, DB 2018, 1429 ff.).

Zu Implikationen eines Tax CMS auf den Unternehmenskauf siehe Riegler/Krämer, DStR 2019, 2553 ff.; zur Tax Compliance bei Unternehmens- und Anteilsübertragungen siehe Offerhaus/Dietz, NWB 2020, 2264 ff.

Zu Tax Compliance Management Systemen bei Unternehmen der **öffentlichen Hand** am Beispiel der Kommunen siehe Kammerloher-Lis/Kirsch, DB 2018, 151 ff.

Zu Überlegungen zur Tax Compliance aus der Perspektive der Steuerfunktion eines internationalen Konzerns siehe Ernsting, Ubg 2020, 441 ff.

2 Tax Compliance: Nachhaltige Entwicklung über beratergetriebenen Hype

Die Finanzverwaltung wird durch die demografische Bevölkerungsentwicklung in Deutschland, die sich massiv auf die personelle Besetzung der Außenprüfung auswirken wird, bei gleichzeitig steigender Komplexität des Steuerrechts nicht mehr in der Lage sein, mit den bisherigen Prüfungstechniken und der bisherigen Kontrolltiefe Betriebsprüfungen durchzuführen. Man kann in einer geringeren Prüfungsdichte einen Beitrag zur wirtschaftlichen Stärkung des Standorts Deutschland sehen. Dies entspricht jedoch weder dem Selbstverständnis der Finanzbehörde noch dem gesellschaftlichen Konsens, der eine stärkere Kontrolle und Verrechtlichung unternehmerischer Tätigkeit fordert.

Der Gesetzgeber reagiert auf diese Entwicklung zum einen mit dem Entwurf eines Gesetzes zur Modernisierung des Besteuerungsverfahrens mit der Zielsetzung einer digitalen Verarbeitung und risikoorientierten Analyse von Steuerdaten bis hin zur „kontrollierten Selbstregulierung des Steuervollzugs".

XIII. Einführung von innerbetrieblichen Kontrollsystemen (Tax Compliance)

> Zum anderen forciert die Finanzverwaltung die Einleitung von Steuerstraf- und Ordnungswidrigkeitenverfahren im Unternehmenssteuerbereich und incentiviert in ihrem Diskussionsentwurf innerbetriebliche Kontrollsysteme. Beide Entwicklungen stehen in einem übergeordneten Gesamtzusammenhang. Mit „Zuckerbrot und Peitsche" werden die Unternehmen angehalten, verstärkte Anstrengungen zur Einhaltung steuerlicher Prozesse zu treffen. Dies sind Schritte in Richtung eines „Horicontal Monitoring". Unter diesem Begriff bieten mehrere Staaten (z. B. Österreich; hierzu Macho/Oertel, ISR 2019, 232 ff.; Kowallik, WPg 2019, 1230 ff.) Unternehmen, die durch interne Tax Compliance Strukturen eine erhöhte Gewähr für die Erfüllung steuerlicher Pflichten bieten, eine bevorzugte Behandlung im Besteuerungsverfahren an.

Dies führt letztlich dazu, dass Teile der staatlichen Kontrolltätigkeit auf die Unternehmen übertragen werden und sich den Prüfungshandlungen der Verwaltung auch durch Abweichungsanalysen ermittelte steuerliche Risikofelder konzentrieren (so die Einschätzung von Ball/Papasikas, BB 2016, 1495).

Noch besteht in Deutschland keine Pflicht, ein Tax CMS zu errichten, es gibt aber eine entsprechende Erwartungshaltung. Zum Beispiel verhängen die Gerichte bei Non-Compliance härtere Strafen, wenn ein Tax CMS fehlt.

3 Inhaltliche Ausgestaltung von Tax Compliance

3.1 Tax-Compliance-Organisation

Eine angemessene Tax-Compliance-Organisation setzt die eindeutige und klare Zuweisung von Verantwortlichkeiten voraus, welche zur ordnungsgemäßen Erfüllung steuerlicher Aufgaben bzw. Pflichten erforderlich sind. In diesem Zusammenhang sind die sog. Aufbauorganisation (d. h. die Zuständigkeitsstruktur innerhalb der Steuerfunktion) sowie die sog. Ablauforganisation (d. h. Einzelprozesse bzw. Prozessschritte wie z. B. Rechnungseingangsprüfungsprozess) zu definieren sowie zu dokumentieren. Insbesondere im Bereich der USt ist darüber hinaus auch die Definition und Dokumentation von Schnittstellen zu Bereichen erforderlich, die außerhalb der Steuerfunktion angesiedelt sind, soweit diese mit steuerlichen Belangen betraut sind bzw. steuerlich relevante Informationen zur Verfügung stellen (z. B. Einkauf, Vertrieb, Logistik). Zudem gehört zu einer angemessenen Tax-Compliance-Organisation eine ausreichende Kommunikation der definierten Aufgaben, Verantwortlichkeiten und Schnittstellen sowie die Bereitstellung der zur Aufgabenerfüllung erforderlichen Ressourcen (Alzuhn/Kober/Voss, DB 2018, 794, 795).

Zu praktischen Erfahrungen mit Aufbau und Implementierung einer Tax-Compliance-Organisationn ausführlich Demuß, WPg 2020, 112 ff.

Organisatorische Grundlage eines CMS ist zum einen die Definition einer Aufbauorganisation für steuerliche Zwecke und zum anderen die Definition einer entsprechenden Ablauforganisation. Die Aufbauorganisation stellt dabei die

Struktur des Unternehmens nach Rollen und Verantwortlichkeiten dar, während die Ablauforganisation die prozessuale Struktur regelt. Beide sind nach den „Verhältnissen der Gesamtorganisation" auszurichten (siehe Bleckmann, BB 2017, 352, 353 f.; Alzuhn/Kober/Voss, DB 2018, 794, 795).

Zum Einfluss der Digitalisierung auf die Implementierung eines Tax CMS im Unternehmen in Form eines Praxisberichts siehe Brödel/Jacob/Birkemeyer/Stauder, WPg 2018, 779 ff.; vg. a. Bleckmann/Hacker, BB 2020, 343 ff.; Risse, Ubg 2020, 356 ff.

3.2 Tax-Compliance-Risiken

Im Rahmen der Einführung sowie der stetigen Fortentwicklung eines Tax CMS sind Tax-Compliance-Risiken, d. h. (potentielle) Verstöße gegen einzuhaltende umsatzsteuerliche Regelungen, zu identifizieren, zu erfassen und hinsichtlich ihrer Eintrittswahrscheinlichkeit sowie Schadenshöhe zu bewerten. Zur systematischen Risikoerkennung und -beurteilung hat sich in der Praxis die Verwendung einer sog. Risiko-Matrix bewährt. Hierin werden die umsatzsteuerlichen Risiken des Unternehmens unter Berücksichtigung des Umfangs sowie der Art der Geschäftstätigkeit in tabellarischer Form einzeln erfasst und anhand von festgelegten Bewertungsmaßstäben in Risiko-Cluster eingeteilt. Eine prozessorientierte Herangehensweise hat sich hierbei in der Praxis bewährt (z. B. Risiken im Zusammenhang mit dem Rechnungseingangsprozess, Belegnachweis).

Zur Risikobewertung in einem Tax-Compliance-Management-System anhand von praxisbezogenen Beispielen eingehend Dahlke, BB 2019, 619 ff.

3.3 Tax-Compliance-Programm

Zum Tax-Compliance-Programm gehören sämtliche Maßnahmen, die den festgestellten Tax-Compliance-Risiken entgegenwirken und damit auf die Vermeidung von Compliance-Verstößen ausgerichtet sind. Das Tax-Compliance-Programm umfasst dabei auch die bei festgestellten Compliance-Verstößen zu ergreifenden Maßnahmen, welche präventiver oder detektiver Art sein können. In der Praxis sind im präventiven Bereich als konkrete Maßnahmen zur Risikovermeidung bzw. -minimierung u. a. die Erstellung von Richtlinien, fachlichen Anweisungen und Checklisten, Schulungskonzepte sowie Konzepte zur Kommunikation von (Rechts-)Änderungen, Zuständigkeitsregeln, Vertretungs- und Unterschriftenregelungen, Berechtigungskonzepte, Dokumentationsanweisungen sowie Schnittstellenbeschreibungen zu nennen. Als Maßnahmen im detektiven Bereich sind dagegen prozessintegrierte Kontrollen (z. B. Vier-Augen-Prinzip), systematische Auswertung von Daten auf Besonderheiten (Verprobungen, sonstige Plausibilitätsbeurteilungen) organisatorische und/oder technische Kontrollen (z. B. IT-Lösungen für automatisierte Plausibilitätskontrollen) sowie manuelle Stichproben zu nennen (Alzuhn/Kober/Voss, DB 2018, 794, 795 f.).

3.4 Tax-Compliance-Kommunikation

Die Tax-Compliance-Kommunikation beinhaltet Maßnahmen, welche die jeweilig betroffenen Mitarbeiter des Unternehmens, die in die Erfüllung der umsatzsteuerlichen Pflichten des Unternehmens eingebunden sind, über das Tax-Compliance-Programm sowie die festgelegten Rollen und Verantwortlichkeiten informiert, damit sie ihre Aufgaben ausreichend verstehen und sachgerecht erfüllen können. Zudem wird festgelegt, wie erkannte Tax-Compliance-Risiken bzw. Hinweise auf mögliche und festgestellte Regelverstöße an die zuständigen Stellen im Unternehmen (z. B. zuständige Mitarbeiter, gesetzliche Vertreter etc.) berichtet werden. Entscheidend für die Akzeptanz kommunizierter Maßnahmen und damit letztendlich auch für deren Einhaltung ist, dass Maßnahmen von der Geschäftsführung ausgehen bzw. optimalerweise unmittelbar durch die Geschäftsführung gegenüber den betroffenen Adressaten kommuniziert werden (sog. tone from the top). Dies gilt insbesondere für das Verhalten von Mitarbeitern bei festgestellten Compliance-Verstößen. Mitarbeiter sollten unmittelbar durch die Geschäftsführung über die im Unternehmen gelebte „Fehlerkultur" in Kenntnis gesetzt bzw. dazu motiviert werden, festgestellte Fehler zu melden. Das Eingestehen bzw. Melden von „Fehlern" muss durch eine gehörige und nachhaltige Compliance-Kommunikation positiv besetzt sein. Nur soweit Mitarbeiter keine negativen Konsequenzen im Fall begangener „Fehler" befürchten müssen, werden nachträglich erkannte Compliance-Verstöße auch offen kommuniziert. In der Praxis werden als Kommunikationsmittel insbesondere Arbeitsanweisungen, Newsletter sowie Mitarbeiterschulungen eingesetzt (Alzuhn/Kober/Voss, DB 2018, 794, 796).

Umstritten ist jedoch die Problematik, ob Compliance-Berichte in der steuerlichen Betriebsprüfung zur Aufklärung des steuerlichen relevanten Sachverhalts vorgelegt werden müssen. Dies wird im Zweifel verneint. Aus taktischen Gründen muss jedoch überdacht werden, ob es zur Herstellung eines Vertrauensthemas möglicherweise – ohne Rechtskraft – dennoch Compliance-Berichte ausgehändigt werden (hierzu eingehend Werder/Rudolf, BB 2014, 3094, 3100).

3.5 Tax-Compliance-Überwachung und -Verbesserung

Ein Tax CMS muss nach dessen erstmaliger Implementierung kontinuierlich überwacht und verbessert werden. Voraussetzung hierfür ist eine geeignete Dokumentation des Tax CMS bzw. der einzelnen Grundelemente (z. B. Prozessabläufe im Rahmen der Tax-Compliance-Organisation oder Maßnahmen des Tax-Compliance-Programms). Überwachungsmaßnahmen beziehen sich daher z. B. auf die Einhaltung der Maßnahmen des Tax-Compliance-Programms, die Überprüfung der im Rahmen des Tax CMS dokumentierten Prozessabläufe oder die Wahrnehmung notwendiger Schulungs- bzw. Fortbildungsmaßnahmen (Alzuhn/Kober/Voss, DB 2018, 794, 795; vom IKS für Steuern zum Tax CMS: Aktueller Stand sowie Anpassungsbedarf beim Outsourcing bzw. IT-Lösungen bzw. Auslandsinvestitionen hierzu die Aufsatzreihe Kowalik, DB 2015, 2774 ff., DB 2017, 385 ff., DB 2017, 1394 ff. und DB 2017, 2571 ff); zu lohnsteuerlichen Aspekten von Tax Compliance siehe Gehrs/Brügge, StuB 2017, 100 ff.; zu Praxishinweisen zur technischen Umsetzung von Tax-Compliance-Management-Systemen bei Konzernstrukturen – am Beispiel des digital Tax Compliance eingehend Liekenbrock, Ubg 2018, 43 ff.; zur Notwendigkeit eines Tax Compliance aufgrund EU-rechtlichen Vorgaben für Zwecke der Umsatzsteuer [Stichworte: MwSt-Aktionsplan, zertifizierter Steuerpflichtiger] eingehend Brill, UR 2018, 625 ff; zur Verfahrensdokumentation, IKS und Tax-Compliance-Management Damas, DB 2020, 1536 ff.

Zum Tax Compliance im Bereich des internationalen Steuerrechts siehe das Interview von Zeller, WPg 2019, 232 ff.; zur Problematik der Verrechnungspreise als Teil der Compliance-Organisation im Unternehmen hierzu Wellens/Wall, DB 2016, 1385 ff.; zu internationalen Tax-Compliance-Management-Systemen Birkemeyer/Blaufus/Keck/Reineke/Trenn, WPg 2019, 644 ff.

Die Übernahme von Überwachungsaufgaben steht nicht in allen Unternehmensabteilungen im Fokus. Nach einer aktuellen KPMG-Studie erfolgt nur in neun Prozent der befragten Unternehmen eine vollständige Überwachung steuerlicher Prozesse. Viele Steuerabteilungen verstehen sich primär als interne Serviceabteilungen, die die an sie herangetragenen steuerlichen Fragen im Bereich der Steuerdeklaration und Gestaltungsberatung lösen. Die Formulierung von verbindlichen Richtlinien für die operativen Unternehmensbereiche und andere Zentraleinheiten, die Einrichtung von Berichtspflichten an die Steuerabteilung, Revisions- und Weisungsrechte der Steuerfunktion leiten einen Paradigmenwechsel gerade in mittelständischen Unternehmen ein. Nicht selten haben gerade die Steuerabteilungen Bedenken, dass mit weiterentwickelten Informations- und Kontrollrechten ein Vertrauensverlust gegenüber den operativen Abteilungen des Unternehmens einhergeht. Hinzu kommen knappe Ressourcen (so das Fazit von Ball/Papasikas, BB 2016, 1495, 1497 f.).

4 Bedeutung von IDW PS 980 und IDW Praxishinweis

Im Jahr 2011 hat das IDW einen Prüfungsstandard zur Ausgestaltung und Prüfung von Compliance Management Systemen entwickelt (IDW PS 980). Ein CMS und dessen Prüfung nach IDW PS 980 bezieht sich in der Regel auf abgegrenzte Teilbereiche, insbesondere auf Geschäftsbereiche, Unternehmensprozesse (zum Beispiel Einkauf) oder auf bestimmte Rechtsgebiete (zum Beispiel Kartellrecht).

Im Sommer 2015 hat das IDW in Zusammenarbeit mit der Finanzverwaltung und Fachleuten eine Arbeitsgruppe „Tax Compliance" eingerichtet, um auf Basis des bereits bestehenden IDW PS 980 die Anforderungen an die Ausgestaltung und Prüfung eines Tax CMS zu erarbeiten. Die endgültige Version des IDW Praxishinweises 1/2016 wurde am 31.05.2017 vom IDW verabschiedet.

In dem Praxishinweis wird dargestellt, wie die Grundsätze des IDW PS 980 auf Tax CMS, welche einen abgegrenzten Teilbereich eines CMS darstellen, angewendet werden können. Demnach stellt die Prüfung eines Tax CMS einen

XIII. Einführung von innerbetrieblichen Kontrollsystemen (Tax Compliance)

Anwendungsfall des IDW PS 980 dar, so dass sich die Prüfung eines Tax CMS nach IDW PS 980 sowie nach dem IDW Praxishinweis 1/2016 richtet. Wenngleich der IDW PS 980 sowie der IDW Praxishinweis 1/2016 keine Gesetzeskraft besitzen, stellen sie jedoch einen guten Rahmen zur Implementierung und Prüfung eines wirksamen Tax CMS dar und sind faktisch dazu geeignet, im Rahmen eines behördlichen und gerichtlichen Verfahrens als Entscheidungshilfe über die Wirksamkeit eines Tax CMS zu dienen (Breimann/Schwetzel, DStR 2017, 2626 ff.; Handel, DStR 2017, 1945 ff.; Risse, DB 2017, 2061, 2062 und 2066; Geuenich/Ludwig, BB 2018, 1303 f.; Stecker/Neumann, WPg 2020, 70 ff.; Makowicz/Maciuca, WPg 2020, 73 ff.).

4.1 Kernaussagen

IDW PS 980 ist Bestandteil einer Serie von IDW PS zur Prüfung der für die Unternehmensüberwachung relevanten Corporate-Governance-Systeme (vgl. § 107 Abs. 3 Satz 2 AktG) und befasst sich mit der Prüfung von Compliance-Management-Systemen (CMS)).

Die Prüfung eines Tax CMS nach dem IDW Praxishinweis 1/2016 bezieht sich auf den Teil des unternehmensweiten CMS, das auf die vollständige und zeitgerechte Erfüllung steuerlicher Pflichten gerichtet ist (Tax CMS). Die Prüfung kann auf einen oder mehrere Teilbereiche eines Tax CMS begrenzt werden. Die Abgrenzung des Prüfungsobjekts erfolgt durch die gesetzlichen Vertreter des Unternehmens in der Tax-CMS-Beschreibung.

Neben einer umfangreichen Wirksamkeitsprüfung ist auch die Beauftragung einer Prüfung möglich, die sich nur auf die Angemessenheit und Implementierung der in der Tax-CMS-Beschreibung dargestellten Regelungen des Tax CMS bezieht (Angemessenheitsprüfung).

Bezogen auf die Intensität der Prüfung kann eine nach IDW PS 980 durchgeführte Überprüfung als Angemessenheits- oder Wirksamkeitsprüfung erfolgen. Eine Angemessenheitsprüfung bezieht sich auf einen bestimmten Zeitpunkt, zu dem ein Tax CMS implementiert ist. Gegenstand einer Wirksamkeitsprüfung ist hingegen ein bestimmter Zeitraum, der nach den Festlegungen des Praxishinweises mindestens die Hälfte eines Geschäftsjahres umfassen muss. Dabei schließt eine Wirksamkeitsprüfung stets eine Angemessenheitsprüfung mit ein (Geuenich/Ludwig, BB 2018, 1303, 1304).

Der IDW Praxishinweis 1/2016 erläutert darüber hinaus die wesentlichen Grundelemente, die ein Tax CMS typischerweise aufweist und beschreibt Einflussfaktoren auf die Ausgestaltung eines angemessenen Tax CMS. Ein gesonderter Abschnitt enthält Musterformulierungen für die Berichterstattung des Tax-CMS-Prüfers zu den beiden Auftragsarten.

4.2 Pflicht zur Anwendung

Der IDW Praxishinweis 1/2016 ist erstmals anzuwenden auf Tax-CMS-Prüfungen, die **nach dem 31.05.2017** durchgeführt werden (IDW Praxishinweis WPg 2017, 1311 ff.).

4.3 Prüfung des Tax CMS

4.3.1 Prüfungsziel

Die Prüfung nach IDW PS 980 in eine Systemprüfung und zielt nicht darauf ab, einzelne Regelverstöße zu erkennen oder festzustellen, ob Regelverstöße im Unternehmen aufgetreten sind. Systematisch ist die Prüfung daher am Vorgehen bei einer Abschlussprüfung orientiert. Das Prüfungsziel hängt herbei von dem Prüfungsgegenstand und dem beauftragten Prüfungsumfang ab.

4.3.2 Prüfungsgegenstand

Gegenstand der Prüfung sind die in einer vom Unternehmen zu erstellenden Tax CMS-Beschreibung enthaltenen Aussagen zur Umsetzung des Tax CMS in Bezug auf den jeweils zu prüfenden abgegrenzten Teilbereich. Die Tax CMS-Beschreibung beinhaltet eine Darstellung sämtlicher Grundelemente (Kultur, Ziele, Risiken, Programm, Organisation, Kommunikation, Überwachung und Verbesserung) eines Tax CMS. Das Unternehmen legt fest, welcher abgegrenzte Teilbereich des (Tax CMS geprüft werden soll, insbesondere für welche rechtlichen Einheiten und Betriebsstätten sowie für welche Steuerarten (zum Beispiel Ertragssteuern, Umsatzsteuer, Lohnsteuer) das Tax CMS geprüft werden soll, so dass nicht zwingend der gesamte Tax CMS Gegenstand der Prüfung ist.

4.3.3 Prüfungsumfang und Prüfungsvorgehen

Der IDW Praxishinweis sieht für die Prüfung von Tax CMS zwei Arten von Prüfungsurteilen vor, die sich hinsichtlich des Prüfungsumfangs unterscheiden: die Angemessenheits- und Wirksamkeitsprüfung. Das Unternehmen legt im Prüfungsauftrag fest, welche Art von Prüfungsurteil getroffen werden soll.

Bei der Angemessenheitsprüfung wird die Angemessenheit und die Implementierung des Tax CMS zu einem bestimmten Zeitpunkt geprüft.

Die Wirksamkeitsprüfung ist die umfassendere CMS-Prüfung; sie schließt die Angemessenheitsprüfung mit ein.

Zu beachten ist die Zeitraum-/zeitpunktbezogene Prüfung. Die Einrichtung und ständige Überprüfung und Verbesserung der Compliance-Organisation stellt eine Daueraufgabe für das Unternehmen dar. Eine Prüfung nach IDW PS 980 hat hingegen eine „punktuelle, statische Wirksamkeitsbescheinigung" zum Gegenstand.

4.3.4 Wirkung eines Testats nach IDW PS 980

Die Frage, inwieweit in positives Testat nach IDW PS 980 eine enthaftende Wirkung haben kann, wurde in der Literatur bereits seit der Einführung des IDW PS 980 im Jahr 2011 diskutiert. Hierbei war Schwerpunkt der Diskussion allerdings regelmäßig die Vermeidung von Organhaftungsrisiken und der bußgeldrechtlichen Verantwortung, weniger die Frage der Würdigung des Testats durch die Finanzverwaltung oder im Rahmen eines Steuerstrafverfahrens. Auf Dauer kann die Diskussion jedoch auf die Frage, welche Wirkung ein positives Testat zu einem Tax CMS haben könnte, übertragen werden. Ein Testat nach IDW PS 980 kann zudem zu einem Verbotsirrtum i. S. d. § 17 Satz 1 StGB und § 11 Abs. 1 OWiG führen, wenn das TAX CMS trotz Erteilung des Testats tatsächlich nicht wirksam war (so Handel, DStR 2017, 1945, 1949).

4.4 Fazit

Die Möglichkeit einer Testierung des Tax CMS nach IDW PS 980 i. V. m. dem IDW Praxishinweis ist zu begrüßen. Ein nachweisbar eingerichtetes steuerliches Kontrollsystem kann nach Auffassung des BMF ein Indiz gegen das für den Tatbestand einer Steuerhinterziehung (§ 370 AO) oder Steuerverkürzung (§ 378 AO) erforderliche Vorliegen von Vorsatz oder Leichtfertigkeit darstellen. Zudem kann ein positives Testat über die Wirksamkeit des Tax CMS eine enthaftende Wirkung hinsichtlich bußgedrechtlicher und zivilrechtlicher Haftungsrisiken (insbesondere § 130 OWiG, § 93 Abs. 2 S. 1 AktG, § 43 Abs. 2 GmbHG) für die Geschäftsleitung haben. Hierbei ist jedoch zu beachten, dass durch ein positives Testat keine automatische Entlastungswirkung eintritt, sondern dass dieses der richterlichen Freiheit bei der Beweiswürdigung und im Rahmen des AEAO zu § 153 AO auch der Würdigung durch die Finanzverwaltung unterliegt und dass die haftungsreduzierende Wirkung auf den jeweils geprüften Zeitraum und Teilbereich des Tax CMS beschränkt sein dürfte (so Ludwig/Breimann/Kusch, DStR 2016, 2240 ff.; Breimann/Schwetzel, DStR 2017, 2626 ff.).

5 Zur Rechtsschutzwirkung einer Tax-Compliance-Organisation

Zur Notwendigkeit eines funktionierenden Tax-Compliance-Management-Systems für Zwecke der Schadensprävention sowie Risikokontrolle hat ein **Zivilgericht** folgende Leitsätze aufgestellt.

Im Rahmen seiner Legalitätspflicht hat ein Vorstandsmitglied dafür Sorge zu tragen, dass das Unternehmen so organisiert und beaufsichtigt wird, dass keine Gesetzesverstöße wie Schmiergeldzahlungen an Amtsträger eines ausländischen Staates oder an ausländische Privatpersonen erfolgen. Seiner Organisationspflicht genügt ein Vorstandsmitglied bei entsprechender Gefährdungslage nur dann, wenn er auf eine auf Schadensprävention und Risikokontrolle angelegte Compliance-Organisation einrichtet. Entscheidend für den Umfang im Einzelnen sind dabei Art, Größe und Organisation des Unternehmens, die zu beachtenden Vorschriften, die geografische Präsenz wie auch Verdachtsfälle aus der Vergangenheit. **Die Einhaltung des Legalitätsprinzips und demgemäß die Einrichtung eines funktionierenden Compliance-Systems gehört zur Gesamtverantwortung des Vorstands** (LG München I, Urteil vom

10.12.2013, 5 HK O 1387/10, DB 2014, 766; im Rahmen des Berufungsverfahrens beim OLG München unter dem Aktenzeichen 7 U 113/14 wurde das Verfahren ohne Entscheidung erledigt).

Hierzu hat der 1. Steuerstrafsenat des Bundesgerichtshofs folgende Klarstellung getroffen. Ein effektives, auf die Vermeidung von Rechtsverstößen ausgelegtes Compliance-Programm kann eine Geldbuße mindern, auch wenn sich Mitarbeiter rechtswidrig verhalten haben. Um die (volle) Minderung zu erhalten, muss die Geschäftsleitung nach Aufdeckung der Rechtsverstöße zusätzlich konsequent die Schwachstellen beseitigen (BGH, Urteil vom 09.05.2017, 1 StR 265/16 wistra 2017, 390, 399f. mit Anm. Webel = wistra 2017, 499f. m. An. Bauer/Holb = BB 2017, 1931, 1932 mit Anm. Behr; zur strafrechtlichen Haftungsentlastung bei Einrichtung eines Tax-Compliance-Management-Systems siehe Erdbrügger/Jehke, BB 2016, 2455 ff.; Risse, DB 2017, 2061 ff.; Gnändiger/Kleff, WPg 2018, 470 ff.; Kußmaul/Schmeer, Ubg 2019, 683 ff.; von Busekist/Beneke, WPg 2020, 61, 67 ff.).

Zum Tax Compliance unter Berücksichtigung des Entwurfs eines Verbandssanktionengesetzes Fischer, StBp 2020, 259 ff.

Die fortbestehende Rechtsunsicherheit hinsichtlich der strafrechtlichen Wirkungen eines Tax-CMS schmälert dessen Wert beträchtlich (so das Fazit von von Woltersdorf/Hey, WPg 2016, 934, 939).

Tax Compliance – Checkliste

- Paradigmenwechsel vom gezielten Steuerschummler zum perfektionierten Steuerpflichtigen mit etablierter Selbstkontrolle
- Nachhaltige Entwicklung über beratergetriebene Hype
- Inhaltliche Ausgestaltung von Tax Compliance (Tax-Compliance-Organisation, Tax-Compliance-Risiken, Tax-Compliance-Programm, Tax-Compliance-Kommunikation, Tax-Compliance-Überwachung und -Verbesserung)
- Bedeutung der Richtlinien von IDW PS 980 und IDW Praxishinweis für die Ausgestaltung von Tax Compliance-Organisationen
- Die Ausgestaltung einer Tax-Compliance-Organisation im Hinblick auf die Minimierung potentieller steuerstrafrechtlicher Risiken
- Ausgestaltung einer Tax-Compliance-Organisation im Hinblick auf die Minimierung potentieller steuerstrafrechtlicher Risiken

Stichwortverzeichnis

Zahlen
1 %-Regelung 375, 380

A
Abfindungsklausel 266
Aufzeichnungspflichten 269

B
Baugewerbe
- Abdeckrechnung 446
- auländischer Billiganbieter 445
- Barzahlung 452
- Bestattungsfall 446
- Betriebsausgabenabzug 349 ff., 450 ff.
- branchenspezifische Besonderheiten 445 ff.
- Dokumentationsanforderungen 452
- Kolonnenschieber 456
- Lohnsteuerhinterziehung 446
- Obliegenheit 453
- Scheinrechnung 446
- Sozialversicherungsbetrug 447
- Strohmann 454
- Subunternehmern 456
- unzureichende Empfängerbenennung 450 ff.
- vollständige Anschrift 458
- Vorsteuerabzug 446, 454

Benennungsverlangen
- Außensteuergesetz 352
- Auskunftsverweigerungsrecht 366
- Auslandsbeziehung 363
- Bargeschäft 350
- Begriff der Schulden und Lasten 354 f.
- Benennung 350 f.
- Bestechung 366
- Bestechungsgelder 350
- Betriebsausgabenabzug 349 ff.
- Bundeszentralamt für Steuern 352
- Domizilgeschäft 350
- Empfängerbenennung 355 ff., 369
- Ermessensausübung 367
- Ermessenscharakter des Benennungsverlangens 355 ff.
- Ermittlungspflicht 351 f.
- Gefährdungshaftung 350
- genaue Bezeichnung des Empfängers 360 ff.
- Geschenke 350
- Rechtsfolge 276 f., 367 ff.
- Rechtsnatur des Verlangens 355
- Schätzungsvorschriften 353
- Schmiergeld 350
- Taxiunternehmer 365
- Verfahrensfragen 369 ff.
- Verhältnis zu anderen Vorschriften 352 ff.
- Verhältnisse des Empfängers 367
- Verhinderung von Steuerausfällen 351
- Versagung des Betriebsausgabenabzugs 368
- Zahlungsempfänger 349 ff.

Benford'sches Gesetz, Schätzung 106 f.

Betriebsaufspaltung
- (Aktien-)Gesellschaft 58
- Allerweltsgebäude 55
- Außenprüfung 59
- Beendigung 71 ff.
- Begründung 60 ff.
- Beherrschungsverhältnis 25
- Beteiligung 26
- Beteiligungsverhältnis 25
- Betriebsführungsvertrag 20 f.
- Betriebsunterbrechung 81
- Betriebsverpachtung 21, 81
- Betriebsverpachtungsgrundsatz 75
- Billigkeitsmaßnahme 73
- Buchwert 20
- Buchwertfortführung 62
- Bürogebäude 51, 53

Stichwortverzeichnis

- Ehegatte 28, 31, 34, 42, 44
- Eheleute 30 f.
- einheitlicher geschäftlicher Betätigungswille 23, 31, 44
- Einstimmigkeitsabrede 34, 36
- Einstimmigkeitsprinzip 34 f., 45, 79
- Erbbaurecht 49
- Fabrikationsgrundstück 50
- faktische Beherrschung 38 ff.
- Geschäfte des täglichen Lebens 25, 46
- Gestaltungsvarianten 42
- Gewerbesteuerpflicht 22
- Gewinnrealisierung 61, 78
- Großgläubigerstellung 38 ff.
- Gruppentheorie 40
- Insolvenzsituation 77
- Interessengegensatz 26
- Interessenkollision 33
- Kassenfehlbetrag 93, 464
- mehrere Besitzunternehmen 47
- Mini-Beteiligung 45 ff.
- mittelbare Beteiligung 24
- mitunternehmerische Betriebsaufspaltung 68
- nachträgliche Erfassung 58 ff.
- nahe Angehörige 27 ff.
- Nießbrauch 38
- Pachtvertrag 71
- Personelle Verflechtung 27 f., 30, 38, 40
- Personelle Voraussetzung 23 ff.
- Personengruppentheorie 26
- Rechtsgrundlage 20, 299
- Rechtsinstitut 19
- sachliche Voraussetzung 47
- sonstiges Beherrschungskriterium 32
- steuerliche Einzelfragen 60 ff.
- steuerliches Rückwirkungsverbot 60
- stille Gesellschaft 38
- Stimmrecht 32 ff.
- Stimmrechtsbindungsvertrag 29
- Stimmrechtsmehrheit 24
- tatsächliche Machtstellung 39
- Teilbetrieb 76
- Übergangsregelung 53
- Überlassung wesentlicher Betriebsgrundlage 47 ff., 84
- Umwandlung 82 f.
- Unterbeteiligung 38
- verbindliche Auskunft 59
- Verpächterwahlrecht 72
- Vertrauensschutzregelung 53
- volljährige Kinder 45, 84
- Wegfall der personellen oder sachlichen Voraussetzung 74 ff.
- Wegfall einer wesentlichen Betriebsgrundlage 79
- Wiesbadener Modell 26, 42 ff., 84

Betriebsführungsvertrag 20 ff.

Betriebsverpachtung 21 f.

Bewirtungsaufwendungen
- Aufzeichnungspflichten 102, 291 ff.
- betriebliche Veranlassung 155, 288
- Definition 283 ff.
- Folge unrichtiger Verbuchung 294 f.
- geschäftlicher Anlass 277, 286 ff.

Bewirtungsaufwendungen und Geschenke, Verhältnis 291

E

Eindeutigkeitsgebot 266

Einkünfteerzielungsabsicht 303

F

Fahrtenbuch
- 1 %-Regelung 397
- Anforderung 389
- Berufsgruppe 386
- Computerprogramm (Excel) 392
- Ertragsteuer 383 f.
- geschlossene Form 390
- Gesellschafter-Geschäftsführer 382
- gesetzliche Neuregelung 385 ff.
- Kostendeckelung 385
- Löschungsfunktion 390
- nichtunternehmerischer Nutzungsanteil 384 f.
- praktische Auswirkung (Fallbeispiel) 387 ff.

- Schätzung 88, 391, 472
- Überschreibungsfunktion 390
- Umsatzsteuer 347 f., 383 f.
- Vollständigkeit und Richtigkeit 389
- zeitnah geführtes Fahrtenbuch 380, 389, 393, 397

G

Gaststättengewerbe
- Berater 473
- GoBs 102, 465
- Großhändler 472
- Kassenbuch 464
- Kassenfehlbeträge 90
- Mängel der Buchführung 467
- Nachkalkulation 114, 467
- Ordnungsmäßigkeit der Buchführung 463 ff.
- Richtsatz 93, 463
- Rohgewinnsatz 92
- Schätzung 88
- Steuerhinterzieher 471
- Steuerstrafverfahren 124, 472
- Ursprungsaufzeichnung 464
- wirtschaftliches Umfeld 462 f.

Geschenke
- Arbeitnehmer 275 f., 280
- Aufwendungen der Lebensführung 279 ff.
- Aufzeichnungspflichten 269 f.
- betrieblich veranlasste 271
- Betriebsfest 281
- Garantieleistung 273
- Gegenstand 274 f.
- gemischte Aufwendungen 281
- Incentive-Reise 272
- Jubiläumsfeier 281
- Kulanzleistung 150, 181, 273
- Preisausschreiben 273
- Probepackung 273
- Rabatt, Boni 273
- Rechtsfolgen 273
- Schmiergeldgeschenk 272
- Schulungsveranstaltung 280
- Trinkgeld 273
- Umsatzsteuer 277
- Unentgeltlichkeit der Zuwendung 272 ff.
- Werbeprämien 273
- Wertgrenze 275
- zivilrechtliche Betrachtungsweise 270 f.

Gesellschafter-Geschäftsführer-Vergütung
- Abfindungsklausel 266
- Angemessenheit 235 f.
- Bewertung einer vGA 237
- Ertragsaussicht der Gesellschaft 241 f.
- Festtantieme 247
- Gehaltszuschlag 239
- mehrere Geschäftsführer 237
- Nachzahlungsverbot 252
- Nurtantieme 246
- Pensionszusage 252 ff.
- Rechtsprechung 90, 235
- Rückwirkungsverbot 234
- Schriftformklausel 234
- Tantieme 244 ff.
- verdeckte Gewinnausschüttung 265, 377
- Verlustvortrag 249
- Versorgungsanwartschaft 256
- Vorschuss 249
- wirksamer Anstellungsvertrag 248
- Zuschlag für Sonntags- und Feiertagsarbeit 231 ff.

Gewerblicher Grundstückshandel
- Aufbauphase 251
- Aufteilung in Eigentumswohnung 210 f.
- Bauträgertätigkeit 229
- Beginn 218
- Betriebsaufgabe 222
- Branchennähe 207
- Drei-Objekt-Grenze 186 ff., 211 ff., 227 f.
- Drei-Objekt-Rechtsprechung 219
- Eigentumswohnung 219
- Erdienbarkeit 253
- Fremdvergleich 242
- Fünf-Jahres-Zeitraum 196
- Gehaltsermittlung 240

- Gehaltsstrukturuntersuchung 242
- Gestaltungsmissbrauch 216
- Gewerbebetrieb 196 ff.
- Gewinnerzielungsabsicht *siehe* Liebhaberei
- Großobjekt 228
- Kapitalgesellschaft 215
- langfristige Finanzierung 202
- Negativ-Tantieme 250
- neu gegründete Kapitalgesellschaft 258
- private Vermögensverwaltung 196 ff.
- Probezeit 258
- Realteilung 201
- Tantiemegewährung an Angehörige 248
- Umsatztantieme 251
- Unterbrechung 221 ff.
- Veräußerungsabsicht 204, 207, 222
- Verbot der Überversorgung 260
- verdeckte Gewinnausschüttung 233
- wirksame Vereinbarung 245 ff.
- Zuschlag 243 f.
- Zwangsmaßnahme 206
- Zwangsversteigerung 177, 183 ff.

Gewinnerzielungsabsicht *siehe* Liebhaberei

I

innerbetriebliche Kontrollsysteme 475 ff.
- Tax Compliance 479
- *siehe auch* Tax Compliance

Investitionsabzugsbetrag
- alte Rechtslage 424 ff.
- altes Recht 406
- Auflösung 172, 432 ff.
- außerbilanziell 413
- Ausschüttungsverbindlichkeit 412
- Berechnung des Höchstbetrages 429 f.
- Betriebsgrößenmerkmal 411
- Betriebsvermögensgrenze 411
- Bezeichnung des Wirtschaftsgutes 424 ff.
- Einspruchsverfahren 420
- EU-Recht 417
- Existenzgrund 404
- Existenzgründerrücklage 402
- Finanzierungszusammenhang 419
- förderfähiger Betrieb 411 ff.
- Forstwirtschaft 415
- Funktion 425
- Funktionsbenennungserfordernis 428
- geringwertige Wirtschaftsgüter 430 ff.
- gesellschaftsbezogen 412
- Gestaltungsmöglichkeiten 407
- inländische Betriebsstätte 417
- Investitionsabsicht 422
- Investitionsbeschreibung 428
- Klageverfahren 420
- Konkretisierung der Investitionen 418 ff.
- Landwirtschaft 415
- latente Steuer 412
- Lkw 425
- nachträgliche Bildung eines Investitionsabzugsbetrags 441
- nachträgliche Inanspruchnahme 441
- Neue Rechtslage 428 f.
- neues Recht 406
- Neufassung 402 ff.
- Nichtinvestition 435 ff.
- Nutzungsvoraussetzungen 438 ff.
- Photovoltaikanlage 410
- Pkw 425, 428
- Steuerrückstellung 413
- Transportfahrzeug 425
- Überschussrechnung 404
- unentgeltliche Betriebsübertragung 422
- Unternehmenssteuerreformgesetz 421
- Verbesserung 403
- verbindliche Bestellung 419
- Verbleibensvoraussetzungen 423 f., 438 ff.
- Verfahrensfragen 440 ff.
- Verlust 432

Stichwortverzeichnis

- Verschlechterung 403
- Zinslauf 399 ff.

L

Liebhaberei
- Aufgabegewinn/-verlust 315
- Einkunft aus Vermietung und Verpachtung 322 ff.
- Ferienwohnung 330
- Feststellungslast 313
- geschlossener Immobilienfonds 344
- Gewerbeobjekt 322
- gewerblicher Grundstückshandel 322 ff.
- Gewinneinkunftsart 318
- Gewinnorientierte Unternehmensführung 311
- Grundsatz 299 ff.
- Kapitalvermögen 320
- Körperschaftsteuer 347
- Kostengemeinschaft 346
- Leerstand 340
- Leerzeit 329
- Mitunternehmerschaft 342
- Notfallgarantie 317
- Ostimmobilie 333
- Personengesellschaft 203, 211, 342
- persönliche Neigung 302
- persönlicher Grund 309 ff.
- persönlicher Grund der Lebensführung 304 ff.
- Prognosezeitraum 333
- Rechtsgrundlage 299
- Sanierung 325
- Sonderabschreibung 333
- Sonderbetriebsvermögen 342
- stille Reserve 315
- Totalgewinn 314 ff.
- Totalgewinnprognose 302
- Überschusseinkunftsart 319
- Umsatzsteuer 347 f.
- unbebauter Grundbesitz 326
- unbebautes Grundstück 198, 323
- Veräußerungsgewinn/-verlust 315
- Vermietung und Verpachtung 297 ff.

N

Nachmeldung 476
Nutzung betriebliches Kfz
- 1 %-Regelung 383
- notwendiges Privatvermögen 378
- Selbstkosten 377
- Überschusseinkunft 377
- verdeckte Gewinnausschüttung 377

P

Prüfungsfelder 270

R

Rekultivierungsverpflichtungen 162
Rückstellungen
- Abschirmwirkung der GmbH 215 ff.
- angeschaffte Rückstellung 170 ff.
- Ansammlungsrückstellung 166
- Anwachsungsrückstellung 167
- Auflösung 172
- Aufwandsrückstellung 136
- ausländische Grundstücksgesellschaft 229 f.
- Bank 206
- Belastungsprinzip 160
- betriebliche Veranlassung 155 f.
- Bewertung 165 ff.
- Bewertungseinheit 180 ff.
- BilMoG 137
- BImSchG 145
- Doppelhaushälfte 200
- Drei-Objekt-Grenze 186 ff.
- drohernder Verlust 175 ff.
- EG-Richtlinie 146
- eigener Wohnzweck 201
- Elektrogesetz 145
- Entsorgungspflicht 142
- Erbfall 209
- erfolgsabhängige Verpflichtung 173
- Erfüllungsrückstand 175
- faktische Verpflichtung 150
- Folge 223
- Garage 200

Stichwortverzeichnis

- Garantierückstellung 153
- Geschäftsunterlagen 146
- Handelsbilanzpassivierungsgebot 136
- Inanspruchnahme 137
- Innerbetriebliche Verpflichtung 139
- Jubiläumszuwendung 174 f.
- Kulanzleistung 150
- laufender Gewinn 220
- Nachholung 172 f.
- Objekt 196
- öffentlich-rechtliche Verpflichtung 140 ff.
- Pauschalrückstellung 167
- Personengesellschaft 155
- radioaktiver Reststoff 179 f.
- Rekultivierungsaufwendung 162
- Restrukturierungsrückstellung 167
- Rückgriffsanspruch an Dritte 168
- Saldierung 168
- schwebendes Geschäft 136, 175, 177
- sonstige Rückstellungen 173 ff.
- Steuerliche Sondervorschrift 139
- steuerliches Passivierungsverbot 139
- Teilwertabschreibung 139
- Typen 136
- Umweltschadensgesetz 145
- Umweltschutzbereich 141
- ungewisse Verbindlichkeit 137, 156
- Ungewissheit 149 ff.
- Veräußerungsgewinn 218
- Verbindlichkeitsrückstellung 136
- Verletzung fremdes Schutzrecht 173 f.
- Verlustrückstellung 136
- Vermeidung eines gewerblichen Grundstückshandels 227 ff.
- Verpackungsverordnung 145
- Versicherungsvertreter 150
- Verteilungsrückstellung 167
- wahrscheinliche 138
- Wahrscheinlichkeit des Bestehens der Verbindlichkeit 156 ff.
- Wiederauffüllungsaufwendung 162
- Wiederverkaufsabsicht 187
- wirtschaftliche Belastung 160 ff.
- Zwangsversteigerung 129 ff.

S

Schätzung
- Archivierung 102
- Aufzeichnung 89
- Aufzeichnungspflicht 93
- äußerer Betriebsvergleich 123
- Bargeschäft 93
- Beweismaß 89
- Buchführung 89, 92
- Buchführungsmangel 469
- Buchführungspflicht 102
- Chi-Quadrat-Test 107
- GDPdU 102
- Geldverkehrsrechnung 111, 116
- gestützte Buchführung 103
- Getränkekalkulation 100
- GoB 103
- GoBS 442
- Kassenbuch 441
- Nachkalkulation 444
- Rechtsprechung 90 ff.
- Richtsatz 93
- Rohgewinnsatz 92
- Schätzungsfehler 124
- Schwarzgeld 116 ff.
- Sicherheitszuschlag 101
- Steuerstrafverfahren 448
- Ursprungsaufzeichnung 441
- Vermögenszuwachsrechnung 110, 116 ff.
- Vernichtung von Unterlagen 111 f.
- Voraussetzung 88 ff.
- Zeitreihenvergleich 120 ff.
- Zinseinkünfte 112 ff.

Selbstanzeige 476

T

Tax Compliance 475 ff.
- Family Office 479
- Horicontal Monitoring 480
- IDW Praxishinweis 483 ff.

- IDW PS 980 485 f.
- mittelständische Unternehmen 478
- Nachmeldung 476
- Selbstanzeige 476
- Steuersparmodell 477
- Tax Compliance Officer 477
- Tax-Compliance-Kommunikation 482
- Tax-Compliance-Organisation 480 f., 486 f.
- Tax-Compliance-Programm 481 f.
- Tax-Compliance-Risiken 481

Totalüberschussprognose, Totalüberschussprognose 333

U

unentgeltliche Betriebsübertragung 422